城市轨道交通运营与维修技术丛书

城市轨道交通供电系统运行与维修
（第二版）

何江海　何　霖　主编

中国建筑工业出版社

图书在版编目(CIP)数据

城市轨道交通供电系统运行与维修/何江海，何霖主编. —2版. —北京：中国建筑工业出版社，2020.10
（城市轨道交通运营与维修技术丛书）
ISBN 978-7-112-25305-0

Ⅰ.①城… Ⅱ.①何…②何… Ⅲ.①城市铁路-供电系统-电力系统运行②城市铁路-供电系统-维修 Ⅳ.①U239.5

中国版本图书馆 CIP 数据核字(2020)第 125169 号

本书包括9章，分别是：城市轨道交通供电系统的组成与功能、城市轨道交通供电系统的运行管理、城市轨道交通供电设备的运行与巡视、城市轨道交通供电设备的倒闸操作、城市轨道交通供电事故处理、城市轨道交通变电设备的维修、城市轨道交通接触网设备的维修、城市轨道交通电力监控设备的维修、城市轨道交通杂散电流防护及监测系统维护等。本书介绍了供电系统的结构组成、运行管理、维修监测与事故处理等知识，总结提炼供电系统的维修实践经验。全书内容系统完整，描述全面简洁。

本书可作为城市轨道交通运营管理部门的技术与行政人员、维修人员使用。也可作为城市轨道交通管理及相关专业人员的培训教材使用，还可供城市轨道交通企业信号检修人员使用。

责任编辑：胡明安
责任校对：姜小莲

城市轨道交通运营与维修技术丛书
城市轨道交通供电系统运行与维修
（第二版）
何江海　何　霖　主编

*

中国建筑工业出版社出版、发行（北京海淀三里河路9号）
各地新华书店、建筑书店经销
北京科地亚盟排版公司制版
北京建筑工业印刷厂印刷

*

开本：787×1092毫米　1/16　印张：27¾　字数：672千字
2020年10月第二版　　2020年10月第八次印刷
定价：**82.00**元
ISBN 978-7-112-25305-0
（36086）

版权所有　翻印必究
如有印装质量问题，可寄本社退换
（邮政编码 100037）

本书编委会

主　　编	何江海	何　霖			
副　主　编	周大林	高　劲	谭冬华		
第 1 章	何江海	张目然	庞开阳	张毓洋	
第 2 章	邱启盛	黄山山	李正国	林明磊	段振涛
第 3 章	谭冬华	曾杰民	邓桂棠	陈荣超	舒斯龙
第 4 章	凌文坚	曾杰民	林明磊	李正国	夏昌华
第 5 章	谭冬华	钟耀华	孙路宽	舒斯龙	李　良
第 6 章	高　劲	黄山山	刘振锋	罗　浩	
第 7 章	谭冬华	赖声钢	鄢　羽	张龙飞	黄绍华
第 8 章	吴柳青	曾灿明	胡桂英		
第 9 章	吴世成	蒲　圆	王向冬	杨传杰	

前　　言

　　城市轨道交通的高速发展，对促进城市经济发展、改善现代城市交通困扰局面、调整和优化城市区域布局、促进国民经济发展发挥了重要作用。同时，伴随科技水平的不断进步和发展，大量新设备、新技术在城市轨道交通生产中得到了广泛应用，新形势下对城市轨道交通专业人才提出了更高要求，现场关键岗位急需大量专业技能精湛，综合业务能力强的技能人才，这就迫切需要能够适应新形势需求，更加切合本专业特色的教材。

　　考虑到第一版《城市轨道交通运营与维修技术丛书》已成书十余年，在这十余年间，城市轨道交通技术的发展日新月异，大量的新技术、新方法和新工艺在供电系统运维过程中得到了广泛的应用。不可避免地，原"丛书"的部分内容已不适应城市轨道交通运营的实际情况，针对这一情况，为了使本书能够更好地贴合当前城市轨道交通运维的实际情况，我们组织修订了这套《城市轨道交通运营与维修技术丛书》。

　　《城市轨道交通供电系统运行与维修》是在当前最新一代地铁技术应用成就基础上，以广州地铁、上海地铁等城市轨道交通运维经验较丰富企业的维修管理模式为依托，结合国内、外同行业的先进技术经验，对投入运营的轨道交通项目，应怎样通过科学的运营管理手段，保持不同专业技术系统的可靠性和安全运转，进行了系统的论述。同时，我们通过直接和间接的实践经验，将有关资料归纳汇总上升到理论上，在同行业中作一抛砖引玉的尝试，希望能在运营管理与维修领域里，起到一定的作用。

　　在本次修订过程中，编者根据城市轨道交通发展的最新成果，对文中的部分老旧、过时的内容进行了删减和替换。同时，为了方便读者理解，本书按照行业内城市轨道交通供电系统的运用与维修特点，密切结合城市轨道交通供电系统特性和运维要求，介绍了供电系统的结构组成、运行管理、维修监测与事故处理等知识，结合业界的先进维修技术发展趋势，总结提炼供电系统的维修实践经验，希望在城市轨道交通的运营管理和维修领域里起到相互提升的作用。

　　本"丛书"的修订，是在建设部科技发展促进中心的主持和指导下得以完成的，并得到了上海申通地铁集团有限公司和广州地铁集团有限公司的大力支持，在此，谨向支持本"丛书"的所有人表示诚挚的感谢！

　　由于我国城市轨道交通行业及供电技术发展日新月异，书中的资料和数据与实际设备存在个别的差异，仅供参考。鉴于编者水平所限，疏漏及不足之处在所难免，期待广大读者和同行多提宝贵意见。

编者

目 录

第1章 城市轨道交通供电系统的组成与功能 ... 1
- 1.1 基本组成与功能 ... 1
- 1.2 直流牵引供电 ... 5
- 1.3 电力监控 ... 7

第2章 城市轨道交通供电系统的运行管理 ... 10
- 2.1 运行管理的任务和内容 ... 10
- 2.2 运行管理组织及有关人员的职责 ... 14
- 2.3 运行管理的有关规程和制度 ... 21
- 2.4 修程修制 ... 41
- 2.5 应备的记录和技术资料、工具和备件 ... 44
- 2.6 供电系统运行管理发展趋势 ... 57

第3章 城市轨道交通供电设备的运行与巡视 ... 69
- 3.1 变电所设备的运行与巡视 ... 69
- 3.2 接触网设备的运行、巡视和检测 ... 120
- 3.3 电力监控设备的运行与巡视 ... 152

第4章 城市轨道交通供电设备的倒闸操作 ... 177
- 4.1 倒闸操作的概念及一般规定 ... 177
- 4.2 倒闸操作的要求 ... 179
- 4.3 倒闸操作的标准化 ... 184
- 4.4 操作卡片和程控卡片 ... 186

第5章 城市轨道交通供电事故处理 ... 190
- 5.1 事故处理的原则 ... 190
- 5.2 变电设备事故处理 ... 195
- 5.3 接触网设备事故处理 ... 226
- 5.4 电力监控设备事故处理 ... 275

第6章 城市轨道交通变电设备的维修 ... 281
- 6.1 设备维修的生产组织 ... 281
- 6.2 变电设备维修的安全保证措施 ... 287
- 6.3 典型变电设备的维修 ... 303

第7章 城市轨道交通接触网设备的维修 ... 324
- 7.1 接触网设备维修作业的安全保证措施 ... 324
- 7.2 柔性接触网的维修 ... 332
- 7.3 刚性接触网的维修 ... 379

7.4 接触轨的维修 ……………………………………………………………… 395
第8章 城市轨道交通电力监控设备的维修 …………………………………… 412
8.1 电力监控设备维修作业的风险防控 ……………………………………… 412
8.2 子站设备的维修保养 ……………………………………………………… 414
8.3 主站级设备的维修保养 …………………………………………………… 416
第9章 城市轨道交通杂散电流防护及监测系统维护 ………………………… 422
9.1 杂散电流的形成与危害 …………………………………………………… 422
9.2 杂散电流的防护与监测 …………………………………………………… 424
9.3 杂散电流防护及监测系统的维护 ………………………………………… 431
9.4 钢轨电位的防护 …………………………………………………………… 433

第1章 城市轨道交通供电系统的组成与功能

1.1 基本组成与功能

城市轨道交通供电系统是为城市轨道交通运营提供所需电能的系统，它不仅为城市轨道交通电动列车提供牵引用电，还为城市轨道交通运营服务的其他设施提供电能，如照明、通风、空调、给水排水、通信、信号、防灾报警、自动扶梯等。在城市轨道交通的运营中，供电一旦中断，不仅会造成城市轨道交通运输的瘫痪，还会危及乘客生命安全和造成财产的损失。因此，高度安全、可靠而又经济合理的电力供给是城市轨道交通正常运营的重要保证和前提。

1. 城市轨道交通供电系统的组成形式

城市轨道交通供电电源一般取自城市电网，通过城市电网一次电力系统和城市轨道交通供电系统实现输送或变换，然后以适当的电压等级供给城市轨道交通各类用电设备。

城市轨道交通供电系统一般包括外部电源、主变电所（或电源开闭所）、牵引供电系统、动力照明供电系统、电力监控系统。其中，牵引供电系统包括牵引变电所和牵引网，动力照明供电系统包括降压变电所和动力照明配电系统。

城市轨道交通系统是一个重要的用电负荷。按规定应为一级负荷，即应由两路电源供电，当任何一路电源发生故障中断供电时，另一路应能保证城市轨道交通重要负荷的全部用电需要。在城市轨道交通供电系统中牵引用电负荷为一级负荷，而动力照明等用电负荷根据其的实际情况可分为一级、二级或三级负荷。城市轨道交通的外部电源供电方案，应根据线网规划和城市电网的具体情况进行规划设计，并充分考虑外城市电网的片区特点及城市轨道交通供电系统的互联互通。根据实际情况不同可分为集中供电方式、分散供电方式和混合供电方式。

集中供电方式是指在线路的适中站位，根据总容量要求设主变电所，由发电厂或城市电网区域变电所以高压（如110kV）向主变电所供电，经降压并在沿线结合牵引变电所、降压变电所进线形成中压（如35kV）环网，由环网供沿线设置的牵引变电所经降压整流为直流电（如750V或1500V），从而对电动列车供电；各车站机电设备则由降压变电所降压为220V/380V对动力、照明等供电。这种供电方式的中压网络的电压等级应根据用电容量、供电距离、城市电网现状及发展规划等因素，经技术经济综合比较后确定。为了便于城市轨道交通供电系统的统一管理，提高自身供电的可靠性和灵活性，城市轨道交通供电系统目前较多地采用集中供电方式。

分散供电方式是指不设主变电所，而直接由城市电网区域变电所的35kV或10kV中压输电线直接向城市轨道交通沿线设置的牵引变电所、降压变电所供电并形成环网。采用这种方式的环境必须是城市电网比较发达，在有关车站附近有符合可靠性要求的供电电源。其中压网络的电压等级应与城市电网相一致。在这种方式下，可设置电源开闭所，并可与车站变电所合建。

混合供电方式，顾名思义就是上两种方式的混合，即指一条轨道交通线路，一部分采用集中供电，另一部分采用分散供电。

2. 中压交流环网系统

城市轨道交通的中压交流环网系统可采用牵引与动力照明相对独立的网络形式，也可采用牵引与动力照明混合的网络形式。对于牵引与动力照明相对独立的网络，牵引供电网络与动力照明网络的电压等级可以相同，也可以不同。供电系统中的中压网络应按列车运行的远期通过能力设计，对互为备用线路，一路退出运行时，另一路应能承担其一、二级负荷的供电，线路末端电压损失不宜超过5%。

一个运行可靠、调度灵活的环网供电系统，一般须满足以下设计原则和技术条件：

（1）供电系统应满足安全、可靠、节能、环保、经济的要求。

（2）供电系统（含牵引供电）容量按远期高峰小时负荷设计，根据路网规划的设计可预留一定裕度。

（3）供电系统按一级负荷设计，即平时由两路互为备用的独立电源供电，以实现不间断供电。

（4）环网设备容量应满足远期最大高峰小时负荷的要求，并满足当一个主变电所发生故障时（不含中压母线故障），另一个主变电所能承担全线牵引负荷及全线动力照明一、二级负荷的供电。

（5）电缆载流量也满足最大高峰小时负荷的要求，同时当主变电所正常运行，环网中一条电缆故障时，应能保证城市轨道交通正常运行。此时可不考虑主变电所和环网电缆同时故障的情况，但考虑主变电所与一个牵引变电所同时故障时，能正常供电（三级负荷除外）。

图1-1为某城市轨道交通工程采用集中供电方式时的中压环网供电示意图。

3. 变电所及其运行方式

（1）变电所的分类及要求

变电所是城市轨道交通供电系统的重要组成部分，一般是在城市轨道交通沿线设置，其数量、容量及其在线路上的分布应在综合考虑的基础上由计算确定。城市轨道交通的变电所可以建在地下，也可以建在地面。地下变电所不占用地面，但土建造价高，地面变电所占用地面大，但土建造价低。城市轨道交通的变电所（尤其地下变电所）在防火方面都有一定的要求，其防火措施主要应从结构和建筑材料及变电所电气设备本身的不燃性等方面来考虑。同时应装设自动消防报警系统装置、防火门和防火墙等隔离设施和有效的灭火系统。

城市轨道交通供电系统中一般设置三类变电所，即主变电所（分散式供电方式为电源开闭所）、降压变电所及牵引变电所。主变电所是指采用集中供电方式时，接受城市电网35kV及以上电压等级的电源，经其降压后以中压供给牵引变电所和降压变电所的一种城市轨道交通变电所。降压变电所从主变电所（电源开闭所）获得电能并降压变成低压交流电。牵引变电所从主变电所（电源开闭所）获得电能，经过降压和整流变成电动列车牵引所需要的直流电。在有牵引变电所和降压变电所的站点，为方便运行管理，降低工程造价，可合并建成一座牵引及降压混合变电所。当由其他变电所引入中压电源而独立设置降压变电所时，可称为跟随式降压变电所。

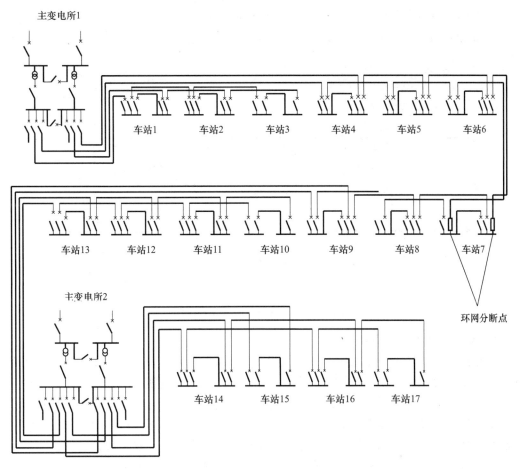

图 1-1 集中供电方式时的中压环网供电示意图

主变电所（电源开闭所）进线电源应至少有一个专线电源，以确保供电的可靠性。主变压器的数量和容量宜根据近、远期负荷计算确定、分期实施，并在一台主变压器退出运行时，其他变压器能负担供电范围内的一、二级负荷。

变电所的中压侧、低压侧应采用分段单母线接线，两套牵引整流机组应接在同一段中压母线上，直流牵引母线宜采用单母线接线。

牵引整流机组的数量和容量宜根据近、远期计算负荷比较确定，并在其中一座牵引变电所退出运行时，相邻的两座牵引变电所应能分担其供电分区的牵引负荷。当车辆再生制动能量吸收装置纳入供电系统设计时，设计方案应通过经济技术综合比较确定。

配电变压器的容量选择应满足一台配电变压器退出运行时，另一台配电变压器能负担供电范围内远期的一、二级负荷。

（2）变电所的运行方式

1）主变电所

某主变电所电气主接线图如图 1-2 所示。该主变电所 110kV 电源采用内桥接线，即 110kV 分段母线采用桥断路器。正常运行时桥断路器断开，故障或维修时切换接通，两台主变压器只从一路电源进线得到供电。35kV 侧设分段母线联络断路器，正常时，母线联络断路器断开，两台主变压器分列运行，共同负担全站的全部负荷；当一回 110kV 电源或一台主变压器故障跳闸退出运行时，35kV 母联断路器自动合闸，由另一台主变压器向本站供电区域的一、二级负荷供电。这种互为备用的设计大大提高了供电系统的可靠性。

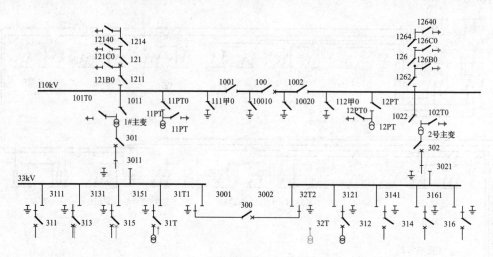

图 1-2 某主变电所电气主接线图

2）牵引降压混合变电所

典型的牵引降压混合变电所电气主接线图如图 1-3 所示，35kV 侧和 0.4kV 均为单母线分段。牵引降压混合变电所按其所需容量设置两组牵引整流机组并列运行。当其中一套机组因故退出运行时，另一套机组在具备运行条件时不应退出运行。该运行条件系指：牵引整流机组过负荷满足要求；谐波含量满足要求；不影响故障机组的检修。如果这些条件能满足，那么一套牵引整流机组维持运行，既可保持列车运行，还可降低能耗、降低钢轨电位、减少杂散电流的影响。该所降压部分的运行方式同降压变电所。

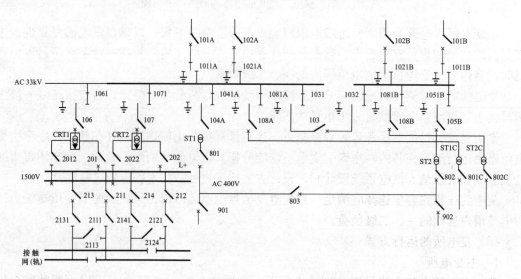

图 1-3 典型的牵引降压混合变电所电气主接线图

3）降压变电所

典型的降压变电所电气主接线图如图 1-4 所示。35kV 侧为单母线分段，而 0.4kV 除跟随式降压变电所外,均为单母线分段。每个降压变电所、跟随式降压变电所均设两台动力变压器,分别负责向本变电所所在半个车站及半个区间内的动力照明负荷供电。正常运行时两台动力变分别运行同时供电,当任一台动力变压器因故障退出运行时,通过联络开关由另一台动力变压器负担全所一、二级动力照明负荷。

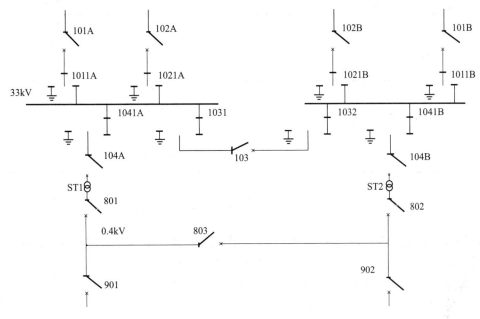

图1-4 典型的降压变电所电气主接线图

1.2 直流牵引供电

1. 组成与要求

在城市轨道交通牵引供电系统中,电能从牵引变电所经馈电线、接触网输送给电动列车,再从电动列车经钢轨(称轨道回路)、回流线流回牵引变电所。由馈电线、接触网、轨道回路及回流线组成的供电网络称为牵引网。牵引供电系统即由牵引变电所和牵引网组成,其中牵引变电所和接触网是牵引供电系统的主要组成部分。接触网按其结构可分为架空式和接触轨式,架空式按其悬挂方式又可分为柔性架空接触网(简称"柔性接触网")和刚性架空接触网(简称"刚性接触网"),接触轨按其接触受流位置的不同分为上部受流、下部受流和侧部受流。习惯上,由于接触轨式是沿线路敷设的与轨道平行的附加轨,故又称第三轨。

城市轨道交通牵引供电系统示意如图1-5所示,其各部分功能简述如下。

牵引变电所:供给城市轨道交通一定区域内牵引电能的变电所。

接触网(或接触轨):经过电动列车的受电器向电动列车供给电能的导电网(有接触轨方式和架空接触网两种方式)。

馈电线:从牵引变电所向接触网输送牵引电能的导线。

回流线:用以供牵引电流返回牵引变电所的导线。

电分段：为便于检修和缩小事故范围，将接触网分成若干段称为电分段。

轨道：列车行走时，利用走行轨作为牵引电流回流的电路。在采用跨座式单轨电动车组时，需沿线路专门敷设单独的回流线。

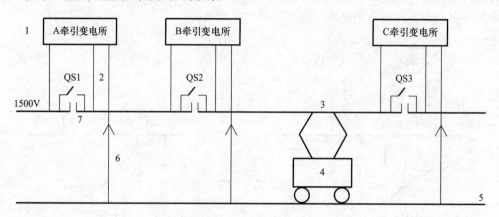

图 1-5　城市轨道交通牵引供电系统示意
1—牵引变电所；2—馈电线；3—接触网（轨）；4—电动列车；5—钢轨；6—回流线；7—电分段

在城市轨道交通牵引供电系统中普遍采用直流供电制。我国早期建成的北京城市轨道交通供电电压采用 750V，上海、广州、南京、深圳城市轨道交通采用 1500V。此外，为进一步提高城市轨道交通牵引系统能力，目前也有城市尝试引入采用单相工频 25kV 的交流牵引供电制式，本书不作典型介绍。

牵引变电所的数量、容量和设置的距离是根据牵引计算的结果，并经济技术比较后确定的。它们一般设置在城市轨道交通沿线若干车站及车辆段附近。每个牵引变电所按其所需容量设置两组牵引整流机组并列运行，沿线任一牵引变电所故障解列，由两侧相邻的牵引变电所共同承担该区段的全部牵引负荷。

牵引变电所的容量和设置的距离一般需考虑以下设计原则和技术条件：

（1）正线任一牵引变电所故障时，其相邻牵引变电所应采用越区供电方式，负担起该区段的全部牵引负荷，此负荷应满足远期高峰小时负荷。

（2）牵引变电所的数量及其在线路上的位置，应满足在事故情况下越区或单边供电时，接触网的电压水平。直流牵引供电系统的电压及其波动范围应符合表 1-1 的规定。

（3）在任何运行方式下，接触网最高电压不得高于最高值，高峰小时负荷时，全线任一点的电压不得低于最低值。

直流牵引供电系统电压值　　　　表 1-1

系统电压（V）		
标称值	最高值	最低值
750	900	500
1500	1800	1000

2. 运行方式

牵引变电所向接触网（或接触轨）供电方式有两种，即单边供电和双边供电。城市轨道交通接触网（或接触轨）在每个牵引变电所附近由电分段进行电气隔离，分成两个供电分区，每个供电分区也称为一个供电臂，如列车只从所在供电臂上的一个牵引变电所获得电能，这种供电方式称为单边供电。如一个供电臂同时从相邻两个牵引变电所获得电能，则称为双边供电。

一般地，车辆段内采用单边供电方式，正线采用双边供电方式。在采用双边供电时，当某一牵引变电所故障退出运行时，该段接触网就成了单边供电。如图 1-5 所示。正常运行时，列车从 B 牵引变电所和 C 牵引变电所以双边供电方式获得电能，越区隔离开关 QS2 断开。当 B 牵引变电所因故障退出运行时，合上越区隔离开关 QS2，通过越区隔离开关由 A 牵引变电所和 C 牵引变电所进行大双边供电。正线上任何牵引变电所故障退出运行时，均由相邻牵引变电所越区供电。在越区供电方式下，供电末端的接触网（或接触轨）电压较低，电能损耗较大，因此，视情况要适当减少同时处在该供电区段的列车数目。另外，直流馈线保护整定时还需考虑大双边供电方式下的灵敏度。因此，越区供电只是在不得已的情况下，短时采用的一种运行方式。

1.3 电力监控

电力监控系统（以下简称 SCADA 系统）实现在控制中心（OCC）对供电系统进行集中管理和调度、实时控制和数据采集。除利用"四遥"（遥控、遥信、遥测、遥调）功能监控供电系统设备的运行情况，及时掌握和处理供电系统的各种事故、报警事件功能外，利用该系统的后台工作站还可以对系统进行数据归档和统计报表功能，以更好地管理供电系统。

随着计算机和通信技术的发展，自 20 世纪 90 年代末开始，以计算机为基础的变电所综合自动化技术为供电系统的运行管理带来了一次变革。它包含计算机技术、控制技术、通信与网络技术，可实现电网安全监控、电量及非电量监测、参数自动调整、中央信号、当地电压无功综合控制、电能自动分时统计、事故跳闸过程自动记录、事件按时排序、事故处理提示、快速处理事故、微机控制免维护蓄电池、微机远动一体化和为上级监控系统提供数据接口和支持等功能。它为推行变电所无人值班提供了强大的技术支持。

电力监控系统采用集中管理、分散布置的模式，分层、分布式系统结构。系统由所内管理层、网络通信层、间隔设备层组成，包括控制信号盘、分散式或集中组屏式测控/保护单元等智能电子装置、智能接口单元（光纤以太网接口转换设备）、所内通信网络和维护设备等。

1. 基本组成与功能

电力监控系统由设置在控制中心的主站监控系统、设置在各种变电所内的子站系统以及联系两者的通信通道构成。主站监控系统现主要有两种形式实现，第一种以 SCADA 系统为主站，站级 SCADA 系统通过通信网络 OTN 与主站设备相连接；另一种以综合监控系统为主站，站级 SCADA 系统接入站级综合监控系统后通过综合监控骨干环网接入主站综合监控系统，两种主站监控系统虽所属系统不同，但实现功能一致。

电力监控系统的设备选型、系统容量和功能配置应能满足运营管理和发展的需要。其系统构成、监控对象、功能要求，应根据城市轨道交通供电系统的特点、运营要求、通信系统的通道条件确定。

电力监控系统主站的设计,应确定主站的位置、主站系统设备配置方案、各种设备的功能、形式和要求以及系统容量、远动信息记录格式和人机界面形式要求等。电力监控系统子站的设计,应确定子站设备的位置、类型、容量、功能、形式和要求。电力监控系统通道的设计要求,应包括通道的结构形式、主/备通道的配置方式、远动信息传输通道的接口形式和通道的性能要求等。电力监控系统的结构宜采用 1 对 N 的集中监控方式,即 1 个主站监控 N 个子站的方式。系统的硬件、软件一般要求充分考虑可靠性、可维护性和可扩性,并具备故障诊断、在线修改功能,同时遵循模块化和冗余的原则。远动数据通道宜采用通信系统提供的数据通道。在设计中应向通信设计部门提出对远动数据通道的技术要求。

（1）主站监控系统的基本功能和主要设备

1) 主站监控系统的基本功能

① 实现对遥控对象的遥控,遥控种类分选点式、选站式、选线式控制三种;

② 实现对供电系统设备运行状态的实时监视和故障报警;

③ 实现对供电系统中主要运行参数的遥测;

④ 实现汉化的屏幕画面显示、模拟盘显示或其他方式显示,以及运行和故障记录信息的打印;

⑤ 实现电能统计等的日报月报制表打印;

⑥ 实现系统自检功能;

⑦ 以友好的人机界面实现系统维护功能;

⑧ 实现主/备通道的切换功能。

2) 主站硬件应包括的主要设备

① 计算机设备（主机）与计算机网络;

② 人机接口设备;

③ 打印记录设备和屏幕拷贝设备;

④ 通信处理设备。

（2）子站设备（远动终端）应具备的基本功能

1) 远动控制输出;

2) 现场数据采集（包括数字量、模拟量、脉冲量等）;

3) 远动数据传输;

4) 可脱离主站独立运行。

此外,子站设备（远动终端）的通信规约应对用户完全开放。

（3）变电所综合自动化装置应具备的基本功能

1) 保护、控制、信号、测量;

2) 电源自动转接;

3) 必要的安全联锁;

4) 程序操作;

5) 装置故障自检;

6) 开放的通信接口。

当采用主控单元对各变电所综合自动化装置进行管理时,除提供多种形式的现场网络接口外,变电所断路器联跳等功能通过综合自动化主控单元与控制中心监控主站的信息传递、交换共同来实现。重要设备之间除考虑二次回路硬线联动、联锁、闭锁外,由综合自动化软件实现逻辑判断、计算、继电器等功能,并通过下位监控单元执行操作。

2. 监控的基本内容

监控对象应包括遥控对象、遥信对象、遥测对象和遥调对象4部分。

(1) 遥控

遥控对象应包括下列基本内容:

1) 主变电所、开闭所、中心降压变电所、牵引变电所、降压变电所内10kV及以上电压等级的断路器、负荷开关及系统用电动隔离开关;

2) 牵引变电所的直流快速断路器、直流电源总隔离开关;降压变电所的低压进线断路器、低压母联断路器、三级负荷低压总开关;

3) 接触网电源隔离开关;

(2) 遥信

遥信对象应包括下列基本内容:

1) 遥信对象的位置信号;

2) 高中压断路器、直流快速断路器的各种故障跳闸信号;

3) 变压器、整流器的故障信号;

4) 交直流电源系统故障信号;

5) 降压变电所低压进线断路器、母联断路器的故障跳闸信号;

6) 钢轨电位限制装置的动作信号;

7) 预告信号;

8) 断路器手车位置信号;

9) 无人值班变电所的大门开启信号;

10) 控制方式。

(3) 遥测

遥测对象应包括下列基本内容:

1) 主变电所进线电压、电流、功率、电能;

2) 变电所中压母线电压、电流、功率、电能;

3) 牵引变电所直流母线电压;

4) 牵引整流机组电流与电能、牵引馈线电流、负极柜回流电流;

5) 变电所交直流操作电源的母线电压。

(4) 遥调

遥调对象主要针对有载调压变压器的调压开关。

第2章　城市轨道交通供电系统的运行管理

2.1　运行管理的任务和内容

供电系统运行管理是通过对设备定期检测、分析诊断、质量评价和鉴定，并依据结果实施修理，恢复设备正常运行状态的循环管理过程。运行管理工作包括运行和维修两个部分，其运行管理的方针、任务和内容如下所述。

2.1.1　运行管理的方针

在城市轨道交通供电系统的运行管理工作中应实行"三定、四化、记名检修"，并贯彻落实"质量第一""修养并重、预防为主"的方针，并逐步向"定期检测、状态维修、限值管理、寿命管理"的方针过渡。

1. "三定"

"三定"，就是定设备、定人（或班组）、定检修周期和范围。定设备是把电气设备的管理范围按工种划分清楚，明确分界点，以防止漏检漏修。定人（或班组）是把设备的保管、维护和检修任务落实到人（或班组），做到分工明确，各司其职，从而加强工作责任感，以利于提高质量，减少事故。定检修周期和范围是根据不同的设备和修程，确定其检修周期和范围，以实现计划检修。

2. "四化"

"四化"，就是作业制度化、质量标准化、检修工艺化、检修机具和检测手段现代化。作业制度化是指检修作业和设备操作要按规定程序和安全制度执行。质量标准化是按技术要求精检细修，达到统一的质量标准。检修工艺化是坚持按工艺要求进行检修，保证质量，提高效率，降低成本。检修机具和检测手段现代化是利用现代科学技术及装备进行检修和测试，以适应现代技术不断发展的需要。

3. "记名检修"

"记名检修"，就是记录检修者和验收者的姓名，要求检修者根据设备的技术状态提出检修依据，采取针对性措施，按工艺检修，并做到修前有计划，修中有措施，修后有结语。

2.1.2　运行管理的任务和内容

城市轨道交通供电系统的运行管理工作就是为了保证供电设备的安全运行，保持额定出力和持续地为用户提供合格的电能而采取的技术措施和组织措施。其工作内容包括正常运行工作、异常情况处理、设备检修、运行分析、技术资料管理和人员培训6个方面。

1. 正常运行工作

正常运行工作包括设备巡视、记录、设备维护、倒闸操作、工作票受理5个方面的内容。

(1) 设备巡视

按照规定的周期和项目，沿指定的巡视路线进行设备检查，通过有关测量仪表和显示装置及时掌握设备的运行情况（如电压、电流、功率和温度等），以预防设备事故。凡遇高温、严寒、雷害、迷雾、台风和汛期时，要分别按重点检查项目进行特殊巡视。根据设备缺陷的等级，按职责范围加以消除或隔离，以保证供电的安全和质量。

(2) 记录

按照规定的时间和项目，通过人工或自动装置对运行数据、运行环境、调度指令和操作、施工检查、事故处理等情况进行记录。

(3) 设备维护

根据所处的环境和规定的周期与项目，进行场地清洁、设备清扫、绝缘子更换、带电测温和蓄电池维护等工作。

(4) 倒闸操作

根据调度命令和倒闸操作票，由合格的人员进行电气操作及监护。

(5) 工作票受理

按照安全工作规程，值班员审核工作票、核对及完成安全措施，并会同工作负责人对现场安全措施进行检查和工作许可（包括工作票延长、间断、转移的许可）等工作的办理。施工结束后会同工作负责人进行设备检查、验收，并办理工作票终结手续。

2. 异常情况及事故处理

设备的异常状态是指设备在规定的外部条件下，部分或全部失去额定的工作能力状态，它是相对设备的正常工作状态而言的。如变压器的负荷超出规程和设备能力允许时间内的正常过负荷数值、母线电压越出限值、充气设备压力异常等。

事故本身也是一种异常状态，事故通常是指异常状态中比较严重的或已经造成设备部分损坏、引起系统运行异常、中止或部分中止了对用户供电的状态。

在发生故障时，值班运行人员要迅速、准确地判断和处理。在事故处理中必须牢固树立"安全第一"的思想，遵循"先通后复"的原则。在事故抢修中电调须与行调、环调密切配合，严格掌握供电和行车、环控的基本标准条件，根据设备的技术条件和现场具体情况，采取有效措施，适当调整运行方式，尽可能减少对行车的影响，及时安排抢修和处理时间，尽快恢复对接触网的供电和正常行车秩序，在允许的条件下保证环控设备的运行，保证城市轨道交通的服务质量。

3. 设备检修

(1) 定期检修

计划性检修为了防止设备性能及精度劣化或降低，根据设备运转的周期和季节性等特点，按预先制定的设备检修周期与工作内容、技术要求和计划所进行的维修作业，对于计划性检修必须制定相应的年度检修计划及月度检修计划，并根据计划进行安排和落实。

(2) 预防性试验

预防性试验是暴露设备内部缺陷，判断设备能否继续运行的重要措施。各种电气设备的预防性试验项目、周期和标准，按现场电气设备预防性试验规程执行。

(3) 临时检修

根据专业设备的变化和实际运作状态、事故跳闸或同类设备已发生重大事故时，根据需要进行的调整,增加的临时性检查修理。

4. 运行分析

运行分析工作主要是针对设备运行、操作和异常情况以及人员执行规章制度情况,进行分析总结,摸索规律,找出薄弱环节,及时发现问题,掌握运行规律,有针对性地制定保证运行安全的措施,以防事故发生,不断提高安全经济运行水平和管理水平。

5. 人员培训

不断提高运行人员的技术和管理水平也是保证安全运行、提高供电质量的重要条件之一。为此,供电系统管理部门应对值班和检修人员加强安全和技术业务教育、积极开展事故预想活动(反事故演练),不断提高值班业务和维护、检修水平以及事故处理的能力。

6. 技术资料管理

供电系统的运行检修工作应具备管理部门制定的各项管理规程、安全工作规程,各种技术图纸、技术资料,各种工作记录簿和指示图表。以使工作有章可循,同时便于积累资料进行运行分析,提高工作质量和效益。

2.1.3　年度运行管理工作要点

按照以上规定的运行管理的任务和内容,结合不同的季节特点和负荷的变化情况,供电系统的运行管理每年的工作要点如下所述(以南方地区为例)。

1. 1月份

(1) 元旦检修工作及特巡工作。

(2) 防雷准备工作,变电所和接触网避雷器修理及校验;SCADA系统中防雷、过电压保护装置的检查;检查重合闸装置及蓄电池情况,并消除缺陷;测量接地电阻;检查避雷器的安装及动作计数器等。

(3) 春节检修准备工作,提出检修项目及准备处理的缺陷,并做好人工、器材等的准备。

(4) 继续做好防寒、防冻工作。

(5) 做好防止工作中滑跌、摔伤的安全工作。

(6) 加强变电所的防火工作。

(7) 防止雾季闪络事故,进行接触网户外绝缘子清洗、擦拭或涂刷防尘绝缘剂等。

(8) 对上年度设备进行全面总结和鉴定。

2. 2月份

(1) 完成防雷准备工作。月底前将避雷器复役;继续检查重合闸装置及蓄电池情况,并消除缺陷;测量接地电阻;检查避雷器的动作计数器,并将原来的动作次数记录(雷雨季节中要经常检查和记录),测量接地电阻;检查并制定雷季运行方式和防雷反事故措施计划。

(2) 继续做好防寒、防冻、防滑跌、摔伤、防火、防雾季闪络等工作。

(3) 检查充油设备的油位。

(4) 春节检修工作。

(5) 加强春节期间的安全检查工作,重点检查变电所和接触网重点关键设备,加强值班巡视,并组织特巡。

3. 3月份

(1) 继续做好预防雾季绝缘子闪络工作，完成检查重合闸装置和蓄电池情况的工作，并消除缺陷。

(2) 组织在雾天对污秽地区的特巡，监视绝缘子情况。

(3) 检查户外设备有无鸟巢。

(4) 做好一季度设备的评级工作。

4. 4月份

(1) 做好预防台风的准备工作，特别是做好接触网户外支柱的基础检查工作，检查防洪物资的到位及完好情况。

(2) 做好迎接高峰负荷前的设备检查工作。

(3) "五一"节设备检修准备工作。

(4) "五一"节前设备安全检查工作。

(5) 因昼夜温差较大，注意检查接触网补偿装置动作是否灵活。

5. 5月份

(1) "五一"节检修工作及特巡工作。

(2) 做好预防发生台风事故的准备工作，检查避雷针结构的牢固状况；检查户外设备的安装是否牢固等。

(3) 做好台风期的抢修准备工作，检查组织、材料、工具、车辆、后勤等的准备工作。

(4) 检查变电所的降温防汛准备工作。检查变电所的通风情况，检查风扇、水泵、防汛栏等设施，并进行修理补充。

(5) 检查并做好防止电气设备在雷雨季节受潮结露。

(6) 检查电容器的安装、通风、温升及保护情况，并进行改进。

6. 6月份

(1) 完成台风期抢修的准备工作，并进行抢修演习。

(2) 完成变电所的降温、防汛工作。

(3) 做好防止高温中发生设备过热事故的工作，检查对满载、超负荷设备的接头、变压器温度、温升的检查测量，并加强定期巡视检查。

(4) 检查并做好防止电气设备在雷雨季节受潮结露工作。

(5) 做好设备二季度的评级调整工作。

7. 7月份

(1) 继续做好防台风和防止高温中设备过热的工作。

(2) 在大雨时检查变电所的防汛情况。

(3) 加强夏季安全生产工作，尤其是继电保护的安全运行。

(4) 检查充油设备的油位及防潮、防漏工作。

(5) 做好户外设备的除草工作。

8. 8月份

(1) 继续做好防台风和防止高温中设备过热的工作。

(2) 加强监测变电所电压，并适时进行调整。

(3) 检查充油设备的油位。
(4) 做好户外设备的除草工作。

9. 9月份
(1) 继续做好防台风和防止高温中设备过热的工作，并做好夏季安全生产工作总结。
(2) 做好国庆节期间的检修准备，提出消除缺陷和检修项目，安排人工、材料，并组织班组讨论工作的内容及安全措施，对设备进行的倒闸操作进行了解或预演。
(3) 组织并做好国庆节期间的安全检查工作，加强值班巡视，增加特巡。
(4) 检查充油设备的油位。
(5) 做好户外设备的除草工作。
(6) 做好第三季度设备的评级调整工作。

10. 10月份
(1) 国庆节期间检修工作及确保检修时的安全。
(2) 做好防止雾季绝缘子发生闪络的工作，进行户外设备绝缘子清扫或涂防尘绝缘剂工作。
(3) 迎接高峰负荷，对重要用户的设备接点温度加强监视、测量，加强掌握负荷增长情况和设备负荷情况。
(4) 检查并做好防小动物进入变电所的措施。
(5) 做好防寒、防冻的准备工作。
(6) 因昼夜温差较大，注意检查接触网补偿装置动作是否灵活。

11. 11月份
(1) 继续做好防止雾季绝缘子发生闪络的工作和迎接高峰负荷工作。
(2) 避雷器停役并进行检查。
(3) 检查凝固点高的绝缘油情况，并检查充油设备的油位。

12. 12月份
(1) 继续做好防止雾季绝缘子发生闪络，迎接高峰负荷和避雷器的检查、修理等工作。
(2) 测量接地电阻。
(3) 做好防寒、防冻、防火工作，并检查除草工作。
(4) 做好元旦检修的准备工作。
(5) 加强元旦前的安全检查工作。
(6) 检查充油设备的油位。
(7) 检查并做好防小动物进入变电所的措施。
(8) 做好第四季度设备的评级调整和年度总结准备工作。

2.2 运行管理组织及有关人员的职责

2.2.1 运行管理组织

在城市轨道交通供电系统的运行管理中，应设有各级运行与检修人员，分别负担不同的工作。根据城市轨道交通供电系统点多、分散、距离短且有电力监控系统的特点，不同的企业可结合实际情况，选择更适合自己的组织管理模式。运行管理组织的总体要求是机构精简、管理层次少、职责分工明确，从而提高管理和检修效率。但一般而言，需在控制中心设置电力调度，在维修基地供电管理部门除设置技术管理人员外，还需设置相关的运行、检修、试验人员。根据具体情况，运行值班人员与检修试验人员可分开，也可由检修试验人员同时兼顾运行值班工作。

对于供电管理部门的定员配置，可根据实际管理的幅度、人员的素质、检修设备的工作量及检修单台设备所需要的基本人数确定。其配置原则如下所述。

1. 专业技术管理人员的配置

根据供电系统的特点，可每一专业至少配置一位专业工程师，如设一次设备工程师、二次设备工程师、试验检测工程师、低压设备工程师、SCADA 工程师、变电运行工程师、接触网运行工程师、接触网检修工程师等。

2. 电力调度员的配置

原电力工业部发布的《调度管理规程》规定："电力系统调度管理的任务是领导系统的运行和操作"，电调"为系统运行和操作指挥员"。因此，在变电所未实行无人值班时，电调的人员配置可按每值为一人值班来考虑。但在实现无人值班后，由于变电所所有能够实行"四遥"的设备运行操作及监控全部由电调来完成，因此，电调的任务不只是系统运行和操作的指挥人，而且还是系统运行和操作的执行人。即将电调从后台推到了前台。此时电调的值班制度应重新安排，宜安排每班两人值班。当供电系统有操作任务时，必须做到一人操作，另一人监护。

3. 变电运行、检修人员及工班的配置

根据设计和设备可靠性及对运行要求的不同，变电所的运行值班，可采用有人值班和无人值班方式。

采用有人值班方式时，其运行值班可采用三班制或三班半制，每班至少设 2 人，其中一名为安全等级不低于三级的值班员，另一名为安全等级不低于二级的助理值班员。只有 2 人值班时，值班员兼任值班负责人；值班人员在 2 人以上且安全等级符合要求时，可设一名值班负责人领导值班工作。

采用无人值班方式时，由于地铁变电所具有点多、分散、距离短、方便巡视的特点，可采用"无人值班，有人巡视"的模式。在运行初期，变电所的日常管理可实行分段管理，每一工班负责一个分段区域（一般是 4～6 座车站的变电所）的值班、巡视、日常维护、操作及事故处理。每分段设置 1 名分段值班员在分段值班室值班，另再设 1～2 名巡视人员。

如上述，根据具体情况，可分设运行值班人员与检修试验人员，也可由检修试验人员同时兼顾运行值班工作。对于工班的设置，视人员的素质和设备的特性以及管理幅度不同，可设一次设备工班、二次设备工班、高压试验工班、低压设备工班、运行工班等，每一工班至少需设置一名工班长以及数名技工。

4. 电力监控系统（SCADA）运行、检修人员的配置原则

对于电力监控系统（SCADA）运行、检修人员的配置，根据实际需要，可专门成立 SCADA 工班，工班至少需设置 1 名工班长以及数名技工。考虑到与受控设备及站端设备的关系，也可将 SCADA 工班与二次设备工班合并。在 SCADA 工班与二次设备工班合并

的情况下,对工班人员的素质要求较高,但可起到减员增效的作用,实现一专多能。

5. 接触网运行、检修人员的配置

接触网的运行值班、维修及应急抢险等工作人员,没有严格区分,可"捆绑"在一起,由接触网当值人员承担,即接触网人员在不同时段,分别担任运行值班、维修及应急抢险任务;或同一时段,接触网当值人员既是运行值班人员,也是维修人员,同时也是应急抢险人员。

至于接触网工班的数量,可按线路的长短来设置。根据检修作业的特点,每个工班至少需8名技工。每个当值时段的人员中,至少有1名安全等级不低于4级和2名安全等级不低于3级的人员。

接触网运行状态的监测,由接触网当值人员完成。其方式是在城市轨道交通沿线设置接触网运行状态监察点,监察点的设置原则是能够在要求的时间内,能够到达城市轨道交通正线的任何地点。运营时间内,接触网当值人员分布在各监察点,负责运营期间接触网设备运行状态的监视和故障情况下现场联络及防护工作。

2.2.2 有关人员的职责

1. 供电管理部门负责人的职责

(1) 主持本部门的全面管理工作,完成分管工作;负责供电设备的运行、维修和事故处理工作,确保地铁供电系统安全可靠供电。

(2) 组织开展供电设备有关的技改、科研,不断提供设备运营质量和运营水平。

(3) 制定本部门年度方针目标和生产计划,组织实施供电系统设备运行、检修、技改、科研、计划,以及为实施上述计划而进行采购、资金使用等计划申报。

(4) 执行上级部门供用电方针、指示,实施安全供电,完成生产任务,开展节约用电。

(5) 组织制订有关规章制度、标准化文件、检修规程,并组织执行。

(6) 协调各工班之间、本部门与其他部门之间的生产工作关系。检查下级安全、生产、运行、检修工作执行及完成情况。

(7) 控制生产过程中出现的指标偏差,确保公司工作总目标实现。

(8) 担当本部门的质量、安全生产的责任人。

2. 专业技术管理人员的职责

(1) 确保本专业的设备正常运行和人员人身安全。

(2) 组织实施本专业设备运行、维修和日常管理,并进行检查监督;组织实施本专业的故障处理;组织科研、技改的研究和实施工作,对本专业的故障处理进行技术支持。

(3) 组织技术管理文件、规程编写,提高维修质量和故障处理能力。

(4) 编报本专业各种检修、材料、工具、培训计划。

(5) 建立和检查本专业各种记录、台账、报表,向上级提供各种运行报表。

(6) 接受上级指令,明确本专业目标,并将目标展开到班组及责任人。

(7) 提供良好服务,接受各种检查监督,认真整改不足。

(8) 处理各种反馈信息,确保生产的正常开展,及时反馈各种信息。

(9) 开展本专业技改、科研项目,使本专业设备不断完善。

3. 工班长的职责

工班长是整个工班在行政和业务上的领导人,应做好以下工作:

（1）接受行政上级的领导和专业工程师的业务指导，主持本班组的工作。

（2）根据部门下达的工作计划，编制检修工作计划，并负责组织实施。

（3）督促全工班人员并以身作则严格遵守有关规程和制度，发现问题及时处理，确保人身和设备的安全。

（4）制定班组管理制度，并负责实施。

（5）负责工班的工器具使用、保养和班前维修的管理，及时提出工器具的补充和报废计划。

（6）负责管理班组备用材料，按程序领用和储备备品备件，负责填写备品备件使用报表，并上报相关部门。

（7）负责收集和上报各种票据作业单。

（8）做好班组的修旧利废组织工作，降低各种维修开支。

（9）负责本班组的检修记录，用工记录，原材料消耗，能源消耗工作量的记录和统计工作。

（10）审核班组人员的工作表现和工作能力，编制有关的培训计划，并在获准后负责实施。

（11）组织学习有关安全生产的文件和规程；组织进行事故预想演习；组织分析本工班的事故和事故苗子，并提出反事故的措施。

（12）按时完成工作总结及填报各种报表。

（13）组织搞好班组的文明生产。

4. 班员的职责

（1）在工班长领导下，负责对所辖设备进行日常巡视、检查、维护、维修和抢修工作。

（2）熟悉所管辖范围内设备和供电系统情况，并能根据技术标准、工作程序完成操作任务和生产任务。

（3）熟悉掌握所辖设备的维护、保养方法和检修工艺。

（4）正确使用和维护工器具和测试仪表、仪器。

（5）严格执行各项规章制度和电气安全、技术规程，确保设备及人身安全。

（6）认真做好设备运行及维护、抢修工作的各项原始记录工作，认真填写各种工作作业票。

（7）积极主动参加各种培训，不断提高技术业务能力。

（8）有权督促操作者的正确作业、向工班长及各级反映情况和提出意见，有权参与工班的各种考评。

5. 变电所值班（巡视）人员的职责

值班（巡视）人员在值班时间内，负责设备的正确维护与安全运行，其主要工作有设备巡视及维护保养；表计监视和记录；倒闸操作；办理检修作业手续；事故、故障和缺陷的处理；整理资料并进行运行分析；清洁环境等。

对值班（巡视）人员的要求是能做到"五熟""三能"。

"五熟"即：

（1）熟悉本所主接线和二次接线的原理及其布置和走向；

（2）熟悉本所电气设备型号、规格、工作原理、构造、性能、用途、检修标准、巡视项目、停运条件和装设位置；

(3) 熟悉本所（区段）继电保护和自动、远动装置及仪表等的基本原理和装设位置；

(4) 熟悉本岗位的各种规章、制度及标准化作业程序；

(5) 熟悉本所（区段）正常和应急的运行方式、操作原则、操作卡片和事故处理原则。

"三能"即：

(1) 能分析、判断正常和异常的运行情况；

(2) 能及时发现并排除故障、缺陷；

(3) 能掌握一般的维护、检修技能。

值班（巡视）人员的具体职责见表 2-1。

值班（巡视）人员的具体职责 表 2-1

	值班负责人	值班（巡视）员	助理值班员
交接班	(1) 交班前：检查所有的记录、图纸、资料、备品及当天的工作票。 (2) 交接班时：点名、介绍值班期间运行、检修情况。 (3) 接班时： 1) 带领交、接班人员进行巡视； 2) 根据交接班人员介绍的情况，重点检查有关的记录及运行日志； 3) 批准接班	(1) 交班前：检查当班时负责的记录。 (2) 交班时：留守控制室，监视设备运行。 (3) 接班时： 1) 参加交接班巡视，重点检查主要设备（变压器、断路器、隔离开关、互感器），并检查测量、保护装置的切换片、开关等； 2) 监督助理值班员试验信号及表计； 3) 检查操作命令记录、断路器跳闸及保护动作记录、故障缺陷记录及图纸、资料等	(1) 交班前：检查当班时负责的记录和工具、备品。 (2) 交班时：参加交接班巡视并测量蓄电池。 (3) 接班时： 1) 参加交接班巡视，重点检查避雷装置、高压母线、电缆、端子箱、控制室内设备安装及接触情况； 2) 测量蓄电池； 3) 在监护下试验信号及表计； 4) 检查避雷器动作记录、主变过负荷记录、门卫记录、工具、备品及钥匙等
当班	(1) 主持研究并安排当天工作； (2) 与电力调度联系，申请停电作业； (3) 监视异常设备、保护装置及表计的运行情况； (4) 参加熄灯巡视及特殊巡视； (5) 组织制定事故及设备缺陷的处理措施	(1) 接调度电话； (2) 计算供电日报、月报，填写运行日志（抄表部分除外）； (3) 主要监视直流屏表计，调整端电池放电电流、浮充电电流，监视保护装置运行； (4) 参加定时巡视，根据值班负责人的要求参加特殊巡视； (5) 处理事故及设备缺陷	(1) 接各站电话； (2) 抄表（小时负荷、主变过负荷、馈电线大负荷）并填写运行日志有关部分； (3) 监视控制屏，量计屏、交流屏上仪表指示及信号显示情况； (4) 根据值班负责人的要求参加各种巡视； (5) 协助值班员处理事故及设备缺陷
倒闸作业	(1) 编写倒闸表； (2) 监护复杂的操作及未经模拟操作的紧急倒闸操作； (3) 助理值班员不在时进行操作	(1) 准备操作卡片和操作记录； (2) 要令、消令、执行操作命令、监护倒闸操作	(1) 准备安全工具和钥匙； (2) 在监护下进行操作； (3) 监护值班员要令、消令
断路器跳闸的处理	(1) 带领值班员检查有关的设备； (2) 批准有缺陷设备的投运申请； (3) 检查有关记录及标示牌	(1) 监护助理值班员确认并复归转换开关及有关信号； (2) 参加有关设备的检查； (3) 向电力调度汇报跳闸情况、设备状态，并做好记录	(1) 在监护下复归转换开关及有关信号； (2) 在监护下检查有关设备； (3) 更换断路器跳闸次数标示牌

续表

	值班负责人	值班（巡视）员	助理值班员
检修作业	(1) 审查工作票； (2) 必要时监护办理工作票； (3) 验收设备，批准结束工作票； (4) 经常巡视检修作业地点，了解检修及安全情况	(1) 审查工作票，向助理值班员交代准备工作； (2) 办理工作票； (3) 监护助理值班员执行及恢复安全措施； (4) 参加设备验收； (5) 随时巡视检修作业地点，了解检修及安全情况	(1) 准备接地线，标示牌及防护栅等； (2) 在监护下，执行及恢复工作票上规定的安全措施； (3) 根据值班员负责人的安排参加检修组工作

注：1. 学习（实习）值班负责人、值班员、助理值班员在学习（实习）期间可分别在值班员负责人、值班员、助理值班员的监护下进行职责范围内的工作，并对其负责，其相应的监护人员亦有同样责任。
  2. 值班负责人可临时代替值班员或助理值班员的工作。

6. 电力调度员的职责

（1）负责所辖范围内的供电生产工作，保证整个城市轨道交通供电系统安全运行和连续供电。

（2）认真贯彻执行有关规章、制度、命令和上级指示。

（3）执行供电协议有关条文，负责城市轨道交通与城市供电部门间供电范围内的有关工作协调与联系。

（4）执行供电系统的运行方式；制定故障下系统的紧急运行模式。

（5）对电调管辖范围内的设备在OCC远方直接进行设备停启、运行方式转换的操作，对OCC不能进行远控的设备，电调负责编写操作票发令到变电所值班员当地操作。

（6）审核所辖设备检修计划，根据批准的计划要求，组织设备的检修和施工，并负责对施工安全进行把关，对施工过程进行监控。

（7）指挥供电系统内的事故处理，参加事故分析，制定系统安全运行的措施。

（8）负责对供电系统的电压调整、继电保护、安全自动装置设备进行运行管理；执行继电保护及自动装置的运行、更改方案。

（9）收集整理本系统的运行资料并进行分析工作，总结交流调度运行工作经验，不断提高系统调度运行和管理水平。

2.2.3 变电所无人值班的管理

在实现变电所无人值班时，对调度端的电调和站端的变电所值班（巡视）人员的要求均与有人值班时不同。由于地铁变电所具有站多、分散、距离短、方便巡视的特点，结合组织架构设置和人力资源的要求，可实行"无人值班，有人巡视"的办法。地铁变电所的日常管理可实行分段管理，一个工班负责一个分段区域（一般是4~6座车站，即7~10座变电所）的值班、巡视、日常维护和操作及事故处理。为保证能迅速、准确地接收当值调度的命令，及时赶赴现场，设立分段值班室，值班室应设置在与电调联系方便的牵引变电所，以利于及时掌握设备运行状态，该值班室设置一名分段值班员。在实行变电所无人值班的初期，分段管理的原则可按如下考虑。

1. 站端变电所值班（巡视）人员的管理原则

（1）职责

1）按调度命令进行就地倒闸操作。值班人员为倒闸操作人（即变电所工作要令人），同时兼任变电所内工作许可人。有关检修班组工作负责人为倒闸操作监护人；若不是检修作业而进行的倒闸操作，由区段内其他人员做监护人。

2）一般地，每天每分段设置一名分段值班员24h在分段值班室值班，负责分段值班室所在车站的变电所的巡视和可能的倒闸操作、事故处理及本分段运行情况的收集；另设置两名巡视人员在白班负责除分段值班室所在车站外的变电所的巡视和可能的倒闸操作、事故处理。

3）变电所设备正常巡视至少每天1次，节假日巡视每天至少2次，特殊巡视及增加巡视次数按相关规定执行，各分段的巡视人员巡视结束后，若无特别事情，须回分段值班室待命。

4）一般地，各分段的巡视人员每天在巡视结束后，须将巡视变电所的《运行日志》送回分段值班室交由该室值班员保存，并将巡视情况交代给值班员。

5）各分段的巡视人员在离开分段值班室前去巡视前，必须先告知电调去向并取得其许可方可前去。分段值班室的交接班按有关规定及交接班制度执行，若遇所辖范围变电所（包括分段值班室所在车站外的变电所）内主要一、二次设备运行方式有较大变动或存在较严重的设备缺陷或运行情况异常或交接双方认为有必要到现场时，交接双方应一同到现场进行交接、检查、确认。

（2）倒闸操作

1）凡具备遥控功能的设备倒闸操作，由当值电调负责遥控操作。其余操作由现场人员进行，并必须按规定各自填写操作票。

2）有计划的或可预见的操作，根据情况由电调命令巡视人员提前到达需操作的变电所，听从指挥。

3）倒闸操作由两人进行，一人负责操作，一人负责监护，现场操作人员到达现场执行前，还需与当值电调联系并取得许可后方可操作。

4）现场操作人员按当值电调命令进行现场操作及事故处理，操作后要立即报告当值电调。

（3）设备异常及事故处理

1）当设备发生事故危及人身及设备安全时，值班人员有权先将事故设备停电，然后立即汇报电调及有关领导。

2）在所辖分段内出现设备事故跳闸时，值班人员必须尽快赶到事故现场，检查设备情况并汇报电调，并在电调的指挥下立即着手处理事故。

3）远动装置失灵或不具备"四遥"功能的设备发生事故时，值班人员须汇报当值电调，并做好记录，按电调的命令处理事故。

2. 调度端管理原则

（1）任务和职责

1）电调是整个供电系统的运行监控指挥人和操作执行人

2）当值电调必须认真监视各站的运行情况，并详细填写《运行日志》。

3）交班时，须认真仔细交接，并试验警报音响是否正常。将本班中存在的问题和缺陷（包括远动系统）向下一班交代清楚，重大问题向直接领导直至上层主管领导汇报。

4）操作时，一人操作，另一人监护，认真核实操作设备无误后再执行，并注意主机一次系统图设备位置显示及参数变化是否正确。如有疑问，应派变电值班巡视人员到现场检查开关设备实际位置及设备状况。

（2）设备异常及事故处理

1）按"先通后复"的原则，用一切可能的方法（包括改变运行方式和动用设备的过负荷能力）尽力保证对接触网等重要负荷的供电。

2）在遥控操作及断路器跳闸或重合闸后，应立即检查遥信、遥测及打印记录是否正常。如有疑问，应派变电值班巡视人员到现场检查。

3）遥控操作时，若发生拒动或遥测、遥信异常等情况时，应按下列步骤进行检查。即检查调度端控制室设备及远程通信是否正常工作；派变电值班巡视人员到现场检查站端设备是否正常，判明是否远动终端装置异常或变电所一、二次设备故障，根据情况分别进行处理。

4）遥信动作后，应首先检查屏幕显示与打印记录是否相符，否则，应另行做好记录，然后根据具体情况分别对待复归信号。复归信号一般按下列规定进行，即对主设备的主保护动作跳闸，必须待处理人员到达现场检查后，根据技术条件由电调遥控复归或由现场人员奉令复归保护的动作信号；无需派人到现场检查处理可恢复供电的或已恢复供电的，可用遥控复归。

2.3 运行管理的有关规程和制度

为加强城市轨道交通供电系统的运行管理工作，其管理部门除具备国家、行业颁发的有关规程、制度、标准、规定、导则、条例外，还必须根据具体情况制定实际可行、且可操作的管理制度，以便各级人员有章可循，并便于积累资料和进行分析，进而提高各级人员的技术管理水平。

2.3.1 质量及成本管理

1. 质量管理

（1）为保证维修质量，城市轨道交通供电系统用料入库前，验收部门应对重要零部件和线材进行检查，确认出厂合格证、检验报告与产品一致后实施验收，向设备管理部门提供验收报告，否则不得上线使用。

（2）运行班组和设备管理部门应分别建立相关记录，实现网络化管理和数据共享。

（3）运行维修要落实记名制度。每次作业完成后应及时填写相应记录并签认。班组长和分部主管人员要定期检查各项任务完成情况并签认。

（4）更换关键零部件后，应记录所更换设备的名称、材质、型号、厂家等信息，并修订相关技术资料。

（5）设备管理部门应定期组织开展运行质量分析，并分别编制质量分析报告。

质量分析应根据检测和运行过程中存在问题，对设备质量状态进行综合诊断，找出设备在运行中出现的特殊性、普遍性问题及质量状态变化规律，针对反映出的质量问题，制定整治措施，纳入维修计划。质量分析报告主要内容包括：
1) 检测、维修计划完成情况。
2) 检测、维修及设备运行中发现的具体问题。
3) 产生问题的原因分析及采取的措施。
4) 质量状态的变化规律和趋势。

2. 成本管理

城市轨道交通供电系统运行成本可实行预算管理。设备管理部门应根据设备使用状况，科学合理安排各项费用。设备管理部门，应根据预算对成本费用预测、控制、分析和审核；建立以预算管理为核心的成本核算体系，以及技术组、运行班组预算责任考核机制，发挥主要职能作用，加强成本管理，严格成本控制。设备管理部门应定期召开经济活动分析会，检查成本费用情况，分析超支原因，提出整改措施；大力开展技术革新活动，努力降低能源、材料消耗，严禁支出超预算。

城市轨道交通供电系统运行成本主要划分为四个部分：折旧费用、检修及维护费用、技术改造、委外及工程费用和人力成本费用。

（1）折旧费用

折旧费包括主要设备、电缆线路等的折旧费。

（2）检修及维护费用

做好运营期间设备运行维护费用的控制。初期建设建议选择质量好的设备，将来的维护费率低能降低运行维护费用。如果在建设时期只考虑建设期的单一成本，采用可靠性差的设备，虽然降低了建设期的投入，但是很可能由于设备的可靠性差，造成以后的运行过程中故障次数的增加，增加运行维护费率，而运行期占据设备全生命周期成本的大部分时间，运行期的费用高会导致整个设备全生命周期成本的大幅度增加，因此在建设期把握住设备的质量，购买可靠性高的设备是降低运行费用的关键。

降低设备年平均故障率。运营期的成本费用中有很大一部分与设备故障、中断运营损失成本有关，如果能提高设备的可靠性，降低设备年平均故障率、设备年故障中断供电时间、设备故障平均修复成本，就能够降低设备故障的损失成本，从而降低运营期的成本。

检修成本控制，在检修工艺、消耗定额以及设备故障修中体现。按照设备特性、厂家技术建议以及运行经验，准确地制定符合设备检修要求的消耗定额以及故障检修备件采购计划，可以降低设备检修及维护费用。

设备采购。固定资产、材料和备件等采购，按照全面预算要求，结合设备及线路特性、运行经验以及设备评估，从设备检修维护、保障等需求的基本面出发，合理进行设备采购，从而控制设备采购成本。

（3）技术改造、委外及工程费用

根据设备运行情况及需求，不定期开展设备技术改造，委外试验、维修以及大型改造、设备更新等项目，组织项目预估、项目预算编制等工作，合理开展此类项目，控制成本费用。

（4）人力成本费用

根据人力资源相关规定，按照设备特性，制定人力配置标准，控制人力成本费用。

2.3.2 变电所管理规程和制度

一般而言，变电所的技术管理中应建立和保存如下的规程和制度：

(1) 电力工业技术管理法规；
(2) 变电所安全工作规程；
(3) 变压器运行规程；
(4) 整流机组运行规程；
(5) 电力电缆运行规程；
(6) 蓄电池运行规程；
(7) 电气测量仪表运行管理规程；
(8) 电气事故处理规程；
(9) 继电保护及安全自动装置运行管理规程；
(10) 电气设备交接和预防性试验标准；
(11) 供电系统电压和无功调整规定；
(12) 变电所运行管理制度；
(13) 电气装置安装施工及验收规范；
(14) 各种反事故技术措施。

以上规程和制度，根据具体的执行情况，可单独成册或合订。以下介绍现场运行规程的编制依据及内容、设备接管验收、运行人员值班等相关规程制度。

1. 现场运行规程

根据供电生产的特点和长期的实践经验，供电部门应科学地总结和制定一套保证电力系统安全运行的规程和管理制度。但由于各供电单位设备配置不同，各变电所现场接线方式不同以及运行方式的不断变化，现场会出现各种不同的运行情况。对运行人员，要求不仅熟悉各种设备的构造、性能和工作原理，还应熟悉系统的连接方式和各种保护的配置情况，熟悉设备的操作和故障处理办法，能熟练处理各种异常情况。因此，必须在各种生产场所分别制定适应本场所设备具体情况的运行规程——现场运行规程，例如《某变电所现场运行规程》等。以下重点介绍变电所现场运行规程的编制、修订和执行中的注意事项。

现场运行规程的编制应在新变电所投运前完成，投运满一年时定稿。运行中设备更换时，应及时修改规程。变电所扩建时，除应补充新装设备的内容，还应对涉及原运行部分的条文予以修改。

(1) 现场运行规程的编制依据

现场运行规程的编制和修订的主要依据有以下几个方面：

1) 电力工业技术管理法规；
2) 供电行业中已成文的各种电气设备运行规程、安全工作规程和运行管理规程；
3) 本变电所一次结线、保护配置等设计资料；
4) 本变电所各种设备技术性能、使用说明等制造厂家资料；
5) 与变电所或系统有调度业务联系的调度部门制定的调度规程；
6) 本单位运行实践经验。

(2) 现场运行规程的内容

现场运行规程一般应包括下列内容：

1) 各级运行人员及运行管理人员的岗位职责；
2) 主要设备的性能、特点、正常和极限运行参数；

3）设备和建筑物在运行中检查巡视、维护、调整的要点及注意事项；

4）设备的操作程序；

5）设备异常及事故情况的判断、处理和注意事项；

6）有关安全作业、消防方面的规定。

其中第1）项有关人员的岗位责任也可与其他制度（如交接班制度、缺陷管理制度等）编在一起称为运行管理制度。第4）项设备的操作程序，也可单独编为《某变电所的现场倒闸操作规程》，仍属于现场运行规程的一部分。

需要强调的是电气设备的正常运行巡视，倒闸操作和事故处理是运行工作的主要内容，变电所的现场运行规程不论采用什么编写形式，都必须突出这方面的内容。

（3）现场运行规程的修订

现场规程的修订过程是学习和深入体会规程精神实质的过程。除了扩建和更改工程完工后应组织对现场规程进行修改、补充外，正常运行的变电所也应定期组织对现场规程进行修订。修改、补充的根据，一般来自下列资料：

1）运行分析报告中发现原规程的错漏或不足之处；

2）反事故演习中发现的规程中不够明确的条款；

3）事故分析中发现的错漏之处。

2. 变电所运行管理要求和制度

规程制度是生产实践经验的总结，是有效组织生产和建立正常秩序的保证。运行规程是一种技术规程，技术规程是靠人员去贯彻实施的。因此，还必须建立相应的管理规程或管理制度，去制约人员在工作中的行为，以保证技术规程的正确执行。变电所运行岗位除了要认真执行现场规程外，还必须遵守下列各项管理制度。

（1）设备接管验收要求

变电所新建、改（扩）建的一、二次设备的工作完成后，必须经过质量验收。设备验收工作结束后，应按照有关要求填写有关检修、试验记录，并履行相关手续。交接手续完备后，方能投入系统运行。地铁牵引供电系统工程施工质量应按下列要求进行验收：

1）工程施工质量应符合本标准和相关专业验收标准的规定。

2）工程施工质量应符合工程勘察、设计文件的要求。

3）参加工程质量验收的各方人员应具备规定的资格；各种检查记录表签证人员应报建设单位确认、备案。

4）工程质量的验收均应在施工单位自行检查评定合格的基础上进行。

5）隐蔽工程在隐蔽前应由施工单位通知监理单位进行验收，并形成验收文件。

6）涉及结构安全的试块、试件和现场检验项目，监理单位应按规定进行平行检验、见证取样检测和见证检测。

7）检验批的质量应按主控项目和一般项目验收。

8）对涉及安全和使用功能的分部工程应进行抽样检测。

9）承担见证取样检测及有关结构安全检测的单位应具有相应的资质。

10）工程的观感质量应由验收人员通过现场检查共同确认。

（2）值班制度

虽然实现无人值班后，大部分设备具备"四遥"功能，但由于考虑经济的原因还有一部分设备，如大部分低压开关、部分有载开关、隔离开关等，还需就地操作和定期巡视。根据我国国情，目前变电所还需安全保卫，因此，无人值班的管理模式之一是有人值守，无人值班。

1）牵引变电所值班人员应接受电力调度的统一指挥，保证安全、可靠、不间断地供电。

2）应值班人员应在职责范围内进行各项工作。

3）值班人员当班时应做到：

a. "五熟""三能"。

b. 正确执行电力调度命令，按规定进行倒闸、办理工作票并做好安全措施，参加有关的验收工作，监护现场作业人员。

c. 按规定及时、正确地填写各种运行记录和报表。

d. 按规定巡视设备。当发现设备缺陷、异常现象，或发生事故时，应尽力妥善地处理，并按信息反馈渠道及时报告有关部门。

e. 严格执行有关规章、制度、细则、命令及指示。

f. 管好仪表、工具、安全用具、备品、钥匙及图纸、资料。

g. 保持所内清洁卫生，搞好文明生产。

h. 不擅离职守，不做与当班无关的事。不擅自互相替班、换班，特殊情况应经班组长批准方可变更。

4）接班前、值班中均应禁止饮酒。到岗前应充分休息，以保证精力充沛地完成本职工作。

5）控制室应保持安静。非当班人员及检修人员未经许可不准进入控制室、高压室和设备区。其他人员入所须按有关规定办理手续。

（3）交、接班制度

1）交、接班必须按照规定的时间严肃、认真地进行。接班人员未到，交班人员不得离岗，接班人员超过规定时间仍未到时，交班人员应报告上级领导，直至作出妥善安排。

2）交、接班前，交班人员应进行本班工作小结，将交、接班事项填入运行日志中。交班人员应提前半小时做好交班准备工作。

3）交、接班时应避免倒闸操作和办理工作票。如遇有重要或紧急倒闸操作以及处理事故等特殊情况，不得进行交、接班或暂停交、接班，只有倒闸完毕或处理事故告一段落时，经电力调度或班组负责人同意后方可进行或恢复交、接班。在交、接班当中发生事故或设备出现异常时，虽暂停交、接班，但接班人员应主动协助处理。

4）交、接班内容由交班人员介绍，并由交、接班人员按下述内容共同巡视检查。

a. 设备在交班时的运行方式，前一班的倒闸情况。

b. 前一班发生的事故和所发现的设备异常以及处理情况。

c. 断路器跳闸情况，继电保护及自动、远动装置的运行及动作情况。

d. 设备变更和检修情况，尚未结束工作票的检修设备，尚未拆除的接地线的地点、数目，以及尚未恢复的熔断器等。

e. 各种记录是否齐全，所记内容是否符合实际情况及有关规定。

f. 仪表、工具、安全用具、备品、钥匙及图纸、资料等是否齐全、完好。

g. 下一班即将开展的计划检修项目或配合检修项目。
　　h. 下一班需重点关注的内容。
　　i. 设备整洁、环境卫生、通信设备等方面的情况。
　5）交、接班双方一致认为交、接无问题后方可办理交接手续。即由接班负责人签字并宣告交、接班工作结束，然后转由接班人员开始执行值班任务。
　6）接班后，新接班的值班负责人应向电力调度报告交、接班情况，并根据设备运行、检修以及气候变化等情况，思考运行中的注意事项，做好事故预想等。
　　注：无人值守的变电所不进行交接班，下同。
（4）巡视制度
　1）巡视人员应按有关项目和要求，结合本所的设备运行情况，按规定的巡视路线进行巡视。
　2）巡视应按以下要求进行：
　　a. 交接班巡视：每日交接时进行。
　　b. 全面巡视：每班中间按照检修规程要求进行巡视。
　　c. 熄灯巡视：结合全面巡视时进行。
　　d. 特殊巡视：在遇有异常气候时（潮湿、高温、寒冷、台风、雷雨、冰雹等），或新安装及大修后的主变，或断路器跳闸后，针对上述特殊情况时应加强巡视。
　　e. 测温/热成像巡视：按照检修规程要求，定期进行关键设备测温或热成像。
　3）巡视内容
　　a. 交接班、全面巡视：全部设备的全部项目。
　　b. 熄灯巡视：各种设备的绝缘件和电器连接部有无放电或异常发热。
　　c. 特殊巡视：异常天气时有无绝缘破损、裂纹和放电；重点设备的电气连接、油色、声响和气味。
　　d. 测温/热成像巡视：各种设备的主要发热部件是否有异常发热；重点设备整体热成像结果是否正常。
　4）巡视应做到：
　　a. 单独巡视可由值班员进行，但严禁进入设备带电区域。
　　b. 巡视人员进行巡视时不得从事其他工作。
　　c. 各种巡视均应通知电调，巡视后由巡视人员在运行日志上记录，发现缺陷时要及时汇报，必要时采取应急措施进行处理，并填写设备缺陷记录，班组负责人应对缺陷进行检查并制定处理措施进行妥善处理，且需复查处理后的情况是否正常。
（5）缺陷管理制度
　　设备缺陷管理制度是要求全面掌握设备的运行状态，以便及时发现设备缺陷，认真分析产生的原因，并予尽快消除。掌握设备的运行规律，保证设备处于良好的技术状态，努力做到防患于未然，是确保设备安全运行的重要环节，也是科学安排设备检修、校验和试验工作的重要依据。
　　按对供电安全构成的威胁程度，缺陷分为严重缺陷和一般缺陷。严重缺陷是指对人身和设备有严重威胁，若不及时处理有可能造成事故的缺陷。一般缺陷是指对运行虽有影响，但尚能安全运行的缺陷。有关人员发现缺陷后，无论消除与否均应由运行值班人员在运行日志和缺陷记录簿中做好记录，并向有关领导汇报。对于严重缺陷，应及时组织人员进行消除或采取必要的措施，防止其造成事故。对于一般缺陷，可列入设备检修计划进行检修处理。

(6) 运行分析制度

定期地进行运行分析是提高供电质量、保证安全运行的重要技术组织措施。运行分析应包括下述内容。

1) 岗位分析：包括检查分析工作票、作业命令记录、倒闸操作记录及各项制度执行情况；统计倒闸操作正确率、办理工作票正确率、违章率；对发生违章的班组和个人找出原因并提出改进措施。此项分析一般每月或至少每季进行一次。

2) 计量分析：包括分析负荷情况；统计负荷率、最大小时功率、平均小时功率；统计受电量、供电量、自用电量、主变压器损耗、功率因数，并分析判断电能电量与实际负荷是否相符；核算主变压器是否经济运行，以决定单台或多台并联运行等。一般每日抄表后进行一次日分析，每周或至少每半月进行一次阶段分析。

3) 检修分析：包括分析检修计划完成情况，对未完成或延长检修期限的原因作出说明；统计每台（屏）设备定期检修消耗的材料和工时；统计每月维护检修所消耗的材料费用。

4) 设备运行分析：指对电气设备、继电保护、自动、远动装置和仪表等的运行情况、事故、故障、缺陷、异常等进行的分析。具体做法是根据有关记录对投入运行以来及当时出现的现象、有关的操作、处理的措施、恢复的情况等进行统计、分析（评价），从中总结经验教训，以便有针对性地加强检修或进行技术改造。变电所进行的专项设备运行分析一般有下列几种。

a. 变压器运行分析：内容包括变压器每月的最高及最低油（绕组、铁芯）温、最大和最小温升、过负荷情况、投运时间、投切次数、承受穿越性短路电流次数等。

b. 断路器运行分析：内容包括累计跳闸次数、每次跳闸时的短路电流、电压值、气压变化情况，以及断路器本身拒动、误动次数及原因等。

c. 电容补偿装置运行分析：内容包括投切次数、投运时间、投运效果等。

d. 继电保护、自动、远动装置运行分析：内容包括撤出运行的次数、时间和原因；动作的次数和原因；拒动、误动的次数及原因；核算动作正确率等。

2.3.3 接触网管理规程和制度

1. 接触网工作的有关规章和规程

对于从事接触网运行维修人员，掌握有关规程规章是十分必要的。有关接触网运行维修的规章、规程主要有：

(1)《接触网安全工作规程》；
(2)《供电设备检修内容（接触网部分）》；
(3)《供电设备检修周期与工作内容（接触网部分）》；
(4)《通用电气安全规则》；
(5)《供电系统事故管理规则》；
(6)《行车组织规则》；
(7)《车厂运作手册》；

(8)《行车设备施工管理规定》；
(9)《调度手册电调分册》；
(10)《作业安全守则》；
(11)《突发事件应急处理办法》；
(12)《应急信息报告程序》；
(13)《事故抢险组织程序》；
(14)《设备技术鉴定办法》。

2. 接触网工作的相关要求和制度

(1) 设备接管验收要求

1) 接触网设备开通运行前，应按规定进行检查验收，符合下列条件方可接管运行：

① 接触网设备经过验收具备送电开通条件。

② 危及供电安全的树木清理、线缆迁改以及侵限建筑物拆除均已完成。

③ 设备管理部门及班组（包括车站应急值守点）的房屋、水电、通信、通风等生产、生活设施已竣工，并交付使用。

④ 设备管理部门及班组开展检测、维修以及抢修工作所需的工机具、材料等配备齐全。车间、班组标准工具配置见表2-2、表2-3（以柔性悬挂接触网为例，具体数量根据线路特点适当调整）。

⑤ 设备管理部门收到开通所需的竣工文件和技术资料。

2) 接触网设备开通前，资产管理单位（或建设单位）应组织设计、施工、供应商等相关单位，向设备管理部门提供下列书面和电子版技术资料：

① 接触网竣工工程数量表。

② 接触网竣工图纸。主要包括供电分段示意图，车站、区间接触网平面布置图，供电线路平面布置图，接触网装配图，设备零件图及安装曲线，接触线磨耗换算表等。

③ 工程施工记录。主要包括隐蔽工程记录，锚栓拉拔试验记录，轨面标准线记录（主要包括支柱侧面限界、外轨超高等），不同电压等级附加导线、引线、接触悬挂等线索交叉时的最小间距及对地距离等。

④ 每根支柱装配图表（主要包括定位、支持装置、相邻跨距吊弦等）。

⑤ 各种线索、零部件、设备安装档案（主要包括生产厂家、批次、安装地点和安装时间等）。

⑥ 设备、零部件、金具、器材的技术规格、合格证、出厂试验记录和试验报告、安装维护手册（使用说明书）。承力索、接触线、绝缘部件及接触网零部件等抽样检验报告，电缆相关资料（主要包括电缆及附件合格证、出厂试验报告、现场试验报告、电缆清册、电缆路径图等）。

⑦ 项目可行性研究、初步设计及其批复文件、施工设计（含变更设计）图纸及审核意见资料。

⑧ 设备招标技术规格书、采购的产品供应合同以及施工单位工程质量保证合同。

⑨ 上跨接触网电线路（主要包括上跨电线路名称、位置、电压等级、上跨线高度、产权单位及联系方式等）。上跨接触网的构筑物（主要包括构筑物名称、位置、最近的构筑物墩距线路中心的距离，接触网带电部分距构筑物最小距离、产权单位及联系方式等）

有关资料。

⑩ 开通前最后一次接触网几何参数静态测量数据、波形图、动态检测波形图及检测报告。

3）接触网设备投入运行前，设备管理部门要做好运行准备工作，配齐并培训运行管理人员，组织学习有关规章制度，熟悉即将接管的设备；配合有关部门共同做好供电运行安全知识的宣传教育工作。

4）为保证接触网设备可靠供电，禁止从接触网上引接非牵引负荷。

5）为保证接触网与线路的相对位置，应在接触网支柱的线路侧或站台侧墙、隧道一侧的边墙上标出轨面标准线。

在新线接管时，由施工单位标出轨面标准线，接触网、线路专业共同复查确认。

标准工具配置 表2-2

序号	物资名称及型号规格	单位	数量
1	3～2式滑轮组	把	2
2	测斜尺	套	2
3	D型吊环：1t	个	10
4	D型吊环：3t	个	6
5	双钩紧线器	套	4
6	接触网参数测量仪	套	2
7	八角锤：1.8kg，带柄	个	2
8	白棕绳：ϕ12	千克	5
9	白棕绳：ϕ6	千克	5
10	单轮开口吊钩滑车：1.5t	套	4
11	导线直弯器	套	4
12	电锤钻：含快速释放夹头1套，全系列钻头（6.5～28mm）及配套转换头2套	台	1
13	电焊机：380V/220V，5～6.5kW	台	1
14	断线钳 750mm 管柄式	把	1
15	轨距尺	套	2
16	发电机：2000W，220V	把	1
17	方锹：带柄	把	4
18	防水碘钨灯架：220V，200W	个	4
19	钢锯架：300mm	把	4
20	钢钎：d28mm×1.5m，六角柄	把	4
21	钢丝绳牵引机（3t，钢丝绳长30m）	套	2
22	单警强光手电筒，暖白光	把	10
23	高压直流验电器：户外型，杆5m，DC1500V，启动电压250～350V	套	20
24	工具箱：508mm×218mm×243mm	个	4
25	管子钳：450mm	把	2
26	滑轮：3t	个	2
27	黄油枪：压杆式 400mL	支	2
28	化学螺栓安装工具：含专用机械夹具及打入冲头清洁钻孔气筒各1套	套	2
29	螺栓安装工具：含钻头及打入冲头各1套	套	2
30	活动扳手：375mm	个	4

续表

序号	物资名称及型号规格	单位	数量
31	活动扳手：450mm	把	4
32	激光测距仪	套	4
33	尖头锹：全长570mm，杂木柄	把	4
34	角磨机：530W，100mm，（适用砂轮100mm×6mm×16mm）	台	1
35	接触网紧线器：Ⅰ型，16～70	套	6
36	接触网紧线器：Ⅱ型，50～150	套	10
37	接触网紧线器：Ⅲ型，150～300	套	6
38	接触网梯车：轻型铝合金隧道内型	套	2
39	接触网梯车：轻型铝合金地面型	套	4
40	接触线调直器	套	4
41	接触线煨弯器	套	2
42	接触线校正扳手	套	10
43	接地电阻表：ZC-8，1000Ω	套	1
44	绝缘手套：12kV	双	10
45	绝缘靴：30kV	对	5
46	拉力表：0～200N	个	1
47	拉力表：0～50kN	个	2
48	拉力带：1t	套	8
49	拉力带：2t	套	8
50	拉力带：3t	套	8
51	铝合金人字梯：5级、7级、9级、13级	把	各4
52	千分尺	把	1
53	塞尺：0.02～1mm、17mm×150mm、0.02～0.1mm，200mm	把	各1
54	万用表	个	1
55	铝合金水平尺600mm	把	2
56	铝合金梯：21级，伸缩（二节）Ⅱ级	把	2
57	铝合金梯：13级、单面	把	2
58	木柄安装锤	把	2
59	扭力扳手：0～100N·m	套	2
60	皮卷尺：30m，50m	把	各1
61	钳工锤：1kg，带柄	把	2
62	强光防爆方位灯	套	20
63	十字钢镐：尖扁A型，4/620	把	4
64	手扳葫芦：1.5t，3m	套	2
65	手板葫芦：1.5t，6m	套	2
66	手扳葫芦：3t，6m	套	2
67	手电锯：φ185mm，5A，1050W，手提式	把	1
68	手拉葫芦：3t，3m	套	2
69	手提式多功能喊话器	个	2
70	手用钢锯条：300mm×12mm（18t）	条	10
71	手用钢锯条：300mm×12mm（24t）	条	10

续表

序号	物资名称及型号规格	单位	数量
72	水平尺：1200mm	把	2
73	铁锤：带柄，6磅	把	2
74	铜锤：2kg	个	2
75	往复锯：含21、22号锯片各5条	套	1
76	望远镜：20×50	个	6
77	物流箱：有效内尺寸：520mm×315mm×185mm，单箱承载≤25kg，自重2.2kg（含提手）	套	10
78	物流箱：有效内尺寸：535mm×360mm×263mm，单箱承载≤40kg，自重3.5kg（含盖，加强底）	套	10
79	线坠：0.5kg，带线	个	4
80	电缆盘架：LDA-3×1.5mm^2，50m，16A（或20A），220V	套	2
81	型材切割机 ϕ350	台	1
82	兆欧表：1000MΩ/1000V	个	1
83	兆欧表：2500MΩ/2500V	个	1
84	直流接地线：HBDC70mm^2，线长5.5m含线夹、隧道型新型伸缩型杆（黄色）	套	6
85	直流接地线：HBDC70mm^2，线长6.5m，含线夹、地面型新型伸缩型杆（红色）	套	10
86	便携式调角防爆应急工作灯	套	10
87	手电钻：钢材：10cm；木材：18cm；输入功率：285W，无负载旋转数：FD10SA2，300转/min FD10VA0-2，300转/min，夹头能力：10cm	把	1
88	液压螺母破碎机：切断范围12.7~30mm	套	1
89	充电式螺帽破碎机	套	1
90	手动液压泵：附2m管和快速接头	套	1
91	手扳葫芦：3t，15m	套	2
92	绝缘放电杆：额定DC1500V，最高DC1800V，200kΩ，杆长5m，铝合金盒包装	套	6
93	手动液压切刀（含切断模MFC-120CN、MFC-150CN）	套	1
94	直磨机	把	1
95	压接钳：含模具16~400mm^2	把	1
96	台式打磨机	把	1
97	台虎钳：150mm	个	1
98	手动铆枪	把	2
99	曲线锯	把	1
100	不锈钢直尺	把	1
101	斜嘴钳：175mm	把	2
102	内六角扳手：6~12mm	把	各1
103	螺丝刀：300mm	把	2
104	管子扳手：350mm、400mm	把	各1
105	钢卷尺：5m	把	1
106	电烙铁：30W，50W	把	各1
107	冲击钻	把	1
108	电工套件：24件套	套	1
109	锉刀：7件套，内有平锉、圆锉、三角锉等	套	1
110	砂轮切割机：手持式	台	1
111	整形锉：5件套 200mm	套	1

班组标准工具配置　　　　　　表 2-3

序号	物资名称及型号规格	单位	数量
1	省力型尖嘴钳：150mm	把	2
2	斜嘴钳：175mm	把	2
3	带刃口剥线钳	套	2
4	断线钳：200mm	把	1
5	白铁剪：200mm	把	2
6	大力钳（直口）	把	2
7	万能夹钳：250mm	把	2
8	9件套公制加长内六角扳手	套	1
9	12件套英制加长内六角扳手	套	1
10	12件套公制专利型全抛光快速棘轮两用扳手	套	4
11	公制全抛光棘轮两用扳手21mm	把	4
12	公制全抛光棘轮两用扳手24mm	把	4
13	公制全抛光棘轮两用扳手25mm	把	4
14	公制全抛光棘轮两用扳手27mm	把	4
15	公制全抛光棘轮两用扳手30mm	把	4
16	公制全抛光棘轮两用扳手32mm	把	4
17	全抛光双梅花扳手：公制8～27mm，11件	套	4
18	整形锉：5mm×180mm，10件	套	1
19	一字、十字螺钉旋具组套：8件	套	2
20	电信工具组套：53件	套	1
21	12.5mm系列组套工具：公英制58件	套	1
22	试电笔：数字感应式	支	4
23	电工刀：70mm	把	2
24	美工刀：8节，18mm×100mm	把	2
25	工具箱：508mm×218mm×243mm	个	2
26	电烙铁：40W，内热式	把	1
27	热风枪	把	1
28	电工钳子组套	套	1
29	钢锯架：300mm	把	2
30	线坠：0.5kg，带线	个	1
31	钢卷尺：5m	把	2
32	皮卷尺：50m	把	1
33	电子数显卡尺：0～200mm	把	2
34	塞尺：0.02～0.1mm，200mm	把	2
35	塞尺：0.05～1.00mm，14mm×150mm	把	1
36	数字式万用表	个	1
37	活动扳手：380mm	把	2
38	活动扳手：375mm	把	2
39	充电式电动起子电钻：钻能力　软钢：10cm；木材：10cm；电压：7.2V；无负载旋转数：600转/min	台	1
40	样冲：5件	把	2
41	半圆锉：200mm，细齿	把	2

续表

序号	物资名称及型号规格	单位	数量
42	方锉：200mm，中齿	把	2
43	齐头扁锉：250mm，粗齿	把	2
44	齐头扁锉：250mm，中齿	把	2
45	齐头扁锉：250mm，细齿	把	2
46	齐头扁锉：250mm，油光齿	把	2
47	三角锉：200mm，中齿	把	2
48	钢扁凿：150mm	把	2
49	整形锉：5件套，200mm	套	1
50	套筒扳手：46件套	套	1
51	双头扳手：350~430mm	把	4
52	双头扳手：430~480mm	把	4

（2）接触网作业制度

1）接触网检修作业，实行工作票制度，工作票按作业方式分为停电作业、远离作业两种形式。

2）停电作业工作票适用于下列作业：

a. 需要接触网停电的作业；

b. 距离接触网带电部分1m范围内的作业。

3）远离作业工作票适用于距带电体1m及以外的高空作业和复杂的地面作业。

4）工作票由供电车间批准的发票人签发，交工作领导人执行，用后交值班人员保存，发票人和工作领导人安全等级不得低于4级。

5）工作票一式两份，填写时应字迹清楚正确，不得用铅笔填写或任意涂改、删添，有效期不得超过6个工作日，保存期不得少于3个月，工作票一份交工作领导人执行，一份由发票人保存。

6）工作票应在前一天由发票人交给工作领导人，使其有足够时间熟悉内容及做好准备，并讲清注意事项。工作领导人有疑问时发票人应解释清楚。

7）执行工作票时应做到：

a. 发票人不得兼任作业领导人；

b. 未经发票人同意，不得改变工作票中的工作条件；

c. 一张工作票只能发给一个工作领导人，一个工作领导人手中不应同时接受两张工作票；

d. 事故抢修可不签发工作票，但应有电调命令。

8）发票人应对下列各项负责：

a. 作业的必要性；

b. 作业是否安全；

c. 工作票中的安全措施是否完备；

d. 所派工作领导人和作业组成员是否合格和足够。

9）工作领导人应对下列各项负责：

a. 作业地点时间、作业组成员等是否都符合工作票中所提的要求；

  b. 作业地点所采取的安全措施是否正确完备；

  c. 时刻在场监督作业组成员的作业安全，如果必须短时离作业地点时，要指定临时代理人，否则停止作业，并将人员和机具撤至安全地带。

  10）作业成员应做到：

  a. 服从工作领导人的指挥调动，遵章守纪；

  b. 对不明白和有疑问的命令要果断及时提出，当解释清楚后再执行，确保安全作业。

  （3）交接班制度

  1）交班应在值班室当面进行，不得以书面或者第三者传交、传接。

  2）交班时应做到：

  a. 清点、检查值班用品、用具。

  b. 检查报表记录。

  c. 检查消防器材用具。

  d. 检查卫生状况。

  e. 介绍工区设备、生产、安全、节约等情况。

  3）交班人员应主动讲清楚值班时工段的情况，不得漏交，并对值班用品的齐全、完好负责。

  4）接班人应主动询问交接疑问，查对值班用具和值班记录，发现问题应由交班人弄清并纠正。

  5）交接事项办理完后由交班者签名并注明交接时间，接班者签名后即对值班工作负责。

  6）事故发生中不可进行交接班，若必须交接班时，只有在接班者完全熟悉情况后方可办理；在未办理交接班手续前，交接班人员应密切合作。

  （4）要令与消令制度

  1）在接触网设备上进行停电作业或倒闸操作时，均需有电力调度的命令。各种调度命令应有编号和批准时间，无编号和批准时间的命令无效，要令和消令时间应以电力调度员通知时间为准。

  2）要令程序：

  a. 作业组提前半小时与电调联系，由要令人向发令人报告班组、姓名、作业地点、内容及安全措施，申请作业命令。

  b. 由发令人审查补充安全措施后，发布准许作业的命令内容。

  c. 要令人复诵命令内容。

  d. 发令人确认无误后，给予命令编号和批准时间记载于命令票中。

  e. 要令人复诵并确认命令编号和时间。

  f. 发令人确认后告诉本人姓名并登记要令人姓名，结束要令手续。

  g. 要令人将停电时间及电调提醒注意事项及时报告工作领导人。

  3）消令程序：

  a. 工作结束后，工作领导人命令撤除地线，检查现场，确保无妨碍送电及行车障碍后，消令人向发令人报告班组、姓名和命令编号，要求结束该令。

  b. 由发令人复诵确认后给消令人以消令时间记载于命令票中并告诉电调本人姓名、

结束消令手续。

4) 要令人和消令人应做到：

a. 要令人和消令人由安全等级不低于3级的人员担任，要令、消令由1人进行，只有在通信中断和意外情况下要令人可委托安全等级相当的第二人代为消令。

b. 要令人和消令人应将调度命令清楚正确地记录在作业命令票上，不得涂改和漏记。

c. 要令人和消令人应对下列各项负责：

a) 命令是否误解、误传、误记。

b) 允许作业时间是否延误。

c) 命令是否按时消除。

d. 要令、消令人应经常和作业组联系，随时掌握作业情况。作业未结束严禁提前消令和臆测消令，也不得晚消令，特殊情况要延长作业时间时，应提前15min报告电调，申请延时命令。

e. 要令人应主动报告作业中重大问题，并回答电调的提问，消令人要提前与电调联系。

（5）开工与收工会制度

1) 接触网每次检修均执行开工、收工制度，由工作领导人主持。开工、收工会时，作业组成员要列队和穿戴整齐。

2) 开工会：工作领导人检查作业组成员的穿戴；宣读工作票，布置安全措施；分派作业组成员的工作；回答作业组成员的疑问。

3) 作业组成员根据各自承担的工作，认真准备工器具和材料，并将其搬到作业车上。

4) 收工会：作业结束后，全体作业组成员开会，各作业组成员汇报工作中的安全和任务完成情况；汇报工作中遇到的业务问题、所出现的不安全现象及事故苗头等；工作领导人全面总结作业情况，指出问题，提出要求，并记录在工班日志上。

5) 作业组成员收拾工器具和材料，并入库整理。

（6）作业防护制度

1) 接触网检修作业应采取有效的防护措施：

a. 在正线区间作业时，应在区间两端车站设置防护红闪灯；

b. 在正线车站和车辆段作业时，在距作业区域两端适当处设置防护红闪灯；

c. 必要时，可设专人进行防护，其安全等级不低于3级。

2) 接触网检修作业时，由工作领导人或指派专人办理有关区间、车站封闭手续，对可能有工程车运行的区段应按下列要求设置坐台防护人员：

a. 车辆段作业时，设在车厂调度室；

b. 区间作业时，设在相邻车站站控室；

c. 车站作业时，设在该站站控室。

3) 站控室或车厂调度室防护人员应熟悉室内信号和通信设备，与值班员联系，说明工作地点、作业内容。如在车辆段占用股道作业，要得到值班员允许。并应主动询问或提醒值班员随时掌握车辆运行情况。

4) 防护职责：

a. 防止列车进入作业区。

b. 防止作业组成员、工具等被列车撞到。

5）防护人员应做到：

a. 检查并带好防护用品、对讲机、红黄信号旗、警笛等，晚上和隧道内应带信号灯；

b. 熟悉防护规定和正确显示各种防护信号；

c. 掌握作业区段的行车情况和作业进行情况。

6）防护人员的配备、设备和撤离应由工作领导人决定，未设好防护不得开工，作业未结束不得撤消防护。

（7）验电接地制度

1）接触网停电作业必须先进行验电接地。验电接地应由2人进行，1人操作，1人监护，操作人和监护人的安全等级分别不得低于2级和3级。

2）验电使用验电器，将验电器端头轻靠接触网导线，无响声则为已停电，验电器使用前要验声，不合格者，即时调换。

3）验明接触网已停电后，须在作业地点两端，以及和作业地点相连可能来电的所有停电设备上装设接地线。

4）装设接地线时，先将接地线夹紧固在牵引轨上，再用绝缘棒将另一端地线挂钩接在停电的接触导线或辅助线上。拆除接地线则顺序相反，先拆连接停电设备端，再拆接牵引轨端。整个过程中，人体不得接触接地体。

5）接地线采用截面不小于70mm^{2}的软铜绞线，不得有断股、散股和接头；接地时要连接牢固，接触良好。

（8）倒闸作业制度

1）倒闸作业应有2人进行，1人监护，1人操作，操作和监护人的接触网安全等级均不得低于3级。

2）所有隔离开关的倒闸作业必须根据电力调度命令进行，并填写隔离开关倒闸命令票，按命令内容要求迅速完成。由其他部门负责倒闸的开关，倒闸前应由操作人员向该部门值班员办理准许倒闸手续并按有关规定操作。

3）倒闸作业命令接受程序：

a. 由操作人员向电调提出申请；

b. 值班电力调度审查后，发布倒闸作业命令；

c. 操作人员受令，填写隔离开关倒闸命令票并复诵（有疑问须问清）；

d. 值班电调确认无误后，给予编号和批准时间（无命令编号和批准时间的命令无效）；

e. 操作人进行倒闸作业，监护人在场监护；

f. 操作完后，操作人员立即向电调汇报，注销倒闸命令，并填写"隔离开关倒闸完成报告单"交由该区值班员保存。

g. 值班电力调度及时发布完成时间和编号，并将命令内容等记入"倒闸操作命令记录"。

4）作业人员注意事项：

a. 操作前戴好安全帽和绝缘手套，穿好绝缘靴；

b. 确认开关编号，检查开关状态和开关接地装置是否良好；

c. 打开隔离开关操作手柄上的挂锁；

　　d. 确定操作手柄牢固可靠，与手套接触不粘不滑；

　　e. 操作时应平衡迅速，一次开合到底，中途不准发生冲击或停滞；

　　f. 操作到位后，确认技术状态是否良好；

　　g. 用挂锁将操作手柄锁定，然后离开。

　　5）倒闸作业须注意的有关事项：

　　a. 严禁线路带负荷进行隔离开关倒闸作业，隔离开关可以开、合不得超过10km的空载电流；

　　b. 隔离开关倒闸时所用绝缘手套及绝缘靴要求电气试验合格，操作前应对绝缘手套做漏气检查；

　　c. 隔离开关操作机构须用挂锁锁定，不得用铁丝或绳索等代替；

　　d. 挂锁钥匙应存放在固定地点，由专人保管，钥匙上应有标签注明相应的开关号码，并注意定期更新标签；

　　e. 相邻支柱上的隔离开关或同一根支柱上有多台隔离开关的，其钥匙不得相互通用；

　　f. 控制车辆段检修车库的隔离开关，其传动机构与检修平台上的铁门联锁，操作时应严格按有关规定进行；

　　g. 对于接地隔离开关，操作完后须检查接地刀闸是否安全到位；

　　h. 隔离开关倒闸作业整个过程要求准确迅速。

　　（9）自检互检制度

　　1）接触网检修必须执行自检互检制度，自检由操作人进行，互检由第二操作人或监护人进行。

　　2）自检时应做到：

　　a. 对设备各部按工艺、技术标准精检细检，不得漏检漏修。

　　b. 仔细检查设备质量，使其能满足安全运行至少一个周期。

　　c. 如实记录被检修设备的修前状态，修中措施和修后结论，填写有关报表记录并签名。

　　d. 对互检人指出的设备缺陷应确认复修，立即克服。

　　3）自检人应负下列责任：

　　a. 对被检修设备质量和安全负责一个检修周期。

　　b. 对检修记录的完整和真实性负责。

　　4）互检时应做到：

　　a. 监督、协助检修操作人员按工艺、项目、程序和技术标准检修。

　　b. 确认被检修设备的质量，有怀疑时亲自检查，发现问题及时提出，要求操作人员重修，使其达到技术标准。

　　c. 检查自检人员填写的记录，确认完备、真实后签名。

　　5）互检人应负下列责任：

　　a. 对被检修的质量和安全在一个周期内负次要责任，如互检人提出的缺陷遭操作人拒绝，互检人不负责任。

　　b. 对检修记录误记、漏记负次要责任。

(10) 巡视作业制度

1) 接触网工区应对管内设备进行定期和不定期巡视,巡视人员的接触网安全技术等级不低于 3 级。

2) 接触网巡视应按下列要求进行:

a. 步行巡视每半月一次,夜间巡视每季不少于 1 次。

b. 乘车巡视每季 1 次(一般由工长或工作领导人及工区指定人员进行)昼间巡视允许 1 人进行,夜间巡视不得少于 2 人。

3) 接触网不定期巡视应按下列要求进行:

a. 接电力调度口头命令进行巡视。

b. 异常天气(狂风、暴雨、山洪、塌方、爆炸作业等)应进行针对性巡视。

c. 对重点设备和试验性设备应进行重点巡视。

4) 巡视应做到:

a. 将巡视地段、日期和巡视者姓名通知电调。

b. 备齐应携带的用具(如电话柱钥匙、警笛、信号旗等)和记录本。

c. 巡视人员不得攀登支柱,无论接触网是否停电均应以有电对待。须时刻注意来往的列车。

d. 步行巡视主要检查各部零部件是否合乎要求,以及树木、飘落物、塌方落石等一切危害接触网,以及部件有无电晕闪络、发红等现象。乘车巡视主要观察集电弓取流,拉出值、接触导线硬点等情况。

e. 巡视中发现设备故障时,应主动采取保护措施,并设法尽快通知值班电调。

f. 每次巡视填好巡视记录,并对设备缺陷提出处理意见向工长报告,巡视情况当日应按时报告给规定部门及电力调度员。

g. 巡视发现的设备缺陷,工长应及时安排临修,一般缺陷应由工长向上级报告并提出处理意见。处理结果应纳入检修记录。

(11) 设备分管制度

1) 接触网工段应将管内设备作业实行分管,作业组应将主要设备分给作业组成员分管,做到人各有责、物各有主。

2) 作业分管设备一般以站场区间分界,一般设备应由作业组集体负责,下列设备应分给作业组人员负责:

a. 隔离开关及开关箱;

b. 分段绝缘器;

c. 补偿器;

d. 锚段关节;

e. 馈电线及架空地线。

3) 各类标记、各种分管划界应明确具体,工段内应画出图表,监视执行,并保持一年的稳定性,不得经常变动人员分工。

4) 作业组成员对自己分管的设备应负以下责任:

a. 运行是否安全;

b. 检修是否按周期、项目、工艺进行,是否达到规定的质量标准。

5）作业组成员应做到：
a. 全面掌握分管设备的技术状态。发现问题及时向作业组负责人和工长反映，分管人能单独处理的缺陷，由分管人员负责处理，分管人员无能力单独处理者，应通知、汇报、分析、安排由作业组共同处理，如果未向作业组或工长反映时，责任由分管人承担。如果反映未处理者，责任由作业人承担。
b. 分管人一般应亲自参加分管设备的检修处理并担任操作，因故不能参加检修时，应委托同一个作业组的成员代表参加，检修人员不得无故推辞。但设备检修时分管人应检查检修记录并签名。
c. 作业组负责人或工长，对分管人提出的设备缺陷应及时分析，根据轻重缓急处理。安排不当发生了事故时，工长和作业组负责人应负一定责任。

（12）设备运行分析制度
指对接触网的各种参数和状况等的运行情况、事故、故障、缺陷、异常等进行的分析。具体做法是根据有关记录对投入运行以来及当时出现的现象、处理的措施等情况等进行统计、分析（评价），从中总结经验教训，以便有针对性地加强维修或进行技术改造。接触网常进行的专项运行分析一般有下列几种。

1）导线高度和拉出（之字）值分析：内容包括导线高度和拉出（之字）值的变化情况、相邻定位点导线的高差、曲线地段跨中偏移值的变化情况、锚段关节的过渡情况、线岔区是否良好等。

2）弓网之间的运行状况分析：内容包括观察和分析运行中受电弓与接触网的取流状况、受电弓与接触线之间的接触力变化及受电弓的垂直加速度的变化情况等。

3）补偿活动情况分析：内容包括补偿坠砣的上下活动规律、分析其实际活动量与理论值进行比较、判断补偿器的工作状态等。

4）接触线磨耗分析：内容包括接触线全面磨耗值和重点点、区段的磨耗值等。

5）自然灾害情况分析：内容包括支柱基础的防洪分析、雷雨时节接触网防雷分析、台风时接触网防台风情况和隧道漏水情况分析等。

6）接触网设备鉴定制度与变电所设备同，可参考前述有关内容。

2.3.4 电力监控管理规程和制度

1. 安全及检查制度

针对全线的设备，SCADA工作人员的基本安全生产制度和作业纪律是必须认真执行"三不动"、"三不离"、"四不放过"、"三预想"、"三懂三会"和"三级检查制度"等安全措施，以及城市轨道交通运营部门的有关安全规章制度。

"三不动"是未联系登记好不动；对设备性能、状态不清楚不动；未经授权的人员对正在使用中的设备不动。

"三不离"是检查完不复查试验好不离；发现故障不排除不离；发现异状、异味、异声不查明原因不离。

"四不放过"是事故原因没有查清楚不放过；事故责任人没有严肃处理不放过；广大职工没有受到教育不放过；防范措施没有落实不放过。

"三预想"是工作前，预想联系、登记、检修设备、预防措施是否妥当；工作中，预想有无漏检、漏修和只检不修造成妨害的可能；工作后，预想是否检修都彻底，复查试验、加封加锁、消点手续是否完备。

"了解事故要三清"是时间清、地点清、原因清。

"三懂三会"是懂设备结构、会使用；懂设备性能、会维修；懂设备原理、会排除故障。

"三级检查制度"是部门每半年对管内主要设备检查一次；工班每季对管辖内的主要设备检查一次；SCADA专业人员每月对管辖内的主要设备检查一次。各种检查后，均应有详细的设备运行记录。凡进行危险性较大、影响行车及安全的工作时，必须事先拟定技术安全措施，由专人负责执行。对维护工具及安全防护用品，在出工前必须进行检查，禁止使用不良工具和防护用品。未授权的任何人员严禁对本系统所有应用软件作任何改动。电调人员应严格按照有关操作程序进行操作和控制，并对自己的操作负责。SCADA专业维修人员应严格按照操作维修规程进行维修作业；同时要遵守运营部门有关保密制度和规定。

2. 设备的日常维护与巡视制度

按照规定的时间、周期和项目，对全线SCADA设备进行检查并记录。进行SCADA维护作业按下列规定执行：

(1) 凡有计划对设备进行拆卸、更换、移位、测试等工作，需中断设备使用时，应填写施工作业申请计划表报生产调度，施工前应在车控室进行登记请点，得到调度许可后，方可作业。但作业前应告知SCADA值班人员。

(2) 临时对SCADA设备进行拆卸、更换、移位、测试等工作，必须在设备检查登记表上登记，经车站值班员同意签认、调度许可后，方可作业，但作业前应告知SCADA值班人员。若作业影响到相关专业设备，必须取得相关专业人员认可后，在相关专业的监护下方可作业。

(3) 不松动电气节点，不拆断电气连线，不更换零配件和不分离机械设备的一般性检查，可不登记，但应加强与生产调度和SCADA值班人员的联系。

(4) 检修作业的联系、请点和登记的要求：

1) 联系、请点前，必须核对准确检修作业地点、需要检修的设备、检修内容及对其他设备的影响范围。

2) 联系、请点和登记工作，由SCADA检修人员负责办理。

3) 登记的时间、地点和作业性质、设备编号和影响范围等内容，一经录入系统，任何人不得修改。

4) 登记请点的维修作业，一般应在给定的时间内完成，遇有特殊情况需延长时间时，必须重新办理登记手续。

3. 设备故障处理制度

(1) 为迅速进行事故障碍的处理，同时便于SCADA设备故障的管理及考核，要建立完善的故障受理制度。

(2) SCADA检修人员应从生产调度处受理SCADA故障；故障受理要按要求填写故障受理处理单。

(3) SCADA设备发生故障，有关维修人员应及时准确的作出判断（判明故障位置，故障原因等）积极组织修复，把故障时间及影响控制在最小范围内。若无法维修，应及时上报。

（4）故障处理时限为在接到故障报告时的当班内应赶到现场，如果是仅需在线维修的设备，维修应在当班内完成，当班完成不了的，应报维修中心生产调度，并做好现场保护措施和下一步的维修计划；对必须离线维修的设备，在设备离线前，做好设备更换，经复查、检验以及运行恢复正常后，才离开现场，离线设备的维修应有计划和维修期限。

（5）SCADA 维修人员在故障处理完毕后，应对维修现场进行清理，恢复到原来状态，并及时消点。

（6）SCADA 维修人员应及时填写故障处理单，记录故障情况及处理时间、结果，归档备查，对一时无法处理的故障要及时上报。

（7）严格事后检查制度，由班组专业检修人员对维修情况作核查，确保维修质量。

（8）故障处理时，不能影响接口专业的运作，涉及接口的维修，应先与其他专业协调，在其他专业监护下进行。

（9）故障处理要按故障处理程序进行，处理要做到三清，即时间清、原因清、地点清。部门对 SCADA 维护班组按月考核"三清率"。

2.4 修程修制

供电系统设备的维修包括维护和检修，是确保设备安全、可靠、经济运行的重要措施。目前，供电设备主要实行以时间周期为主、设备状态为辅的计划预防修，维修工作形成制度化、规范化、标准化，做到精检细修，确保设备的运行质量。本节对供电系统的维修原则、维修类别、规程及计划的制定等内容进行介绍，并基于可靠性理论，对供电系统全寿命周期中的检修策略和检修规程的应用提出研究方向。后续章节详细介绍供电各专业设备检修的内容。

2.4.1 基本原则

对供电系统设备设施性能、质量，不能全面、实时、连续、有效地对其状态进行完整性检测、监测的时候，应采用计划性预防修的维修策略。如果可以实现对供电系统设备状态进行完整性检测、监测时，宜根据设备实际运行状态，在必要时才进行检修。

供电系统设备多采用定期维修制度，防止设备性能及精度劣化或降低，根据设备运转的周期和季节性等特点，按预先制定的设备检修周期与工作内容、技术要求和计划所进行的检修作业。

对于计划性预防修必须制定相应的年度检修计划及月度检修计划，并根据计划进行安排和落实。在实际工作中，对设备的检修应遵循以下原则。

1. 计划检修与维护保养并重，以预防为主

计划检修与维护保养是相辅相成的。设备维护保养得当，操作使用得当，可能就会延长检修周期或减少检修工作量。计划检修好，维护保养也就容易搞好。因此，两者都不能忽视。

2. 维修为供电系统设备安全、可靠运行服务

安全、可靠、质量良好地供电，是供电系统管理部门的主要经营生产活动，维修必须为供电系统设备的安全、可靠运行服务。因此，维修班组必须在保证维修质量的前提下，尽量缩短设备停运时间。

3. 依据标准开展维修，维修手段和方式有章可循

供电系统设备的维修，应依据各个城市的轨道交通企业制定的供电系统设备维修规程

开展，如规程中未列明相关设备的维修标准，应依据国家标准或行业标准开展相应项目并按照其所要求和建议开展维修和验收工作。维修是围绕设备开展人员操作、物料机具方法应用，达到判断、保持、恢复、提高设备技术质量安全状态的工作。

供电系统设备的维修主要有设备外观检查、清洁、紧固、功能检查、润滑、油漆、部件调整、部件加工处理、常规测量、常规试验、保护校验、局部部件更换、复杂电气试验、复杂拆装、全面部件更换、设备部件更新改造等工作。

2.4.2 维修规程的制定

维修规程是维修工作的指导性文本，是年度及月度维修作业计划编制的依据。维修规程的制定应结合相应专业设备的特点和运作状态来制订。维修规程包括设备检修周期与工作内容、维修规则、标准等内容，包括但不限于：维修等级、详细维修内容、标准、维修周期、备品备件消耗、原材料消耗、其他物料消耗等；所需使用的工器具、人员配备、参与作业的人员资格说明、工作量定额、防护措施、工作票等特殊程序要求。

2.4.3 维修计划的制定

维修计划是设备维修的依据，其主要内容是确定计划期内设备维修的类别、时间、劳动量及停运时间等。在具体各项维修计划中，应明确规定应修设备名称、设备数量、维修日期、维修地点、维修工时、主要材料、主要备件等内容。

虽然，各城市轨道交通运行管理的模式、组织架构、持证要求等有所不同，但维修等级、检修计划的编制和执行可参照表2-4的内容执行。

维修等级与基本内容　　　　　　　　　　　　　　　　　表2-4

等级	维修类别	内容	完成者及复杂性说明
一级	日常保养	(1) 检查设备外观是否良好，基础是否稳固，螺丝是否紧固，箱体、加锁装置是否完好。 (2) 检查设备外部连接杆、件、管线是否完好，动作是否灵活，设备运行是否正常、平稳，有无噪声，温升是否正常等。 (3) 对设备运行状态、指示、表示进行监测、记录；检查指示是否超标，发现异常及时调校、排除。 (4) 对设备表面进行清洁，按要求加注润滑油，并保证设备周围环境良好。	由运营操作人员（或其他操作人员）按照使用说明和保养规程进行。 人员应接受必要的技术培训，具有企业或国家有关部门颁发的专业上岗证书。 所需零配件的储备很少
二级	二级保养	(1) 对设备定期开盖、开箱检查，设备内、外部清洁，检查理顺引出（引入）线、接线端子。 (2) 测试送、受电端电压、电流，绝缘检查或测试。 (3) 对设备关键、主要部件进行测试、调整。 (4) 紧固动作部分杆件、塞钉、螺丝，清洗磁头、传感器等，定期更换保险，内部加注润滑油	由维修人员按照维修说明书和保养规程在现场进行，操作人员做必要的配合。 需要便携式工具
三级	小修	(1) 对设备的机械特性与电气特性进行全面测试，及引入线对地绝缘的测量。 (2) 对设备主要、关键部位、部件进行分解、检查、调整，更换易损部件与零小配件。 (3) 对曾发生故障的设备进行重点诊断、分析，消除故障隐患。 (4) 对设备基础、箱体进行平整、调整、稳固，清理设备表面油蚀	由维修人员在现场或分部按照维修手册和维修规程进行。 需要专用工具和设备

续表

等级	维修类别	内容	完成者及复杂性说明
四级	中修	(1) 对现场可拆卸、替换的设备采用运回分部维修的方法进行维修；对不易拆卸、替换的设备采用现场集中维修的方法进行维修。 (2) 对设备进行全面分解、整修、补强、调整。 (3) 对关键、主要部件进行修复、更换，对淘汰的设备、器材进行更换。 (4) 对系统进行全面测试、调整，以保证设备的机械特性与电气特性符合原设计的技术要求。	由专业技术管理人员带领维修队，在现场或分部进行。 需要专用测试仪器、工具和设备，以及全面详细的技术资料。
五级	大修	(1) 在设备机械磨耗超限、强度不足，电气特性不合标准，电缆、配线老化，设备质量下降而不合格，系统设备不合格达一定比例时，应对系统设备进行大修。 (2) 设备大修应与改变设备制式、技术改造相结合进行。 (3) 大修设备应采用标准设计、标准定型器材，经大修的系统设备应在竣工验收完成后方可投入使用。 (4) 维修工程部目前对所辖各系统设备不具备大修能力。但在设备大修工作进行时，应按照公司的有关规定积极参与、配合大修工作的开展。 (5) 在设备大修工作进行时，应按照企业的有关规定积极参与、配合大修工作的开展。	除有能力自行承担的项目外，一般请制造厂商或有相关资质的专业大修单位承担

2.4.4 维修计划的编制及调整

维修计划一般按年度计划、月度计划、周计划进行编制，以日计划进行补充。

1. 年度维修计划

每年年底前，专业工程师根据各专业的维修规程，制订本专业第二年的年度维修计划初稿，经生产、技术两方面审核后，报请上级主管部门审批，发布。

在年度维修计划正式发布后，因特殊情况，需要对年度维修计划进行调整修改时，由专业工程师提出，经本级及上级审核后，由生产管理部门作补充，审批发布后执行，年度维修计划表见表2-5。

年度维修计划 表2-5

序号	设备名称	设备数量	单位	上次维修时间	维修周期	计划时间（月）												工作地点	说明
						01	02	03	04	05	06	07	08	09	10	11	12		

2. 月度维修计划（表2-6）

在每月中旬，各专业工程师根据各专业的年度维修计划及设备运行情况后，制订本专业下月的月度维修计划初稿，经生产、技术、本级、上级审核，由生产管理部门审批发布执行。月度维修计划的编制要把年度维修计划中该月的工作全部进行落实，根据具体情况加强维修，但原则上不得出现年度计划的工作在月度计划中不作安排的情况。

在月度计划正式发布后，因特殊情况，需要对月度维修计划进行修改时，由专业工程师提出，经本级及上级审核后，由生产管理部门审批发布后执行。

月度维修计划　　　　　　　　　　　　　　　　　　表 2-6

日期	作业类别	时间	作业项目	作业区域	供电安排	申报人	防护措施	备注	专业	作业等级	作业人数	上次作业日期

3. 周维修计划（表 2-7）

各生产班组根据近期计划性生产工作的安排，编制下一周的周维修作业计划，在作业开始前一周第一个工作日，向生产管理部门申报"周维修作业计划"。生产管理部门组织审核后，在于每周最后一个工作日，审批发布下一周维修计划。

周计划申报表　　　　　　　　　　　　　　　　　　表 2-7

日期	类别	作业部门	时间	作业内容	作业区域	供电安排	申报人	防护措施	备注

4. 日维修计划

如果发生临时生产需求，如突发下达生产任务，加强设备检查维修等，由生产班组编制第 2 天的日维修计划，经供电维修部门技术管理人员审核后，当天交生产管理部门审核审批，在第 2 天按计划执行。

5. 临时维修计划

如果发生紧急生产需求，如设备发出异常提示需尽快进行检查处理，按临时维修计划执行，由生产班组编制当天的临时维修计划，经供电维修部门技术管理人员审核后，立即交生产管理部门审核审批，当天按计划执行。

2.5　应备的记录和技术资料、工具和备件

为做好供电系统的设备管理工作，在管理部门及设备现场需配备一定的记录和技术资料、工具和备件，一般要求如下：

2.5.1　变电所管理工作应备的记录、技术资料、工具和备件

1. 各种记录簿及其填写的要求

（1）运行值班日志

由值班人员填写当班期间变电所的运行情况，该表格格式可视本段各变电所接线及设备的具体情况自行设计。该日志应能反映系统运行方式及设备投运和停运的情况；设备检修时安全措施的布置；运行中继电保护、自动装置及仪表的运行状态；设备发生事故或异常时，事故的处理经过；设备的异常现象及发现的设备缺陷等。此外还应记录调度和上级关于运行的通知，受理工作票的情况；以及交接班的交班小结，与运行有关的其他事宜等。

（2）倒闸操作命令记录

用来记录电力调度员操作指令的发、受人姓名；操作命令编号；操作命令的内容、时间及执行操作完成的时间和内容。格式可参考表 2-8。

倒闸操作命令记录　　　　　　　　　　　表 2-8

____年____月____日

发令时间	内容	变电所	卡片编号	发令人	受令人	命令编号	批准时间	完成时间（时 分）

（3）设备缺陷记录

由发现缺陷的人员、处理缺陷的负责人及缺陷处理后进行验收的当班值班员分别分项填写有关内容。发现缺陷的人员包括参加设备巡视的各类人员、当班值班员、检修人员。变电所所长（分段负责人）每天（或每班）都要查看一次该记录，以便督促负责检修该设备的人员尽快处理。

缺陷内容包括日常运行中发现的缺陷和异常现象，检修过程中发现的但当时未能消除的缺陷，以及断路器故障跳闸超过规定次数等。格式可参考表 2-9。

设备缺陷记录　　　　　　　　　　　表 2-9

发现缺陷日期	发现缺陷人员	缺陷设备名称及运行编号	缺陷内容	变电所负责人（签名）	处理措施	处理缺陷负责人	验收人	消除缺陷日期

（4）蓄电池记录

由值班人员或检修人员填写蓄电池运行及充放电的情况记录。其中的运行方式一栏可按浮充、A 多少电流放电、多少 A 电流充电来填写。根据使用的电池类型不同，可选用表 2-10 或表 2-11。

（5）保护装置动作和断路器自动跳闸记录

该记录由值班人员填写，内容为各种继电保护装置的动作及断路器自动跳闸的有关情况。格式可参考表 2-12。

在其中的"重合和强送情况"一栏中，为了区分各种情况，一般可按"重合成功""重合不成功""重合闸拒动""重合闸撤除""强送""手动合闸"等填入。

"强送"是指不管故障原因查明与否，凡跳闸后根据电力调度的命令合闸送电的，均称"强送"。"手动合闸"乃指正常停电后的送电。以上两种情况根据自动装置的原理，重合闸均不应动作。

在该记录中的"信号显示情况"一栏里，如音响、闪光、各种信号灯（包括信号继电器的信号）显示均正确时，方可填写正常，否则应逐项填写未正常显示情况。

在"跳闸原因"一栏中，应写明故障性质、地点（包括区间和接触网杆号或定位），如系列车引起的故障跳闸，还应注明列车编号、列车车次。

"复送时间"一栏，一般是指自动跳闸的断路器的复送时间，但为了尽快恢复供电而投入另一台主变压器或备用馈电线断路器时，则它们的投入时间即作为复送时间，这时应特别注明"送某断路器"。

阀控密封铅酸蓄电池记录

表 2-10

_____变电所　　　测量时间____年___月___日___时___分　　　　　　测量人____

运行方式：				浮充电压（V）：		浮充电流（mA）：	
环境温度（℃）：				合闸母线电压（V）：		控制母线电压（V）：	
序号	电压	序号	电压	序号	电压	序号	电压
1		15		29		43	
2		16		30		44	
3		17		31		45	
4		18		32		46	
5		19		33		47	
6		20		34		48	
7		21		35		49	
8		22		36		50	
9		23		37		51	
10		24		38		52	
11		25		39		53	
12		26		40		54	
13		27		41			
14		28		42			

碱性蓄电池记录

表 2-11

_____变电所　　　测量时间____年___月___日___时___分　　　　　　测量人____

运行方式：						浮充电压（V）：				浮充电流（mA）：	
环境温度（℃）：						合闸母线电压（V）：				控制母线电压（V）：	
最高密度（g/cm^3）						最低密度（g/cm^3）				一般密度（g/cm^3）	
序号	电压	序号	电压	序号	电压	序号	电压	序号	电压	序号	电压
1		16		31		46		61		76	
2		17		32		47		62		77	
3		18		33		48		63		78	
4		19		34		49		64		79	
5		20		35		50		65		80	
6		21		36		51		66		81	
7		22		37		52		67		82	
8		23		38		53		68		83	
9		24		39		54		69		84	
10		25		40		55		70		85	
11		26		41		56		71		86	
12		27		42		57		72		87	
13		28		43		58		73		88	
14		29		44		59		74		89	
15		30		45		60		75		90	

保护装置动作和断路器自动跳闸记录 表 2-12

跳闸时间	断路器运行编号	保护动作				跳闸原因	复送时间
		保护名称	重合和强送情况	信号显示情况	微机保护显示值		

（6）保护装置整定记录

是原设计的保护整定值及其变更情况的记录。表中的整定值一栏即指设计值，应由变电所所长（分段负责人）统一填写。变更情况一栏则由变更整定值的工作领导人填写，当班值班员签认。格式可参考表 2-13。

保护装置整定记录 表 2-13

保护名称		变流比		整定值	
被保护的设备名称和运行编号		变压比			
变更时间	变更原因		变更后的整定值	变更整定值负责人	值班员	备注

（7）避雷器动作记录

平常运行时由值班（巡视）人员填写，动作计数器试验后则应由试验人员填写试验后读数，这时的差数应记为零，且不累积到动作次数内。格式可参考表 2-14。

避雷器动作记录 表 2-14

避雷器型号				设备编号			
制造厂				运行编号			
读数	差数	动作次数	记录时间	读数	差数	动作次数	记录时间

（8）设备检修记录

由检修工作领导人填写，当班值班员验收并签认。其中"修前状况、修后结语"栏均应记录有关的技术数据，例如对于隔离开关要记录分、合闸角度、绝缘电阻、接地电阻等。"修中措施及内容"栏除应注明是否按工艺检修外，尚应提出对修前不良状态的针对性处理措施。此外，修后结语栏还应记录存在的问题，并进行设备的质量评定，即给出"合格"或"不合格"的结论。对变压器、断路器、互感器等设备，一般采用表 2-15 格式的检修记录。对隔离开关、蓄电池、回流线、电容器和交、直流电源系统等，一般采用

表 2-16 格式的检修记录。

变电所设备检修记录（一） 表 2-15

设备名称		安装地点	
规格型号		本次修程	
运行编号		出厂编号	
制造工厂		制造年月	
检修时间	年 月 日至 年 月 日	工作票号	
修前状况			
修中措施及内容			
存在问题			
检修负责人		验收负责人	质量评定

变电所设备检修记录（二） 表 2-16

设备名称及设备编号		承修班组		检修时间	年 月 日至 年 月 日	
		检修人数		检修负责人		
安装地点及运行编号		修程		质量评定		自验评语	
		验收负责人				
修前状态		修中状态			修后状态	

（9）事故处理记录

由所长（分段负责人）或指定的值班负责人填写所内发生的各种事故的有关情况（原因、处理情况及今后防止措施等）。格式可参考表 2-17。

事故处理记录 表 2-17

事故发生日期	当班人员	事故设备名称及运行编号	事故及其处理的详细情况	原因分析	今后防止措施	处理事故负责人	处理结束日期	变电所负责人（签名）

（10）安全用具、绝缘工具记录

由所长（分段负责人）指定的专人（工具保管员或安全员）填写。应逐一记录所内安全用具及绝缘工具的名称、编号、试验日期和试验结果等有关情况。格式可参考表 2-18。

工具强度试验记录 表 2-18

工具名称	试验标准	试验日期	试验周期	试验结果	备注

以上各种记录所记载的内容是变电所运行中原始资料及数据的积累，极其重要。要求有关人员认真填写，妥善保管。填写时力求字迹工整、清晰，不得随意涂改、撕页。其中姓名应填写全名，时间应填年、月、日、时、分。此外，对于工班管理中还需建立有关安全和业务培训的相关记录，如《事故预想记录簿》记录事故预想的时间、事故简况、应采取的措施及处理步骤，还应记录对整个事故预想和处理的评价，以及参加预想的全体人员姓名。

《反事故演习记录簿》记录反事故演习日期、参加人员姓名、演习的题目及内容，以及演习中发现的问题和今后宜采取的措施，并对演习作出评价；《安全活动记录簿》记录安全活动的日期、参加人员姓名、活动内容、发现的问题，以及为确保安全宜采取的措施；《培训记录簿》记录培训的项目、内容、时间，以及参加培训人员的姓名，对培训的评价和有关人员的签字。

2. 变电所的指示图表

为清晰明了、系统地反映该变电所的概貌、紧急情况的处理及变电所的管理，一般还就以下事项的内容在必要的场所靠墙悬挂：

（1）系统模拟图板（主控制室）；
（2）设备的主要运行参数；
（3）变电所紧急疏散图；
（4）变配电所月份维护工作计划；
（5）变配电所设备评级图表；
（6）有权发布调度操作命令人员名单（由主管部门发文明确）；
（7）有权签发工作票人员名单（由主管部门发文明确）；
（8）有权单独巡视高压设备人员名单（由主管部门发文明确切）；
（9）有权担当监护人员名单（由主管部门明确）；

(10) 事故处理紧急使用电话表;
(11) 定期巡视路线图;
(12) 设备专责分工表;
(13) 变电所相关运行制度。

3. 技术资料

(1) 图纸

应备有主接线图、室内外设备平面布置图、配电装置断面图、保护装置及交、直流自用电系统图、二次接线展开图及安装图、各种屏、柜的背面接线图、电缆手册、防雷接地装置图。

(2) 规程

应备有变电所安全工作规程、变电所运行检修规程、供电事故管理规则及其他有关细则、补充规定、标准等。

(3) 资料

包括设备制造厂家及使用说明书;出厂试验记录;安装交接有关资料;设备改进、大中小修施工记录及竣工报告;历年大中修及定期预防性试验报告;设备事故、障碍及运行分析专题报告;设备发生的严重缺陷、移动情况及改造记录。

4. 变电所应备的工具和备件

根据变电所设备运行的特点,各变电所中应备的安全用具、绝缘工具见表2-19。为了在故障情况出现时快速处理问题,根据线路长度、响应时间要求的不同,除在供电部门的基地存放相关的工具、备件外,结合城市轨道交通变电所点多、分散的特点,一般还需在部分重要的变电所存放常用工具及备品,可参见表2-20。

变电所安全用具、绝缘工具一览表　　表2-19

序号	名称	规格	数量	备注
1	绝缘手套、绝缘靴	高压	2双	
2	绝缘胶垫		足够	在需要的地方铺设
3	绝缘夹钳		2把	
4	验电器	110kV、35kV、1500V DC	各1支	根据电压等级确定
5	警告牌、标示牌		若干	包括"有人工作、禁止合闸""禁止分闸""止步、高压危险""在此工作"等
6	临时防护栅、绝缘挡板		4~6块	可用干燥木材或坚韧的绝缘材料制成
7	接地杆、接地线		9根	接地杆应轻便并有一定绝缘强度,接地线用不小于25mm² 截面的裸铜软绞线制成,两端应有焊接牢固的接线端子
8	绝缘杆、绳、滑轮、硬梯		适量	需进行带电作业时配备
9	安全帽		4顶	
10	防护镜		2副	

变电所常用工具、备品一览表　　　　　　　　　表2-20

序	名称	规格	数量	备注
1	熔断器	规格	交流不少于3个、直流不少于2个	
2	保险片、丝	各种规格	适量	
3	信号灯具、灯泡	各种规格	灯具为使用数3%、灯泡为使用数20%	每种至少配备一套（只）
4	镀锌螺栓、螺母、平垫圈、弹簧垫圈	与各种金具配套	适量	
5	端子排、端子、镀铬螺丝、螺母、平垫圈、弹簧垫圈	各种规格	适量	二次接线所用及继电器、屏（柜）仪表所用
6	电工工具、维修用工具	全套	1	
7	蓄电池组检修专用工具	全套	1	
8	携带式仪表：万用表、钳形表、兆欧表、直流电压表	500V、1000V、2500V	各1块	
9	其他易耗材料、零件		若干	
10	照明用具	个	3	
11	各类测控装置备用模块	块	至少各1	各类模块

2.5.2　接触网管理工作应备的记录、技术资料、工具和备件

1. 接触网工班应具备的记录

接触网工班台账记录一般分管理台账和技术台账。管理台账和技术台账的设置应根据工班管理的实际情况，以及所辖接触网设备情况而定。

（1）管理记录

1) 综合记录；

2) 业务学习记录；

3) 接触网值班日志；

4) 交接班记录；

5) 工器具管理记录；

（2）技术记录

1) 接触悬挂、定位支持装置维修、调整及状况记录；

2) 锚段关节维修记录；

3) 下锚及补偿器维修记录；

4) 接触悬挂线岔维修记录；

5) 隔离开关维修记录；

6) 避雷器维修记录；

7) 支柱维修记录；

8) 接触网巡视取流检查记录；

9) 受电弓状态检查记录；

10) 接触线磨耗和损伤记录；

11) 综合维修记录。

以上各记录的具体格式和填写要求,见本书第 7 章"城市轨道交通接触网设备的维修"的有关部分。

2. 技术资料

接触网工班应根据设备情况配备有关的技术资料,以便作为接触网设备维修和事故处理时的依据。接触网工班一般应配备以下几种技术资料:

(1) 全线供电分段图和模拟图;

(2) 接触网平面布置图,包括接触网区间平面布置图和折返线、车辆段的平面布置图,它是接触网工班掌握设备的基本资料;

(3) 设备安装图(装配图)、断面图(数据表)、安装曲线图、接触线磨耗换算表;

(4) 隔离开关、避雷器、绝缘器等大型设备出厂说明书;

(5) 有关隐蔽工程记录;

(6) 有关设备大修竣工报告;

(7) 设备和工具的机械或电气试验记录;

(8) 设备维修记录和管理台账;

(9) 设备台账和技术履历;

(10) 导线接头位置表。

3. 接触网应备的工具和备件

接触网在运行与维修过程中,必须要有些工具和备品,以维持维修工作正常地开展。

(1) 常用工具

接触网运行维修中常用的工具见表 2-2 标准工具配置所示。

(2) 常用备品

接触网运行维修中常备的备件见表 2-21 所示。

接触网运行检修中常备的备件　　　　表 2-21

序号	名称	规格	数量	备注
1	铁线	$\phi 4.0$	若干	
2	不锈钢线	$\phi 3.2$	若干	
3	各种规格的吊弦		若干	
4	补偿绳	GJ—70、GJ—50	若干	
5	铜绞线	$150mm^2$	1 盘	整盘
6	软铜绞线	$35mm^2$、$10mm^2$	若干	
7	接触线	$120mm^2$	1 盘	整盘
8	定位器(管)	各种规格型号	各 1 套	
9	定位线夹	各种规格型号	各 5 个	
10	吊弦线夹	各种规格型号	各 5 个	
11	接触线接头线夹	$120mm^2$	5 个	
12	铜绞线预制接头	$120mm^2$、$150mm^2$	各 5 个	含终端、中间预制接头
13	楔形线夹	双耳式、杵座式	各 5 个	
14	正馈线支持线夹		5 个	
15	腕臂	各种型号	3 根	
16	拉杆	各种型号	各 3 根	

续表

序号	名称	规格	数量	备注
17	压管	各种型号	各3根	
18	绝缘子	各种型号	各10个	
19	定位环	各种型号	各3个	
20	套管绞环	各种型号	各3个	
21	支持器	各种型号	各3个	
22	腕臂底座	各种型号	各3个	
23	拉杆底座	各种型号	各3个	
24	补偿滑轮		3个	
25	补偿棘轮		3个	
26	坠砣		若干	
27	隔离开关本体		3台	
28	隔离开关刀闸		5套	
29	隔离开关操作机构	手动式、电动式	各2套	
30	分段绝缘器	单线式、双线式	各2台	
31	支柱	各种型号	各2根	
32	隧道倒立柱	各种型号	各3根	
33	无缝钢管	DN25、DN40、DN50及DN65	各2根	
34	角钢	∟50mm×50mm×5mm、∟40mm×40mm×4mm	若干	
35	圆钢	ϕ10mm、ϕ16mm	若干	

2.5.3 电力监控管理工作应备的记录、技术资料、工具和备件

1. 各种记录簿及其填写的要求

（1）SCADA软件修改记录表

SCADA软件修改记录表的目的是追踪记录专业软件的版本升级、数据库的修改等情况。格式可参考表2-22。

SCADA软件修改记录表　　　　表2-22

修改人		确认人	
修改日期			
修改名称			
修改地点			
修改原因			
修改内容			
修改后运动情况			
备注			

序号用阿拉伯数字1、2、3等填写；设备名称填写分解到能更换的最小设备，如主控制盘（RTU）的FSP等；故障原因主要指发生故障的现象经过，如多次发生通道故障、PG或PC显示颜色与实际开关位置不符合等；故障处理过程指实际操作过程，如更换故障模块等；故障处理时间，如2000年6月20日表示为2000.6.20；处理人员为故障处理

过程中的实际操作人员；检查人员为故障处理时的具体操作人员之外的其他人员，当操作时只有一个 SCADA 人员在场，则检查人员为工班长；备注记录故障处理过程中发生的其他一些相关现象。

（2）SCADA 设备维修记录表

SCADA 设备维修记录表目的是追踪记录设备故障原因、维修过程等情况。以便日后进行整理、分析，逐渐找出各种设备故障的规律及维修方法。格式可参考表 2-23。

SCADA 设备维修记录表　　　　　　　　　　　表 2-23

序号	设备名称	故障原因	故障处理过程	发生故障时间	故障处理时间	处理人员	检查人员	备注

（3）SCADA 设备更换记录表

SCADA 设备更换记录表的目的是追踪记录设备更换情况。对设备更换情况进行统计与归类，有利于判断 SCADA 系统可能发生故障的重点部件，从而为维修、保养等工作提供参考与帮助。格式可参考表 2-24。

序号用阿拉伯数字 1、2、3 等填写；部件名称填写分解到能更换的最小单位的备件，如模拟屏 PLC 的 CPU 的 EPROM 等；部件编号为备件管理中所有备件或在线设备的部件编号，如 FSP-001 等；更换时间（如 2000.6.20）；更换前地点指部件发生故障时所在地，如某站 B 所；更换后地点指故障部件存放地点，一般为 OCC 备件房；新部件名称指代替故障部件的新部件名称，可以与故障部件相同，也可不同，如用交流 220V 主控制盘（RTU）电源代替直流 110V 主控制盘（RTU）电源，则该栏填交流 220V 主控制盘（RTU）电源；新部件编号如 FSP-001；故障现象及原因如多次发生通道故障等；更换人员指具体操作人员；检查人员为更换操作时的具体操作人员之外的其他人员，当操作时只有一个 SCADA 人员在场，则检查人员为工班长；备注栏则记录更换过程中发生的其他一些情况、故障备件或新部件曾经在其他地点用过等。

SCADA 设备更换记录表　　　　　　　　　　　表 2-24

序号	部件名称	部件编号	更换时间	更换前地点	更换后地点	新部件名称及编号	故障现象及更换原因	更换人员	检查人员	备注

（4）OCC 交接班记录

当需要在 OCC 值班，对设备日常巡检、保养及故障处理，须在值班室设有交接班记录表。格式可参考表 2-25。

OCC 交接班记录　　　　　　　　　　　　　　　　　　　表 2-25

序号	检查项目		各种发生情况的次数				
1	P500 记录中的故障记录	主、备机故障	突然出现错误提示，需重新启动	网络故障（主、备机联系中断）	正常操作中没有任何错误提示后重启动	电调错误操作	其他
		主控制盘（RTU）故障	主控制盘（RTU）自动复位	主控制盘（RTU）手动复位	主控制盘（RTU）通信错误	原因不明	其他
		服务器故障	单个服务器自动复位	单个服务器故障后需手动复位	两个服务器故障后需手动复位	两个服务器自动复位	其他
2	归档程序		各种情况确认			备注	
			日报表是否及时生成	电度值是否正常	Transfer data 是否正常		
3	各种硬件设备情况		各种硬件情况确认			备注	
			良好	一般	差		
		打印机					
		主、备机					
		TCI					
		UPS					
		归档、信号、维护机					
		模拟屏					

交班人签名：　　　　　　接班人签名：　　　　　　日期：　年　月　日

OCC 交接班记录的填写由交班人员和接班人员共同完成，在交接班前 15min 内共同检查各设备、各记录以及各种表格等，并做好签名记录。

1）主备机故障突然出现错误提示，需重新启动情况的填写格式为：若没有该类情况发生则不填；若有这种情况发生则用阿拉伯数字填写具体次数。

2）主备机网络故障栏的填写格式为：若没有该类情况发生则不填；若有这种情况发生则用阿拉伯数字填写具体次数。

3）正常操作中没有任何错误提示后重启动的填写格式为：若没有该类情况发生则不填；若有这种情况发生则用阿拉伯数字填写具体次数。

4）电调错误操作格式为：若没有则不填；若有则指明出现错误操作的具体内容。

5）主控制盘（RTU）自动复位的填写格式为：若没有则不填；若有则用阿拉伯数字

填写具体次数。(若变电所没有电话通知OCC而出现主控制盘（RTU）复位情况则视为自动复位，反之为手动复位)

6) 主控制盘（RTU）手动复位的填写格式为：若没有则不填；若有则用阿拉伯数字填写具体次数。(若变电所没有电话通知OCC而出现主控制盘（RTU）复位情况则视为自动复位，反之为手动复位)

7) 主控制盘（RTU）通信错误的填写格式为：观察设备记录后若没有主控制盘（RTU）通信错误则不填，若有则用阿拉伯数字填写具体次数。

8) 原因不明的填写格式为：故障处理设备正常后，找不到具体原因的情况；必须说明故障现象和具体解决办法。

9) 单个服务器自动复位的填写格式：查看设备记录，用阿拉伯数字记录其次数。

10) 单个服务器故障后须手动复位的填写格式：用阿拉伯数字记录其次数。

11) 两个服务器故障后须手动复位的填写格式：用阿拉伯数字记录其次数。

12) 两个服务器自动复位的填写格式：查看设备记录，用阿拉伯数字记录其次数。

13) 日报表是否及时生成的填写格式：填是或否（参考电调的意见）。

14) 电度值是否正常的填写格式：填是或否（参考电调的意见）。

15) 各种硬件设备情况分为良好、一般、差三种。记录时在相应等级下划√。其中设备各部件完全工作正常且清洁、整洁的则为良好；设备各部件完全工作正常且基本清洁、整洁的则为一般；设备各部件基本工作正常且清洁、整洁程度一般的则为差。

2. 技术资料

电力监控系统应备的技术资料至少应包括以下内容：

1)《电力监控系统（SCADA）合同附件》；
2)《SCADA部件操作手册》；
3)《电力监控系统操作手册》；
4)《电力监控系统应急预案》；
5)《电力监控系统不间断电源柜维修手册》；
6)《电力监控系统设备检修周期与工作内容》。

3. 电力监控系统（SCADA）应备的工具和备件

(1) 工具

电力监控系统应备的工器具分为专用工具、普通工具两类，详见表2-26。

SCADA应备的工器具 表2-26

序号	名称	数量	备注
1	特殊接头指针万用表	1个以上	
2	LIAN接收线	1条以上	监视通道情况时用
3	模拟屏安装器	1个	
4	弱电接线工具箱	1箱	
5	接线工具箱	1箱	
6	FSP参数线	2条	修改参数时用
7	NML参数线	2条	修改参数时用
8	集成块起拔器	1个以上	用于拔集成芯片

续表

序号	名称	数量	备注
9	普通万用表	若干	每次巡检、作业、检修时必备
10	一字螺钉旋具	若干	
11	十字螺钉旋具	若干	
12	镊子	1个以上	
13	手电筒	若干	
14	尖嘴钳	若干	
15	剥线钳	若干	
16	六角匙	若干	
17	钢丝钳	若干	
18	焊锡器	若干	

（2）备件

电力监控系统应备的备件分为特殊备件、普通备件两类，详见表2-27。

SCADA备件一览表　　　　表2-27

序号	名称	数量	备注
1	工控机（带专用通信口）	1台以上	专用备件
2	FSP模块	1个以上	专用备件
3	模拟屏指示灯	1个以上	专用备件
4	主控制盘（RTU）电源模块	1个以上	专用备件
5	通信模块	1个以上	专用备件
6	时钟模块	1个以上	专用备件
7	以太网线	6m以上	普通备件
8	稳压器	1个以上	普通备件
9	打印机	1台以上	普通备件
10	显示器	1台以上	普通备件
11	计算机电源	1个以上	普通备件

2.6 供电系统运行管理发展趋势

随着城市轨道交通行业的发展及计算机、通信技术的应用，供电系统运行管理人员在设备检修中不断积累经验，优化完善维修思路及修程修制，通过科学的理论基础分析制定差异化维修策略，并探索将可靠性理论等融入维修工作中，提高供电系统设备可靠度，持续研究降本增效的管理方式。同时，通过在待测对象处加装特定的传感采集装置，并运用信息化等集成技术实时采集所测对象的数据信息，分析其可能出现的故障及在故障发生前期能够进行及时预警并解除故障危险，使得管辖设备运行更加稳定、安全，为故障诊断、性能预测、维修决策等提供科学的依据，提升系统运行管理水平。本节从设备可靠性理论、变电智能化运行管理、接触网检测评估系统及供电运行生产安全管理系统等内容，介绍当前城市轨道交通供电系统运行管理发展趋势。

2.6.1 设备可靠性理论

可靠性系统工程是面向各层次各类型产品，在其全寿命周期过程中同故障作斗争的科学体系。可靠性理论主要是研究故障发生与发展的规律、故障的恢复与预防的机理与规律、故障引发的事故发生与控制的机理与规律。可靠性基础理论是指标论证、设计分析、试验验证等各项可靠性工程技术的根本依据和理论支撑。目前，研究成熟并广泛应用的可靠性基础理论主要包括基于概率论和数理统计的基础理论与基于故障物理的基础理论，正在研究发展中的基础理论有基于裕量与不确定性量化的可靠性理论、公理可靠性理论等。

1. 设备可靠性基本概念

根据国际电工委员会 IEC 60050-191，可靠性是指设备在一定使用条件下和运行时间内，达到额定性能的能力，包括设备固有可靠性和任务可靠性 2 部分。

（1）固有可靠性。指设备在设计和制造时产生的，它是一种狭义上的设备可靠性。

（2）任务可靠性。指设备在一定的运行条件下具有可靠性发挥的能力，它是一种广义上的设备可靠性。

2. 可靠性管理流程与方法

设备的任务可靠性是在运营阶段得以最大限度的表现。因此，运营维护阶段，设备可靠性管理的重点在于如何合理地制定一套从设备状态监控→维修周期和方式决策→设备更新/改造计划制定的全流程设备维护方案，确保设备可靠性得到最大的表现。

针对设备维修维护方案的制定，目前发达国家提出了一些先进的设备可靠性维修管理理念，分别是以美国和英国的以设备可靠性为中心的维修（RCM），日本的全员设备管理（TMP）等。考虑目前我国企业的技术与经济条件，以可靠性为中心的维修算是一种较为理想的选择。因为以可靠性为中心的维修是一种经济效益很好的系统维修方式，它并不是一种全新的维修方式，而是一种建立在故障模式、故障影响和故障后果分析的基础上，是一种将事后维修（CM）、定期维修（TBM）、状态维修（CBM）等结合起来的维修理论。

2.6.2 变电智能化运行管理

1. 概述

目前变电设备管理普遍依靠计划修，这种维修模式对设备状态实时情况的掌握欠佳：一方面，对故障预见性不足，通常导致维修工作缺少针对性，效率较低；另一方面：大量有价值数据未被采集和有效利用，潜力巨大的数据在眼前，得不到应有价值的发挥。这两方面带来以下问题：（1）设备的实际情况"不可视"，状态变化趋势未及时反映，无法预见故障，存在安全隐患；（2）何时该修、哪里该修、哪个隐患最紧急等问题不明确，维修的针对性差，效率较低；（3）计划修模式，普遍例行式的检查、维修，人力、设备资源浪费。

随着城市轨道交通线网的扩大，设备管理工作量将大幅度提升，人工等成本上升带来设备管理的成本不断攀升，计划修转变为状态修势在必行。进入 21 世纪以来，以工业化和信息化融合为核心的新一轮科技革命和产业革命正在孕育兴起，新型信息化技术（云计算、大数据、物联网、人工智能、移动互联网）等快速发展为供电设备的状态修解决了大量技术瓶颈，状态性维修逐渐变得可行。

变电设备智能化运行管理的总体思路是通过确定直接或间接表征变电设备健康状态的状态指标、建立状态评价标准，以"在线＋带电＋离线"相结合的方式采集数据并建立实时数据库。一方面，通过在线监测系统实现实时报警和趋势分析；另一方面通过构建基于少量重要状态指标的数学模型对设备进行状态评估、寿命预估和故障率评估，并基于状态评价标准对设备进行状态评估。同时，搭建集成信息化的变电设备全寿命周期智能性维修及管理平台，逐步实现变电系统智能化运行管理。

2. 在线监测

随着计算机技术不断发展，在线监测技术已日益走向成熟，目前，业内较具代表性的在线监测系统主要涉及的在线监测项目有：

（1）变压器：油中气体（氢气、甲烷、乙烷、乙烯、乙炔、一氧化碳、二氧化碳、水分）分析、局部放电、微水含量。

（2）容性设备：电容电流、介质损耗、三相不平衡电压。

（3）GIS设备：局部放电、气体压力、气体水分含量、避雷器泄漏电流、断路器动作次数。

（4）断路器：控制回路断线、弹簧储能时间、开关工作时间、开关动作次数、切断电流波形、开关柜内温度、触头接触部位的温度、分合闸线圈的电流、电压。

（5）蓄电池：电池电压、电流、内阻。

（6）电缆：温度、局放。

（7）二次继保设备：网络通道、报警、故障信息、空开状态。

在线监测系统主要有以下分类：

1）具备单一监测功能的系统：

其监控对象往往单一，信息交互需求较低，如：油色谱监测、变压器绕组温度监测、避雷器动作次数监测、SF6气体密度监测、微水含量监测等。

2）具备综合在线监测的系统：

实现对变压器、GIS开关柜、断路器、整流机组、能馈机组、SVG静止无功发生器、容性设备等变电站管辖设备的多项监测功能。其监测范围可覆盖到所辖对象的一次设备及二次设备（智能终端、保护装置等），其中一次设备需加装特定的在线监测装置，二次设备依据自身具备的在线自检、通信功能实现在线监测。其系统结构方式为统一后台主机对分散系统进行集成管理，通过优化资源配置实现数据信息共享，典型在线监测系统架构图如图2-1所示。

各类变电设备以分散监测的形式组成，通过各自设备层与主机间的规约协议及所负责的数据区域进行信息采集、分析处理，同时将处理后的数据传至监测系统的主机及对应的数据库，符合实际运行生产运作需求同时满足实时、高速、兼容的信息交互模式，进而形成变电设备统一、开放的数据平台，将信息资源进行共享，达到系统级高度集成、设备级互操可用的系统架构。

3. 设备状态评估

设备状态评估的目的在于设备状态维修的科学实现。状态评估应包含状态监测、设备评估两部分，其中状态监测应分为在线监测、离线检测、停电试验、日常巡视等所有可获得运维数据的手段；设备评估应包含设备检修情况、运行记录、产品性能等基本履历情况，以及来源于状态监测所获的运维数据构建的数理模型，两者结合综合分析设备的运行性能。

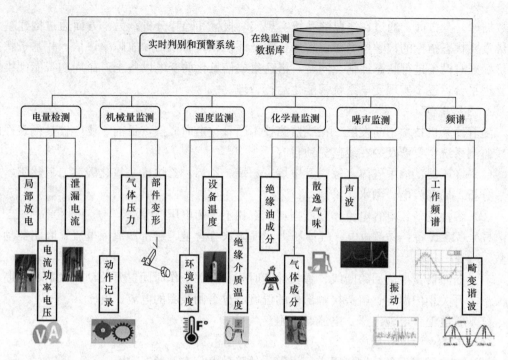

图 2-1 典型在线监测系统架构图

(1) 状态量扣分法

状态量应扣分值由状态量劣化程度和权重共同决定，即状态量应扣分值等于该状态量的基本扣分值乘以权重系数，状态量正常时不扣分。状态量扣分值见表 2-28。

状态量扣分表　　　　　　　　　　　　　　　　　　　　表 2-28

状态量劣化程度 \ 基本扣分值		权重系数			
		1	2	3	4
Ⅰ	2	2	4	6	8
Ⅱ	4	4	8	12	16
Ⅲ	8	8	16	24	32
Ⅳ	10	10	20	30	40

设备的评价分部件评价和整体评价，每个评价对部件的评价首先要对部件状态量的劣化程度进行分级，视状态量的劣化程度从轻到重分为四级，分别为Ⅰ、Ⅱ、Ⅲ、Ⅳ。其对应扣分值为 2 分、4 分、8 分、10 分。与权重结合进行最终扣分评价，扣分值等于该状态量的基本扣分值乘以权重系数。部件的状态评价应同时考虑单项状态量的扣分与部件合计扣分情况。

1) 设备的整体评价应综合其部件的评价结果。当所有部件评价为正常状态时，整体评价为正常状态；当任一部件状态为预警关注、提示维修或警示抢修时，整体评价应为其中最严重的状态。

2) 设备状态评价实行动态管理，每年至少一次。设备检修前后各增加 1 次评价，修前评价用以提高检修的针对性，修后评价用以检验检修的效果。

3）设备评价状态按扣分的大小分为"正常状态"、"提示关注"、"提示维修"和"警示抢修"。当任一状态量的单项扣分和合计扣分同时达到规定值时，视为正常状态；当任一状态量的单项扣分或合计扣分达到规定值时，视为提示关注状态；当任一状态量的单项扣分达到规定值时，视为提示维修状态或警示抢修状态。多个单项重要状态指标严重超过标准限值或多次维修，设备已经全面老化，报废退出运行，将状态标识为标志报废。

（2）数理模型评估法

1）统计模型

统计模型是基于统计原理的设备运行状态及故障率计算，变电系统主要应用有：

① 基于威布尔的故障率模型

以威布尔分布拟合故障数据，用于变压器、开关设备、电缆的故障率模型。

② 基于加权灰靶的状态模型

设定各状态靶心，对采集的运行状态数据采用加权灰靶理论方法，计算现行状态与靶心距离，以计算出设备运行状态，用于变压器状态评估模型。

③ 基于综合模糊理论的状态模型

基于云模糊理论，计算多影响因素设备的综合状态，用于开关类设备的状态评估。

2）机理模型

机理模型基于设备运行机理的设备老化计算及故障诊断，变电系统主要应用有：

① 绝缘老化模型

以阿伦尼乌斯方程为基础计算绝缘寿命损耗，为寿命-故障率模型提供输入，建立油变、干变、电缆的绝缘老化寿命模型。

② 开关电寿命模型

以电弧与金属烧蚀理论，计算出开关类设备的每次开断后电寿命损失，建立开关类设备的电寿命模型。

3）数据驱动模型

基于数据驱动的设备健康评估和故障诊断，如采用机器学习方法对设备历史运行数据进行建模，然后通过建立的模型实现对设备的在线监测和带电检测，实现设备的健康评估和故障诊断。

4. 智能化运行管理

智能化运行管理应由先进、可靠、集成的设备组成，以全站信息数字化、通信平台网络化、信息共享标准化为目标要求，完成数据采集、测量、控制、保护、计量等监测功能，同时具备根据运行现状自动控制、智能调节、综合分析等智能化应用功能。此外，通过在线监测系统与设备状态评估的高度结合，综合形成的设备全寿命周期数据、状态评估模型，为变电系统的安全稳定运行提供重要的技术支撑。

随着信息技术的高速发展，今后智能化运行管理应具备以下几个特征：

（1）系统智能化

整体架构结构紧凑、功能完善，各设备与相应的智能组件构成设备层，其内的测量、控制、保护、检测、计量等功能将以高度集成的模块化方式组件，改进系统内信息采集、数据交互、消息共享的固有方式，保证各硬件系统可共享、可靠，同时采取的全站式统一规约，不但加强各设备间的集成应用效果与自身协调能力，也使得各种功能均可根据现场实际需求进行灵活配置，实现功能的抽象与多态。

（2）设备智能化

对系统设备的过程层与间隔层所具备的业务功能进行了统筹集成，以外置或内嵌的组件方式与相应监测设备进行整合，其灵活的组件特点对数据变量的维度扩充或关键特征的定向获取均提高了很高的实施基础，也为基于数据的设备状态评估给予了良好的数据支撑。

（3）网络标准化

通信平台的规约标准化、网络化是全系统设备数字信息化的实现基础，通过基于IEC 61850等通信规约，实现一体化智能设备的实时在线监测、控制等功能应用，从而达到整体系统的高度集成，形成体系健壮的数据交互构建。

（4）决策智能化

通过实际运维现状、各类运维系统数据的集成融合，以数据挖掘分析方法，构建符合实际现状、匹配生产过程的数据驱动模型，实现设备状态监测、评估评价、智能告警、综合分析、缺陷提示等功能，推进运维资源的优化配置，综合实现运维管理与生产指挥决策智能化。

（5）业务一体化

运维是中心枢纽，通过设备运维数据资料，实现物资采购、设备运维、科研技改、备件消耗的一体化联动，通过在线监测、故障诊断、状态评估所积累的数据综合分析，从业务整体层面实现运维、采购、消耗全过程的闭环管理模式。

（6）人员专业化

本专业技术人员、管理人员对状态评估、检修策略的基础认知水平需不断提高，增强其对设备运行状况的分析判断能力，打造完善、科学的专业技术队伍。

2.6.3 接触网检测评估系统

1. 国内铁路行业相关情况

当前国内高速铁路接触网在检测评估方面的应用较为成熟和系统，其运行维修坚持"预防为主、重检慎修"的方针，按照"定期检测、状态维修、寿命管理"的原则，依靠铁路供电安全检测监测系统（6C系统）等手段，建立信息资源共享平台，实行"运行、检测、维修"分开和集中修组织模式，确保接触网运行品质和安全可靠性。

铁路供电安全检测监测系统（6C系统）包括：

（1）弓网综合检测装置（1C），系统搭载平台为高速综合检测车。该系统对接触网参数和弓网运行状态进行线路实速检测，主要检测参数有：弓网接触力、接触网网压、接触线高度、接触线动态拉出值、接触线硬点、弓网离线火花等。

（2）接触网安全巡检装置（2C），系统搭载平台为运营动车组。该系统采用便携式视频采集设备，对接触网的状态进行视频采集，分析接触悬挂部件技术状态。

（3）车载接触网运行状态检测装置（3C），系统搭载平台为运营的动车组。在动车组上加装接触网检测设备，以实现高速铁路接触网状态的动态检测。

（4）接触网悬挂状态检测监测装置（4C），系统搭载平台为接触网作业车或专用车辆。该系统对接触网悬挂系统的零部件实施高精度成像检测，指导接触网故障隐患的消缺。

（5）受电弓滑板监测装置（5C），系统搭载平台为车站和动车库出入线。在车站和动车库出入线采用视频图像检测受电弓碳滑板状态。

(6) 接触网及供电设备地面监测装置（6C），系统搭载平台为地面、接触网特殊断面、供电设备处（隧道、线岔、锚段关节等）。监测接触网的张力、振动、抬升量、线索温度、补偿位移及供电设备绝缘状态和温度等运行状态参数，指导接触网及供电设备的维修。

2. 城市轨道交通接触网检测评估体系

地铁架空接触网检测与评估系统安装在运营车辆上，对车辆受电弓-接触网运营数据进行采集、传输、分析处理、存储和评估。其中检测部分安装在运营车上对运营车辆的受电弓-接触网运营数据进行采集、传输、分析处理；评估部分布置于地面工作站中，对检测系统得到的检测数据进行科学系统的评估和存储。接触网检测与评估系统设计框图如图2-2。

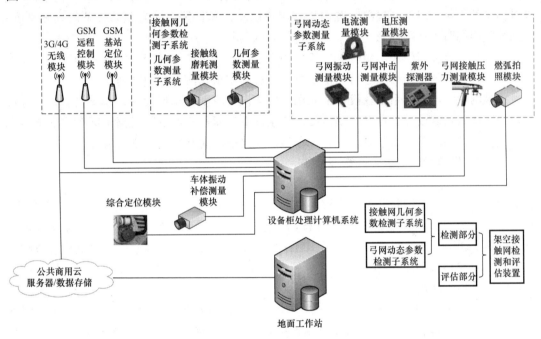

图 2-2 接触网检测与评估系统框图

检测部分由接触网几何参数检测子系统、弓网动态参数检测子系统及综合定位模块组成，主要用于对接触网几何参数和弓网动态参数及状态的全方位、多维度检测。检测项目包含：接触线（包含刚性接触线和柔性接触线）导高、接触线（包含刚性接触线和柔性接触线）拉出值、导高坡度、双支接触线的垂直高差和水平间距、跨距、跨距、弓网接触压力、弓网冲击、弓网振动、燃弧、接触线磨耗、受电弓电流、受电弓电压、碳滑板振动量、受电弓振动频率。

几何参数测量子系统由安装在车顶的几何参数检测模块、接触线磨耗测量模块，以及安装在车下的车体振动测量模块组成，完成对刚柔性接触网导高、拉出值、接触线磨耗、接触线坡度、定位器坡度、双支接触线的垂直高差和水平间距、锚段关节位置识别等测量。

弓网动态参数检测子系统由接触力测量模块、弓网振动测量模块、电压测量模块、电流测量模块、燃弧测量模块等组成，实现对弓网接触力、弓网振动、弓网燃弧等弓网动态性能参数的测量。

综合定位模块通过测速计轴式定位方式、取车辆速度信号定位方式、电子标签方式、获取移动信号基站信息等多种方式对检测位置进行测量，以保证在不同条件下能准确进行检测位置定位。

各项参数检测结果由各检测子模块传输至车内数据处理计算机，进行分析处理和保存，同时可通过4G网络或其他有线和无线网络向车辆系统和地面工作站传输检测结果数据。

接触网检测与评估系统采用高速工业光学模块、高速数据采集装置和高性能工业计算机对弓网系统参数进行采集、处理及分析，能支持最高160km/h的运行速度进行检测。

光学测量模块采用波长一定的激光光源，相机镜头配备窄带滤波片以排除灯光、阳光等对测量的干扰，以保证检测装置白天和黑夜以及雷暴日等不同光照条件下的检测精度。检测装置能同时支持刚性悬挂和柔性悬挂接触网的测量。

在车底安装补偿模块，结合补偿模块测得的运行时车体相对于钢轨水平和垂直方向偏移值，对几何参数检测结果进行补偿运算，保证了车顶几何参数的准确性。

接触网检测与评估系统在设计上采用模块化设计原则，车顶设备、车内设备、车底设备均为一体式封装设计，在满足安装接口的条件下，能移植到不同线路不同车型的电客车上。具备兼顾国内常规城市轨道电客车车型、线路条件的便携式检测需求。

2.6.4 供电运行安全生产管理系统

1. 系统概述

随着科学技术的不断进步，为解决供电系统作业过程中的安全问题和提高工作效率，基于信息化管理和计算机操作平台的供电运行安全生产管理系统也应运而生。系统涵盖了可视化安全联锁、地线管理、操作票、工作票等几个子系统，从供电运行安全管理范围来看，主要涵盖OCC电调操作控制中心、沿线各车站及正线接触网、车辆段DCC检调中心及列检库等各个地点。

供电运行生产安全管理系统可与轨道交通规章制度相配套，建立一套程序化、网络化、可视化、标准化的供电运行安全生产管理系统，保障供电安全生产，提升供电运行安全生产水平，提高工作效率、降低运行成本，实现保安全、高效率、低成本的运营目标。

2. 可视化接地系统

可视化接地系统将安全联锁操作与视频监护相结合，实现操作全过程的可视化，并对接地线进行强制闭锁和规范化管理，防止接地线的漏挂、漏拆，保障接地线使用的安全性，提高检修作业效率，实现接触网（轨）挂接地线强制验电，保证接地操作安全。系统还能实现工作票和操作票开票过程电子化、流程审批网络化、开票联锁一体化，从技术上保障现场操作符合两票流程和内容，减少人为因素，提高操作可靠性和安全性，如图2-3所示。

3. 集控防误操作系统

按照电力自动化技术的要求，集控方式实现了变电站集中控制、统一调度的运行需求。集控防误操作系统具有集中控制、统一调度、统一维护、统一检修的特点，其功能完备、操作灵活方便，能够满足各变电所、OCC局部集中实现微机防误的要求。

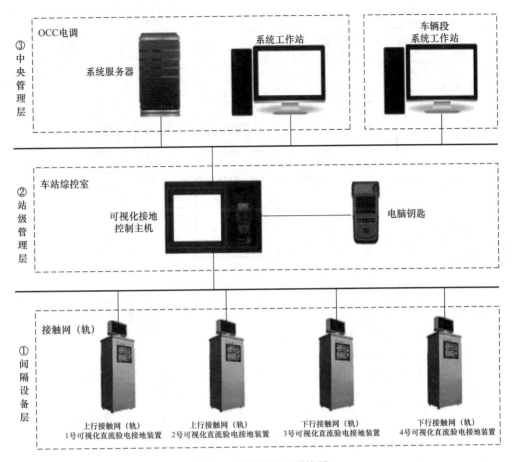

图 2-3　可视化接地系统图

同时，集控防误操作系统包含一套智能锁具管理系统，对变电站和接触网的非五防类设备锁具提供集中式管理，使得用户对锁具的管理更简单，操作更安全。

集控防误操作系统以集控中心层为主，下辖防误一级站层、防误二级站层、防误子站层。其中防误一级层、防误二级层与防误子站的区别在于所管辖的站的范围不同，防误一级层、防误二级层管辖多个站，防误子站只管辖一个变电所。通过监控中心层集中管理，集控中心层、防误一级站层、防误二级站层、防误子站层均可进行微机防误操作，集控防误系统结构图如图 2-4 所示。

集控防误操作系统具有以下功能和特点：

（1）经济性

仅在集控中心配置高性能计算机作为中央集控服务器，客户端采用普通配置的计算机即可。集控中心与各级防误层要求有稳定的通信网络。

（2）实用性

集控防误操作系统拥有一个用于完成防误功能的核心设备——中央集控服务器，该服务器集中管理所有站的数据，为所有站提供防误功能服务。由于数据及防误功能均由服务器提供，故与各子站状态同步、唯一操作权、遥控操作闭锁、站间闭锁、数据唯一性等在以往集控站中存在的问题便迎刃而解了。

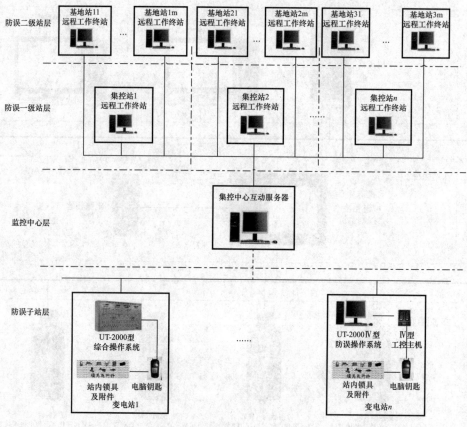

图 2-4 集控防误系统结构图

（3）安全性

中央集控服务器包括权限管理、唯一操作权管理、模拟预演、实时逻辑判断、闭锁元件五个方面，完整地实现了对设备操作的防误功能。中央集控服务器具备双机冗余功能，当其中一台主机故障时，备份主机自动切换，保证操作正常进行，提高了系统的可靠性。

（4）可维护性

系统调试、维护、升级方便，甚至可以在移动设备上完成系统操作票模拟、审核等工作。客户端只需要安装客户端软件，不需要配置，对客户端的管理在服务器上完成。整体系统可以灵活配置，整个系统可以规划为二级结构、三级结构、四级结构、五级结构等。

（5）灵活性

在系统安装调试时，根据用户的需求，系统可以配置成防误系统或者锁具系统，或者防误+锁具混合系统。当系统配置成锁具功能时，锁具种类多样，安装方便。根据配置的操作权限不同，一把钥匙能开一把、多把、甚至全部的闭锁锁具。解决了以前变电站锁居多，钥匙多，管理上繁杂的局面。

4. 两票系统

两票系统包含工作票系统和操作票系统，传统的工作票、操作票靠人工手写开票，未实现开票的电子化、流转的网络化以及管理的信息化，系统部署结构图见图 2-5。

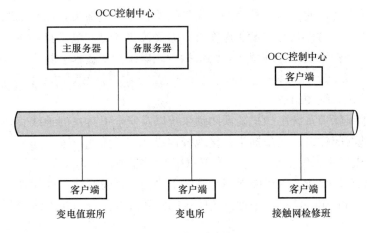

图 2-5 系统部署结构图

(1) 工作票系统

工作票制度是解决设备维护、检验时确保人员、设备安全的有效手段,也是联系维修部分和运行部分的一种安全控制制度,是确保电力生产过程中人员、电网、设备安全的有效手段。

传统的工作票开票、流转、审批、执行、终结等过程完全依靠人为执行,存在书写字迹潦草不清,易错重写;管理上无防误逻辑判断,操作顺序无保障;审核周期过长,流程控制不严格;大量纸质工作票控制、管理、统计分析困难等问题。

工作票子系统实现了开票过程电子化、流程管理网络化、开票防误一体化。能根据作业令生成工作票及相关的工作模版,实现网络开票,规范工作票填写,亦可支持图形开票、手工开票等多种开票方式,可以进行工作票流转、查询、统计功能,执行工作票安全措施逻辑判断,工作地点示意图的自动生成及编辑等功能。实现工作票电子化开票和网络化流转功能,相对于人工手写开票来说,开票及票的签发、审核、许可流转时间可大幅度缩短,提高了工作效率。

通过工作票系统,能实现以下功能:

1) 工作票系统化流转审批,提高审批效率;
2) 工作票系统图形化开票、防误逻辑判断,提高票证安全可靠;
3) 工作票系统维护管理,提高系统的可维护性;
4) 工作票系统数据统计及查询,按需提供对应的数据统计。

(2) 操作票系统

在变电所电气生产作业过程中,实现对电气设备的无误操作试保证安全生产的重要环节。为避免供电人员在电气倒闸、挂地线操作中因失误而造成事故发生,加入相应的防误系统,保证安全稳定生产。

操作票系统工作原理是倒闸、挂地线操作时先在防误主机上模拟预演操作,防误主机根据预先储存的防误闭锁逻辑库及当前设备位置状态,对每一项模拟操作进行闭锁逻辑判断,将正确的模拟操作内容生成实际操作程序传输给电脑钥匙,运行人员按照电脑钥匙显示的操作内容,依次打开相应的编码锁对设备进行操作或挂接地线。全部操作结束后,通过电脑钥匙的回传,从而使设备状态与现场的设备状态保持一致。

通过操作票系统，使倒闸、挂地线不仅仅依赖管理措施保障，而是采取有效的技术措施，对操作逻辑进行防误判断。设备操作时只需要按照开出的电子盘顺序，根据提示进行操作，不允许的操作系统会自动禁止，无法执行该操作，从技术上防止误操作事故发生。

5. 地线管理系统

（1）地线管理系统的组成

变电站的地线管理系统由微机防误闭锁系统以及安全工具室的地线管理控制器、安全工器具柜、接地线闭锁桩、接地插头及接地线构成。

1）微机防误闭锁系统是整个地线管理系统的指挥中枢，由微机以及运行在微机上的接地线管理图形软件组成。微机防误闭锁系统主要任务是通过接地线管理控制器查询并显示地线存放和使用的相关信息，根据微机防误闭锁系统的命令向接地线管理控制器发出解锁或闭锁接地插头的指令。

2）地线管理控制器是该系统的现场控制单元。主要功能是接收系统下达开放地线的命令，并将命令下达到接地线闭锁桩，并通过接地线闭锁桩实现对地线的开放控制。同时接地线闭锁桩实时检测地线的存放状态，并把检测到的实际存放情况向微机防误闭锁系统汇报。

3）安全工器具柜是用于对所有的地线进行合理的分类存放管理。

4）接地线闭锁桩主要是完成解锁、闭锁接地线和检测接地线的存放情况两项任务，接地线闭锁桩的操作要求简单、方便、可靠性高。

（2）地线管理系统的工作原理

每组需要进行管理的地线的接地端末端都安装有唯一编码的地线接地插头，而每个接地闭锁桩上安装有闭锁机构。

当操作需要装设一组地线时，运行人员需在操作票系统中开放一组地线（假设为01号），并且把地线的装设位置在图形系统里表示出来，以方便其他运行人员查阅到地线的使用情况。当接地线管理控制器接收到系统开放01号地线的命令后，控制器则自动开放01号地线接地闭锁桩，从而实现了地线的规范取用。

当地线使用完毕后，01号地线挂到01号接地闭锁桩上时，检测闭锁机构上的无线码片识别电路识别到接地插头的编码值与接地线闭锁桩的编码值一致时，闭锁机构自动开放，从而允许该接地线存放到该接地闭锁桩，并能将正确的地线闭锁；若检测到编码值不一致时，则自动关闭接地线闭锁桩，则不允许该地线的存放，从而保障了变电站的地线的合理、有序存放。

第3章 城市轨道交通供电设备的运行与巡视

3.1 变电所设备的运行与巡视

3.1.1 巡视的一般要求

变电所设备运行中的巡视检查是维护设备正常运行、保证安全可靠供电的有效措施。通过巡视检查可以监视变电所设备的运行状态，及时发现缺陷，并采取相应的措施进行维护和检修，防止事故的发生和扩大。各种巡视后，巡视人员均应在运行日志上做好记录，发现的设备缺陷和异常现象应填入设备缺陷记录，并及时作出判断，采取临时处置措施，确保安全运行。变电所设备的巡视检查是变电所运行必要的一项制度，也是运行人员的主要职责。下面介绍的是对变电所设备巡视检查的一般要求。

1. 巡视检查的基本要求

（1）巡视检查要按规定的线路进行。合理的巡视路线是巡视作业程序化、标准化的必要条件之一。巡视路线是根据电气设备的布置状况确定的，路径应尽量短且避免交叉和重复，路径内应包括应巡检的全部设备。

（2）值班员巡视高压设备时，必须严格遵守《变电所安全工作规程》的规定。不论设备带电与否，人与带电部位的距离不应小于表 3-1 所示规定的安全距离。

安全距离　　　　　　　　　　　　　　　　表 3-1

电压等级	无防护栅	有防护栅
110kV	1500mm	1000mm
35kV	1000mm	600mm
DC1500V 及以下	700mm	350mm

（3）巡视人员应做到人到、心到、位置到，且应看、听、嗅相结合。

（4）巡视周期：

1）有人值班变电所每次交接班和每班中间各巡视一次；

2）无人值班变电所，每日至少巡视一次或按具体规定进行；

3）结合全面巡视时的熄灯巡视；

4）遇有恶劣天气，如大风、暴雨、大雾、冰雹、雪、霜时，对户外设备应进行特殊巡视，其中包括：

a. 重点检查绝缘件有无破损、裂纹和放电现象，基础、支柱、房屋有无下沉和倾斜，室外端子排、电缆沟和屋顶有无漏水和积水等。

b. 雷电后应立即巡视，重点检查绝缘件有无破损、裂纹和放电现象，避雷针尖有无熔化现象，避雷器动作记录器是否动作等。

c. 狂风后，需重点检查设备和母线上有无杂物悬挂及断线等情况。

d. 当气温发生剧烈变化（骤热、骤冷）时，应加强巡视，重点检查充油设备油面有无渗、漏油；充气设备有无漏气，气压有无严重下降；各连接部有无松动、过热等情况。

5）设备新安装或大修后，亦应进行特巡。特别是对变压器、断路器，在24h内每2h巡视1次。

6）断路器自动跳闸后，应对有关设备进行全面巡视。

7）当出现较大的电压波动、接地信号、过负荷运行或设备异常时，均应增加班中巡视。

8）负荷高峰特别是超负荷和高温天气时，要特殊巡视。

2. 巡视检查的基本方法

电气设备检修试验时，为了判断其是否正常，使用了各种测试仪器仪表。但电气设备在运行中运行人员是不可能携带各种仪器仪表进行日常测量的，因而，利用眼、耳、鼻和手等感官仍然是主要的检查手段。

(1) 目测检查法

所谓目测检查法就是用眼睛来检查看得见的设备部位，通过设备的外观变化来发现异常情况。一般来说，破裂、变形（膨胀、收缩、弯曲）、松动、漏油、漏气、污秽、腐蚀、磨损、变色（烧焦、硅胶变色、油变黑）、冒烟、接头发热、产生火花、有杂质异物、不正常的动作等外观现象往往反映了设备的异常情况，因此，可通过目测观察作出初步分析判断。可以说，变电所的电气设备几乎均可采用目测法进行外观的巡视检查。所以，目测法是巡视检查中最常用的方法之一。

(2) 耳听判断法

虽然变电所的设备相对来说大多都是静止的，但许多的设备都会由于交流电的作用产生振动并会发出各种声音。这些声音是运行设备所特有的，也可以说是一种表示设备运行状态的特征。如果仔细倾听这种声音，并熟练掌握声音特点，就能通过它的高低节奏、音色变化、音量的强弱是否运行正常。为了能更准确地掌握设备发出的声音，有时要借助于器械，如听音棒等。

(3) 鼻嗅判断法

人类嗅觉所能辨别的气味因人而异，千差万别，但电气设备的绝缘材料过热产生的气味大多数正常人都能嗅到并辨别。

气味是自然而然被感觉到的，如果值班员和其他人员进入变电所检查设备，嗅到设备过热或绝缘材料被烧焦产生的气味时，值班人员应着手进行深入检查，检查是否有冒烟的地方，有无变色的部位，听一听是否有放电的声音等，直到查找出原因为止。嗅气味是对电气设备某些异常和缺陷比较灵敏的一种方法。

(4) 触试检查法

在巡视检查的整个过程中经常会用到手。用手触试检查是判断设备的部分缺陷和故障的一种必需的方法（但用手触试检查带电设备是绝对禁止的！）。运行中的变压器、消弧线圈的中性点接地装置，必须视为带电设备，在没有可靠的安全措施时，也禁止用手触试。但对不带电且外壳接地良好的设备及其附件等，检查其温度或温差需要用手触试时，应保持安全距离。对于二次设备（如继电器等）发热、振动等也可用手触试检查。

(5) 用仪器检测的方法

目前，检测技术发展较快，测试仪器种类较多，使用这些测试仪器时，应认真阅读说明书，掌握测试要领和安全注意事项。

在电气设备事故中，由于绝缘物受热老化而引起的事故较多。因此，准确地掌握运行中的电气设备各部位的温度变化是非常重要的。设备的过热大部分在停电时表现不出来，只有在带电运行时才会出现，况且有些设备发热初期，不伴随出现变色、变形，也不产生异常声音和气味等，这种情况下，如果只依靠人的感觉来判断设备是否正常是比较困难的。为了尽早尽快地发现设备的过热，应尽可能地使用仪器仪表定期或不定期地测量运行中的设备的温度，尤其是高温天气、高峰负荷时是测温的重点。

常用的测温方法有：

1) 设备易发热的部位贴示温片。
2) 设备上涂示温漆或涂料。
3) 用红外线测温仪。

前两种方法的优点是简便易行，但也存在一些缺点。它的主要缺点是不能和周围温度做比较；示温贴的时间长了易脱落；涂料和漆可长期使用，但受阳光照射会引起变色，变色后不易分辨清楚；不能发现设备发热初期的微热及温差等。

红外测温仪是一种高灵敏度的热敏感应辐射元件，检测由被测物发射出来的红外线而进行测温的仪表。能正确地测出运行设备的发热部位及发热程度。利用红外测温技术检查电气设备的方法是近几年兴起的新技术，它能够快速、准确、方便和安全地测量带电设备的温度，能够在设备故障初期阶段就能检测和诊断问题，使维护检修人员在故障发生前能够采用补救措施，同时不需要停电导致生产停顿，而且红外测温技术特别适合测量在大负荷情况下测量设备温度，当设备是带轻电力负荷时反而不能准确测量设备的某些发热点。现在越来越多的供电管理部门利用红外测温技术作为预防性维护检修的一部分工作，因此，建议定期采用红外测温技术对电气设备进行检查。

实际上，测温的目的是在运行设备发热部位尚未达到如表 3-2 所示的最高允许温度之前，尽快发现发热的异常状态，以便采取相应的措施。为此当经过测温得到设备实际温度后，必须了解设备在测温时所带的负荷情况，与该设备历年的温度记录资料及同等条件下同类设备温度做比较，并与各类电气设备的最高允许温度比较，然后进行综合分析，作出如表 3-3 所示的判断，并提出处理意见。

电气设备的最高允许温度参考值　　　　表 3-2

被测部位		最高允许温度（℃）	被测部位		最高允许温度（℃）
油浸变压器	接线端子	75	隔离开关	接头处	65
	本体	90		接线端子	75
母线接头	硬铜线	75	互感器	接线端子	75
	硬铝线	70		本体	90
断路器	接线端子	75	电容器	接线端子	75
	机械结构部分	110		本体	90

设备经测温后的判断 表 3-3

设备发热程度	判断
几乎没有温升，各相几乎没有温差	正常
有少许温升，且各相间有一定温差	注意
温度超过最高允许程度，或即使温度未超过最高允许温度，但各相温差极大	危险

注：经判断属于"注意"范围的设备，应加强检查巡视，并在定期检修时安排处理，属于"危险"范围的设备，应立即报告调度和有关领导，进行停电处理。

3.1.2 油浸式电力变压器的运行和巡视检查

1. 一般运行条件

（1）无载调压变压器在额定±5%范围内改换分接头位置运行时，其额定容量不变。有载调压变压器各分接头位置的容量应按制造厂的规定运行。

（2）为防止变压器绕组过热，油浸式变压器顶层油温一般不应超过表 3-4 的规定。为防止变压器油质加速劣化，自然循环冷却变压器顶层油温一般不宜经常超过 85℃。

（3）两台变压器并列运行的条件：

1）绕组接线组别相同；

2）一、二次侧电压分别对应相等；

3）阻抗电压值相等。

对于一、二次侧电压比（其允许差不应超过±5%）和阻抗电压值（其允许相差不应超过 10%）稍有差别的变压器，在任何一台都满足"不同负荷状态运行规定"都不会过负荷的情况下，可以并列运行。容量比超过 3∶1 的变压器，一般不予并列运行。

油浸式变压器顶层油温一般限值 表 3-4

冷却方式	冷却介质最高温度（℃）	最高顶层油温（℃）
自然循环自冷、风冷	40	95
强迫油循环风冷	40	85
强迫油循环水冷	30	70

经过改进结构或改变冷却方式的变压器，必要时应通过温升试验确定其负荷能力。

（4）变压器的负荷能力不是以铭牌额定值为限值，而是以热老化的观点作为指导原则。具体情况可参考《电力变压器 第 7 部分：油浸式电力变压器负载导则》GB/T 1094.7—2008。

2. 冷却器的运行方式

（1）油浸风冷变压器在风扇停止工作时允许的负荷和运行时间，应遵守制造厂规定，其中油浸风冷变压器，当上层油温不超过 65℃，允许不开风扇带额定负荷运行。

（2）强迫循环变压器运行时，必须投入冷却器，并根据负荷的情况确定冷却器投入的台数，在空载和轻载时不应投入过多冷却器。

（3）强迫油循环冷却器，必须有两路电源，且可自动切换。为提高风冷自动装置的运行可靠性，要求对风冷电源及冷却器的自动切换功能定期进行试验。

（4）强迫油循环风冷式变压器运行中，当冷却系统（指油泵、风扇、电源等）发生故障，冷却器全部停止工作，允许在额定负荷下运行 20min。20min 后顶层油温尚未达到 75℃，则允许继续运行到顶层油温上升到 75℃。但切除全部冷却装置后变压器的最长运行时间在任何情况下不得超过 1h。

3. 温升监视

(1) 油温监视

变压器在运行中产生的铜损和铁损都转成热量，使变压器的铁芯、线圈发热，油温升高。这些热量通过变压器的冷却媒介（空气或油）由散热装置散发到变压器外面的空气中。在一定负荷时，当变压器内部单位时间内所产生的热量等于散发出去的热量时，达到热平衡稳定状态，变压器的温度就不再升高。变压器设计时，各部分的允许温度主要是根据变压器的容量和选用的绝缘材料，在一定温度限度内的使用寿命来确定的。变压器运行时的绕组和铁芯所产生的热量在向外传导过程中，各部分的温度差别很大。绕组的温度最高，其次是铁芯的温度，再次是绝缘油的温度，油的上部温度高于下部温度。变压器运行时允许温度是按上层油温来检查的。

例如，采用 A 级绝缘材料的变压器，绝缘材料极限工作温度为 105℃。当变压器环境空气温度为 +40℃ 时，一般绕组的平均温度比油温高 10℃，此时变压器的上层油温为 95℃，这就是变压油温的极限最高温度，而在正常情况下，为保护变压器油不致过度氧化，上层油温应不超过 85℃。

对于风冷却的变压器，正常运行中是否开风扇，可参照表 3-5 进行。

变压器的负荷、上层油温与是否应启动风扇的规定表 表 3-5

序	变压器上层油温	变压器额定容量的负荷百分比	是否开风扇	备注
1	55℃以下	100%	不开	
2	55~85℃	70%及以下	不开	冬季应考虑温升在55℃以下
3	55~85℃	70%~100%	开	

注：此表在周围空气温度为 40℃ 及以下时适用。

如出现表 3-5 中的第三种情况而不能开启风扇时，应视为变压器过负荷，须向调度报告，并加强上层油温监视，必要时应转移或控制负荷。

根据变压器设计和运行经验，变压器绕组若连续维持在 95℃ 时，可以保证变压器具有经济上的合理寿命大约为 20 年，影响这个寿命的主要原因就是温度。根据世界各国对变压器的运用情况和多次试验，当变压器的绕组温度每超过允许温度 8℃ 则变压器的寿命减少一半。变压器的油温达到 85℃ 时，油的氧化速度加快。试验表明，油温在 85℃ 基础上温度每增加 10℃，氧化过程增加一倍。油的氧化过程，实质上就是油的老化过程，油老化后将要变质，其绝缘性能和冷却效果都要降低，因此要严格控制油温。

(2) 温升监视

监视变压器油温的同时，还要监视其温升。温升用变压器温度与周围空气的差值表示。由于变压器的绕组和铁芯生产的热量要靠周围的介质（油或空气）进行传导而散发，它们的传导都有个速度和时间问题，而且变压器内部传导的能力与周围空气变化并不是正比的关系。当变压器外壳温度很低时，变压器外壳的散热能力大大增加而变压器内部的散热能力却提高很少。

变压运行时绕组的温度是通过上层油温间接测量的。如果上层油温和温升两项参数中任何一项超过了允许值，都说明变压器绕组的温度已经超过限度，这样不仅对绕组的绝缘强度和寿命产生很大影响，而且使绕组的电阻增加，使其损耗也逐级增大。因此我国对变压器的使用条件规定，最高气温为+40℃，最高日平均温度为30℃，最高年平均温度为20℃，最低气温为-30℃，海拔高度不超过1000m，并且规定了变压器的允许温升，即

$$允许温升＝允许温度－40℃（周围空气最高温度）$$

变压器额定负荷时的温升具体规定，见表3-6。

变压器允许温升　　　　　　　　　　　　　　表3-6

变压器的部位	温升限值（℃）	测量方法
线圈A级绝缘油浸自冷或循环（非导向）	65	电阻法
上层油	55	温度计法

因此，在监视变压器上层油温的同时还要监视其温升，只有上层油的油温和温升均不超过允许值时，才能保证变压器的安全运行。此外，负荷相同时，变压器的温升大致相同，值班员应注意积累各种环境温度下正常运行的油温和温升资料，以便判断变压器是否正常运行。

4. 油质监视

油浸式变压器，其箱体内是用变压器油作为绝缘和散热介质的。变压器油是从石油中制取的，是易流动的液体，它能够充满变压器内各部件之间的任何空隙，将空气排出，避免了部件因与空气接触受潮而引起的绝缘能力降低。另外，由于变压器油的绝缘强度比空气大，从而增加了变压器内线圈与铁芯之间、绕组与绕组之间，绕组与油箱之间绝缘强度。

变压器油在箱体内还可以使变压器的绕组和铁芯得到冷却，因为变压器运行中，靠近绕组与铁芯的油受热后，温度升高，体积膨胀，因密度减小而向上升，经冷却装置冷却后，再进入变压器油箱的底部，从而形成油的循环。这样，在油的循环过程中，将热量通过冷却装置散发到变压器以外，从而使绕组和铁芯得到冷却。另外，变压器油能对变压器内的绝缘材料、金属构件起浸渍和封闭作用，能保持原有物理和化学性能以及防腐作用，再则变压器油也对电弧有熄灭作用。

综上所述变压器油对变压器经济、安全运行起着重要作用，但变压器油在运行中由于外界原因往往使变压器油变质（劣化），降低或失去它应有的安全作用。使变压器油劣化的主要原因有受潮、氧化和杂质等几个方面。

变压器在运行中由于负荷和环境温度的变化，引起变压器油的膨胀和收缩，变压器的油枕上层的空气和外界空气通过呼吸器相互流通，从而造成有湿度的空气与变压器油接触，使油受潮，造成油内含有水分，这不仅降低了油的绝缘强度，增加介质损失值，而且油内的水分还能对变压器内的铜铁物体加速氧化使油中产生大量的沉淀物。就一般情况而言，受潮的油比干燥的油劣化速度要快2~3倍。因此，运行人员在监视变压运行时要特别注意呼吸器的玻璃空气干燥器中硅胶是否失效（宝石蓝色变为粉红色），对失效的干燥剂应及时更换以防止变压器油受潮。

除空气中的潮汽对油有很大影响外，空气中的氧气危害也很大。油被空气氧化后，生成各种酸性氧化物，该物质造成油的劣化，降低油的绝缘强度。

油的劣化速度主要决定于温度。试验证明，油氧化的起始温度是60~70℃，在此温度下，油几乎很少发生变质；当温度达到120℃时氧化强烈。当温度达到160℃时，氧化最强烈。

因此，如何使变压器油经济、合理的运行，延长它的使用寿命，主要取决于变压器散热、防潮及防氧化这三个因素。因此对运行中的变压器油和备用变压器油，要按规定进行监视，并采取一定的保护措施，要定期对变压器油进行取样试验（全部试验项目，简化试验项目）。这项工作的程序是由运行检修人员负责取样，化验人员进行试验。按规程规定对电压等级为35kV以上变压器每年至少取样作一次简化试验；对电压在35kV及以下变压器每两年至少取样作一次简化试验；对大修的变压器每次大修后，均应作一次简化试验；对简化试验中的电气绝缘强度试验，则在每两次简化试验之间，至少应再做一次试验。除上述规定外，当变压器出现短路故障或加油后，亦需取样对变压器油进行化验分析。

5. 运行中的一般巡视检查项目

(1) 外部目测检查

1) 引线、桩头

检查变压器套管桩头、引线或结合处应无松动、松股和断股现象，铜铝过渡线卡应无过热而产生变色现象。

2) 套管

a. 外表应清结、无明显污垢，无破损现象；

b. 法兰应无生锈、裂纹，无电场不均匀而发出的放电声。

3) 油位、油色检查

a. 注油套管内的油位应保持正常。

b. 变压器本体油位及有载调压开关油位应在标准油位线范围内，本体油枕油位、有载调压开关油枕油位要求在其结构、高度同样情况下，油位高度也应相同。

c. 气候突然变化气温相差比较大时，应加强注意油位检查，尤其是套管油位。

d. 不带密封隔膜的变压器，油标中的油和其本体的油是连通的，所以在油色检查时可观察油标中油色的变化。一般正常油色为透明微黄色，若油色变成红棕色，甚至发黑时，则应怀疑油质已经劣化，应对油进行简化分析。

4) 渗漏油检查

通常，渗漏油的部位主要有以下几个部位，在巡视检查中应特别注意，并要加以判断是确实渗漏还是检修遗漏的油迹。

a. 套管升高座、电流互感器小绝缘子引出的桩头处及所有套管引线处桩头、法兰处；

b. 瓦斯继电器及连接管道处；

c. 潜油泵接线盒、观察窗、连接法兰、连接螺丝坚固件、胶垫处；

d. 冷却器散热器；

e. 全部连接通路蝶阀；

f. 净油器、冷却器的油通路连接处；

g. 全部放气塞处；

h. 全部密封部位胶垫处。

5) 防爆装置检查

a. 检查压力释放阀应封闭，有信号装置的导线应完整无损。

b. 安全气道（防爆管）装置玻璃应完好无破裂，有观察窗的无积水现象，防爆管菱形网完整。

  6）温度检查

  a. 检查测温装置所指示的数值在规定允许的范围之内；

  b. 检查周围环境温度，油温与表计、热电偶测温装置等应一致。

  7）呼吸器的检查

  a. 呼吸器油封应通畅，呼吸应正常；

  b. 呼吸器硅胶变色不应超过 2/3，如超过则应安排更换。

  8）瓦斯继电器检查

  从观察窗检查内腔机构正常，器身及接线端子盒应严密无进水。

  9）冷却器检查

  a. 油流继电器动作指示正常，玻璃腔内应密封、无积水现象；

  b. 风扇无反转、卡住；电机应无停转现象，电源线瓷接头包扎好并应叉开，无浸水、脏污、碰线等现象；潜油泵运行无异状；

  c. 整个冷却器无异常振动、应平稳运行；

  d. 冷却器分控制箱及电缆进线应密封无受潮及杂物。

  10）接地线检查

  外壳接地线应无锈蚀现象，如有则应清除之；排油道应畅通。

  (2) 耳听法检查

  变压器正常运行中发出连续均匀的"嗡嗡"声，以及附属设备发出的均匀振动声均属正常响声，一般均不大于 85dB 声级。若听到有不同于正常声音的异常响声，如：

  1）不连续且有较大的"嗡嗡"声；

  2）油箱内油的特殊翻滚声或啪啪放电声；

  3）瓷件表面电晕或电场不均的外部放电声；

  4）转动电机轴承磨损或轴承钢球碎裂等尖锐声响；

  5）其他坚固件零部件的松动而发出的共鸣声。

  应首先判别异声的部位，辨清是变压器外部引起的还是内部产生的，可以用听音金属棒仔细分辨。

  (3) 嗅觉法的检查

  变压器故障及各部如高压导电部位连接部分，低压电源接线端子，套管，冷却器系统包括电机、导线、瓷接头、控制箱内接触器、热继电器等由于松动或氧化引起接触不良，应仔细分辨。

  (4) 感觉触试法的检查

  用手摸方法来比较在相似情况下设备外壳的温度是否相差过大；振动是否过于剧烈。然后再与仪表对照分析。有时发热部位因发热严重，热量辐射使周围的空气温度升高，人靠近热源脸部就会有热的感觉，此时需要仔细查找发热部位。此法只限于安全部位的发热检查。

  6. 运行中的变压器特殊巡视检查

  (1) 大风、大雾、大雪、雷雨后和气温突变的异常天气，应对变压器进行特殊巡视检查。注意引线的摆动情况，瓦斯继电器盖子防雨罩及端子盖应盖好；

(2) 大雾、毛毛雨、小雪天时，检查套管、绝缘子应无严重电晕闪络和放电等现象；

(3) 大雪天检查引线接头处的积雪，观察融雪速度及有无冒气以判断是否过热。检查变压器顶盖、油位至套管连线间有无积雪、挂冰情况。油位计、温度计、瓦斯继电器应无积雪覆盖情况；

(4) 雷雨后，检查变压器各侧避雷器计数器情况，检查套管应无破损、裂纹及放电痕迹；

(5) 夜巡时，应注意引线接头处，线卡应无过热、发红及严重放电等；

(6) 超额定值运行期间，加强检查负荷电流、运行时间、顶层油温；

(7) 当变压器瓦斯继电器发出信号时，应对变压器外部及瓦斯继电器内的气体检查。

7. 运行中的变压器有载分接开关的巡视检查

(1) 操作计数器应正常，与动作记录一致；

(2) 电压表指示应在变压器规定的调压范围内；

(3) 调压挡位指示灯与机械指示器的挡位应正确一致；

(4) 操作箱应密封，无受潮、进水现象。

8. 运行中的变压器巡视周期

(1) 变压器在正常运行情况下的巡视检查按规定执行；

(2) 在大风、大雾、大雪、雷雨后以及天气突变或过负荷等异常情况的巡视次数应适当增加；

(3) 新投运或大修后的变压器，在投运后一周内，每班巡视检查的次数也应适当增加，甚至试运行 24h 内经常巡视。

9. 变压器的投运和停运

(1) 对新投运的变压器、长期停用或大修后的变压器，在投运前，需按《1000kV 交流电气设备预防性试验规程》GB/T 24846—2018 进行必要的试验。

(2) 值班人员应仔细检查，确认变压器及其保护装置在良好状态，具备带电运行条件。并注意外部有无异物，临时接地线是否已拆除，分接开关位置是否正确，各阀门开闭是否正确。变压器在低温投运时，应防止呼吸器因结冰被堵。

(3) 运用中的备用变压器应随时可以投入运行。长期停运者应定期充电，同时投入冷却装置。如系强油循环变压器，充电后不带负荷运行时，应轮流投入部分冷却器，其数量不超过制造厂规定空载时的运行台数。

(4) 变压器投运和停运的操作程序应在现场规程中规定，并须遵守下列各项：

1) 强油循环变压器投运时应逐台投入冷却器，并按负载情况控制投入冷却器的台数；水冷却器应先启动油泵，再开启水系统；停电操作先停水后停油泵；冬季停运时将冷却器中的水放尽。

2) 变压器的充电应在有保护装置的电源侧用断路器操作，停运时应先停负荷侧，后停电源侧。

3) 在无断路器时，可用隔离开关投切 110kV 及以下且电流不超过 2A 的空载变压器。

(5) 新投运的变压器必须在额定电压下做冲击合闸试验，冲击 5 次；大修或更换绕组后的变压器，其冲击合闸次数为 3 次。

(6) 对于 110kV 及以下的变压器，在新装、大修、事故检修或换油后，在施加电压前静止时间不应少于24h。

装有储油柜的变压器,带电前应排尽套管升高座、散热器及净油器等上部的残留空气。对强油循环变压器,应开启油泵,使油循环一定时间后将气排尽。开泵时变压器各侧绕组均应接地,防止油流静电危及操作人员的安全。

(7) 在110kV及以上中性点有效接地系统中,投运或停运变压器的操作,中性点必须先接地。投入后可按系统需要决定中性点是否断开。

3.1.3 干式电力变压器的运行和巡视检查

由于干式变压器具有无油化的特点,对于一定电压等级和一定容量的变压器,特别是地下变电所等安全防火等级要求较高的场合,干式变压器得到了越来越广泛的应用。

干式变压器一般有浸渍式、气体绝缘式和包封绕组式。由于包封绕组干式变压器其绕组不易受潮,维护方便,且体积较小,故在城市轨道交通变电所中得到了广泛的应用。鉴于此,以下介绍的内容以包封绕组干式变压器为主。包封绕组干式变压器的绕组用固体绝缘包封,各个绕组可以分别装模后用环氧树脂浇注,也可以用浸树脂的玻璃纤维包绕来包封。前者称为浇注式,当环氧树脂中加填料,树脂层较厚时称厚绝缘浇注式;当绕组外面用玻璃纤维包绕再行浇注,树脂层较薄时称为薄绝缘浇注式,也称为绕包浇注式。这类干式变压器的主绝缘仍留有空气间隙,纵绝缘则多数情况下全由固体绝缘构成。除绕组外,其他方面与油浸式一样。

由于干式变压器的使用条件、绝缘材料和冷却方式均与油浸式变压器有差异,因此,干式变压器具有其本身自有的运行特点。

1. 干式变压器的运行

(1) 使用条件

1) 环境温度不高于40℃,海拔不超过1000m,若环境温度高于40℃或海拔超过1000m时,应按《电力变压器 第11部分:干式变压器》GB 1094.11—2007 的有关规定作适当的定额调整。

2) 对于防护等级为IP00的无外壳的变压器,应在变压器的周围安装隔离栅栏,以防止误碰变压器。在城市轨道交通变电所中使用的保护等级一般为IP20,即外壳可防止大于12mm的固体异物进入。

3) 冷却方式有空气自冷(AN)和强迫风冷(AF)两种。对空气自冷(AN)和强迫风冷(AF)的变压器,均需保证变压器有良好的通风能力,当变压器安装在地下室或其他通风能力较差的环境时,需增设散热通风装置,通风量按每1kW损耗(P_0+P_K)需$2\sim4\text{m}^3/\text{min}$风量选取。

(2) 温控、温显系统

温控系统通过温控箱和安装在低压绕组中的PTC测温元件实现对变压器的温度检测和控制。对于自冷变压器配置二温控制箱,若由于故障或超载运行而使变压器绕组温度超过安全值,温控箱会发出报警信号直至发出超温跳闸信号。对于强迫风冷变压器配置四温控制箱,冷却风机的开停取决于绕组的温度,温度高于某一数值时,风机启动,对变压器进行强迫风冷;若温度进一步升高,温控箱将会发出相应的超温报警信号或超温跳闸信号。温度显示系统直观地显示变压器运行过程中绕组或铁芯的温度,可与温控系统配合使用。对于TTC-300温度显示控制系统,如图3-1所示,其采用PTC非线性电阻和PT100

线性铂电阻双重保护测温,用 LED 做温度显示,单片机控制,可显示绕组和铁芯温度,可校调控制温度、自动/手动启停风机,自动发出报警、跳闸信号,此信号同时送向电力监控变电所综合自动化系统。

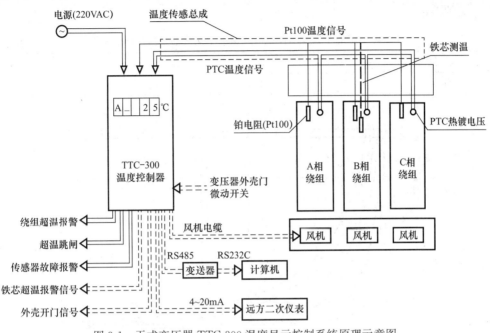

图 3-1 干式变压器 TTC-300 温度显示控制系统原理示意图

(3) 温升及过载能力

对于干式变压器的寿命,《电力变压器 第 12 部分:干式电力变压器负载导则》GB/T 1094.12—2013 指出,干式变压器的寿命与其绝缘因热老化引起的损坏有关。对于干式变压器的负荷能力计算作出一定的规定:即正常预期寿命是额定负荷电流和绕组绝缘额定热点温度的函数;把绕组热点温度的增加与绝缘损坏率的增加联系起来;对于因负荷周期、负荷电流及环境温度变化而引起的绕组热点温度变化,应规定计算方法,以计算绕组热点温度变化对变压器绝缘热老化的影响;将在负荷周期内各因素综合作用下的实际寿命损失与正常寿命加以对比,对负荷周期内任何参数都可进行调整,以得到变压器的正常使用寿命。

对于不同绝缘耐热等级干式变压器在额定使用条件下的温升限值见表 3-7。

不同绝缘耐热等级干式变压器在额定使用条件下的温升限值　　表 3-7

绝缘等级	绝缘系统的温度等级(℃)	绕组热点温度(℃)		额定电流下绕组平均温升限值(K)
		额定值	最高允许值	
A	105	95	140	60
E	120	110	155	75
B	130	120	165	80
F	155	145	190	100
H	180	175	220	125
C	220	210	250	150

干式变压器事故过负荷的允许数值和时间应遵循制造厂的规定，若无制造厂的规定资料时，可参考表3-8。对于SC系列环氧树脂浇注绝缘干式电力变压器的过负荷能力曲线见图3-2，图中分别给出了不同环境温度（40℃或20℃）和运行条件下，过载容量与过载时间的关系曲线。

非气体绝缘的干式变压器在事故情况下允许的最大短时过载时间　　　　表 3-8

过载（%）	20	30	40	50	60
允许时间（min）	60	45	32	18	5

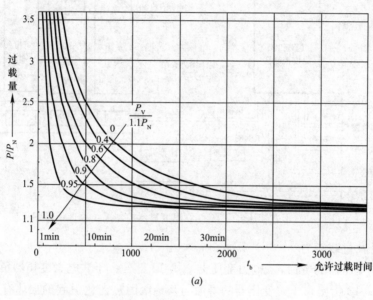

(a)

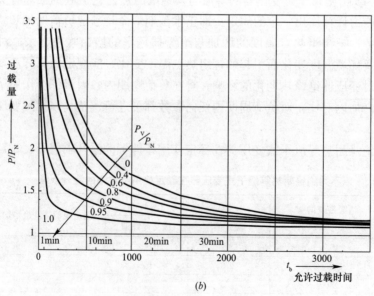

(b)

图 3-2　干式变压器的过载能力曲线

(a) 环境温度，$\theta_R = 20℃$；(b) 环境温度，$\theta_R = 40℃$

2. 巡视检查

巡视检查应注意下述各点。

(1) 设备安装牢固，无倾斜、外壳无严重锈蚀、接地良好，基础、支架应无严重破损剥落；

(2) 变压器本体清洁、是否放电，是否有凝露水珠；

(3) 电气连接部分应连接牢固，接触良好；

(4) 设备的音响正常，无异味；

(5) 变压器室通风良好；

(6) 通过温控箱检查变压器运行温度。

3.1.4 整流机组的运行和巡视检查

整流机组是牵引变电所的重要设备，它包括整流变压器和整流器组，每座牵引变电所中设置两套整流机组，通过整流机组获得机车牵引所需的直流电压。为了获得大功率的整流直流电、减小谐波分量、减少工程占地面积，一般采用 12 脉波整流或 24 脉波整流机组，整流变压器采用带双低压输出的轴向分裂四线圈整流变压器，整流器组采用大功率的螺旋式或平板式整流二极管。整流机组的负荷特性为反电动势、再生。在 12 脉波整流系统中，使整流变压器二次侧输出相差 30°角，整流器组由两个三相 6 脉冲全波整流桥组成，其中一个整流桥接至整流变压器二次侧 Y 形绕组，另一个整流桥接至整流变压器二次侧 △ 形绕组，两个整流桥并联连接构成 12 脉波整流。为了获得等效 24 脉波的整流电压，在 24 脉波整流系统中，使两台整流变压器的二次侧输出之间移相 15°角，一般在整流变压器的高压侧采用延边三角形移相获得，一台整流变压器移相+7.5°角，而另一台则移相−7.5°角，各自的两个整流桥并联连接构成 12 脉波整流，但在牵引变电所内的两套整流机组并联运行构成等效 24 脉波整流。单套 12 脉波整流机组示意见图 3-3。

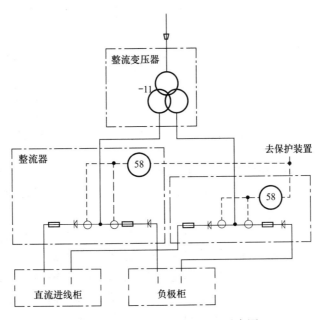

图 3-3 单套 12 脉波整流机组示意图

1. 整流机组的运行

整流变压器一般采用干式变压器，作为变压器的特性与一般的干式电力变压器的使用条件、温控温度显示系统及检查内容均相同，但作为轨道交通用的整流变压器与一般的干式电力变压器不同点在于：

(1) 电流波形不是正弦波。由于整流器各臂在一个周期内轮流导通，流经整流臂的电流波形为断续的近似矩形波，所以整流变压器各相绕组中的电流波形也不是正弦波，其谐波分量较丰富。

(2) 负荷变化幅度大，存在经常性的短期过载，所以，额定负荷下的温升限值取得低。

(3) 阀侧由于接架空线，短路故障机会多，因此，要求抗短路能力强，阻抗大。

基于以上特点，整流变压器其绝缘耐热等级的温升除遵循《电力变压器 第12部分：干式电力变压器负载导则》GB/T 1094.12—2013 外，对于整流机组的负荷要求较高，国家标准《半导体变流器 通用要求和电网换相变流器》GB/T 3859.1～GB/T 3859.3—2013 中规定：整流机组负荷等级为Ⅵ级，即整流变压器和整流器均需满足：100%额定负荷：连续；150%额定负荷：2h；300%额定负荷：1min；并且整流机组应满足规定的负荷如图3-4的曲线图。

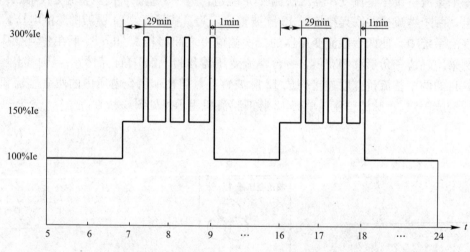

图3-4 国家标准 GB/T 3859.1～GB/T 3859.3—2013 中规定的整流机组负荷曲线

2. 整流器柜的组成和保护、控制及信号回路

整流器柜为独立式金属柜，可采用 GGD 标准金属屏柜。视整流器容量的大小，单台整流器可设置在1个或2个柜内。

整流器柜中整流二极管的个数根据设计容量而定。一般需考虑选用合适的二极管并考虑整流器母排的电阻，使整流器每一臂并联二极管的电流不平衡度，应满足当任一臂并联的二极管有一个损坏时，仍能保证整流器的过负荷要求和承受短路电流的要求，即仍能正常运行。如 ZQA—2200/1500 型整流器组 2200kW 的整流器柜由一个标准柜组成，每一桥臂并联有4个整流二极管，每个三相桥有24个二极管，每组12脉波整流器有48个二极管，每个牵引变电所等效24脉波整流机组共有96个二极管。

(1) 整流器组的保护

1) 过电压保护

包括二极管换相过电压保护、交流侧过电压保护、直流侧过电压保护。二极管换相过电压保护由并联在二极管两端的 RC 电路组成，用于抑制换相过电压。交流侧过电压保护由交流侧的氧化锌压敏电阻实现，防止交流侧开关操作或变压器感应产生的过电压，将过电压抑制在 3000V 以下。在直流侧加装 RC 过电压抑制回路和放电回路，防止直流快速断路器开合时产生操作过电压损坏二极管，并在整流器输出端并联一个压敏电阻，抑制残余的过电压。

2) 过电流保护

每个整流二极管串联一个快速熔断器，当二极管失去单向性能时产生变压器二相短路，回路中将产生短路电流，此时应由二极管熔丝熔断来保护。在选择快速熔断器时应注意以下两点：

a. 额定电流的选择

熔断器的额定电流是由生产厂家在铭牌上标明的，一般为交流均方根值，或为直流平均值。同时这个额定电流是通过相应的标准（如《快速熔断器》IEC 269-4）中规定的温升试验及可重复负荷试验（REPETITIVE DUTY TEST）证明的。因此，在一般条件下（例如，周围环境温度 40℃、连接导体截面满足要求、自然冷却），该熔断器可以承受这个直流电流或频率为 50Hz 左右的正弦交流电流，直到熔断器达到一个稳定的温度。如果厂家未作说明，熔断器可长时间承受这一电流。

在选择熔断器的额定电流时除了考虑负荷电流的大小，还应考虑安装条件和环境温度的影响。因为熔断器的一部分功率损耗通过电连接件扩散到外部电路，如果通过铜连接件的电流密度大于 $1.6A/mm^2$，或者环境温度超过 40℃，则应根据厂家提供的校正因素降低熔断器的额定电流。另外，如果使用水冷散热器或强制风冷却则可以使用额定电流较小的熔断器。当使用强制风冷却时，应用厂家提供的校正因数（根据风速）对熔断器的额定电流进行校正。整流桥臂由多个二极管并联而成时还应考虑均流系数。

由于快速熔断器主要是针对整流器内部短路故障的，故在选择熔断器的额定电流时，必须考虑躲开过负荷电流及外部短路电流。需要使用厂家提供的安-秒特性曲线，即在规定条件下，熔断器的预期开断电流与弧前时间的对应关系曲线。在安-秒特性曲线的基础上，依据相应标准（如 IEC 146-6）可得到熔断器的过载能力曲线。根据这条过载能力曲线校验熔断器是否满足过载能力要求。

b. 额定电压的选择

额定电压是熔断器铭牌上标明的正常工作电压均方根值。在相应标准（如 IEC 269-4）规定的条件以及厂家规定的限制条件（例如开断电流能力）下，熔断器可在额定电压下开断电路。对于牵引整流器，熔断器开断故障电流时两端的电压为整流变压器的空载线电压。因此应选择交流额定电压大于此整流变压器空载线电压的熔断器。

对于内部短路故障，整流器还设置反映反向电流的逆流保护，当发生逆流且熔断器不能保护时，该保护能快速发出跳闸信号。整流器逆流保护原理示意图见图 3-5。该逆流保护由逆流电流互感器和逆流保护模块组成，在整流器的每一个整流桥臂上都装有一个穿心式电流互感器，这种电流互感器的铁芯由高等级的镍铁合金组成，具有近似于矩形的磁滞回线。以整流器的一个桥臂为例，当整流器正常工作时该桥臂上的电流方向为 I6 所示电流互感器铁芯由正向电流 I6 偏磁。这时，电流互感器次边电流的方向如 i6 所示，因而在逆流保护单元（图 3-5 中虚线内）内电阻 R6 上的电压方向如 u6 所示。由于 u6 的方向与逆流保护单元内二极管 D6 的方向相反，因此，接触器 K1 不会动作。

如果这个整流桥臂内的某个二极管反向击穿，则在这个二极管支路的熔断器开始熔断的弧前时间和燃弧时间内，将有故障电流流经这个桥臂，其方向与图 3-5 中 I6 的方向相反。这时，因为电流铁芯近似于矩形的磁滞回线，在电阻 R6 上将产生一个电压脉冲，这个电压脉冲的方向与图 3-5 中 u6 的方向相反。这时二极管 D6 导通，齐纳二极管 D7 在电压脉冲的作用下反向击穿，晶闸管 D8 通过电阻 R7 得到正向偏置电压而导通。从而电流互感器通过晶闸管 D8 对电容 C3 充电，当 C3 充电到一定程度，达到接触器 K1 的动作电压后，K1 接触器动作，同时 C3 对 K1 的线圈放电，图中的常开接点闭合，闭合时间约可维持 50ms。保护单元中齐纳二极管的作用为阻隔整流器正常工作时可能产生的干扰脉冲。

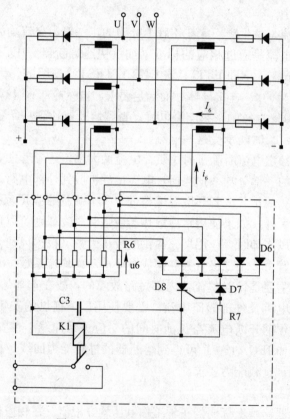

图 3-5 整流器逆流保护原理示意图

3）温度保护

在整流器预测温度最高的元件散热器或铜母排上设置温度传感器元件，用于监视元件散热器或铜母排的温度，并由温度继电器发出信号。

（2）整流器组的控制及信号回路

1）二极管故障显示回路。

整流器同一整流桥臂的 1 个二极管故障及不同整流桥臂的 2 个二极管故障时不跳闸，

故障信号通过接点在屏柜面板显示故障二极管所在的桥臂,并由 RS 485 通信板在远方显示故障。

2)二极管故障跳闸回路。

整流器同一整流桥臂的 2 个二极管故障时,发出跳闸信号,故障信号通过接点在屏柜面板显示故障二极管所在的桥臂,并由 RS 485 通信板在远方显示故障。

3)整流器温度报警显示回路。

当测试点的温度超过设定值时,温度继电器发出报警信号,其信号通过接点在屏柜面板显示故障其位置,并由 RS 485 通信板在远方显示故障。

4)故障报警面板显示

对于 ZQA—××/1500 型整流器组,其故障报警内容和对应的位置见表 3-9。

3. 整流机组的巡视检查

对于整流变压器的巡视检查项目,除注意监视负荷情况外,与一般的干式电力变压器相同。整流器组的巡视检查重点有以下几项。

(1)检查散热器散热正常;
(2)RC 回路工作正常,吸收装置的电阻、电容运行正常,无过热、膨胀、放电痕迹;
(3)故障显示模块指示正常,熔断器指示有无熔断;
(4)绝缘子无积尘,无破损,无裂纹;
(5)外壳无严重锈蚀,绝缘安装的绝缘垫无破损、表面无脏污;
(6)电气连接紧固,接触良好,大电流母排无过热发黑现象。

ZQA—××/1500 型整流器组故障报警内容和位置　　　　表 3-9

序	面板故障显示	故障显示的意义	故障发生的位置
1	1U1~1U6	快速熔断器熔断	1U1~1U6 桥臂,具体位置需查看所在桥臂快速熔断器的红色翻牌显示
	2U1~2U6		2U1~2U6,具体位置需查看所在桥臂快速熔断器的红色翻牌显示
2	W1	桥臂条形散热器超温报警	1U1、2U1 桥臂
	W2		1U2、2U2 桥臂
	W3		1U3、2U3 桥臂
	W4		1U4、2U4 桥臂
	W5		1U5、2U5 桥臂
	W6		1U6、2U6 桥臂
3	DL1	整流桥逆流保护动作	对应 L1~L3 进线的 1 号整流桥故障
	DL2		对应 L4~L6 进线的 2 号整流桥故障

3.1.5 交流高压开关柜的运行和巡视检查

交流高压开关柜(简称"开关柜")是指将断路器、负荷开关、熔断器、隔离开关、接地开关、避雷器、互感器以及控制、测量、保护等装置和内部连接件、绝缘支持件和辅助件固定连接后安装在一个或几个接地的金属封闭外壳内的成套配电装置。开关柜在制造厂装配完成之后,运至现场只需简单的安装固定,与进出线相连后即可投入使用。由于开关柜安装简单、占地面积小、防小动物性能好、运行可靠性高,因此在供电系统中,特别是在"寸土黄金"的地下变电所得到广泛的使用。按照开关柜内部绝缘介质的不同,一般分为以大气绝缘(包括大气与固体绝缘组成的复合绝缘)的开关柜,即 AIS (Air Insulated Switchgear)和以 SF6 气体为绝缘介质的开关柜,即 GIS (Gas Insulated Switchgear)。按电压等级又可划分为 3.6~40.5kV(即中压)和 72.5kV 及以上(即高压)两大类,相应的国家标准是《3.6kV-40.5kV 交流金属封闭开关设备和控制设备》GB/T 3906—2020 和《额定电压 72.5kV 及以上气体绝缘金属封闭开关设备》GB 7674—2008。

金属封闭开关设备的分类及主要特点见表3-10。

根据不同的要求,城市轨道交通供电系统中,110kV 及以上采用 GIS,而中压开关柜采用 AIS 或 GIS(断路器采用真空断路器)。由于变电所控制方式的发展,二次控制、保护设备均逐渐下放至间隔层,因此,对开关柜的运行、巡视检查均提出了不同的要求。

金属封闭开关设备的分类及主要特点 表 3-10

序	分类方式	基本类型	主要特点
1	按主开关与柜体的配合方式	固定式	主开关及其他元件固定安装,可靠性高,成本低
		移开式(手车式)	主开关可移至柜外,便于主开关的更换、维修、结构紧凑
2	按开关柜隔室的构成形式	铠装型	主开关及其两端相连的元件均具有单独的隔室,隔室由接地的金属隔板构成,可靠性高
		间隔型	隔室的设置与铠装型一样,但隔室可用非金属隔板构成,结构紧凑
		箱型	隔室的数目少于铠装和间隔型,隔室的隔板不满足规定的防护等级,结构简单
3	按主母线系统	单母线	开关柜的基本形式,检修主开关和主母线时需对负载停电
		单母线带旁路	可由单母线柜派生,检修主开关时可由旁路开关经旁母线供电
		双母线	一路母线退出时,可由另一路母线供电
4	按柜内绝缘介质	主要以大气绝缘	结构比较简单、成本低、使用场所受环境条件限制
		气体绝缘(如 SF6)	可用于高湿、严重污染、高海拔等严酷条件场所,体积小、成本较高
5	按使用场合	户内	使用于户内
		户外	具有防雨、防晒、隔热等措施,用于户外

1. 大气绝缘中压开关柜(AIS)

(1) 固定式开关柜

固定式金属封闭开关设备(简称固定柜)是指主开关(如断路器)或其他某些一次元件固定安装在金属外壳内的开关柜。固定柜分三种类型:铠装型、间隔型和箱型。每一种类型又可以有单母线柜、单母线带旁路母线柜和双母线柜。固定柜的结构一般比较简单,易于生产,具有运行可靠性较高、操作简便等特点。但是由于固定柜中主开关的检修和更换不如手车柜方便,体积也比较大,它的发展一度受到影响。近年来由于真空断路器、SF6 断路器等主开关设备的广泛采用及气体绝缘技术在固定柜中的应用,使开关柜的体积减小,检修周期大大增长,从而使固定柜重新受到人们的重视。

图 3-6 为 KGN1—10 型固定柜的结构简图和一次接线图。该柜为铠装型结构,单母线、户内使用。柜体由主母线室、主开关室、电缆室、继电器仪表室和操动机构室构成。各室间均用接地的钢板隔开,含一次元件的隔室均设有压力释放通道。当柜内某一隔室发

生内部电弧故障时,电弧产生的高压气体可将释压门打开,并由此释放到柜外,内部电弧故障可被限制在一定的范围内。断路器固定安装在开关柜下部,对其维修和调试都比较方便。当上、下隔离开关打开,接地开关合上,即可打开主开关室的门对断路器进行维修调试。由于断路器具有单独的隔室,检修时即使相邻隔室带电,也能保证检修时的安全。柜内各元件及柜门之间的联锁采用机械联锁装置,能够使运行操作按照正确程序进行,保证了设备和人员的安全。

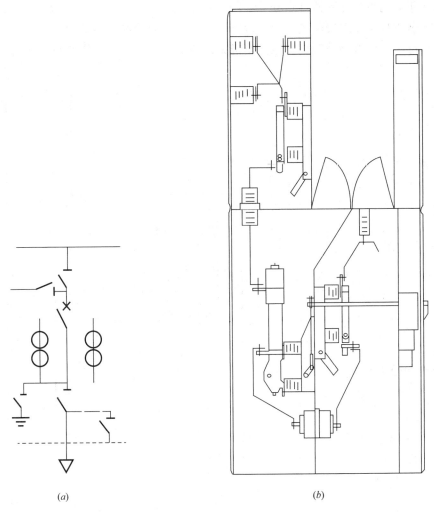

图 3-6 KGN1—10 型铠装型固定式开关柜结构简图
(a) 一次接线图;(b) 结构图

(2) 移开式开关柜

移开式金属封闭开关设备(简称手车柜)是指主开关(如断路器)或其他某些一次元件安装在可移动的手车上,这些元件与柜内固定安装的电器元件之间一般通过隔离触头的啮合实现电气联通。操作手车可使车上的元件(如断路器)从所在回路断开,并可随车移至柜外。因而对这些元件的检测、维护和更换都很方便。柜内手车还可与同类型备用手车互换。当柜内手车移出检修时,可将同类型备用手车插入继续供电,可大大缩短检修停电的时间。手车柜还具有结构紧凑，体积小的特点。为保证手车柜隔离触头接触良好并具有良好的互换性能，生产中要求有较高的加工精度和很好的工艺装备。

手车柜分三种类型：铠装型、间隔型和箱型。每一种类型又可以有单母线柜、单母线带旁路柜和双母线柜。

图 3-7 为 KYN1—10 金属铠装型手车式开关柜结构简图。该产品由主开关室、主母线室、电缆室及继电器仪表室组成。除继电器仪表室外其余各室均设有压力释放通道。由于采用了带触头盒的电流互感器，主开关室门与手车连为一体，开关柜的结构紧凑、布置合理。柜体由薄钢板弯制焊接而成。柜内设有随手车进出而动的金属活门装置，当手车退出时，活门自动关闭以遮挡静触头。柜内全部采用机械联锁形式，操作简便，动作可靠。

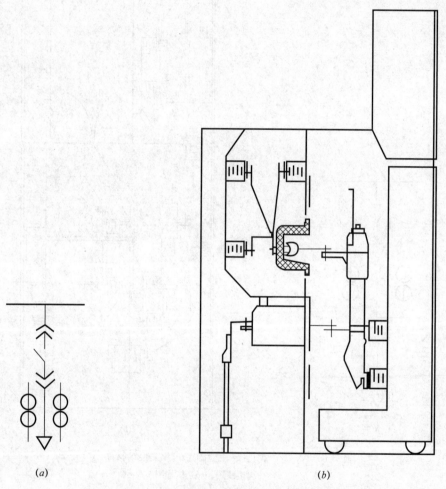

图 3-7 KYN1—10 金属铠装型手车式开关柜结构简图
(a) 一次接线图；(b) 结构图

(3) 大气绝缘开关柜（AIS）隔室的要求

开关柜隔室的设计要充分考虑到能够限制内部电弧故障的扩大，各隔室应设置压力释放通道。当隔室中发生故障电弧时，产生的高压气体可通过释压通道释放到柜外。释压口的设计应防止释放出的气体对在场人员的伤害。当对某一隔室的元器件进行检修而相邻隔室仍带电时,应能确保检修人员的安全。

对于箱型结构的开关柜,柜内的一次部分可以设计布置在一个隔室内。考虑到检修时的安全,可采用临时的检修隔板将带电部分与被检修部分隔开。对于铠装型和间隔型开关柜,至少应设置三个隔室,即主开关室、主母线室和电缆出线(架空出线)室。铠装型结构的隔板应为接地的金属隔板,间隔型结构可采用绝缘隔板。

(4) 大气绝缘开关柜(AIS)的绝缘要求

运行中,大气绝缘开关柜的绝缘事故较多,特别在潮湿(出现凝露)、尘土较多的场所,问题更为突出。为了减少内部绝缘故障的发生可采取下面一些措施:

采用绝缘母线,使高压带电部分全部与大气隔绝,从根本上解决相间或相对地间出现的绝缘事故。

柜间母线通道用隔板隔开,裸母线经绝缘套管穿过金属隔板,防止出现内部故障时,电弧向邻近柜体发展。

选用爬电比距大、绝缘性能好的电器元件和设备。

金属封闭开关设备内部各隔室应有独立的排气通道或排气孔,使出现内部故障时高压气体能迅速排出,但排气方向必须计及人身安全与防护。

柜门、观察窗和门锁铰链必须采取加强措施。门的四周要加密封衬垫,防止高压热气体向外逸出。

柜内绝缘隔板宜采用高强度和具有阻燃性能的不饱和聚酯玻璃增强塑料。

提高防护等级,防止小动物进入引起的短路故障。

为保证金属封闭开关设备具有良好的绝缘性能,要求对柜内的绝缘距离和绝缘件外绝缘的爬电比距作出明确的规定。对于以大气为绝缘的金属封闭开关设备,柜内各相带电体的相间与相对地间的净绝缘距离(简称净距)不得小于表 3-11 中规定的数值。

相间与相对地间的净绝缘距离 (cm)　　　　表 3-11

序	额定电压 (kV)	3.6	7.2	12	18	24	40.5
1	导体至接地间净距	7.5	10	12.5	15	18	30
2	不同相的导体之间净距	7.5	10	12.5	15	18	30
3	导体至无孔遮栏间净距	10.5	13	15.5	18	21	33
4	导体至网状遮栏间净距	17.5	20	22.5	25	28	40
5	导体至栅栏间净距	82.5	85	87.5	90	93	105
6	无遮栏裸导体至地板间净距	237.5	240	242.5	245	248	260
7	需要不同时停电检修无遮栏裸导体之间的水平净距	187.5	190	192.5	195	198	210
8	出线套管至屋外通道地面间净距	400	400	400	400	400	400

注:海拔超过 1000m 时,本表所列 1、2 项值应按每升高 100m 增大 1% 进行修正;3~7 项之值应分别增加 1 或 2 项值的修正值。

对于绝缘件外绝缘爬电比距的要求,根据运行中是否出现凝露有所差别,具体数据见表 3-12。

爬电比距　　　　　　　　　　　　　表 3-12

序	绝缘材料	爬电比距（cm/kV）	
		出现凝露	不出现凝露
1	纯瓷绝缘	≥1.4	≥1.2
2	环氧树脂绝缘	≥1.6	≥1.4

2. SF6 气体绝缘开关柜（GIS）

根据充气外壳结构形状，GIS 可分为圆筒形和柜形两大类。纵观国内各城市轨道交通供电系统中使用的 GIS 中，圆筒形 GIS 大多使用在 72.5kV 及以上的 GIS 中，但也有少部分用于中压系统（如德国西门子公司的 35kV 8DA10 型 GIS），而柜形 GIS 都用于中压系统。柜形 GIS（Cubicle-Gas Insulated Meatal-enclosed Swtichgear，简称 C-GIS）主要用作配电和受电设备，由于柜形壳体规格所限，为整齐美观起见，对一次主结线的标准化和简单化要求更为迫切，通常，C-GIS 都采用各种简化的主接线方式。

（1）中压圆筒形 GIS

如图 3-8 示的 8DA10 型 GIS 是德国西门子公司 1982 年推出的开关设备。也是西门子公司的第一种将免维护真空开关管封闭在充有 SF6 绝缘气体的金属外壳内的开关设备。

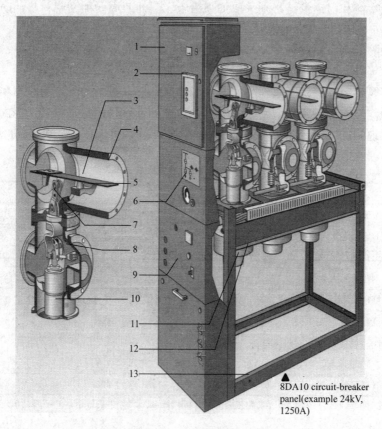

图 3-8　8DA10 型 GIS 结构简图

1—继电器室；2—二次设备；3—母排；4—铸铝外壳；5—隔离开关静触头；6—三工位的控制和控制面板；
7—三位置开关；8—断路器室；9—断路器操作机构；10—真空开关管；
11—联接接头；12—电流互感器；13—框架

该 GIS 每相有两个接地的铸铝圆筒外壳,呈 T 形排列。上部圆筒中装有母线、隔离开关,下部圆筒中装有真空断路器,电流互感器放在圆筒之下,电缆接头由下部引出。采用免维护的真空断路器、紧凑式的三工位隔离开关,断路器操作机构为弹簧储能操作机构。

(2) 中压柜型 GIS

ZX2 系列中压柜型 GIS 开关柜如图 3-9 所示。其外壳采用优质不锈钢板和覆铝锌钢板材料制成,接地牢固,完全能承受运行中出现的正常和瞬时压力。外壳的制造工艺采用优质不锈钢板、先进的激光焊接技术和对抗老化、耐温升的绝缘材料,保证 ZX2 开关柜气室具有极高的气密性,每个隔室允许的相对年漏气率满足不大于 0.24%/年。使用的铜母线具有耐火、抗爬电、抗电弧的绝缘措施,柜之间的母线室间用接地金属隔板隔开,母线由绝缘套管中穿过,且其孔口密封。如母线发生事故,不影响邻近的间隔。主母线系统采用插接方式连接,所有连接件作镀银处理,使用环形镀银弹簧。开关柜设专用的母线室,三相母线在一个气室内,母线室设有独立的气体监视器,当压力上升或降低时,监视器能发出报警信号或使断路器跳闸。采用 VD4X 型弹簧储能操作机构的真空断路器,其最大特点是采用德国 WTW 生产的 AKS36 型复合式电流/电压传感器,而不是传统的电流、电压互感器。

GFC-30 型气体绝缘金属封闭开关设备(C-GIS)也属中压柜型 GIS 开关柜,如图 3-10 所示。其主要和关键的元器件由日本原装进口,其高压室分为上下两个独立隔离的密封气室,上气室为隔离/接地开关单元和主母线进出端。

图 3-9　ZX2 型开关柜外形图

图 3-10　GFC-30 型开关柜间连接图

下气室为断路器单元、电流互感器和电缆进出端。断路器单元和隔离/接地开关单元与主回路为插拔式柔性连接,装配和维护方便。柜间母线为软性连接,对安装尺寸的精度要求不高。气室的结构采用模块化设计,每个气室都是独立的功能单元,具备安装方便、更换简单。独立气室及气室连接处可靠密封,每个封闭压力系统年漏气率小于 1%,工厂出厂标准为年漏气率小于 0.2%。其特点是开关柜间采用外部母线连接装置,柜间连接母线采取的是各单元母线分割连接式,主母线采用柜间母线连接装置,装于柜顶,完全不需要现场充气。

(3) 高压 SF6 气体绝缘开关柜(GIS)

高压 SF6 气体绝缘开关柜(GIS)由于电压等级提高后对绝缘性能有了更高的要求,气体压力及对外壳的机械强度的要求也需提高,因此,该类 GIS 多采用圆筒式结构。目前，除800kV及以上电压等级外，三相母线共筒式结构已在各个电压等级的GIS中得到广泛应用，但断路器、互感器、隔离开关和接地开关仍采用分筒式结构。在共筒的三相母线中，三相母线通过绝缘件固定在筒内，呈三角形排列。

由于110kV及以上的开关柜间隔集中的断路器、隔离开关、接地开关较多，因而，其涉及的联锁条件也较复杂。随着计算机及通信技术的发展，微机型的联锁装置越来越多地运用在高压开关柜，特别是高压GIS的就地控制屏（箱）中，从而省却了很多的继电器和控制电缆，如西门子的8TK、6MD63装置。近年来，该联锁装置还发展为带通信功能的测控装置，因此它是一种带有就地控制功能的数字式输入输出单元，其核心部件是一个强大的微处理器，诸如测量值的采集，到断路器和其他一次设备的命令接收、发出等全部任务均可用数字化的方式进行。

EXK-01型110kV GIS，如图3-11所示。具有以下主要特点：

1）断路器采用立式布置，这种布置方式十分方便于断路器的日常维护。维修时只需简单地打开断路器顶端盖子，内部灭弧室等元器件便很容易吊出，且不需打开两边的隔离/接地组合开关模块。此外，操作产生的作用力可由地面承受，也有利于GIS设备的机械稳定性。

2）断路器采用自能灭弧技术，在开断大电流时利用电弧自身产生的能量灭弧，具有寿命长、所需操作功率小、开断可靠性高、操作过电压低、动载小、机械磨损少等优点。

3）液压弹簧操作机构采用整体浇铸，充分结合了液压机构和弹簧机构两者的特点，没有外部液体连接管路，运行可靠性高，具有设计紧凑、体积小等优点。

4）外壳采用铝合金材料，具有重量轻、运输方便、土建费用省、涡流损耗小、防锈性能好等优点。

图3-11 EXK-01型110kV GIS外形图

(4) GIS中的开关元件

1) 断路器

GIS需要配用开断性能好、电气寿命长、运行安全、维护方便的无油断路器，主要为SF6断路器和真空断路器。

SF6断路器在各个电压等级GIS中广泛被应用。结构上有压力式、自能式和综合吹弧式三种。常配用的操作机构有电动储能弹簧机构、液压机构和气动机构三种。

真空断路器具有体积小、寿命长、不需净化灭弧介质、开断性能稳定等优点。目前，由于单个灭弧室的最高工作电压所限，仅在 84kV 及以下 C-GIS 中应用。

2）隔离开关

GIS 中使用的隔离开关由本体和操动机构两部分组成。本体结构有直线型、"T"型和角型三种。通常，每相只有一个断口。为了提高断口水平，对断口电场设计要求十分严格。除应考虑静电场强外，还要考虑各种分合闸操作时的动态过程，尤其是分合母线充电电流时，不得发生对外壳放电。动触头可以作直线运动，也可以作旋转运动。一般为三相联动，配用动力型简易操作机构，如电动机构、气动机构、弹簧机构等，并要求可以就地手动操作。为监视断口工作状态，常在操纵机构输出轴或操作杆上装有分、合闸位置指示器。根据功能，隔离开关可分为无分合能力的和有分合能力的两类。前者只能起隔离作用，后者具有灭弧能力。

3）接地开关

GIS 用的接地开关，其结构形式一般为三相联动。动触头的运动方式有直动和转动两种。可以单独布置，也可以与隔离开关、负荷开关、套管和电缆连接装置等组装在一起。接地开关是主回路接地元件，按其功能可分为如下 5 种：

① 工作接地开关。其作用是释放主回路上的残余电荷，并应能耐受短时电流。确保设备检修时的人身安全。一般配用人力操动机构，安装在断路器两侧和母线上。

② 有关合短路能力的接地开关。标准规定，应能关合两次额定动稳定电流。如不能预先确定回路不带电，则应采用这种接地开关。一般装在 GIS 进（出）线单元的线路侧。

③ 能开合感应电流的接地开关。当 GIS 的进（出）线为长距离平行共塔线路时，安装在线路入口处的接地开关除应能释放线路残留电荷和承受短时电流外，还应具有分合电磁感应电流和静电感应电流的能力。

④ 保护用接地开关。为了实现对 GIS 内部电弧故障的保护作用，操作机构需带有脱扣装置，并与保护装置相配合。当内部故障发生时，能及时发出合闸命令，启动脱扣装置，快速关合，造成人为的接地通路，使故障电弧电流转移。电弧熄灭后，最终由下级保护切除故障。

⑤ 能释放电力电缆残留电荷的接地开关。由于电力电缆对地电容大，残留电荷量多，安装在电缆进线入口处的接地开关接地时，会产生很高的瞬时振荡过电压，常需装设合闸电阻。

上述后四种接地开关都必须备有简易熄（耐）弧装置，配用动力型操动机构，能快速合闸或（和）分闸操作，一般平均速度大于 1m/s 的，称之为快速接地开关。

接地开关还常常被用来作为 GIS 主回路参数和特性的测试接地端子，为此，要求接地开关的接地端子能与地电位（即 GIS 外壳）绝缘，且应具有一定的通流能力和绝缘能力。

在中压 GIS 中，为简化设备、节省投资、减少设备尺寸，常采用三位置隔离开关（常称为"三工位开关"），其具有连接、断开、接地三个功能，即作为隔离开关和接地刀闸使用。该三工位开关安装在母线和断路器之间，可使用手动操作或电动操作。断路器与接地刀闸之间具有联锁，即断路器在运行位置，接地刀闸不能合闸，只有断路器和隔离开关在分闸位置，接地刀闸才能进行合闸、分闸；在线路检修时利用三工位开关的接地作为检修电缆时的安全防护措施，断路器在合闸位置，设挂锁防止远方及当地误分闸。

(5) GIS 中 SF6 气体的监视和密封

监视 GIS 中的气体压力或密度有两种方式。一种是目测，用压力表或真空压力表指示气体压力，并用温度计测量环境温度，然后，根据 SF6 气体状态参数特性曲线，换算成标准条件（20℃）下的压力数值，作为判断 GIS 运行状态与特性的依据；另一种是用具有温度补偿的压力开关（又称密度控制器）或气体监测器对 GIS 中的气体密度进行长期自动监测。

一般地，断路器隔室用的密度控制器或监测器必须有报警压力和闭锁压力两组控制接点。GIS 其他隔室用密度控制器或监测器一般都只需有报警信号接点。此外，为了监视运行设备中气体的杂质含量，气体系统设计时还必须设置供气体抽样用的专门接头和阀门。

气密性是 GIS 最重要的基本性能之一。衡量气密性的好坏的指标是相对漏气率。一般 GIS 的年漏气率不应大于 1％。密封方法有静止密封和可移动密封，每种密封方法又可分为可拆卸和不可拆卸两种。静止密封主要用于气体管道、气体容器（如外壳、套管等）及其连接面。不可拆卸的静止密封的气密性主要决定于焊接工艺。"○"形橡胶圈密封是最常用的可拆卸密封结构。气密性不仅与密封结构而且还与装配质量有关。首先，要正确选择"○"形密封圈的材质；同时，密封槽的深度必须保证"○"形密封圈线径有约 30％ 的压缩量，且应使密封圈在工作状态时，密封表面始终与槽壁接触。密封面的表面粗糙度一般要求达到 1.6μm。

(6) GIS 的绝缘配合

GIS 绝缘必须耐受以下几种过电压作用：

1) 雷电过电压。GIS 受直击雷的可能性很小。对来自远距离的雷电侵入波，经过沿线衰减，幅值降低。同时由于 GIS 波阻抗小（一般仅为架空线的 1/4～1/6），入口折射系数小，有氧化锌避雷器保护，一般也是安全的。唯有邻近杆塔遭雷击而导致绝缘子逆闪时，在闪络点出现的波头极陡，幅值很高的过电压冲击波，传至 GIS 并与反射波叠加后，对 GIS 主绝缘的威胁最大。

2) 操作过电压。在断路器切合空载线路、投切空载变压器或电抗器时，会产生波头持续几百微秒、波尾持续数千微秒的暂态冲击电压。其幅值大小与系统结线、运行方式以及断路器性能等有关，一般不致危及绝缘。

3) 短时过电压。这是由发生接地故障、负荷突变和谐振等引起的一种持续时间从几毫秒到几秒的瞬态过电压。一般幅值较小，即使在最严重的单相接地故障情况下，对中性点接地系统线路侧最大过电压不会超过 1.6 倍，对中性点不接地系统，虽可达 2～3 倍，也低于设备额定绝缘水平。

4) 快速瞬态过电压（VFTV）。GIS 中隔离开关切合小电容电流（如切合空载母线和断路器断口并联电容器）时，可能产生这种波头极陡（波前时间仅 $1/10 \sim 1/100 \mu s$）、频率极高（数兆赫兹至数十兆赫兹）、幅值可达 2 倍左右的快速瞬态过电压。其幅值一般低于避雷器保护水平，在绝缘配合中不占重要地位。然而，出现频次高，可能引起对外壳放电，使外壳电位瞬时（微秒级）升高，在相邻外壳间出现暂态电位差达数十千伏，并通过电压和电流互感器耦合到二次回路中，对外部环境控制回路造成电磁干扰。

综上所述，限制雷电过电压是 GIS 绝缘配合最主要的任务。现代 GIS 过电压保护方案是在模拟系统各种运行条件下利用电磁瞬态程序（EMTP）分析雷电波传输过程的基础上,掌握过电压分布状况之后确定的。分析与实践证明,在 GIS 进(出)线前沿装设避雷器效果很好。如果在每条架空进(出)线的接口处都装有避雷器,一般无需在母线上或变压器附近再装避雷器,除非 GIS 设备范围很大,母线很长或变压器相距特别远。GIS 采用电缆进(出)线时,由于沿线损耗,而且入侵雷电波经多次折射和反射后,过电压水平会下降。因此,常采用在电缆首端与架空线接口处安装避雷器的方案。至于在 GIS 入口或内部是否还需要安装避雷器,需视具体工程,通过数值计算才能确定。

3. 开关柜运行的一般要求

(1) 为了保证安全,开关柜一般均有完备的"五防"功能,即防止带负荷分、合隔离开关和隔离插头;防止误分、误合断路器,负荷开关和接触器(允许提示性);防止接地开关在合闸位置时关合断路器、负荷开关等;防止带电时误合接地开关;防止误入带电间隔。正常运行时,需保证各联锁装置投入使用,电磁锁、机械锁、带电显示装置等防电气误操作的闭锁装置正常。

(2) 对移开式开关柜的运行操作需注意:只有当断路器、负荷开关或接触器处于分闸位置时,隔离插头方可抽出或插入;只有当装有断路器的小车处于确切位置时,断路器、负荷开关或接触器才能进行分合操作;只有当接地开关处于分闸位置时,装有断路器的小车方可推入工作位置;只有当装有断路器的小车向外拉到试验位或随后的其他位置即隔离触头间形成足够大的绝缘间隙后,接地开关方允许合闸。

(3) 对于 GIS 需对 SF6 的压力、品质给予足够的重视。SF6 气体的水分含量最高允许值见表 3-13。为了防止凝露,充入 GIS 的新气在额定密度下其露点不应超过 -5℃。

(4) 对开关柜内各主元件,如断路器、负荷开关、熔断器、隔离开关、接地开关、避雷器、互感器等仍需按各自特性进行巡视检查。

(5) 各测控、保护装置除各自运行良好外,还需保证与 SCADA 系统通信正常。

GIS 中 SF6 气体含水量允许值(20℃时) 表 3-13

隔室	有电弧分解物的隔室	无电弧分解物的隔室
交接验收值	≤150ppm	≤250ppm
运行值	≤300ppm	≤500ppm

4. 开关柜巡视的一般检查项目

(1) 设备安装牢固,无倾斜、外壳无严重锈蚀、接地良好,基础、支架应无严重破损剥落。

(2) 检查各断路器、隔离开关的显示位置是否与实际位置相符。

(3) 检查各间隔气室的 SF6 气压表的显示是否在正常范围。

(4) 检查液压操作机构、气动操作机构的压力表的显示是否在正常范围,以判断是否有漏油、漏气现象;弹簧操作机构的储能弹簧是否在储能位置。检查操作机构是否有锈蚀,传动装置是否有脱位、变形现象。

(5) 正常运行时,"当地/远方"控制选择应在"远方"位。

(6) 正常运行时相关的联锁不应解锁,电磁锁、机械锁、带电显示装置正常。

(7) 检查各测控、保护装置运行是否正常,有无异常的信号显示或弹出告警栏。

(8) 检查开关柜外壳接地部分是否良好。

(9) 检查 SF6 气压防爆装置是否良好,正常巡视时勿在防爆膜附近长时间停留。

(10) 检查各类中间继电器、接触器运行是否正常。

(11) 检查用于防潮、防凝露的加热器工作是否正常。

3.1.6 直流开关柜的运行和巡视检查

这里描述的直流开关柜统指牵引供电系统中的进线柜、馈线柜、负极柜、钢轨电位限制装置。

直流开关柜一般要求为户内型,具有标准防护等级的金属封闭式结构。对于带断路器小车的进线柜和馈线柜的结构形式,有的将控制、保护、测量部件均安装在断路器小车上;而另外一种是将控制、保护、测量部件与断路器小车完全分开,控制、保护、测量部件安装在低压小室中。测控部件安装于断路器小车的开关柜,见图 3-12;测控部件与断路器小车分开安装的开关柜见图 3-13。

图 3-12 KMB 系列 1500V 直流开关柜(带断路器)

在直流牵引供电系统中,为了减少杂散电流对金属管线的腐蚀,进线柜、馈线柜、负极柜、整流器柜采用绝缘安装,其外壳不是单独直接接地,其外壳通过电缆集中后与接地母排连接实现单点接地。

由于各直流开关柜的功能和特性各不相同,下文分别对其介绍。

1. 进线柜

进线柜是指用于整流器正极与直流正极母线间的开关设备,其内配置直流正极母线、断路器及相关控制、保护单元等设备。进线柜一般装设能方便地拉出和推入的手车式直流快速断路器,具有"运行"、"试验"、"移开"三个明显位置。

进线柜一般设大电流脱扣保护、逆流保护。逆流保护为反方向瞬时过流跳闸,动作信号应能当地/远方显示,显示信号通过当地/远方复归。逆流保护动作后,同时向两台整流器中压断路器及两个直流进线断路器发出跳闸信号,并闭锁合闸。

2. 馈线柜

馈线柜是指馈出电能供给接触网的开关柜,与进线柜相同,装设手车式直流快速断路器,手车能方便地拉出和推入。该开关柜亦具有"运行"、"试验"、"移开"三个明显位置。

由于馈线柜直接供电给负荷，故其保护和控制功能要求均较为复杂。对直流牵引馈线的短路故障及异常运行，《地铁设计规范》GB 50157—2003 规定，应设置下列基本保护：大电流短路断路器直接跳闸，过电流保护，电流变化率及其增量（$di/dt+\Delta I$）保护，双边联跳保护，低电压保护，直流牵引设备的框架保护。直流牵引馈线断路器应具有在线检测的自动重合闸功能。

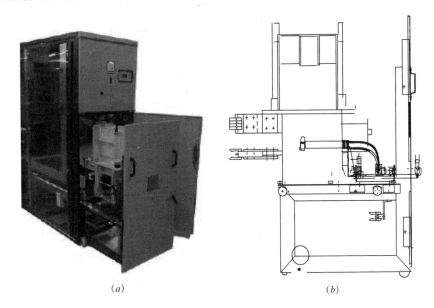

图 3-13　SITRAS® 8MF94/SI 型 1500V 直流开关柜（带断路器）

3. 负极柜

负极柜一般采用手动直流隔离开关，并以电磁锁方式实现负极柜中手动隔离开关与对应的直流进线柜中的断路器和交流中压断路器之间的闭锁。

全所设一套低阻抗框架泄漏保护装置安装于负极柜中，用于防止直流设备内部绝缘损坏闪络时造成人身危险和设备损坏。框架泄漏保护由一个电流元件和一个电压元件组成，电压元件可当地投入/切除，并可分别整定为报警和跳闸两段。

4. 钢轨电位限制装置

在利用钢轨回流的直流牵引供电系统中（钢轨对地为绝缘安装），为了防止钢轨电压过高而对人身造成的伤害，在钢轨与保护地之间安装了钢轨电位限制装置。其功能是不断检测钢轨与保护地之间的电位差。当出现危险电压时，则自动将钢轨与保护地进行短接。

钢轨电位限制装置一般由接触器、晶闸管回路、测量和操作回路、信号接口端子、保护装置、防凝露加热器、状态显示设备等组成。控制原理采用了闭环控制，即使在辅助电源失去的情况下，也可以保持将钢轨和大地短接，保证人身安全。一旦电源恢复，短路装置将恢复断开。

根据《铁路 固定设备 第1部分：电气安全和接地装置防护规定》EN 50122-1-1997 标准，钢轨电位限制装置（具体见图 3-14）的保护功能如下述。

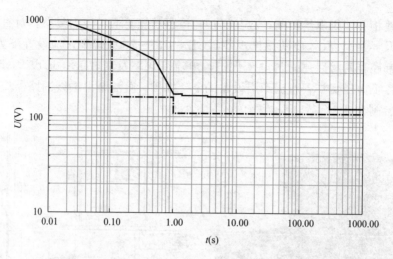

图 3-14 EN50122-1—1997 标准

(1) 正常情况下,直流接触器的触头是断开的。

(2) 非正常情况下,通过三级电压检测系统控制短路装置与大地有效短接:

1) 第一级电压检测 $U>$ (90V),延时短接。

如果检测到钢轨与大地之间的接触电压大于或等于第一级电压测量装置的设定值 $U>$,则经过一段延时(整定为 0.8s)后,直流接触器将钢轨与大地进行有效短接。短路装置在第一级电压检测装置动作后,将钢轨与保护地进行短接,经一定时间间隔(整定为 10s)后恢复开断。闭锁状态(恒定合闸),当短路装置在两次动作时间间隔小于 60s 内连续动作 3 次后,若连续两次动作的时间间隔大于 60s 则重新计数。短路装置将不再断开,而处在恒定合闸状态并给出报警信号。

2) 第二级电压检测 $U>>$ (150V),无延时短接。

如果检测到钢轨与大地之间的接触电压大于或等于第二级设定值 $U>>$,则直流接触器无延时永久合闸,不再恢复开断。

3) 第三级电压检测 $U>>>$,设定为 600V。

如果检测到钢轨与大地之间的接触电压大于或等于第三级设定值 $U>>>$,此时晶闸管装置立即短接钢轨和大地,然后启动接触器合闸。接触器合闸后,晶闸管回路立即恢复高阻状态,此时接触器将闭锁,保持合闸状态。接触器的合闸时间不大于 100ms。

当短路装置短接时,若在钢轨和大地间仍有一个电压,则设备被认为出了故障,此时将由接点向 SCADA 系统发送故障信息。

5. 运行和操作要求

联锁、联动

为了运行安全,开关柜的不同元件之间设联锁。对主回路来说,必须遵守下列规定:

(1) 断路器小车可按一般正常人的正常操作力操动。在工作位置时,辅助回路若未接通,断路器不能合闸。

(2) 只有断路器处于分闸位置时,隔离插头才能打开或闭合,断路器小车才能拉出或推入;断路器在运行、试验位置时才能分合闸;断路器处于合闸位置时,不能将断路器小车从其所在的运行、试验位抽出。

(3) 当断路器小车在运行位置时,控制电缆插头不能拔出;当控制电缆插头在断开位置时,断路器小车不能推到运行位置;在控制电缆插头未拔出前断路器小车不能从开关柜内抽出。

(4) 绝缘活门用来防止误操作,隔离主回路带电部分,以保证检修人员工作安全。

(5) 负极柜中手动隔离开关与对应的直流进线柜中的断路器和交流中压断路器之间实行联锁,只有当对应直流进线柜中的断路器和交流中压断路器同时处于分闸位置时,负极柜手动隔离开关才能操作;只有当负极柜手动隔离开关处于合闸位置时,直流进线断路器才能合闸。

(6) 只有当主回路隔室的元件不带电的情况下,断路器小车室的门和后背板才允许开启,门背板可使用挂锁锁定。

(7) 直流进线断路器与对应的交流中压断路器之间设有联动功能。

直流开关柜操作要求

(1) 直流断路器小车的三个位置"运行位"、"试验位"、"拉出位",每次操作均需在明确的位置。拉出或推入须平稳无冲击。

(2) 当需拉出断路器小车时,须先逆时针转动联锁杆 45°角,然后进行拉出操作至"试验位",再拉出约 10cm 后解开小车上的控制线,最后拉出至所需的位置。

(3) 需推入断路器小车时,须先重新逆时针转动联锁杆 45°角,方能推入小车,重新接上控制线,听到"喀"声后,推入小车使断路器处于工作状态。当推入时感觉有异常大的阻力,此时,不可盲目大力推进,须查明原因,以免撞坏测试触头孔座和绝缘挡板等部件。

(4) 操作负极刀闸时,须使用绝缘操作杆。

(5) 断路器于合闸运行时,禁止碰联锁杆,以免跳闸。在紧急情况下,机械联锁杆可作为紧急脱扣用。

巡视和检查项目:

(1) 柜体完好,无严重锈蚀,门锁好;

(2) 表计指示正常,旋钮于"远动"位;

(3) 检查各测控、保护装置运行是否正常,有无异常的信号显示或弹出告警栏;

(4) 二次端子连接紧固,整齐;

(5) 负极柜内电缆接头紧固,刀闸接触良好,分合完全到位;分合闸指示正确。

3.1.7 直流牵引供电的保护和自动装置

对于不同的开关柜内设置了不同保护类型,最常见的配置为:

馈线柜(图 1-3 中对应 211,212,213,214 开关柜)有大电流脱扣保护、电流上升率(di/dt)及电流增量保护(ΔI)、接触网过负荷保护、双边联跳保护。

进线柜(图 1-3 中对应 201,202 开关柜)有大电流脱扣保护和逆流保护。

负极柜(通常负极柜中只有刀闸,不设断路器,在图 1-3 中对应 2012,2022)仅有框架保护。

在馈线柜中还设置了具有在线检测的自动重合闸功能。下文分别阐述各种保护类型和自动重合闸的工作原理。

1. 大电流脱扣保护

大电流脱扣保护，是高速直流断路器自带的一种保护类型，由开关生产厂家提供，它采用了电磁脱扣原理，主要用于快速切除近端金属性短路故障（此时故障电流非常大，一般超过 10000A）。如瑞士 Sécheron（赛雪龙）公司的直流断路器，在其内设有一个跳闸装置（由一个钢片层压的固定引铁和一个可移动引铁组成），可移动引铁与一弹簧微调螺钉相连接，用于调节跳闸动作值，另外还有一个动铁芯用于触发跳闸。在过流（短路或过载）的情况下，主回路中的绕组在固定引铁内产生一个磁场，动铁芯受这个磁场的作用，通过一个杠杆推动棘爪，从而释放动触头，使断路器跳闸。跳闸动作值可以通过改变磁路的位置，也就是空气气隙的大小而改变。

电流脱扣保护可以通过调节螺栓整定动作电流的大小。整定刻度标示在整定装置的顶上，调节螺栓用一个 M6 螺栓锁定。

2. 电流上升率（di/dt）及电流增量保护（ΔI）

由于城市轨道交通中列车运行的密度大，在一个供电区内往往会有几辆列车同时起动，此时流经馈线断路器的负荷电流很大，如果采用普通的过电流保护，往往会造成保护误动作，影响列车正常运行，因此现代地铁供电系统普遍采用电流上升率保护（di/dt）及电流增量保护（ΔI）来解决这一问题。列车正常的起动电流与故障短路电流在电流变化量上有比较明显的区别，假设列车的最大工作电流为 4kA，列车起动时电流从零增长到最大电流值需要 8s，那么一列列车正常的起动电流上升率仅为 0.5kA/s。而故障电流的上升率可达到多列列车起动电流的几十甚至上百倍。di/dt 和 ΔI 保护就是根据故障电流和正常工作电流在变化率这一特征上的不同来实现保护功能的。

在实际运用中，di/dt 和 ΔI 是通过相互配合来实现保护功能的，而且这两种保护的起动条件通常都是同一个预定的电流上升率值。在起动后，两种保护进入各自的延时阶段，互不影响，哪个保护先达到动作条件就由它来动作。一般情况下，di/dt 保护主要针对中远距离的非金属性短路故障，ΔI 主要针对中近距离的非金属性短路故障。

在直流牵引供电系统中，由于采用直流供电制，因此，在交流供电制中采用的电流互感器、电压互感器等测量元件均不能采用，一般采用如图 3-15 的形式实现保护功能。在快速断路器与负荷之间设置了一个分流器，电流流过分流器时产生一个小电压，该电压经过隔离放大器的隔离、放大，转换成标准信号送给保护单元，由保护单元进行计算并发出跳闸信号。

(1) di/dt 电流上升率保护（以下简称 di/dt 保护）

在运行中，保护单元不断检测电流上升率，当电流上升率高于保护设定的电流上升率时，di/dt 保护起动，进入延时阶段。若在整个延时阶段，电流的上升率都高于保护设定值，那么保护动作；若在延时阶段，电流上升率回落到保护设定值之下，那么保护返回。

图 3-16 表示了一个电流波形在两种保护整定值下的动作情况。在图中分别用"(1)"和"(2)"来代表这两种情况。图中，在点 a 由于电流上升率高于 di/dt 保护整定值，保护起动。在 b 点，对于情况（1）来说保护延时达到 di/dt 保护延时整定值，且在 ab 间电流上升率始终高于 di/dt 保护整定值，保护动作。对于情况（2），在 c 点，电流上升率回落到保护整定值以下，而此时保护延时整定值尚未达到，保护返回。

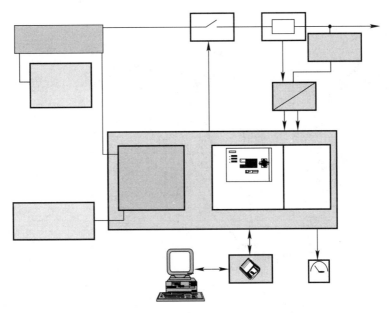

图 3-15 馈线断路器柜保护配置示意图

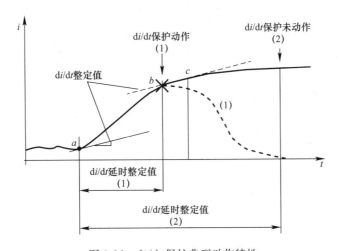

图 3-16 di/dt 保护典型动作特性

(2) ΔI 电流增量保护（以下简称 ΔI 保护）

在 di/dt 保护起动的同时 ΔI 保护也起动并进入保护延时阶段，保护单元开始计算电流增量。若电流上升率一直维持在 di/dt 保护整定值之上，且电流增量在 ΔI 保护的延时后达到或超过保护整定值，则保护动作。

在计算电流增量的过程中允许电流上升率在相对较短的时间内回落到 di/dt 保护整定值之下，只要这段时间不超过 di/dt 返回延时整定值，则保护不返回，反之保护返回。

图 3-17 是 ΔI 保护针对几种典型电流的动作情况。

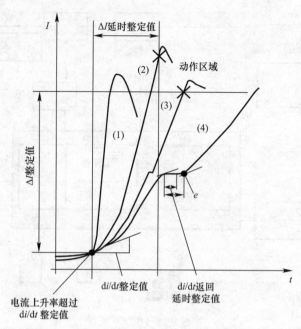

图 3-17 ΔI 保护典型动作特性

电流（1）：保护未动作，电流增量虽然在延时时间段内超过 ΔI 整定值，但延时时间过后电流没有达到 ΔI 整定值。这种保护特性可以躲过列车的经过接触网分段绝缘器时的冲击电流和接触网滤波器充电电流。

电流（2）：保护动作，延时后电流增量超过 ΔI 整定值，且在延时时间段内电流上升率一直维持在 di/dt 保护整定值之上。

电流（3）：保护动作，电流增量超过 ΔI 整定值。在电流上升的过程中，虽然电流上升率曾经回落到 di/dt 整定值以下，但未达到 di/dt 返回延时值，因此保护未返回。

电流（4）：保护未动作，在电流上升的过程中，电流上升率回落到 di/dt 整定值以下，且超过 di/dt 返回延时值，因此保护返回。在 e 点保护重新起动，并以 e 点作为新基准点重新计算 ΔI 电流值。

(3) di/dt 和 ΔI 保护整定的原则

在采用双边供电方式的供电系统中，di/dt 和 ΔI 保护整定应遵循以下原则：

1) 由于 di/dt、ΔI 主要用于切除中、远距离故障，因此整定值不应取太大，以获得较大的保护范围。

2) di/dt 的延时整定应取较大值，躲过保护区域之外发生故障时的故障电流，例如越区故障。

3) ΔI 的整定值应足够大，以躲过列车起动电流、列车的经过接触网分段绝缘器时的冲击电流和接触网滤波器充电电流，这点主要利用保护的延时实现。

4) 供电系统设计时考虑的情况与实际情况往往有一定的差距，di/dt 及 ΔI 保护的整定值除了理论计算外，必须经过相应的现场短路试验来最终确定，并且在投入运行后不断总结修改。

3. 接触网过负荷保护

若设备长期处在过负荷运行的情况下，会导致直流馈出电缆，特别是架空接触网发热甚至瘫痪，发生此类故障时应切除过载运行的线路，待恢复冷却后再投入运行。其工作原理是保护单元连续测量馈线电流，同时根据接触网的电阻率，电阻率修正系数，长度，横截面积，电流，计算出接触网的发热量，从而再根据接触网和空气的比热等热负荷特性及通风量等环境条件，计算出接触网的温度，如果该温度超过设定值，保护单元发出跳闸信号分开馈线断路器，待一段时间冷却后开关才能重新合闸。不过这种算法比较复杂，在实际应用中一般采用反时限过负荷保护的方式，即电流过载倍数越大，允许持续的时间越短。

在保护单元内存储了许多不同大小的动作电流值，对应不同的电流值有不同的跳闸延时，这许多值组成了一条跳闸特性曲线，该曲线实际上是一条反时限特性曲线，电流值越大，延时越短。

4. 双边联跳保护

所谓双边联跳保护，其实是一种设备出现故障后断路器跳闸的方式，类似于变压器本体发生短路故障后跳开变压器高、低压侧断路器。对于采用双边供电方式的牵引供电系统，它是广泛使用的一种跳闸方式。

当接触网发生故障时，由于采用双边供电方式，总是可以看成一侧为近距离故障，另一侧为远距离故障，应该是近故障点的变电所先跳闸。如图3-18，A站的214断路器和B站的213断路器向同一供电区的接触网供电，当靠近A站的C点接触网发生短路故障时，由于故障电流大小不一样（A站故障电流大于B站故障电流），由短路故障电流较大的A站发出跳闸命令，跳开本站214断路器，同时发出联跳命令，向B站发出联跳信号，B站收到联跳信号后，跳开本所的213断路器，确保故障供电区内接触网无电。由于采用了双边联跳保护，只要两个变电所中有一个能检测出故障电流并正确跳闸，另一个也会被联跳，因而提高了保护的可靠性。

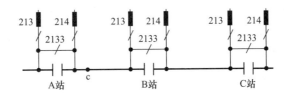

图3-18 接触网双边供电示意图

5. 逆流保护

在直流牵引供电系统中，整流机组把交流电经降压整流后转换成所需的直流电，经过直流进线断路器后送到直流母排上。正常运行时，电流只能从整流机组经过直流进线断路器流向直流母排，不会从直流母排反向流向整流机组，这点和交流供电机制不同。直流进线断路器的逆流保护，是为了防止故障发生时电流反向流动而设置的一种保护。

在图3-19直流进线开关柜接线示意图中，正常运行时负荷电流只能从整流机组流向直流母排，因此，按正常的潮流方向，在开关柜的分流器R2上产生的电压有一个方向（假设为"正"），假设整流机组与直流进线开关柜的连接电缆出现接地故障，则有故障电流直流母排经过进线断路器流向接地点，该电流与正常运行的负荷电流方向相反，在R2上产生了一个"负"方向电压，"负"电压经过电压变送器（U1）放大后送到保护单元进行判断处理，如果保护单元判断反向电流较大，设备存在故障，则发出分闸指令，使进线断路器跳闸，切断故障点。

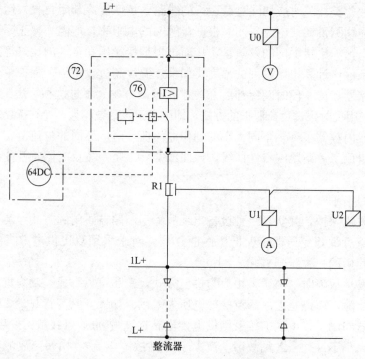

图 3-19 直流进线开关柜接线示意图

6. 框架保护

为了防止直流牵引供电设备内部绝缘能力降低时造成人身危险，每个牵引降压变电所内设置了一套直流系统框架泄漏保护装置。该保护包含反映直流泄漏电流的过电流保护和反映接触电压的过电压保护，而过电压保护还与车站的钢轨电位限制装置相配合，作为钢轨电位限制装置的后备保护。框架泄漏保护由一个电流元件和一个电压元件组成，电压元件可当地投入/切除，并可分别整定为报警和跳闸两段。框架保护动作跳闸后，将闭锁本所断路器合闸，只有当故障消失，当地复归框架保护后，断路器才能合闸。

框架保护原理示意如图 3-20 所示。

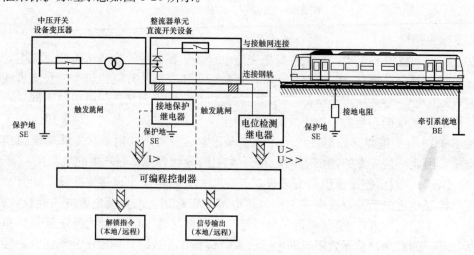

图 3-20 框架保护原理示意图

框架保护动作后，除了本牵引变电所的直流牵引系统全部跳闸外，与该站相邻牵引变电所向同一供电区供电的直流馈线断路器也会跳闸。框架保护动作后该变电所供电的4个供电区内接触网都停电，虽然能保证人身及设备的安全，但是将中断列车的正常运行，影响范围很大。在采用了列车走行钢轨作为牵引回流媒介的直流牵引系统中，钢轨对大地肯定有一定的电压，因此框架电压型保护与轨电位限制装置之间的配合要十分好，在轨电位限制装置正常动作前框架保护不应该动作，以防止扩大事故范围，要求做到既能保证人身设备安全，又能确保地铁列车正常运行。

7. 自动重合闸

牵引供电系统故障可分为以下两种类型。

瞬时性故障：在接触网线路被继电保护迅速断开后，电弧即行熄灭，故障点的绝缘强度重新恢复，此时，如果把断开的线路断路器再合上，就能恢复正常的供电，因此称这类故障为"瞬时性故障"。常见的瞬时性故障有：列车逆变器换向故障、雷击过电压引起绝缘子表面闪络或角隙避雷器放电、大风时的短时碰线等。

永久性故障：在线路被断开以后，故障仍然存在，这时即使再合上电源，由于故障仍然存在，线路还要被继电保护再次断开，因而就不能恢复正常的供电。此类故障称为"永久性故障"。

在直流馈线断路器柜中设置了自动重合闸功能，通过线路测试回路，计算线路残余电阻来判别故障性质，决定是否进行自动重合闸。

（1）自动重合闸的原则

1）正常操作断路器合闸时，对线路进行多次测试（一般设定为3次），通过电流和电压的测量，计算线路残余电阻。线路正常则允许合闸，如线路存在持续性故障，则闭锁合闸。

2）当接触网发生故障时，断路器分闸，起动线路测试，并根据测试结果判别故障性质，如故障是瞬时性的，自动重合闸将使断路器重新合闸；如故障是永久性的，直流断路器不进行重合闸。框架保护不启动线路测试及重合闸。

（2）自动重合闸条件

1）馈线断路器控制单元是否处于"自动模式"。

所谓"自动模式"是指馈线断路器柜控制单元在无保护装置动作及故障跳闸的前提下，从接到合闸指令开始，进入的运行模式。是否处于自动模式，决定断路器跳闸后是否进行重合闸。

当接到分闸指令或框架保护动作或接到框架保护联跳信号；或开关柜内部故障（MCB跳闸、断路器故障、断路器小车故障）信号时，控制单元退出自动模式，不进行重合闸操作。

2）馈线断路器处于分闸状态。

3）无接触网过负荷跳闸信号。

4）无联跳信号。

（3）重合闸过程

直流馈线断路器的自动重合闸动作过程是通过控制单元内部程序来控制的，结合图3-21说明时间控制流程如下：

1）断路器跳闸后，在符合自动重合闸条件的前提下，进入自动重合闸程序。

2）重合闸程序设置重合闸总时间，约为85s，在总时间内根据线路绝缘检测情况进行若干次自动重合闸。

3）第一次重合闸前设置基本等待时间，约为5s，主要考虑绝缘恢复时间及断路器触头冷却时间等因素。在等待时间结束后，进行2～5s的线路绝缘检测，考虑到列车负载荷阻抗，当线路对钢轨电阻大于1Ω时，判断为接触网无金属性短路故障。等待3s后将断路器自动合上。在经过一段时间的等待后，断路器如果仍未跳闸，则控制单元判断为重合闸成功，退出重合闸程序。

4）当绝缘检测不成功或断路器合闸后在短时间内再次跳闸，则控制单元判断为重合闸不成功，进入下一重合闸循环。等待15s后重新进行绝缘检测。

5）当绝缘检测回路故障或断路器合于非金属短路点时，经过4～5次重合闸尝试仍无法取得成功。并且已经达到重合闸总时间（85s），控制单元判断接触网存在永久故障，退出重合闸程序，并将断路器操作闭锁。

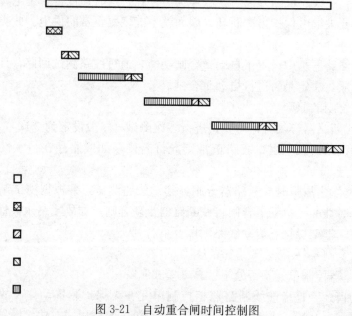

图 3-21 自动重合闸时间控制图

3.1.8 电力电容器的运行和巡视检查

运行实践经验证明，电力电容器除本身缺陷引起的事故外，外界因素，如过电压、高次谐波侵入、环境温度等使用条件的变化也会引起事故的发生。因此，对电容器装置的巡视是不容忽视的。

电容器的运行温度是保证电容器安全运行和使用年限的重要条件。温度过高可能导致介质击穿强度的降低，或介质损耗的迅速增加。若温度继续上升，将破坏热平衡，造成热击穿，影响电容器的寿命。另外，电容器对运行电压也是很敏感的，由于介质损耗引起的有功功率损耗和发热与电压值的平方成正比，因此，运行电压升高将使电容器的发热和温升大大增加。电压过高时，就会导致热不平衡，最后造成电容器损坏。

在运行中应注意，电容器不可带残留电荷而合闸，如在运行中发生跳闸或合闸一次不成功，必须经过充分放电后，方可合闸。对有放电电压互感器的电容器，可在断开 3min 后合闸操作。

1. 电力电容器的巡视检查

（1）电容器必须在额定电压和额定电流下运行，三相电容器的容量应相等，允许相差不得超过 5%。

（2）电容器保护熔断器完好。

（3）套管完整清洁、无裂纹或放电现象。

（4）各连接线端子应紧密，不松动及无发热现象。

（5）电容器外壳均无变形及膨胀、渗漏油现象。

（6）电容器内部无异声。

（7）电容器外部无闪络，示温片应完整不熔化脱落。

（8）外壳接地完好。

（9）放电电压互感器及三相指应正常。

2. 停止运行

发生下列情况之一时，应立即将电容器装置停运：

（1）电容器箱壳鼓肚或爆裂。

（2）电容器着火。

（3）接头严重过热或熔化。

（4）套管放电闪络。

（5）电容器内部有异常声音。

3.1.9 电力电缆的运行和巡视检查

1. 电力电缆的正常运行

电力电缆在额定电压、气温等条件下，长期、连续地通过额定电流而热稳定不被破坏的工作状态为电缆的正常工作状态。

电力电缆在正常状态时，相间及相对地间的绝缘应完好，高压电缆头绝缘应完好无损，电缆发热不超过规定温度。

各型号规定的电力电缆最高工作温度见表 3-14。

各型号规定的电力电缆最高工作温度　　　　　　　　　　表 3-14

绝缘类型	电缆名称	电压等级（kV）	最高工作温度（℃）	代表产品型号
塑料绝缘电缆	聚氯乙烯电缆	1～10	65	VLV、VV
	聚乙烯电缆	6～220	70	VLV、VV
	交联聚乙烯电缆	6～220	10kV 及以下：90 20kV 及以上：80	YJLV、YJV
橡皮绝缘电缆	天然丁苯橡皮电缆	0.5～6	65	XLQ、XQ、XLV
	乙丙橡皮电缆	1～35	80～85	XV、XLF、XLHF
	丁基橡皮电缆	1～35	80	

2. 电力电缆的巡视检查

（1）外观检查

1）检查电缆头是否有油胶渗出；

2）检查电缆接头是否有发热变色、放电、烧熔等现象；
3）检查电线外皮是否完整，有无破损腐蚀；外皮接地是否良好。
(2) 负荷检查

电力电缆通电运行时，应监视电压、电流的数值，不允许超过规定值。

3.1.10 控制、保护及自动装置的运行和巡视检查

1. 控制、保护及自动装置的运行

(1) 运行中，继电保护及自动装置不能任意投入、退出和变更原来的整定，应遵照电力调度员的命令执行，在投入前必须对其回路进行下述周密的检查。

1）该回路无人工作，工作票已结束、收回；
2）继电器外壳盖好；
3）保护定值符合规定数值；
4）二次回路拆开的线头已恢复。

若需投入继电保护和自动装置时，应先投入交流电源（如电压或电流回路等），后送上直流电源。此后应检查继电器接点位置是否正常，信号灯及表记是否正确，然后加入信号连接片；若需将保护投入跳闸位置或将自动装置投入运行位，需用高内阻直流电压表或万用表测定连接片两端无电压后，方能投入连接片。继电保护和自动装置退出时的操作顺序与上述相反。

(2) 继电保护装置的运行过程中，发现异常现象时，应加强监视并立即向主管部门报告。

(3) 断路器自动跳闸后，应检查保护动作情况并查明原因，若是继电器动作或临时性故障，可进行试送电。试送电前，应将保护装置所有掉牌信号全部复归。

(4) 运行人员对保护装置的操作，一般只允许接通或断开压板，切换转换开关，及卸装保险等工作。不得对接线端子排上接点做改换连接工作。

(5) 在二次回路上做的一切工作，都必须遵守《变电所安全工作规程》的有关规定，并持有与现场设备相符的图纸作检修依据。

(6) 值班员带电清扫二次回路时，使用的清洁工具应干燥，金属部分应包好、绝缘，工作时应将手表摘下（特别是金属表带的手表），应穿长袖工作服，戴线手套，工作时必须小心谨慎，不应用力抽打，以免损坏设备元件或弄断线头及防止继电器振动而误动。不得用压缩空气吹尘的方法，以免灰尘吹入仪器仪表或其他设备内部。

2. 控制、保护及自动装置的巡视检查

(1) 检查屏柜上所有继电器外壳有无破损，整定值的位置是否有变动。
(2) 检查继电器接点有无卡住、变形、移位、倾斜、烧伤；各导线接点有否脱焊现象。
(3) 检查各类指示仪表是否正确、无误。
(4) 检查监视指示灯和光字牌是否指示正确，有无灯泡损坏现象。
(5) 检查压板及转换开关的位置是否与运行状态和要求一致。
(6) 检查各种继电器、接触器是否有异常响声，线圈是否有过热烧焦的气味。
(7) 用试验按钮检查警铃、蜂鸣器、电笛、信号灯是否良好。

3.1.11 变电所直流自用电系统的运行和巡视检查

变电所的直流自用电系统包括蓄电池、充电机装置（下称"充电机"）两大部分。目

前，蓄电池一般采用碱性镉镍蓄电池（下称"镉镍蓄电池"）和固定型铅酸蓄电池。由于阀控式密封铅酸蓄电池（下称"阀控蓄电池"）具有无需添加蒸馏水和调酸等维护工作及无酸雾等优点，具有"免维护"功能，近年来其应用越来越广泛。充电机的形式有磁放大器型充电机、相控型充电机、高频开关电源型充电机。由于高频开关电源型充电机结合脉宽调制（PWM）技术的应用，使其纹波系数小、稳流和稳压精度高，近年来广泛地与充放电要求高的阀控蓄电池综合使用。为满足综合自动化系统的要求，充电机中通常还配置有微机监控装置和微机绝缘监测仪。

1. 充电机的运行监视

（1）输入的三相交流电压不应超过±10%，运行中需检查三相交流输入的切换装置是否正常。

（2）直流母线电压不应超过±10%，否则需调整硅链的降压值。

（3）检查充电机音响是否正常，应无异味，外壳、绝缘件应清洁、无发热。

（4）检查各保护信号是否正常、绝缘状态是否良好。

（5）微机监控器是根据直流电源装置中蓄电池组的端电压值，以及充电装置的交流输入电压值、直流输出电流值和电压值等数据来进行控制的。运行人员可通过微机的键盘或按钮来整定和修改运行参数。

（6）微机监控器直流电源装置一旦投入运行，只有通过显示按钮来检查各项参数，若均正常，就不能随意动改整定参数。

（7）微机监控器若在运行中控制不灵，可重新修改程序和重新整定，若都达不到需要的运行方式，就启动手动操作，调整到需要的运行方式，并将微机监控器退出运行，交专业人员检查修复后再投入运行。

（8）微机监控器有对蓄电池进行自动充电的功能，能控制充电机自动进行恒流限压充电→恒压充电→浮充电→进入正常运行状态。

（9）微机监控器还可对蓄电池进行自动定期充电功能，根据整定时间，微机监控器控制充电机定期自动地对蓄电池组进行均衡充电，确保蓄电池组随时具有额定的容量。对阀控蓄电池而言，一般设置为3个月进行一次自动定期充电。

（10）由于充电机中的整流元件的过载、过热能力差，运行中应注意充电机内各元件的温升，保持通风及散热良好。充电装置中各元件极限温升值见表3-15。

充电装置各元件极限温升值 表3-15

部件或器件	极限温长升值（℃）
整流管外壳	70
晶闸管外壳	55
降压硅堆外壳	85
电阻发热元件	25（距外表30mm处）
半导体器件的连接处	55
半导体器件连接处的塑料绝缘线	25
整流变压器、电抗器的B级绝缘绕组	80
铁芯表面温升	不损伤相接触的绝缘零件
铜与铜接头	50
铜搪锡与铜搪锡接头	60

(11) 充电机的精度、纹波因数、效率、噪声和均流不平衡度、运行控制值如表 3-16 所列。

(12) 当直流输出电流超出整定的限流值时，充电机具有限流功能，限流值整定范围为直流输出额定值的 50%~105%。当母线或出线支路上发生短路时，应具有短路保护功能，短路电流整定值为额定电流的 115%。

(13) 充电装置具有过流、过压、欠压、绝缘监察、交流失压、交流缺相等保护及声光报警的功能。继电保护整定值一般按表 3-17 执行。

充电装置的精度、纹波因数、效率、噪声和均流不平衡度、运行控制值 表 3-16

充电装置名称	稳流精度（%）	稳压因数（%）	纹波因数（%）	效率（%）	噪声[dB（A）]	均流不平衡度（%）
磁放大型充电装置	≤±5	≤±2	≤2	≥70	≤60	—
相控型充电装置	≤±2	≤±1	≤1	≥80	≤55	—
高频开关型充电装置	≤±1	≤±0.5	≤0.5	≥90	≤55	≤±5

继电保护整定值 表 3-17

名称	整定值	
	额定直流电压 110V 系统	额定直流电压 220V 系统
过电压继电器	不大于 121V	不大于 242V
欠电压继电器	不小于 99V	不小于 198V
直流绝缘监察继电器	不小于 7kΩ	不小于 25kΩ

2. 绝缘监视

直流自用电系统发生一点接地时，虽不会引起危害，但必须及时消除，否则再发生另一点接地时可能会使控制、信号、保护装置误动作。因此，运行中应经常检查绝缘监察装置的绝缘指示和信号显示情况。直流用电各部分的绝缘电阻要求见表 3-18。

电气回路及小母线绝缘电阻一般随装置试验时一起测量，只有在查找绝缘电阻降低或接地故障时，才分别测量，并根据表 3-18 的标准判断故障点，蓄电池组每半年应单独测量一次。

直流自用电系统的绝缘电阻值 表 3-18

序号	名称	绝缘电阻（MΩ）
1	单一电气回路	1.0
2	全部电气回路	0.5
3	直流小母线	10
4	110V 蓄电池组	0.1
5	220V 蓄电池组	0.2

3. 蓄电池的运行和巡视检查

为保证蓄电池有足够的容量，在变电所通常采用浮充电运行方式。正常运行时，蓄电池组与充电机并联工作，有充电机向经常性的直流负荷供电，并向蓄电池组浮充电，以补充蓄电池组自放电和因短时大负荷及事故时直流负荷所损失的容量。

(1) 直流负荷电流及其测量

经常性的直流负荷电流包括运行时必须接入的信号、继电保护和自动装置所用的负荷；短时负荷包括直流操作回路继电保护跳闸、合闸线圈所用的负荷；事故时的直流负荷包括交流失电时的事故照明和信号、继电保护及自动装置所用的负荷。

正常运行时经常性直流负荷基本是不变的，只有在改变运行方式或因检修需要停用某些电气设备，其信号、继电保护和自动装置退出运行时才会发生变化。所以在运行中，经常性直流负荷一经测定后，不必再经常监视，而只在其有可能发生变化时才进行测量，以便调整充电机的工作电流。

（2）蓄电池的浮充电

不恰当的电池浮充电压将影响电池寿命及容量。如果浮充电压过高，浮充电流将随之上升，导致电池栅板反应（腐蚀）加速，电池寿命缩短；浮充电压过低，电池工作在欠充状态，导致硫酸铅的堆积，电池容量下降，电池寿命缩短。正常运行时，充电机的工作电流为经常性直流负荷电流与蓄电池组浮充电流之和。由于前者基本不变，故调整充电机的工作电流即调整了蓄电池组的浮充电流。

蓄电池浮充电时的浮充电压和浮充电流应按厂家要求调整。无厂家资料时，一般可按以下要求进行：

1）高倍率镉镍蓄电池浮充电压值宜取 $(1.36\sim1.39)V\times N$、均衡充电电压宜取 $(1.47\sim1.48)V\times N$；中倍率镉镍蓄电池浮充电压值宜取 $(1.42\sim1.45)V\times N$、均衡充电电压宜取 $(1.52\sim1.55)V\times N$，浮充电流值宜取 $(2\sim5)mA\times Ah$。

2）对于阀控蓄电池组，2V 蓄电池浮充电压值宜控制为 $(2.23\sim2.28)V\times N$、均衡充电电压值宜控制为 $(2.30\sim2.35)V\times N$；12V 蓄电池浮充电压值宜控制为 $(13.38\sim13.68)V\times N$、均衡充电电压值宜控制为 $(13.80\sim14.10)V\times N$。在正常的浮充操作中，不需要限制充电电流。当蓄电池上的充电电压恒定时，充电电流是由蓄电池的充电状态（内阻）确定的。蓄电池在满充之前，充电电流一直随其内阻在变化，直到蓄电池满充后，充电电流才稳定在一个数值上。稳压充电状态下，当蓄电池的浮充电流不再减小且连续 3h 稳定时，可认为该蓄电池已经满充。

3）阀控蓄电池组的浮充电压温度补偿

阀控蓄电池组在浮充电时不能忽视蓄电池温度的因素，蓄电池在 25℃ 时浮充电压为 2.25～2.30V/单体，阀控蓄电池温度偏离 25℃ 时，电池的自放电率、内阻、容量、电解液黏度都会变化，所以必须对阀控蓄电池浮充电压进行温度补偿。对浮充电压进行温度补偿时，应该考虑下面因素：如果阀控蓄电池的环境温度保持恒定，可按照温度补偿系数来修正充电机输出的浮充电压；如果阀控蓄电池的环境温度未知或不定时（如：日/夜、冬/夏），则要求充电装置能够自动按照补偿系数进行修正。温度补偿以 25℃ 为准，温度每升高 1℃，降低浮充电压 0.003～0.005V/℃；温度每降低 1℃，升高浮充电压 0.003～0.005V/℃。

（3）环境温度对阀控蓄电池的影响

阀控蓄电池的额定容量和寿命都是对于 25℃ 而言的，环境温度低于 25℃ 时，蓄电池容量减小，寿命延长；环境温度高于 25℃ 时，蓄电池容量增加，寿命减短。阀控蓄电池长期在高温下使用时，其内部会产生多余的气体，蓄电池内部气压升高，引起排气阀开启，造成电解液损失。在使用过程中需注意以下两点：

1）阀控蓄电池充足电时，电解液冰点为 $-70℃$，而放完电后，电解液冰点仅为 $-5℃$，所以在低温下使用或存储电池，一定要注意。

2）当使用环境温度高于 25℃ 时，阀控蓄电池栅板反应（腐蚀）加速，会引起蓄电池寿命缩短，使用环境温度每升高10℃，蓄电池寿命减半，故蓄电池使用温度不应过高。高于40℃时，有热失控的危险。

(4) 镉镍蓄电池组的巡视检查

1) 监视端电压值，浮充电压、电流值。

2) 确定领示电池，测量其单体蓄电池的电压值。一般每间隔5个或10个电池选择1个领示电池，以供长期定时观察蓄电池的状态变化。可每周测量1次。

3) 检查蓄电池液面高度。每一个镉镍蓄电池，在侧面都有电解液高度的上下刻线、在浮充电运行中、液面高度应保持在中线，液面偏低的，应注入纯蒸馏水，使整组电池液面保持一致。

4) 检查是否有漏液和"爬碱"现象。漏液严重者，需及时更换。有"爬碱"现象时，需及时用3‰硼酸水溶液和清水擦拭干净。

5) 可每月测量1次电解液的密度。20℃时，镉镍蓄电池的密度为$1.20+0.02g/cm^3$。

6) 通过绝缘监察表检查蓄电池组的绝缘是否良好。

7) 检查蓄电池的外壳是否有变形，通过接触外壳检查蓄电池是否过热。

(5) 阀控蓄电池组的巡视检查

1) 监视端电压值，浮充电压、电流值。

2) 每周测量1次单体蓄电池的电压值。

3) 检查蓄电池组的绝缘是否良好。

4) 检查蓄电池的外壳是否有变形，是否过热。

5) 检查是否有漏液和腐蚀现象，极柱与安全阀周围是否有酸雾溢出。

6) 检查蓄电池的运行环境温度，当长时间超过35℃时，需尽快采取降温措施。

蓄电池使用维护时需注意以下事项：

(1) 清除蓄电池表面的灰尘时忌用干布，尤其是合成纤维织物或海绵或鸡毛掸，以防止静电引起爆炸。

(2) 不允许在蓄电池上部放置金属工具。拧紧螺母时，注意不得将金属工具同时接触蓄电池的正、负极柱，以免短路烧伤。

(3) 不允许借助于极柱吊起电池。

(4) 在使用中，若有漏液和"爬碱"现象时会引起绝缘不良，或碳酸盐引起导电不良。因此应经常保持蓄电池清洁。

(5) 蓄电池的塑料外壳，严禁用汽油、苯、丙酮等有机溶剂擦拭。可使用清水进行擦拭。为防锈，可在金属极柱处涂薄薄的一层防锈油或中性凡士林。

3.1.12 再生制动能量吸收装置的运行与巡视

再生制动能量吸收装置，其主要作用是吸收列车制动所产生的电能。按吸收电能的处理方式主要分为电阻消耗、回馈和储能三种。早期以电阻消耗为主，设备结构相对简单，成本较低，但吸收的电能直接由电阻消耗掉，未得到有效利用；回馈型吸收装置可将吸收的制动能量反馈回中压（10kV或35kV）或低压（220V/380V）电网再利用；储能型可将吸收的制动能量通过电池、超级电容或机械储能装置存储，有需要反馈至牵引网再利用。现阶段回馈型吸收装置的应用实例在国内相对较多，本书以此为代表介绍其运行与维修。

典型的能馈系统构成图如图3-22所示，包括1台35kV开关柜、一台变流变压器、一台变流器柜、一台隔离开关柜（双极）和一台直流开关柜。

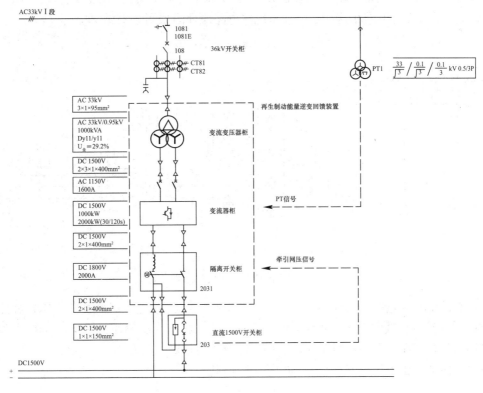

图 3-22 典型的能馈系统构成图

在列车正常发车起动及运行时，再生能馈装置不工作，二极管整流机组工作，向直流牵引电网馈能，给车辆提供牵引电能，此时电能转化为车辆的动能。当车辆采用电制动时，列车的动能转化为电能，回馈到直流牵引电网，这些能量将引起直流电网电压升高。再生制动电能利用系统检测到直流网压升高到设定值，确定列车处于制动状态时，回馈功能开始启动，将这部分制动能量回馈到中压交流电网中，此过程中二极管整流机组反向截止，停止工作。当制动能量回馈完毕，直流网压降到设定值时，再生制动电能利用系统停止回馈功能转入待机态，等待执行下一次回馈任务。能馈系统工作原理图如图 3-23 所示。

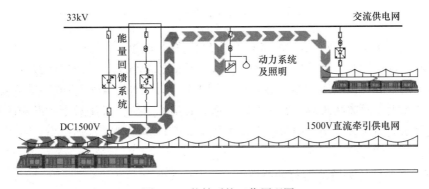

图 3-23 能馈系统工作原理图

再生制动能量逆变回馈装置工作模式：将列车制动的直流电能通过变流器柜转换为交流电能回馈至交流电网，简称"逆变功能"。变流器柜转换电能，通过变流变压器柜与35kV 开关柜与交流电网相连接。能馈系统主电路原理图如图 3-24 所示。

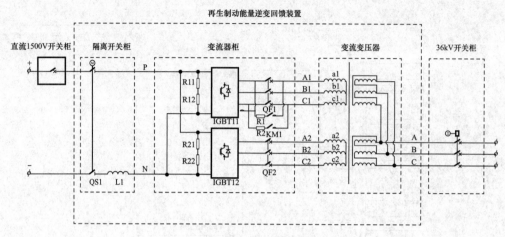

图 3-24　能馈系统主电路原理图

现有的牵引变电所外特性加入再生制动能量逆变回馈装置后，外特性曲线变为如图 3-25（系统 V—I 特性曲线示意图）所示，列车牵引仍由二极管牵引整流器承担，再生制动能量逆变回馈装置仅在列车制动时工作，功率及电流流向相对于列车牵引方向相反，再生制动能量逆变回馈装置工作在 V—I 特性曲线的左半区。

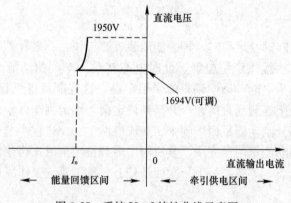

图 3-25　系统 V—I 特性曲线示意图

如图 3-25 所示，当再生制动能量逆变回馈装置处于逆变运行模式时，工作区间是左半坐标平面，其特性为一个可控电流源。当所需回馈功率小于等于回馈装置容量时，能量装置可以稳定直流母线电压在某一设定值（图中设为 1694V，可自动或手动调整），当所需回馈的功率大于回馈装置额定容量时，回馈装置将按照最大所能承受的网侧回馈电流向交流侧恒功率回馈能量，当直流母线电压超过 1950V，能馈装置自动退出，不再向交流侧回馈能量。

1. 制动能量消耗装置的运行和巡视

上位机处显示系统正常、处于工作状态，电压、电流、系数脉冲、IGBT 运行温度记录准确，支路隔离开关、DC1500V 馈线开关等显示正常；

隔离开关柜、斩波柜内接触器、隔离开关、断路器状态正常；

检查隔离开关柜、斩波柜内电容、电抗、电阻、IGBT、熔断器等元器件外观否正常，应无异味，外壳、绝缘件应清洁、无异常的发热；

下位机安装可靠、连接紧固、无报警信号；

柜内继电器、电源模块、二次回路无异常；

柜内通信回路运行正常，光纤可靠连接；

开关柜面板指示灯指示正常，当地/远方、投入/停止旋钮处于正确的位置，且功能正常；

上位机上可对能耗运行曲线数据进行记录、保存、查询、调取，可对能耗下位机运行整定值、参数进行查询、设置；

配合当地控制模式，上位机上可对能耗装置当地启动、停止等操作；

电阻柜外观正常、无异味，无超温报警、动作等信号。

2. 再生制动能量逆变回馈系统的运行与巡视

日常运行巡检是在能馈系统正常运行状态下、不触碰设备主体运行部件、通过设备监控设备、在外观整体上进行检查的工作，主要是外观检查工作，达到及时发现设备较为明显的异常故障、处理故障、恢复设备正常运行的目标。日常巡检中，主要以能馈系统开关的分位合位检查，基础电气量数据采集记录、设备温度测量、设备异常工作情况检查发现为主。

能馈系统的运行巡检周期分为 1 天、1 周、1 个月，巡检项目如表 3-19 所示，表中各设备的日常巡检工作原则上按照规定的巡检周期，在周期内完成。

能馈系统小修项目　　　　　　　　　　　　　　　　　　表 3-19

序号	项目内容	时间周期	设备名称	质量标准
1	隔离开关、接触器的分、合实际位置、显示位置的检查、记录	日检	隔离开关	隔离开关、接触器处于按正常运行方式设定的合闸位、分闸位，位置指示正确，在上位机/显示单元中位置信号与隔离开关柜面板信号一致
2	上位机运行情况检查	日检	变流柜	(1) 运行正常、显示正常。 (2) 没有死机、不断重启现象。 (3) 故障报警指示灯无故障报警指示。 (4) 电流、电压相应显示、记录等设备无异常，清楚正确记录数据
3	能馈继保装置等重点电子设备类的单元部件运行工况检查	日检	继保装置等重点电子设备类的单元部件	(1) 运行正常、显示正常。 (2) 没有死机、不断重启现象。 (3) 故障报警指示灯无故障报警指示
4	能馈变压器运行情况检查	日检	能馈变压器	变压器外观无异物、无异常，本体运行无异常振动及异常声响，变压器柜整体外观结构无异常
5	能馈变压器温控箱检查、数据记录	周检	能馈变压器	温控箱工况正常，无异常报警灯、报警信号
6	能馈变压器绕组、铁芯温度检查、记录	月检	能馈变压器	对比上次同等条件下的测量值，无明显变化（相类似规格型号设备，相类似负荷，ABC 相对比，温度升高变化大于 20% 或温度升高变化≥30℃ 为异常情况）

续表

序号	项目内容	时间周期	设备名称	质量标准
7	柜内一、二次设备温度测量	月检	隔离开关柜	对比上次同等条件下的测量值,无明显变化(相类似规格型号设备、相类似负荷对比,温度升高变化大于20%或温度升高变化≥30℃为异常情况)
8	重点单元部件温度测量	月检	变流柜	对比上次同等条件下的测量值,无明显变化(相类似规格型号设备、相类似负荷对比,温度升高变化大于20%或温度升高变化≥30℃为异常情况)

3.1.13 SVG装置的运行和巡视检查

SVG(静止无功发生器)是典型的电力电子设备,主要分为两种结构,即多重化/多电平结构和链式结构。两种结构虽然在对系统的等效原理和外特性方面是相同的,但其工作原理完全不同。多重化/多电平结构主要是利用变压器的多个副变绕组实现多电平输出,存在变压器体积大、结构复杂的缺点,链式结构的SVG基于电压源型变流器,将IGBT构成的桥式电路经过变压器或电抗器接到电网上。通过适当调节桥式电路交流侧输出电压的相位和幅值,或者直接控制其交流侧电流,就可以使该电路吸收或者发出满足要求的无功电流,实现动态调整控制侧电压或者无功的目的,具有独立分相控制;可关断器件在每个周期内开通、关断次数少;模块化设计;谐波少等优点。

SVG装置主要由5个部分组成:控制柜、功率柜、启动柜和连接变压器构成。其系统结构示意图如图3-26所示。

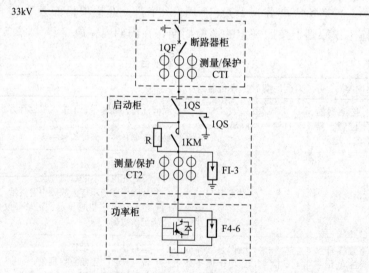

图3-26 SVG系统结构示意图

1. SVG连接变压器的运行和巡视检查

SVG连接变压器一般采用干式变压器,主要用于变压将SVG装置接入35kV环网系统,降低SVG的额定工作电压,同时利用变压器的漏感充当连接电抗器的作用,实现能量缓冲。作为变压器的特性与一般的干式电力变压器的使用条件、温控温度显示系统及检查内容均相同,但SVG连接变压器与一般的干式电力变压器不同点在于:一般来说SVG变压器容量较大,主要冷却方式以强迫风冷(AF)为主,需保证变压器有良好的通风能力,一般需在设备房增设散热通风装置,通风量按每 1kW 损耗 (P_0+P_K) 需 2~4m³/min 风量选取。故巡视检查还应注意,连接变压器的风机及设备房通风装置运行情况。

2. 控制柜的运行和巡视检查

控制柜主要包含核心主控装置、阀组触发控制单元、子模块控制单元、变压器保护装置构成。主控单元的功能包括:采样数据接收和计算处理、无功和有功控制、基本控制及相关逻辑计算、开入开出处理、装置管理、同步锁相、与监控系统通信、接收阀组触发控制单元上送的子模块汇总信息并发送控制命令至子模块控制单元。阀组控制单元汇总各功率单元的状态信息和直流电容电压,并通过光纤上送至主控装置;阀组控制单元通过光纤接收主控装置下发的控制命令和参考电压,计算控制信号并下发给各功率单元,完成各功率单元无功和有功的分配,实现功率单元电容电压平衡。子模块控制单元采集功率单元的状态信息和直流电容电压,并通过光纤上送至阀组控制单元,同时接受阀组控制单元下发的相关控制命令和脉冲触发信号。变压器保护装置主要用于实现连接变压器的各种保护。

控制柜主要用于实现 SVG 系统控制及保护功能,如图 3-27 所示。其保护功能一般分为:

(1)器件级保护:动作时限不超过 $10\mu s$,在发现器件过流、过压或驱动信号异常时,能够迅速实施保护,器件级保护由硬件提供。

(2)装置级保护:动作时限为 $100\sim1000\mu s$,当发现装置有过载、直流电压过高等异常工况时,便实施保护。

(3)系统级保护设置动作时限为 5~2000ms,当发现系统失压、系统电压过高、系统过电流、冷却系统故障等异常工况时,便实施保护。

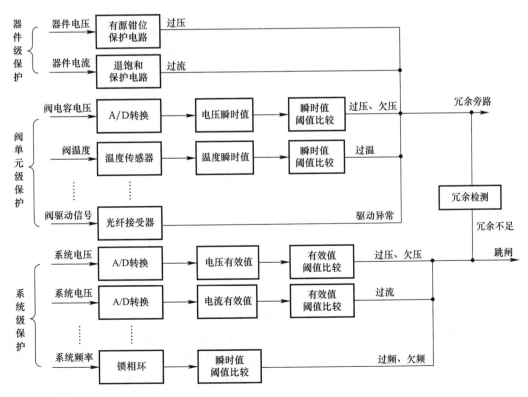

图 3-27 SVG 保护逻辑示意图

控制柜基本由模块化装置及各种二次元件组成，接线紧固及运行状态为重点巡视检查项目：
(1) 检查继电器接点有无卡住、变形、移位、倾斜、烧伤；各导线接点有否脱焊现象。
(2) 检查各类指示仪表是否正确、无误。
(3) 检查指示灯是否有损坏现象。
(4) 检查空气开关、压板及转换开关的位置是否与运行状态和要求一致。
(5) 检查各种继电器、接触器是否有异常响声，线圈是否有过热烧焦的气味。
(6) 检查控制装置、保护装置运行是否正常，接线是否松动。
(7) 检查阀组控制单元运行是否正常，光纤通道是否正常。
(8) 柜体安装牢固，无倾斜、外壳无严重锈蚀、接地良好，基础应无严重破损剥落。

3. 功率柜的运行和巡视检查

功率柜的主要组件是功率单元及冷却系统。

功率单元，也称作子模块，是SVG系统的基本组成单元，由大功率电力电子器件IGBT及其驱动电路、直流电容、控制板卡及相关附属器件等组成。整套SVG系统主电路采用链式串联结构，每相由若干个功率单元组成，并采用冗余设计，根据功率单元的个数满足冗余运行要求。SVG星型连接和角型连接结构如图3-28所示。

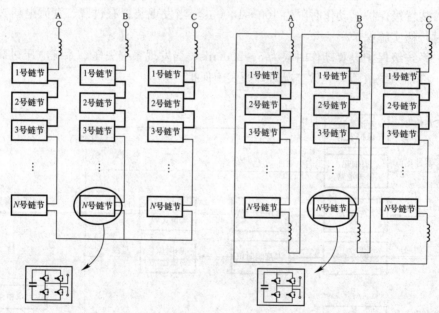

图 3-28　SVG 系统链式串联结构图

功率单元采用紧凑型的结构设计，可实现大容量功率输出，具有较强的通用性及完善的保护功能，可大大提高其组成的串联H桥SVG系统的稳定性和可靠性，同时内部一次回路和二次回路分开，一方面有利于电磁屏蔽，减少干扰，另一方面可以在发生功率器件失效时隔离失效器件，保证其他器件和二次回路不受影响。

城市轨道交通SVG系统基本采用强制风冷系统，强制风冷依靠大功率离心式风机运行产生的压力差实现空气流动，SVG功率单元产生的热量将排出室外，保证元器件工作温度在其安全范围内。强制风冷系统采用专业可靠的风道设计及优质工业风机、使用可拆卸滤网及孔径合适的滤棉，功率单元结构件进行表面处理、电子电路板卡进行三防处理，在考虑通风量的同时利于防尘和除湿。

SVG系统属于高压设备，在进行巡视检查时要注意人身安全，系统运行时严禁打开功率柜柜门。

SVG功率柜巡视检查项目：

（1）检查设备构架无倾斜，检查设备构架各螺栓连接可靠无松动。

（2）检查功率柜柜门是否锁好关紧。

（3）检查检查功率柜滤尘网是否通畅。

（4）检查室内的温度和通风情况，注意保持环境温度不超过40℃。

（5）检查风机运转是否有异常振动，能否正常启停机。

（6）检查功率运行是否正常，是否有异常发热、噪声。

4. 启动柜的运行和巡视检查

启动柜由启动开关、充电电阻、隔离刀闸和接地刀闸等几个部分组成。

启动开关采用10kV电压等级的真空断路器，配用电动储能弹簧操作机构，并设置相应电流保护。

SVG装置的启动方式设计为自励启动。在主开关合闸后，系统电压通过充电电阻对功率单元的直流电容进行充电，当充电电压达到额定值的80％后，控制系统闭合启动开关，将充电电阻旁路。

在装置进行检修时，隔离刀闸和接地刀闸提供了安全保证。隔离刀闸可将装置与系统断开，提供明显的断开点，接地刀闸保证装置输入侧处于接地状态。

SVG启动柜巡视检查项目：

（1）设备安装牢固、无倾斜、外壳无严重锈蚀、接地良好，基础、支架应无严重破损剥落。

（2）检查断路器、隔离开关的显示位置是否与实际位置相符。

（3）检查各类指示仪表是否正确、无误。

（4）检查弹簧操作机构的储能弹簧是否在储能位置；检查操作机构是否有锈蚀，传动装置是否有脱位、变形现象。

（5）正常运行时，"当地/远方"控制选择应在"远方"位。

（6）正常运行时相关的联锁不应解锁，电磁锁、机械锁、带电显示装置正常。

（7）检查外壳接地部分是否良好。

（8）检查二次回路接线端子是否紧固。

（9）检查各类中间继电器运行是否正常。

（10）检查用于防潮、防凝露的加热器工作是否正常。

3.1.14 低压开关柜的运行和巡视检查

在城市轨道交通供电系统中，低压开关柜发挥着重要的作用。它的主要功能是为车站、区间、集中冷站提供交流220V/380V的动力照明电源。其中动力系统主要是指通信系统、信号系统、防灾报警系统、机电设备监控系统、主控系统、自动售检票系统、屏蔽门、信号、民用通信、自动扶梯、排污泵、电梯等；照明电源主要是指公共区照明、设备区和管理区照明、区间照明等。其运行是否稳定直接影响到行车安全，它是地铁运营设备的重要组成部分。低压开关柜由交流框架式断路器、塑壳式馈线断路器、主母排、软母排、控制保护元件、馈出电缆、无功补偿等组成。框架主断路器主要由动静触头、灭弧罩、保护脱扣装置、储能机构、内置CT、锁定装置和机械联锁等部件组成。

变电所0.4kV侧通常采用单母线分段接线。正常运行时,两段低压母线分别由不同的动力变压器供电,母联断路器分闸,分列运行。当一回路动力变压器因故障(或操作)失压,低压进线断路器跳闸,自动切除两段母线上的三级负荷断路器,检测到另一回路400V侧供电正常,无故障信号,投入母联断路器,实现自投功能,该变电所一、二级负荷恢复正常供电。当故障处理完成后,分开母联断路器,合上低压进线断路器,合上两段母线上的三级负荷断路器,恢复正常的运行方式。

低压开关柜包括进线柜、母联柜、馈线柜、母线转接柜及网关柜。

1. 低压开关柜的巡视检查

(1) 框架断路器开关柜

1) 框架断路器柜断路器、二次室、背面温度测量。
2) 框架断路器柜开关柜的电度量记录。
3) 框架断路器的动作次数记录。
4) 断路器的分、合实际位置、显示位置的检查、记录。
5) 框架断路器储能状态检查。
6) 保护装置、电力参数仪等重点电子设备类的单元部件运行工况检查。
7) 开关柜电流、电压数值记录。
8) 自投方式、控制模式检查。

(2) 塑壳断路器开关柜

1) 断路器本体、出线端子温度测量。
2) 塑壳断路器位置检查。

(3) 低压UPS柜

1) UPS柜蓄电池外观状态检查。
2) UPS柜UPS投入、退出检查。
3) UPS柜运行状态检查、记录。
4) UPS逆变器运行状态检查、记录。
5) MCB的分、合实际位置检查、记录。

(4) 低压逆变器柜

1) 逆变器投入、退出检查。
2) 逆变器运行状态检查、记录。
3) MCB的分、合实际位置检查、记录。

3.2 接触网设备的运行、巡视和检测

3.2.1 柔性接触网的结构与特点

柔性接触网分为简单接触悬挂和链形接触悬挂两种基本类型,主要由支柱与基础(隧道为支撑部件)、支持装置、补偿装置、接触悬挂及附加导线和隔离开关等几部分组成。

1. 支柱与基础(支撑部件)

支柱与基础(支撑部件)承受着接触悬挂和支持装置所传递的负荷(包括自身重量),

并将接触线悬挂到一定的高度上。

在城市轨道交通中，一般使用金属支柱和等径预应力钢筋混凝土支柱，金属支柱又有普通桁架结构式钢柱、整体型材 H 型钢柱、圆形钢柱和圆锥形钢支柱。其中 H 型钢支柱和圆锥形支柱是一种较新型的支柱，国内在城市轨道交通中普遍，其他形式的支柱与铁路系统的型号一致，故此不作重点介绍。金属支柱具有强度高、抗碰撞和安装运输方便等优点，H 型钢支柱和圆锥形钢支柱还具有体积较小、外观整齐美观和易于维护等优点。H 型钢支柱的外形如图 3-29 所示，其规格和型号如表 3-20 所示。圆锥形钢支柱的外形如图 3-30 所示，其规格和型号如表 3-21 所示。

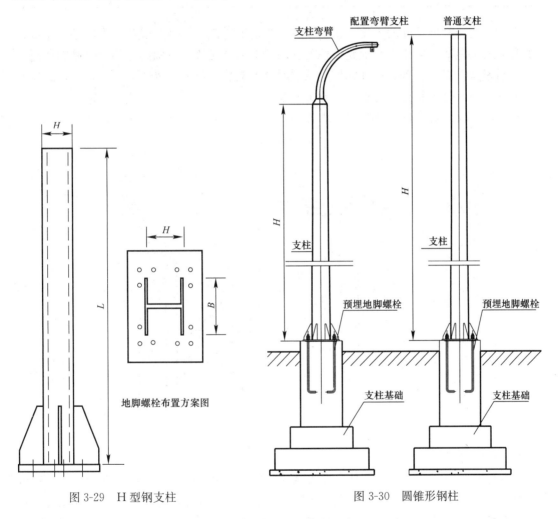

图 3-29　H 型钢支柱　　　　　　　　图 3-30　圆锥形钢柱

H 型钢柱类型及其截面尺寸　　　　　　　表 3-20

H 型钢柱类型	柱高 L (m)	截面尺寸 (mm)		厚度 (mm)		质量 (kg)
		宽度 B	高度 H	腹板 t_1	腹板 t_2	
HGZ250/5.75	5.75	250	250	9	14	416
HGZ300/7.5	7.5	300	300	10	15	709
HGZ350/7.5	7.5	350	350	12	19	1028
HGZ400/7.5	7.5	400	400	13	21	1290

圆锥形钢柱类型及其参数　　　　表 3-21

圆锥形钢柱类型	规格	柱高 H (m)	支柱容量 (kN·m)	质量 (kg)	是否配置柱顶弯臂
ZG50/7	φ300～φ230	7	50	354	否
ZG80/7	φ300～φ230	7	80	439	否
ZG100/7	φ300～φ230	7	100	523	否
ZG150/7	φ350～φ280	7	150	726	否
ZG150/7-W	φ350～φ280	7	150	726	是

基础承受支柱所传递的力矩并传给土体，是起支持作用的。一般意义上的基础主要是指金属支柱的基础，至于钢筋混凝土柱是它的地下部分代替了基础的作用。基础制作过程一般经过基础开挖、支模、安装钢筋骨架、混凝土浇筑、养护、拆模等工序，每道工序必须按相应的技术标准执行，这里不再详细介绍。

城市轨道交通隧道内的支撑部件由埋入杆件和倒立柱等组成，倒立柱如图 3-31 所示。

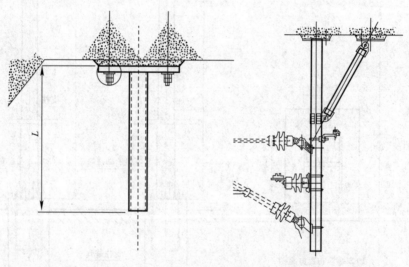

图 3-31　倒立柱

2. 支持定位装置

支持定位装置是用来支持悬挂，并将悬挂的负荷传递给支柱的装置。支持定位装置可分为腕臂形式和软、硬跨（梁）形式。腕臂形式的支持定位装置包括腕臂、拉杆及定位装置等；软横跨、硬横跨（梁）形式的支持定位装置主要包括横向承力索、上下部定位绳及定位器和吊弦等，广泛使用于城市轨道交通的车辆段和地面咽喉地区，是属于多线路上的专用支持定位装置。

在单线中使用的腕臂有斜腕臂、直腕臂和绝缘旋转腕臂等几种结构形式。目前，广泛使用的是重量轻、结构灵活的绝缘旋转腕臂。在车辆段，为了节省投资，尽可能不要每条股道都单独设立支柱，可以使用双线路腕臂，如图 3-32 所示。

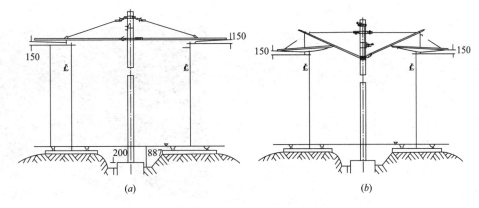

图 3-32 双线路腕臂
(a) 简单悬挂；(b) 链形悬挂

硬横梁（跨）装置，其支柱所受的横向力矩小，比较稳定，且便于机械化施工，多在 3~4 股道上采用，如图 3-33 所示。

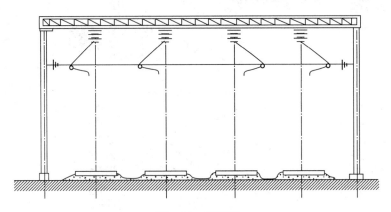

图 3-33 硬横跨

3. 补偿装置

补偿装置是自动调整接触线和承力索张力的补偿器及其制动装置的总称。其作用是当温度变化时，线索受温度影响纵向移动而伸长或缩短，由于补偿器坠砣重力的作用，使线索顺线路方向移动而自动调整线索的张力，并借以保持线索的弛度满足技术要求，从而改善接触悬挂的运行条件。

补偿装置及其制动装置设在两端线索需要下锚处，城市轨道交通接触网系统中的补偿装置一般指棘轮补偿器，主要由棘轮本体、补偿绳、平衡轮、连接螺栓轴、制动装置（止动齿）、坠砣、坠砣限制架等部件构成，如图 3-34、图 3-35 所示。补偿绳是连接坠砣串与补偿承力索、接触线的线索，并通过补偿滑轮组或补偿棘轮中的传动比实现设定的补偿张力。补偿坠砣为补偿装置提供张力，并要求能上、下活动灵活，不能有卡滞现象。制动装置是在接触线或承力索断线后及时阻止坠砣下坠的装置，可以防止事故的扩大。

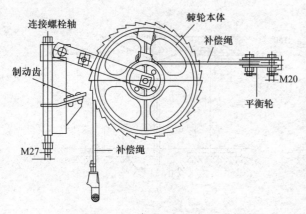

图 3-34 棘轮补偿装置的构成示意图　　图 3-35 棘轮补偿装置的构成实物图

不同类型的补偿装置坠陀安装方式不同,如图 3-36、图 3-37 所示。

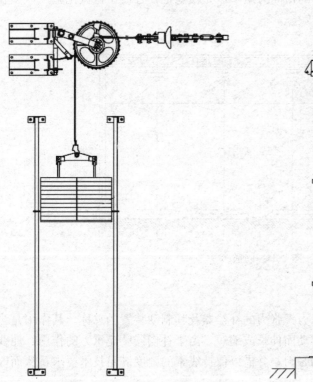
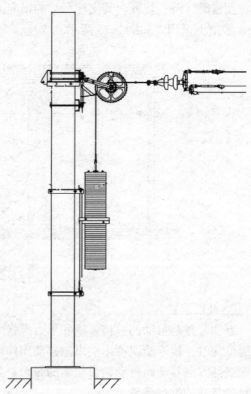

图 3-36 进口补偿装置坠陀安装方式　　图 3-37 国产补偿装置坠陀安装方式

4. 接触悬挂

接触悬挂是将电能传导给电动车组的供电设备,包括承力索、接触线、吊弦、补偿装置、悬挂零件及中心锚结和附架线索等元件。

接触悬挂的类型很多,但概括起来可分简单悬挂和链形悬挂两类。因具体条件不同及运行速度的差异而使用不同类型的接触悬挂,现将城市轨道交通中常用的几种悬挂形式分述如下。

（1）简单接触悬挂

所谓简单接触悬挂，即是由一根或几根互相平行的直接固定到支持装置上的接触线所组成的悬挂，如图3-38所示。

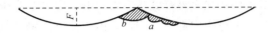

图3-38　简单悬挂示意图

简单接触悬挂可分为带补偿和不带补偿两种，一般用于车速较低的线路上，如次等站线、库线和净空受限的人工建筑物内，以及城市电车和矿山运输线等，在城市轨道交通中主要用于车辆段，也有用于正线的情况，如上海城市轨道交通一号线。

简单接触悬挂的优点是结构简单、投资少等，其缺点是弛度大，且弹性（受电弓单位接触压力所引起的接触线的升高）不均匀。这样会由于受电弓上下追随速度和机车运行速度不同步而发生离线和冲击现象，如图3-38中的 a 点与 b 点，当受电弓由 a 点至 b 点（或由 b 点至 a 点）时，可能会因车速大而弓线脱离，发生电弧，并且由于对 b 点（或对 a 点）的局部冲击而增加接触线局部的机械磨耗和损伤。因此，这种悬挂最大的行车速度不宜超过40km/h。

为了改善简单悬挂的弹性不均匀程度，在悬挂点处加装带弹性吊索，这种带弹性吊索的简单悬挂称为弹性简单接触悬挂，如图3-39所示。这种悬挂的优点是在悬挂点处加了一个8～16m长的弹性吊索，从而改善了悬挂点处的弹性。根据我国的试验，这种弹性简单接触悬挂可以在速度不超过90km/h的线路上采用。由于弹性简单接触悬挂具有结构简单、支柱高度低、支柱负荷小、建造费用低及施工维修方便等优点，城市轨道交通车辆段一般采用这种形式的悬挂，如广州城市轨道交通一号线车辆段接触网。

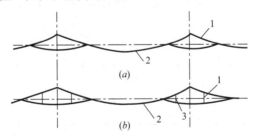

图3-39　弹性简单悬挂示意图
1—弹性吊索；2—接触线；3—短吊弦

普通的简单悬挂还有一个缺点是与链形悬挂交叉处的线叉，其始触点处的高差大且随温度变化而变化。为了改善此缺点，一般采用带补偿的弹性简单悬挂，如图3-40所示。

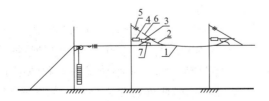

图3-40　带补偿的弹性简单接触悬挂
1—接触线；2—弹性吊弦；3—腕臂；4—棒式绝缘子；5—悬式绝缘子；6—拉线；7—定位器

(2) 链形悬挂

接触线通过吊弦（或辅助索）而悬挂到承力索上的悬挂，称为链形悬挂。链形悬挂可以在某一温度下使接触线处于无弛度状态，也就是在整个跨距内，可使接触线至轨面保持相等的高度。这种悬挂由于接触线是悬挂到承力索上的，因而基本上消除了悬挂点处的硬点，使接触悬挂的弹性在整个跨距内都比较均匀。由于链形接触悬挂具有高度一致、弹性均匀、稳定性好等优点，且具有较好的取流性能，因此，在运量大、速度高的干线上多采用链形接触悬挂。

链形悬挂的类型很多，可根据悬挂链数、线索拉紧方法、悬挂点处的吊统形式和线索相对位置的特征等进行分类，现做简单介绍。

1) 根据悬挂的链数划分为：

a. 单链形接触悬挂 这种悬挂的特点是接触线借助于吊弦悬挂在承力索上。根据悬挂点处吊弦形式的不同又有简单链形悬挂和弹性链形悬挂两种，如图3-41所示。

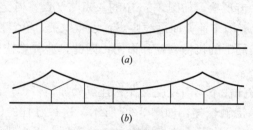

图 3-41 简单链形悬挂
(a) 简单链形悬挂；(b) 弹性链形悬挂

b. 双链形接触悬挂 由两根辅助索组成的悬挂称为双链形悬挂，如图3-42所示。与单链形接触悬挂相比，多了一根辅助导线，其弹性更加趋于均匀。

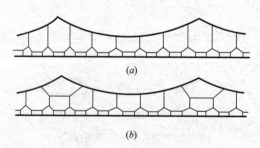

图 3-42 双链形接触悬挂
(a) 简单双链形悬挂；(b) 弹性双链形悬挂

c. 多链形接触悬挂 在城市轨道交通中未使用，在这不做详细介绍。

2) 根据线索的紧固方法划分为：

a. 未补偿链形接触悬挂 这种悬挂所有的线索两端均为死固定（即硬锚）。在温度变化时，接触线和承力索的长度，即张力和弛度产生变化，因而这种悬挂的运行状态是不好的。

b. 具有季节调整的链形接触悬挂 为了减小线索张力和弛度的变化范围，可在接触线的下锚处安装一个松紧调整螺丝，以便进行张力调整，如图3-43所示。通常在春秋两季各调一次。春季将接触线拉紧，使其张力在夏季时不要过小；秋季将接触线放松，使其张力在冬季低温下，不致超过最大许可值。

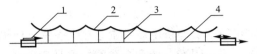

图 3-43　具有季节调整的链形悬挂
1—调节螺栓；2—承力索；3—吊弦；4—接触线

c. 半补偿链形接触悬挂　在单链形接触悬挂中，只在接触线下锚端加设张力自动调整装置，承力索不补偿，就叫半补偿链形接触悬挂。

d. 全补偿链形接触悬挂　这种悬挂的全部线索在下锚端均安装张力自动调整装置。在温度和负荷（冰、风）变化时，各线索的张力保持不变，因此，具有较好的运行条件。我国在主要的电气化铁路干线上，基本上采用这种悬挂形式。

3）根据线索相对于线路中心的位置划分为：

a. 直链形接触悬挂　接触线和承力索在平面上的投影相重合，线索既可以沿线路中心布置，也可以布置成"之"字形，如图 3-44（a）所示。

b. 半斜链形接触悬挂　承力索沿线路中心布置，接触线成为"之"字形布置，这种悬挂称为半斜链形悬挂，如图 3-44（b）所示。这种形式吊弦的横向偏斜不大，对接触线的固定构件和机械计算方法均不必特别考虑。也可以认为它是属于直链形接触悬挂的类型。但是，它与直链形悬挂相比，不仅有较好的稳定性，而且施工更为方便。

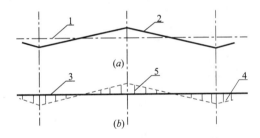

图 3-44　直线区段上的直链形悬挂
1—线路中心；2—悬挂；3—承力索；4—接触线；5—吊弦

c. 斜链形接触悬挂　在直线区段上的斜链形悬挂如图 3-45 所示，接触线和承力索依次在悬挂点固定于线路两侧。在曲线区段上的斜链形悬挂如图 3-46 所示，其承力索对接触线有一个相当大的外侧位移，吊弦是倾斜的，在跨距中部把接触线向外侧拉。

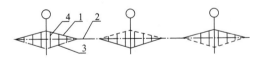

图 3-45　斜链形悬挂（直线地段）
1—接触线；2—线路中心；3—承力索；4—吊弦

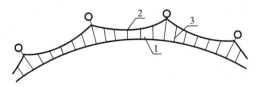

图 3-46　斜链形悬挂（曲线地段）
1—接触线；2—承力索；3—吊弦

5. 隔离开关

接触网隔离开关在城市轨道交通供电系统中连接牵引变电所馈线与接触网系统,将变电所电力供给接触网供电,是牵引变电所和接触网的重要节点设备。用来在接触网无负荷情况下,切断或闭合供电回路的电气设备。

隔离开关由开关本体、传动杆和操作机构三部分组成,开关本体包括绝缘子、绝缘拉杆、刀闸、静触头、动触头、安装底座等,带接地刀闸的还包括接地触头、接地刀、接地绝缘子及地刀联动部件等,如图 3-47 所示。

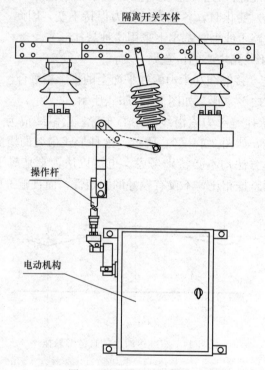

图 3-47 隔离开关示意图

隔离开关的类型很多,可根据刀闸部分型号差异、操作方法等进行分类,现做简单介绍。

(1) 根据刀闸部分的型号划分:

1) 带接地刀闸 这种隔离开关主要用于非上网点,它的作用主要为分闸到位的同时对保护线路进行接地,例如库门口单股道分段绝缘器以及洗车线分段绝缘器位置等。

2) 不带接地刀闸 这种隔离开关主要用于上网点以及越区位置,它的作用主要是对接触网供电区停送电。

(2) 根据隔离开关的操作方法划分:

1) 电动隔离开关 此类隔离开关在操作方式上使用电动操作箱对刀闸进行分合闸,可以实现当地和远动操作,用于操作频繁的位置,例如上网位置和供电越区位置。

2) 手动隔离开关 此类隔离开关是使用操作手柄对刀闸进行分合闸,只能当地手动操作,主要用于库门口单股道分段绝缘器以及折返线位置。

带接地刀闸的电动隔离开关以及不带接地刀闸的手动隔离开关分别如图 3-48 和图 3-49 所示。

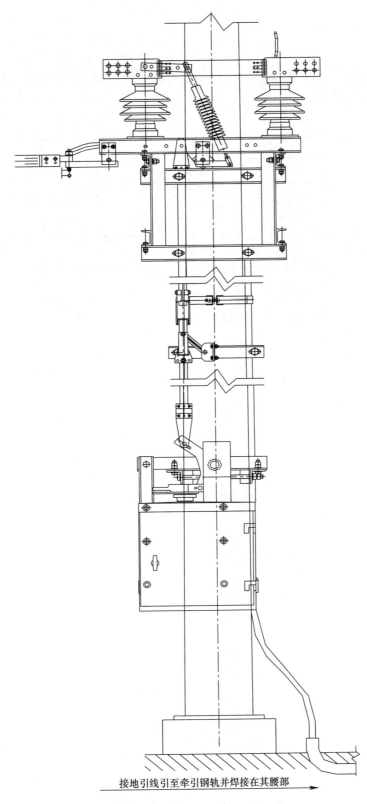

接地引线引至牵引钢轨并焊接在其腰部

图 3-48 带接地刀闸的电动隔离开关

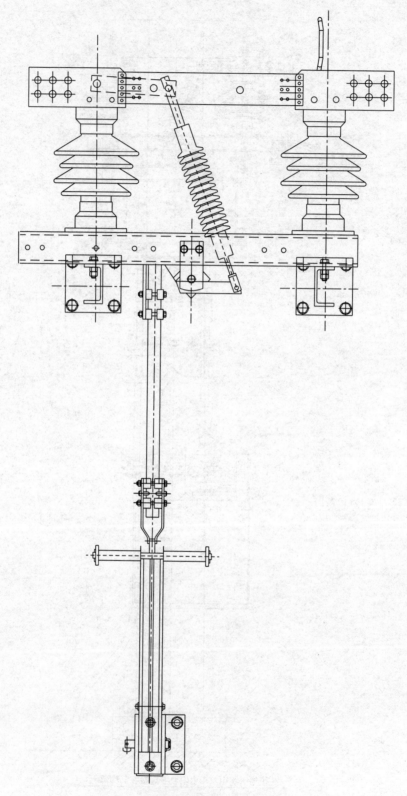

图 3-49 不带接地刀闸的手动隔离开关

6. 城市轨道交通柔性接触网的要求与特点

城市轨道交通是一种大容量的载客交通工具，且大部分在地下隧道中，其行车密度大、载客量大，要求具有很高的可靠性和安全性。接触网是城市轨道交通的关键供电设备，专门给城市轨道交通电动车辆供电的，必须满足这一要求。由于地下隧道净空较小，因此还同时要求接触网的结构在满足需要的前提下尽量简单。

由于城市轨道交通有上述的要求，所以这里的接触网除具有它的共同特点外，还有结构紧凑、跨距较小、工作电压相对较低、电流大；接触网线索较多、结构较复杂、坡度变化较大和曲线半径较小等一些特点。

在城市轨道交通中，正线一般采用全补偿链形悬挂，且多采用单承力索、双接触线式全补偿链形接触悬挂，外加3～4根辅助馈电线组成，线材一般采用铜材，如广州城市轨道1号线；也有采用简单悬挂的，如上海城市轨道1号线采用了带弹性支座式简单悬挂。车辆段一般采用简单悬挂。

3.2.2 刚性接触网的结构与特点

1. 概况

刚性悬挂是和弹性悬挂相对应的一种接触悬挂方式，所谓刚性悬挂就是要考虑整个悬挂导体的刚度。架空刚性悬挂是刚性悬挂的一种，一般采用具有相应刚度的导电轨或具有相应刚度的汇流排与接触线组成。

架空刚性接触网主要用于地下铁道，至今有一百多年的历史了。1895年，架空刚性悬挂首次在美国巴尔的摩第一条电气化铁路中应用。1961年，作为架空刚性悬挂主要形式"T"形刚性悬挂在日本营团城市轨道日比谷线投入使用；1983年，作为架空刚性悬挂另一主要形式"Π"形刚性悬挂在法国巴黎RATPA线投入使用。

架空刚性接触网有两种典型代表（以汇流排的形状分），即以日本为代表的"T"形结构（如图3-50所示）和以法国、瑞士等国为代表的"Π"形结构（如图3-51），我国主要使用的是"Π"形结构。目前，国内外架空刚性悬挂已得到广泛应用，其应用情况大致分类如下。

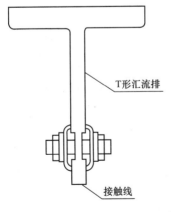

图3-50 "T"形结构刚性接触网

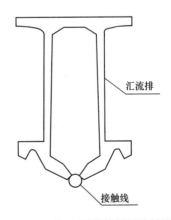

图3-51 "Π"形结构刚性接触网

（1）AC15～AC25kV低净空隧道；

（2）AC15～AC25kV提速隧道，最大速度已至160km/h；

(3) AC15kV 有复式交分道岔或车站的隧道；

(4) DC600V，DC750V，DC1500V 低净空或小断面隧道；

(5) DC600V，DC750V，DC1500V 新建城市轨道隧道（净空不受限制）；

(6) DC750V，DC1500V，DC3000V 车辆段维修车间库内维修线，既有固定式架空刚性悬挂，也有由电机驱动的移动式架空刚性悬挂；

(7) 隧道防淹门对接触网有移动处。

国内第一条架空刚性悬挂于 2003 年 6 月 28 日在广州建成，采用了 PAC110 型单"Π"形汇流排结构。

2. 架空刚性接触网的结构与特点

(1) 刚性接触网的结构

1) 接触悬挂

架空刚性悬挂的"Π"形结构和"T"形结构，这两种结构均可分为单接触线式和双接触线式，本书以单接触线式"Π"形结构为主要对象进行描述。

架空刚性悬挂主要由汇流排、接触导线、伸缩部件、中心锚结等组成。接触悬挂通过支持与定位装置安装于隧道顶或隧道壁上，如图 3-52 和图 3-53 所示。也有安装于支柱上的情况，不过这种情况很少见。

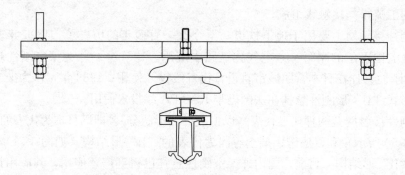

图 3-52　Π形性悬挂安装图（隧道）

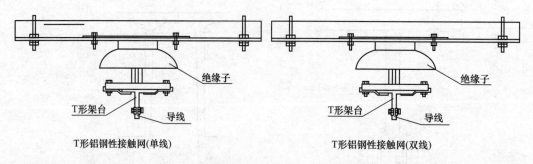

图 3-53　T形架空刚性悬挂安装（隧道）

① 汇流排和接触线

汇流排一般用铝合金材料制成，其形状一般做成"T"形和"Π"形。"Π"形结构汇流排包括标准型汇流排、汇流排终端及刚柔过渡元件。标准型汇流排一般有 PAC110 和 PAC80 两种，是刚性接触悬挂的主要组成部分，其长度一般被制成 10m 或 12m；汇流排终端用于锚段关节、线岔及刚柔过渡处，如图 3-54 所示，其作用是保证关节、线岔和刚柔过渡的平滑、顺畅过渡，其长度一般做成 7.5m；刚柔过渡元件如图 3-55 所示，用于刚性悬挂与柔性悬挂过渡处，其作用是保证两种悬挂方式的平滑、顺畅过渡。

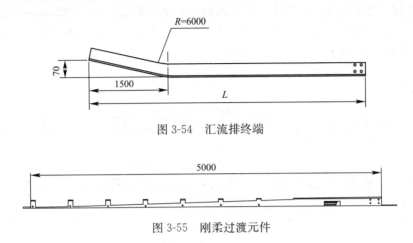

图 3-54 汇流排终端

图 3-55 刚柔过渡元件

接触导线一般采用银铜导线，与柔性接触悬挂所采用的接触导线相同或相似，如图 3-56 所示，其截面积一般采用 120mm² 或 150mm²。接触导线通过特殊的机械镶嵌于 "Π" 形汇流排上、或通过专用线夹固定于 "T" 形汇流排上，与汇流排一起组成接触悬挂。

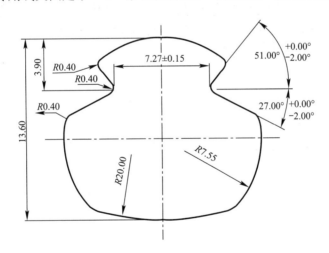

图 3-56 接触线断面图（150mm² 银铜线）

② 伸缩部件

刚性接触网伸缩部件可分为膨胀元件和锚段关节。根据《地铁设计规范》GB 50157—2003 "在最大行车速度大于或等于 100km/h 的区段，采用滑道式膨胀元件进行机械分段，锚段长度一般为 250m 至 300m；在最大行车速度小于 100km/h 的区段，采用锚段关节进行机械分段，锚段长度一般为 250m 至 300m。"

（a）膨胀元件

图 3-57 所示的是 "Π" 形结构汇流排膨胀元件的结构，它作为刚性悬挂机械分段的温度补偿构件，特别适用于高速列车线路。它由两块尺寸相同的铝合金板组成，各与相邻一

端锚段的汇流排端部连接为一体，两块铝合金块的另一端互相平排错开，靠拢在一起，互相可以产生由于相邻两锚段铝汇流排热胀冷缩而引起的相对移动，此相对移动量即为膨胀接头的温度补偿值，最大为 500mm。锚段汇流排上的接触线可以连续地延伸并夹在铝合金板上，以保证受电弓在膨胀接头上平稳滑过及受电，而不会产生任何机械上或电气上的断开现象。两铝合金块之间由两组 300mm² 的软铜带连接，确保电流的转移，膨胀接头上的接触线即使有需更换时，亦无须拆卸膨胀接头。

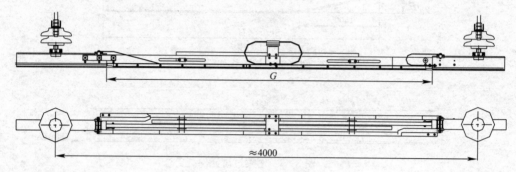

图 3-57　膨胀元件

（b）锚段关节

刚性接触网分成若干一定长度且相互独立的分段，称为锚段。锚段关节是两个锚段的衔接部分，具备电气分段功能的称为绝缘锚段关节，如图 3-58 所示；有电气连接的称为非绝缘锚段关节，如图 3-59 所示。锚段关节满足供电和受流需要，使受电弓高速、平稳、安全地从一个锚段过渡到另一个锚段。

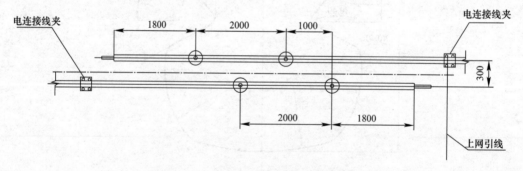

图 3-58　绝缘锚段关节

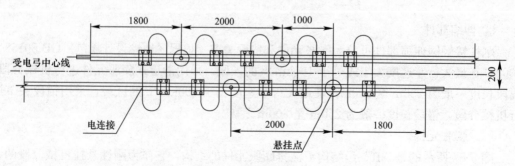

图 3-59　非绝缘锚段关节

③ 接头

图3-60所示是单接触线式"Π"形汇流排接头的结构，主要由汇流排接头连接板和螺栓组成，用于连接两根汇流排。其要求是既要保证被连接的两根汇流排机械上良好对接，又要有足够大的接触面积，确保导电性能良好。

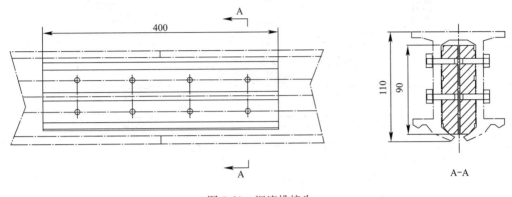

图3-60 汇流排接头

图3-61所示是"Π"形汇流排外包式接头的结构，主要由两只对称半边接头构成，长度为400mm，接头内侧和汇流排外形几何形状相匹配，确保接头可从外侧两段汇流排紧密的机械及电气连接。其从外部实现汇流排之间的连接，可以实现汇流排快速的拆卸和连接，为穿越人防门的一小段汇流排实现快速拆卸，以便在紧急情况下可快速关闭人防门提供条件。

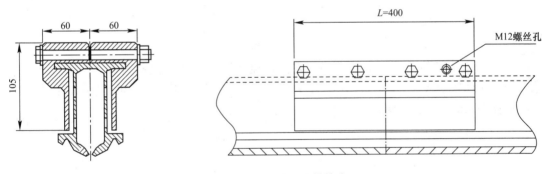

图3-61 外包式汇流排接头

④ 中心锚结

图3-62是单接触线式"Π"形结构架空刚性接触悬挂中心锚结的结构，主要由中心锚结线夹、绝缘线索、调节螺栓及固定底座组成。其作用是防止接触悬挂窜动。

⑤ 绝缘子

城市轨道交通架空刚性接触悬挂常用绝缘子包括针式绝缘子、弹性绝缘悬挂组件以及无障碍悬挂绝缘子等，以下分别作介绍。

图3-63是单接触线式"Π"形结构架空刚性接触悬挂针式绝缘子的结构，绝缘子下部为内胶装的M16内螺纹式不锈钢附件，上部为内胶装的M16外露螺杆，外露螺纹有效长度为55mm，螺杆材质为不锈钢。用于刚性接触网的绝缘安装。

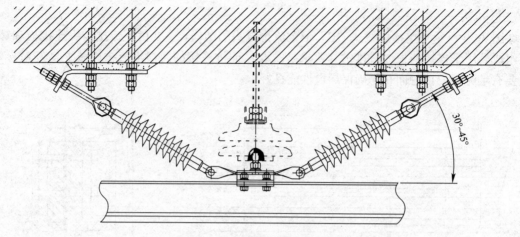

图 3-62 刚性悬挂中心锚结

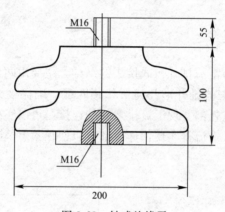

图 3-63 针式绝缘子

图 3-64 是弹性绝缘悬挂组件结构,它由汇流排线夹、固定连接螺栓、硅橡胶伞裙、承力弹性元件等组成。弹性绝缘悬挂组件的汇流排线夹与"Π"形 PAC110mm 规格接触网汇流排相匹配,并且汇流排可在线夹中沿线路方向运动。

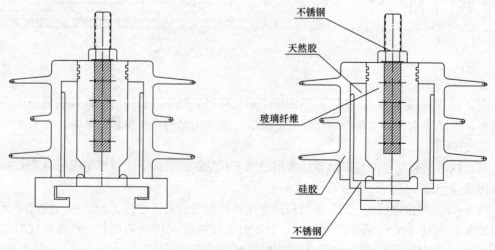

图 3-64 弹性绝缘悬挂组件结构图

图 3-65 是无障碍悬挂绝缘子结构，绝缘子下部为内胶装的 M16 内螺纹式不锈钢附件，上部是直径 φ66 和 φ32 球面圆盘，使其顺线路方向不受卡滞。

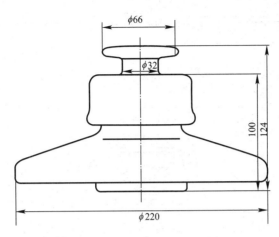

图 3-65 无障碍悬挂绝缘子结构

⑥ 线夹

城市轨道交通架空刚性接触悬挂常用定位线夹包括 B、C 型定位线夹，弹性线夹以及滚动导向定位线夹等，以下分别作介绍。

图 3-66 是单接触线式"Π"形结构架空刚性接触悬挂 B、C 型定位线夹的结构，用于悬吊固定汇流排。

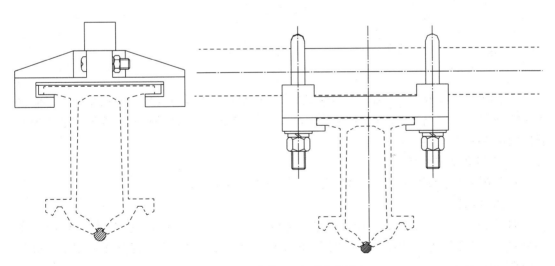

图 3-66 汇流排 B、C 型定位线夹

图 3-67 是单接触线式"Π"形结构架空刚性接触悬挂弹性定位线夹的结构，这是一种利用金属弹性元件改善接触网的弓网受流性、降低接触线磨损、提高接触网使用寿命和列车时速的汇流排弹性定位线夹。

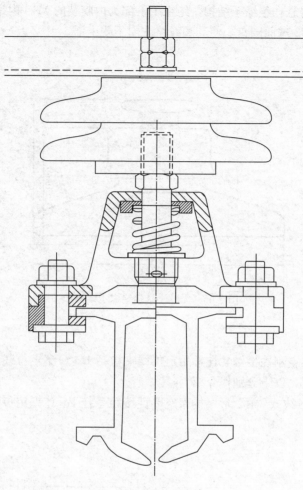

图 3-67 弹性定位线夹

图 3-68 是单接触线式"Π"形结构架空刚性接触悬挂滚动导向定位线夹结构,它能避免传统 B 型、C 型定位线夹在长期使用中出现卡滞,同时系列产品还兼顾弹性,是一种最新的定位线夹。

2)支持和定位装置

架空刚性接触网的支持和定位装置主要有以下两种结构。

① 腕臂结构

如图 3-69 所示,主要由可调节式绝缘腕臂、汇流排线夹、腕臂底座、倒立柱或支柱等组成,其特点是调节灵活、外形美观,但结构复杂,成本高。此种结构主要用于隧道净空较高或地面的线路。

② 门型结构

如图 3-70 所示,由悬吊螺栓、横担槽钢、绝缘子及汇流排线夹等组成。其特点是结构简单、可靠,但调节较困难。此种结构大量用于隧道内。

③ 绝缘横撑结构

如图 3-71 所示,由绝缘横撑、螺杆锚栓及定位线夹等组成。应用于净空小于 4400mm

的隧道。其特点是安装空间小、结构简单、可靠。

(2) 架空刚性接触网的特点

架空刚性接触网是与弹性（柔性）接触网相对应的一种接触网形式，与柔性接触网有较大和明显的差别和明显特点。

1) 架空刚性接触网与柔性接触网的比较

① 刚性悬挂柔性悬挂都能满足最大离线时间、传输功率、电压电流、受电弓单弓受流电流以及最大行车速度的要求。

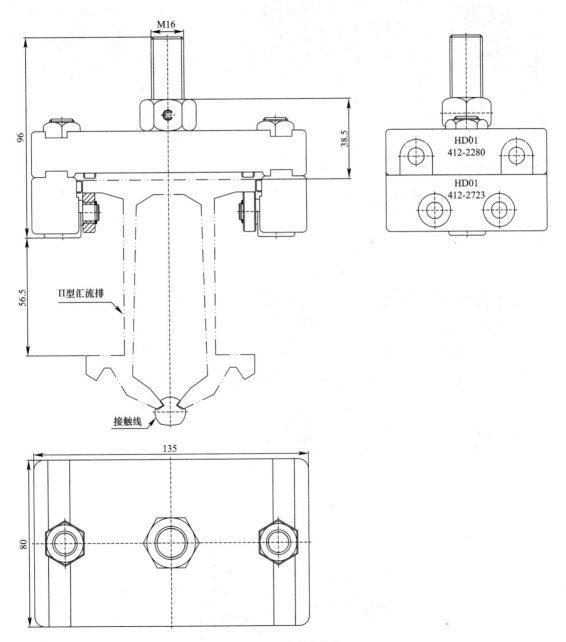

图 3-68　滚动导向定位线夹（一）

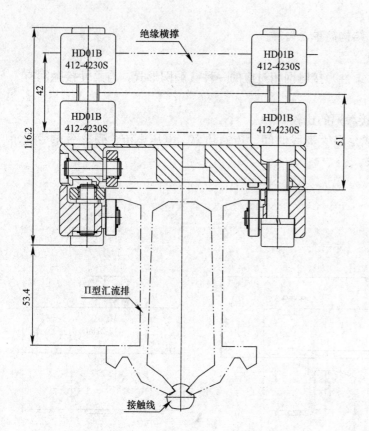
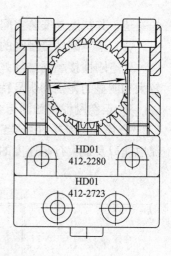

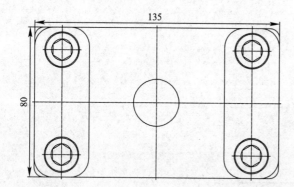

图 3-68 滚动导向定位线夹（二）

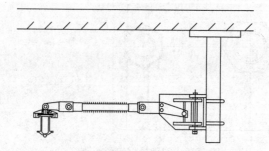

图 3-69 刚性悬挂腕臂式安装

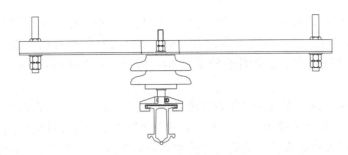

图 3-70 刚性悬挂门型架式安装

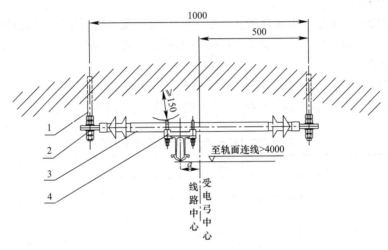

图 3-71 绝缘横撑结构安装
1—螺杆锚栓；2—平垫圈；3—绝缘横撑；4—C 型汇流排定位线夹

② 在受电弓运行的安全性以及对弓网故障的适应性方面

由于刚性较柔性有如下特点，刚性悬挂受电弓的安全性和适应性要明显好于柔性。

（a）刚性汇流排和接触线无轴向力，不存在断排或断线的可能，从而避免了柔性钻弓、烧融、不均匀磨耗、高温软化、线材缺陷以及受电弓故障造成的断线故障。由于这样的特点，刚性悬挂的故障是点故障，而柔性悬挂的故障范围为一个锚段，所以刚性悬挂事故范围小。当然柔性悬挂的断线故障率还是非常小的，也是能够满足运营要求的。

（b）刚性悬挂的锚段关节简单，锚段长度是柔性悬挂的 1/7～1/6，因此固定金具窜动回转范围小，相应地提高了运行中的安全性和适应性。

③ 弓网摩擦副的更换周期

更换周期对受电弓以运营公里数考核，对接触网则以运营弓架次总量或运营年限考核。正常的更换周期主要取决于摩擦副的磨耗量。磨耗量由机械磨耗和电气磨耗两部分组成。机械磨耗主要取决于摩擦副材质和平均接触力。电气磨耗取决于离线率和受流电流。更换周期还取决于受电弓滑板和接触线允许磨耗量的大小。

从理论上分析，在机械磨耗方面，摩擦副材质是相同的，在接触压力方面，刚柔接触压力幅度不同，但平均接触压力是相近的。在电气磨耗方面，离线率是相近的。不同的是柔性悬挂采用双根接触线，在均匀接触的时候，滑板和导线的压强相差近一倍，导线的离线电流相差近一倍，因此从理论上分析，刚性悬挂的磨耗较柔性要大。另一个不同点是，刚性的接触压力变化偏差较柔性小，因而，在磨耗的均匀性上刚性又好于柔性。

在允许磨耗量方面，柔性悬挂接触线磨耗面积≤15%时，安全系数为2.5；磨耗面积为15%～25%时，安全系数为2.2，最大允许磨耗量为25%。而刚性悬挂接触线没有张力，理论上接触线允许磨耗至汇流排夹口边缘，只要保证受电弓与汇流排不接触，平均来说，刚性悬挂接触线的最大允许磨耗是柔性悬挂的2倍。综合起来，从更换周期角度来看，刚柔是相近的。

实际运营情况，受电弓维修周期从巴黎RERC线看没有明显变化。接触线方面，已经运行7年（4弓×1250A，800弓架次/天），从磨耗记录看，推算使用寿命约20年。

④ 运营维护

无论是日常维护，还是事故抢修、导线更换，刚性悬挂的工作量要少于柔性。

⑤ 架空刚性悬挂与柔性悬挂的技术、经济比较见表3-22和表3-23。

架空刚性悬挂与柔性悬挂的技术比较表　　　　表3-22

序号	项目	架空刚性悬挂	柔性悬挂
1	悬挂组成	结构紧凑（汇流排+接触线+地线）	较复杂（1根承力索+2根接触线+3或4根辅助馈线+1根地线）
2	允许车速（km/h）	一般为80～160，瑞士试验速度提高到140，弹性受电弓可达160	一般为80～160
3	可靠性	无断线之虞，可靠性高	有断线隐患，可靠性较差
4	导线磨耗	导线磨耗均匀，允许磨耗是柔性2倍	导线磨耗不均匀，允许磨耗小
5	受电弓受流情况	无特殊硬点，受流效果良好。受流特性主要取决于受电弓特性	存在硬点，硬点处受流效果较差。受流特性取决于弓网匹配
6	精度要求	安装精度要求高	相对可以低
7	设计、施工技术	有较丰富的设计和施工经验	有较丰富的设计和施工经验
8	施工机械	导线安装和更换需进口专用设备	有成熟的施工机械设备
9	国产化率	90%以上	90%以上
10	维修、养护	维护工作量少	维护工作量大

架空刚性悬挂与柔性悬挂的经济比较表　　　　表3-23

序号	项目	架空刚性悬挂	柔性悬挂
1	隧道净空要求引起的土建费用	净空要求相对较小。无需下锚装置，可避免不必要的局部开挖，如暗挖车站，可节省土建费用	净空要求相对较大。需下锚装置，有时需要局部开挖，如在暗挖车站
2	悬挂装置费用	悬挂点相对较多，费用相应增大	相对较少
3	维护费用	维护工作量少，周期长，费用低。日本、韩国经验，相对柔性可减少30%～50%	维护工作量大，周期短，费用较高

3. 刚性接触网的应用和要求

刚性接触网是一种几乎没有弹性的接触网形式,适用于隧道内安装,其设计速度一般不大于160km/h。国内第一条时速160km/h刚性接触网已于2019年7月在北京新机场线试运行成功。

刚性悬挂分成若干锚段,每个锚段长度一般不超过250m,跨距一般为6~12m,且与行车速度有密切的关系,如表3-24所示。整个悬挂布置成正弦波的形状,一个锚段形成半个正弦波,各悬挂点与受电弓中心的距离(相当于柔性接触悬挂的拉出值或之字值)一般不大于200m。

PAC110型汇流排速度与跨距的关系　　　　表3-24

速度(km/h)	60	70	80	90	100	110	120
跨距(m)	12	11	10	9	8	7	6

3.2.3 接触轨的结构与特点

接触轨是沿线路敷设的与轨道平行的附加轨,又称为第三轨,其功用与架空接触网一样,通过它将电能输送给电动车组。不同点在于,接触轨是敷设在铁路旁的钢轨。电动车组由伸出的取流靴与之接触而接受电能。

接触轨受电方式最早在伦敦城市轨道采用,由于接触轨构造简单,安装方便,可维修性好,并对隧道建筑结构等的净空要求较低,受流性能满足DC750V供电的需要,因而在标准电压DC750V供电系统中得到广泛的采用,其中接触轨为正极、走行轨为负极。接触轨系统允许电压波动范围为DC500~DC900V。

接触轨受电方式在北美和苏联城市轨道及轻轨系统中应用较广,随着工业技术的发展,接触轨在材料选用、悬挂结构方式等方面取得长足的发展,主要体现在接触轨选用复合材料制造加工,其导电性能、耐腐蚀性能大大提高。绝缘支持和防护技术则采用了先进的整体式结构,具有典型代表的是西班牙的巴塞罗那城市轨道和新加坡城市轨道。

我国城市轨道建设起源于北京,20世纪60年代初,北京在修建城市轨道时采用了接触轨的受电方式。接触轨安装于线路行车方向的左侧,集电靴采用上部接触方式受电。这一受电方式的优点是集电靴接触稳定,机车受电良好。

1. 接触轨按与受流靴的磨擦方式可分为上磨式、下磨式及侧磨式三种。

上磨式是接触轨面朝上固定安装在专用绝缘子上,并且由固定在枕木上的弓形肩架予以支持,如图3-72所示。上磨式接触轨因接触靴在其上面滑动,所以固定方便,但不易加防护罩。

下磨式是接触轨面朝下安装,如图3-73所示。其的优点是可以加防护罩,对工作人员较为安全。

侧面接触式,是近年来新开发的一种接触轨悬挂方式,应用较少。如图3-74所示。

2. 接触轨按材质可分为高导电率低碳钢导电轨和钢铝复合轨。

低碳钢导电轨的主要特点是磨耗小、制作工艺成熟、价格较低,主要规格有DU48和DU52型,如图3-75(a)所示。如北京城市轨道交通系统。

钢铝复合轨是由钢和铝组合而成,如图3-75(b)所示,其工作面是钢,而其他部分是铝。它的主要特点是导电率高、重量轻、磨耗小、电能损耗低。

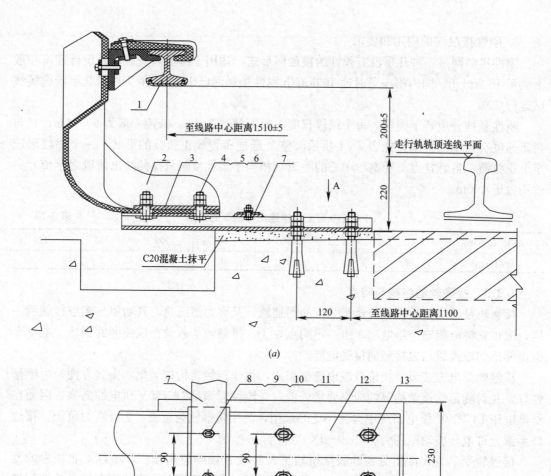

图 3-72 接触轨位置

1—接触轨；2—整体绝缘支架；3—垫板；4、8—螺栓；5、9—螺母；6—垫圈；7—接地扁铝；
10、11—垫圈；12—支架底座；13—后切底柱锥螺杆式锚栓

图 3-73 下磨式接触轨安装效果图

图 3-74 侧磨式接触轨安装效果图

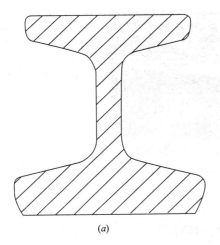 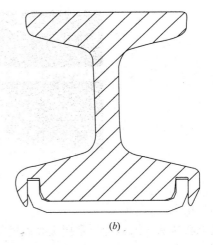

图 3-75 接触轨

3. 接触轨式（下磨式）接触网的主要结构

接触轨式接触网主要由接触轨、端部弯头、接触轨接头、防爬器和安装底座等构成。现分别介绍如下：

(1) 接触轨

在我国城市轨道第三轨供电中，接触轨多采用 50kg/m（或 60kg/m）高导电率低碳钢轨，轨头宽度为 90mm。接触轨单位制造长度一般为 15m。接触轨弯曲半径：当线路的曲线半径大于 190m 时，钢铝复合轨可以在施工现场直接打弯；当线路的曲线半径小于或等于 190m 时，钢铝复合轨则要在工厂加工预弯。

钢铝复合轨的主要特点是导电率高、重量轻、磨耗小、电能损耗低，类型从 300A 至 6000A 均有。自从 1974 年铝-不锈钢复合导电轨在美国第一条快速线（BART）应用以来，复合导电轨在世界范围内逐步得到广泛应用。

目前，广州市轨道交通工程四号线采用电压等级为 1500V 的钢铝复合轨，而电动客车则采用具有噪声小、爬坡能力强等优点的线性电机技术，在轨道上敷设感应板。

复合导电轨是钢导电轨升级换代的产品，具有广泛的应用前景。主要优点如下：

1) 在供电系统一定的情况下，它的电阻和阻抗小，因而可以延长供电距离，减少变电所数量；

2) 耐磨性好、电损失小、抗腐蚀和氧化性能好；

3) 电阻率低（约为钢导电轨的 24%），导电性能大幅提高，工作电流的范围广（300～6000A）；

4) 接触轨重量轻，悬挂点间距可适当加大，一般为 4m，从而减少了支架数量及维修量。

(2) 端部弯头

接触轨端部弯头主要是为了保证集电靴顺利平滑通过接触轨断轨处而设置的。在行车速度较高区段，端部弯头一般采用约 5.2m 长，坡度为 1∶50 的标准。如图 3-76 所示。

图 3-76　接触轨端部弯头

（3）接头

接触轨接头一般分为正常接头和温度伸缩接头两种。

正常接头采用铝制鱼尾板进行各段导电轨的固定而不预留温度伸缩缝，但要求接头与支持点的距离不小于 600mm，如图 3-77 所示。

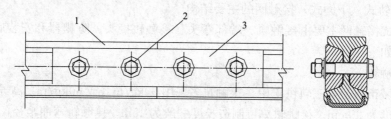

图 3-77　接触轨接头

1—接触轨；2—连接螺栓；3—鱼尾板

温度伸缩接头主要是为了克服接触轨随环境温度变化而引起的伸缩，在隧道内，接触轨自由伸缩段长度约按 100m 左右考虑；地面及高架桥上接触轨自由伸缩段长度约按 80m 左右考虑，如图 3-78 所示。

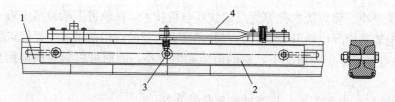

图 3-78　接触轨温度补偿接头

1—接触轨；2—鱼尾板；3—连接螺栓；4—电连接

（4）防爬器

防爬器即中心锚结。设置防爬器主要是为了限制接触轨自由伸缩段的膨胀伸缩量。

在一般区段，在两膨胀接头的中部设置一处防爬器，并在整体绝缘支架两侧安装；在高架桥的上坡起始端、坡顶、下坡终端等处安装防爬器，如图 3-79 所示。

（5）安装底座

下磨式接触轨的安装底座一般采用绝缘式整体安装底座，且一般安装在轨道整体道床或者轨枕上，如图 3-80 所示。

图 3-79 接触轨防爬装置

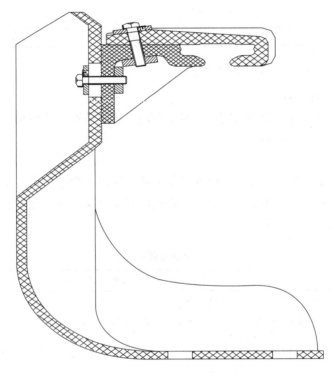

图 3-80 接触轨绝缘式安装底座

（6）防护罩

防护罩的作用在于尽可能地避免人员无意中触碰到带电的设备，一般采用玻璃纤维增强树脂（GRP）材质的防护罩，机械性能在工作支撑条件下可承受 100kg 垂直荷载，并应在高温下具有自熄、无毒、无烟和耐火的性能。

3.2.4 接触网的巡视检查

1. 巡视检查的目的

接触网巡视检查的目的是检查和发现接触网的不良处所，掌握接触网设备的运行状态，并对巡视中发现的不良情况及时进行处理，以确保接触网可靠的运行。

2. 巡视的内容及要求

（1）巡视的基本要求

接触网的巡视工作由工班长或安全等级不低于 3 级的接触网工进行。在巡视检查中，对危及安全的缺陷要及时处理，尤其是危及行车和供电的紧急情况，应及时报告电力调度员和工长，并采取应急措施，确保设备良好地运行和行车安全。每次巡视检查和缺陷处理的主要情况都要及时填写"接触网巡视和缺陷处理记录"，如表 3-25 所示，以备查阅。

接触网巡视和缺陷处理记录　　　　　　　　　表 3-25

区间（车站）

巡视日期	巡视方式	缺陷地点	缺陷内容	巡视人签名	处理措施、结果	处理日期	处理负责人	工班长签名	技术人员签名

说明：1. 本表装订成册。
　　　2. 巡视检查方式填写"步行""车巡"等。

（2）巡视检查的内容

接触网的巡视方式可分为步行巡视、乘车巡视、登乘巡视、热滑和动态检测等。

1）步行巡视的周期和内容

① 巡视周期

行业内一般规定为车辆段柔性接触网设备巡视，每周不少于 2 次；正线刚性、柔性及三轨接触网设备巡视，每月不少于 2 次；特殊区段巡视周期可视情况而定。

② 巡视内容如表 3-26 所示。

步行巡视检查内容　　　　　　　　　表 3-26

序号	巡检类型	巡检内容
1	步行巡视	观察有无异物侵入限界、妨碍受电弓运行
2		观察各种线索有无烧伤、断股等现象，零部件有无损坏、松脱、过热变色等现象，绝缘部件有无闪络放电等现象
3		观察上网电缆、均回流电缆、接地电缆等的连接状况，有无外力损坏，绑扎是否牢固
4		观察有无因塌方、落物、其他施工作业等危及接触网供电和行车安全的现象
5		观察补偿装置的动作情况
6		观察避雷器的动作情况
7		检查测防端子、单向导通装置及杂散电流监测系统工作情况
8		观察隧道内渗漏水等情况，有无影响供电设备
9		观察接触网终端标等标志的状态
10		对存在的问题做好记录并及时处理

对于接触轨系统还须巡视高架段避雷器及其附属电缆状态以及接触轨防护罩有无翘起或塌陷的情况等。

2）乘车巡视

乘车巡视是指乘坐接触网检修作业车对接触网设备进行巡视检查，主要在隧道线路上进行。

① 巡视周期

行业内一般规定为刚性接触网设备巡视，每月不少于 1 次；柔性接触网可适当加密周期；特殊区段巡视周期可视情况而定。

② 巡视内容：如表 3-27 所示。

乘车巡视检查内容 表 3-27

序号	巡检类型	巡检内容
1	乘车巡视	观察有无异物侵入限界、妨碍受电弓运行
2		观察接触悬挂的状态，零部件受力状态、有无松脱等
3		观察支撑装置的状态是否正常
4		观察定位装置的状态是否正常
5		观察线岔、锚段关节等关键部位的状态
6		观察有无危及接触网供电和行车安全的情况
7		对存在的问题做好记录并及时处理

3）登乘巡视

登乘巡视是指在城市轨道正常运营时，巡视人员登乘电客车，在驾驶室对接触网设备的运行状况进行巡视检查。

① 登乘巡视周期

行业内一般规定为每周 1 次，特殊情况可适当增加。

② 巡视内容：如表 3-28 所示。

登乘巡视检查内容 表 3-28

序号	巡检类型	巡检内容
1	登乘巡视	观察接触悬挂装置的状态
2		观察支撑装置的状态
3		观察定位装置的状态
4		观察测防端子及杂散电流监测系统设备工作状态
5		观察均回流、接续电缆及接地线的状态
6		观察有无危及接触网供电和行车安全的情况
7		对存在的问题做好记录并及时处理

对于接触轨系统还须巡视接触轨及其支撑装置和防护罩的状态、露天段避雷器及其附属电缆状态等。

4）不定期巡视

① 按电力调度口令进行巡视。

② 遇有异常天气（如：狂风、暴雨、大雪、大雾），灾害（如：山洪、塌方等），爆破作业等情况进行有针对性的巡视。

3. 巡视的注意事项

（1）巡视人员的安全技术等级不得低于 3 级。

（2）巡视人员应熟练掌握区间电话的使用、停车手信号显示规定、联系用语标准和《城市轨道行车组织》中有关行车的规定。

（3）巡视人员应携带照明工具、望远镜和常用的工具及电缆绑扎带等。

(4) 任何情况下，巡视人员不准攀登支柱，无论接触网是有电还是无电，巡视人员必须按有电对待，在没有办好停电手续的情况下不得与接触网带电设备接触。

(5) 车梯巡视一般都属高空作业。可采用停电方式，因此，应遵守高空作业与停电作业的有关安全规定。

(6) 一般巡视工作都由 2 人进行，必要时可由 1 人单独巡视，但安全等级应在 3 级以上。巡视时要精力集中，不能干与巡视工作无关的事。

3.2.5 接触网的检测

1. 接触网检测技术发展概述

接触网检测是指通过安装在工程车或运行列车的专用检测系统，对接触网设备的动态技术参数进行测量，通过检测可以检查接触网状态，查找接触网缺陷故障，评定接触网设备动态质量，指导接触网维修，实现接触网设备科学管理。

我国开展接触网检测技术研究始于 20 世纪 60 年代，1962 年由铁道部科学研究院研发了第一台接触网检测车，当时仅能检测导高及弓网间的大离线，从 20 世纪 70 年代初到 20 世纪 80 年代，我国接触网检测技术进入了一个新高度，能开展接触网主要参数的检测。近年接触网检测的技术更是进入了快速发展通道，由非接触式的激光雷达扫描法，发展到基于红外光与高速数字摄像系统组成的机器视觉测量法，检测的精度和准确性实现了极大的飞跃；检测系统也由单一的接触网检测车发展到多平台、多方位、全覆盖综合检测监测的 6C 系统，使维修人员可以更加及时和全面掌握接触网设备的状态。

2. 接触网检测内容及要求

(1) 目前接触网检测方式主要有：1) 通过动态检测车在夜间停运时对刚性接触网、柔性接触网、接触轨进行动态检测；2) 安装在运营列车上进行实时在线检测方式。

(2) 接触网检测的周期及内容

1) 通常每月 2 次。

2) 接触网检测内容及要求必须与实际的接触网设备相匹配，典型的动态检测内容如表 3-29 所示。

动态检测内容及要求　　　　　表 3-29

序号	检测项目	测量范围	测量误差
1	弓网接触压力	0～250N	±5N
2	弓网冲击（硬点）	±200g	±2g
3	柔性接触网几何参数		
	拉出值	±400mm	±15mm
	接触线高度	3900～5500mm	±10mm
	锚段关节和线岔处接触线水平距离	0～400mm	±5mm
	锚段关节和线岔处接触线高差	0～300mm	±5mm
	接触线水平距离（柔性接触网双线）	±40mm	±5mm
	接触线高度差（柔性接触网双线）	0～100mm	±2mm
	柔性接触网定位器坡度	0～45°	0.5°
	接触线磨耗	0～30mm	±0.2mm（横向测量）

续表

序号	检测项目	测量范围	测量误差
4	刚性接触网几何参数		
	拉出值	±350mm	±10mm
	接触线高度	3900~4500mm	±5mm
	导高变化率	0~25%	<1‰
	锚段关节和线岔处接触线水平距离	0~400mm	±5mm
	锚段关节和线岔处接触线高差	0~300mm	±5mm
	接触线磨耗	0~30mm	±0.2mm（横向测量）
5	接触轨几何参数		
	工作高度	150~350mm	±2.0mm
	偏移值	1400~1700mm	±2.0mm
6	车体振动补偿（水平方向）	0~50mm	±1mm
7	车体振动补偿（垂直方向）	0~50mm	±1mm
8	定位点	1~9999	<1%
9	跨距	0~99m	±0.5m
10	速度	0~125km/h	±1km/h
11	走行距离	0~9999km	<0.25%
12	弓网关系视频巡检系统		实时

3）接触网动态检测评定标准必须与实际的接触网设备相匹配，典型的评定标准范例如表 3-30 至表 3-32 表所示。

柔性接触网主要技术参数动态检测数据评定标准　　　表 3-30

序号	检测数据	合格	Ⅰ级缺陷	Ⅱ级缺陷	Ⅲ级缺陷
1	拉出值（mm）	[−280, +280]	[−330, −280)∪(+280, +330]	[−400, −330)∪(+330, +400]	(−500, −400)∪(400, 500)
2	导高（设计值）（mm）	[−30, +30]	超出设计值 ±30mm 以上	隧道内：(3980, 4000)隧道外：(5400, 5500)	隧道内：(3900, 3980)隧道外：(5500, +∞)
3	硬点（垂直冲击力）（g）	(0, 50]	(50, 60]	(60, 70]	(70, 200]

刚性接触网主要技术参数动态检测数据评定标准（$v<100$km/h）　　　表 3-31

序号	检测数据	合格	Ⅰ级缺陷	Ⅱ级缺陷	Ⅲ级缺陷
1	拉出值（mm）	[−250, +250]	[−300, −250)∪(250, 300]	[−400~−300)∪(300~400]	〈−400 或〉400
2	导高设计值（mm）	[−8, +8]	[−13, −8)∪(8, 13]	[−18, −13)∪(13, 18]	(−200, −18)∪(+18, +200)
3	硬点（水平冲击力）（g）	(0, 60]	(60, 80]	(80, 100]	(100, 200]

接触轨主要技术参数动态检测数据评定标准（$v<100$km/h）　　　表 3-32

序号	检测数据	合格	Ⅰ级缺陷	Ⅱ级缺陷	Ⅲ级缺陷
1	拉出值（mm）	[−9, +9]	[−13, −9)∪(9, 13]	[−18, −13)∪(13, 18]	(−300, −18)∪(+18, +300)
2	导高（mm）	[−8, +8]	[−13, −8)∪(8, 13]	[−18, −13)∪(13, 18]	(−200, −18)∪(+18, +200)

4）检测数据管理

① 编制检测报告

接触网/轨检测完毕后，需要编写检测报告，检测报告分为日报和月报。

② 检查结果的应用处理

动态检测人员于当天整理接触网数据发至设备所属管理单位。在检测过程中发现缺陷项目，应根据相应的缺陷严重程度按规定启动相应处理等级。分级处理等级如下：

a. Ⅰ级缺陷由管辖设备分部根据自身情况，有计划安排处理，逐步整改。

b. Ⅱ级缺陷在检测后 10 天内处理，由管辖设备部门技术室负责跟踪整改。

c. 出现Ⅲ级及以上缺陷时，应紧急处理，由各设备归属单位调度跟踪整改。

d. 当网检过程中发现Ⅱ级及以上缺陷限时，检测负责人在时间允许时应通知司机停车退回，并以前次相同的速度运行，重新检测一遍出现缺陷的地段并记录缺陷数值。

e. 当网检过程中确认发现Ⅲ级缺陷时，由检测负责人立即向检测管理单位调度汇报，调度立即通知相关 OCC，由相关 OCC 组织抢修，随车供电配合人员配合。整改后相关 OCC 向检测管理单位调度通报整改情况。

f. 复核、整改完毕，由 OCC 及时发出相关信息知会相关部门、设备归属部门、检测部门调度等，以消除影响。

3.3 电力监控设备的运行与巡视

电力监控系统由设置在控制中心的主站监控系统、设置在各种变电所内的子站系统（变电所综合自动化系统）以及联系两者的通信通道构成。近年来，电力监控系统主站监控功能已转为由综合监控系统实现。

3.3.1 电力监控系统的组成

1. 主站系统的组成

主站监控系统由主备服务器、主备工作站、前置通信设备、局域网络、打印机、大屏系统等设备构成。主站监控系统网络结构如图 3-81 所示。

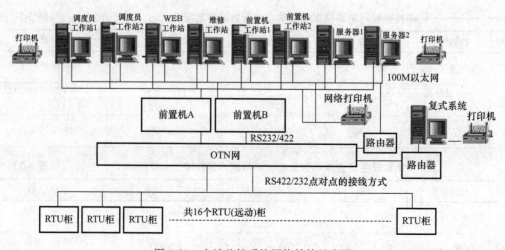

图 3-81 主站监控系统网络结构示意图

(1) 服务器

控制中心主站配置两套功能等价、性能相同的计算机用于整个系统的网络管理、数据处理，并作为网络内其他计算机的共享资源。系统正常工作时，主、备服务器中，一台主用，另一台备用。控制命令仅通过主服务器发出。主、备服务器均能接收来自被控站的各种上传数据。当主服务器故障时，系统自动切换到另一台备用服务器上，故障信息在打印机上打印，并在另一台服务器系统故障画面上显示故障信息。

(2) 工作站

用于正确同步反映服务器上的所有数据（包括图像、警报、遥测量等），提供给调度员和维护员各一个工作的窗口，进行维护系统软件、定义系统运行参数、定义系统数据库及编辑、修改、增扩人机界面画面等工作。

(3) 前置通信设备

系统配置两套功能等价的前置通信设备，通过通信系统提供的通信通道实现与被控站设备的远方通信，两套前置通信设备实现相互之间的热备用。配置监视两前置通信设备工作运行状态的看门狗软件。

正常时，两套前置通信设备同时接收来自被控站的信息，但只有一个前置通信设备与系统进行信息交换，当主用前置通信设备发生故障时，系统自动切换到备用前置通信设备，故障信息记录在系统报警报表中。

(4) 局域网络

控制中心中央级网络访问方式可采用客户机、服务器访问方式，局域网络结构采用双以太网构成，相互备用。正常情况下两个网络同时工作，平衡网络信息流量。

网络切换采取基于网络口切换的策略，每台服务器和客户机保持同时监视两个网段上与其他通信节点的连通状况。当服务器或客户机某一个网络口（如网卡）故障时，只改变本机器与其他节点的通信路径，不会影响到其他节点间的通信，不进行全网切换。当两个网段的其中之一全网故障时，网络通信管理程序会根据网络口的连通状况，自动在另一个网段上形成通信链路。

网络通信协议采用 TCP/IP 协议，网络传输媒介为光纤，通信速率为 100～1000Mbps。系统网络具有良好的扩展性，可方便地增加客户机而不影响网络性能。

(5) 时钟子系统

该系统数字显示时钟与本系统计算机软时钟同步，此数字显示时钟镶嵌在模拟盘中央上部，并可通过 CRT 操作键对其进行时间设定，显示形式为：年、月、日、时、分、秒。

本系统主站定时与各变电所综合自动化系统定时同步对时，可采用每 10～15min 同步一次或实时对时，同步间隔时间可调。

(6) 大屏系统

为全面、系统、直观掌握供电系统的运行情况，在控制中心设置大屏系统。大屏显示系统以彩色灯光（红、绿）形式模拟供电设备的运行状态，以光带方式监视接触网线路的带电状态。

大屏应具有暗盘和亮盘两种运行方式，其控制命令由操作员控制台发出。在暗盘运行时，当被控站发生故障，大屏相应站名灯、事故灯及相关开关灯闪烁，按闪光复归键后，停闪。

2. 子站系统的组成

子站监控系统由总控单元、站控计算机、网络设备、智能测控单元、人机接口、控制柜附属设备等设备构成。

(1) 总控单元

子站配置总控单元用于变电所综合自动化系统的状态监视、控制、信息记录与分析，通过站内通信网络与智能设备接口来采集间隔层设备的信息，另一方面将信息传送到主站监控系统（包括站级计算机监控系统），同时接收主站监控系统的控制、调节命令并分发到指定的间隔层单元。

总控单元应设置两路冗余电源，具有较强的过压、过流能力，采用具有掉电数据保护的存储器，通信接口标准及规约应能满足各种不同间隔单元接入的要求。

(2) 站控计算机

站控计算机安装变电所综合自动化系统应用软件，用于完成对变电所综合自动化系统的实时监控和操作功能，它为操作员及维修员提供了所有功能的入口，显示各种画面、表格、告警信息和管理信息，提供遥控、遥调等操作界面并进行人工交互。

(3) 网络设备

子站监控系统网络设备如交换机、光电转换器等通过下层智能设备及主站监控设备使用的不同通信协议，对变电所内各种设备的信息进行采集处理，形成标准的信息并通过数据通道传送到子站及主站监控，同时接收主站及子站的控制、调节命令并分发到指定的间隔层单元。

子站至主站数据传输应配置冗余通信口，主通信接口处于工作状态，当主通信接口或主通道故障时，自动起动备用通信接口，且为无缝切换。

(4) 智能测控单元

智能测控单元采集上网开关、排流柜、轨电位等硬线连接装置的数据信号，并对现场开关进行控制功能；对装置的模块进行实时状态监视，当发现有模块出现故障时，能及时报警，当故障消除后，装置可以自动投入正常运行；具备看门狗功能、自诊断、自恢复功能。

(5) 控制柜附属设备

控制信号盘面板上能对接触网电动隔离开关进行合/分操作、当地/远方转换及合/分位置信号显示。盘上设两个（上、下行接触网电动隔离开关各设一个）带锁的当地/远方转换开关，每个接触网电动隔离开关设一个带合/分信号指示灯的合/分按钮。

电动隔离开关的控制均经中间继电器输出，且每个越区隔离开关需设置2个用于闭锁的中间继电器，继电器接点数量应不低于3对常开和3对常闭。

3.3.2 电力监控系统的功能

1. 主站系统的功能

主控站系统的管理功能主要由五个部分组成：数据库管理子系统，网络管理子系统，图形管理子系统，报表管理子系统和安全管理子系统。

(1) 数据库管理系统

为各种应用功能模块提供共享的数据平台。

提供开放式的数据库接口，实现数据库的定义、创建、录入、检索和访问。

提供数据断面的管理机制，实现历史数据的存储、拷贝和再利用。

数据库的控制功能可完成对数据库的安全性控制、完整性控制和数据共享时并发控制。

具有故障恢复功能、安全保护功能以及网络通信功能等。

可采用商用数据库管理系统保存历史数据

（2）图形管理系统

具有风格统一、友好方便的操作界面。

可完成图元编辑、引用、画面生成、调用、操作、管理等功能。

允许用户自定义图元。

可生成多种类型画面，有接线图、地理图、工况图、棒图、饼图、曲线、仪表、其他。

可在画面上完成各种操作，有图形缩放、应用切换、调度操作、任务启动等。

画面显示具有网络动态着色功能。

画面打印可任选：行式打印、彩色打印、激光打印。

具有以下技术特点：全图形显示，可漫游变焦、自动分层、随意移动、多窗口技术、快速直接鼠标控制和多屏幕技术。

（3）报表生成系统

操作员可在 CRT 上以交互式定义报表格或报表数据等。

可制定任意形式的数据表格。

表格可显示实时及历史数据内容。

表格在窗口中提供翻滚棒操作。

表格内各数据具有计算功能，用户可在表格内自动加以惊异；考虑通道质量等因素，系统提供报表数据编辑修改功能。

报表操作可完全在线进行，不影响系统运行。

报表打印分成正常和异常打印，启动方式为定时启动，事件启动和召唤启动。

全图形为全汉化的人机界面。

（4）网络管理系统

基于国际标准传输层协议（TCP/IP），实现网上工作站之间实时信息传输及这个网络系统的信息共享。

所有工作站之间的信息交换、功能实现，在网络环境下均能实现完全镜像信息，任一工作站的实时更新或操作定义，其他各站实时同步变化，任一工作站的实时画面可实时在任一监视器上显示；任一工作站故障或退出不丢失信息也不影响系统功能。

可以支持双以太网结构。

可以通过网桥和管理网进行信息交换，实现信息共享。

（5）安全管理系统

采用多级安全管理策略，在用户一级采用口令和权限管理机制，给每个用户分配一个用户名和口令，并且每个用户都赋予一定的操作权限，比如电调只有对图形的读取、遥控、置数等权限，而没有修改的权限，还可定义该口令的有效时间，防止用户忘记退出时被别人误用；在系统一级，采用防火墙技术，防止黑客进入系统。

2. 子站监控系统主要功能

变电所综合自动化实现变电所各种设备的控制、保护、监视、联动、联锁、闭锁、电流、电压、功率、电度量的采集等功能。变电所间开关联跳等功能通过综合自动化主控单元与控制中心监控主站的信息传递、交换共同来实现。重要设备之间除考虑二次回路硬线联动、联锁、闭锁外，由综合自动化软件实现逻辑判断、计算、继电器等功能，并通过下位监控单元执行操作。利用下位监控单元实现对 0.4kV 进线开关、母联开关、三级负荷总开关的控制。变电站综合自动化系统典型的应用方案见图 3-82。

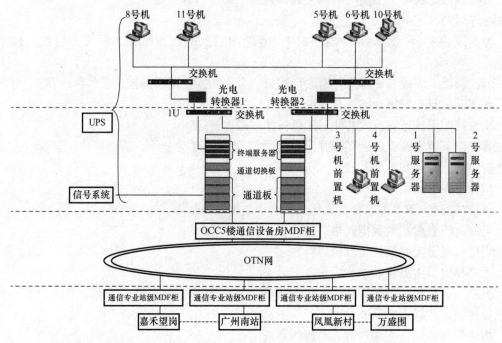

图 3-82　变电站综合自动化系统典型的应用方案示意图

（1）现场网络接口

由于变电所的二次监控单元和保护单元采用不同厂商的设备，因而也造成了下层智能设备使用不同的通信协议，因此采用具有多个支持多种介质网络的通信接口（RS232、RS422、RS485、CAN、LONWORKS、以太网、MODBUS、PROFIBUS、LON、光纤等）的总控单元对所有网络进行管理，通过现场监控网络对各开关柜内监控单元和保护单元的运行状态进行监视。

总控单元与 0.4kV 下位监控单元及公共部分 I/O 单元采用现场总线互连，网络拓扑为总线；主控单元与 110kV 交流、35kV 交流、1500V 直流设备、所内交直流装置、变压器温控器上的智能设备的连接采用 RS485/LONWORKS/MODBUS/PROFIBUS/LON-BUS/LON 接口实现，传输介质采用光纤/双绞线。不同设备或传输介质总控单元采用不同的接口模块，所有网络接口模块在总控单元内采用相应通信协议。

除设置总控单元外，还设有 I/O 等模块单元，直接控制监视不宜装设下位监控单元的开关设备，例如：接触网上网电动隔离开关、所用电交流电源的投切自动装置等。

(2) 总控单元的功能

总控单元接受控制中心主机或当地维护计算机的控制命令；向控制中心主机或当地维护计算机传送变电所操作、事故、预告等信息。除实现网络接口外，还实现下述功能。

1) 实现直流馈线断路器与接触网电动隔离开关之间的软联锁

主控单元通过网络通信采集到直流馈线断路器与接触网电动隔离开关的位置状态。在操作选择、校核时，主控单元按操作对象预编程的联锁条件进行操作闭锁软件判别，决定执行或终止操作，从而实现直流馈线断路器与接触网电动隔离开关之间的软联锁。

2) 实现电源自动投切功能

采用可视化顺控流程的编程特点在主控单元固化电源自动投切的软件模块中，实现变电所35kV高压侧电源、所用电交流电源的投切自动装置的功能。通过所内控制信号盘、监控网络、开关柜内下位监控单元（控制、保护设备）来实现，所有信号的传递均由所内监控网络完成。

3) 变电所维护计算机的功能

变电所维护计算机配有专用的维护软件工具，实现对变电所监控网络和监控单元软件编程功能，实现对各监控单元软件的日常维护。软件维护工具包括图形界面维护工具、可视化顺控流程工具、灵活的系统配置工具、丰富的组态工具、远程诊断工具等。

维护人员只需要将变电所维护计算机与主控单元的维护接口相连，利用提供的软件维护工具调出、输入变电所综合自动化系统采集的数据及参数，即可自动完成对变电所综合自动化系统的维护。

变电所维护计算机除具有维护功能外还具备与监控系统主站一样的基本功能。具有对变电所内设备的控制、监视、电气测量、数据统计及接触网电动隔离开关的控制、监视功能。

3.3.3 电力监控设备巡视要求和内容

1. 主站设备巡视要求和内容

(1) 主站设备日巡视的要求

1) 主站设备日巡视时必须依照各项相关的维修手册或操作手册的规定，对表3-33《中央设备日巡视记录表》中的各项要求进行认真检查。

2) 对于要进行设备更换或对整个系统有影响的巡检操作，必须事前知会电调并征得其同意，方可进行。

3) 主站各设备的日常巡视由维修专业人员每天进行1次。

(2) 主站设备日巡视的内容

1) 检查前置机柜外观及柜内每个模块的运行情况。

2) 检查UPS系统运行情况，蓄电池是否有漏液或膨胀的情况。在LC显示屏上读出蓄电池输出电压和逆变器输出电压等。

3) 检查模拟盘外观及模拟盘内各部件的工作情况。

4) 检查各主站操作站的运行情况，是否有非法操作。

5) 检查是否正常生成报表，归档数据是否完整。

6) 认真填写巡检表格。

中央设备日巡视记录表　　　　　　　　　　　表 3-33

序号	检查设备	检查内容	检查结果	备注
1	前置通信设备	（1）检查接收及发送信号灯工作情况		
		（2）检查电源模块工作情况（观察指示灯）		
		（3）查看告警信息能否实时传送上来		
		（4）巡视主机、液晶显示器、键盘是否外观完好，表面无尘		
		（5）查看模块是否有发热现象		
		（6）查看"警报"栏能否正常显示故障信息		
		（7）查看报表能否正常生成		
2	主、备服务器	（1）检查主备服务器的运行情况		
		（2）检查指示灯工作情况		
		（3）检查散热风扇运行情况		
3	OCC 工作站	（1）检查操作站的工作情况，杜绝非法操作		
		（2）检查日报表的生成情况		
		（3）检查时间是不是同步时钟		
4	UPS 系统	（1）检查 UPS 及蓄电池电压值		
		（2）检查指示灯是否正常		
		（3）检查配电柜的工作情况		

填表人：　　　　　　　填表日期：　　　　　　　审核人：

注：表格的状态记录方式采用"√"（表示正常）和"×"（表示不正常）。参数记录方式采用数值填写方式。

(3) 前置通信设备周巡视的要求和内容

1) 每周巡视 1 次。

2) 对前置通信设备的巡视应遵守《前置通信设备维修手册》。如果有设备更换情况的，还须认真填写《设备更换记录》。

3) 前置通信设备周巡视按记录表 3-34 的内容进行。

前置通信设备周巡视记录表　　　　　　　　　表 3-34

填表人：		填表日期：		
设备名称	项目名称	内容	结果	备注
前置通信设备	处理器	（1）检查设备运行信号灯工作情况		
		（2）检查设备电源信号灯工作情况		
		（3）检查设备接地、设备通信接口是否正常		
		（4）检查设备线缆是否有破损		
		（5）设备外部保持整洁		
	交换机	（1）检查电源模块指示灯情况		
		（2）检查风扇模块指示灯		
		（3）检查基板指示灯情况		
		（4）检查介质模块指示灯		
		（5）检查网线两端接口是否紧固无松动		
审核人：		审核日期：		

(4) 大屏系统每周巡视的一般要求和内容

1) 每周巡视 1 次。

2) 大屏系统的巡视应遵守《大屏系统维修手册》的规定进行,特别要注意整个大屏表面及内部的清洁卫生。如果有设备更换情况的,还须认真填写《设备更换记录》。

3) 大屏系统的周巡视按表 3-35 的内容进行。

大屏系统周巡视记录表　　　　　　　　　　　　　　　　　　表 3-35

填表人:		填表日期:		
设备名称	项目名称	内容	结果	备注
大屏系统	大屏幕显示单元	(1) 整体观察显示单元各个灯泡有无烧毁或损坏		
		(2) 仔细查看每个灯泡的亮度是否一致		
		(3) 测试并记录显示单元前面的环境温度		
		(4) 测试并记录显示单元后面的环境温度		
		(5) 比较显示单元前面和后面的环境温度		
	大屏幕管理控制 PC	(1) 查看大屏软件运行状态		
		(2) 打开控制 PC 盖板		
		(3) 查看控制 PC 的冷却风扇是否正常运转,是否有杂声、有异响,有异常振动		
		(4) 清洁控制 PC 外部各个部件		
		(5) 用干净的抹布和清洁剂仔细清理控制 PC 的外部设备部件		
审核人:		审核日期:		

(5) 服务器每周巡视的一般要求和内容

1) 每周巡视 1 次。

2) 服务器的巡视应遵守《服务器维修手册》的规定进行,特别要注意服务器状态指示灯是否正常及设备硬件接口是否有松动。如果有设备更换情况的,还须认真填写《设备更换记录》。

3) 服务器的周巡视按表 3-36 的内容进行。

服务器周巡视记录表　　　　　　　　　　　　　　　　　　表 3-36

填表人:	填表日期:		
设备名称	内容	结果	备注
服务器	(1) 检查全线各站点的服务器网络通信正常、主备冗余的两台服务器软件都有开启		
	(2) 检查服务器状态灯是否正常		
	(3) 检查接地是否良好,水晶头是否良好		
	(4) 检查电源线有无破皮、潮湿现象		
审核人:	审核日期:		

(6) UPS 系统、工作站设备月度巡视的一般要求和内容

1) 每月巡视 1 次,一般为月初进行。

2) 对于UPS的巡视须遵守《UPS维修手册》的规定，巡检时特别要注意UPS柜体及整个UPS机房的清洁，对电流、电压等值进行记录。如果有设备更换情况的，还须认真填写《设备更换记录（UPS）》。

3) 对于工作站巡视应遵守《工作站维修手册》的规定。

4) UPS系统、操作站及其他设备的月度巡视按表3-37的内容进行。

UPS系统、操作站及其他设备月度巡视记录表　　　　　　　　表3-37

填表人：		填表日期：		
设备名称	项目名称	内容	结果	备注
UPS系统、工作站	UPS系统	(1) 检查UPS系统运行情况		
		(2) 测量输入电压及输出电压		
		(3) 清洁表面（包括蓄电池柜、UPS柜和配电盘）		
		(4) 检查各蓄电池是否有异常发热和漏液现象		
	工作站	(1) 检查工作站的运行情况		
		(2) 检查是否有非法操作		
		(3) 阅读"记录"和"报警"，检查设备状况		
		(4) 检查时间是不是同步时钟		
		(5) 检查鼠标和键盘的连接情况		
		(6) 检查信号线和电源线连接情况		
		(7) 清洁显示屏、键盘和鼠标等设备		
		(8) 全面检查操作系统功能		
审核人：		审核日期：		

2. 子站设备巡视要求和内容

(1) 子站设备巡视的要求

1) 在进行设备巡视前，应准备好巡视所必需的各种工器具、各种消耗用品，同时须持作业令向作业辖区管理单位请点，并知会电调和电力监控在OCC的值班人员，方能进行巡视作业。

2) 主控制盘（RTU）设备巡视应达到的技术要求、功能及标准以《电力监控系统远程控制终端柜维修手册》为标准。

3) 对于普通的降压变电所，巡视时按照《电力监控系统设备检修周期与工作内容》主控制盘（RTU）部分的各项要求进行即可，作业完成后认真填写好《电力监控站级设备巡视记录表》并妥善保存。

4) 对于牵引变电所和主变电所，除了按照下述各项要求进行巡视外，还应按照站控计算机中的记录对该所出现的各种记录进行分析，以及时发现各种故障并采取相应措施。

5) 主控制盘（RTU）的巡视，除了各种技术上的检查外，还应该进行各种设备的清洁工作，保持整个柜体外观整洁、干净；柜内各设备及各种电缆、电线布置有序。

6) 对于主控制盘（RTU）可能出现的手动复位情况，除了在OCC值班室进行集中统计外，电力监控专业还要求在每个变电所实行当地记录。

(2) 电力监控子站设备巡视内容

1) 巡视时间间隔一般为每周1次，其余时间由变电所巡视人员负责监视，通报故障。

2）检查主控制盘（RTU）柜外观及主控制盘（RTU）柜接地是否正常等，整个母板架与柜体固定良好，无晃动，柜体绝缘良好（绝缘电压为：>2500V），柜体接地良好（接地电阻小于 4Ω）。

3）检查 RTU 设备外表没有出现裂纹、刮花或破损等现象。

4）检查 RTU 设备模块指示灯是否正常。

5）检查柜内网线、通信线、电源线等是否连接牢固。

6）检查显示屏能够正常运行，软件响应无特别延迟、缓慢现象。

7）检查站控计算机是否有垃圾碎片，是否有非法操作，运行是否正常等。

8）检查打印机和不间断电源工作状态是否正常等。

9）认真填写巡检表格，SCADA 子站设备巡视记录表见表 3-38。

SCADA 子站设备巡视记录表　　　　　　　表 3-38

填表人：		填表日期：	
设备名称	内容		结果
主控制盘（RTU）柜	（1）检查总控单元外表没有出现裂纹、刮花或破损等现象		
	（2）检查总控单元指示灯是否正常		
	（3）触摸设备外壳，是否有烫手感觉		
	（4）检查 CPU、内存使用率是否异常		
	（5）检查网络设备外表无裂纹、刮花、破皮等现象		
	（6）检查网络设备指示灯闪烁是否正常		
	（7）检查网线、通信线、电源线等是否连接牢固，无松脱、锈化、破皮等现象，且连线正确		
	（8）检查鼠标和键盘连接，可以正常使用		
	（9）检查显示屏能够正常运行，软件响应无特别延迟、缓慢现象		
	（10）检查有无异常报警和记录		
	（11）检查附属设备各零件外观无破损、裂纹等现象		
	（12）检查开关是否处于正确位置		
	（13）检查电源模块指示灯是否正常		
	（14）检查系统时间与主时钟显示是否一致		
站控计算机及外围设备	（1）检查操作站的运行情况		
	（2）检查是否有非法操作		
	（3）阅读"记录"和"报警"，检查设备状况，并与 OCC 信号进行比较		
	（4）查鼠标和键盘的连接情况		
	（5）检查电源线连接情况		
	（6）检查网线连接情况		
	（7）检查 UPS 运行情况		
	（8）巡视操作系统是否运行正常		
审核人：		审核日期：	

3.3.4　主站工作站的运行和操作

主站工作站可对供电设备状态进行监视和控制，可查看系统参数、开关量状态、模拟量值等，与子站 PC 机相同，后文有详细叙述，本节重点讲解电力监控主站工作站区别于子站 PC 机操作之处及控制互锁条件。

1. 站点选取

电力监控主站系统操作站可选取全线任一站级进行监控和控制，在显示界面上点击需查看的站点即可。

2. 程序控制（程控）

在 SCADA 功能主目录中，"区间顺控"是接触网各个区间的停、送电卡片；"顺控目录"是各个变电所站内程控、越区供电以及站间倒闸表。

执行顺控时，操作人员先输入用户名和密码登录，登录后点击"程控"按钮即可执行所选择卡片的程控了。若某个开关程控不了，这时会弹出一个对话框，选择"退出"，然后"单控"这个开关，单控成功后，再点击"程控"按钮，即可继续执行程控。

电调在程控卡片执行时，若发现程控卡片选择错误或由于某些原因需程控马上停止，这时电调人员可用鼠标左键点击主控面板上的"程控急停"图标，则程控即会立即停止。

3. 控制闭锁条件

在某些环境下，某些 PSCADA 设备的控制功能可能被禁止。这些情况下，选择和控制设备是不允许的，闭锁条件主要包括：

（1）选中互锁：一旦设备被其他操作员或同一操作员在其他画面上选中，其他操作员站将禁止发出对此设备的控制命令。

（2）复归闭锁：一旦某一个设备出现了故障信息点，而没有对此故障进行修复，该设备的继保信号复归操作无法执行成功的话，那么操作员将无法对此设备进行控制命令，此类设备只包括 35kV 开关。

（3）死锁和接地刀互锁：当收到过流保护跳闸，线路差动保护跳闸，零序电流保护跳闸，缸电弧故障，接地开关处于合位五种失败报警时，将禁止发出对此设备的选择和控制命令。

（4）工作许可证抑制（PTW〈Permit to Work〉）：操作员可以设定所有 SCADA 设备为"允许工作"模式，即给设备加上 PTW 标签（会出现在设备符号的右下方），此时，该设备失效，直至 PTW 标签被移除。同时，操作员可以对 PTW 设备抑制设备的选择控制。

（5）设备闭锁：SCADA 现场设备之间存在着特殊的闭锁条件，如停电操作，必须先操作断路器，然后再操作隔离开关；反之送电操作，必须先操作隔离开关，然后再操作断路器。顺序错误，会导致操作员控制命令失败。

（6）就地闭锁：当主控界面上设备显示处于当地位置控制时，则操作员无法使用远方控制命令，必须使设备处于远方控制状态才能进行操作命令。

3.3.5 主站投影墙系统的运行和操作

对于 VTRON 的 VisionPro XGA DLP 一体化投影系统可按如下方法进行操作。

1. 概述

投影墙系统是由投影单元、Digicom 投影墙控制器和其他必要的控制和接口设备构成的高性能多屏幕投影系统。通过 Digicom 控制器的控制，投影墙系统既可以独立地工作，也可以工作于网络环境之下。

投影墙面可以由任意合适的 $M\times N$ 个投影单元矩阵组成。投影墙的分辨率将是所有投影单元分辨率的总和。由于单个投影单元的分辨率为 1024×768，则一个 2×2 的投影墙的分辨率达 2048×1536 像素。投影墙系统可以认为是一个大面积的逻辑屏。在 Digicom 控制器的控制下运行，应用程序窗口可以在投影墙整个屏幕上任意地打开、缩放和拖放。光标可以跨越相邻的屏幕自由地移动。投影墙系统支持视频插入和 RGB 插入。同时安装简便，人机界面友好。此外，还有一系列的应用软件用来实现各种功能。

2. 系统配置

一个基本的 UNIX 系列投影墙系统由一台控制器（UNIX 系列）和一个 $M\times N$ 的投影墙单元矩阵以及其他必要的设备所组成。投影墙系统的基本结构图见图 3-83。

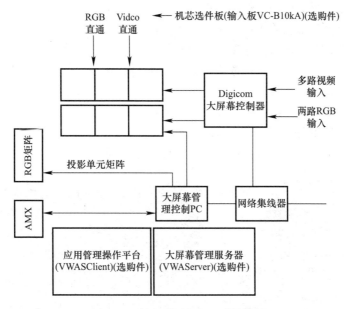

图 3-83　投影墙系统的基本结构图

图 3-83 中 Digicom 控制器主要为各背投单元提供不同的驱动信号，使图像成为一个整体。同时可输入多路视频信号显示和 RGB 信号显示。一般情况下，一台控制器即可；定制情况下，也可以使用一个以上的控制器。

背投单元是将 Digicom 控制器提供的驱动电信号转换成图像，组成幕墙矩阵的投影单元的数量按用户的要求确定。

大屏管理控制 PC（用遥控器控制时无）可实现投影机的开/关机和其他控制。该 PC 上安装有投影机控制软件（V_Screen Manager 4.0），可实现开/关机控制，当配有机芯选件板（输入板 VC-B10KA）（选购件）时，可实现输入信号的切换及显示模式的切换。

大屏幕管理服务器（VWAServer）（选购件），应用管理操作平台（VWASClient）（选购件）为一控制软件。可实现远距离操作控制显示模式，并可包含有 V_Screen Manager 4.0 的功能。

大屏幕管理控制 PC、大屏幕管理服务器（VWAServer）（选购件）、应用管理操作平台（VWASClient）（选购件），可安装在一台 PC 机上，也可将应用管理操作平台（VWASClient）（选购件）安装在其他多台 PC 上。

网络集线器为外购件，主要起网络联接作用。

3. 大屏幕系统的操作步骤

(1) 系统的启动

依照下述步骤启动 Vtron 投影墙系统的两个基本部分，即 Digicom 控制器和投影单元。

1) 在启动投影墙之前检查电源是否正确；

2) 启动控制 PC；

3) 启动投影单元，用控制 PC 的 vwas2.1 大屏幕控制软件或遥控器启动投影单元；

4) 启动 Digicom 确认接到 Digicom 的电源是正确的，然后按下 Digicom 监示板上的电源开关 Digicom，在通电后自动进入 UNIX 操作系统。

(2) 登录和在系统上启动工作会话框

系统启动以后投影墙上的显示如图 3-84 所示。

将指针（见图 3-84）移入登录窗口，就可以对 Vtron 登录域输入。在 Vtron 登录域中键入登录名 Vtron，然后按键盘上的 Enter 键。随后输入密码。

在 Password 域中键入密码，密码 digicom，然后按 Enter 键，登录窗口消失，投影墙上出现桌面。从此刻开始，在系统上可以开始一个新的会话框。

(3) 熟悉桌面和使用桌面

成功地登录之后桌面将显示在投影墙上，如图 3-85 所示。

图 3-84 SCO UNIX 登录窗口　　　　图 3-85　桌面

桌面是 SCO Open Server Enterprise 操作系统给出的一个应用程序。它提供管理多个任务的简捷途径。可以用其发送和接收邮件，建立和编辑文件以及启动各种应用程序。同时由于许多桌面任务是在窗口（桌面上打开的工作区）中完成的，因而可以快速地从一个任务切换到另一个任务见图 3-86。

(4) 利用系统提供的附件

附件窗口见图 3-87。系统在附件目录中提供许多工具。双击桌面上的附件图标，将打开附件窗口，它给出各种通用桌面程序。

关于这些工具的详情，双击桌面上的 Help 图标查询网上资料即可。

(5) 设置网络

当工作于 LAN 环境下必须设置网络，其步骤与通常的 UNIX 系统一样。

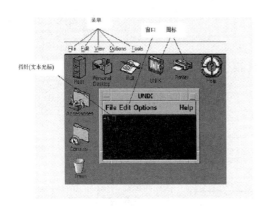
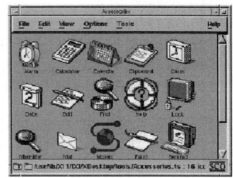

图 3-86　桌面的另一个窗口　　　　　　图 3-87　附件窗口

在 UNIX 终端界面中使用 netconfig 命令配置网卡和 IP 地址，IP 地址是 134.128.5.6。网卡使用的 PCI 总线端口是 15。

（6）注销和结束工作会话框

在完成桌面会话期以后按下列步骤注销：

1）从桌面的 File 菜单选择 Exit。

2）如果改变了桌面的布置，在执行注销之前，会有一个询问信息，询问要否在注销前存储新的桌面布置；如果有东西留在垃圾桶中，会有一个消息询问要否在注销前清空垃圾桶。

3）回答这些问题之后，有一个消息会问是否肯定的确要注销。选择 OK 将完全退出桌面；选择 Cancel 则继续工作。

（7）关闭系统和切断电源

关闭 Digicom 和投影单元的方法如下：

1）关闭 Digicom

停止运行并退出任何程序

在 Digicom 桌面上单击图标 System Shutdown Manager。弹出的对话窗口出现后，单击菜单项 Shutdown，并在随后的窗口中选择 Begin System Shutdown，然后在弹出的对话框中选择 OK。

最后当投影单元已经关闭（见下面的第二步），当见到显示"It's now safe to turn off your computer"后，将 Digicom 监示板上的电源开关关掉。

2）关闭投影单元

用控制 PC 的 VWAS2.1 大屏幕控制软件或遥控器关闭投影单元，并在投影单元和 Digicom 都已关闭之后切断整个系统的交流电源。

3.3.6　主站 UPS 运行和操作

1. 概述

UPS 系统（Uninterruptiable Power System）可以提供持续、不间断、独立和安全的电源，用以保证系统关键设备的持续运行，不至于在电源突然中断时而导致系统瘫痪。

2. UPS 系统功能

UPS 系统主要用于防止主电源的各种干扰；在主电源故障时，进行电源切换，以相近的幅度和频率进行电能供给。

3. UPS 系统的构成

UPS 系统主要由 3 个部分组成：UPS 柜；蓄电池柜和配电柜。

(1) UPS 柜

UPS 主要包括 5 个部分，如图 3-88 所示。其中有：

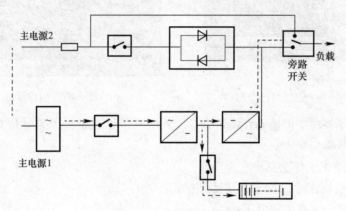

图 3-88　UPS 电路示意图

整流器；DC 链回路，用来连接蓄电池；逆变器，将直流电压逆变为交流；静态旁路开关（SBS），给负荷快速的提供一个单相交流电源；手动旁路开关，用来手动隔开 UPS 设备，以保证在切换过程中不影响负荷电源的供给。

1) UPS 部件简介

在图 3-89 所示的 UPS 电路图中各部件解释见表 3-39。

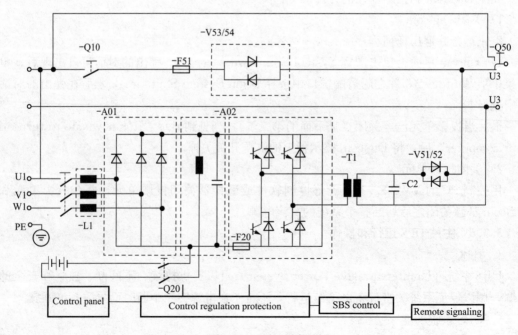

图 3-89　UPS 电路图

UPS 电路图各部件解释　　　　　　　　　　表 3-39

A01	晶体管整流器	Q20	蓄电池开关
A02	逆变器	Q50	旁路开关
C1	DC 电容	Q51	SBS 输入开关
C2	滤波电容	T1	输出变压器
F20	逆变器电阻丝	V51/52	晶体管开关（逆变器输出）
F51	SBS 电阻丝	V53/V54	晶体管开关（SBS）
L1	电感	U1、V1、W1	三线电源输入
L4	蓄电池电阻丝	U2、N2	SBS 电源
Q10	整流器输入开关	U3、N3	负载
x)	跳线	PE	保护接地

a. 整流器

通过开关 Q10 把三相 AC 主电源连接到整流抗流器 L1 上（参考 UPS 电路总图）。它把主电压转换为直流电压。

整流器的控制要求和主要功能有：电压的容许误差为 1%；电流极限，以防止整流器过负荷；电压和电流缓慢升高，使电源不会波动起伏。

b. 直流电源回路

其电容器 C1 可减少直流电压的自然波动；抗流器 L4 可减少在电池回路里电流的波动，起到保护电池的作用。此外，还有过压/欠压监视电路保护电池。

UPS 的目的实际上是要保持直流回路的电压，当主电源有故障时可用电池供电给逆变器，使逆变器保持输出电压不变。逆变器电源部分的主要部件是晶体管桥电路、变压器 T1 及电容器 C2（参考 UPS 电路总图）。这种形式的转换开关是通过电子的循环检测，交替地提供单相电压到直流回路母线上。变压器的漏电感和电容器组成了一个过滤电路，输出一个低失真系数的正弦输出电压。

c. 静态旁路开关（SBS）

晶体管开关 V53/54 是 SBS 的主要部件，负责给负荷提供不间断的电压和连续的电流。

当出现逆变器过负荷、短路、故障或断开等几种情况时，主回路会自动切断负荷的电源供给，SBS 将自动为负荷提供不间断的电源。

2）UPS 系统的几种运行模式

a. 正常运行模式

在正常运行时，应有可靠的主电源且逆变器在接通的状态。整流器把主电源的三相电压转换为直流电压，然后又转换为交流单相电压，这是为了使负荷有稳定的电流和频率。电池只吸收很少的分散电流。如果 SBS 端的输入电压和频率在定义范围内，则逆变器与主电源运行同步。逆变器可通过人工断开，SBS 供给负荷电流且没有中断，并提示为"ready"，而整流器保持在接通状态。

主电源正常工作范围为整流器可在 380V－10% 至 415V＋10% 内正常工作，电池电压仍可达到 380V－10%。当电压低于额定电压 $U_n-15\%$ 时，整流器切断，无法正常工作，此时认为 UPS 主电源运行失败。SBS 的工作范围为在 U_n 的 10%（可调整）。

主电源过压时，整流器和 SBS 的输入装有声音接口隔离器和相与 N 之间的电位器，DC 联接电路中的 LC 过滤器可以保护设备过压。

主频率变化范围为允许 50Hz（5％变化）或 60Hz（5％变化）时，不会影响整流器正常工作。考虑到某些敏感负荷的要求，逆变器只能在额定频率 f_n（10％内）才能实现同步工作。更大的变化范围依赖于时钟操作。

b. 蓄电池供电模式

当主电源停电时，蓄电池由充电状态变为供电状态。即蓄电池立即给逆变器提供电压。在切换到蓄电池供电模式时，负荷电压不会受到影响。如果停止部分负荷运行，电池的供电时间可以增加。LC 显示面板上可以列出蓄电池还可以供电的时间长短。在主电源恢复正常以前，若蓄电池供电停止，逆变器将会自动中断运行。

主电源供电恢复，蓄电池由供电状态变为充电状态，而主电源通过整流器整流输出直流电压，给逆变器供电。

蓄电池充电电压调节到电池的正常需要。应注意蓄电池说明书，蓄电池在工厂调试时有 192 个电池，如果安装有不同数目的电池或者电池厂家提供不同的充电电压时，设备必须调整。

c. 特殊条件下的运行

特殊条件下的运行如图 3-90 所示。

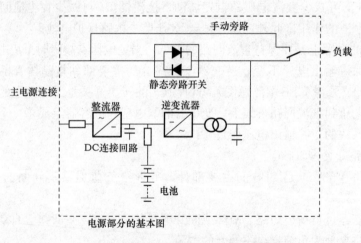

图 3-90 特殊条件下的运行图

非线性负荷：UPS 连接的负荷很少是正弦曲线的，而是周期的方波或脉冲形状，这样就导致电压变形。UPS 41 系列使用特殊方法排除了电压失真，保证 UPS 在非线性负荷且未超过额定负荷的情况下能连续地工作。

动态负荷变化：当个别负荷或负荷组接通或断开时，负荷会突然发生变化。由于逆变器良好的动态性能，负荷的变化仅引起对输出电压微小且短时的变化。即使负荷有 100％的突变，输出电压也不会超出额定电压的 4％，恢复时间小于 3ms。

过载、短路：逆变器可持续输出 1.5 倍的额定电流达 2min 之久，而且可以保持额定的输出电压不变。如果超过了这个范围，电流限制器会自动切断并且降低电压。关于在负荷电路中的短路，有关逆变器的短路电流的输出设定可参考"技术数据"的有关内容。

SBS 在以下情况下提供不间断电源：单逆变器输出电压低于额定电压 $U_n-10\%$ 时；单负荷电流超过 1.5 倍额定值时；相关的负荷过流保护跳闸时，UPS 系统均会自动切换到主电源运行模式。

过热：为了保护设备，设备内部有很多部件装有限温开关，一旦超出了规定的温度时，设备会自动切断并且 SBS 接管并提供不间断电源。系统装有大量散热装置，部分散热器故障并不会影响 UPS 系统的正常运行。

逆变器故障：内部的监视电路切断逆变器时，SBS 立即转换提供不间断电源。设置控制以便在紧急情况下 SBS 开关转换到"no-ready"主电源。

DC 连接回路中直流电压故障：电池电压或连接回路电压受到一定限度的监视。当超过 DC440V 时，逆变器断开；低于 DC344V 时，电池欠压报警；当连接电压为 DC316V 时，逆变器断开，当连接电压大于 DC377V 时，逆变器又重新工作。

d. 节能模式

如果 UPS 支持在短期内（如周末）可不需要，在控制面盘上可关闭逆变器。SBS 再一次接管从而提供不间断电源。此时整流器对电池不断地充电。

e. 手动旁路开关运行模式

当手动合上手动旁路开关 Q50 时，负荷电源的供给短时会受到影响，但当手动旁路开关 Q50 合上后，便可以持续给负荷提供电源，同时维修人员可以对 UPS 柜内部设备进行维修和保养。

3）给负荷供电的几种电源形式

主电源，如图 3-91 所示。

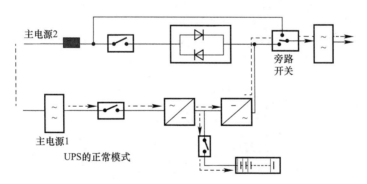

图 3-91 主电源图

主电源共有两种形式：交流 380V 和 220V。其中主电源 1 是 380V；主电源 2 是 220V。正常时整流器把主电源 1 三相主电源转换为直流电源；然后经过逆变器的逆变。又把直流电源转换为单相电压，这样主电压和频率的波动受到缓解，并使输出给负荷的电压和频率稳定，保证负荷有稳定的电流和频率。

当主电源 1 供电失败时，蓄电池从充电状态转为供电状态，如图 3-92 所示，对负荷供电。当主电源 1 恢复供电时，整流器会自动启动，继续对逆变器供电，同时蓄电池停止供电，又恢复到充电状态。

关于主电源 2，只有在逆变器等部件故障或者蓄电池和主电源 1 三相主电源同时不能工作时，才自动切换到主电源 2 电源，如图 3-93 所示。

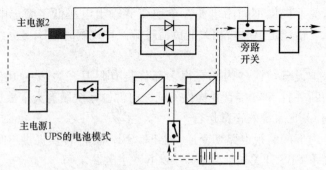

图 3-92 蓄电池供电图

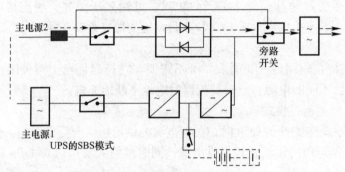

图 3-93 主电源 2 电源图

4) 操作面盘简介

控制面盘可以比较容易地对 UPS 柜进行操作和监视。它能显示 UPS 柜的当前运行状态，在发生故障或有警告信号时出现声响报警。

控制面盘共有两种型号：标准控制面盘和多功能控制面盘。其中，多功能控制面盘，如图 3-94 所示。

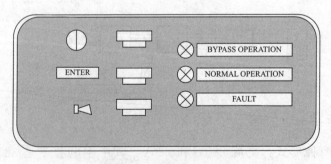

图 3-94 多功能控制面盘图

逆变器的合/分键用于合/分逆变器，操作后必须按"ENTER（进入）"键确认。

在以下任何一项发生时都会发出声响报警：

a. 直流电压低于 355V；

b. 整流器或逆变器故障；

c. 主电源故障。

当静态旁路开关接通时，"Bypass operation（旁路运行）"指示灯亮；正常运行模式工作时，"Normal Operation（正常运行）"指示灯亮。

在以下任一项发生时,"Fault(故障)"指示灯亮:
a. 电压或频率错误;
b. 过热;
c. 逆变器故障;
d. 风扇故障;
e. 直流过压;
f. 过载。

多功能控制面盘给用户提供了友好的操作和监视界面如图 3-95 所示。其 LED 显示和 4 行液晶显示 LC 显示了 UPS 的运行状态并可给出错误和警告信号的声响报警。

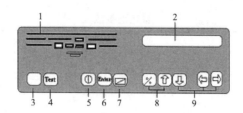

图 3-95 多功能控制面盘操作和监视界面图

1—LED 显示;2—LC 显示;3—"声响报警关"按钮;4—"LED 测试"按钮;5—"逆变器合/分"按钮;6—"Enter"按钮;7—"远程控制"控制按钮;8—剩余电量的转换显示;9—本系统没有使用该功能

5)UPS 工作性能参数

UPS 工作性能参数见表 3-40～表 3-42。

输入参数表　　　　表 3-40

额定电压	3/N AC 380V－10%～AC 415V＋10%
额定频率	50Hz±5% 或者 60Hz±5%
功率因数	约 0.8

输出参数表　　　　表 3-41

额定电压	1/N AC 220,230 或 240V
额定频率	50Hz 或者 60Hz
负载电流波峰因数	最大为 2.5
最大非线性负荷	100%
过载能力	若负荷电流为额定电流的 1.5 倍,工作时间可为 2min; 若负载电流为额定电流的 1.25 倍,工作时间可为 15min
短路电流	若短路电流为额定电流的 2 倍,工作时间可为 2s; 若短路电流为额定电流的 1.7 倍,工作时间可为 20s

蓄电池数量及充电电压　　　　表 3-42

蓄电池最大数量	180～192
蓄电池建议数量	192
充电电压	388～436V

(2) 蓄电池柜

目前一般使用的是免维修的铅酸性电池。该蓄电池柜贴近 UPS 柜安装，其尺寸与 UPS 柜相近。蓄电池参数见表 3-43。

蓄电池柜由 32 个电池组构成，每个电池组电压是 12V；电池组之间以及电池组连接器之间是相互绝缘的。

蓄电池在运行时，在 UPS 柜的 LC 显示屏上有显示。另外，UPS 柜还装有 EPROM 模块，用来设定运行时间（标准运行时间 10min 和 30min 除外）。

蓄电池柜还包括一个熔断丝，可以用作短路保护以及切断蓄电池柜和 UPS 柜之间的电路。

蓄电池参数　　　　表 3-43

蓄电池最大数量	192
电池组额定电压	12（2V/个）
蓄电池额定电压	384（2V/个）
蓄电池充电电压	432（2.25V/个）
环境温度范围	0～40℃
最适宜的环境温度	20～25℃
蓄电池额定寿命	3～5 年或者 8～10 年

3.3.7 子站 PC 机的运行和操作

1. 开机和关机

(1) 开机操作的顺序为按 POWER 键启动电源，这时工控机启动操作平台，工控机继续运行，并启动应用软件，运行后，正确登录操作。

需注意的是在开机时若出现异常，应立即停止任何操作，维持当前的故障状态，并及时通知 SCADA 维修人员进行处理。

(2) 关机时，在正常情况下为了防止关闭操作系统时丢失数据，应按照下面的正确顺序操作：

通过操作窗口"关闭系统"命令，中断应用软件的运行并退出本用户操作；

通过操作窗口"开始"中"关闭系统"命令，退出系统。

2. 操作窗口和操作区

(1) 控制台操作窗口

如图 3-96 所示，操作窗口包括报警栏和用户操作功能栏，其中报警栏显示的是最新的设备报警信息。

图 3-96　操作窗口图示

(2) 系统配置

单击"系统配置"，出现下拉菜单。菜单内容如图 3-97 所示。

其中：

系统组态——根据权限要求，进入系统组态，不同权限的用户显示不同的组态表和组态域。

图形编辑——根据权限要求，进入图形编辑，如可绘制主线路图、棒图、曲线图、饼图及主菜单图。

图元编辑——使用者可根据自身要求删除、修改及新建图元文件，供图形编辑时调用。

装置组态和控制组态——生成工程装置总表和信息总表，生成送往后台和调度的信息引用表、并对规约需要的参数进行设置，包括测控单元的地址、通信参数设置，测控单元的遥测，遥信，遥控和遥调参数设置等。

图 3-97　系统功能图示

应用配置——根据用户需要选择控制台的显示及启动配置。

关闭系统——包括注销（注销当前 WINDOWS 用户）、关机、重新启动、切换工作模式、关闭系统。

重新启动——重新启动 WINDOWS。

切换工作模式——本监控系统可以运行在标准的 WINDOWS 操作系统上，也可以运行在受限的 WINDOWS 操作系统上。当在受限的 WINDOWS 操作系统上运行时，WIN-DOWS 上的所有功能将不能使用（从而有效地提高了监控系统稳定性、可靠性）。该命令则用于切换这两种工作模式。

（3）系统应用

系统应用图示见图 3-98。其中：

操作界面——可显示系统一次图、配置图、潮流图、实时数据、曲线、棒图及事故追忆等，下行操作（如：遥控、遥调等）也必须在操作界面上进行。

报表管理——可自定义各种类型报表（日报表、月报表、年报表、潮流报表和统计报表等）、预览报表及定时打印报表。

保护管理——可以监视和整定保护装置的各种参数。

（4）数据检索

数据检索窗口见图 3-99。其中：

 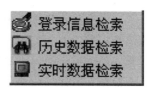

图 3-98　系统应用图示　　图 3-99　数据检索窗口

登录信息检索——显示系统所有事件信息，提供告警信息的确认及实时打印。

历史数据检索——查询各种历史信息。可按对象对数据进行筛选，并实现告警信息的确认、管理和打印。

实时数据检索——以列表方式显示遥信、遥测、遥调及挡位等实时信息。

(5) 当前任务

显示系统已经运行的所有任务，等同于 WINDOWS 的任务栏。如果系统在受限的 WINDOWS 操作系统上运行时，WINDOWS 上的所有功能将不能使用（包括 WINDOWS 的任务栏），本功能将提供相应功能，以实现对已运行的应用进行管理。

(6) 用户登录

用户登录窗口如图 3-100 所示。在监控系统中用户每次进行各种操作时都必须输入相应的用户名与口令，即进行登录。登录后，即可在指定的登录时间内，用户进行各种操作时不再需要输入用户名与口令。登录状态显示如图 3-101 所示。

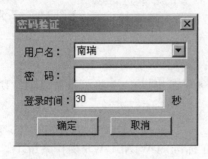

图 3-100　登录窗口　　　　　　　　图 3-101　登录状态显示

(7) 典型数据

典型数据窗口见图 3-102。控制台上可以监视 4 个典型数据。每个节点可监视不同数据，具体内容在系统组态的节点表中进行配置。

(8) 时间显示

时间显示见图 3-103。显示系统当前日期和时间。

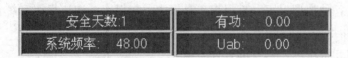

图 3-102　显示典型数据窗口　　　　　图 3-103　时间显示

图 3-104　告警显示

(9) 告警信息

告警显示见图 3-104。可以测试语音报警、确认语音报警、禁止语音报警。有报警信息发生时，此按钮闪动，提醒用户确认语音报警。单击该按钮，则确认语音报警；鼠标右键单击该按钮，则禁止语音报警。无任何告警信息时，单击该按钮为测试语音报警。

3. 操作区

(1) 操作界面

操作界面图如图 3-105 所示。其中 A 为操作界面菜单栏，B 为操作界面工具栏，C 为操作界面平面选择栏，D 为操作界面。

(2) 操作开关/刀闸界面

用右键点击开关/刀闸，出现如图 3-106 所示菜单。

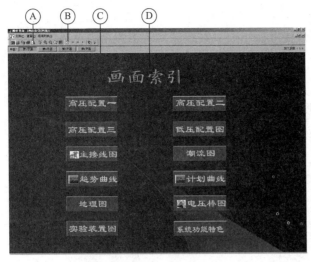
图 3-105 操作界面图

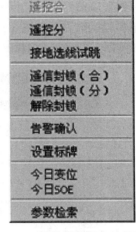
图 3-106 操作断路器/刀闸界面图

图中表示的是原断路器在合位；点击可以进行遥控操作；向测控装置发送接地选线试跳信号；表示闭锁遥信值，对断路器/刀闸进行模拟分/合；解除封锁，接受正常的遥信变位信息；确认告警；可以手动选择挂上"接地"、"检修"、"危险"、"故障"等四种标志牌；自动调出历史事件浏览器并显示出断路器或刀闸今日的变位情况；自动调出历史事件浏览器并显示出断路器或刀闸今日的 SOE 情况。

弹出"参数检索"菜单，显示断路器和刀闸所联接的数据库信息。

(3) 历史数据检索

历史数据检索界面时其区域如图 3-107 所示。在这个操作窗口的主要功能有：按照时间，事件类型，具体开关/刀闸等进行历史事件的筛选；打印任何选定的历史事件；确认单个，多个，全部的告警事件。

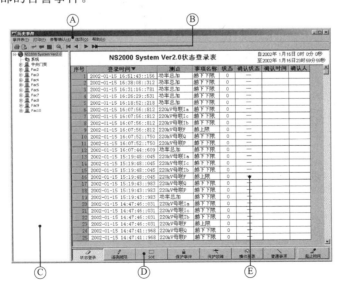

图 3-107 历史数据检索界面区域图
A—菜单栏；B—工具栏；C—对象树；D—事件表选择工具栏；E—事件表栏

(4) 实时数据检索界面

实时数据检索界面时其区域如图 3-108 所示。实时数据检索主要是浏览遥信表、遥测表、遥调表、挡位表；浏览逻辑节点遥信表、遥测表、遥调表、挡位表数据。可以选择某一指定断路器/刀闸进行查看。

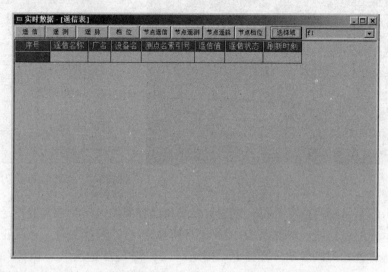

图 3-108 实时数据检索界面区域图

第4章　城市轨道交通供电设备的倒闸操作

4.1　倒闸操作的概念及一般规定

4.1.1　倒闸操作的概念

电气设备有多种不同的运行状态，要将电气设备由一种运行方式转变另一种运行方式，一种运行状态转变到另一种运行状态，就需要进行一系列的有序倒闸操作。所谓改变运行状态，就是拉开或合上某些断路器和隔离开关，包括断开或投入相应的直流（控制）回路；改变继电保护和自动装置的定值或运行状态，合分接地刀闸、拉出（推进）、装、拆临时接地线等。倒闸操作主要是指为适应供电系统运行方式改变、供电设备的检修的需要，而必须进行的拉（分）合断路器，拉（合）隔离开关、高压熔断器等（以下简称为一次设备）的操作。为适应一次设备运行状态的改变，继电保护及自动装置（以下简称二次设备）运行状态亦应作相应改变，如继电器保护装置的投入或退出、保护定值的调整等。目前城市轨道交通供电系统基本实现了电力调度监控系统，电力调度员担负了部分倒闸操作者的职责，其倒闸操作分为电调操作部分和现场工作人员操作部分，为了保证上述操作正确无误地进行，要求在操作过程中进行必要的检查。

4.1.2　倒闸操作的一般规定

（1）属电力调度管辖的设备：属电力调度可远动操作的设备，倒闸操作原则上由电力调度进行倒闸操作，电力调度不可远动操作的设备倒闸操作，由电力调度下令给当地操作人员进行操作，倒闸操作则须有电力调度的命令。

（2）属电调管辖的设备进行倒闸作业须有电力调度命令，电力调度的命令应由值班运行（操作）人员受令并复诵，电力调度确认无误后给出命令编号和批准时间，双方均应认真填写倒闸操作命令记录。无命令编号和批准时间的命令无效，有疑问时须经双方确认后方可执行。

非电力调度管辖的设备，须有相应设备运行管辖负责人的命令。受令人倒闸完毕后应将倒闸时间、内容和操作人、监护人姓名记入倒闸操作命令记录簿中。

（3）电调、值班运行（操作）人员进行倒闸工作的过程应严格遵守发令、复诵、记录、汇报等程序，执行调度标准用语。倒闸作业要按操作卡片（程控卡）或电调命令执行。

（4）对一个变电所（接触网作业组）一次只能下达一个命令，一个命令只有一个倒闸操作任务（即一张操作卡片或一张倒闸表上的倒闸操作）。

（5）操作人员接令后，操作前应先在模拟图上进行模拟操作，确认无误后方可倒闸。倒闸操作须实行一人操作一人监护。现场倒闸操作人、监护人均应穿绝缘靴、戴安全帽，操作人还应戴绝缘手套。操作人在倒闸操作时要做到准确、迅速。

（6）执行双边供电的接触网停电操作，须切开相应的直流馈线开关及隔离开关。

（7）倒闸操作期间严禁做与操作无关的事，以便精力集中，确保安全。

（8）遇有危及人身或设备安全的紧急情况，值班人员（操作人员）可先行断开有关的断路器和隔离开关，然后再报告电力调度，但合闸时必须有电力调度或值班负责人的命令才能进行。在操作过程中发生异常情况或发生误操作时，操作人员应立即停止操作，并报告电调。

（9）电调远动操作后，现场作业人员应核对开关状态，并及时向电调汇报。

（10）在远动装置良好状况下，应尽量采用远动操作，确保运行安全。

（11）雷电天气时禁止进行室外高压设备的就地倒闸操作。

雷电时（在作业地点可见闪电或可闻雷声）禁止在露天段接触网设备或与露天段相连的接触网设备上进行作业（含停电挂地线的配合施工）。遇有大雨或风力在5级及以上恶劣天气时，一般不进行露天作业。若必须进行检修和故障处理或事故抢修时，应有可靠的防护措施，并在加强监护的情况下方准作业。

雷电时禁止在室外设备以及与其有电气连接的变电所室内设备上作业。不进行高压带电作业。

4.1.3 电气设备的运用状态

运行中的电气设备，指全部带电或一部分带电以及一经操作即带有电压的电气设备。所谓一经操作即带有电压的电气设备，是指现场停用或备用的电气设备，它们的电气连接部分和带电部分之间只用断路器或隔离开关断开，并无拆除部分，一经合闸即带有电压。因此，运行中的电气设备具体指的是现场运行、备用和停电的设备。如电气设备某一部分已从电气连接部分拆下，并已拆离原来的安装位置而远离带电部分，则就不属于运行中的电气设备。现场中全部带有电压的设备即处于运行状态，而其中一部分带有电压或一经操作才带有电压的设备是处于备用状态或停用状态以及检修状态。

电气设备的运用状态有运行状态、热备用状态、冷备用状态和检修状态。

1. 运行状态

电气设备的运行状态，是指断路器和隔离开关都在合闸位置，将电源至受电端间的电路接通，其间的电气设备及二次设备均处于带电工作的状态。

2. 热备用状态

电气设备的热备用状态，是指断路器在断开位置，而隔离开关仍在合闸位置，其特点是断路器一经操作即接通电源。

3. 冷备用状态

电气设备的冷备用状态，是指设备的断路器及隔离开关均在断开位置。其显著特点是该设备（如变压器）与其他带电部分之间有明显的断开点。设备的冷备用根据工作性质分为变压器冷备用与线路冷备用等。现分别叙述如下。

（1）"变压器冷备用"时，接在变压器高低压侧断路器及隔离开关应分开。

（2）"线路冷备用"时，线路各来电方向断路器及隔离开关应分开。

（3）母线从运行或检修转为冷备用应包括母线电压互感器转为冷备用。

4. 检修状态

电气设备的检修状态，是指设备各来电方向的断路器和隔离开关均已断开（折返线单股道或车辆段小分区接触网只需隔离开关断开），待检修设备（如断路器）各来电方向装设了保护接地线（或合上接地隔离开关），断路器和隔离开关加锁，若无加锁功能须断开控制电源，根据工作票安全措施要求悬挂了工作标示牌，安装了临时遮拦，该设备即作为处于检修状态。装设临时遮拦的目的是将工作场所与带电设备区域相隔离，限制工作人员的活动范围，以防在工作中因疏忽而误碰带电部分。

检修应根据工作性质分为断路器检修和线路检修等。

（1）断路器检修是指设备的断路器与两侧隔离开关均拉开，断路器的操作熔断器及合闸电源熔断器已取下，在断路器两侧装设了保护接地线或合上接地隔离开关，并做好安全措施。GIS断路器的检修还需将整段母线停电和相关接地。直流断路器的检修是将小车拉至检修隔离位或通道。

（2）"线路检修"是指线路断路器及其两侧隔离开关拉开，并在线路出线端挂好接地线（或合上线路接地隔离开关）。环网电缆检修还需将电缆出入两端断路器和隔离开关拉开，合上接地隔离开关并合上馈线断路器进行接地。如有线路仪表变压器（或变压器），应将其隔离开关拉开或取下高低压熔断器。

（3）变压器检修可分为主变压器、动力变压器检修和整流变压器检修。主变压器、动力变压器检修时分别在断路器馈出线侧和变压器各侧，挂接地线或合上接地隔离开关，动力变压器低压侧将开关拉出至检修位。整流变压器检修，需将整流器直流侧开关及整流变压器高压侧断路器断开，拉开负极隔离开关，并将直流开关拉至检修位，变压器高低压侧均应挂地线。

（4）SVG设备检修可参考整流机组的检修进行，但变压器和电容器组分别挂地线，电容器组单个分别放电。

（5）制动电阻装置的检修，一般要在列车停运后进行，检修时应将正、负极开关拉开，合上接地隔离开关、挂接地线，对电容、电抗器放电。

（6）母线检修状态是指该母线从冷备用转为检修，即在冷备用母线上挂好接地线（或合上母线接地隔离开关）。

1）母线由检修转为冷备用，是指拆除该母线的接地线（或拉开母线接地隔离开关），应包括母线电压互感器转为冷备用。

2）母线从冷备用转为运行，是指有任一路电源断路器处于热备用状态，一经合闸，该母线即可带电，包括母线电压互感器转为运行状态。

3）直流1500V母线检修要防止其他接触网反送电至本母线的可能，其出线所有断路器和隔离开关均要停电，并挂接地线。

凡不符合上述状态的操作，调度员在发布操作命令时必须明确提出要求，以便正确执行倒闸操作。

4.2 倒闸操作的要求

4.2.1 倒闸操作的基本规律

倒闸操作的基本规律见表4-1。

倒闸操作的基本规律　　　　　　　　表 4-1

设备倒闸前状态	设备倒闸后状态			
	运行	热备用	冷备用	检修
运行		(1) 拉开必须切断的断路器； (2) 检查所切断的断路器是否处在断开位置	(1) 拉开必须切断的断路器； (2) 检查所切断的断路器是否处在断开位置； (3) 拉开必须断开的全部隔离开关； (4) 检查所拉开的隔离开关是否处在断开位置	(1) 拉开必须切断的断路器； (2) 检查所切断的断路器处在断开位置； (3) 拉开必须断开的全部隔离开关； (4) 检查所拉开的隔离开关处在断开位置； (5) 挂上保护用临时接地线或合上接地隔离开关，合上连通接地用的断路器； (6) 检查合上的接地隔离开关、断路器处在接通位置
热备用	(1) 合上必须合上的断路器； (2) 检查所合上的断路器处在接通位置		(1) 检查所拉开的断路器处在断开位置； (2) 拉开必须断开的全部隔离开关； (3) 检查所拉开的隔离开关处在断开位置	(1) 检查所拉开的断路器处在断开位置； (2) 拉开必须断开的全部隔离开关； (3) 检查所拉开的隔离开关处在断开位置； (4) 挂上保护用临时接地线或合上接地隔离开关，合上连通接地用的断路器； (5) 检查合上的接地隔离开关、断路器处在接通位置
冷备用	(1) 检查全部接线； (2) 检查断路器处在断开位置； (3) 合上必须合上的全部隔离开关； (4) 检查所合上的隔离开关在接通位置，合上必须合上的断路器； (5) 检查所合上的断路器处在接通位置	(1) 检查全部接线； (2) 检查所断开的断路器处在拉开位置； (3) 合上必须合上的全部隔离开关； (4) 检查所合上的全部隔离开关在接通位置		(1) 检查所断开的断路器处在断开位置； (2) 检查必须断开的全部隔离开关处在断开位置； (3) 挂上保护用临时接地线合上接地隔离开关，合上连通接地用的断路器； (4) 检查所合上的接地隔离开关、断路器处处在接通位置
检修	(1) 拆除全部保护用临时接地线或分开连通接地用的断路器、拉开接地隔离开关； (2) 检查所处断路器、拉开的接地隔离开关在断开位置； (3) 检查断路器处在断开位置； (4) 合上必须合上的全部隔离开关； (5) 检查所合上的隔离开关在接通位置； (6) 合上必须合上的断路器； (7) 检查所合上的断路器处在接通位置	(1) 拆除全部保护用临时接地线或拉开接地隔离开关； (2) 检查所拉开的接地隔离开关在断开位置； (3) 检查断路器处在断开位置； (4) 合上必须合上的全部隔离开关； (5) 检查所合上的隔离开关在接通位置	(1) 拆除全部保护用临时接地线或拉开接地隔离开关； (2) 检查所拉开的接地隔离开关在断开位置； (3) 检查断路器处在断开位置； (4) 检查所拉开的隔离开关在断开位置	

注：设备转入"检修状态"时，须挂上标示牌、装设临时遮拦、断开操作电源及退出二次压板、继电保护出口等安全措施虽未列在表内，但仍须按照有关的规程、规定执行，投入时亦然。接触网折返线单股道或车辆段小分区接触网只有隔离开关断合停送电的区段，其只有运行状态和检修状态，没有冷备用和热备用状态。

4.2.2　倒闸操作的要求

1. 对运行操作人员的要求

（1）值班人员必须经过身体检查合格、安全教育、技术培训，须熟悉业务和有关的规章、规程规范制度，经考试合格、相关部门批准、公布值班资格名单后方可承担一般操作和复杂操作，或接受调度命令，进行实际操作或监护工作。每年值班人员要进行一次考试复查，不符合值班资格者要降职（级）使用。

（2）值班人员如调到其他线路、线网变化较大的变电所（接触网）工作时，也必须履行考试及批准手续。

（3）新进值班人员必须经过安全教育、技术培训，考试合格，方可担任实习值班员，如要进行操作，必须在监护人、操作人双重监护下才能进行操作。

（4）值班人员若因故离岗3个月后，必须复习规章、规程、规范、制度，经考试合格后，方可担任原来的工作。

（5）夜间户外倒闸操作时，应配备足够的照明电源。对接触车辆段的供电分区要严格核对区段和分段位置，雨天验电器要有防潮措施。

（6）倒闸操作时，不能单凭记忆，而应在仔细地检查了应操作设备的名称编号后，才能进行操作。不要仅依赖监护，而应对操作内容做到心中有数，否则，操作中会出问题。

（7）在进行操作期间，不要做与操作无关的交谈或工作。

（8）处理事故时，不要惊慌失措，否则，会扩大事故或发生人身伤亡事故。

（9）装设接地线之前，必须认真检查该设备是否确已无电。在验明设备确无电压后，应立即装设接地线（或合上接地隔离开关）。

2. 对电气设备要求

（1）现场一次、二次设备要有明显的标志，包括名称、编号、铭牌、转动方向、切换位置指示及区别电气相别的颜色。

（2）要有合格的工具、安全用具和设施（包括放置接地线的专用装置）等。

3. 对管理方面的要求

（1）要有与现场设备标示和方式相符合的一次系统模拟图、二次回路的原理图和展开图。

（2）除事故处理外，操作时应有确切的调度命令和合格的操作票。

（3）要求使用统一的、确切的操作术语。

4.2.3　倒闸操作的技术要领

为防止误操作事故，《变电所安全工作规程》作了具体规定：停电倒闸操作必须按照断路器、负荷侧隔离开关、母线侧隔离开关顺序依次操作；送电倒闸顺序与此相反。严防带负荷拉开隔离开关，这是倒闸操作最重要的基本原则。

实际上整个倒闸操作的技术原则也是围绕着"不能带负荷拉隔离开关"及保证人身设备安全、缩小事故范围而制定的。在了解倒闸操作的基本规律与技术原则的基础上，应掌握好电气设备的操作技术要领。

1. 隔离开关操作技术要领

（1）在手动合隔离开关时必须迅速果断，但在合到底时不能用力过猛，以防合过头及损坏支撑绝缘子。在合隔离开关时如发生弧光或误合时，则应将隔离开关迅速合上。隔离开关一经合上，不得再行拉开，因为带负荷拉开隔离开关会使弧光扩大，使设备损坏更加严重，这时只能用断路器切断该回路后，才允许将误合的隔离开关拉开。旁路母联隔离开关的操作只在旁路断路器断开的情况下进行。

（2）隔离开关在操作后，必须检查其开、合的位置。对 GIS 无法检查隔离开关的实际位置情况的，要检查每相连杆的转动及带电显示装置。合时查三相刀片接触良好；拉开时三相断开角度符合要求。避免由于操作机构发生故障或调整不当，出现操作后未全拉开和未全合上的不一致现象。

2. 断路器操作技术要领

（1）一般情况下，凡电动合闸的断路器，不应手动合闸。能在电调远动操作或当地 PC 机操作的，不要在开关柜前操作。

（2）断路器操作后，应检查与其有关的信号及测量仪表的指示，从而判别断路器动作的正确性。但不能仅从信号灯及测量仪表的指示来判断断路器实际的分、合闸位置。

1）断路器合闸前，应确认继电保护已按规定投入。

2）断路器合闸后应检查相关合闸指示灯亮；机械指示应在合闸位置；此回路的电流表、功率表及计量表是否启动，如不启动应查明原因；弹簧操作机构，在合闸后应检查弹簧是否压紧。

3）断路器分闸后应检查相关分合闸指示灯亮；机械指示应在分闸位置；计量表应停走，电流表、功率表指针回到零位。

4）当断路器切断故障电流次数达到现场规程规定时，应停用其重合闸；断路器因有缺陷而不能跳闸时，应改为非自动；若断路器有明显故障，应尽快停用。

（3）并列运行的线路在一条线路停电前应考虑有关定值的调整，并注意在一条线路断开后另一条线是否过负荷，如有疑问，应核对负荷情况后，再行操作。

（4）设备停役时应先拉断路器再拉隔离开关。

（5）设备复役应先合隔离开关再合断路器。断路器合闸前继电保护必须已按规定投入。有重合闸的线路，应检查重合闸装置是否良好。

（6）操作变压器断路器停送电时，停电操作应先拉开负荷侧断路器，后拉电源侧断路器。送电时操作顺序相反。

（7）断路器检修前必须拉开控制电源开关；并拉开弹簧储能电源开关或熔断器。

3. 装、拆接地线操作

（1）高压设备停电检修作业必须验电接地，验电接地应由两人进行，装接地线应先接地端，装设接地线前必须在停电设备上验明确已无电压，然后挂上接地线。挂接地线时，应戴绝缘手套，穿绝缘靴。在设备上挂接地线时应先接靠近人身的那一相，然后再接其他两相。拆除接地线时顺序相反。

（2）验电前必须检查验电器本身是否良好。验电接地应做到：验电应采用验电器，验电器与电压等级相适应，并在有电设备上试验，确认良好，方准使用。验电时应检查停电所有引入线，引出线验明无电后应马上进行接地。对电容器、双回路架空线路、电缆线路接地前必须先充分放电后再验电接地。

（3）接地前检查地线确认无松股、散股、断股、连接端子连接牢固。接地时应先接接地端，然后将另一端通过绝缘杆接在停电设备上，拆除地线时，先拆导线端，后拆接地端,操作中接地线导体严禁与人体接触。

(4) 接地线应有编号,并存放在固定的地点,存放的位置也应编号以便对号入座,使用时应注明接地设备的名称。

1) 操作票上应填写接地线编号,在模拟图板上亦应有相应的接地线标志和编号。

2) 拆除接地线后必须放回固定地点、做好记录,更正模拟图板。交接班时必须交代清楚接地线的使用情况。

4. 倒闸操作的有关要求

(1) 倒闸操作前,必须了解系统的运行方式、继电保护及自动装置等情况,并应考虑电源及负荷的合理分布以及系统运行的情况。

(2) 在电气设备复役前必须检查有关工作票,并检查安全措施拆除情况,如拉开接地隔离开关或拆除接地线及警告牌和临时遮拦,恢复常设遮拦,对必要的设备测量绝缘电阻等。在测量绝缘电阻时必须隔离电源,并进行放电。此外还应检查断路器、隔离开关均在断开位置,工作票应全部收回,并办理好工作票终结手续,汇报调度,等待送电。

(3) 倒闸操作前应考虑继电保护及自动装置整定值的调整,以适应新的运行方式的需要,防止因继电保护及自动装置误动或拒动而造成事故。

二次部分的调整有如下的要求:

1) 电压互感器二次负荷的切换;

2) 所用变压器电源的切换;

3) 直流电源的切换;

4) 交流电源、电压回路和直流回路的切换;

5) 根据一次接线,调整二次跳闸回路(例如继电保护及自动装置改接和联跳断路器的调整等);

6) 断路器停役,二次回路工作需将电流互感器短接退出,以及断路器停役时根据现场规程决定断路器失灵保护停用;

7) 现场规程规定的二次回路需作调整的其他有关内容。

(4) 备用电源自动投入装置、重合闸装置必须在所属设备停运前退出运行,在所属主设备送电后投入运行。

(5) 在倒闸操作过程中应注意分析表计指示。如倒母线时应注意电源分布的功率平衡,并尽量减少母联断路器电流,使其不超过限额,以防止过负荷而跳闸。

(6) 在下列情况下,应将断路器的操作电源切断:

1) 检修断路器;

2) 在二次回路及保护装置上工作;

3) 在倒母线操作过程中拉合母线隔离开关,必须先断开母线断路器,以防止在拉合隔离开关时母联断路器跳闸而造成带负荷拉、合隔离开关;

4) 操作隔离开关前应先检查断路器在分闸位置,以防止在操作隔离开关时断路器在合闸位置而造成带负荷拉、合隔离开关;

5) 在继电保护故障情况下,应断开直流操作回路,以防止因断路器误合、误跳而造成停电事故;

(7) 操作中应用合格的安全工具,以防止因安全工具不合格,在操作时造成人身和设备事故。

4.2.4 倒闸操作的注意事项

倒闸操作是将电气设备从一种状态转变到另一种状态的过程。新的状态出现后，势必将会出现负荷的重新分配和潮流方向的重新调整，因此倒闸操作前必须了解系统的运行是否合理，继电保护及自动装置是否与一次运行方式相适应，继电保护定值是否要调整等。在倒闸操作中，应注意监视表计，分析其指示是否正常，同时还需注意下列几点：

倒闸操作分为电调远动操作和当地操作两种方式，通常电调操作是对可由远方可操作的断路器和隔离开关进行倒闸操作，远方不能操作的隔离开关和接地刀闸由电调发令给操作人员在当地进行操作。无论谁操作均应严格执行倒闸操作原则。倒闸操作必须由两人进行，其中对设备较为熟悉者作监护人（单人值班的变电所，倒闸操作可由检修人员参与执行）。特别重要和复杂的倒闸操作由熟练的值班员操作，值班负责人监护，操作中执行监护制度，可及时纠正操作人在操作中可能出现的错误操作。同时当在操作中万一发生意外时，监护人可及时对其进行救护。

用绝缘棒拉、合隔离开关或经传动机构拉、合隔离开关和断路器，均应戴绝缘手套，雨天操作时绝缘棒应加装防雨罩，还应穿绝缘靴，雷电时，禁止进行倒闸操作。

装有闭锁装置（电气闭锁或机械闭锁）的隔离开关，应按闭锁装置要求进行操作，不得擅自解除闭锁。

4.3 倒闸操作的标准化

正确进行倒闸操作是保障人身和设备安全的一项重要措施，要求值班人员和电力调度均应严格进行标准化操作。标准化倒闸操作包括操作术语标准化和操作程序标准化两项内容。

4.3.1 操作术语标准化

变电所常用的标准操作术语见表 4-2。

变电所常用的标准操作术语   表 4-2

序号	操作术语	含义
1	报告数字时：幺、两、三、四、五、六、拐、八、九、洞、幺洞、幺幺	相应为：一、二、三、四、五、六、七、八、九、零、一〇、一一
2	设备试运行	设备新安装，大修或事故，故障处理后投入系统运行一段时间，用以进行必要的试验或检查，视具体情况可随时停止运行
3	设备停用	运行中设备停止运行
4	设备投入	停用设备恢复运行
5	准备倒闸	从宣布时开始即算进入倒闸操作期间，并应执行有关要求和规定
6	开始模拟操作	开始在模拟图上按操作卡片或倒闸表的顺序逐项读票、复诵，并操作
7	开始操作	开始在实际设备上按操作卡片或倒闸表的顺序逐项读票、复诵，确认并操作
8	倒闸结束	倒闸命令完成并消令，转入正常值班
9	发令时间	电力调度开始下达命令的时间

续表

序号	操作术语	含义
10	批准时间	值班员（接令人）复诵发令时间、命令内容、发令人、受令人姓名、操作卡片编号后，电力调度发布命令号及批准时间（即准许倒闸开始操作的时间）
11	完成时间	倒闸操作全部结束后，值班员汇报某号命令已倒闸操作完成，电力调度给出完成时间
12	某时（读成点，下同）某分某跳闸，某动作	此系断路器自动跳闸时，某时某分某断路器（该断路器的运行编号）跳闸，同时某（保护名称）动作
13	某时某分某跳闸，某动作，重合成功（重合不成功，重合闸撤除，重合闸拒动）	馈电线断路器跳闸时，某时某分某断路器跳闸，某保护动作，重合闸动作使断路器合闸成功（或不成功，或该装置未投入运行，或发生拒绝动作）
14	某时某分某强送第某次成功	某时某分某断路器由操作强行合闸送电第某次成功
15	某时某分某强送某次不成功，某动作	某时某分某断路器由操作强行合闸送电某次不成功，某保护动作
16	断（拉）开或合上某（某某）	断（拉）开或合上某断路器（某隔离开关）
17	拉出或推上某手车	将运行编号为某某的手车式断路器拉出至试验位置，使隔离动、静触指分开；或推上手车至运行位置，使隔离动、静触指合上
18	验明无电或有电	指线路或设备停电时检查验证隔离开关一侧或断路器两侧或进出线、分段已无电；送电时则检查验证隔离开关或断路器或进出线、分段负荷侧应有电

4.3.2 操作程序标准化

倒闸操作一般按以下程序进行。

（1）了解倒闸计划。工班长按施工行车通告的检修计划了解当天检修计划停电或送电的倒闸项目及预计倒闸时间。

（2）做好准备工作。电力调度在确定某项倒闸后，应于倒闸操作前通知变电所值班员（操作人员）。

操作前必须先准备必要的安全用具、工具、钥匙，操作高压设备应戴的绝缘手套，使用前应检查有无破损和漏气，需要装设接地线时应检查接地线是否完好，接地线桩头有无松动，核对所取钥匙是否与操作票所要操作的电气设备名称相符。

雨天操作还应准备好绝缘靴、雨衣。做安全措施时，应准备相应电压等级且合格的验电器、接地线活动扳手等。如执行二次设备的倒闸操作任务时，必须准备电压表、螺丝刀、短接地线等。

（3）发布倒闸命令。当电力调度员宣布"某变电所接令"或"某接触网接令"后，接着发布命令时间、命令内容、操作卡片编号及发令人姓名。值班员复诵全部内容，并告之受令人姓名。在上述授受令过程中，助理值班员始终监护值班员的受令，并校核其复诵内容与记录是否相符。经发、受令双方核对无误后，电力调度发布命令号及批准时间。

（4）模拟图操作。值班负责人宣布"开始模拟操作"，而后按操作顺序在模拟图上进行核对性操作。

（5）正式进行操作。值班负责人宣布"开始操作"后，值班员及助理值班员前往现场，到达位置即核对设备名称、编号。在相互确认正确无误后，值班员宣读操作卡片（或倒闸表），并站在助理值班员左侧稍后处进行监护；助理值班员站在设备前用右手进行操作。操作过程中应逐项呼唤应答，即每进行一步操作监护人均须用右手指点应操作的设备，操作人则予以复诵，借以达到双方共同确认、保证无误的目的。

（6）检查和确认。为了确保按操作票的顺序进行操作，在每操作完一项后，监护人应在该项上做一个记号"√"。同时两人一起检查被操作的设备的状态，应达到操作项目的要求。如设备的机械指示、信号指示灯、表计等情况，以确定实际位置。操作结束，还应对票上的所有操作项目做全面检查，以防漏项。

（7）消令。前述程序完成并经确认达到操作目的后，值班员即向电力调度报告："某变电所某号命令完成"，并报出自己的姓名。电力调度员则应答复出命令完成时间及本人姓名，即"某号命令某时某分完成，某某（姓名）"。至此，值班员即可宣布"倒闸结束"。

（8）复查。倒闸结束后，由值班员对设备的技术状况进行检查。例如检查手车断路器的闭锁杆、导簧管（或跳闸弹簧）、凸轮位置是否正确，隔离触指接触是否良好等。

4.4 操作卡片和程控卡片

为了保证电气设备倒闸操作的正确与安全，变电所运行伊始即将常见的倒闸操作编成固定的操作卡片，值班员进行倒闸操作时即按该卡片进行。遇有临时改变运行方式的操作而无操作卡片者，应由值班员编写倒闸表或电力调度发布的具体操作步骤，操作完成后倒闸表还应附在操作记录上。单一的操作，如拉开接地闸刀或拆除一组接线等可直接以命令内容的方式授受，而不必编写倒闸表。

程控卡片是按倒闸操作原则编写的某一个所或多个所设备停送电的系统操作程序，是电力调度倒闸操作用的标准操作固定流程。采用程控卡片操作可大大提高倒闸操作效率和安全可靠性。

4.4.1 编写操作卡片时应遵守的原则

编写操作卡片或倒闸表时应遵守以下原则：

（1）停电时，先断开负荷侧，后断开电源侧；先断开断路器，后断开隔离开关。送电时，与上述操作程序相反。

（2）隔离开关分闸时，先断开主闸刀，后合上接地闸刀；合闸时程序相反。

（3）禁止带负荷进行隔离开关的倒闸操作和在接地闸刀处于闭合状态下强行闭合主闸刀。

（4）回路中未装设断路器时可用隔离开关进行下列操作：

1）开、合电压互感器和避雷器，以及接触网单股道线路、车辆段小区域供电区。

2）开、合母线和直接接在母线上的设备的电容电流。

3）开、合变压器中性点的接地线。

4）开、合10kV及以下、电流不超过70A的环路均衡电流。

4.4.2 操作卡片或倒闸表填写的有关说明

（1）下列各项应作为单独的项目填入操作卡片或倒闸表内。

1）应拉合的断路器和隔离开关。

2）断路器操作后，检查其分、合闸位置。

3）隔离开关操作后，检查其确已拉开，或合闸接触良好。

4) 断路器由冷备用转运行或热备用进行操作隔离开关前，检查断路器确在分闸位置。

5) 拉、合二次电源隔离开关。

6) 取下、投入控制回路、电压互感器的二次熔断器。若同时取放同一设备多组二次熔断器可以并项填写，操作时分项打勾。

7) 为防止误操作，在操作前必须对其所要操作的设备进行逐项检查，并应做到检查后立即进行该项操作，操作后应检查操作情况是否良好。

8) 验电及装、拆接地隔离开关的应列专项进行操作，由电力调度发令操作，明确地点及接地隔离开关（拉、合）编号，其中每项验电及装接地隔离开应作为一个操作项目填写。

9) 设备（线路）检修结束，由冷备用或检修转运行（热备用）前，应检查送电范围内确无原来遗留接地线（接地隔离开关）。

10) 两个并列运行的回路，当需停下其中一回路而负荷移到另一回路时，操作前对另一回路所带负荷情况是否正常应进行检查。

11) 保护定值更改，电流、电压、时间等应分项填写。同一定值同一套保护三相可以合为一项填写，但执行时应分别打勾。

(2) 设备名称的填写，在操作任务栏内应写双重名称，在操作项目栏中只要填写设备编号即可（隔离开关只要写编号），同一保护的连接片编号不应相同。

(3) 断路器在运行状态时该保护定值应退出相应的保护连接片，如需改串、并联，还要先将电流互感器二次回路的适当地点短接。

(4) 母线由检修（或冷备用）转运行，应在将电压互感改为运行状态后，对母线进行充电。检查母线充电情况包括母线电压互感器，故对电压互感器充电情况检查可不另列一项。

(5) 倒闸表中下列四项不得涂改：
1) 设备名称编号；
2) 有关参数和时间；
3) 设备状态；
4) 操作时间。

其他如有个别错、漏字允许进行修改，但应做到被改的字和改后的字均要保持字迹清楚，原字迹用"\"符号划去，不得将其涂、擦、划掉。

4.4.3 操作卡片或倒闸表填写的有关规定和注意事项

由于电力调度集中监控系统的发展，城市轨道交通供电系统的设备操作运行管理发生了质的变化，主要表现在电力调度可以对供电系统的大部分断路器和隔离开关进行远方操作和程控操作。现场变电所和接触网主要是接地隔离开关（挂接通地线）的操作和二次设备的操作，因此设备的倒闸操作分为两部组成，即电力调度操作和现场人员操作。下面介绍几种操作卡片或倒闸表填写的原则要求及注意事项。

1. 电力调度操作的程控卡及操作设备的有关规定

电力调度的程控卡片分为单个所、接触网单个区段和多个区段的操作及全线停送电的操作等，在开通运行调试前要把程控卡片调试好和固化，电力调度在倒闸操作前根据停送电目的的选取相应的程控卡，操作后要检查报文及开关位置是否正确，确认停送电目的已操作完毕。

2. 线路倒闸操作票的填写及有关规定

线路倒闸分为两类：一类是变压器检修；另一类是接触网线路、电缆线路检修。

(1) 变压器（断路器）检修倒闸表的填写。

根据线路停电的原则，停电时断开断路器后要先拉负荷侧隔离开关，后拉母线隔离开关，送电时则先合母线侧隔离开关，后合负荷侧隔离开关。填票时必须遵循这一原则。这样规定的目的是因为以往的事故经验告诉我们，停电时可能会有两种误操作：一是断路器没断开或经操作实际未断开，拉应停电线路的隔离开关；二是断路器虽已断开，但拉隔离开关时走错位置，错拉不应停电线路的隔离开关，两种情况均造成带负荷拉隔离开关。

假设断路器未断开，先拉负荷侧隔离开关，弧光短路发生在断路器保护范围以内，则线路断路器跳闸，可切除故障，缩小事故范围。

倘若先拉母线侧隔离开关，弧光短路发生在线路断路器保护范围以外，由于误操作而引起的故障电流并未通过电流互感器，该线路断路器保护不动作，线路断路器不会跳闸，将造成上一级断路器跳闸，扩大事故范围。

送电时，如果断路器在误合位置便去合隔离开关，比如先合负荷侧隔离开关，后合母线侧隔离开关，等于用母线侧隔离开关带负荷操作，一旦发生弧光短路便造成母线故障。

另一方面从检修方面考虑，即使由于误操作发生的事故，检修负荷侧隔离开关时只需停一条线路，而检修母线侧隔离开关却要停用母线，造成大面积停电。

(2) 接触网、电缆线路检修倒闸表的填写及其他有关操作事项。

电气设备的运行状态中已提到线路冷备用时，接在线路上的电压互感器、所用变压器、高低压熔断器一律取下，高压隔离开关拉开，如高压侧无法断开，则应断开低压侧。

因是直接从运行状态改为检修状态，所以拉开线路断路器与隔离开关后应在其操作把手上面挂上"禁止合闸，线路有人工作"的标示牌，以提示操作人员。

总结上述倒闸表的要点是设备停电检修必须把此设备各方面电源完全断开，禁止在只经断路器断开的电气设备上工作，且被检修设备与带电部分之间应有明显的断开点和足够的安全距离；安排操作项目时要符合倒闸操作的基本规律和技术原则，各操作项目不允许出现带负荷拉隔离开关的可能。装设接地线前必须先在装设地点验电，确认无电压后，应立即装设接地线。装设时应先接接地端，后接导体端，且在可能送电到停电检修设备的各端均必须装设接地线。

(3) 新线路送电应注意的问题。

除应遵守倒闸操作的基本要求外，还应注意以下各点：

1) 双电源线路或双回路，在并列或合环前应经过定相。

2) 分别来自两母线电压互感器的二次电压回路（经母线隔离开关辅助触点接入），也应定相。

3) 配合专业人员，对继电保护自动装置进行检查和试验。特别是当用工作电压、负荷电流检查保护特性（如检查零序电流保护的方向）时，要防止二次电压回路短路及电流回路开路。

4) 线路第一次送电应进行全电压冲击合闸，其目的是利用操作过电压来检验线路的绝缘水平。

3. 变压器倒闸操作票的填写

(1) 变压器投入运行时，应选择励磁涌流影响较小的一侧送电，一般先从电源侧充电，后合上负荷侧断路器。

(2) 向空载变压器充电时，应注意：

1) 充电断路器应有完备的继电保护，并保证有足够的灵敏度。同时应考虑励磁涌流对系统继电保护的影响。

2) 大电流直接接地系统的中性点接地隔离开关应合上（对中性点为半绝缘的变压器，则中性点更应接地）。

3) 检查电源电压，使充电变压器各侧电压不超过其相应分接头电压的5%。

(3) 新投产或大修后的变压器在投入运行时应进行定相，有条件者应尽可能采用零起升压。对可能构成环路运行者应进行核相。

4. 电压互感器倒闸表的填写

进行该项操作前，有时要考虑继电保护的配置问题，如退出低电压等保护装置，以防因其失压而误动，另外还有计量问题等。因变电所的每个电压等级均设置了电压互感器，为明确区分不致混淆，故在电压互感器名称前增写相应的电压等级及母线名称。

5. 更改二次保护定值操作的有关规定

随着一次设备运行方式的改变，与之相对应的二次继电保护定值也要随之调整，改变定值时除上面提及的几点注意事项外，还需注意以下一些问题。

当运行值班人员接到定值通知单或调度命令需改变保护定值时，应首先核对继电器的规范是否相符。

在设备不停电情况下更改保护定值，为防止误动、误碰致使人为造成事故，故在操作继电器前应先断开相应的跳闸连接片。

运行中调整保护定值的操作顺序规定如下：

(1) 事故时反映数值上升的保护（如过电流保护）定值由大改小时，一般在运行方式改变后调整，顺序从动作时间最小值开始逐级调整。由小改大时，一般在运行方式改变前调整，顺序从动作时间最大值开始逐级调整。

(2) 事故时反映数值下降保护（如过电压保护）定值的改变顺序与上述相反。

(3) 对电压闭锁电流保护，按电流保护原则考虑。

(4) 时限由大改小时，一般在方式改变前调整，顺序从动作时间最小侧开始；由小改大时则相反。

6. 考虑各种联锁关系

在填写操作卡片或倒闸表时应注意各设备间的联锁关系。在实际应用中除考虑一般的断路器与隔离开关、负荷侧与电源侧等的关系外，还应结合城市轨道交通供电系统，特别是直流牵引供电子系统中的各种联锁关系。以下联锁关系特别应予注意：

(1) 负极柜中手动隔离开关与对应的直流进线柜中的断路器和交流中压断路器之间的闭锁关系。

(2) 由于对正线接触网配置双边联跳保护，相邻两牵引变电所间两馈线断路器间可能存在的相互闭锁关系。如框架保护动作后，需就地复归动作的牵引变电所的框架保护后，方可对相邻牵引变电所的有关馈线断路器送电。

(3) 车辆段与正线有越区互供电时，越区供电的隔离开关相互闭锁关系。

第5章 城市轨道交通供电事故处理

5.1 事故处理的原则

供电系统中，凡由于工作失误、设备状态不良或自然灾害引起供电设备破损、中断供电，以及严重威胁供电安全的，均列为供电事故。供电系统的事故可分为电气设备事故和系统事故两大类。电气设备事故可能发展为系统事故，影响整个系统的稳定性；而系统性事故又能使某些电气设备损坏。因此，运行人员的主要任务是保证设备正常运行，尽量减少和避免事故的发生。而一旦发生事故，应以最快的速度处理，尽可能地保留送电范围。

5.1.1 处理的原则

在事故处理中必须牢固树立"安全第一"的思想，贯彻"高度集中，统一指挥，逐级负责"的原则，杜绝"多头指挥"和"无人指挥"。当值电力调度员是供电系统事故（故障）的指挥人，值班员或事故发现人应及时将事故表征和处理情况向其汇报，并迅速且无争辩地执行调度命令，采取应急措施，尽快恢复对用户的供电，特别是牵引供电。在事故处理后，应将事故发生及处理经过详尽如实地记录下来，并及时组织相关人员分析事故原因，讨论处理措施是否得当，同时制定出预防措施等。

供电设备事故处理的基本原则为：

（1）当发现供电设备故障时，现场值班员或事故发现人除按照规定进行现场防护外，在力所能及的范围内采取措施，防止事故蔓延和扩大，减少事故损失，同时尽快地报告电力调度。

（2）供电设备事故的抢修要遵循"先通后复"和"先通一线"的原则。

"先通后复"，就是以最快的速度设法先行恢复供电，疏通线路，必要时采取迂回供电、越区供电等措施，尽量缩短停电、中断运营时间，随后则要尽快安排时间处理遗留工作，使供电设备及早恢复正常运行状态。

"先通一线"，就是在双线区段，除按上述"先通后复"的原则确定抢修方案外，要集中力量以最快的速度设法使一条线路先开通，尽快疏通列车。

事故范围较小，抢修时间不长，无需分层作业时，应抓紧时间一次抢修完毕，恢复供电和行车。

（3）在事故抢修中电力调度须与控制中心值班主任密切配合，严格掌握供电和行车的基本标准条件，根据设备的技术条件和现场具体情况，采取有效措施，适当调整运行方式，尽可能减少对行车的影响，及时安排抢修和处理时间，尽快恢复对接触网的供电和正常行车秩序，在允许的条件下保证设备的运行，保证城市轨道交通的服务质量。

（4）事故抢修可以不要工作票，但必须有电力调度的命令，并按规定办理作业手续，以及做好安全措施。

（5）事故抢修的工作领导人即是现场抢修工作的指挥者。当有几个作业组同时进行抢修作业时，必须指定1人担当总指挥，负责各作业组之间的协调配合，同时必须指定专人与电力调度时刻保持联系，及时汇报抢修工作进度、情况等，并将电力调度和上级指示、命令迅速传达给事故抢修的指挥者。

（6）对于事故停电的电气设备，在未断开有关断路器和隔离开关并按规定做好安全措施前，不得进入相关的设备区，且不得触摸该设备，以防突然来电。对于无人值班变电所，电力调度员应注意，在已派出人员到现场查巡后，在未与现场人员取得联系前，无论何种理由，都不得对停电设备重新送电。

（7）在下列情况下，当值人员可不经电力调度员许可自行操作，结束后再汇报：

1）对威胁人身和设备安全的设备停电。

2）对已损坏的设备隔离。

3）恢复所用电。

5.1.2 事故抢修的组织指挥和事故分析

1. 事故抢修的组织指挥

（1）事故的处理程序和信息反馈

城市轨道交通的员工，无论任何时候发现接触网事故和异状，均应立即设法报告控制中心电力调度或行车调度（若行车调度接到报告，应立即通知电力调度），并应尽可能详细说明范围和破坏情况，必要时在事故地点设置防护措施。

控制中心电力调度得知发生的事故信息后，要通过各种方式、渠道，迅速判明事故地点和情况，尽可能详细地掌握设备损坏程度，并立即通知设备部门立即启动事故处理程序，组织对事故点的定位查找和抢修工作，以最快的速度修复设备，保证运营。

供电设备故障（事故）处理流程见图5-1。

（2）事故抢修的组织

1）抢修人员的组织

抢修人员接到抢修命令后，立即紧急集合当班的所有人员，组成抢修组，并按内部分工，分头带好、带足机具（夜间出动时必须携带照明发电装置及灯具）和材料等，在规定的时间内迅速赶到事故现场。

如果事故范围较大，设备损坏较严重，需技术和人力支援时，应及时调动相关技术人员赶赴现场。事故现场要有相关领导组织指挥抢修，及时解决存在的问题。对需要连续作业较长的事故进行抢修时，需调动足够的人员进行替换作业。

2）现场抢修前的准备工作

抢修人员到达事故现场，工作领导人（或事故抢修总指挥）要组织人员全面了解事故范围和设备损坏情况，按照"先通后复"和"先通一线"的抢修原则，果断、快速确定抢修方案，并尽快报告电力调度。同时，根据掌握的事故范围和设备损坏情况，做好以下几方面的工作：

① 确定抢修人员的分工、作业项目与次序、相互配合的环节等；

② 预制、预配部分零部件；

③ 检查有关抢修作业机具和材料的技术状态，并清点数量；

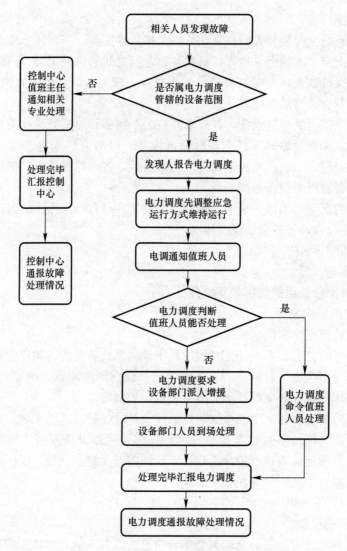

图 5-1 供电设备故障（事故）处理流程

④ 如果事故范围较大，则根据设备损坏情况及人员、机具情况，将事故范围划分几个作业区并分派人员。

抢修人员到达事故现场后，要充分利用电力调度员下达准许作业命令并验电接地前的这段时间，进行好抢修作业的有关准备工作。待电力调度员下达准许作业命令后，验电接地并设好行车防护即可展开抢修作业。

（3）现场指挥

供电设备事故抢修速度的快慢，特别是接触网事故抢修，很大程度上取决于事故抢修的指挥是否得力，即取决于指挥人员的判断、决策、对人员的分工安排及调配、作业次序的安排、各作业环节进行配合时机的掌握等。事故抢修的指挥者（即工作领导人或事故抢修总指挥）要根据事故情况，沉着冷静、稳而不乱，抓住整个抢修工作的主要矛盾，机智果断，争取主动。对于大型事故的抢修能够两个或几个组同时进行的作业，一定要安排同时展开，以争取时间。

为了尽快恢复运营,在事故抢修中,根据事故情况及抢修作业进展情况,在确保供电及行车安全的情况下,往往采取一些必要的临时开通技术措施,以达到"先通后复"的目的。如接触网抢修中可将吊弦间距增大一倍、一些损坏的零部件可暂不更换、接触悬挂的某些部分可暂不固定、绝缘锚段关节可暂按非绝缘锚段关节调整等,这些均需根据事故情况及抢修情况灵活运用。

所有参加现场抢修的人员都必须服从抢修工作领导人(或事故抢修总指挥)的指挥,任何人不得干扰。各级领导的指示也应通过电力调度下达,由抢修工作领导人(或事故抢修总指挥)集中组织实施。

遇到大型综合性的事故,如同时伴随线路、信号、电缆及机电设备等综合性的事故,在事故处理时,要有大局观念,服从事故处理领导小组的统一指挥,同时与其他专业抢修组加强联系,密切配合。

2. 事故分析

(1) 原始资料的收集保存

在事故抢修过程中,工作领导人(或事故抢修总指挥)除了组织抢修,尽快恢复运行外,要指定专人写实时事故及其修复的情况,包括必要的照片,有条件时可进行录像。收集并妥善保管事故破坏的物证,以便进行事故分析。特别是对于因事故拉断或烧断的线头、损坏的零部件等,应尽量保持原样不得任意改动。对典型事故的照片、报告、损坏的线头、零部件,应作为档案长期保存。

(2) 事故的调查分析

事故发生后要及时分析,对每一件供电事故都要按照"四不放过""四查"(即"事故原因、分析不清不放过,事故责任者和群众没有受到教育不放过,没有防范措施不放过""查思想、查纪律、查制度、查领导")的要求,认真组织调查,弄清原因,确定责任者,制定出有效的防范措施。

在进行事故调查分析时,除弄清事故原因、查明责任、制定防止措施、按规定填写事故(故障)报告向有关部门上报外,同时还要总结抢修工作的经验教训。对抢修中采用的先进方法、机具等应及时推广。对存在的问题要认真研究制定改进措施,不断完善抢修的组织和方法,提高抢修工作效率。

5.1.3 建立健全事故的应急机制

1. 建立健全抢修组织

为了加强供电设备事故抢修工作的领导,做到指挥得当、有条不紊,同时做好事故的预防、分析及抢修队伍的培训教育,必须建立健全各级责任制。各级事故抢修领导必须贯彻执行有关规章制度,并按规定检查管内有关各项工作,不断提高素质和技术业务水平。

(1) 事故抢修工作的领导

1) 供电设备主管部门成立设备事故领导小组,由指定的负责人任组长,组员包括技术、安全、材料及部门调度。

2) 各工班建立抢修组,抢修组应由熟练的技工为骨干组成,组长由工长担当。组内应明确分工,有准备材料、工具的人员、防护人员、座台联系人、网上作业人员和地面作业人员等。抢修时各成员应佩戴明显的标志,各司其职、各负其责。

（2）事故抢修的实施

事故抢修的具体工作由工班（抢修组）承担。

2. 抢修机具、材料的配备和管理

为了保证事故发生后抢修人员能够迅速出动，供电管理部门必须做好以下事项：

（1）抢修车辆（含接触网轨道作业车和抢修汽车）必须保证状态良好，随时能出动。对于接触网的抢修，最好能配备专用的接触网抢修车辆，并做到专车专用。相应各级调度必须随时掌握抢修车辆（含接触网轨道作业车和抢修汽车）的停放地点和车辆状况。

（2）供电部门的维修基地、轨道交通沿线各值班或监察点、接触网轨道作业车上，均应按规定配齐抢修用料、作业工具、备品和安全防护用品等，并随时注意补充。

（3）城市轨道交通沿线各站应配备应急抢险用的接触网梯车、地线及验电器。特别是对于线路在地下隧道的系统，当发生事故影响运营时，其他车辆（包括梯车）几乎没法到达现场，长大的机具也难以顺利搬运到现场。

（4）抢修用料、用具应尽量组装成套，并与日常维修用料分开造册登记、分库存放，做到专料专用，由专人管理，定期对抢修用具进行维护保养，交接班时交接清楚。值班室应有材料库的钥匙，以便随时取出抢修用料、用具。抢修工作结束后，工作领导人（或材料员）负责将工具和剩余材料及时放回原处，并将消耗的材料和零部件列出清单，及时补充。

（5）供电管理部门的主管、专业工程师及安全员、工班长，要按规定对抢修用料和机具进行检查和抽查，发现问题及时解决并处理。

3. 人员培训

供电设备的事故处理要做到"两齐""两快"和"应对自如"，即人员齐、工具材料齐；出动快、修复快；事故发生时沉着冷静、应对自如。为了达到上述要求和提高各级人员在发生设备事故时应变能力，使每个人都掌握各类事故的抢修方法，就要做好事故抢修的日常演练工作，并开展事故预想。各工班要充分利用工余时间，发挥老工人"传、帮、带"的作用，经常进行各类事故抢修方法的训练，供电管理部门应不定期举行事故的模拟演练，以检验供电各级人员事故抢险和应变能力的效果，并针对模拟演练中发现的问题进行整改和培训，共同提高实战能力及应变能力。

事故抢修指挥人员是抢修作业中的核心人物，要定期组织各级抢修领导小组成员、工班抢修组组长（即抢修工作领导人）进行轮训，讲解事故抢修知识，学习有关规章和命令，分析典型案例，总结经验教训，研究制定改进措施，不断提高其组织、指挥事故抢修的能力。

4. 事故的预防

实践证明，为了减少事故的发生，必须重视事故的预防工作。从事供电工作的广大员工必须树立为运营服务的思想，贯彻执行"修养并重，预防为主"的方针，不断提高维修质量；建立健全群众性的安全生产组织，定期进行安全检查，尽快消除事故隐患。

为了防止和杜绝事故的发生，需要做好以下几方面的工作：

（1）贯彻落实"三定、四化、记名维修"精神，抓好各项基础工作。要科学地组织设备运行和维修的各个环节，建立严密而协调的生产秩序，不断提高供电工作质量。

（2）牢固树立"安全是生命线"和"安全生产一票否决权"的思想，严格执行各项规章制度，遵守安全操作规程，一丝不苟地按照维修工艺和技术标准维修设备，质量良好地完成设备维修任务。

（3）积极采用新技术和新材料，提高设备性能，改进不合理的设备结构。充分利用先进的维修和检测设备，不断完善维修手段和技术。

（4）完善并落实各项安全技术教育和考核制度，充分利用现代化教学手段和设施，不断提高职工素质和技术业务水平。经常组织和开展技术比武、事故预想和演练，提高员工的实作能力和应变能力。

（5）重视其他部门（如车务、信号、线路、车辆等）的意见和反馈来的信息，加强与相关部门密切协作，共同做好供电设备事故的预防。

（6）加强关键地区（如隧道口附近、岔群区、坡度变化较大的区段的接触网等）和重要设备（如隔离开关、分段绝缘器、避雷器等）的监控工作。注意季节变换给供电设备带来的变化（如防洪、防雷及防高温等）；重视日常维护维修工作中发现的问题，无论问题大小，都要及时处理，消除隐患。

5.2 变电设备事故处理

5.2.1 断路器自动跳闸后的处理原则

断路器自动跳闸后，应全面检查断路器本体及所相关设备，查明原因，采取措施尽快恢复供电。无论是什么原因造成跳闸，现场人员均应按以下程序进行检查和处理。

（1）确认跳闸断路器及各种保护跳闸信息，复归信号，确认跳闸时间、波形图、跳闸时电流、电压。

1）根据保护动作类型、跳闸波形、跳闸时的各电气参数初步判断故障范围，是否属于开关本体、负荷侧、一次主回路、二次回路或保护装置故障。

2）非一次主回路故障，执行先通后复的原则，确认或排除二次回路故障不至危及安全运行后组织尽快恢复供电。

3）若为一次主回路故障，采用设备设计冗余结构，通过切换运行方式、自投投入、越区供电、单边等供电方式恢复跳闸断路器负荷供电。

（2）按确认和复归信号的顺序，向电力调度员汇报跳闸情况，其内容为：

1）依次汇报跳闸时间、跳闸断路器的运行编号。

2）保护动作名称、动作电流、自动装置动作情况。

（3）检查跳闸断路器一次主回路重点为：

1）检查断路器的状态，触头有无严重烧伤；绝缘部件有无破损和放电；操作机构是否正，电缆连接处是否有熏黑拉弧现象。

2）检查断路器负荷设备，如电缆、变压器、整流器等是否存在故障。

3）如发生明火或大量烟雾导致喷气、部件爆裂以及电弧放电的设备和部件，按照规定做好安全措施方可进入设备房检查设备。

（4）根据电力调度员的命令进行必要的倒闸操作。

（5）做好记录。在向电力调度员汇报及处理故障后，应分别将跳闸情况和发现的设备异状及处理经过，记录在运行日志、断路器跳闸及保护动作记录、故障缺陷记录及事故处理记录簿上。

5.2.2 变电所全所失压的处理原则

变电所全所失压是指各级电压母线均无电压。

1. 现象

（1）交流照明全部熄灭，仅有蓄电池所供的事故照明灯亮。

（2）各母线电压表、电流表、功率表等均无指示。

（3）继电保护发"交流电压断线"信号。

（4）运行中的变压器无声音。

（5）车站电扶梯、广告照明、空调、冷水机组等失压。

全所失压事故，若属所内设备发生一次回路故障，一般是明显可见的，如拉弧熏黑、短路时的响声、冒烟、起火、绝缘损坏甚至爆炸声等现象。

2. 失压原因

（1）一路电源维修停电另一路出现临时故障。

（2）一路故障情况下设备自投过程扩大故障导致两路失压。

（3）因雷击等自然因素造成主所两路电源进线停电。

（4）本变电所开关保护定值设置或设计不合理不能满足运营负荷需求，一路电源故障情况下自投过程扩大停电范围。

3. 处理原则

（1）当发现供电设备故障时，现场值班员或事故发现人除按照规定进行现场防护外，在力所能及的范围内采取措施，防止事故蔓延和扩大，减少事故损失，同时尽快地报告电调，保护有否动作情况、所内一次设备情况。

（2）供电设备事故的抢修要遵循"先通后复"和"先通一线"的原则。

"先通后复"，就是以最快的速度设法先行恢复供电，疏通线路，必要时采取迂回供电措施，尽量缩短停电、中断运营时间。

"先通一线"，除按上述"先通后复"的原则确定抢修方案外，要集中力量以最快的速度保证一路电源送电，尽快恢复所内供电，若故障非主回路故障造成，尽快检查二次回路或保护装置尽快恢复供电。

（3）故障发生在白天地铁运营期间且半小时内不能恢复供电，则采取应急发电机通保证低压 0.4kV 一类负荷供电，直流牵引部分采取越区供电方式供电。

（4）在事故抢修中电调须与行调、环调密切配合，严格掌握供电和行车、环控的基本标准条件，根据设备的技术条件和现场具体情况，采取有效措施，适当调整运行方式，尽可能减少对行车的影响，及时安排抢修和处理时间，尽快恢复对接触网的供电和正常行车秩序，在允许的条件下保证环控设备的运行，保证城市轨道交通的服务质量。

（5）事故抢修可以不要工作票，但必须有电调的命令，并按规定办理作业手续，以及做好安全措施。

（6）事故抢修的工作领导人即是现场抢修工作的指挥者。当有几个作业组同时进行抢修作业时，必须指定 1 人担当总指挥，负责各作业组之间的协调配合，同时必须指定专人与电调时刻保持联系，及时汇报抢修工作进度、情况等，并将电调和上级指示、命令迅速传达给事故抢修的指挥者。

(7) 若确定是变电所内设备故障引起全所失压,则按电力调度员的指示或现场规程处理。

(8) 全所失压时,若伴有通信故障,不能使用常规的通信手段,则此时应利用诸如电信电话或移动电话等与电力调度员取得联系。

(9) 若确定不是变电所内故障引起,则等候来电,此时注意,未经电力调度员许可,不得在设备上进行工作,因此时随时都有可能来电。

5.2.3 油浸式变压器的异常运行、故障及事故处理

油浸式变压器(以下简称"变压器")是110kV主变电站的重要设备,也是城市轨道交通供电系统的心脏。除设备质量外,在运行中,因操作不当、维修质量不良、设备缺陷未及时消除等原因,均有可能会引起故障及事故。

1. 引起变压器故障及事故的主要原因

变压器的事故主要发生在线圈、铁芯、分接开关、套管、引出线和油箱等部位。

(1) 线圈匝间短路

线圈匝间短路引致变压器的损坏在变压器的事故中所占比例是比较大的。线圈匝间短路是指相邻几个线圈匝间绝缘损坏,构成闭合短路回路,并使该相线圈匝数减少。由于其短路回路中产生过热,从而引起变压器绝缘进一步损坏。造成匝间短路的原因有工厂生产时不慎留下绝缘的机械损伤,或某些铜刺、铁刺使绝缘留下隐患;因运行年久或长期频繁过负荷致使绝缘老化;水分进入变压器内黏附于匝间,使绝缘受潮等。

(2) 铁芯故障

铁芯故障主要是硅钢片间绝缘损坏,涡流增大;穿心螺杆绝缘筒及其两端绝缘垫损坏,在铁芯和螺杆间产生短路环流;接线错误或残留焊渣或铁芯多点接地,因此产生环流使铁芯局部过热,严重时甚至会使铁芯发生熔焊现象。

(3) 分接开关接触不良

分接开关接触不良的产生,主要是由于其切换后接触面压力不够;分接开关接触处因有油泥、毛刺,使动、静触头间形成油泥膜或空隙;因接触面过小而使触头熔伤;分接开关的定位指示与其实际位置不对应,指示虽到位而开关却未接触等。分接开关接触不良将造成放电和局部过热。

(4) 套管闪络和爆炸

套管闪络和爆炸事故主要因套管密封不严进水使绝缘受潮损坏;电容芯子制造不良,内部发生游离放电;套管表面积垢严重或有裂纹,外部引线与套管连接不良渗漏油,造成表面闪络放电。

(5) 其他

引线机械损伤、与套管中导电杆连接不良、引出线与线圈焊接不牢等在多次短路冲击后使引出线断线。油箱及散热器等的故障主要是渗、漏油,常发生在焊缝、阀门以及箱盖(钟罩式则为底盘)的法兰连接处等。

2. 变压器的异常运行及处理

(1) 声响异常

根据运行经验,产生异声的因素很多,发生部位也不尽相同,只要不断总结经验,细心辨析变压器的声音,并与正常音响比较,便能作出合乎实际的判断。

1) 安装在变压器上的附件撞击外壳或振动引起的异声、杂声。这是由变压器内部铁芯振动引起其他附件振动，或在两部件接触处相互撞击造成。如穿控制线的软管与外壳或散热器撞击；起吊环的穿杆、温度计、通风电机及其扇叶、气体继电器中间端子盒颤动等。

此时如变压器各部件运行正常，各种表计指示亦符合规定，值班巡视人员仍应认真寻找声源，在最响的一侧用手或木棒按住可能发出声响的部件，再听声音有何变化。如按住后不再发生异声，可稍改变该部件安装位置或进行局部加固，以便尽量消除这种干扰性杂声音响。

2) 外部放电引起的异声。在雨、雾、雪天气下，因套管电晕放电或辉光放电；套管与引线连接不良，测试介损用的引出小套管损坏或与地间的连线连接不良等造成放电，这些放电均为"嘶嘶""嗡嗡"声。在进行夜间熄灯巡视时，可发现蓝色小火花，外部引线连接不良处还可能有过热发红的现象。对此现象值班巡视人员应及时向电力调度提出停电申请，将该变压器解列进行清扫及紧固等处理。在未处理前应密切监视放电的发展。

3) 变压器内部接触不良或短路而放电的异声。这时产生"噼啪"声或"嗡嗡"声，伴之有变压器油局部沸腾的"咕噜咕噜"声。通常还会随之出现轻瓦斯动作的信号或油色加深等外部现象。

发生上述现象时，值班人员应将耳紧贴变压器外壳，或通过管子按住外壳上仔细分辨声音，并结合轻瓦斯动作后应采取的措施进行必要的检查。有条件的可立即进行红外线测温，以及用超声波探测局部放电等，以确定是否存在局部过热的部位。经检查和综合分析确认有异常时，应停止运行并进行吊心检查。

4) 变压器电流互感器二次回路开路引起的异声，这类异响主要发生在接管调试初期，负荷较小或空载时异声可能不易辨别，但随着负荷的增大，异声会逐步增强，可明显辨别，主要源于电流互感器套管内，此位置最为明显。

5) 变压器内部固定用的个别零件松动而引起的异声，可有"叮叮"声、"当当"声、"咚咚"声、"突突"声，甚至有惊人的"叮叮当当"锤击声和"呼呼呼"的似刮狂风声。但一般情况下初发现时声音多呈间歇性，逐渐发展至频繁出现以至持续的声音，且声响逐渐增大，但是油色、油温、油位均正常。

此时值班人员除加强巡视认真辨别外，在负荷较大时或发生穿越性短路时应有意识地注意声音的变化。经过一段时间的观察，排除外部声源的可能，确认是内部异声或异声已频繁出现时，应请求将发生内部异声的变压器停止运行并吊心检查。

运行经验表明，变压器器身上穿心螺杆的螺母、铁芯与基座间的固定螺栓、线圈间的绝缘垫块等经过长时间的运行振动及多次电动力的冲击，发生松动甚至脱离而产生上述异常音响的现象是常见的故障。

(2) 油温不断急剧地升高

当变压器油温超过规定值时，值班员要检查原因，采取措施降低油温。为此要进行下列工作。

1) 检查变压器负荷和温度，并与正常情况下油温核对。

2) 核对油温温度计运行是否正常，指示是否正确。

3) 检查冷却装置及通风情况，如散热器阀门是否全部开启，通风电机是否全部开动，叶片安装位置及转动方向是否正确等。

4) 温度指示控制器、温度传输变送器运行情况是否正常。

经上述检查未发现异常时,应增加巡视次数,密切监视变压器的负荷和温度。一旦发现油温比相同条件高出10℃以上,且仍继续上升或油温已达75℃及以上超过20min时,一般可以认为变压器有内部故障。若油温持续升高,变压器油色转暗,这预示着油有燃着的危险,应及时将其退出运行等待检查。

(3) 轻瓦斯保护动作

轻瓦斯保护动作常在滤油、加油后,空气进入变压器内部;温度下降或漏油使油面缓慢降低;外部穿越性短路引起油流冲动;变压器内部有轻微故障或局部发热;直流回路绝缘老化、各种触点连接不良、接线错误等情况下出现。

当轻瓦斯保护动作给出信号,值班人员除准确记录每次动作时间及动作次数外,还应根据动作时的情况进行分析判断。

首先应确认本所当时是否发生穿越性短路以及24h前该变压器是否曾加油、滤油或更换热虹吸过滤器。如属上述情况可在气体继电器放气嘴上将气排尽,使动作信号复归,然后对变压器作外观检查并加强监视。如不属上述情况则应依次作如下处理:

1) 对变压器进行全面外观检查。检查其油位、油色、油温;电流、电压表指示;声响是否正常;有无严重漏油等。

2) 检查二次回路有无明显故障。

3) 检查气体继电器内是否有气体。如有气体时值班人员应根据气体的多少、颜色、是否可燃等,参照表5-1初步判断故障性质。

气体性质与故障性质关系表　　　　　　　　　表5-1

气体性质	故障性质
无色、无臭、不可燃	油中进入空气
黄色、不易燃	木质材料故障
浅灰色、有强烈臭味、可燃	绝缘纸或纸板故障
灰、黑色、易燃	油质故障

如气体无色、无臭、不可燃,则变压器可继续运行。如气体可燃则必须停止运行,以便做进一步检查。如气体不可燃又不是空气时,则必须检查油的闪点,若闪点较过去记录低5℃以上时,变压器应停止运行。如难以判断,可再做气相色谱分析后确定。

(4) 油位异常

变压器油枕内油位的正常变化(排除渗、漏油)决定于变压器油温变化,影响油温变化的因素为负荷、环境温度、冷却装置运行情况。

一般情况下,在气温变化显著的冬、夏之初,随着油温显著的变化,随之出现油枕(即储油柜)油位过高或过低后,均应及时通知维修人员加油或放油。若由于渗、漏油严重使油位过低,则在加油同时采取堵漏、防渗措施。若因突然降温,油位已低至看不见,在未处理前,值班人员应适当关闭部分散热器,以免油温降得太快而暴露线圈。

如果油温变化正常,而油标管内油位不变或变化异常,应考虑是否油标管、吸湿器、防爆管气孔堵塞造成的假油面,此时不应加油或放油,而应安排检查和处理。

（5）冷却装置失常

油浸风冷式变压器通风电机全停或拆除两台以上，在排除故障的同时，应密切监视油温。若故障前油温已超过55℃，通风电机在运行中失常，则当变压器发出过热信号时，单台变压器运行的变电所应投入备用变压器。若无备用变压器，当变压器油温达到85℃及以上时，则应报告电力调度，此时应减少负荷。

强迫油循环水冷或风冷的变压器，冷却装置（包括通风电机、潜油泵、冷却水等）全停时，如有备用变压器，应将其迅速投入，然后再将故障变压器解列后排除故障；如无备用变压器，考虑到目前变压器容量均在120000kVA以下，故一般容许运行20min。当超过20min时，若变压器油温尚未达到75℃，还可延长运行至上层油温达75℃。但停用冷却系统时间不得超过1h。

冷却装置失常的现象及处理措施列于表5-2，供参考。

冷却装置失常的常见现象及其处理措施 表5-2

序号	失常现象	原因	处理措施
1	全部电机不转或只听"嗡嗡"声而转动缓慢，启动时转动方向不一致	(1) 电源侧一相或两相熔断器熔断；或电路存在短路或断路。 (2) 电源电压过低	(1) 检查端子箱内及交流屏上通风回路熔断器，更换已熔断的熔芯。 (2) 两相以上熔断器熔断时，应停电检查电路、磁力起动器及通风转换开关有无短路、断路现象。 (3) 若未检查到短路、断路点，可起动通风电机后检查电源电压
2	"通风回路故障"信号频频发出，时有时无	(1) 起动回路中的磁力起动器触头故障，或电源电压不足。 (2) 通风自动起动回路中的中间继电器触点接触不良或抖动，温度计触点接触不良，通风转换开关接触不良	(1) 打磨烧伤的触头，检查灭弧罩是否良好，检查紧固触头各部螺丝是否松动，如有松动就紧固。 (2) 检查各触点，有烧伤时打磨；弹簧片抖动或时而接触不上时，用钳子变更簧片弧度使其完全接触，触点松动时紧固螺丝。若无上述现象应检查电源电压。 (3) 若触点烧损或不能临时处理时，应加强油温巡视，当温度达到通风启动时，可将通风转换开关操作至"手动"位置，油温降到规定值时手动停风
3	自动通风失灵： (1) 到规定值不能自动起动。 (2) 到规定值不能停风或过热指示温度计与信号温度计温度超过5℃以上。 (3) 通风起动后温度刚下降即停风	(1) 中间继电器、温度计触点故障；通风转换开关触点接触不良。 (2) 温度计触点卡滞。 (3) 温度计触点故障；控制回路接线错误	(1) 首先试验手动通风，以确认手动通风正常；自动通风故障处理措施与上面第2项相同。 (2) 调整温度计触点的接触状况。 (3) 检查及调整触点
4	个别电机不转，用手拨，顺拨向转动，或只听"嗡嗡"声，转动缓慢	(1) 故障通风电机熔断器熔断。 (2) 故障通风电机线圈、转子的滑环、电刷及外部电路断路、接触不良或脱焊	(1) 检查故障电机接线盒内熔断器。 (2) 检查电机引线的连接端子，若无异常再检查电机，若电机故障应将其退出运行待修，若电机良好，紧固各连接处后通电试验并确认无异常后可投入运行

续表

序号	失常现象	原因	处理措施
5	电机剧热	(1) 电源电压过高。 (2) 缺相运行	(1) 检查电源电压。 (2) 依次检查发热电机熔断器、电机及其外部电路
6	电机冒烟冒火	(1) 电刷中充满粉末、油垢接触不良。 (2) 进水后绝缘受潮、线圈短路	(1) 检查电刷换向器工作情况,清除污垢。 (2) 检查线圈,测量绝缘,若有故障,将电机退出运行,若无故障则可再投入

(6) 变压器着火

运行的变压器在发生内部短路故障时,若保护装置或断路器失常,不能迅速断开电源,这时由于绝缘油过热达到燃点会引起变压器着火。此时常伴随着大量喷油,更严重者有可能引起外壳的爆破。这种事故显然是极其严重的,也是绝对不该发生的。但是一旦发生这种情况,值班人员应首先切断电源。若尚未达到灭火系统动作且火势较大时,应迅速离开现场,关好密闭门,手动启动灭火系统;若变压器顶盖上部着火且尚未达到灭火系统动作及火势较小时,应立即打开事故放油阀,将油放至低于着火处同时准备救火,救火时应采取四氯化碳灭火或用砂子灭火,严禁用水灭火,并应注意油流方向,防止火灾蔓延到其他设备上。

3. 变压器继电保护动作时的处理

(1) 差动保护动作的处理

为了保证变压器的可靠运行,以及当变压器本身发生电气方面故障(如层间、相间短路)时尽快将其退出运行,以减少事故情况下变压器损坏的程度。对大容量的变压器均应设置差动保护装置。与瓦斯保护相同之处是这两种保护动作都灵敏、迅速,都是变压器本身的主要保护。瓦斯保护主要是反映变压器内部过热引起的油气分离发展(大量气体或油气冲动)的故障,而差动保护则是反映纵差保护范围内的电气故障。主变压器瓦斯、差动保护动作时,变压器各侧的断路器同时都跳闸。

若差动保护动作引起断路器跳闸,运行人员应采取以下措施:

1) 向上级主管领导汇报,并复归事故音响信号。

2) 对差动保护范围内所有一、二次设备进行检查,即变压器各侧所有设备、引线、电流互感器、穿墙套管以及二次差动保护回路等有无异常和短路放电现象。

3) 对变压器测量绝缘电阻,检查有无内部故障。

4) 检查直流系统有无接地现象。

经过上述检查后,如判断确认差动保护是由于外部原因,如保护误动、保护范围内的其他设备事故等引起动作(瓦斯保护未动作),则变压器可不经内部检查而重新投入运行。

如不能判断为外部原因时,则应对变压器做进一步的测量、检查分析,以确定故障性质及差动保护动作原因,必要时进行吊壳检查。

(2) 重瓦斯动作后的处理

运行中的变压器发生重瓦斯保护动作跳闸,其原因一般是发生变压器内部故障或保护装置二次回路故障。若轻瓦斯发信号和重瓦斯跳闸同时出现,则通常是变压器内部发生故障。

因此,判明瓦斯继电器内气体的性质、气体集聚的数量及速度,对判断变压器故障的性质及大小,是至关重要的。同时要排除二次回路故障(保护误动)的可能性。

气体的颜色、可燃性鉴别或送样化验必须迅速进行。因为有色物质会沉淀，经一定时间会消失。点火检查是否可燃：气体若有色、有味、可燃，说明内部有故障。瓦斯继电器内气体的可燃成分，占总容积的 20%～25% 以上时，气体即可点燃。检查气体性质是否可燃时，须特别小心，取气后应远离变压器点火检查。气体的可燃性和油的闪光点降低，可直接判断为变压器内部故障。

根据气体数量、颜色、可燃性等，可鉴定瓦斯继电器动作的原因和性质，详见表 5-3。

变压器内部故障时析出的气体，或进入变压器的空气集聚在瓦斯继电器内。可用取气瓶（也可用带胶管的金属注射器、特制皮囊等），用胶管连接气瓶和瓦斯继电器放气孔，观察记录瓦斯继电器内气体的容积后，打开放气阀收集气体。

瓦斯继电器气体的性质与故障及处理　　　　　　　　　　　　　　　　　　　　表 5-3

气体性质	故障性质	处理
无色、无臭、不能燃烧	储存空气	排放空气；如发信号的时间间隔逐渐缩短时，应将瓦斯保护跳闸停用
灰白色、有臭味、可燃性 H_2、C_2H_2	结构中间部分的油中有电弧、绝缘纸、棉纱等损坏	设法停用变压器进行维修
灰色、有臭味、可燃性 H_2、C_2H_2、CH_4	酚绝缘恶化引起电弧，如分接开关故障	设法停用变压器进行维修
灰黑色或黑色、可燃性 H_2、C_2H_4、CH_4	绝缘油分解或铁芯烧坏	设法停用变压器进行维修
淡黄色、可燃性 H_2、C_2H_4、CO_2、C_2H_6	绕组绝缘或木质材料损坏	设法停用变压器进行维修

注：H_2—氢气；C_2H_2—乙炔；C_2H_4—甲烷；C_2H_6—丙烯。

正常情况下，变压器油及有机绝缘材料在热和电的作用下会逐渐老化和分解，产生少量的低分子烃类及 CO_2、CO 等气体，这些气体大部分溶解在油中，当存在潜伏性过热或放电故障时，就会加快这些气体的产生速度，随着故障的扩大，分解出的气体形成的气泡在油里对流、扩散，并不断溶解在油中，当产气速率大于溶解率时，会有一部分气体进入瓦斯继电器。故障气体的成分和含量与故障的类型和故障的严重程度有密切的联系，所以利用气相色谱法定期地对变压器进行测量，能及时发现变压器运行中潜伏性故障，便于安排维修消除故障，以及能及时掌握故障的发展情况。但是变压器故障与油中溶解气体相对含量之间的关系比较复杂，只有在色谱测量分析故障性质的基础上，综合电气试验、维修、运行等各方面的情况，才能预测出故障的确切部位。

利用气相色谱分析油中溶解气体可判断设备故障类型。不同故障类型产生气体的成分见表 5-4。

不同故障类型产生的气体成分表　　　　　　　　　　　　　　　　　　　　　　表 5-4

序	故障类型	主要气体成分	次要气体成分
1	油过热	CH_4、C_2H_4	H_2、C_2H_6
2	油和纸过热	CH_4、C_2H_4、CO、CO_2	H_2、C_2H_6
3	油纸绝缘中局部过热	H_2、CH_4、C_2H_2、CO	C_2H_4、CO_2
4	油中火花放电	C_2H_2、H_2	
5	油中电弧	H_2、C_2H_2	CH_4、C_2H_4、C_2H_6
6	油和纸中电弧	H_2、C_2H_2、CO、CO_2	CH_4、C_2H_4、C_2H_6
7	进水受潮或油中气泡	H_2	

(3) 重瓦斯与差动保护同时动作的处理

重瓦斯与差动保护同时动作跳闸,则可认为是变压内部发生故障,故障未消除前不得送电。

(4) 电流速断保护动作跳闸时

其处理过程参照差动保护动作的处理。

(5) 高、低后备定时过电流保护动作的处理

定时过电流保护为后备保护,可作下属馈线保护的后备,或作下属母线保护的后备,或作变压器主保护的后备。所以,过电流保护动作跳闸,应根据其保护范围,保护信号动作情况,相应断路器跳闸情况,设备故障情况等予以综合分析判断,然后再分别进行处理。

据统计分析,引起过电流保护动作跳闸,最常见的原因是下属线路故障而造成的越级跳闸;其次是下属母线设备故障(主要在110kV及以下变压所内)造成的跳闸。

1) 由于下属馈线设备发生故障,未能及时切除,而越级跳主变压器侧相应断路器,造成母线失电。

首先,检查失电母线上各馈线保护、主变低后备保护信号动作和电流变化情况,用于判断是母线故障或馈线设备故障。若有馈线保护信号动作或电流异常变化的,属馈线设备故障,保护动作断路器未跳闸造成的越级,则应拉开拒跳的馈线断路器,切除故障线路后,将变压器重新投入运行,同时,恢复向其余馈线送电。

其次,经检查后各馈线及高低后备保护均无保护动作信号和电流异常变化的情况,可能属二次回路故障,应对二次回路进行详细检查。

上述故障线路未经查明原因、在处理前不得送电。

2) 由于下属母线设备发生故障,主变压器侧断路器跳闸造成母线失电。

在中压开关柜采用GIS时,其母线设备故障发生的概率极小,其母线一般都没有单独的母线保护,由低后备过流保护兼作母线保护,若母线上的设备发生故障,仅靠过流保护动作跳闸,因此,当过流保护动作跳闸后,需检查母线及所属母线设备,检查中若发现某侧母线所属母线设备有明显的故障特征时,则应切除故障母线后再恢复送电。

3) 后备过流保护动作跳闸,主变压器主保护如瓦斯保护也有动作反映,则应对主变压器本体进行检查,若发现有明显的故障特征时,不得送电。

4. 事故检查、试验及分析

许多故障不能全依赖外部直观检查就能正确判断,例如匝间短路,内部绕组放电或击穿,内部绕组与外部绕组之间的绝缘击穿等,其外表面的征象均不显著,所以,必须进行试验测量(结合外观检查)才能迅速而且正确地判断故障的性质和部位。为了正确判断,必须进行各种试验。每种试验方法对不同故障或缺陷的灵敏度各有不同,但它们有共同的目的,这就是检查出变压器的某种故障或缺陷,它们之间的关系是相互补充的。因此,必须对试验结果进行全面的综合分析。

由于每次试验的条件不尽相同,外界因素对试验结果的影响不同,加之设备运行的经历及结构特点也不完全一致。因此,分析结果不能笼统地根据试验数据的绝对值作出结论,而必须力求在相同试验条件(试验接线、试验仪表、相同温度和大气条件)下进行比较,以作出正确的结论。

(1) 综合分析的基本方法是将试验结果与下列情况进行比较。
1) 与国家标准或行业标准中规定的数据相比较。
2) 与本台变压器出厂及历年试验结果相比较,尤其是与最近的测量结果相比较。
3) 与同类型变压器试验结果相比较。
4) 结合本台变压器的结构特点及运行经历分析。
5) 对某项结果有疑问时须复试,防止疏忽、错漏。
(2) 变压器内部故障的试验项目和方法。
表 5-5 列出了试验检查的项目和方法;表 5-6 列出了变压器的故障分析,供参考。

检查变压器故障的试验项目和方法 表 5-5

试验项目	试验结果	产生故障的可能原因	检查方法
绝缘电阻测量 (用 2500V 摇表) 绕组——绕组 绕组——地	绝缘电阻为零	绕组对地或绕组对绕组之间有击穿现象	解体检查绕组和绝缘
	绝缘电阻值较前一次测量降低 40% 以上(温度换算后)	绝缘受潮	用 2500V 摇表测量吸收比 R_{60}/R_{15}(要求大于 1.3)
	绕组间以及每相的绝缘电阻不相等	套管可能损坏	将套管与绕组间的引线拆除,单独测绕组对油箱或套管对箱装盖的绝缘电阻
绕组的直流电阻试验	分接开关不同分接位置时直流电阻相差很大	分接开关接触不良,触头有污垢,分接头与开关的连接有错误(未经拆卸维修的变压器不可能发生这种情况)	吊出变压器器身检查分接开关与分接头的连接,和分接开关的接触状况
	相电阻之差与三相电阻平均值之比超过 4%	绕组出头与引线的连接焊接不良,匝间短路,引线与套管间的连接不良	分段测量直流电阻。若匝间短路可由空载试验发现,此时空载损耗显著增大
空载试验	空载损耗与空载电流过大	铁芯螺杆或铁轭杆与铁芯有短路处,接地片装得不正确,构成短路,匝间短路	吊出变压器器身,检查接地情况及匝间短路处,用 1000V 摇表测铁轭杆的绝缘状态。当一相短路时,测量 $P_{AC}/P_{AB}=P_{AC}/P_{BC}\leqslant 25\%$,若与此不符,则匝间有短路
	空载损耗过大	铁芯片间绝缘不良	用直流电压电流法,测片间漆膜绝缘电阻
	空载电流过大	铁芯接缝装配不良,硅钢片不足量	吊出变压器器身检查,观察铁芯接缝及测量铁轭截面
短路试验	阻抗电压很大	各部分接触不良(如套管与开关等)	分段测量直流电阻
	短路损耗过大	并联导线中有断裂;换位不正确;导线截面较小	将低压短路,当高压 Y 接时分别在 AB、BC、CA、线端施压,进行三次短路试验,每次测得结果加以分析比较,当高压 △ 接时应分别短接一相
绕组连接组测量	所测得结果同任何一连接组也不相符(未经拆卸维修的变压器不可能发生这种情况)	某相绕组中有一个绕组方向反了	进行连接组测量,找出绕组接错部位

变压器的故障分析 表5-6

故障	征象	产生故障的可能原因	检查方法
铁芯片间绝缘损坏	空载损耗增大，油质变坏（闪燃点降低，酸价增高，击穿电压降低）	铁芯片间绝缘老化；有局部损坏	吊出变压器身进行外观检查；可用直流电压电流法测片间绝缘电阻
铁芯片局部短路与铁芯局部熔毁	瓦斯继电器内有气体，信号回路动作；油的闪燃点低；油色转黑，并有特殊气味	铁芯片或铁轭杆的绝缘损坏，故障处有金属件将铁芯片短路；片间绝缘损坏严重；接地方法不正确构成短路	吊出变压器身进行外观检查；可用直流电压电流法测片间绝缘电阻
接地片熔裂	当电压升高时，内部可能发生轻微放电声		吊出变压器身，检查接地片
不正常的响声或噪声		(1) 铁芯叠片中缺片或多片。 (2) 铁芯油道内或夹件下面未夹紧的自由端。 (3) 铁芯的紧固零件松动	(1) 应补片或抽片确保铁芯夹紧。 (2) 将自由端用纸板塞紧压住。 (3) 检查紧固件并予以紧固
绕组匝间间短路	(1) 瓦斯继电器内气体呈灰白色或蓝色，跳闸回路动作。 (2) 油温温增高。 (3) 油有时发出"咕嘟"声。 (4) 一次电流略增高。 (5) 各相直流电阻不平衡。 (6) 故障严重时，差动保护动作，如在供电侧装有过电流保护装置是时，亦要动作	(1) 由于自然损坏，散热不良或长期过负载，使匝间绝缘老化。 (2) 由于变压器短路或其他故障，使绕组受到振动与变形，而损伤匝间绝缘。 (3) 绕组绕制时未发现的缺陷（导线有毛刺，导线焊接不良和导线绝缘不完善），或线匝排列与换位，绕组压装等不正确，使绝缘受到损伤	(1) 吊出变压器身，外观检查。 (2) 测直流电阻。 (3) 将器身置于空气中，在绕组上施加不超过15kV的电压做空载试验，如有损坏点，则会冒烟或者损耗显著增大
绕组断线	断线处发生电弧，使油分解，促使瓦斯继电器动作	由于连接不良或短路应力使引线断裂，导线内部焊接不良，匝间短路，使线匝烧断	吊出变压器身检查。如绕组为△接法，可用电流表检查绕组的相电流或测直流电阻。如有一相断线，则在三相三次测量中，有两次测得电阻值相近似，而另一次为先两次之1倍，即表明该相有故障。如未完全断线，则第三次仅比先两次略大。如为Y接法，可测直流电阻或用摇表检查
绕组对地击穿	瓦斯继电器动作	(1) 主绝缘因老化而有破裂，折断等缺陷。 (2) 绝缘油受潮。 (3) 绕组内有杂物落入。 (4) 过电压的作用。 (5) 短路时绕组变形损坏	(1) 用摇表测绕组对油箱的绝缘电阻。 (2) 将油进行简化试验（试验油的击穿电压）；吊出变压器身检查

续表

故障	征象	产生故障的可能原因	检查方法
绕组相间短路	瓦斯继电器、差动保护、过电流保护均发生动作,安全气道爆破	原因与对地击穿相似,亦可能由于引线间短路或套管间短路等	吊出变压器身检查,用摇表测量
分接开关触头表面溶化与灼伤	瓦斯继电器动作,有时差动保护与过电流保护装置亦动作	结构与装配上存在缺陷,如接触不可靠,弹簧压力不够,短路时触点过热	用摇表检查员有无断裂处,吊出变压器身做外部检查,测量各分接时的直流电阻
分接开关相间触头放电或各分接头放电	瓦斯继电器动作,安全气道爆破	过电压作用;变压器内部有灰尘或受潮,绝缘受潮	用摇表检查员;吊出变压器身检查
瓦斯继电器信号回路动作		继电器中有气体,油面下降,变压器线端短路时,油面有振荡	分析气体的数量、颜色、气体与可燃性等
瓦斯继电器跳闸回路动作		油面急剧下降;变压器内有严重故障,产生大量可燃性气体	分析气体性质,将油进行简化试验;分析油面急剧下降的原因
油质变坏		油中有气体溶解	分析油质
套管对地击穿	外部保护装置动作	瓷件表面较脏,或有裂纹	用摇表检查
套管间放电	外部保护装置动作	套管间有杂物存在	外部检查

5. 变压器立即停止运行的情况

当运行中的变压器出现下列情况之一者,均应立即停止运行:

(1) 变压器音响很大且不均匀或有爆裂声。

(2) 油枕或防爆管喷油。

(3) 冷却及油温测量系统正常,但油温较平常相同条件下运行时高出10℃以上,或不断上升时。

(4) 套管严重破损或放电。

(5) 由于漏油使油位不断下降或低于下限。

(6) 油色不正常(隔膜式油枕者除外),或油内有碳质等杂物。

(7) 变压器着火。

(8) 重瓦斯保护动作。

(9) 因变压器内部故障引起纵差动保护动作。

其中发生(2)、(4)、(7)、(8)、(9)项中的某一项,且变压器两侧断路未跳闸时,值班人员可立即手动使该变压器系统高、低压侧断路器跳闸,然后再报告电力调度员。出现其他某一项时,应经电力调度员批准后,根据其下达的命令将该变压器退出运行。

5.2.4 干式电力变压器的异常运行、故障和事故处理

由于干式电力变压器的绕组采用绝缘材料封包后,对外部的运行条件要求较低,除维护量较小外,其故障率也较小,这也是干式变压器得到广泛使用的原因。干式变压器在运行中的故障一般有声音异常、异常放电、温度过热、小动物入侵等。

1. 运行声音异常

若运行中发现变压器有异常声音,一般可能引起的原因有各主回路接头不够紧固;铁芯穿心螺杆松脱;上部或下部绝缘衬垫块松脱;外壳产品上下网板是否振动等。此时,需停电检查以上所述的各部分部件,重新紧固。

另外,检查低压侧输出电压是否高于低压额定电压,如高于额定电压,在确保高压断电情况下,把调压分接头的连接片调至合适的分接档。

2. 异常放电

运行中的变压器放电一般是由于其表面积灰后,加之环境的潮湿导致放电。特别是城市轨道交通变电所由于环控方式的变化引起一冷一热,容易导致出现冷凝水。此时,需尽快停电进行清扫擦拭及干燥。清扫时除擦拭线圈表面外,需注意清洁变压器绝缘子、下垫块凸台处,并用干燥的压缩空气（0.2~0.5MPa）吹净通风道中的灰尘。

另外,变压器支撑件接地不良也会出现放电现象,需检查变压器支撑件接地情况,如发现不良接地及时处理。

3. 温度过热

在运行中,需按《电力变压器 第 12 部分：干式电力变压器负载导则》GB/T 1094.12—2013 监视变压器的运行温度,控制变压器的负荷运行,当出现过载而导致温度过热报警时,须果断采取措施转移负荷或停用部分负荷。对于 F 级绝缘的变压器其温度保护设定值为：100℃铁芯温度报警；155℃绕组超温报警；170℃绕组超温跳闸。

当出现温度保护报警或动作,但负荷又不大或经检查一次设备部分均无故障时,可检查二次保护设备是否有故障,如温控箱元件有损坏、二次控制电缆短路或断线等。由于不同厂家配备的温度控制器和温度显示仪各有不同,因此处理起来各有不同,一般原则如下：

（1）检查电源是否接对,有接单相电源的也有接三相电源。

（2）在断电情况下,检查三相 Pt100 铂电阻是否平衡（一般相差小于 10%）,某相热敏电阻值太大说明铂电阻变质或接触不良,应予以更换或重焊。使用热敏电阻做温度控制元件的产品,测量进入温控箱的相应热敏电阻值是否正常（三相串联电阻应不小于 400Ω）,若不正常则检查接线端子是否松动或断线。如以上情况都正常,但温控温显还不正常,请更换温显仪或温度监视器。

4. 小动物入侵

因小动物（如老鼠或蛇）造成变压器故障,变压器线圈无开裂现象,即可将动物拿开,清除线圈表面黑迹（用砂布清除）并刷上绝缘清漆,就可投入运行。

5. 事故或大修后的检查及试验

（1）检查所有紧固件、连接件是否松动,并重新紧固一次。

（2）检查变压器上是否有异物存在,若有较多的灰尘,则注意清洁变压器绝缘子、下垫块凸台处,并用干燥的压缩空气（0.2~0.5MPa）吹净通风道中的灰尘。

（3）检查风机、温控设备以及其他辅助器件能否正常运行。对三相电源风机,应注意其转向,风机正常转向时,风从线圈底部向上吹入线圈,否则就为反转。反转时需检查风机电源的相序。对温控、温显等其他辅助设备,参照其使用说明书正确可靠接线。

(4) 测量绕组在各分接位置下的直流电阻。

(5) 按《电气装置安装工程 电气设备交接试验标准》GB 50150 的规定进行极性的判定和测量绕组在所有分接位置下的电压比,并进行联接组别的判定。

(6) 检查变压器箱体和铁芯是否可靠接地。

(7) 进行绕组绝缘电阻测试。如变压器处于异常潮湿的条件下发生凝露现象,不论其绝缘电阻如何,在进行耐压试验或投入运行以前,必须进行干燥处理。

(8) 对于有载调压变压器,应根据有载调压分接开关使用说明书作投入运行前的必要检查和试验。

(9) 外施工频耐压试验,其试验电压为出厂试验电压的 85%。

5.2.5 整流机组的异常运行、故障和事故处理

在运行中,整流机组的运行需严格按《半导体变流器 通用要求和电网换相变流器》GB/T 3859.1~GB/T 3859.3—2013 中规定的Ⅵ级负荷等级控制负荷。整流变压器的异常运行和故障处理可参照一般的干式电力变压器的相关内容。下面主要说明整流器组的故障处理。

1. 整流器组的异常运行和故障处理

整流器组故障一般有温度过高、短路、熔断器熔断等。其原因和处理办法见表 5-7。

整流器组故障原因和处理办法　　　　　　　　　　表 5-7

序号	现象	可能原因	处理方法
1	温度过高报警	(1) 环境温度过高。 (2) 通风网孔堵塞,通风条件不好。 (3) 负荷过大。 (4) 控制回路故障。	(1) 打开室内排风扇,增加排风量和速度。 (2) 清扫通风网孔。 (3) 减少牵引行车对数。 (4) 检查控制电源和线路
2	熔断器熔断报警	(1) 某个桥臂内 1 个二极管损坏,熔断器熔断。 (2) 不同桥臂内各有 1 个二极管损坏,相应熔断器熔断	此时整流器组尚可继续运行,但需严格控制负载情况,记录损坏位置,尽快更换
3	二极管保护动作跳闸	同一桥臂内有 2 个二极管损坏,相应熔断器熔断	更换通过逆向短路电流的二极管和熔断器,同时检查其他通过正向短路电流的二极管是否损坏
4	逆流保护跳闸	某个桥臂内 1 个二极管反向击穿,但与之串联的快速熔断器未熔断	更换通过逆向短路电流的二极管,同时检查其他通过正向短路电流的二极管是否损坏

2. 二极管的更换

更换二极管时需严格按厂家规定的操作步骤和要求进行,特别是平板式整流二极管。对于整流二极管需更换的备件,由于其特性的偏差问题,是否需对更换的备件进行筛选,须按厂家的说明要求进行。如对于 ZPA2000-44 平板式整流二极管,需按出厂证明文件中查出损坏的二极管的峰值电压 V_{FM} 或压降分级,并从备件中找出与其相同等级的二极管。用反向测试仪在备用二极管上施加反向重复峰值电压 4400V,其反向重复峰值电流 I_{RRM} 只要不大于出厂值的 2 倍即可作为更换件使用。

5.2.6　开关柜的异常运行、故障和事故处理

1. GIS SF6 气体运行异常及处理

随着科学技术的发展，开关柜的设计、生产、安装调试能力均有了很大的提高，特别是 GIS 的使用，随着运行经验的不断积累，虽然开关柜内所含的设备较多，但开关柜内一次设备的故障一般较少，因此，开关柜的常见故障和事故较多表现为二次控制、保护及测量方面的故障。纵观国内各城市轨道交通供电系统中使用的开关柜，虽然使用的控制、保护及测量各异，但均使用模块化的自动化设备，其具有运行可靠、自诊能力强、更换方便的特点。在故障处理的过程中，如果发现是模块的故障，一般可将模块更换下来，保证设备恢复运行后，再进行更进一步的处理。而一般二次回路的故障，不外乎端子松动、直流接地、控制电源丢失等原因，其具体的查找方法，请参见本章的"二次回路的故障处理"部分。

由于现代科技的进步，故目前开关柜内一次设备的故障一般较少，因此，对于各种型号规格的开关柜，按生产厂家的要求做好日常的监视和检查显得尤为重要。下面就 GIS SF6 气体运行异常、直流开关运行异常及低压开关情况的处理作一说明。

(1) 运行中发生 SF6 气体微量泄漏的检查处理

在日常巡视检查维护中，若表计异常、表压下降，有刺激性嗅味或自感不适，应即向值班负责人报告，按下列步骤检查处理。

1）根据压力表及气路系统确认气室。

2）以发泡液法或气体检漏仪查找漏气部分。

3）对压力表的可靠性进行鉴别，检查压力表阀门有无完全开启。

4）经检漏，确认有微量泄漏，一方面将情况报调度和值班室，一方面加强监视，增加抄表次数。

(2) 压力告警动作发讯

在运行中，若"压力异常"光字牌亮、警铃响，需按下列步骤进行检查处理，并应记录事故发生时间、复归音响后即到现场：

1）根据就地控制屏上信号继电器的掉牌情况及压力表的读数，确认漏气气室。

2）对漏气气室进行外表检查，注意有无异声、异味，并记录压力及相应的温度、负荷情况。

3）将检查结果报有关部门及调度。

4）加强监视。

(3) 低闭锁操作

在运行中，若"压力异常"、"SF6 压力闭锁"光字牌亮，警铃响，说明该间隔断路器气室发生较严重的泄漏，按下列步骤检查处理：

1）故发生时间、复归音响。

2）控制屏及断路器操作机构箱确认信号继电器掉牌情况及压力表读数，确认漏气气室。

3）气室进行外观检查，注意有无异声、异味，并记录压力表读数及相应环境温度及负荷情况。

4）路器电源，并将断路器锁定在合闸位置（即插入分闸闭锁钉或机械闭锁装置），但注意：此时不能拉开回路信号电源。

5）监测。

6）若在现场发现有明显大量泄漏，则根据当时的运行方式，立即拉开电源，事后报有关部门。

(4) 设备解体时的安全保护

1）对欲回收利用的 SF_6 气体，需进行净化处理，达到新气标准后方可使用。对排放的废气，事前需作净化处理（如采用碱吸收的方法），达到国家环保规定标准后，方可排放。

2）设备解体前，应对设备内 SF_6 气体进行必要的分析测定，根据有毒气体含量，采取相应的安全防护措施。设备解体工作方案，应包括安全防护措施。

3）设备解体前，用回收净化装置净化 SF_6 运行气体，并对设备抽真空，用氮气冲洗 3 次后，方可进行设备解体维修。

4）解体时，维修人员应穿戴防护服及防毒面具。设备封盖打开后，应暂时撤离现场 30min。

5）在取出吸附剂，清洗金属和绝缘零部件时，维修人员应穿戴全套的安全防护用品，并用吸尘器和毛刷清除粉末。

6）将清出的吸附剂、金属粉末等废物放入酸或碱溶液中处理至中性后，进行深埋处理，埋深度应大于 0.8m，地点选在野外边远地区、下水处。

7）SF_6 电气设备解体维修净化场地要密闭、低尘降，并保证有良好的地沟机力引风排气设施，其换气量应保证在 15min 内换气一次。排气口设在底部。

8）工作结束后使用过的防护用具应清洗干净，维修人员要洗澡。

(5) 处理紧急事故时的安全防护

1）当防爆膜破裂及其他原因造成大量气体泄漏时，需采取紧急防护措施，并立即报告有关上级主管部门。

2）室内紧急事故发生后，应立即开启全部通风系统，工作人员根据事故情况，在佩戴防毒面具或氧气呼吸器后，才能进入现场进行处理。

3）发生防爆膜破裂事故时应停电处理。

4）防爆膜破裂喷出的粉末，应用吸尘器或毛刷清理干净。

5）事故处理后，应将所有防护用品清洗干净，工作人员要洗澡。

6）SF_6 中存在的有毒气体和设备内产生的粉尘，对人体呼吸系统及黏膜等有一定的危害，一般中毒后会出现不同程度的流泪、打喷嚏、流涕、鼻腔咽喉有热辣感，发音嘶哑、咳嗽、头晕、恶心、胸闷、颈部不适等症状。发生上述中毒现象时，应迅速将中毒者移至空气新鲜处，并及时进行治疗。

7）要与有关医疗单位联系，制定可能发生的中毒事故的处理方案和配备必要的药品，以便发生中毒事故时，中毒者能够得到及时的治疗。

2. 直流开关柜故障

(1) 直流开关框架保护动作

1）电力调度立刻退出框架故障变电所，并合上该所接触网越区供电隔离开关后，恢复相邻变电所被联跳的直流开关，形成大双边供电方式。

2）通知故障处理人员分别去框架故障发生所在变电所及相邻牵引所。

3）故障处理人员到现场后，解除框架故障变电所联跳发送功能及相邻牵引所联调接收功能。

4）框架保护故障需接触网停电后再进行处理及排查。

（2）直流馈线开关保护动作

1）若故障直流馈线开关及邻所被联跳直流馈线开关均重合闸成功，检查继保故障录波，若波形为常见的短路故障波形，则说明故障应为负荷侧的短时故障；若故障录波为非正常故障波形，则可能为开关二次设备故障，可退出继电保护装置保护功能，解除双边联跳功能，并保持开关合闸。

2）若故障直流馈线开关及邻所被联跳直流馈线开关均无法重合闸，则故障应为一次回路故障，检查线路及开关本体有无故障点（检查开关时需穿戴绝缘劳保，使用绝缘工器具，并在停电的情况下进行）。

3）若故障直流馈线开关及邻所被联跳直流馈线开关仅有一个无法重合闸，检查无法重合闸的开关，若是二次设备故障，可退出继电保护装置保护功能，解除双边联跳功能后，合上开关，恢复正常供电。

3. 低压开关柜故障异常运行、故障和事故处理

（1）低压开关保护动作

检查下级开关有无跳闸或者故障，若有，切除下级跳闸开关回路后，恢复送电；若无下级开关动作，则需要检查母线及开关本体是否存在故障（检查时需穿戴绝缘劳保，使用绝缘工器具）。

（2）低压主开关自投自复功能动作

若中压侧开关无相关动作情况，而低压主开关自投自复功能动作。现场应及时解除低压主开关自投自复功能，保持主开关当前状态，并恢复三类负荷总开关，保证正常供电。

5.2.7 电缆的异常运行、故障和事故处理

1. 电力电缆的异常运行

（1）电压异常

运行中电力电缆的电压不得超过额定电压的15%，超过规定应视为异常，因其容易造成电缆绝缘击穿。

（2）温度异常

电力电缆运行中的长期允许工作温度，不应超过厂家规定。一般情况下，不超过规定的最高工作温度。

限制其最高允许温度的原因主要是电缆过热会加速绝缘老化，缩短使用寿命并可能造成事故。

电力电缆运行中的温度高低，主要取决于所带负荷的大小，因此值班人员可以通过监视和控制其负荷，使电力电缆不至温度过高。

2. 电力电缆的常见故障

电力电缆从生产到运输、敷设、安装等，每一个环节都有可能会存在故障隐患。其故障原因主要可以概括为"机、人、环、料、法"五个方面。如图5-2。

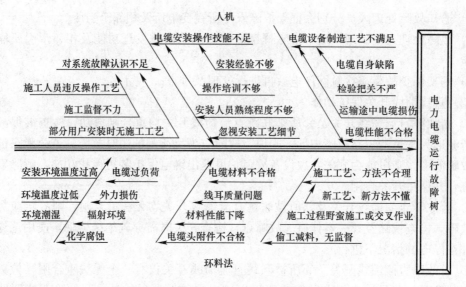

图 5-2 电力电缆运行故障树

而运行中的电缆，其运行环境造成的故障占比较大，按照故障性质主要有以下几种类型，如图 5-3。

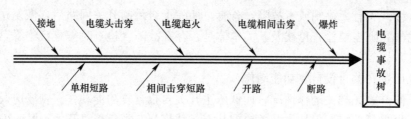

图 5-3 事故树分析图

运行环境不良原因分析：

(1) 供电网络电缆线路和非线性用电设备的出现（或发生该种情况），改变了系统中 L、C 的运行参数，系统中出现铁磁谐振过电压和过电流因素的几率升高，加剧了绝缘劣化速度，最终导致电缆击穿。

(2) 当系统中发生单相接地故障时，电缆头将遭受过电压冲击和绝缘劣化。同时，系统中对地容性电流的增大正常情况下，电缆线路约为架空线路对地容性电流的 30~40 倍，增大了单相弧光接地过电压的幅值（一般约为额定电压的 3~4 倍）和消弧难度，即便是系统中安装、配置了消弧消谐及过电压保护装置，但弧光接地故障二次复燃和短路停电范围扩大事故发生的概率仍然会大大增加。所以该故障首先发生了单项对地故障后，又再次发生相间短路故障。

(3) 交联聚乙烯（XlPE）绝缘电力电缆在干燥环境下具有优良的电气和机械性能，雨期施工时或电缆长期处于潮湿环境中，电缆容易进水或受潮，电缆绝缘一旦受潮，在电场的作用下，很容易产生水树，随着运行时间的加长，水树不断增长，最终导致绝缘击穿。值得特别提出的是水树的生成，其发生的周期和状态还受到电网高次谐波的影响，谐波的频率越高水树生长周期越短，另外电场强度越强，其发展得越快。

（4）当采用多根单芯电缆并联运行时，电缆各相电流存在差异造成并联电缆阻抗大不同。主要原因是电缆导体电阻不均（电缆长短不一所致）、导体连接质量以及各电缆间互感大小等因素造成，这种情况往往会造成电流分布不均而造成电缆过热，电流较大的并联电缆其高分子绝缘材料加速老化，最终导致绝缘损坏对地短路击穿。

解决对策：

1）为改善电网运行环境，需要对用户供电系统进行现场测量，确认系统的功率因素用户网谐波分量大小，绝大部分用户供电系统其感性负载较多，现场测量中大部分用户网9次、11次、21次、23次谐波分量比重都比较突出，根据各用户谐波分量所占比重的不同，确定增加具有带消谐装置的功率因素补偿柜来大幅改善供电质量。

2）为防止用户供电系统中的异常浪涌，有必要在用户供电系统中安装、配置消弧及过电压保护装置，在一定程度上能够改善和提高用户供电系统的安全可靠性。

3）电缆在制造、运输储存、敷设三个过程中容易受潮和进水。对制造过程中的受潮和进水在电缆出厂试验（耐压、绝缘电阻、局部放电）中容易被发现，负责任的厂家是不容许出厂的。为了有效防止电缆在运输储存、敷设过程中受潮和进水，可在电缆出厂前在电缆端部压接电缆牵引头，两个电缆端用防水橡胶泥封闭，再用热塑封套套住。这样可确保电缆投入运行前不受潮气和水分的侵扰，从源头杜绝水树的产生。

4）电缆的排列方式会对各电缆的互感造成显著影响而互感是决定电缆线路感抗差异的主要因素，因此可以通过合理的布线、布置（品字形或交叉）来进一步降低同相各电缆之间的感抗差异，达到电缆电流平均分配的目的，当然在前期施工过程中一定还要确保同相电缆多根长度一定要相等来确保电缆导体电阻的一致性。

3.电力电缆的事故处理

（1）电缆头绝缘破坏

电力电缆的端部（电缆头）通常有铸铁外壳式、环氧树脂式、干包式等几种。由于制作、维修和维护不当、绝缘材料不合规格、安装方式不当及安装机械不良等原因，致使电缆头电场分布不均匀，容易引起电缆头绝缘破坏。如果运行中的电缆头发生破坏（放电严重、瓷件破裂等），该电缆应立即停止运行。

（2）电缆头溢胶、冒烟

运行中的电缆头，因线夹接触不良，而导致严重发热，引起电缆头渗胶、漏胶，严重过热可使胶冒烟分解。此时，应立即停电或尽快减少负荷，等候处理。

（3）电缆头引线过热烧断或折断

电缆引线严重过热，可能将引线或线卡烧断，或因外力而折断时，电缆应退出运行。

5.2.8 直流自用电系统的异常运行、故障和事故处理

变电所内一般设置一套直流电源设备，由所内交流盘提供两回交流380V电源，两路电源互为备用，并设置电源自动投切装置，相关信号送至电力监控系统。直流自用电系统由蓄电池和充电机两部分组成。输出电压为DC110（220）V。正常运行时，负担全所直流用电，蓄电池在浮充电状态；交流失电后，蓄电池组容量保证所内经常性、冲击、事故负荷停电2h的放电容量及事故放电末期最大冲击负荷容量的要求。

直流自用电系统常见的故障有交流电源故障，直流母线电压消失及过低、直流接地，蓄电池故障等。

1. 交流电源故障

直流自用电系统交流电源故障多由交流自用电失压或缺相运行、运行中的硅整流充电装置的交流接触器或空气开关跳闸等造成。

当出现上述故障时，在可手动调节降压硅链的变电所内，值班人员应首先调整降压硅链手动操作转换开关，以保证控制母线电压维持正常，然后再检查交流电源部分。如蓄电池组容量不足而不能维持正常供电时，应派专人监视仪表，以便一旦发生一次系统短路故障而且断路器拒绝动作时，可手动断开有关的断路器。

（1）交流电源丢失或充电模块报警启动时，应检查如下各项：
1）对应的交流屏开关跳闸或动力变失电。
2）交流电源电压严重偏高或偏低。
3）三相严重不平衡或缺相。
4）三相电源谐波太大。
5）零线不对，如对地电压偏高。
（2）两路交流电输入不能自动投切可能引起的原因
1）交流接触器线圈烧断。
2）交流接触器辅助接点接触不好。
3）控制转换旋转开关接点接触不好。
（3）缺相保护电路

由于交流缺相将引起充电机直流输出电压的质量降低，故在交流电源的输入端设有缺相保护电路。该电路由缺相保护器及中间继电器组成。当任一路交流发生缺相故障时，相应侧的中间继电器线圈失电，其常开接点断开，禁止该路交流接触器闭合或断开，同时中间继电器常闭接点闭合，发出交流缺相告警信号。出现这种情况时需检查三相电压是否正常，以及中间继电器、交流接触器是否良好。

2. 直流母线电压消失或过低

产生直流母线电压消失的原因，除交流电源故障外，在由整流装置单独供电时，可能是因为过负荷运行导致硅整流元件击穿或充电模块故障不工作；直流两点接地造成熔断器熔断或直流接触器、空气开关跳闸等。在由蓄电池组单独供电时，可能是降压硅链操作转换开关调整后未到位或接触不良、直流两点接地造成熔断器熔断等。由整流充电装置与蓄电池组共同向直流负荷供电时，应根据熔断的熔断器保护范围及失去指示的直流电压表确定故障范围。如整流充电装置回路上的熔断器熔断，仅充电回路的直流电压表无指示，而直流母线电压表指示值变化又不大时，一般可认为直流负荷各支路和蓄电池组正常，整流充电装置回路故障。但是，若在断路器合闸的同时发现这种现象，可以考虑为蓄电池组容量不足引起整流充电装置过负荷所致。如仅蓄电池组熔断器熔断，直流母线电压表无指示，一般可认为是蓄电池切换器或蓄电池组故障。如两处熔断器均熔断，充电回路及直流母线电压表均无指示，则一般考虑为直流母线短路。

产生直流母线电压过低的原因，除电源侧交流电压过低或缺相运行外，还有蓄电池切换器接触不良、直流回路中各种元件和触点接触不良、直流回路绝缘不良或一点接地以及蓄电池极板短路等。判断故障范围与直流母线电压消失大致相同，只是此时熔断器不会熔断。

当出现直流母线电压消失或过低时，应首先判断故障范围。当母线有明显短路时，立即将故障母线段所供的一切负荷转移到另一段（或另一组）母线上运行，然后对故障母线停电维修。当整流充电装置故障时，应改由蓄电池组单独供电。若直流母线无明显故障，应在断开该组直流母线所带的全部负荷后，向空载母线试送电。当试送电成功后，可按先重要后次要的顺序依次向直流负荷送电，一旦送至某支路出现故障时则应对该支路停电维修。

当整流装置停机或故障无法启动时，除检查控制回路外，可能因某些模块，如采样模块或参考模块故障不工作所致，此时，需检查各模块的输入和输出是否正常，如确定为模块故障，需及时更换。对于采用ATC系列智能高频开关电源模块的，进行更换时应按以下步骤进行。

（1）更换故障模块步骤

1) 确认模块故障，并记下故障现象及故障模块的通信地址等。

2) 关掉故障模块及集中监控器。

3) 先拔掉均流并机线及输出、输入航空插头，退出故障模块。

4) 安装新模块，使均/浮充电压整定、输出限流最大整定值应与其他模块尽量一致，并机运行前均流电位器置于中间位置。

5) 并机均流线插好，先必需对其模块逐台关机后重新开机，进行复位，使模块直流输出都处于初整定值，以确保在带监控器运行时有均流效果。

6) 模块均流调整好后，将监控器打开，试验模块的操作性。如均/浮充、调压性能等其他功能试验是否正常。

（2）模块通电调试步骤

1) 通电的模块"启动"开关（或三相空气开关）应处于关断；"开关机"按钮、"均浮充"按钮处于松开状态；并检查后面板熔断器是否拧紧、风扇电源插头是否插好；限流挡位应设置在"Ⅳ"挡。

2) 接插交流输入航空插头。插入前用万用表测量交流电源的电压，包括线电压和相电压，注意插头第四脚应为零线；交流电压应在输入许可范围内（额定值的±20%），如超出范围或三相不稳定甚至缺相则不应接入模块，而应先检查交流电源进线回路。

3) 打开启动开关（或三相空气开关）。

4) 开关合上后即应有蜂鸣报警音响，此时前面板无任何显示，约1~3s后，告警消失，同时输入绿色发光二极管指示灯亮，表示交流输入电源正常。显示电压、电流为零，限流挡位指示灯Ⅳ点亮，模块直流输出表计交替显示电压、电流。如若不亮则应检查交流电源熔断器或交流开关是否可靠合上。

5) 手按"开/关"按钮，模块开始工作，输出状态指示"正常"灯亮并闪烁；表计显示有电压，风扇开始启动。如若"故障"灯亮并音响报警，则可检查系统电源调节电位器是否顺时针调节得过大，将其逆时针调动后重新启动。

6) 按下"均/浮充"按钮，"均充"指示灯亮，通过"均充电压""电位器"可调节均充电压整定值。松开按钮，也能回到"浮充状态"。

7) 模块并联运行时，应注意均浮充状态，限流标志应与其他模块一致，与监控通信地址应区别顺序设置。

3. 直流接地

直流接地故障按性质可分为绝缘能力降低和直接接地；按极性可分为正极接地和负极接地；按接地点数目可分为一点接地和多点接地。只要是直流系统绝缘监察装置发出预告信号即可认为出现了直流接地的故障（装置误动作除外）。

由于断路器的跳、合闸线圈和继电保护装置的出口中间继电器线圈一般均直接接于负极电源，如果这些回路正极发生接地就容易引起继电保护及自动装置或断路器误动，如果负极发生接地，则有可能造成继电器保护及自动装置或断路器的拒动。以图 5-4 为例加以说明。

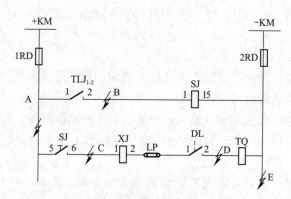

图 5-4 直流接地造成危害的示意图

在图 5-4 中，当出现 A、B 两点接地时，电流继电器触点 $1LJ_{1-2}$ 短接，从而使时间继电器 SJ 起动；A、C 两点接地则将时间继电器的触点 SJ_{5-6} 短接；A、D 两点接地又将断路器辅助触点 DL_{1-2} 短接，上述情况均将造成断路器的误跳闸。而当 B、E 两点或 C、E 两点或 D、E 两点接地时，均将造成断路器的拒动。当出现 A、E 两点接地时将引起熔断器 1RD、2RD 熔断。B、E 或 C、E 或 D、E 两点接地且恰逢继电保护装置动作时，不但断路器拒动，而且还可造成熔断器熔断并烧损触点 $1LJ_{1-2}$。

直接接地故障主要由于直流系统中的设备或回路绝缘不良，以及维修、试验中误操作造成。例如在运行中蓄电池的外壳、绝缘垫以及母线接头处脏污；控制、信号、合闸用的直流电缆终端头在制作、运行或维修中线芯绝缘被损坏；用插座代替端子排连接且经常插入和拔出的移动电缆，以及易被油污染的变压器瓦斯继电器用的电缆等均易发生直接接地。而在控制屏、配电屏、端子箱面板上安装的各种转换开关的接线端子或引线裸露的金属部分过长而离面板距离过近；直流回路中各种线圈，特别是合闸接触器及跳、合闸线圈，因长时间带电而过热等都是引致绝缘不良的原因。

鉴于直流接地给变电所的运行安全带来极大的危害，因而一旦出现这种故障时，应迅速查找并将其排除。

查找直流接地故障应根据直流系统当时的运行方式、操作、维修以及气象情况等综合分析。按先室外后室内，先低压后高压，先备用后运行设备的原则进行。

（1）出现直流接地信号后，首先查看绝缘监察表及对地电压表，并判断出属哪一极接地，进而分析接地性质并判断出故障范围。

（2）查看正在进行的倒闸和维修作业，了解有无误操作的情况。

(3) 外观检查房屋有无漏雨、漏水，直流母线支持绝缘子有无接地的可能，必要时进行清扫，并在清扫的同时观察对地绝缘有无明显提高，以作出进一步的判断。

(4) 检查直流母线、充电装置、蓄电池等有无明显的接地。

(5) 进行各回路的拉、合试验。依次瞬间拉、合事故照明回路、信号回路、整流充电回路、户外合闸回路、户内合闸回路、35kV断路器控制回路、110kV断路器的控制回路、直流母线、蓄电池等。由于1500V断路器大多数采用电保持合闸形式，在运营阶段进行此拉、合试验时，应及时与调度沟通及采取相应临时措施方可进行，以免影响正常的运营。由于合闸回路一般采取环路供电方式，因此在拉开该回路前，应首先拉开环路开关。

在设有直流母线分段联络开关的变电所，在检查直流母线、硅整流装置、蓄电池时应拉开联络开关并转移直流负荷后分段查找，以缩小直流负荷停电的范围和时间。

(6) 在确定了发生接地的回路后，应在这一回路内再分别拉、合各支路的熔断器或拆线，以进一步缩小故障范围。

(7) 为保证人身及设备安全，在查找直流接地故障时应注意以下事项：

1) 查找故障前通知电力调度，尽可能避免倒闸操作，凡拉、合回路涉及电力调度管辖范围时，还应取得电力调度的同意。

2) 查找和处理故障时，至少须有两人同时进行，即必须有专人监护并监视信号。注意不得造成短路或另一点接地，同时还应停止其他二次回路上的所有工作。

3) 应尽量不切断或少切断直流回路，以使电气设备不脱离保护。当必须切断专用直流支路时，事先应采取必要措施防止直流失压后的保护误动。无论该直流回路或支路是否接地，拉开后均应尽快合上，其切断时间不应超过3s。无论是哪一极接地，在拔取直流熔断器时，均应按先正极后负极的顺序操作，恢复时顺序相反，以免由于寄生回路的影响造成误动作。

4) 严禁以使用灯泡的方法查找接地点。通常用内阻不低于 $2000\Omega/V$ 的直流电压表进行测量比较安全方便。

4. 蓄电池的故障

造成蓄电池故障的原因很多，除正常的自然耗损及制造质量及运输保管等的影响之外，大多数是由于维护不当产生的。在蓄电池故障发生初期，就应及时正确分析原因，采取有效措施加以排除，否则会扩展很快，一旦恶化后很难恢复原有的性能。

运行中一般可以根据极板的颜色和状况情况，以及运行记录中端电压、密度、温度、充放电量等方面进行综合分析和判断。

阀控封密式铅酸蓄电池的故障及处理。

(1) 阀控封密式铅酸蓄电池壳体异常

造成的原因有充电电流过大、充电电压超过 $2.4V \times N$、内部有短路或放电、温升超标、阀控失灵等。处理方法相应是减小充电电流、降低充电电压、检查安全阀体是否堵死等。

(2) 运行中浮充电压正常，但一放电，电压很快下降到终止电压值。原因是蓄电池内部失水干涸、电解物质变质。处理方法是更换蓄电池。

5.2.9 再生制动能量吸收装置异常运行、故障和事故处理

牵引电站再生制动能量吸收装置是城轨交通供电控制系统的重要组成部分，对抑制地

铁洞内温升、减少车载设备、减小车辆维修量带来了较大的便利。制动能耗装置通过斩波器和吸收电阻配合，根据列车制动时直流网压的变化状态调节斩波器占空比，将接触网电压稳定在一定范围。制动能量反馈装置通过可逆变流器将再生能量回馈给电网，使再生能量得到完全利用。

再生制动吸收装置的常见故障和事故较多表现为二次控制、保护及一次IGBT和二极管方面的故障。

1. 再生制动吸收装置异常运行、故障处理思路

装置出现故障后，主要依托上位机监控系统，通过对故障报文、历史曲线等一系列分析，现场查看验证最终得出结论。

（1）在电力监控后台通过监控系统界面查看故障的类型、故障时间等信息。

（2）在装置上位机报文信息窗口查看确认装置具体故障信息、查看装置各个单元的状态信息。

（3）通过电力监控后台和装置上位机查询设备故障时的电网电流、装置电压等情况。

（4）汇总以上基础信息，归纳总结设备故障前后得异常信息，得出相应的故障原因。

2. 装置常见异常运行、故障分析和处理

（1）主电路开关、接触器故障

主电路开关、接触器常见的故障为卡分或卡合故障，该类故障在下位机逻辑判断中均有相关的逻辑，出现相应的故障后会一一记录在上位机故障记录中，处理较为简单，根据报文信息锁定故障单位位置，若为机械等问题无法修复则进行更换，本体无问题则需检查电源等方式处理。

（2）温度过高

装置超温主要有电阻柜超温、IGBT斩波模块超温两种情况，超温后，装置会根据超温的级别自动降级或停止运行，同时上位机监控画面中会报出超温故障。

故障原因：环境温度过高、下位机故障、或温度检测回路故障等。

故障分析与处理办法：

1）环境温度过高，若室内环境温度过高，需加装制冷设备降低环境温度。

2）下位机故障系统会误报超温故障，则需将下位机控制板拆下，检查超温电路。

3）温度检测回路故障，若温度检测回路故障，如温度传感器故障、接线错误等系统也会误报超温故障。

（3）过压、欠压故障

过压故障常见的有直流网压大于2000V，过压后装置停止运行，上位机中存储相应的故障信息，故障原因：外部原因导致网压过高、电压采集回路故障。

欠压故障常见的有直流网压小于900V，欠压后装置停止运行，上位机中存储相应的故障信息。

故障原因：外部原因导致网压过高或欠压、电压采集回路故障。

故障分析与处理办法：

1）根据装置历史数据已经后台监控相关联的电压曲线等判断是否是外部网压过高或过低，如是分析原因并坚持装置有无伤损。

2）电压检测回路故障，如输入板故障、接线错误或虚接等系统也会误报过压或欠压

故障。

(4) 支路 IGBT 故障

支路 IGBT 常见的故障类型有信号丢失、短路故障、熔断器熔断、支路过流等。

故障原因：光线损坏、IGBT 损坏、下位机控制板故障等导致。

故障分析与处理方法：

1) 光线折损或衰减、光纤头松动会导致信号丢失，下位机接手不到该支路信息，报支路故障信息，超过 1 条以上支路信号丢失装置停止运行。更换光纤处理。

2) IGBT 损坏，IGBT 击穿或炸裂会报支路故障，常伴随短路故障、熔断器熔断、支路过流等故障信息，更换 IGBT。

3) 下位机控制板故障会导致控制顺序混乱，会导致 IGBT 炸裂等故障，更换下位机控制板处理。

(5) 其他常见故障案例，如表 5-8 所示。

再生制动吸收装置的一般故障及补救方法 表 5-8

序号	故障现象	可能出现的问题	处理方法
1	设备不能启动	(1) 控制开关； (2) 直流电源无或者不正常； (3) 操作程序不对	(1) 更换按钮开关； (2) 检查直流电源及各电源值； (3) 重新起动
2	设备误投入吸收状态或不投入吸收状态	(1) 电压传感器及 SV1 或 SV2 值不正确； (2) 滤波电容坏； (3) 控制板坏	(1) 更换传感器 SV1 或 SV2 和隔离放大器； (2) 更换电容； (3) 更换控制板
3	预充不闭合	(1) 快开辅助常闭触点坏； (2) 控制继电器 KM2 坏	(1) 检查快开； (2) 更换继电器
4	快开不闭合或保持不住	(1) 控制继电器坏； (2) 控制开关坏	更换相应元件
5	支路无吸收电流	(1) IGBT 坏； (2) 对应支路无脉冲； (3) 吸收电阻开路； (4) 光缆断； (5) 控制板坏	(1) 更换 IGBT； (2) 检查驱动器输入、输出脉冲； (3) 检查吸收电阻； (4) 更换光缆； (5) 更换控制板
6	快速断路器跳	短路	检查短路点

5.2.10 SVG 装置异常运行、故障和事故处理

在地铁配电网中，将中小容量的 SVG 安装在变电站或负荷附近，可以显著改善负荷与公共电网连接点处的电能质量，能够快速连续地提供容性和感性无功功率，实现适当的电压和无功功率控制，保障电力系统稳定、高效、优质地运行。

SVG 装置常见的故障较多表现为二次控制、保护及一次 IGBT 故障。

1. SVG 异常运行、故障处理思路

SVG 出现故障后，主要依托上位机监控系统，通过对故障报文、故障录波等一系列分析，现场查看验证最终得出结论。

(1) 在电力监控后台通过监控系统界面查看故障的类型、故障时间等信息。

(2) 在 SVG 上位机报文信息窗口查看确认故障单元的具体故障信息。

(3) 通过电力监控后台和 SVG 上位机查询设备故障时的电网电流、电压、有功功率、无功功率、功率因数、SVG 输出电流等情况，查看故障录波数据。

(4) 汇总以上基础信息，归纳总结设备故障前后得异常信息，得出相应的故障原因。

2. SVG 常见异常运行、故障分析和处理

(1) 直流过压、过流

功率单元"直流过压"保护指的是当单元直流侧电压达到保护设定值以上时，为保护 SVG 设备的一种保护设置。功率单元的"过流"保护是通过 IGBT 电流对应的管压降来判断的，直流过压和过流时，SVG 会停止运行，同时 SVG 上位机会报出直流过压故障。常见故障原因：功率模块故障、二次采集回路故障、控制板、脉冲板异常、光纤误触发等。

故障分析与处理办法

1) 功率模块故障，功率模块直流侧电压瞬间变化，可引起单元过电压或过电流，需更换单功率模块或功率模块当中的部分控制板或者 IGBT 板件，需要对故障模块使用模块测试仪判断具体故障部位。

2) 二次采集回路故障：霍尔传感器本体损坏或接线错误，霍尔电源有问题，均有可能导致测量数据错误，详细检查后整体更换或纠正接线、电源等方式处理。

3) 控制板、脉冲板异常：当控制板异常后，可能会导致三相开通关断的时序出现问题，导致过压、过流出现，需更换相应的板件。

4) 光纤误触发，需要检查光纤是否有折断、光线头松动、光衰减打等情况导致脉冲误触发。

(2) 功率模块超温

功率模块超温是根据 IGBT 的温度特性进行设置的，功率模块超温后，SVG 会停止运行，同时工控机的监控画面中会报出超温故障。单元超温故障一般表现为单元驱动板报超温故障跳闸；有时也会伴随单元过流、过压等故障一起发生。

故障原因：风机问题、环境温度过高、风道堵塞、控制板故障或温度检测回路故障等。

故障分析与处理办法。

1) 风机问题，检查判断风机运行转向、声音等是否正常。

2) 环境温度过高，若室内环境温度过高，需加装制冷设备降低环境温度。

3) 风道堵塞，由于现场灰尘大，堵塞风道的情况，需清理风道保证出风通畅。

4) 控制板故障系统会误报超温故障，则需将功率单元控制板拆下，检查超温电路。

5) 温度检测回路故障，若温度检测回路故障，如温度传感器故障、接线错误等系统也会误报超温故障。

(3) SVG 的一般故障及补救方法，见表 5-9。

SVG 的一般故障及补救方法　　　　表 5-9

序号	说明	故障说明	处理
1	PLC 开入故障	跳闸，PLC 开入信号变位导致	检查 PLC 开入状态信息
2	控制板 B 通信故障	跳闸，控制 B 板故障	更换控制 B 板

续表

序号	说明	故障说明	处理
3	控制板 A 通信故障	跳闸，控制 A 板故障	更换控制 A 板
4	脉冲板通信故障	跳闸，脉冲板故障	更换脉冲板
5	GML 板通信故障	跳闸，GMLink 板故障	更换 GMLink 板
6	MLK 板通信故障	跳闸，MLink 板故障	更换 MLink 板
7	12V 电源故障	跳闸，12V 电源板故障	更换电源板
8	同步故障	跳闸，同步信号丢失	检查 PT 输入信号
9	PT 异常	跳闸，PT 故障或断线	检查 PT 输入信号
10	旁路失败	跳闸，装置的链节出现旁路失败故障	检查链节的故障状态信息
11	自动复归超次	跳闸，装置连续出现多次封锁复位动作	(1) 链节出现连续的过压保护或驱动保护；检查链节状态信息。(2) 检查 24~32 故障是否连续动作，检查保护定值是否合适
12	单相链节故障个数超 2	跳闸，单相的链节故障数大于 1	检查链节的故障状态信息
13	主控 DSP 报故障	跳闸，控制 DSP 报出的故障跳闸总信号	上述的 1~11 故障会产生该信号，检查上述 11 个故障
14	主断路器合闸失败	跳闸。发出合闸命令后，主断路器状态返回不正确	检查主断路器状态返回回路和信号，检查合闸回路
15	主断路器跳闸失败	跳闸。发出跳闸命令后，主断路器状态返回不正确	检查主断路器状态返回回路和信号，检查跳闸回路
16	启动开关合闸失败	跳闸。发出合闸命令后，启动开关状态返回不正确	检查启动开关状态返回回路和信号，检查合闸回路
17	启动开关跳闸失败	跳闸。发出跳闸命令后，启动开关状态返回不正确	检查启动开关状态返回回路和信号，检查跳闸回路
18	两个电源同时报警	跳闸，两个 24V 电源同时出现报警	检查 24V 电源
19	变压器长时间报警跳闸	跳闸，变压器报警信号持续时间超过 30s	检查变压器报警信号
20	主控或监测 DSP 异常	跳闸，DSP 工作异常	更换控制 A 板和控制 B 板
21	A 板 FPGA 通信异常	跳闸，控制 A 板的 FPGA 故障	更换控制 A 板
22	装置输出电流不平衡	跳闸，装置三相电流不平衡	检查霍尔元件，检查装置输出电流采样回路
23	DSP 检测 PLC 通信故障	跳闸，控制器与 PLC 通信中断	检查控制器与 PLC 的通信连接线，检查控制 A 板和 PLC 是否正常
24	PLC 开入报警	报警，PLC 开入信号变位导致	检查 PLC 开入状态信息
25	PLC 开入闭锁	封锁复位，PLC 开入信号变位导致	检查 PLC 开入状态信息
26	A/B/C 相过流_PLK2 或 A/B/C 相过流_DI1	封锁复位，装置输出过流保护过流保护板过流保护动作	检查信号板采样电阻是否正确，检查电流采样是否正确，检查参数设置是否正确，检查一次接线和 PT 相序，检查光纤连接是否正确，检查装置输出电流采样是否正确
27	A/B/C 相过流_霍尔	封锁复位，装置输出过流保护信号板过流保护动作	
28	装置过载	封锁复位，装置输出电流大于保护定值，持续时间大于 2s	检查保护定值是否正确

续表

序号	说明	故障说明	处理
29	直流不平衡	封锁复位,单相链节之间的直流电压不平衡	检查链节的直流电压是否平衡,检查"系统控制字"页面的参数设定是否正确
30	系统过压	封锁复位,系统电压过压	检查PT采样
31	系统欠压	封锁复位,系统电压欠压	检查PT采样
32	系统不平衡	封锁复位,系统电压不平衡	检查PT采样

3. 安全注意事项

(1) SVG装置为高压设备,操作时必须有高压意识,严格遵守操作规程任何错误的操作方法都可能导致人员伤害和设备的损害。

(2) SVG的启动柜、功率柜均属高压危险区域,在高压通电情况下绝对不能打开柜门进行作业。

(3) 控制柜与其他柜体采用光纤隔离技术,不存在6kV或10kV的高电压,但存在0.4kV交流电,因此也必须是经过培训的授权人员方能进行操作。

(4) SVG在设计时充分考虑到人员的安全,然而就像任何功率装置一样,许多内部端子上存在足以致命的高电压。另外散热器和其他一些内部元件温度较高,所以在接触和操作动态补偿装置时要遵循以下原则。

(5) 使用人员必须接受培训熟悉本装置的结构,并掌握实际运行知识及注意事项。

(6) 只有在动态补偿装置不带电(高压电和控制电)并且不存在高温时才能接触柜内部件。

(7) 在维修时,要确保启动柜的上隔离断开,接地刀闸合上。维护时必须遵守高压操作规程,如戴绝缘手套、穿绝缘鞋。工作时必须有其他监护人员在场。

(8) 必须安装安全防护栏(标有高压危险),使用中不要将其移走。禁止把易燃材料(包括设备图纸和操作手册)放在动态补偿装置旁。

(9) 在处理或测量动态补偿装置内部件时要十分小心,注意不要让仪表引线相互短接或接触其他端子。

(10) 安全起见,禁止动态补偿装置在柜门打开的情况下运行。禁止在主电路有电时断开风扇和散热系统电源,这样会导致过热损坏装置。

(11) 更换链节必须在动态补偿装置停电超过15min后才能进行。

5.2.11 二次回路的故障处理

变电所二次回路如果出现故障,有可能引起继电保护和自动装置以及断路器的误动或拒动,也可能引起各种信号显示、表计指示失常,从而难以监视一次设备的运行情况。显然,在出现二次回路故障后,应尽快查找,经过处理使其恢复正常工作状态。当然,前述直流接地的故障也会造成上述异常现象,因而在具体回路故障查找时应予综合分析。

1. 二次回路故障处理的一般原则

(1) 根据故障现象、事故及预告信号显示情况、有关指示情况等进行综合分析,以确定故障范围。

例如,断路器拒绝合闸时,若给出"控制回路断线"预告信号,可确定是控制回路故障;若未给出任何预告信号,而位置信号显示又正常,且合闸接触器已动作时,可确定是合闸回路故障。

在断路器动作发生异常时，可通过继电保护及自动装置动作情况等来判断是这些装置故障还是断路器的操作或控制回路故障。

与中央信号装置有关的信号出现异常时，应先试验对应的中央信号是否正常，以确定是中央信号装置故障，还是发出动作信号的二次回路故障。

若发现二次回路或设备冒烟、有异味以及熔断器熔断等现象时，一般可认为该二次回路发生了短路。这时应首先进行外观检查，以判断有无元件或触点烧损或熔接等。发现有烧损时，要进一步检查该元件所在回路的各种设备，如未发现故障点，应对每一支路进行检查，直到发现故障点为止。若对所有支路检查完毕，仍未发现故障，则应考虑是否不同回路之间，或正、负极之间有直接的短路。通过外观检查不能确认元件的绝缘是否损坏时，可在断开电源后用兆欧表进行测量，以判断短路地点和范围。

（2）各种回路的故障兼而有之时，应分清主次，从主要回路入手。

例如断路器拒绝跳闸的同时，又未给出事故音响信号时，应先查找断路器拒绝跳闸的原因，后查找事故音响信号回路的问题。又如断路器拒绝合闸的同时，信号显示也不正常时，应按合闸、控制、信号的顺序查找各回路。

（3）查找某一具体回路故障时，应首先检查并排除电源部分的故障。具体来说就是先检查直流母线电压及熔断器等，然后再检查容易发生故障的元件。

由于二次回路故障的种类较多而且隐蔽，仅靠外观检查往往难以发现，故通常应用万用表、试电笔等进行检查。若使用万用表查找故障，在有电回路检查时可选用电压挡，对取下熔断器或分开二次回路小开关的回路检查时可用电阻挡。查找继电保护和自动装置回路的故障时可进行模拟事故的整组试验，以检查回路的正确性及各继电器的动作情况。

（4）查找二次回路故障的注意事项。

在二次回路中查找故障时，必须遵守《变电所安全工作规程》和现场规程中有关规定，同时应注意以下问题：

1）工作时必须有符合实际的图纸。

2）在电压互感器二次回路上查找故障时，必须考虑对继电保护及自动装置的影响，防止因失去交流电压而使保护误动作。

3）拔直流电源熔断器时，应同时拔下负极熔断器，以利于分析查找。

4）带电用表计测量方法查找回路故障时，必须使用高内阻电压表（如万用表），防止误动跳闸，禁止使用灯泡法查找故障。

5）防止电流互感器二次回路开路和电压互感器二次回路短路及接地。

6）使用工具应合格，且绝缘良好，尽量使必须外露的金属部分减少（可包绝缘），防止发生接地或短路及人身触电。

7）拆动二次接线端子时，应先核对图纸及端子标号，做好记录和明显标记，及时恢复所拆接线并核对无误，检查接触是否良好。

2. 二次回路查找故障的一般步骤和方法

二次回路故障查找重在分析判断，有正确的分析判断，才能正确处理从而少走弯路。查找时先根据接线情况、故障象征、设备状态及信号等情况分析判断可能出现故障的范围后，再用正确方法、步骤检查，以缩小范围。检查、测量中根据其结果和现象进行再分析判断，并加以恰当的方法检查测量和其他手段证实判断，从而准确无误地查出故障点。

确定检查顺序时，先查发生故障可能性大的、较容易出问题的部分。如回路不通时，先查电源熔断器是否熔断或接触不良；可动部分，经常动作的元件及薄弱点等。

经上述检查未查出问题，应用缩小范围法检查，缩小范围后再继续检查直至查明故障点。因此，二次回路查故障的一般步骤为：根据故障现象分析原因；保持原状进行外部检查和观察；检查出故障可能性大的、易出问题的、常出问题的部分和元件；用"缩小范围法"缩小范围；查明具体故障点并消除故障。

(1) 二次回路开路的检查方法

1) 导通法

此方法是用万用表的欧姆挡测量电阻的方法。不能使用兆欧表，因为兆欧表对回路中各元件接触不良或电阻元件变值的故障测不出来。

用"导通法"测量检查时，必须先断开被测回路的电源，否则会烧坏表计。"导通法"查找回路不通的原理，是通过测某两点之间电阻值的变化来判别故障。对于接触良好的接触点，电阻应为零，严重接触不良时有一定的电阻值，未接通的接点其两端电阻非常大；对于电流线圈，其电阻应很小（近于零）；对于电压线圈和电阻元件，其阻值应与标称值相近。

用"导通法"查回路不通时，因需断开回路电源，某些情况下继电器失磁变位（返回）后，不易查出其接触不良问题，这是"导通法"查回路故障的一个缺点。一般不带电压、电流的回路不通时，可用此方法测量检查。

2) 测电压降法

"测电压降法"是用万用表的直流电压挡，测回路中各元件上的电压降。查回路不通故障无需断开电源，因此，无"导通法"检查的缺点。测量时所选用表计量程应稍大于电源电压。

本方法的原理为在回路接通的情况下，接触良好的触点两端电压应等于零，若不等于零（有一定值）或为全电压（电源电压），则说明回路其他元件良好而该触点接触不良或未接触。电流线圈两端电压应近于零，如过大则有问题，电阻元件及电压线圈两端应有一定的电压，回路中仅有一个电压线圈且无串联电阻时，线圈两端电压不应比电源电压低得很多。线圈两端电压正常而其触点不动，说明线圈断线。

3) 对地电位法

用此方法查二次回路不通故障，也无需断开电源，测前应先分析回路各点的对地电位，再测量检查，将分析结果和所测值及极性相比较。

将电位分析和测量结果比较，所测值和极性与分析相同，误差不大表明各元件良好。若相反或相差较大，表明该部分有问题。

测量各点对地电位，应使用万用表直流电压挡（量程应大于电源电压），如图 5-5 所示，将一支表笔接地（金属外壳），另一支表笔接被测点。若被测点带正电，则应将正表笔接被测点，负表笔接地。反之，将负表笔接被测点而正表笔接地。若表计指示为直流电压的一半左右，则表明该点到电源正极或电源负极之间是通的。

测对地电位时，读数应为电源电压的 1/2 左右。这是因为变电所直流系统中的绝缘监察装置的影响。

用测对地电位法检查回路不通的故障，方便、准确，且不受各元件和端子安装地点的影响，回路中有两个不通点也能准确查出（两断开点之间对地电位是零）。

为了更有效地检查回路不通点或接触不良问题，可以用测对地电位法和测电压降法配合使用，这样更便于判别查找。

（2）二次回路短路的查找方法

二次回路发生短路时，电路熔断器熔断。某些熔断器（如控制回路熔断器，事故信号熔断器，电压互感器熔断器等）熔断能给出信号，如未排除故障点熔断器更换后会再次熔断。接点通过短路电流时会烧熔损坏，短路点会有电弧损伤现象。接点有烧伤的，该接点所控制的回路内可能有短路（因通过短路电流所致）。冒烟的线圈或烧坏的部件也可能是短路点。还要查回路中各元件的接线端子、接线柱等有无明显相碰，有无异物落上造成短路及碰金属外壳现象。

若发现某一接点烧伤，可进一步查该接点所在回路中各元件。可测该回路电阻值是否较小，回路中各元件（主要是电阻、线圈、电容器等）电阻值是否变小，有无损坏等。

经上述检查未发现明显问题，或是需查找的范围较大（回路分布较广），应采取措施缩小范围。方法有以下几种：

1）拆开每一分支回路，逐一将回路试投入

如图5-6所示，可以将每一回路的正极或负极拆开，依次逐个测回路电阻值，正常后接入所拆接线，装上熔断器试送一次。对回路电阻小于正常值较多的或试送上后熔断器再次熔断的回路，故障点多在该回路内，可进一步检查出故障点。用表计测量回路电阻，只靠测量不能完全准确地发现故障，可能因万用表电压低或短路点经一定的电阻值，也可能因短路点在一个回路的一点与另一个回路的另一点之间，故测量不能发现问题。

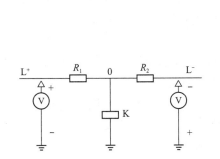
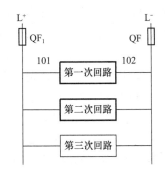

图5-5　万用表测量对地电位接法　　图5-6　二次回路短路测试

2）一回路试投入后，测量电压

现以图5-6为例，首先，将每一分支回路正极或负极拆开。其次，装上一只熔断器（不使之再形成短路）。如装上正极熔断器，若熔断器投入即熔断说明此回路和电源负极形成短路的可能性很大（若第一次亦是只有正极熔断的话）。若装上正极熔断器正常，可将其拔下，换装上负极熔断器试一下。然后，若正极熔断器装上后正常，可在断开的负极熔断器两端测有无电压，或在负极熔断器下边测对地是否有正电，若有，说明故障点在两熔断器以下的干线上；若无（或指示低），可依次逐个地将分支回路拆下，并将正极接入后，再进行与上述相同的测量。最后，当某一分支回路正极接入，测量负极熔断器两端有电压或负极熔断器下面对地带正电，说明故障点即在该回路内，应进一步查明故障元件。

3）逐级分段（分网）测量电压

对于分布范围大的二次回路中的短路故障，可采用逐级分段（分网）测量电压的方法，即先装上一只熔断器后，测另一极熔断器座（未装上熔断器）两端有无电压或测熔断器下面对地电位。再逐级用小开关或拆开接线的方法分段（分网）后，仍进行上述测量以逐级逐段缩小范围。若测量结果无电压指示，说明故障点仍在被断开的以下网络之内；反之，说明故障在电源熔断器至被断开部分以前的范围以内。

缩小范围后，可仍用前述方法检查故障点，必要时应进一步地缩小范围。

二次回路短路的检查，同样应重视分析判断，以少走弯路。若是交流回路还应首先判定短路相别。如回路无异状，仅当操作时熔断器熔断，则短路点可能在执行操作的回路中。合闸时操作熔断器熔断，故障与合闸回路有关，可以先结合闸回路范围内进行详细检查。同时注意重点先查故障范围内的绝缘薄弱点及可能性较大的部分。

5.3 接触网设备事故处理

5.3.1 接触网设备抢修工作中的注意事项

在接触网设备的故障、事故中，除执行本章5.1节的处理原则外，由于其特殊性，还应注意以下几点：

（1）接触网事故抢修作业和配合行车事故救援作业必须办理停电作业命令、验电接地和采取针对性地、有效地安全防护措施后，方准开始作业，并要严格遵守《接触网安全工作规程》和有关规定。

（2）抢修作业工作领导人（或事故抢修总指挥）在抢修作业前要向作业人员宣布停电范围，划清设备带电界限。对可能来电的关键部位和抢修作业地段，要按规定设置足够的接地线。

（3）在进行攀杆、攀梯和车顶高空作业时，除按有关规定执行外，要特别强调在接触网上整个作业过程中必须系好安全带和戴好安全帽。

（4）在拆除接触网作业（如配合行车事故救援、抢修接触网支柱事故、更换损坏的腕臂等）时，要防止支柱倾斜、线索断线、脱落等。在抢修恢复作业中，对安装的零部件特别是受力件要紧固牢靠，防止松脱、断线引起事故扩大。

（5）在事故抢修过程中，要注意保持与电力调度的联系，及时接受电力调度的相关指令和把现场的相关信息及要求及时报告给电力调度，以便事故领导小组的正确决策和指挥。

（6）接触网修复过程中，对关键部件要严格把关，确认符合行车条件后方准申请送电。送电后要观察1～2趟列车，确认运行正常后抢修作业人员方准撤离。

（7）申请送电时要向电力调度说明列车运行情况及应注意的事项，电力调度要及时通知行车调度，必要时向司机和有关人员发布命令通知。

（8）按规定对抢修用料（见表5-10）和机具（见表5-11）进行检查和抽查，发现问题及时解决并处理。

接触网抢修用料及备件参考储备定额表　　表 5-10

序号	名称	单位	数量 车辆段	数量 应急抢险车	数量 沿线站点	备注
一	支柱及支持装置					
1	轻型支柱	根	2	1		小型金属支柱（组合式）
2	混凝土支柱	根	2	1		储备型号视管内情况而定
3	软横跨用金属支柱	根	2			
4	锚板及拉线	套	2	2		
5	常用的腕臂（包括底座）	套	4	2	2	含隧道用的腕臂
6	定位装置	套	4	2	2	
7	隧道内悬挂及定位埋入杆件	套	6	2	4	
8	补偿装置	套	2	—	1	
9	坠砣	块	20	—	10	
二	导线及零部件					
1	承力索和接触网	m	各1500	各1500		
2	正馈线、架空地线	m	各1500	各1500		
3	腕臂用棒式绝缘子	个	12	6	6	各种型号
4	悬式绝缘子	个	40	20	20	
5	分段绝缘器	组	4			各种型号
6	隔离开关	台	4			手动、电动
7	避雷器	组	3			
8	定位线夹	个	20	10	10	
9	吊弦线夹或吊索线夹	套	40	20	20	
10	吊弦	组	30	10	10	各种规格
11	吊索	m	300	50		
12	电连接电缆	m	200	100		
13	支持器	个	20	10	10	
14	套管双耳	个	12	4	6	
15	承力索支持线夹	个	20	5		
16	定位环	个	10	5	5	
17	各种铜绞线线终端接头	个	各6个	各4个	各4个	
18	各种铜绞线线连接接头	个	各6个	各4个	各4个	
19	线岔	组	4			
20	常用的镀锌铁线	kg	40	20	40	
21	调节螺栓	个	10	10	4	
22	各种并钩线夹	套	20	5	5	
23	各种材质绑线	kg	30	5	5	
24	管内各种设备线夹	套	5	2	2	
25	管内各种铜铝过渡线夹	套	5	2	2	
26	膨胀元件	套	2			
27	针式绝缘子	个	50	10	50	
28	贯通式刚柔过渡	套	2			储备视安装型号而定
29	150mm^2 电力电缆	m	1000	100		
30	汇流排及其附件	套	5	2	2	
31	汇流排外部接头	套	4	2	2	
32	各类定位线夹	个	各50	各5	各20	
33	各类槽钢底座和槽钢	个	各5	各2	各5	
34	铁轨牵引回流连接系统的元件	个	50	10	10	

接触网抢修机具参考储备定额表　　　　表 5-11

序号	名称	单位	数量			备注
			车辆段	应急抢险车	班组	
1	7~2m 的梯子或挂梯	个	各1个	—		
2	梯车	台	2	—		各站1台
3	滑轮组	套	3	1		
4	手扳葫芦	个	2	2	1	
5	剪线钳	个	2	1	1	
6	紧线器	个	4	2	1	
7	搣弯器	个	2	1		
8	拉出值及导线高度测量工具	套	2	1	1	
9	皮尺	个	2	1		
10	水平尺	个	2	1	1	
11	验电工具	个	4	2	2	
12	接地线	组	4	2		各站1组
13	安全带	副	4	2		
14	绝缘手套	副	4	1	1	
15	防护用信号旗	套	4	1	1	
16	手信号灯	个	4	1		
17	扭矩扳手	把	2	1		
18	照相机	个	1			
19	望远镜	个	1			
20	小型发电机	台	1	1		
21	临时照明用电缆、灯具	套	1	1	1	
22	压接钳	套	3	1		
23	手锤（橡胶锤）	把	2	2	1	
24	锉刀	把	3	1		
25	铁锹	把	2	1		
26	支柱整正器	套	2	1		
27	单滑轮	个	10	3	3	
28	电锤	台	1	1	1	
29	力矩套筒	把	2	2	2	
30	便携式在线汇流排切割机	套	1			
31	放线小车	台	5	2		
32	钢轨转孔机	台	1			
33	液压拉锚机	台	1			

5.3.2 典型事故的分析与处理

1. 吊弦或吊索事故

（1）事故概述

城市轨道交通架空式接触网，结构高度小，其吊弦一般采用整体式，并绝缘安装。简单悬挂的吊索一般采用青铜绞线。

1) 故障现象

吊弦或吊索常见的故障有吊弦线夹脱落、整体式吊弦绝缘鞍子脱落及吊弦或吊索断线等。

2) 可能引起的后果

① 吊弦线夹处脱落（即线夹掉落或吊弦从线夹处开断），会使接触线的弛度变大，影响机车受流，造成打弓事故。

② 整体式吊弦绝缘鞍子脱落，会造成吊弦与承力索磨擦、吊弦中会通过大的电流（因接触网的额定电流可达数千安培），从而可能导致吊弦断线、打弓现象，严重时会造成弓网事故。

③ 简单悬挂吊索吊弦线夹脱落或吊索断线，会使接触线的弛度变大，吊索下垂，与受电弓缠绕（不会引起馈线断路器跳闸），引起弓网事故。

(2) 原因分析

1) 烧断。在正常情况下，吊弦是没有电流通过的。发生吊弦烧断现象主要是因为附近的电连接线（器）损坏或与接触线接触不良或接触线载流不够，机车取流时使吊弦通过较大电流而造成。

2) 磨断。主要是因为吊弦受力状态不良造成松弛，接触悬挂长期处于受力状况下，压接部位发生较大幅度的磨擦，某一处磨擦后造成吊弦脱落。

3) 吊弦因温度偏移，造成拉脱线夹或拉断吊弦线。

4) 吊弦线夹因裂纹等缺陷开断，造成吊弦脱落。

(3) 事故处理

1) 按停电作业的要求办理好停电及线路封锁手续，验电接地并设好行车防护即可开工。

2) 人员上梯车（或作业车平台）。

3) 拆除损坏的吊弦并妥善保管，以分析脱落原因。检查是否需要更换吊弦线夹或吊弦，检查承力索是否烧断股；接触线是否烧伤等。

4) 换上新预制的吊弦或吊索。

5) 测量接触线的拉出值（之字值）、高度，调整有关零件，使之符合规定。

6) 检查接触网其他设备是否有损坏情况，并作相应的处理。

7) 结束处理作业，恢复送电通车。

(4) 预防措施及注意事项

1) 预防措施

① 日常巡视、维修中发现吊弦状态不良（如松弛、磨蚀严重、绝缘鞍子歪、整体吊弦与承力索之间磨损严重、沿线路方向偏移角度大等缺陷）应及时安排处理。发现吊弦有烧痕，应及时安排维修附近的电连接线（器）（或其他导流设备）。

② 安装吊弦时，按工艺及标准进行，保证制作安装的新吊弦符合技术要求。

③ 安装简单悬挂吊弦时要求青铜绞线无断股或损坏现象，青铜绞线的连接要良好，两侧的受力要均匀。

2) 注意事项

① 查明吊弦脱落的原因是烧断时，一般是由于其附近的电连接等导流设备线夹处接

触不良或线夹与接触线的接触载流面不够所引起的。所以，应尽快维修附近有关的电连接及导流设备。重载地段（如长大坡道地段），应适当增加电连接线（器）安装组数，或架设加强线。

② 脱落的其他情况，一般是由于其状态不良、尺寸不符合要求或长时间失修等原因造成。所以应提高日常接触网维修的质量。

③ 在事故处理准备工作时，应备齐由于吊弦事故而引起的其他设备损坏时，所需的工器具和材料，以便提高事故抢修效率。

2. 定位支持装置事故

(1) 事故概述

定位支持装置是对接触线进行固定使其达到规定的拉出值（之字值）范围的装置，在现场将定位装置简称为定位器。定位器由定位管、支持器和定位线夹组成。它是通过定位管和连接零件安装在腕臂上的。

定位支持装置（简称定位器）承受接触线的分压力及水平分力，其安装质量关系到接触线的拉出值和弹性。在运行和维修中，必须保证定位支持装置状态符合要求。

1) 故障现象

定位器的常见故障有定位脱落、定位器坡度太小或太大、定位环松动等。

2) 可能引起的后果

① 定位器脱落后一方面会因接触线高度和拉出值的变化引起弓网故障，另一方面若定位器脱落后未落地，不仅会造成刮弓，而且也会引起接触网对列车放电、受电弓碰击定位器打坏受电弓及列车上的绝缘子、定位器被受电弓击飞后打坏其他接触网设备或部件（如绝缘子等）。

② 定位器坡度太小，会造成受电弓与定位器相碰撞，从而打坏受电弓和定位器，严重的情况下，会使腕臂瓷瓶受损或折断，引起严重的弓网事故。定位坡度太大，会使定位线夹严重偏斜，从而造成定位线夹刮坏受电弓的碳滑板，使受电弓的取流状况变坏，弓网间产生较大的火花。

③ 定位环松动，会使接触线的拉出值及定位器的定位坡度改变，尤其是在曲线地段，拉出值可能超出受电弓的有效工作范围，引起受电弓"升天"而钻弓，造成大型的弓网事故，破坏接触网设备。

(2) 原因分析

1) 定位器连接部位磨断或扭断。

2) 紧固螺丝松动，定位线夹裂纹断开。

3) 棒式绝缘子污闪，短路电流将定位线夹或定位器、定位环某部位烧损造成脱落。

4) 腐蚀严重造成脱落。主要是重污染（如化学腐蚀）、潮湿地段或地带，使定位装置和定位线夹等部件锈蚀、腐蚀严重且未及时进行处理，某处开断或松动造成脱落。

另外，渗、漏水的隧道和盐碱酸地带是重腐蚀区。此区段的定位装置往往由于腐蚀范围大、程度严重，零部件抗腐蚀性能差。但实际维修时间不允许进行频繁、成批次更换，因而失修严重造成部件开断、脱落。

电连接线（器）接触不良或线夹与线索接触载流面不够，也是造成局部地段或区间定位装置、腕臂等接触悬挂支持部件锈蚀，进而严重腐蚀的重要原因。此种情况主要出现在站场软横跨横向电连接线（器）附近、锚段关节转换柱处或附近、线岔定位柱处或附近等处。横向电连接线（器）接触不良，造成不同悬挂间电压分布不均匀，一方面引起环流使定位器等相关部件出现过热现象，将镀锌热化剥落；另一方面部件由于长时间处于过热状态，风雪雨淋再加上环境污染，使镀锌剥落造成部件锈蚀。同时，机车取流时，此地段软横跨定位装置的分流长时间超标，加快了镀锌的剥落过程，镀锌剥落后即引起锈蚀、腐蚀。

纵向电连接线（器）处的定位及支持部件，在机车取流的过程中（包括在其他的相关位置的取流）因电连接线（器）接触不良，此定位及支持部件载流长时间超标，镀锌剥落造成部件锈蚀。特别是载流承力索区段，此种情况造成的后果会更严重。

5）运行中的受电弓状态不良将定位器碰、刮掉。

6）定位环紧固螺栓松动，造成定位支持装置的定位器坡度太小或无坡度、定位线夹安装歪斜、定位管低头严重等情况。

7）补偿装置状态不良时，导致中心锚结两侧接触线张力差不符合规定（承力索和接触线中心锚结处与补偿器端的张力差，区间半补偿链形悬挂不得超过15%；区间全补偿链形悬挂不得超过10%），温度变化时某地段定位器沿线路方向偏移量大，到一定程度时造成定位线夹拉脱，拉出值或之字值超出允许范围，从而引起接触网弓网事故。

8）其他原因

① 连接部位磨断，扭断；连接部位有裂纹缺陷。运行中受振动或其他外力作用，自裂纹处开断；定位线夹有裂纹缺陷，运行中受振或其他力作用，裂纹开断造成定位脱落。

② 长定位环某部位开裂，引起定位器脱落。

③ 反定位管的斜吊索本体或斜吊索与定位管、承力索固定处开断，使定位管拉编或搭在接触线上，引起打弓造成定位脱落。

（3）事故处理

1）办理好停电及线路封锁手续、接挂地线和做好行车防护后，开始抢修作业。

2）人员进行网上操作前，应先用棕绳将接触线拉住，以方便作业。

3）检查接触线及接触网其他设备状态，如果有其他设备损坏情况（如承力索断股等），报告工作领导人并视情况进行处理。如果有吊弦脱落，则根据情况安装临时吊弦。

4）如果用梯车作业，则1人上网，1人上支柱拆除损坏的零部件。如果使用作业车，则将平台转至支柱侧后人员在平台上直接操作。

① 若定位线夹处脱落，则视情况拆除定位线夹、定位器等。

② 若定位器与定位管连接处脱落，则视情况拆除定位环、定位器等。

③ 若定位管与腕臂连接处脱落，则视情况拆除定位环、定位器、定位管等。有防风支撑装置的视情况决定是否完全拆除。

④ 定位器、定位管、定位线夹等落地或被受电弓碰飞，视情况拆除被损坏的其他定位装置零部件及支持部件。

5）安装定位管与腕臂连接处的定位环。定位环安装在原损坏的定位环位置处（如原接触线导高不符合技术标准则根据情况调整新安装定位环的位置）。

6）将定位管卡子安装在距定位管头约100mm处并拧紧螺母。安装定位管上的定位环并紧固螺母至定位环能移动状态，以便满足接触线的之字值（拉出值）。

7) 将定位管与腕臂上的定位环连接；用斜吊线通过定位管卡子将定位管吊至水平状态。

8) 用导线整定器将接触线线面扭正；将定位线夹卡在接触线上并拧紧螺母。安装的定位线夹不得歪斜。

9) 安装定位器；调整接触线之字值（拉出值）至技术要求数据后紧固定位环螺母至要求状态。定位环距定位管根部的长度不小于 40mm，并沿线路方向垂直安装。

10) 检查定位器坡度并测量接触线高度，调整有关零件，使之符合规定。

11) 在曲线地段接触线张力较大时，应采用拉绳的办法固定和调整接触线。作业方法是操作人站在线路曲线的外侧，将绳子拴在接触线上，通过滑轮，由地面人员拉绳，当将接触线拉到拉出值位置时，操作人立即固定好定位管上定位环的螺母。

12) 检查接触网其他设备状况是否有损坏情况，并视情况作相应的处理。

13) 清理作业现场，恢复接触网送电通车。

(4) 预防措施及注意事项

1) 预防措施

① 日常维修、巡视中注意检查、观察各零部件及其连接部件状态良好。紧固定位线夹螺栓时要紧得适当，以免造成事故隐患。对各零部件的连接部位及紧好的定位线夹要用力敲打几下，其目的一是有裂纹当时就断裂了，二是看线夹有否移动。

② 调整导线高度及驰度时，一定要使定位器坡度（定位器管与水平线夹角的正切值）保持在 1/10～1/5 的范围，同时保证定位管处在水平状态。

③ 气温突然升高或降低和大风时，应加强步巡，特别注意定位器坡度及水平方向偏角（最大不超过 18°）的大小，不符合技术标准时要及时安排处理。

④ 采用先进技术，对绝缘部件进行绝缘性能测试和污秽清扫。可采用绝缘性能好的喷涂，同时，采用绝缘水平高、防污性能强的绝缘部件，防止绝缘子闪络、击穿使接触网对地短路放电烧坏零部件，造成定位脱落。

⑤ 及时维修定位器过热地段或位置的电连接线（器），并根据情况增设电连接安装组数或安装双线夹。

⑥ 在重腐蚀区、渗漏水隧道及气候潮湿地区，安装或更换接触悬挂支持部件前，根据情况先对部件采取涂环氧树脂或绝缘清漆等防腐技术处理。特殊地段应采用镀铬部件或铜材质部件。

2) 注意事项

① 恢复性抢修时，定位器沿线路方向的偏移及其坡度必须符合规定；各部件无裂纹等缺陷，且规格符合安装要求；导线高度和拉出值（之字值）符合要求。降弓通过（定位点接触线不固定）时，需缩短吊弦以将接触线吊起。

② 恢复性抢修时，反定位管、长定位环、斜吊索等零部件的安装必须符合规定。各零部件应状态良好无裂纹等缺陷。

③ 恢复性抢修时，定位器沿线路方向的偏移和垂直线路方向的角度必须符合规定。拉出值（之字值）、导线高度符合要求。

3. 锚段关节事故

(1) 事故概述

接触悬挂每经一定距离就设计成在机械方面互相独立的分段，称为锚段。接触悬挂设置锚段的作用是缩小事故范围，便于安装张力自动补偿装置，使吊弦的偏移值不超过规定，以及改善接触线受力情况等。电分段则可缩小停电范围。

相邻两个锚段互相衔接的部分称为锚段关节，通过锚段关节可以完成锚段之间的转换，要求在机车运行时，保证受电弓能够从一个锚段平滑地过渡到另一个锚段。

城市轨道交通接触网常用的锚段关节有三跨非绝缘锚段关节，简称非绝缘锚段关节；三跨绝缘锚段关节，简称绝缘锚段关节。刚性接触网锚段关节也分为非绝缘锚段关节及绝缘锚段关节。

柔性接触网锚段关节处常见的事故是刮弓。一旦发生刮弓，将会造成锚段关节处接触网设备的损坏，而且同时造成两相邻锚段接触网设备不同程度和范围的损坏，加之锚段关节处接触悬挂多而且设有张力补偿装置，技术条件复杂、技术要求高，所以一旦损坏，其恢复的工作量及难度都很大。更由于中断供电时间长，会极其严重地影响到城市轨道交通的运营，后果极其严重。刚性接触网锚段关节处常见的故障是打火拉弧，拉弧严重时极易造成直流开关跳闸，中断供电。

(2) 原因分析

发生锚段关节处刮弓事故的原因有以下几方面：

1) 绝缘锚段关节内工作支与非工作支间距不符合规定，一端停电并接地后两组悬挂间短路放电烧坏部件，或者在转换柱处非工作支接触线抬高不够，受电弓打到绝缘子后刮弓。

2) 受电弓打到绝缘子，一是直接造成锚段关节处刮弓；二是虽未直接造成锚段关节处刮弓，但被损伤的受电弓继续运行，在其他处所造成弓网故障。

3) 绝缘锚段关节中，虽然两接触线的水平距离满足技术的要求，但两接触线或承力索上所安装的部件间的距离小于规定的要求（如两组悬挂的吊弦与吊弦、吊弦与电连接、吊弦与斜拉索及斜拉索与定位器之间），一端停电接地后两部件空气间隙不够，放电烧坏部件造成刮弓。

4) 电连接线（器）状态不良、线夹脱落、电连接线烧断。

5) 非绝缘锚段关节中的转换柱处，非工作支抬高不够造成刮弓。此种情况就是受电弓将工作支接触线抬高时，由于非工作支接触线抬高不够致使受电弓钻入到非工作支上部，从而引起刮弓。

6) 补偿坠砣落地或卡在限制架上，气温升高后补偿器不起作用，非工作支弛度变大，使受电弓通过时钻弓引起刮弓或分段绝缘器及其他部件打弓后引起刮弓。

7) 其他相邻跨距发生刮弓后，受电弓继续行进到锚段关节处造成锚段关节损坏。

8) 接触线的拉出值（之字值），或高度，或跨中接触线对机车受电弓的偏移值不符合规定，受电弓通过时接触线越出受电弓。

9) 定位器坡度小或坡度大，受电弓通过时打掉此定位后引起刮弓。

10) 接触线面严重不正，致使定位线夹歪斜或定位线夹安装歪斜被受电弓打掉造成定位脱落后刮弓。

11) 吊弦受力状态不良并且松弛到接触线下部。

12) 电连接线（器）状态不良并且松弛到接触线下部，或电连接线（器）脱落。

13) 列车受电弓状态不良（如滑板碳条开裂，支架有断裂致使滑板底座失去平衡等）

或机车乘务员升、降弓操作方法不当。

14) 其他原因。如接触线或承力索断线；棒式绝缘子击穿、折断，或套管绞环开断引起塌网后造成刮弓。

15) 刚性接触网锚段关节拉出值、导高、两工作支间距、抬高不符合技术标准从而引起打火拉弧。

(3) 事故处理

对于柔性接触网，在进行锚段关节刮弓事故抢修时，常用的办法有临时供电或完全恢复等，需根据情况灵活运用，这里仅举两例予以说明。对于刚性接触网打火拉弧，拉弧严重时造成直流开关跳闸，结束运营后对锚段关节的调整处理。

1) 锚段关节处刮落定位、吊弦时的抢修操作过程：

① 检查下锚处补偿装置，根据损坏情况及作业要求进行处理。

② 若锚段关节处相邻两锚段内仍有不同程度损坏的情况时，则视实际情况进行处理。如果没有断线情况，则在将接触线严重损伤部分处理完毕，并在安装临时吊弦后根据情况对相邻两锚段进行调整。其后进行锚段关节处的安装、更换及调整作业。当有断线情况时，则先做断线接头并处理损伤严重处的接触线，然后根据情况安装临时吊弦。以上作业完毕后，再根据情况进行其他作业。

③ 如果锚段关节内接触线损伤严重需处理，则视情况进行电气补偿或切断重新做接头。

④ 如果绝缘锚段关节内某转换支柱处的绝缘腕臂损坏严重急需更换，则拆除后安装新预制的腕臂。

⑤ 调整锚段关节。调整的原则是能保证受电弓顺利的滑行通过和取流，其方法与维修锚段关节时相似。

⑥ 如果锚段关节内电连接线（器）损坏，则按要求安装新电连接线（器）。

⑦ 进行锚段关节处相邻两锚段的安装、调整及其他作业。

⑧ 测量作业范围内各定位点的接触线导高，拉出值（之字值）及跨中接触线对受电弓的偏移值，调整有关零件，使之符合规定。

⑨ 检查定位器坡度、沿线路方向的偏移值，调整有关零件，使之符合规定。

⑩ 清理作业现场。无其他问题则结束作业。

2) 锚段关节处非工作支或工作支接触线断，并造成锚柱处下锚支（即断线支）绝缘子或绝缘棒损坏情况的操作过程：

① 连接断开的接触线。

② 检查补偿装置动作情况，如果有损坏，则视情况进行更换或重新安装。

③ 拆除并更换损坏的断线下锚支分段绝缘子或绝缘棒，其方法与正常更换绝缘子相同。

④ 调整补偿器的 a、b 值，使其符合要求。

⑤ 接下来的工作与上述"锚段关节处刮落定位、吊弦情况的操作过程"相同。

3) 刚性接触网锚段关节打火拉弧处理过程：

① 对锚段关节及锚段关节前后定位点范围内的设备整体运行情况进行检查，判断打火、拉弧影响程度及范围。

② 检查接触线线面或汇流排底部，若有新的打火、拉弧痕迹，则对锚段关节及锚段

关节前后定位点处设备的各项参数进行测量、检查、调整。

a. 测量并检查锚段关节各定位点（及定位点对应点）的导高，确认其是否满足接触线在关节中间悬挂点处应等高，在锚段关节转换悬挂点处非工作支比工作支高出 0～7mm。

b. 测量并检查锚段关节两支悬挂的拉出值是否满足要求。

c. 测量锚段关节相邻定位点及跨中的导高、拉出值，确认其是否满足要求（跨中导高误差为 1‰，且不应出现负弛度）。

d. 若锚段关节及锚段关节前后定位点位置接触线的导高、拉出值参数与标准值相差较大，则需要检查对应位置的接触网支持、定位装置有无松动、线路设备及隧道结构是否存在异常，若检查过程中发现设备存在较大隐患，工作领导人应立即组织处理和上报技术管理人员或上报电调安排其他专业人员检查、确认。

e. 检查锚段关节及锚段关节两相邻定位点处的汇流排线定位线夹是否出现卡滞、汇流排是否有扭曲变形；如检查发现存在线夹卡滞或汇流排扭曲变形情况，应先整正线夹和理顺汇流排。

f. 检查、测量锚段关节位置接触线磨耗情况，将接触线不平整或局部严重磨耗位置打磨平整、光滑；若锚段关节处接触线存在严重局部磨耗（磨耗最大处碳滑板接近磨到汇流排）且经过打磨接触线线面仍存在较大的高差（大于 2mm）情况，则将接触线尽量打磨平整，后续制定计划对接触线进行更换处理。

g. 将锚段关节及锚段关节前后定位点处的接触线和汇流排打火、拉弧烧伤点打磨平整、光滑。

h. 将锚段关节及锚段关节前后定位点导高、拉出值调整至标准范围。

i. 检查锚段关节位置弓网过渡情况，用水平尺模拟受电弓在锚段关节处来回滑动，水平尺过渡应平滑无撞击。

③ 若检查接触线线面和汇流排底面无新的打火、拉弧痕迹，则检查锚段关节位置打火、拉弧是否由于弓网关系不良以外的其他原因引起。

a. 测量锚段关节及锚段关节前后定位点处设备的各项参数，确认其是否符合标准。

b. 检查接触网带电体部分和结构体、车体之间的最小净距是否符合要求。

c. 检查是否存在异物侵限造成接触网放电、打火；若存在异物，清除异物并对设备上的放电、打火烧伤点进行打磨和清洁处理。

d. 检查电连接设备（电连接线、端子、汇流排电连接线夹）状态，若电连接零部件存在接触不良、过热变色、烧伤、熔融或断裂等情况，根据设备损伤情况对电连接零部件进行更换或对电连接进行整体更换。

e. 检查架空接触网附近的其他设备是否有异常情况，若有异常立即处理或上报部门生产管理组和电调安排其他专业人员进行检查、确认。

④ 对锚段关节及锚段关节前后定位点、跨中的最终参数进行测量并记录，对设备的相应状态进行拍照记录。

⑤ 通过登程或者热滑作业对打火、拉弧检查、调整情况进行跟踪。

（4）预防措施及注意事项

1）预防措施

① 按规定的周期和标准维修锚段关节处的接触悬挂、电连接及补偿装置。日常巡视

注意观察各部技术状态，不符合技术要求者及时调整、处理。保证达到以下要求：

　　a. 电分段锚段关节，两悬挂的带电部分间空气绝缘要符合要求（一般为150mm），转换柱处两接触网线间的水平距离和非工作支抬高均符合要求。

　　b. 三跨机械分段锚段关节中，转换柱之间的两支接触线，在相互平行的两个铅垂面内，其水平距离和转换柱的垂直距离应符合要求。

　　c. 补偿装置的 a、b 值符合安装曲线，滑轮有润滑油，机构灵活不卡滞，各部件受力良好。

　　d. 电连接线（器）位置正确、牢固、接触良好，电连接线无烧伤、断股，状态良好。

　　e. 各部零件安装正确、牢固，状态符合要求；定位器能自由偏移无卡滞，锚支定位管卡子安装正确，其他部件安装正确、连接牢固。

　　② 按规定时间周期测量相邻两锚段内接触线拉出值（之字值）、高度和最大偏移值。日常巡视注意定位器坡度和沿线路方向的偏移角度、各零件状态，不符合标准者及时进行调整和处理。及时调整及更换不符合标准的吊弦和接触网其他零部件。

　　③ 刚性接触网锚段关节中部两支接触线应等高，转换悬挂点处非工作支不得低于工作支，宜比工作支高出 0～7mm，且受电弓通过时应平滑无撞击现象。绝缘或非绝缘锚段关节两支悬挂中心线之间距离符合各自设计要求。

　　2）注意事项

　　① 根据事故情况及抢修情况，可将绝缘锚段关节暂时作为非绝缘锚段关节进行调整。即转换柱处损坏的绝缘子可不更换，但不得有打弓可能；工作支、非工作支接触线水平间距和垂直间距，可比照非绝缘锚段关节的相应数值，也可以调整在非绝缘锚段关节与绝缘锚段关节相应技术数据之间的范围内。合上越区供电开关，把相邻的两个供电分区合并成一个大的供电分区使用，以减小对城市轨道交通运营的影响。

　　② 补偿装置的调整尽量按技术要求进行，以防再次发生事故。

　　③ 如果伴随发生支柱或定位立柱损坏时，一时又难以立新的支柱或定位立柱，可采取临时支柱或临时找地方把接触网悬挂起来。如果没有临时支柱的情况下，可采用临时取消事故锚段关节和一个中心锚结，并将两相邻锚段合并的处理方法。

　　④ 若因更换设备不当造成其他设备损坏的，应立即恢复损坏的设备，然后再更换，并遵循"先通后复"的原则，确保接触网的技术状态良好。

　　4. 补偿装置事故

　　(1) 事故概述

　　1）故障或事故现象

　　补偿装置常见的故障或事故有补偿绳断线、断股，坠砣卡滞（补偿不灵活）、断线制动装置失效等。

　　补偿装置是自动调整接触线和承力索张力的补偿器及其制动装置的总称。其作用是当温度变化时，线索受温度影响纵向移动而伸长或缩短，由于补偿器坠砣重力的作用，使线索顺线路方向移动而自动调整线索的张力，并借以保持线索的弛度满足技术要求，从而改善接触悬挂的运行条件。

　　补偿装置及其制动装置设在两端线索需要下锚处，由补偿绳、补偿滑轮（棘轮）、断线制动装置、坠砣及限制装置组成。补偿绳是连接坠砣串与补偿承力索、接触线的线索，并通过补偿滑轮组或补偿棘轮中的传动比实现设定的补偿张力。补偿坠砣为补偿装置提供张力，并要求能上、下活动灵活，不能有卡滞现象。断线制动装置是在接触线或承力索断线后及时阻止坠砣下坠的装置，可以防止事故的扩大。

2) 可能引起的后果

① 补偿绳断股后，可能影响补偿绳随温度变化在滑轮中的伸缩移动，或造成补偿器卡滞现象；断股处由于某种原因形成较长距离散股后，散股部分可能与接触悬挂或其他带电部位形成短路，扩大事故范围，补偿绳断股若未及时发现并处理，会造成补偿绳拉断线。

② 补偿绳断线后，其后果有以下几方面：

a. 直接造成补偿装置损坏，同时，若制动装置动作情况不良，会摔损坠砣块。

b. 下锚补偿支接触悬挂由于失去锚固力及补偿力，会使接触线弛度、高度发生急剧变化，可能引起刮弓事故。

c. 补偿绳断线后，由于坠砣重力、被补偿索的拉力及补偿绳自身张力等原因，使断头部分做无规则的飞出运动。断头部分可能会与接触悬挂或其他带电设备碰撞或搭接，形成金属性短路，从而扩大设备损坏范围和程度。

d. 对承力索和接触线并联下锚补偿的接触悬挂，补偿绳断线后，下锚跨的接触悬挂会坠落到地上，造成接触网停电和严重的弓网事故，或接触悬挂严重松弛，引起弓网事故。

e. 损坏锚段关节和接触悬挂。

③ 坠砣卡滞（补偿不灵活）会使接触悬挂得不到应有的补偿效果，当温度下降特别是急剧下降时，有可能拉断接触线或承力索。而当温度升高时，接触线或承力索的弛度变大，弓网关系变坏，也有可能引起弓网事故。

④ 断线制动装置失效的后果是，当发生断线事故时，不能阻止坠砣下坠，使事故扩大。

(2) 原因分析

1) 补偿绳腐蚀严重被拉断股或拉断线。某些股数在安装时或运行中损伤严重被拉断股。

2) 磨断股。一方面补偿绳与支柱或补偿装置或其他部件长时间碰撞摩擦造成断股，另一方面，补偿滑轮转动不灵活或其他原因，使补偿绳在滑轮槽内作长时间的摩擦式移动，造成补偿绳磨断股。

3) 拉断股或断线。主要原因是坠砣发生卡滞、温度骤降时，被补偿的线索及补偿绳出现较大幅度缩短情况，从而使补偿绳承受较大的张力，造成拉断股或断线。

4) 补偿绳断线一般是一个逐步形成的过程，主要是由于发生断股后未被及时发现并作处理，进而造成拉断线。

5) 坠砣限制装置安装歪斜，或其他原因，使补偿坠砣被卡滞住，活动不灵活。

6) 补偿棘轮与制动舌簧间的距离调整过大，或因失修造成补偿棘轮与制动舌簧间的距离过大，使断线制动装置失效。

(3) 事故处理

补偿装置处的各种故障，如果不及时发现和处理，最终可能发展成断线事故。这其中最常见的或容易发生的是补偿绳断线。下文即介绍补偿绳断线事故的处理作业。

补偿绳断线或断股时，其处理方法是更换补偿绳及对损坏的接触网部件进行更换、调整，使接触网达到运行的条件。下文简介其处理过程：

1) 拆除断线的补偿绳、损坏的补偿滑轮及其他零部件；取下坠砣块和制动装置。

2) 拆除损坏的绝缘子或绝缘棒。如果是承力索的补偿绳断线，则承力索下锚处的绝缘子或绝缘棒、补偿滑轮及有关零件下落时可能会砸坏接触线上的绝缘子或绝缘棒及有关补偿滑轮。锚支接触线及其补偿装置的其他部件状态良好，但绝缘子或补偿滑轮损坏需更换时，则根据情况予以更换。

3) 承力索和接触线分开下锚的情况，如果为承力索的补偿绳断线，但因短路接地原因造成锚支接触线断线，则根据接触线断线及补偿装置损坏情况进行处理，并使其恢复到原技术状态。

4) 检查因补偿绳断线造成锚柱与转换柱之间的锚支接触线或承力索损坏情况。根据损伤部位及情况，将从损伤严重处至下锚绝缘子或绝缘棒的长度部分切断，预制与损伤切断部分长度相符的新线，并将一端与旧线做接头。如果为承力索的补偿绳断线，则做新预制承力索另一端头的回头；如果为接触线的补偿绳断线，则在新预制接触线的另一端头安装终端锚结线夹。

5) 将新预制的补偿绳及穿线的补偿滑轮徐徐吊上锚柱进行安装。把补偿绳的另一端放入定滑轮槽内，并拉下来将双耳楔形线夹与坠砣杆相连。在坠砣杆上装放坠砣块（约总重量的3/4左右），并用 $\phi 4.0mm$ 的铁线将其临时绑在锚柱上以防倾倒。将杵环杆和悬式绝缘子串徐徐吊上锚柱与补偿动滑轮作连接安装。安装绝缘子串过程中及安装完毕后，要采取防止损坏绝缘子串的防护措施。

6) 在新预制的承力索或接触线的另一端头合适位置擦去油污后上紧紧线器，并在紧线器的拉力带上连装一个紧线滑轮。如果补偿绳断线后，锚支承力索或接触线未损伤，则直接在旧线上安装紧线器。

7) 将另一紧线滑轮与补偿动滑轮相连，用手扳葫芦紧线。

8) 紧线至合适位置后将悬式绝缘子与承力索或接触线做连接并安装好销钉、紧固好螺栓。紧线过程中，观察补偿绳、补偿滑轮及各连接固定处受力状态，确认受力良好并安全可靠后，方能继续紧线。紧线至一定程度后，如果发现补偿绳的长度需调整则徐徐松开手扳葫芦，待坠砣落地或直接将坠砣块取下并传放到地面后，取开双耳楔形线夹与坠砣杆的连接部位，重新做补偿绳回头并调整补偿绳长度。

9) 稍松一下手扳葫芦，使分段绝缘子串与接触线或承力索连接部位受力，确认状态良好并安全可靠后，完全松开并撤除所有紧线工具。

10) 切掉补偿绳回头的多余部分，用细绑线将补偿绳回头及回头部分按要求绑扎。

11) 隧道门墙及其他处所的补偿绳断线事故的抢修作业过程与上述过程相似。可参照进行。

12) 安装、调整制动装置。安装并调整补偿装置的其他有关部件，使之符合技术要求。

13) 调整锚段关节，更换损坏的接触悬挂部件和支持装置部件。

14) 调整被波及锚段的接触悬挂，根据情况（损坏情况及抢修时间）更换损坏的有关零部件。

15) 复查锚段关节和波及锚段的有关接触线高度、拉出值（之字值）、跨中接触线对受电弓偏移值；复查电连接线（器）状态、定位器坡度和沿线路方向偏移值；复查锚段关节内工作支与非工作支间距、非工作支在转换柱处的抬高值等。调整有关零件，使之符合规定。

16）清理作业现场。无其他问题则结束作业。

对于补偿绳断股需更换时，其方法与正常维修时的方法相同，可参照有关章节，在此就不重复了。

(4) 预防措施及注意事项

1) 预防措施

① 按规定时间、周期维修补偿装置，使补偿器 a、b 值符合要求（运行中的 b 值要保持 200～800mm，在最低温度下 a 值不得小于 200mm），坠砣块要叠码整齐，重量符合标准（重量相差不超过 2‰～5‰）限制、制动部件作用良好。

② 按规定时间、周期给补偿滑轮注油，保证滑轮转动灵活，坠砣升降自如，不发生卡滞现象。

③ 不定期对补偿绳进行防腐涂油，及时更换磨蚀、损伤截面超过规定（应不超过 15％）的补偿绳。对发现的补偿装置的缺陷要及时安排处理。

④ 及时调整不符合规定的限界架、限制管等。

⑤ 补偿棘轮与制动舌簧间的距离进行调整时，不能超过规定的允许值。在调整时，不允许出现正误差，即比规定的数值稍小些。

2) 注意事项

① 如果补偿绳断线的锚柱处还有其他附加悬挂（正馈线、架空地线等），则补偿断线时可能与其他碰撞或搭接，形成金属性短路烧断股或烧断附加悬挂线索。对烧断股或烧断线的附加悬挂要同时进行处理。

② 补偿绳断线后，会造成锚段关节内及相关锚段接触悬挂、支持装置的不同程度的损坏。对锚段关节及相关锚段接触悬挂的调整，需在补偿绳的重新安装及调整作业基本完成后进行。对损坏且急需更换的支持装置和其他部件（如绝缘锚段关节转换柱处的绝缘器等）的更换作业，可与补偿绳的有关作业同步进行。在整个抢修作业过程中，工作领导人（事故抢修总指挥）要统筹全局，适时作出各作业环节中人员相互配合的安排。

③ 补偿绳断线后，接触网设备损坏及波及的范围较大时，一般情况下应至少有两个作业组的人员参加抢修。

④ 对补偿装置的安装及调整，应使其达到有关技术要求，防止仍有缺陷存在再次造成事故。

5. 线岔事故

(1) 事故概述

1) 事故或故障现象

柔性接触网线岔故障现象有：磨受电弓羊角、钻弓、刮弓而引起弓网事故。刚性接触网线岔故障现象有线岔处打火拉弧烧伤接触线与汇流排。

在城市轨道交通车辆段或折返线铁路线路交叉的地方设置有道岔，接触网在此处也要交叉，即形成线岔。线岔是装于道岔的上空、两支接触悬挂的相交点的一种转换设备，线岔的主要作用是保证受电弓能由一支接触悬挂顺利地过渡到另一支接触悬挂。

线岔的结构是用一根限制管将相交的接触线相互贴近。限制管的两端用定位线夹固定在下面工作支接触线上，并能让上面的接触线在其内活动。

线岔处发生弓网事故，一般是因为线岔交叉点位置偏移或两接触线始触点处（即两接触线相距 500mm 处）不等高及非工作支抬高不够引起的。

2）可能造成的后果

① 若为单开道岔处的线岔发生钻弓，一般会造成一支正线、一支侧线两股道上空接触网设备的较大范围严重损坏。如造成接触线损伤或断线、区间支柱定位及腕臂和绝缘子损坏、软横跨下部固定绳断股或断线、支柱被拉断或拉斜、锚段关节损坏等。

② 若为菱形道岔处的线岔发生钻弓，因其位置一般为车辆段的咽喉地段或地下较大的折返线，则可能造成许多股道或整个车站、车辆段和部分区间接触网设备的不同程度损坏。设备损坏程度严重且范围大，波及的范围也大。使其恢复的技术程度复杂，所需的作业人员、机具、材料多。一方面事故抢修用料消耗大，另一方面所需的抢修时间长，供电中断相应地增长。此类事故一般很难做到较理想条件的先通车后修复要求。

③ 复式道岔一般在车辆段内，此处线岔发生剐钻弓，会严重损坏软横跨设备。

④ 损坏电动列车受电弓，若接触网对电动车组受电弓短路放电，不仅会烧坏电动列车某些部位，而且会烧坏接触网，扩大事故范围。

⑤ 刚性接触网线岔处打火拉弧严重时会造成接触网短路跳闸，中断供电。

(2) 原因分析

1) 线岔中两支接触线交叉点的投影偏离道岔辙岔角的角平分线过大，使两接触线的交叉点偏离受电弓中心太多，电动列车通过时脱弓后造成刮弓。

2) 线岔中两支接触线交叉点的投影在岔心轨距比 760mm 大得多的地方，两支接触线交叉角小，且距受电弓中心偏移小，当列车通过时，将一根接触线抬高，而另一根接触线虽然已在受电弓抓托范围，但因抬高不够造成钻弓。

3) "简—链"线岔（简单悬挂与链形悬挂交叉形成的线岔）处，由于两种悬挂的弛度（尤其是简单悬挂的弛度受温度的影响较明显，弛度变化大）、弹性不一致，受电弓通过时，容易造成弓网事故。

4) 限制管安装位置不符合安装温度，造成温度变化时两接触交叉点远超出岔心轨距 630～760mm 的范围或严重偏离撤叉角平分线。

5) 固定限制管的零件、螺栓松动脱落或损坏，造成限制管虚固定或脱落。

6) 受电弓抓托点处接触线的间距远远大于 500mm，接触线脱弓或钻弓。

7) 安装调整时，在线岔的非工作支侧两接触线间距 500mm 处，非工作支比工作支抬高不够。

8) 线岔处电连接线（器）状态不良（如松弛或线夹歪斜）。

9) 限制管内接触线卡滞，非工作支接触线不能自由伸缩，温度变化时将线岔交叉点拉偏。

10) 其他原因，如区间或软横跨发生刮弓，受电弓继续运行刮坏线岔。

(3) 事故处理

线岔处刮弓，一般会造成接触线损伤及涉及相关线路的接触网的不同程度的损坏。尤其是在与正线交叉的线岔处，则会直接影响城市轨道交通的正常运营。此类事故属大型的弓网事故，处理起来难度大、复杂。下面就此类事故的处理作业，做一些原则性的介绍。

1) 若接触网设备损坏范围比较大，则可将人员分成 2 个或 2 个以上作业小组，将事故范围大致分成 2 个或几个作业区。线岔及邻近跨距应为一个单独作业区。每个作业区内可 1 人上网安装临时吊弦并检查接触线损伤情况。临时吊弦安装完毕后可先进行某一作业区内的作业。

2) 根据每个作业区的设备损坏情况和作业需要，临时安装一些定位。原则一是便于上网人员作业，二是测量和调整需要。

3) 对损坏的正线接触网进行处理。

① 如果某作业区有腕臂或绝缘子损坏或急需要更换，则拆除损坏的腕臂和绝缘子。拆除损坏的绝缘子完毕后，即安装新预配的腕臂和绝缘子。

② 如果作业区内某处接触线损伤，当接触线（CuAg 接触线）损伤截面不大于 $30mm^2$ 时，用钢锤进行修整即可，当损伤截面大于 $30mm^2$ 时，应切断后做接头。

③ 如果线岔处两支接触线或一支接触线被刮伤急需切断做接头时，需确定出接触线接头距两支接触线交叉点的位置。若接头影响限制管在下面接触线上的安装或影响上面的接触线在限制管内的活动，则将需做接头的接触线切断至合适的长度后用新接触线将断头连接。此时，接触线需做两个接头。

④ 更换其他损坏的零部件，如吊弦等。

⑤ 测量和调整接触悬挂的高度与拉出值（之字值），恢复悬挂的正常功能。

⑥ 更换其他损坏的零部件。

4) 对损坏的线岔进行处理（此项工作与正线接触网的处理同时进行）

① 把损坏的限制管撤除，安装新的限制管。

② 调整道岔柱处接触线的拉出值，使其符合要求，并注意线岔交叉的位置要符合规定。

③ 调整已安装的限制管的安装位置。限制管的安装应根据安装温度，即安装时的温度大于平均温度时，限制管应向下锚方向偏移；反之向中心锚结方向偏移；平均温度时与交叉点重合，上面接触线在限制管与下面接触线内的活动间隙应符合规定（1～3mm）。定位线夹及方头螺栓应涂油并且紧固良好。

④ 安装其他零部件，如吊弦、吊索、电联接器等。并调整两支接触线在相距 500mm 处，接触线的水平和抬高。

5) 检查整个事故区域内接触网的状况，确认具备送电通车的条件后，人员、机具撤至安全地带，处理工作结束。

(4) 预防措施及注意事项

1) 预防措施

① 按规定时间及周期维修线岔，使之符合技术要求：

a. 两接触线的交叉点位置符合规定，即两支接触线的交叉点的投影位置在岔心轨距为 630～760mm 范围内撤叉角的平分线上，如图 5-7 所示。

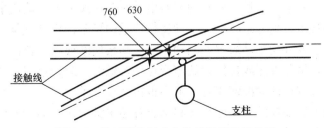

图 5-7 单开道岔标准定位接触线交叉位置

b. 在交叉接触线始触点处（即两接触线相距 500mm 处），两工作支接触线距轨面的高度应保持相等；两接触线中有 1 根为非工作支，则非工作支的接触线抬高大于 50mm，并应保持在 60~80mm 之间。

c. 限制管的位置应符合安装温度（查安装曲线），即当在平均温度安装时，限制管的中心应重合于两支接触线交叉点；若安装温度高于平均温度，略偏于下锚方向；若安装温度低于平均温度，应略偏于中心锚结方向。限制管安装牢固，防松垫片、定位线夹应良好无损，各部零件无锈蚀。

d. 在限制管范围内，上边的接触线与限制管应保持 1~3mm 的间隙，防止卡滞现象。

② 始触点范围内不要安装任何的零部件，以减少出事故的概率。

③ 尽量不要采用"简一链"形式的线岔，一定要采用时，简单悬挂一定要带补偿装置。

④ 按规定时间及周期测量调整线岔所在跨距及附近跨距的接触悬挂、定位装置等，使之符合标准。

⑤ 刚性接触网线岔处在受电弓可能同时接触两接触线范围内的两接触线应等高；在受电弓始触点处，侧线接触线应比正线接触线高出 0~7mm；在受电弓通过时应平滑无撞击。单开线岔两支悬挂点的汇流排中心线间距满足标准；交叉渡线道岔处的线岔，在交叉渡线处两线路中心的交叉点，两支悬挂的汇流排中心线分别距交叉点满足规定；线岔处电连接线、接地线应完整无遗漏，连接牢固。

2) 注意事项

① 如果车辆段线岔钻弓造成软横跨（硬横跨）的接触悬挂损坏范围较大，则可先恢复正线，其他侧线可采取封闭（封锁）等措施，但必须保证供电可靠及人身安全，且采取必要的防护及技术措施。

② 地下折返线内线岔刮弓，必然会影响正线接触网，此时可采取先恢复正线接触网的正常运行，折返线内的接触网等收车后再行恢复，同时封锁折返线。

6. 承力索事故

(1) 事故概述

在链形悬挂中，承力索利用吊弦将接触线悬挂起来，这样即可在不增加支柱的情况下，使接触线增加了悬挂点。通过调节吊弦的长度，使接触线在整个跨距内对轨面的距离尽量保持一致。接触线高度一定，则改善了接触悬挂的弹性。

1) 事故或故障现象

目前，城市轨道交通中采用硬铜绞线作为承力索，且均作为接触网电流的承载体。承力索常见的故障或事故有断股及断线。

承力索发生断股后，如果未及时发现并处理，一方面可能会造成承力索断线；另一方面，较长距离的散股线会引起接触网对地或对电动车辆短路放电，造成事故范围扩大。

在链形接触悬挂中，承力索断线是一种比较严重的接触网设备损坏事故。承力索断线时，若相应锚段关节处补偿制动装置的制动失灵，则会使断线点至锚段关节处的部分定位拉坏、脱落或拉偏，吊弦拉坏或拉掉，甚至会拉伤接触线。此种情况的承力索断线，波及范围很大，接触网各零部件的损坏程度、范围也很大且严重。

承力索断线时，如果锚段关节处补偿制动装置能正常动作，则会使波及范围内接触网各零部件的损坏情况有较大程度的减轻，有时能达到基本未扩大损坏范围的程度。

但是，承力索断线后，其两个断头往往会低于接触线许多。如果断头未接地并未引起牵引变电所跳闸，则列车通过时若未被及时发现，将会造成接触网对机车和车辆短路放电扩大事故范围，危及人身安全。

2）可能造成的后果

① 承力索断股且断股数较多时，承力索会被拉断造成塌网，从而扩大事故范围。其后果一是对电动车辆或大地短路放电烧损其他设备；二是接触线高度及稳定性急剧变化会引起刮弓。

② 承力索断股后由于接触网受弓网间的磨擦运动而引起的振动等原因，使断股处形成较长距离散股。一是对车辆、附加悬挂或大地短路放电烧损接触网；二是散股线打坏或缠绕住受电弓造成刮弓。

③ 承力索断线后，其两断头或两头之一松弛至接触线下部甚至落地，一方面会直接造成接触网对地短路放电，烧坏接触线或钢轨；另一方面，承力索断线处部分吊弦失力并随承力索断开部分松弛到接触线下部，若列车司机未注意瞭望并发现，则不仅会造成接触网对电动列车短路放电扩大事故范围危及人身安全，而且也会造成更大的刮弓事故。

④ 承力索断线后，接触悬挂的下锚绝缘子会被损坏（城市轨道交通链形悬挂为并联式下锚），整个补偿张力全部加在接触线上，使接触线的张力增大，如果接触线某处有缺陷，再加上断线瞬间的冲击力，有可能使接触线被拉断，造成整个锚段的接触网全部崩塌。如果此时，断线制动装置失效，则补偿坠砣限制装置会被砸坏，在隧道内甚至还可能砸坏其他专业的设备，如弱电电缆等。

(2) 原因分析

1）烧断股或断线。承力索被烧断的主要原因有三方面：一是由于邻近处的电连接线（器）线夹与接触线及承力索接触不良或状态不良，造成承力索烧断股，断股后没有及时处理，再次发生被烧断股，最后断股数量多了，后被拉断；二是绝缘子闪络或击穿造成接触网对地短路放电烧断承力索；三是铜承力索接头处的电连接线状态不良（如接触不良、螺栓松动）或接触载流面不够，造成承力索烧断股或断线。其他线索，如正馈线、保护线等断线后与承力索接触或搭接，一般情况会造成承力索烧断，这主要是由于邻近的电联接器状态不良（如接触不良）引起的。另外，绝缘子闪络造成接触网对地短路放电也容易使承力索烧断股或断线。

2）严重腐蚀造成断股和断线。

隧道内由于滴水，而水中含有化学物质，使承力索腐蚀而断股，如没有及时发现并处理，发展下去将造成断线。

3）其他原因使承力索断股或断线，如使用时间较长，线材的金属疲劳而造成断股；固定承力索处（如钩头鞍子处）承力索受伤被拉断股；补偿装置发生卡滞，承力索不能随温度的变化进行自由伸缩造成拉断股等。

4）其他原因（如发生剐弓）造成承力索断线。

(3) 事故处理

1）承力索断股的处理

① 当承力索断股面积小于截面积的7％时，用锉刀将承力索断股的两个断头打磨平，并将其按在原承力索上的缠绕位置及方向重新缠绕后，用承力索单股线进行绑扎即可。

② 当承力索断股面积等于或大于截面积的7%时，需切断做接头，其方法如下：

a. 在承力索断股位置设置好梯子、梯车或作业平台，若使用梯子则靠在接触线上（注意不可将梯子靠在承力索上，因为需要断线，不可靠）。

b. 人员上网（1人上梯子），将安全带挂在接触线上以后检查承力索断股的股数及散股程度。根据断股及断股的情况，将断股头两侧散股的断股线按在承力索上原缠绕的位置及方向重新缠绕，并用绑线在两断头合适位置分别绑扎。

c. 在距承力索两断股头处合适的位置擦去承力索上的油污后，分别安装1个紧线器。紧线器前方（承力索断股头侧）分别安装1~2个钢线卡子，以防紧线器滑动。

d. 将手扳葫芦的钢丝索与紧线器的拉力带相连。紧手扳葫芦至承力索松弛后停止紧线。

e. 确认紧线器、手扳葫芦和拉力带安全可靠后，用断线钳将承力索断开。

f. 将断开的承力索拉到梯子、梯车或作业平台上，做承力索的回头。接头做好后，慢慢松开手扳葫芦，直至承力索完全受力，然后撤除手扳葫芦和紧线器。

g. 在接头处安装电连接。安装电连接时要将电接接线与线夹接触部分、电连接线夹及承力索接触部分用去污粉（或汽油）清洗、钢丝刷打磨并涂导电脂，先将电连接线一端与接头一侧的承力索用线夹连接并紧固螺母，再将电连接线另一端与接头的另一侧承力索用电连接线夹连接并紧固螺母。

h. 清理作业现场。无其他问题则结束作业。

2）承力索断线后的事故处理

① 连接已断线的承力索。

a. 承力索断线，在断口处一般会造成绞线严重散股。如果承力索损坏范围较长时，不宜采用在断口处直接做接头的办法来接通承力索，要在断口两侧一定长度处切断，中间接上一段新的承力索。

b. 将被切断承力索范围内的吊弦、电连接等撤除，用手扳葫芦将旧的承力索拉紧，要注意两端补偿坠砣的活动情况及吊弦的倾斜变化，此时坠砣的 b 值就比正常值稍大、吊弦的上部应向紧线器方向倾斜。

c. 在被切断的承力索之间接上新的承力索，在接新承力索时，要注意新接上的承力索不能有太大的弛度。然后慢慢松开手扳葫芦，使新更换的承力索受力，直至新更换的承力索完全受力，撤除手扳葫芦。

d. 在承力索两接头处装设电连接。

② 更换损坏的吊弦、电连接等，并调整接触悬挂的高度和拉出值（之字值）。

a. 对损坏的吊弦、电连接等进行更换和调整，更换吊弦时要根据安装曲线和数据表来进行，以保证接触悬挂的弛度符合要求。

b. 测量事故区段的导线高度和拉出值（之字值），对不合要求的进行调整。并检查接触悬挂有否其他部件的损伤。

③ 补偿装置的处理。

a. 承力索断线时，接触悬挂的下锚绝缘子肯定会被破坏（并联式下锚补偿）。先更换此绝缘子，其方法见本节"补偿装置故障"。

b. 如果补偿装置还有其他部件损坏，如坠砣限制装置、补偿绳等，则进行更换。

④ 以上一切工作结束时，检查事故区段内接触网各设备的情况是否正常，如果正常，则处理工作结束，如发现异常情况，则进行必要的处理。

（4）预防措施及注意事项

1）预防措施

① 日常巡视中注意观察承力索是否有断股现象。日常维修中注意检查承力索有无散股、锈蚀、缺油等问题；钩头鞍子等固定承力索处是否损伤；定期清扫绝缘子；采用绝缘性能强的绝缘子，提高接触网的绝缘水平。按规定及技术标准调整补偿装置，防止坠砣卡滞。

② 按规定时间、周期对承力索进行除锈及防腐涂油，重污染区段适当增加防腐涂油次数，防止承力索因腐蚀或断股未及时发现造成断线事故。

③ 按规定时间、周期及工艺技术标准维修电连接线（器），保证线夹与线索接触良好及电连接线（器）状态良好。

④ 采用先进技术对隧道中渗、漏水部位进行堵截，根除渗、漏水危害和后患。同时，改进和完善隧道的通风，以及时排出隧道内的有害气体，减轻或消除对接触网设备的整体腐蚀。

⑤ 发生接触网断线、绝缘子闪络击穿或严重弓网故障，在事故抢修中，检查事故地段承力索情况，发现有因接触网短路造成承力索烧断股时须及时处理（补强或切断重新做接头）。

2）注意事项

① 承力索补强后，补强线的受力状态必须良好，钢线卡子的螺母紧固必须良好。

② 承力索断线后若补偿制动装置失灵造成坠砣落地，则在紧承力索以前，必须先将承力索补偿绳重新装入补偿滑轮。同时，将补偿装置绝缘子处的各零部件调整或更换至符合技术要求。若悬式绝缘子破损严重则必须更换。承力索断线处的接线完毕后，根据抢修情况及抢修时间，尽量将补偿装置调整至良好状态。若时间不允许，应采取防止坠砣因风力等原因摆动侵入限界的措施。

③ 铜承力索接头处必须安装电连接线，并且电连接线及线夹的安装满足载流的技术要求。

④ 若承力索断头处损坏严重且距离较长，根据情况应将此损坏段的承力索切掉后用一段新承力索将两断头连接起来。此时承力索有两处接头，每一处的接头及每个回头均必须按技术要求制作。同时分别在两接头处安装电连接线。

7. 接触线事故

（1）事故概述

接触线的作用是保证质量良好地向电动列车供电。由于它与受电弓直接接触，经常处于摩擦状态，因此接触线既要有良好的导电性能，还应具备足够的机械强度及耐磨性。

1）故障或事故现象

接触线若出现故障主要就是断线事故。

2）可能造成的后果

① 造成弓网事故，中断供电，影响城市轨道交通运营。城市轨道交通正线接触网一般采用双接触线，如果只断其中的一根，则变电所不会跳闸，一方面另一根接触线承受的

补偿张力和通过的电流较正常情况下增加了一倍,使此根接触线的工作条件恶化。另一方面电动列车通过时,会引起严重的弓网事故,即刮坏接触网设备和受电弓。这两种情况都有可能引起另一根接触线断线,从而引起变电所跳闸,造成运营中断。

② 接触线断线后,如果锚段关节处补偿装置的制动装置失灵或动作情况不良,则坠砣落地或较长距离下移,可能出现拉坏、拉脱定位;拉偏、拉脱吊弦;拉偏、拉坏腕臂及电连接线(器)等扩大事故范围的情况。

③ 如果因接触线断线而造成刮弓,则整个事故范围大、接触网设备损坏程度严重、事故抢修所用的时间长。

(2) 原因分析

1) 烧断

接触线被烧断的原因一般有以下几种。

① 电连接线夹与接触线接触不良或电连接线夹与接触线的接触载流面不够,造成接触线烧伤、断线。

② 吊弦、定位、电连接线(器)等脱落造成接触网对列车车辆或"地"短路放电。

③ 承力索断线后对大地或列车车辆短路放电,造成接触线烧断线。

④ 绝缘子闪络或击穿造成接触网对大地短路放电,烧伤、烧断接触线及烧断股、烧断承力索。

⑤ 电动列车上受电弓支持绝缘子击穿或爆炸造成接触网对列车、大地短路,烧断接触线。

⑥ 弓网故障烧断或刮断、拉断接触线。

2) 拉断

接触线被拉断一般由于以下几种情况造成。

① 接触线局部磨耗超标准未及时发现、处理。

② 接触线局部烧伤严重未及时发现、处理。

③ 腐蚀或磨耗严重被拉断:

a. 接触线磨耗从范围和程度上可分为全磨耗和局部磨耗两类。根据全磨耗的最小值和最大值分布情况,可以近似地计算出磨耗地段或区段接触线的平均磨耗,并由此确定出修程。因某种原因造成全磨耗速度快,会缩短接触悬挂的整体寿命。局部磨耗对接触线的经济、运行指标有很大影响,直接威胁着供电安全。局部磨耗严重,一是会造成拉断线;二是形成硬点可能打坏受电弓引起网弓故障;三是电气补强或接头点多使接触线的供电性能差、隐患点多。

接触线磨耗从性质上可分为机械磨耗和电气磨耗两方面。磨耗的情况与弓、网配合状态有密切关系。机械磨耗是受电弓滑板在接触线上滑动时由于两者之间发生磨擦或冲击而引起的,有正常磨耗和非正常磨耗之区别。正常的机械磨耗能使接触线的磨耗均匀且接触线的使用寿命符合规范。不正常的机械磨耗会加快全磨耗速度或者使局部磨耗程度严重。另外,非正常机械磨耗往往伴随着受电弓对接触线的机械损伤。

电气磨耗是由于运行中受电弓与接触线接触不良或受电弓离线等情况引起的电火花或电弧而造成的接触线损耗。电气磨耗与机械磨耗一样,是一个渐进的过程,当使接触线局部磨耗达到一定程度后,就会造成其他后果,如拉断线等。

总之，接触线的磨耗与接触悬挂状态及机车的运行方式、取流状态、滑板硬度等诸多因素有关。

b. 接触线因腐蚀造成断线的情况，与承力索腐蚀造成断股、断线的情况相近，可参见本节"承力索故障"相应的部分。

3）电动列车受电弓刮断

此种情况一般发生在接触网刮弓的事故过程中。一般情况是接触线被刮断后，接触线的其他部位也可能伴随着较严重的损伤或变形（如扭曲及硬弯等）。另外，接触线被刮断，往往是一种接触线被列车受电弓拉、切相混合的断线过程。所以，不仅会造成其他部位接触线的较严重损伤或变形，而且损坏接触网其他设备的范围也很大。

(3) 事故处理

接触线断线的处理方法如下所述。

1）链形悬挂单根接触线断线时，处理方法一是在断点一侧20m左右处切断，然后接续新的接触线，此时要注意保持要两根接触线的张力基本平衡；方法二是在断点一侧20m左右处，将两根接触线都切断，然后接续新的接触线。后者容易保证两根接触线的张力和弛度平衡，但要注意两根接触线的接头要相互错开一定的距离。其具体操作与两接触线断线时相似。

2）两根接触线同时断线时，处理方法是在断点一侧20m左右处，将两根接触线都切断，然后接续新的接触线。操作过程如下：

① 派人员到锚段关节处，检查补偿装置的动作情况，根据作业要求调整补偿装置。若坠砣落地，则将其扶起后用 $\varphi 4mm$ 铁线临时绑在锚柱上，并根据情况适当取下几块坠砣。

② 将接触线断头的一端合适位置用断线钳切掉，距离断头另一端一定的距离（约20m左右）处将两根接触线切断，并用锉刀将接触线断头磨平。注意两接触线的断头要错开一定的距离。

③ 接续新接触线：

a. 先将两根新接触线与旧接触线的一端相连，然后在新接触线的另一端与旧接触线的另一端之间串接手扳葫芦和拉力表。

b. 收紧手扳葫芦，使接触线受力。在收紧手扳葫芦时，要注意吊弦、补偿器的变化情况，使吊弦的下端向手扳葫芦侧稍微偏斜，并通过拉力表观察接触线的受力是否正常。如发现异常，应立即停止收紧手扳葫芦，检查整个锚段及补偿装置的情况，只有当一切正常时才继续紧线工作。

c. 将新接触线与旧接触线的另一端连接。

d. 检查接头的连接情况，确认接触头受力良好后，慢慢松开手扳葫芦，使新的接触线接头受力，再次检查并确认各接头及接触线受力良好后，撤除紧线器和手扳葫芦等。

3）更换和恢复接触网其他损坏的设备及部件，如腕臂、吊弦、电连接及补偿装置等。

4）检查调整事故区段内的接触网，使其恢复到正常的工作状态。

5）确认整个事故处理工作完成，结束作业。

(4) 预防措施及注意事项

1）预防措施

① 按规定时间、周期及标准测量接触线的磨耗，对局部磨耗超过规定的及时进行电

气补强、切断后做接头或更换。

② 日常维修作业中注意检查接触线的损伤情况，发现局部损伤截面超过规定时，应视情况及时进行电气补强，或切断后做接头，或换线。

③ 日常巡视或维修中，注意接触线接头线夹处、绝缘器接头线夹处、中心锚结线夹处及定位点处接触线的磨耗情况，发现磨耗或损伤超过规定则及时进行处理。发现接触线存在的硬弯、硬点及时进行处理（如校直、切断做接头或换线）。

④ 按规定时间、周期及标准维修各种电连接线（器）。对电连接线（器）与接触线接触面载流不够的区段，适当增设电连接线（器）组数或增大电连接线（器）与接触线的接触载流面。

⑤ 定期清扫各种绝缘元件，对不符合技术要求者及时进行更换。

⑥ 提高日常维修质量，保证接触悬挂的技术状态符合标准。

2）注意事项

① 做接触线接头时，必需检查并确认接头线夹状态良好且符合技术标准后方准使用。

② 做好的接头必须符合受电弓平滑过渡的要求。线夹不得歪斜，接触线面必须端正且与轨面水平。

③ 接头线夹的各部螺栓必须紧固牢靠，螺栓、螺母不得有脱扣及脱扣隐患。

④ 在紧线及做接头的整个作业过程中，作业人员的安全带必须挂在承力索上或作业车平台框架上（但不得挂在梯车框架上）。

8. 分段绝缘器故障

（1）事故概述

分段绝缘器是供接触网进行电分段时采用的绝缘设备，主要用于接触网各供电分区的电气分隔和机械连接，是接触网的主要设备，一般用在车辆段和地下折返线内，正线各供电分区的电分段一般不采用分段绝缘器。目前城市轨道交通接触网所使用的分段绝缘器有瑞士 AF 公司的产品（如图 5-8 所示）和法国 GISMA 公司的产品（如图 5-9 所示）以及一些其他形式的分段绝缘器。这两个公司的产品性能较好，其主绝缘都是硅橡胶材料、高铝陶瓷，导流板都是铜材做成的，其余部件是不锈钢材质做成的。

(a)

图 5-8　分段绝缘器（瑞士 AF 公司）（一）

(a) 双线式

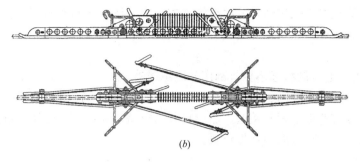

图 5-8 分段绝缘器（瑞士 AF 公司）（二）
(b) 单线式

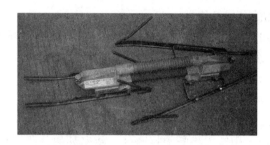

图 5-9 法国 GISMA 公司分段绝缘器

1) 故障部件及故障现象
① 绝缘元件的老化、放电击穿等。
② 接头线夹或支架、导流板、导流框架的损坏等。
③ 整体损坏或连接、固定部位开断。
④ 接头线夹处接触线断线。
⑤ 以上各种现象所引起的弓网事故。
2) 可能造成的后果
① 若分段绝缘器的绝缘元件因某种原因闪络击穿未及时发现，则可能造成相邻两个供电分区间的绝缘下降，在进行分区停电作业的情况下，会造成人身伤害（如在无电区段进行作业时，人员不知无电区实际上有电，误登误入被电击）。
② 分段绝缘器失去水平或某种状态不良、破损、弯曲等会造成接触网刮弓事故。
③ 分段绝缘器与接触线的接头处或其他部位严重磨耗被拉断后造成塌网，从而扩大事故范围（如造成软横跨上、下部固定绳或横向承力索烧断股、断线等）。
（2）原因分析
1) 分段绝缘器主绝缘（环氧树脂或硅橡胶材料）老化开裂和沟槽被污染等原因造成绝缘部分泄漏与距离不够而闪络击穿。
2) 安装调试不良，如导流板不在一个平面、分段绝缘器不与轨道平行等，被受电弓打伤或打坏导滑板和主绝缘。
3) 部分零件腐蚀或磨损失修被拉断，如吊索或吊弦松动、固定线夹松动及导滑板严重磨损等。
4) 分段绝缘器与接触线的接头线夹处状态不良形成严重硬点，致使受电弓打坏分段绝缘器或接触线磨耗严重被拉断。分段绝缘器的高度未达到比两相邻定位点接触线高度高30~40mm的要求,甚至低于两相邻定位点接触线高度,易引起弓网故障,损坏分段绝缘器。

5) 电动车组受电弓的状态不良,刮伤分段绝缘器。

6) 分段绝缘器处隔离开关主闸刀在打开位置,接地闸刀在闭合位置,电动车组进入无电区,将无电区与有电区瞬间接通,造成接触网短路接地,短路电流通过分段绝缘器流经隔离开关接地闸刀,将分段绝缘器烧毁。

(3) 事故处理

分段绝缘器故障的处理,应根据分段绝缘器的故障现象及损坏的部位分别对待。下面介绍分段绝缘器损坏较严重的情况的处理方法及过程。

1) 拆除损伤或损坏的分段绝缘器

① 检查分段绝缘器的损伤情况,根据检查的情况进行更换和调整。

② 用手扳葫芦使损伤的分段绝缘器卸载,即不受拉力。

③ 把受损伤或损坏的部件或整个分段绝缘器拆除下来。

④ 更换新的部件或新的分段绝缘器。

a. 检查接触线两端头。如果接触线的接头部分因磨耗、损伤等原因不符合技术要求时,则用断线钳将其切掉。用锉刀将断头打磨平。新安装的分段绝缘器的位置要与承力索上的分段绝子串相对称。

b. 把新的分段绝缘器的主体与接触线连接。在连接时,对螺栓的紧固要使用扭矩扳手和规定的力矩。

c. 拆除紧线工具,并再次用规定的力矩紧固分段绝缘器与接触线连接螺栓。

d. 如果承力索或吊索上的绝缘棒损伤严重,应对其进行更换处理。

e. 安装导滑板。

⑤ 调试新更换的绝缘器,调整的方法与步骤与维修分段绝缘器相同。然后用车辆受电弓对分段绝缘器进行双向冷滑,检查其过渡情况。

⑥ 清理作业现场。无其他问题则结束作业。

(4) 预防措施及注意事项

1) 预防措施

① 新安装的分段绝缘器必须是组装后经试验合格的产品,且各部件状态良好,均符合技术标准。

② 按规定周期检查分段绝缘器的技术状态,调整维修,使其符合技术要求。各部螺栓必须紧固牢靠,销钉安装齐全。分段绝缘器与导线接头处无硬点且保证受电弓平滑过渡。保证分段绝缘器接头处的工作高度比相邻定位点设计导高高出20~30mm。

③ 四角吊弦或吊索必须处于受力良好状态,其调节螺栓的防松措施应可靠。

④ 分段绝缘器处隔离开关的主闸刀在打开位置、接地闸刀在闭合位置时,严禁电动车组通过。培训有关隔离开关操作人员,严禁在接地闸刀闭合的情况下强行闭合主闸刀。

⑤ 采用结构简单、安装调整工艺简便、重量轻、绝缘性能高的分段绝缘器,减轻分段绝缘器处的集中荷载。

⑥ 改进分段绝缘器与接触线的接头线夹结构,使其具有耐磨性、耐腐蚀性、过渡平滑等优点,且能有效地防止接头处接触线形成局部磨耗。采用、推广新技术,实现分段绝缘器水平度的无级调整。

2) 注意事项

① 新安装的分段绝缘器,必须是日常组装完毕并经试验合格后妥善保管的。

② 安装后的分段绝缘器,其底面必须与轨面平行,四角上的 4 根吊弦受力良好、均匀。分段绝缘器与接触线接头处无硬点且能使受电弓平滑过渡,各部螺栓紧固良好。

③ 分段绝缘器接头处的导线工作高度比相邻定位设计导高高出 20~30mm。

④ 分段绝缘器的位置要与承力索上的分段悬式绝缘棒相对称。

⑤ 在处理分段绝缘器事故时,如果其主体未受损伤或损伤不影响运行时,可以不更换,而只对损伤严重的部件进行更换,如只更换导滑板或吊弦等。

9. 电连接线(器)事故

(1) 事故概述

1) 故障现象

电连接线(器)的作用是使电流由一个导体传至另一个导体,由一组悬挂传至另一组悬挂。电连接线(器)根据其使用位置可以分为横向和纵向电连接线(器)两种。

城市轨道交通接触网的电连接线一般为软铜材质的直流电缆或软铜绞线,其截面铜线分别不小于 $150mm^2$ 和 $120mm^2$。

电连接线(器)常见的故障是电连接线(器)损坏,包括电连接线夹、电连接线本身损坏。电连接线(器)损坏不仅会造成电流不畅,而且也可能造成接触网其他有关设备损坏,甚至引起刮弓事故。

2) 可能造成的后果

① 电连接线(器)状态不良但未损坏(如接触不良、接触载流面不够),可能造成接触线中通过太大的电流而发热,如果长期如此,则可加速接触线的老化和电气磨损,尤其是在电连线夹处,严重时,可能造成接触线被烧断。

② 城市轨道交通接触网的电缆型电连接一般是固定在腕臂装置或隧道壁上,如果固定不牢靠而松弛严重,则可能打坏受电弓甚至引起刮弓。

③ 电连接线(器)的供电线夹歪斜,可能被受电弓打掉,进而造成刮弓。

④ 电连接线或开关引线损坏(如烧断、脱落),可能造成以下几种情况:

a. 造成电路的开断,使某地段接触网无电。

b. 烧断承力索或接触线。

c. 电连接线断头或脱落部分低于接触线时,对车辆放电,烧损接触网或列车、车辆。

d. 断头或脱落部分低于接触线时,会打坏受电弓或缠绕受电弓造成刮弓事故。

(2) 原因分析

1) 电连接线或线夹载流不够被烧断或断线。

2) 电连接线散股严重,被烧断股或烧断线。

3) 电连接线腐蚀严重,造成载流面不够被烧断股或烧断线。

4) 电连接线与线夹接触不良或供电线夹与接触线接触不良,造成烧损。电连接线(器)接触不良,有以下几方面原因:

① 未按技术标准及要求安装电连接线（器），即线夹内壁及电连接线与线夹接触部分未打磨或线夹内壁未打磨平，造成接触电阻增大，或虽打磨，但造成线夹内壁或电连接线损坏（如出现坑点等），减少了接触载流或增大了接触电阻。

② 安装时，线夹内壁及电连接线与线夹接触部分未涂导电脂。长期运行时，空气或环境中的腐蚀性物质将接触部分逐渐腐蚀，造成接触电阻增大。

③ 安装时线夹螺母未紧固到要求状态，增大了线夹与线索的接触电阻。

④ 安装时线夹螺母因紧固方法不当，造成螺母或螺栓脱扣并未及时处理，长时间运行造成松动，增大了接触电阻。插销岔口未分开，运行中因振动松动、脱落。

⑤ 运行中电连接线（器）长期失修、螺母松动，造成接触电阻增大。

5) 某处线夹螺母松动未及时发现并处理，造成电连接线（器）脱落。

6) 电连接线（器）安装后无温度变化偏量预留或偏量预留太少，如预制电连接时弹簧圈不符合规定或弹簧圈间距太大，两组悬挂之间的水平部分无弧度等，温度降低或升高时，线夹与线索拉脱，造成电连接线（器）拉坏或损坏，同时造成其他方面的事故范围扩大。

7) 电连接线（器）安装后温度变化偏移量预留值大，承力索与接触线之间的垂直电连接线松弛，直到接触线下部，被运行中的受电弓打坏或刮掉。垂直部分底圈与接触线间距太小，被受电弓打坏或刮坏。

8) 接触线上的供电线夹安装歪斜被受电弓打掉，进而引起刮弓。

9) 接触网的其他位置发生刮弓，受电弓继续运行到电连接线（器）安装处，将电连接线（器）刮坏。

(3) 事故处理

1) 2人上作业车平台（或梯车），在损坏的电连接线（器）安装位置处，将皮尺搭在两支悬挂的承力索上，测量从一支悬挂的接触线至另一支悬挂接触线所经过路线的长度。测量完毕后拆除损坏的电连接线（器）。

2) 地面人员根据实际测量的长度，加上电连接线夹、电连接线弧度增加量等综合计算的长度下料，并预制电连接线。

3) 拆除旧电连接线（器）完毕并将新电连接线预制好后，即进行安装，步骤如下：

① 根据安装位置，将预制的电连接线及清洗后的电连接线夹、供电线夹、并沟线夹吊上网。

② 将电连接线与线夹接触部分清洗、打磨（方法与打磨线夹相同）、涂导电脂后，即依次进行安装。

4) 安装线岔处电连接线（器），步骤如下：

① 在电连接线（器）安装处，作业车平台（或梯车）上人员根据承力索至接触线高度，测出承力索电连接线夹在电连接线上的大概位置。

② 两人分别站在两支悬挂的接触线上，安全带挂在承力索上，开始安装。

③ 安装时适当调整承力索电连接线夹的位置，使两承力索间电连接线呈一水平弧形。

④ 按温度变化的偏移量，安装接触线供电线夹，并同时将供电线夹固定在接触线上。

⑤ 剪去多余的线头；拧紧各部螺母。

5)安装股道间电连接线(器)时,先安装两个股道间电连接线(器),然后再安装其他股道损坏的电连接线(器)。

6)安装锚段关节电连接线(器)时,根据情况,用梯子和作业车(或梯车)配合安装。安装时,考虑到锚段关节处两悬挂不同方向的相对偏移较大,故电连接线要有足够的活动余量。

7)如果损坏电连接线(器)的线夹处承力索断股,则先按要求对断股的承力索进行补强或切断重新做接头,然后在补强附近或接头附近进行电连接线(器)的重新安装。

8)如果电连接线(器)中的电连接线断线,但是除断处外其余部分良好,根据情况可不将其拆除并进行应急处理。方法是先将断头部分进行处理(如切掉烧损严重的部分,并清洗、打磨、涂导电脂),预制一段新线用并沟线夹将两断头连接,然后处理其他部分(如更换线夹等);对散股严重部分用相同材质绑扎线绑扎后进行电气补强。

9)如果电连接线只是局部损伤,不一定将其完全拆除,可根据情况进行应急处理。方法是切断损伤部分,用预制的新线与尚能使用部分及承力索或接触线连接固定,然后对未拆除部分进行处理(如打开线夹进行清洗、打磨、涂导电脂后重新安装等);对散股部位进行电气补强或绑扎。

10)如果为刮弓事故,则进行刮弓事故抢修的其他作业。

11)如果为断线事故,则进行断线事故处理的其他作业。

12)清理作业现场。无其他问题则结束作业。

(4)预防措施及注意事项

1)预防措施

① 安装和维修电连接线(器)时,必需使其符合以下技术要求:

a. 安装位置符合规定,误差±0.5m。电连接线(器)线夹与电连接线、接触线、承力索及有关设备线夹的接触面光滑、紧密且螺栓紧固牢靠。线端的安装端正、牢固,且与线夹必须配套。

b. 打磨时按要求进行且用力适中,防止损伤接触面。

c. 电连接线无松股、断股现象,并保持顺直,预制电连接线(器)的工艺正确。

d. 馈电线、电分段锚段关节隔离开关处的电连接线(器)需安装双线夹,电连接引线的安装应满足任何情况下带电距离的要求。

e. 电连接线载流面积满足要求,线夹与各部的接触载流面满足要求。否则,适当增加电连接组数或安装双电连接线夹。

② 日常巡视、维修中发现电连接线(器)的状态不良时,及时安排处理。此外,若发现吊弦烧伤或烧断、承力索烧断股或断线、接触线烧伤或烧断、定位器过热现象等,应及时安排维修邻近的电连接线(器)。

2)注意事项

① 安装线夹时,必需将线夹内壁清洗并涂导电脂后用钢丝刷打磨光滑,将污染的导电脂擦掉后再涂新的导电脂。打磨时要用力均匀,以防用力过猛出现坑点,使得接触面积减小。安装各部螺栓必须紧固良好。

② 安装时,电连接线被线夹夹持部位必须清洗并按要求打磨、涂导电脂。

③ 当电连接线（器）是因载流不够烧损时，根据情况，采取增设电连接线（器）组数或安装双线夹的技术措施。

④ 安装后的电连接线（器）必须符合技术要求，否则重新预制或重新安装。

⑤ 采取应急措施时，必须处理其未拆除的其他部分电连接线及线夹。

10. 隔离开关事故

(1) 事故概述

隔离开关是城市轨道交通接触网的重要和关键设备，使用量大，一般每个牵引变电所的馈出线上装有 6 台，另外，在车辆段的运用库每股道及维修库的每股道上以及其他需要装设隔离开关的地方均装有隔离开关。

另外，城市轨道交通所使用的隔离开关，其额定电流一般不小于 3000A。在正常工作时，其工作电流一般不大于其额定电流。

1) 隔离开关常见的故障有操作机构、主闸刀和支柱绝缘子、接地刀闸等损坏故障。

2) 可能引起的后果：

① 隔离开关的支柱绝缘子损坏，使接触网对地短路，造成变电所跳闸和部分接触网停电，影响城市轨道交通正常运营。

② 隔离开关引线（一般为直流电缆）松脱，可能侵入建筑限界，引起刮弓现象，从而使事故扩大，影响正常运营。

③ 主刀闸触头接触不良，可能引起烧毁隔离开关刀闸，造成接触网部分停电。

④ 接地刀闸故障，可能引起接触网送不上电，或烧坏隔离开关或引起变电所跳闸，造成接触网部分无电。

⑤ 电动操作机构故障，使隔离开关无法操作，尤其是 SCADA 无法进行远方操作与监控，使得电力调度无法根据需要来改变运行方式，影响城市轨道交通运营。

(2) 原因分析

1) 隔离开关的支柱绝缘子破损或脏污造成闪络击穿。

2) 主闸刀合闸后，主触头接触不良或未接触，造成主触头烧坏，进而造成隔离开关毁坏。

3) 隔离开关引线与设备线夹接触不良，烧坏线夹或烧断引线。设备线夹与隔离开关的接触不良，烧毁线夹或隔离开关触头。

4) 隔离开关引线与接触线上的供电线夹接触不良，造成接触线或引线烧断，或供电线夹安装不端正被受电弓打掉造成引线脱落。

5) 隔离开关引线安装固定不牢靠，或绑扎带老化脱落，或短路事故时的电动力使绑扎带脱落，引起隔离开关引线松脱，拉坏接触网设备和设备线夹、支柱绝缘子，甚至对地短路，引起变电所跳闸等。

6) 接地刀闸与主刀闸的联锁机构损坏的情况下，合上隔离开关，使隔离开关烧坏。

7) 电动操作箱内的接线端子或继电器松动、接触不良，或其他零部件损坏，造成隔离开关的信息不能上传给远方的控制中心，控制中心也无法对其进行监控和操作。

(3) 事故处理

根据隔离开关（含引线、操作机构）的损坏情况，及影响范围对其采取不同的方法进行处理。按照隔离开关损坏程度及事故范围扩大情况，有以下两种抢修方法。

1）将损坏的隔离开关解列退出运行。这种方法适用于隔离开关严重损坏，一时难以恢复，为了节省时间，减小对运营的影响而采用。另外，隔离开关引线严重损坏，一时难以安装新的引线时，也可以采用此方法。

① 拆除隔离开关与接触悬挂间的引线。

② 如果分段绝缘器处隔离开关损坏，则拆除掉隔离开关引线并处理完接触网损坏的其他设备后，将安装分段绝缘器的线路封锁即可。

③ 如果牵引变电所的馈线隔离开关损坏，在将其引线全部拆除后，将此处的绝缘锚段关节用预制的电连接线（器）将其短接，即把绝缘锚段关节变为非绝缘锚段关节，使相邻的两个供电分区变为一个较大的供电分区，由相邻两牵引变电所供电。

④ 如果牵引变电所馈线开关的引线严重损坏，一时很难重新安装时，将引线从接触网上卸掉，打开此隔离开关和相邻的另一供电臂的馈线隔离开关，合上越区隔离开关，将相邻两供电分区变为一个供电分区，由相邻两牵引变电所供电。

2）用安装新隔离开关的方法进行恢复性抢修。

① 分派部分人员及机具进行接触网其他设备损坏的抢修作业，同时分派另一部分人员更换隔离开关。

② 更换隔离开关的作业过程如下：

a. 在支柱上安装隔离开关吊装支架，并在吊臂端挂一带绳子的单滑轮。

b. 拆除损坏的隔离开关及其引线。如果隔离开关引线尚能使用，则根据情况在隔离开关上拆除后将其临时绑在支柱上。

c. 将拆除的隔离开关徐徐吊放到地面。

d. 将新隔离开关吊放到安装托架上，并进行安装。

e. 安装新隔离开关操作机构，并调整隔离开关。调整过程是，一人操作机构，一人在杆上观察、测量隔离开关分、合闸角度、闸刀触头接触情况、接地闸刀动作及接触情况，两人协调配合，发现问题立即处理。调整传动杆调节螺栓、止钉，使分合闸角度和位置符合要求。

f. 安装隔离开关引线。设备线夹与隔离开关引线板的固定必需符合要求，即用 0.05mm×10mm 塞尺检查时，应塞不进去（城市轨道交通所用的隔离开关多为点接触式）。

③ 进行事故抢修的其他作业。

④ 清理作业现场。无其他问题则结束作业。

（4）预防措施

1）日常维修时，按维修周期和严格按工艺要求进行维修，对引线进行加固。

2）巡视时要加强观察，最好是定期对在线运行的隔离开关用红外线测温仪测量主刀闸的温度（尤其在运营高峰时期），以掌握隔离开关的运行状态。

3）定期测量主刀闸的动、静触头的过渡电阻（标准是不大于 $40\mu\Omega$），以确认其接触是否良好。

11. 支柱事故

（1）事故概述

支柱是接触网的支撑设备，用来承受接触网悬挂及支持设备负荷。支柱按其使用材质分为预应力钢筋混凝土支柱和钢柱两大类，用于地面线路。目前，城市轨道交通采用的钢筋混凝土支柱为等径圆杆式及钢支柱（有桁架式钢支柱，H型钢支柱两种）。本节叙述的是等径预应力钢筋混凝土支柱事故。

1）故障现象

等径预应力钢筋混凝土支柱若发生事故主要是支柱折断或支柱严重倾斜。

2）可能造成的后果

① 支柱折断会使接触网立即损坏，支柱折断后倾倒时，不仅会损坏接触网零部件，也可能会拉伤、拉断承力索或接触线。同时，也会损坏同样架设的其他附加悬挂。

② 支柱折断时必然损坏绝缘元件，接触网必然对地短路放电，引起牵引变电所跳闸。也有可能烧断接触线、承力索，造成事故范围扩大。

③ 某处支柱折断后，不仅会造成此处接触网塌网，而且会波及此支柱至相邻锚段关节的接触网，更甚至整个锚段及相邻锚段。显而易见其破坏程度大、范围广，给城市轨道交通运营造成很大的影响。

④ 支柱折断时，因抢修机具较庞大，运输和安装均困难。同时，从拆除损坏支柱至新支柱（或应急支柱）的作业过程复杂，工作量也大，因而抢修用的时间较长。

⑤ 支柱因某种原因（如基础塌方、地基下沉等）倾斜严重，有可能侵入限界，如未及时发现和整改，则可能会发生车辆与支柱相互碰撞，从而损坏车辆和接触网设备。

（2）原因分析

1）支柱本体损坏（裂缝较大、露筋严重等）严重并未被及时处理，由于接触网悬挂本身负荷及风力等因素，造成折断。

2）支柱未装地线或装设的地线丢失、损坏，绝缘子闪络或击穿或接触网直接对支柱短路使支柱通过很大的短路电流（可能上万安培），并多次如此重复，烧毁支柱中的钢筋，使支柱强度减小造成折断。

3）由于埋填支柱基础的泥土没夯实及其塌方；基础长期被水浸泡使基础周围土质变软而造成支柱倾斜，如未被及时发现和处理，日积月累，使其侵入建筑限界，造成与车辆碰撞的严重事故。

4）其他原因引起支柱的损坏或折断，如道口处机动车撞坏或撞断支柱；接触网发生刮弓事故后被列车受电弓拉断；发生行车事故时，出轨颠覆的车辆将支柱撞断；台风、暴雨等自然灾害直接将支柱折断等。

（3）事故处理

支柱一旦倾倒或折断，不仅会使接触网立即损坏，而且会严重影响行车。支柱折断后对其抢修的方法有三种：一是用临时支柱顶替，以支持悬挂；二是立标准支柱；三是暂时取消折断柱处的悬挂支撑、定位等部件，采用降弓通过的办法临时开通送电。最后一种方法对城市轨道交通接触网不适用。

抢修支柱折断事故时，若使用临时支柱进行抢修，则安装的临时支柱必须能保证作业人员的安全及装设后的运行安全；若用立标准支柱的方法进行抢修，则立新支柱地点应选择在断柱基础坑处或是距断柱约1m左右的地点。

在介绍中间柱折断事故抢修前，先简单介绍在抢修中要用到的一种应急组合式接触网支柱（见图5-10）。此种支柱特别适用于抢修中间支柱折断的事故。

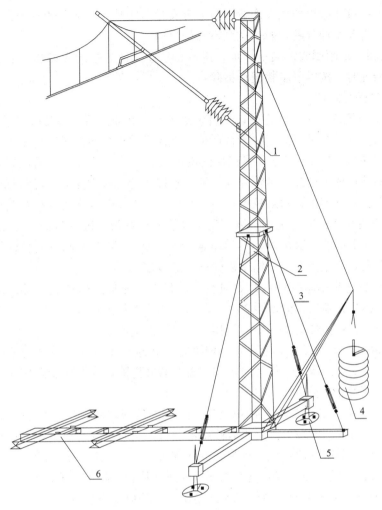

图 5-10 应急组合式接触网支柱图
1—上柱；2—下柱；3—斜拉索；4—配重；5—托盘；6—长枕

应急组合式接触网支柱是一种专门的用于快速修复接触网支柱事故而研制的，有支柱整体重量轻、体积小和拆装运输简便的特点，能使用于线路上多种典型条件，并具备悬挂接触网的各项技术要求。它设计合理、结构简单，在额定载荷（39200N·m）条件下本体挠度小于 $H/150$，强度及承载计算方法符合铁道部对电气化接触网设计规范的要求。它适用于多种地形条件，不受气候条件影响，操作较简单，现场作业在 15min 范围内可完成支柱固定，大幅度地减少抢修作业时间，降低了工人的劳动强度。

支柱折断可能是中间柱，也有可能是转换柱或锚柱。其处理的原则和方法相似，下文以中间柱折断事故的抢修为主来介绍其抢修过程。

1）派人员到锚段关节处，检查补偿装置情况，并将坠砣块取下总数量的 1/2 左右或用手扳葫芦将坠砣块提起。

2）拆除断柱上的接触悬挂、附加悬挂等及支持固定装置。

拆除的方法一般有防护法和断线法两种。防护法就是对断柱采取防止上部断桩倾倒或向地落下危及人身安全的可靠防护措施后，在断柱上进行拆除的方法；断线法就是采用防护法拆除某悬挂可能会出现危及作业人员人身安全的情况时，不在断柱处进行拆除，而在相邻两支柱处将此悬挂分别切断以达到拆除的目的。

3）如果断柱未倾倒或倾倒不严重，接触悬挂及其他悬挂的支撑固定装置变形不严重且无拉断线情况时，按以下步骤进行拆除：

① 对断柱进行防护。

a. 如果事故抢修现场有轨道吊，则将轨道吊的吊臂伸到断柱的合适位置，将吊臂升降机构打在制动位置。在吊臂的断柱侧合适位置立梯子并将梯绳从吊车臂上方倒过，辅助人员扶梯并拉好梯绳。1人上梯子将吊车用的钢丝索套在上部断柱的合适位置并与吊臂钩相挂。人员下梯并将梯子搬开。吊臂开动使套在断柱上的钢丝索受力，确认钢丝索无滑动可能及受力状态良好（即吊臂对断柱可靠防护）后，再将吊臂升降机构打在制动位置。

b. 如果没有轨道吊时，则用拉或固定棕绳的办法对新柱进行防护。方法是将2～3条棕绳固定在支柱上部的合适位置，然后由辅助人员从2～3个不同方向拉住绳子的另一端或将其固定在某处（至少有一条绳子需辅助人员拉住）。

② 对断柱的防护措施做好后开始进行拆除作业。先拆除断柱最上部的附加悬挂及支持装置，然后拆除其他支持固定装置。拆除时，作业人员先在拆除支柱上的合适位置挂一带棕绳的单滑轮，将拆掉的绝缘子、横担等徐徐吊到地面。

③ 拆除附加悬挂及其他支持装置，即进行接触悬挂及其他支持装置的拆除作业。先将承力索由钩头鞍子内取出，然后对定位装置卸载并拆除，取开或切断定位管、定位器上的斜拉线，最后拆除腕臂及棒式绝缘子。

④ 拆除过程中，支柱人员系好安全带，防护人员密切注意断柱状态并做好防止上部断桩倾斜的防护事项。发现上部断桩有倾斜可能时，及时采取有效措施，使柱上人员停止作业并下支柱，再采取其他安全、有效的拆除方法。

4）断柱倾倒严重（如垂直线路方向倾倒并压在接触悬挂上，或沿线路方向严重倾斜、倾倒），悬挂的支持装置变形严重但无断线情况，则按以下方法拆除：

① 检查所有线索无断线可能时，则按上述方法对新柱进行防护。立梯子（立在断柱的非倾倒侧）后1人上梯子，如果确认安全可靠，也可上断柱进行作业。用棕绳一端将拆除附加悬挂的线索系住，另一端由地面人员从钢轨下穿过后拉住，以防线索取开固定后，弹出时危及人员安全。取开线索的固定后，拉绳人徐徐松动绳子直至将线索完全放开。拆除悬挂的横担等支持固定装置的部件。如果附加悬挂或横担等支持部件变形严重，无法进行松动螺栓的正常作业，则用锯或其他专用切割工具将横担（在根部）或固定金具锯或切割断。

② 附加悬挂拆除作业完毕后，即进行接触悬挂的拆除。如果因断柱压在接触悬挂上或因断柱沿线路方向倾倒，无法使承力索拉出钩头鞍子及使定位拆除，可用锯或专用切割工具，将钩头鞍子及定位器锯断，也可以将水平拉杆或腕臂切割断（在腕臂或水平拉杆不受悬挂及断柱压力的条件下）。

使承力索拉出钩头鞍子及使定位器卸载时，同样需用棕绳将悬挂拉住，待拆除完毕后再将绳子徐徐松开。

③ 当有线索可能断线时，先用断线法将其拆除，然后用防护法依次拆除其悬挂。

5）如果用以上防护法会出现危及人身安全的情况时，则停止作业，改用断线法进行拆除。

6）如果断柱倾倒严重、有断线情况、悬挂的支持装置及横担变形严重，则按以下方法拆除断柱上的悬挂：

① 将断的线索两断头及有关部分拉到远离拆除作业区的场所。

② 确认某线索有断线可能时，用断线法将其拆除。

③ 确认防护法拆除某悬挂会危及人身安全时，用断线法将其拆除。

④ 用防护法或断线法拆除其他悬挂及支持固定装置。

7）利用断线法拆除悬挂（即断线法）的步骤如下。

① 将需切断的线索在相邻支柱处做临时固定：

a. 在断柱的相邻两支柱上合适位置各挂一个拉力带。

b. 在相邻两支柱处需断线的线索上远离断柱侧方向的位置各打一个紧线器（如果为接触线，则安装蛙式紧线器）。

c. 用手扳葫芦或双钩紧线器与需断线上的紧线器拉力带及支柱上的拉力带相连后紧线，紧线至拉力带完全紧到需断线索的拉力后停止，检查紧线器及拉力带的受力情况并确认良好。

② 断线：

在两相邻支柱处将需断线拆除的线索分别固定后，用断线钳或锯先将某一相邻支柱处的线索在靠断柱方向侧切或锯断，然后断开另一侧。

8）如需将断柱的上部断桩拉到地面，拉时作业人员及其他人员须远离上部断桩可能落地的范围，并注意断桩的倒向。

9）拆除断桩上仍连挂的用断线法拆除时切断的线索，并将断柱两跨距内断线拆除的线索切断部分盘起。清理断柱上的水泥块等物，将侵入限界的断钢筋切掉。将上部断桩搬运到远离线路的处所。

10）预制新线。将断线拆除的线索与新预制的线索在断柱的两相邻支柱处分别做接头。同时，分配人员立起开始固定应急支柱。

11）根据人员情况及抢修作业机具情况，分配部分人员进行新线线索的接线作业，其余人员进行立起并固定应急支柱的作业。

12）如果用组合式接触网支柱进行抢修，则将组合支柱立起。

13）如果用其他形式的应急支柱进行维修，按以下步骤立起应急支柱：

① 安装固定应急支柱的底座及有关金具、零部件。

② 将应急支柱在其固定底座上立起并与底座进行固定，拧紧各部螺母并加防松螺母。

14）组合式接触网支柱或其他形式应急支柱的立起、固定须符合有关要求。安装完毕有关配件后，安装预配的腕臂、加悬挂及其他附件的横担等支持固定件。

15）网上作业人员和地面辅助人员相配合，用木杆顶或拉大绳（通过腕臂头上挂着的单滑轮）的办法，将承力索装进钩头鞍子内。同时，分配其他人员进行附加悬挂、合架电力线路的固定安装。

16）安装组合式接触网支柱或其他形式应急支柱处接触悬挂的定位器、安装及更换吊弦，调整接触线高度、拉出值（之字值）。

17）如果为刮弓事故，则进行刮弓事故前的其他作业。

18）恢复损坏的补偿装置并调整锚段关节。

19）安装、更换或调整因支柱折断所波及的其他支柱处的定位装置及吊弦，调整断柱处两跨距及被波及跨距的接触悬挂。

20）复查有关支柱处定位器坡度和沿线路方向偏移值，复查接触线高度、拉出值（之字值），及跨中接触线对受电弓偏移值，调整有关零件，使之符合规定。

（4）预防措施及注意事项

1）预防措施

① 接触网施工中，确认支柱状态良好并符合技术要求时方能立柱并使用。日常巡视、维修中，注意观察支柱运行状态，发现破损、损坏时，按要求及时进行处理或更换。

② 施工及运行中，保证支柱的侧面限界符合技术要求，夯实回填基础部分，地形状态不符合支柱安装要求者，及时采取做护坡等相应技术措施，以保证支柱基础不塌陷。对支柱侧面限界数值及倾斜偏移数值不符合要求的支柱，要及时进行校正。雨天增加巡视次数，发现支柱及基础部分不良时，根据情况及时安排处理或采取相应技术措施。

③ 支柱地线一定要装好，若发现损坏或丢失应及时补装，否则支柱上的任何绝缘子闪络击穿都有可能把支柱烧断。

④ 对平交道口及有可能被机动车撞上的支柱，采取加强保护措施，如在基础部位一定的范围内加装护围、防护桩等。

⑤ 采用美观耐用的新型支柱。

⑥ 不断提高职工素质和操作技能，提高设备维修质量，防止发生刮弓事故。

2）注意事项

① 抢修过程中，拆除断柱的悬挂前，必须采取保证作业人员绝对安全的有效防护措施。拆除过程中，所有拆除人员和参加抢修其他作业的人员，必须密切注意被拆除悬挂的状态及断柱的状态，出现危及人身安全可能时，及时停止拆除，根据情况采取相应措施后再继续作业。

② 如果整个抢修作业范围分为几个作业区段，则各个作业组须与事故抢修总指挥加强联系，做好各个作业环节的互相配合。

③ 由于等径圆杆支柱的高度高且上部断桩的重量大，在拆除断柱上的悬挂及支持装置时，对上部断桩的防护难度大，如果事故现场没有轨道吊，对保护线、正馈线、供电线进行拆除时，应采用断线法。

④ 使用锯来锯断变形严重无法正常拆除的肩架时，操作人要选好工作位置及挂好安全带的位置，防止被锯的肩架下落时击伤自己和安全带脱开。地面人员要站在安全处所，防止被高空坠落下来的零部件砸伤。

⑤ 使用锯或专用切割工具进行腕臂拆除时，要采取相应防护措施并确认整个支持装置不承受其他外力，根据情况，选在安全的部位进行切断，并保证腕臂断后不会出现可能危及操作人员安全的情况。

⑥ 用断线法拆除某悬挂的线索时，断线前其他人员暂时停止作业并撤至安全处所。

12. 隧道埋入杆件事故处理

（1）事故概述

城市轨道交通特别是地铁的接触网大部在隧道内，用来支撑、定位接触网的各种杆件均是通过各种方法和采取各种工艺固定在隧道壁和隧道顶上,如倒立柱、正馈线支撑件、补偿装置等,数量众多。如果埋入杆件一旦出问题,会直接影响城市轨道交通的安全运营,甚至中断运营,因此,要高度重视和认真对待此类事件。

1)隧道埋入杆件常见的故障或事故有埋入杆件脱落和损坏。

2)可能造成的后果:

① 正馈线埋入杆件松动,使正馈线与接触悬挂及其支持装置带电部位的净空距离不够,形成短路放电造成断线塌网;如果隧道顶部正馈线埋入杆件脱落,会砸坏接触悬挂和腕臂装置,导致严重的弓网事故。

② 固定倒立柱的埋入螺栓松动,安装在其上面的接触悬挂及附加悬挂会不稳定。在曲线地段,拉出值或跨中偏移值可能超出受电弓的有效工作范围,电动列车通过时,因接触悬挂摇摆厉害,可能造成钻弓现象,引发严重的弓网事故。倒立柱若松脱,会导致大范围的塌网事故。

③ 补偿装置、中心锚结处预埋杆件损坏或脱落,可能会造成更大程度及范围的设备损坏。

④ 造成其他情况的事故范围扩大(如线索断线烧损其他运输设备等)。

(2)原因分析

1)施工安装时,埋入杆件有损伤或其他缺陷,投入运行后长时间未被发现并处理,再加上腐蚀或因其他作用力造成开断。

2)施工安装时,埋入杆件的填充物的配制不合要求,或未完全填满,或埋深不够,或安装后养护时间不够等都有可能造成埋入杆件状态不良,投入运行后长时间未被发现并处理造成松动和脱落等。

3)预埋杆件在运行中,因某种原因腐蚀(如隧道渗、漏水)造成开断。

4)预埋杆件在运行中因受外力(如悬挂力、下锚力等)被拉脱落或拉损坏。

5)发生刮弓事故,预埋杆件被受电弓拉坏或拉脱落。

6)某线索或悬挂因某种原因短路接地,造成预埋杆件烧损。

7)预埋件处固定的绝缘子闪络或击穿,造成预埋杆件烧损。

8)隧道内发生行车事故,造成预埋杆件损坏或脱落。

9)其他原因造成埋入件损坏或脱落,如隧道结构强度或厚度不满足要求导致埋入件松动或脱落等。

(3)事故处理

1)分派人员进行断线线索的接头作业或进行刮弓事故处理的相应作业,同时,分派人员拆除破损、脱落的埋入杆件及其固定的部件。

2)根据情况,分派人员在隧道破坏、脱落的原埋入杆件或附近,测量各埋入件间相对尺寸后,用冲击钻钻孔,并将胀锚螺栓打入钻好的孔洞中。胀锚螺栓的外露尺寸符合规定,并且孔洞尺寸不得使打入的胀锚螺栓有松动的可能。

3)如果某松动、破坏、脱落的埋入杆件的作用无法用膨胀螺栓替代,且抢修情况允许,此埋入杆件的孔洞尚能使用时,则利用现孔对其进行重新灌注。方法是先用气泵及圆形钢丝刷将洞壁擦拭干净;将带楔子的锚栓打入孔洞内,使锚栓外露尺寸符合规定;核准整组锚栓相对尺寸,用快速凝固的填充剂将孔洞填满、塞紧。

如果原埋入杆件孔洞无法再利用,则根据情况,用冲击钻或风钻在附近的合适位置重新打洞,然后按以上方法进行埋入杆件的灌注作业。

埋入杆件灌注完毕后,尚不能立即在其上进行安装作业,需待灌注物速干到规定时间后再进行安装作业。

4) 在胀锚螺栓上或新灌注的埋入杆件上安装接触悬挂支持装置和其他部件。安装附加悬挂固定装置及部件。

5) 如果松动的埋入杆件尚能利用,可采用加强固定的办法临时开通。即在此埋入杆件附件不同方向的合适位置,用电锤在隧道拱顶或壁上钻孔洞后打入胀锚螺栓,然后用$\phi 4.0mm$铁线将埋入杆件与胀锚螺栓拉紧。

6) 如果承力索中心锚结的埋入杆件损坏、脱落,根据情况,可暂时将此处承力索中心锚结取消,但必须调整相应锚段关节处的补偿装置。

7) 固定、调整接触悬挂及其他附加悬挂,同时保证不同悬挂带电部分之间的距离、悬挂带电部分与隧道固定接地体间的距离符合规定。

8) 埋入杆件破坏可采取以下临时开通的办法。即在损坏附近适当的地方,用冲击钻打孔并安装普通膨胀螺栓(多个),临时将接触悬挂及附加悬挂悬吊和定位到适合行车要求的程度,如果有现存的其他固定点可用的话,则将悬挂和附加悬挂固定在其上面,然后采用限速通过的办法尽快送电、开通区间,恢复运营。

9) 对埋入杆件松脱造成的接触网其他损坏设备进行恢复和处理(与埋入件同时进行)。其处理办法,见本节相关内容。

10) 复查接触线高度、拉出值(之字值)、跨中接触线对受电弓偏移值,调整有关零件,使之符合规定。

11) 清理作业现场,无其他问题则结束作业。

13. 膨胀元件故障

(1) 事故概述

城市轨道交通膨胀元件是用以实现刚性接触网的机械分段的装置,有温度补偿的作用。适用于运行速度超过120km/h的高速列车线路。它由两块尺寸相同的铝合金板组成,各与相邻一端锚段的汇流排端部连接为一体,相对移动量即为膨胀元件的温度补偿值,最大为500mm。

1) 故障部件及故障现象

① 接触线从膨胀元件线夹跳出。

② 接触线在膨胀元件中间断线。

③ 膨胀元件中间压接接触线铝板损坏。

④ 膨胀元件各部零部件松脱。

⑤ 膨胀元件出弓侧打火拉弧现象。

2) 可能造成的后果

① 接触线从膨胀元件线夹跳出,会引起接触线与受电弓缠绕,造成弓网事故。

② 接触线在膨胀元件中间断线,会影响受电弓取流质量,严重时受电弓经过会产生电弧,长时间运行会烧伤受电弓及烧坏膨胀元件。

③ 膨胀元件中间压接接触线铝板损坏会引起两锚段过渡处连接不平顺,或接触线从

膨胀元件中跳出，引起弓网事故。

④ 膨胀元件各零部件松脱侵入限界引起严重弓网事故。

⑤ 接触线尾端切角不符合技术要求，电客车运行经过时，由于受电弓过渡不平顺，造成打火拉弧，长时间会烧坏膨胀元件，引起弓网事故。

（2）原因分析

1）膨胀元件线夹不锈钢夹板螺栓紧固力矩过大或过小，使不锈钢夹板变形或松动，不能完全把接触线夹紧，从而使接触线跳出。

2）膨胀元件中间夹持接触线铝板损坏，造成膨胀元件夹持不住接触线产生跳线。

3）接触线尾端切角不符合技术要求，受电弓过渡不平顺，造成打火拉弧，会把接触线从膨胀元件中间打断或将接触线拉出。

4）膨胀元件两端的定位拉出值、导高不符合标准，造成膨胀元件整体与线路轨平面不平行引起打火拉弧。

5）膨胀元件各部零部件未按规定力矩进行紧固，造成松脱。

（3）事故处理

膨胀元件故障的处理，应根据膨胀元件的故障现象及损坏的部位分别对待。下文介绍膨胀元件故障的处理方法及过程：

刚性悬挂膨胀元件由于隧道环境造成本体腐蚀质量下降，造成不锈钢夹板松脱接触线脱落，导致膨胀元件夹口处夹口撕裂，形成弓网故障。

1）安装放线小车在膨胀元件一侧的汇流排上预备，松懈不锈钢夹板螺栓使接触线脱离元件本体。

2）使用放线小车将脱离元件本体的接触线往定位点方向脱离汇流排约1000mm停下，另一侧用整弯器或专用工具将脱离出来的接触线整直校正，使之原有向下的应力卸除。

3）拆除已损坏的膨胀元件两端的螺钉、防松垫圈、软铜带和铜铝过渡以及防松垫圈，将损坏的膨胀元件从汇流排上整体拆卸。

4）将膨胀元件两端分别插入汇流排中，并将膨胀元件端部固定在汇流排上并拧紧（力矩16N·m）。

5）将膨胀元件端部与汇流排连接的铜铝过渡和软铜带连接紧（力矩38N·m）。

6）使用放线小车将脱离出来的接触线重新安放回汇流排的卡槽内，再将接触线装在膨胀元件上，然后利用接头下方的不锈钢线夹将接触线夹紧（如不锈钢夹片损坏则更换不锈钢夹片），螺栓旋紧力矩16N·m。

7）利用水平尺对安装好的膨胀元件及接触线过度进行检查，应平滑无卡滞。

8）清理作业现场，无其他问题则结束作业。

（4）预防措施及注意事项

1）预防措施

① 刚性悬挂接触网膨胀元件主体无拉弧烧痕、裂纹、破损及弯曲现象，两铝排的纵向移动无卡滞等情况。

② 刚性悬挂接触网膨胀元件两支撑点的跨度应符合设计要求。

③ 刚性悬挂接触网膨胀元件末端接触线的高度，两支撑点处的拉出值及对应悬挂槽钢两侧距轨面调整等高。

④ 加强日常巡视工作，维修作业中注意观察铝板长孔中提供伸缩移动的滑动表面应平滑，并予以清洁，不应留有残留物。

⑤ 刚性悬挂接触网膨胀元件上电连接铜质软带的固定点严禁有过热现象。

⑥ 核对刚性悬挂接触网膨胀元件所有紧固螺钉的拧紧力矩是否符合图纸要求。

⑦ 检查维护中当发现有零件变形、腐蚀、磨损或短缺时，应作相应更换及补足。

2) 注意事项

① 刚性悬挂接触网膨胀元件上各连接线要连接牢固，紧固好的螺栓应用标记笔做好相应的标记，要求标志清晰。

② 刚性悬挂接触网膨胀元件上各金属部件均要求状态良好无缺损，无生锈；螺栓锈蚀严重者应及时给予更换。

14. 刚柔过渡故障

(1) 事故概述

城市轨道交通刚柔过渡是接触网在刚性接触悬挂与柔性接触悬挂的两种形式之间的过渡转换。常见的刚柔过渡有两类，分别为贯通式刚柔过渡和关节式刚柔过渡。柔性接触网和刚性接触网的衔接交汇处使用切槽镶嵌式过渡本体的是贯通式刚柔过渡；刚性悬挂汇流排与柔性悬挂接触线平行架设，形成锚段关节的刚柔过渡形式称为关节式刚柔过渡。

1) 故障现象

① 刚柔过渡常见的故障主要发生在电连接线（器）上。电连接线（器）的作用是使电流由一个导体传至另一个导体，由一组悬挂传至另一组悬挂。刚柔过渡处常用的电连接线（器）一般为软铜材质的直流电缆或软铜绞线，其截面铜线分别不小于 $150mm^2$ 和 $120mm^2$。电连接线（器）常见的故障包括铜铝过渡电连接线夹、电连接线本身损坏。电连接线（器）损坏不仅会造成电流不畅，而且也可能造成接触网其他有关设备损坏，甚至引起刮弓事故。

② 地铁接触网刚柔过渡方式还可能的故障点就是刚柔过渡转换点的始触点处，刚性悬挂抬升量不够，形成硬点，受电弓经过时发生撞击，造成弓网打火拉弧，烧伤电连接线（器）和其他相关设备，造成弓网故障。严重时候甚至撞坏列车受电弓，造成打弓事故。

③ 地铁接触网刚柔过渡处，电缆类型电连接线（器），电缆固定卡子固定不牢固，可能使电连接线（器）脱落，打坏受电弓，或者电缆掉落缠绕在受电弓上，造成钻弓事故。

④ 地铁接触网刚柔过渡电连接线（器）处接触线接触不良，造成接触线载流面积不够，造成接触线通过电流时发热。如果接触线长期异常发热，就加速接触线电气磨耗和老化。特别是汇流排电连接线夹处，严重时，可能烧断接触线，造成柔性塌网事故。

⑤ 地铁接触网刚柔过渡电连接线（器）的线夹歪斜或者松脱，造成侵限，列车经过时，电连接线（器）线夹刮伤受电弓，造成刮弓事故。

⑥ 地铁接触网刚柔过渡处电连接线以及铜铝过渡线夹损坏，造成某段接触网失电，造成该区域列车无法正常运行，造成列车晚点或者滞留，影响行车组织安全。若电连接线断头低于接触线时，该电连接线对列车放电，烧坏列车车辆，影响列车运行安全。

2) 可能造成的后果

① 电连接线（器）状态不良但未损坏（如接触不良、接触载流面不够），可能造成接触线中通过太大的电流而发热，如果长期如此，则可加速接触线的老化和电气磨损，尤其

是在电连线夹处，严重时，可能造成接触线被烧断。

② 地铁接触网的电缆型电连接一般是固定在腕臂装置或隧道壁上，如果固定不牢靠而松弛严重，则可能打坏受电弓甚至引起刮弓。

③ 电连接线（器）的供电线夹歪斜，可能被受电弓打掉，进而造成刮弓。

④ 电连接线损坏（如烧断、脱落）或铜铝过渡线夹断裂，可能造成以下几种情况：

a. 造成电路的开断，使某地段接触网无电。

b. 烧断承力索或接触线。

c. 电连接线断头或脱落部分低于接触线时，对车辆放电，烧损接触网或列车、车辆。

d. 断头或脱落部分低于接触线时，会打坏受电弓或缠绕受电弓造成刮弓事故。

（2）原因分析

发生刚柔过渡故障的原因有如下几方面：

1) 电连接线或线夹载流不够被烧断或断线。

2) 电连接线散股严重，被烧断股或烧断线。

3) 电连接线腐蚀严重，造成载流面不够被烧断股或烧断线。

4) 电连接线与线夹接触不良或供电线夹与接触线接触不良，造成烧损。

5) 某处线夹螺母松动未及时发现并处理，造成电连接线（器）脱落。

6) 电连接线（器）安装后无温度变化偏量预留或偏量预留太少，造成电连接线（器）拉坏或损坏。

7) 电连接线（器）安装后温度变化偏移量预留值大，被运行中的受电弓打坏或刮掉。

8) 接触线上的供电线夹安装歪斜被受电弓打掉，进而引起刮弓。

9) 接触网的其他位置发生刮弓，受电弓继续运行到电连接线（器）安装处将电连接线（器）刮坏。

10) 铜铝过渡电连接线夹质量问题或长时间受隧道环境原因铜铝过渡处断裂。

（3）事故处理

针对地铁接触网刚柔过渡的常见故障主要有以下几种处理方法：

1) 地铁接触网刚柔过渡处电连接线（器）以及相关联的设备故障处理方法：

① 电连接线夹及相关设备全部破损，直接对电连接线夹及相关设备进行更换。

② 电连接线夹松脱或者接触不良，造成列车通过该连接处时产生打火拉弧，导致电连接线夹或者电连接线表面有拉弧痕迹或者烧伤。处理故障时，先用砂纸将电连接线夹打磨平整、光滑，并且涂上导电膏，使其与汇流排完全接触，保证列车取流。检查电连接线拉弧处是否有烧伤或者散股，若有，则对电连接线进行更换；若没有，则对电连接线进行打磨，打磨平整之后就对电连接线与电连接线夹连接处涂上导电膏，重新进行安装。最终保证电连接线（器）相关设备连接牢固，接触良好，保证列车通过时取流正常，且双向通过时无打弓、刮弓和钻弓现象。

2) 地铁接触网刚柔过渡处硬点的处理方法

接触网刚柔过渡处的硬点，主要是刚柔过渡转换处刚性接触悬挂与柔性接触悬挂不等高造成的，因此，主要的解决办法就是调整刚柔过渡处接触悬挂导高，使其在过渡点处等高，尤其是刚柔过渡处始触点必须等高，保证受电弓双向通过时，无打火拉弧或者打弓现象。

（4）预防措施及注意事项

1）预防措施

① 安装和维修电连接线（器）时，必需使其符合以下的技术要求：

a. 安装位置符合规定，误差±0.5m。电连接线（器）线夹与电连接线、接触线、承力索及有关设备线夹的接触面光滑、紧密且螺栓紧固牢靠。线端的安装端正、牢固，楔子必须打紧且与线夹必须配套。

b. 打磨时按要求进行且用力适中，防止损伤接触面。

c. 电连接线无松股、断股现象，并保持顺直，预制电连接线（器）的工艺正确。

d. 电连接引线的安装应满足任何情况下带电距离的要求。

e. 电连接线载流面积满足要求，线夹与各部的接触载流面满足要求。否则，适当增加电连接组数或安装双电连接线夹。

② 日常巡视、维修中发现电连接线（器）的状态不良时，及时安排处理。此外，若发现吊弦烧伤或烧断、承力索烧断股或断线、接触线烧伤或烧断、定位器过热现象等，应及时安排维修邻近的电连接线（器）。

③ 根据新工艺、新技术将过渡线夹更换为铜铝，上下贴合形式的铜铝过渡线夹。

2）注意事项

① 安装线夹时，必需将线夹内壁清洗并涂导电脂后用钢丝刷打磨光滑，将污染的导电脂擦掉后再涂新的导电脂。打磨时要用力均匀，以防用力过猛出现坑点，使得接触面积减小。安装各部螺栓必须紧固良好。

② 安装时，电连接线被线夹夹持部位必须清洗并按要求打磨、涂导电脂。

③ 当电连接线（器）是因载流不够烧损时，根据情况，采取增设电连接线（器）组数或安装双线夹的技术措施。

④ 安装后的电连接线（器）必须符合技术要求，否则重新预制或重新安装。

⑤ 采取应急措施时，必须处理其未拆卸的其他部分电连接线及线夹。

15. 电力电缆故障

（1）事故概述

接触网设备中的电缆作用是保证质量良好输送电能，确保电流畅通。通常需要安装电缆的地方有：隔离开关上网电缆、均流线电缆、回流线电缆、钢轨接续电缆。电缆采用截面为150mm^{2}的电缆线并与接线端子压接良好。

1）故障部件及故障现象

① 电缆绝缘层破损。

② 电缆压接端子断裂。

③ 均回流焊接端子脱落。

2）可能造成的后果

① 均回流电缆端子脱落会造成钢轨回流不畅，脱落的端子会对钢轨放电打火。

② 上网电缆端子断裂后，电缆线下坠侵入限界可能引起刮弓等弓网故障，同时列车通过时，电缆对机车顶部放电造成跳闸断电，影响供电行车。

③ 铺设在隧道壁上的电缆绝缘层长期破损未被发现处理容易造成绝缘层击穿，接触网永久性接地，故障点隐蔽不易发现从而造成接触网长时间停电中断行车，严重的影响运

营安全。

（2）原因分析

1）由于隧道内环境湿度较大，从而造成钢轨表面严重锈蚀，电缆端子焊接点容易脱落。

2）由于隧道内潮湿环境恶劣，电缆绝缘层受到腐蚀加上老化，长时间会造成电缆破损。

3）电缆端子处电流不畅造成端子处发热加速老化，加上接触网线材会随温度变化产生纵向窜动，长期会造成端子断裂。

（3）事故处理

接触网电力电缆主要分为上网电缆与均回流电缆，下文分别对上网电缆和均回流电缆故障处理分别做介绍：

1）上网电缆故障处理

① 上网电缆和隔离开关本体连接的拆除：利用伸缩梯，施工人员登高至对应接触网隔离开关位置，拆除原有上网电缆和隔离开关本体之间的连接螺栓，并用绑扎带做好临时固定。

② 上网电缆和接触线连接的拆除：利用维修作业车或梯车，拆除原有上网电缆和接触线的电连接线夹，并用绑扎带做好临时固定。

③ 上网电缆绑扎的拆除：在接触网腕臂合适位置悬挂悬吊滑轮，逐步拆除原有上网电缆各处的绑扎带。在隧道壁上的则需移除电缆卡子。

④ 上网电缆的移除：拆除完成后，用麻绳一端绑好拆除电缆的一端，另一端通过滑轮慢慢的将拆除电缆放置到地面，由地面配合人员共同完成。

⑤ 上网电缆的绑扎：利用悬挂滑轮按照同样的方法，将新预制的上网电缆传递至对应安装位置，并按照原先电缆的布置路径，重新敷设新预制的上网电缆，并做好相应绑扎和固定工作。

⑥ 上网电缆和接触线的连接：将新预制的上网电缆通过电连接线夹和接触线进行连接，紧固并划线。

⑦ 上网电缆和隔离开关本体的连接：将新预制的上网电缆和隔离开关本体通过螺栓进行连接，紧固并划线。

⑧ 清理作业现场，无其他问题则结束作业。

2）均回流电缆故障处理

① 均回流电缆预制，采用 $150mm^2$ 的绝缘电缆线，前端剥绝缘层 70mm，绝缘剥离时注意勿伤铜线。

② 机械压接电缆端子，将压接好的电缆端子用防水绝缘胶带包裹紧。

③ 将脱落或损坏的均回流电缆拆除。

④ 利用钢轨钻孔机在对应钢轨上进行打孔。

⑤ 安装均回流系统螺钉，并拉锚固定。

⑥ 安装连接预制好的均回流电缆，紧固并划线。

⑦ 清理作业现场，无其他问题则结束作业。

（4）预防措施及注意事项

1）预防措施

① 加强巡视上网电缆外观，电缆表面无烧伤、击穿、破损等现象，表面清洁。

② 定期检查上网电缆绝缘情况，绝缘未发生明显老化、受潮，绝缘电阻与前一次测量结果相比不应有显著降低。

③ 定期检查上网电缆安装情况，电缆卡子、支架等部件连接牢固，电缆固定牢靠。

④ 定期检查电缆与隔离开关、汇流排连接情况，线耳连接牢固，铜芯无断股、散股现象，铜芯裸露部位应进行包扎或热缩处理。

⑤ 定期检查均、回流电缆外观，外护套良好，应无开裂、老化、脱落。

⑥ 定期检查均、回流电缆焊接情况，与钢轨焊接良好，无烧损痕迹、无脱落。

⑦ 巡视检查均、回流电缆安装情况，无侵限、固定卡子无破损、变形，固定良好。

⑧ 巡视检查回流箱状态，箱体外观良好、连接螺栓紧固，母排绝缘子清洁无脱釉。

2) 注意事项

① 电缆与隔离开关、接触网连接紧密，线耳连接牢固，无断股、散股现象，铜芯裸露部位应进行绑扎或热缩。

② 电缆卡子、支架等部件连接良好，电缆固定牢靠，转角处电缆应满足产品说明书中规定的转弯角度，电缆表面应无烧伤、击穿、破损等现象，表面清洁。

③ 电缆与钢轨连接紧密，线耳连接牢固，无断裂情况，铜芯裸露部位应进行绑扎或热缩。

16. 绝缘部件故障

(1) 事故概述

接触网中常用的绝缘部件有：柔性接触网中的棒式绝缘子、悬式绝缘子，刚性接触网中的针式绝缘子、绝缘横撑、中锚绝缘棒及接触轨中的整体绝缘支架等。

1) 故障现象

绝缘部件故障通常有：绝缘子破损、绝缘子闪络放电、绝缘子击穿爆裂，绝缘支架有扭曲变形、破损裂纹、闪络击穿等。

2) 可能造成的后果

① 绝缘子破损、闪络放电会影响绝缘性能，会烧损设备，严重的会引起跳闸。

② 绝缘子击穿爆裂会引起短路跳闸，中断供电，而且会严重烧损设备。

③ 绝缘横撑、中锚绝缘棒击穿会造成永久接地，长时间中断供电影响行车。

④ 绝缘支架闪络导致绝缘性能下降，击穿时导致无法送电。

⑤ 支架扭曲变形严重时会使支架出现裂纹、破损，严重时整个支架断裂，如处于端部弯头处会导致接触轨坍塌，出现靴轨故障，影响行车。

(2) 原因分析

1) 隧道内潮湿、粉尘大造成绝缘子或绝缘支架脏污，引起表面闪络放电。

2) 隧道漏水直接滴到绝缘子上，渗透到绝缘子内部造成击穿爆裂。

3) 大气过电压。如：雷电引起绝缘支架，绝缘子闪络击穿。

4) 绝缘部件存在卡滞，接触网/轨热胀冷缩所产生的伸缩运动引起绝缘部件扭曲变形，严重时出现裂纹及破损。

5) 长期承受冲击力，或者本身材质问题导致其机械性能下降，出现裂纹及破损。

6) 绝缘支架受外力破坏，如其他专业的故障所引起。

(3) 事故处理

绝缘子故障分级如下所述：

一级绝缘子故障：绝缘子闪络或其他原因造成牵引变电所馈线开关跳闸重合不成功，或虽然重合成功，但接着又跳闸且重合不成功，相应区段的接触网停电，影响地铁运营。

二级绝缘子故障：绝缘子闪络造成牵引变电所馈线开关跳闸，跳闸后重合成功，相应区段的接触网短暂停电，不影响地铁运营。

1）一级绝缘子故障的应急处理措施

① 收集并根据外信息（如行调、司机、值班主任助理等提供信息），判断分析为弓网事件或车辆故障，还是绝缘子故障。

② 如判断为绝缘子故障，根据变电所馈线保护动作类型，初步判断故障重点区域，如靠近某车站或供电臂中部等。并按下列措施进行处理：

a. 第一步，如故障是柔性接触网，对故障供电臂实行单边强送一次；如故障是刚性或接触轨，根据情况，对故障供电臂单边强送不应超过三次。在安排强送电同时，接触网人员要做好下区间抢险的准备，要立即安排足够的应急抢险人员携带工器具及备品备件以最快速度到达失电区段两端车站。强送成功，则按第二步进行；强送不成功，则按第三步进行。

b. 第二步，单边强送成功后，将供电臂另一端的馈线开关送上，实行双边供电。强送成功后，第一列通过故障区段的列车清客，并以 25km/h 通过，接触网专业人员登乘，检查接触网状态，若未发现明显异常，则第二列通过该区段的列车，按正常条件运营，同时，接触网专业人员继续监视接触网状态，变电所值人员加强监视设备运行情况。若发现影响行车问题，立即停车并开展抢险工作。

c. 第三步，强送不成功，立即进行应急抢险，抢修人员以最快速度到失电区段进行故障查找及处理。

故障点查找：结合保护动作类型判断重点区域，重点排查漏水处绝缘子、曾经有漏水处绝缘子等。故障绝缘子一般表现为表面闪络痕迹、绝缘子破损、断裂、与绝缘子相连的金属部位有明显放电烧伤痕迹等。

故障处理：对故障绝缘子进行应急处理，若还有其他问题，一并处理。

送电通车后，第一列通过该区段的列车，应空载以 25km/h 通过，接触网专业人员登乘检查，没有明显影响运营的问题后，第二列车按正常条件运营。同时接触网、变电专业人员加强对相应设备的监视。

2）二级绝缘子故障的应急处理措施

① 接触工对相应区段接触网登乘巡视检查和监视，要求巡视人员安全等级不低于三级，技术等级不低于中级，同时巡视次数不少于 3 次，巡视间隔应小于 3h。

② 变电所值班员对变电设备进行检查和监视。

③ 将检查情况报调度。

④ 做好应急抢险准备。

（4）预防措施及注意事项

1）预防措施

① 地下区段

a. 加强对隧道内漏水处绝缘瓷瓶的监控，缩短更换周期，若发现有水直接滴在瓷瓶上的需要及时更换。

b. 在潮湿季节，隧道内接触网在送电前需提前 1h 开启风机，有利于吹干瓷瓶的凝露。

② 地面区段

a. 严格按维修周期清扫绝缘子，对污秽区域的绝缘子需要缩短清扫周期，同时加强接触网的绝缘监测。

b. 加强雨天、潮湿天气时对接触网设备特别是绝缘子的巡视。

2) 注意事项

① 在抢修工作中，特别要注意作业安全，事故抢修作业必须严格遵守《接触网安全工作规程》的有关规定，办理作业手续，将事故两端接触网接地，封锁线路后，方可作业。

② 实施强送电前，接触网应急抢险人员要在故障区段最近的车站做好抢险准备。

③ 实施线路需要强送电时，原则上保护不解除，且应由供电维修部门副经理及以上人员提出或同意，并通过向电调下令执行强送。

④ 实施强送电时，操作人员要严格按强送电的规定进行操作，并观察设备状态，注意人员安全，强送时，原则上保护不应解除。强送跳闸后，要进行分析，并根据保护动作类型，决定是否进行再次强送。

⑤ 强送电成功后，接触网、变电专业要加强设备运行状态监视。

17. 汇流排连接板故障

(1) 事故概述

汇流排用于夹持、固定接触线，承载和传输电能。城市轨道交通刚性接触网系统采用标称截面 $2213mm^2$ 的铝合金汇流排，相当于铜当量截面 $1181mm^2$，持续载流量不小于 3500A。每段汇流排单位制造长度为定尺长度：12m，长度误差±10mm。

1) 故障现象

刚性接触网中间连接板事故可造成汇流排接口处拉开、缝隙变大。

2) 可能造成的后果

造成接触线扭曲成硬点，汇流排扭弯变形，危及供电及行车安全。

(2) 原因分析

1) 脚踩或重物压迫致使连接板松脱，也可能是连接板螺栓松脱。

2) 连接板未按要求力矩紧固。

3) 隧道漏水导致汇流排连接板腐蚀松脱。

(3) 事故处理

1) 现场抢修：

① 按停电作业的有关规定，办理停电手续。

② 挂好地线，做好作业区域的安全防护。

③ 利用工程车或梯车将变形的汇流排连同接触线切割（使用在线切割机），同时将已经预制装好接触线的汇流排使用外部接头进行安装。

④ 抢修作业完成后撤除防护，人员机具出清现场，注销抢修命令。

⑤ 恢复行车后，留守 1 人在故障点邻近车站负责收集事故地点通车后的有关信息，并及时反馈给电调及分部生产管理员。

⑥ 晚上收车后对该事故锚段进行接触网拆线、更换汇流排中间接头和放线等作业。拆、放线时要注意确定拆装接触线时架线车的行动方向；上紧中锚的调节螺杆，在锚段两端装电连接线夹并用铁丝固定在相邻定位点的槽钢上，防止汇流排的纵向窜动；清除汇流排上的杂物，防止放线小车卡滞；根据更换区域附近的情况制定人员及设备的安全措施。

2) 夜间停运后，现场检查及整改恢复：

① 现场抢险总指挥报电调，要求应急抢险人员进入事故区间进行整改恢复。

② 现场抢险总指挥得到批准后，请点并组织应急抢险人员，携带抢修物资，身穿荧光衣，进入事故脱落区间现场检查及整改恢复。

③ 只是刚性接触网中间连接板松脱，但没有影响其他接触网设备的，重新安装汇流排中间连接板。

④ 刚性接触网中间连接板松脱，汇流排之间出现明显错位及扭弯变形，造成了断线的，进行拆线、拆汇流排、重新安装中间连接板、装汇流排、放线。

⑤ 应急抢险人员现场检查及整改恢复结束后，在车站消点，并报告电调。

(4) 预防措施及注意事项

1) 预防措施

① 加强隧道设备巡视，观察汇流排连接板有无松脱、汇流排有无明显错位及扭弯变形。

② 按要求力矩对汇流排连接板进行紧固。

③ 关注隧道漏水点，并联合桥隧专业进行堵漏。

④ 重点关注网检超限数据，对超限数据位置接触网设备及时整改。

2) 注意事项

① 连接件的接触面清洁，汇流排连接缝两端夹持接触线的齿槽连接处平顺光滑，不平顺度不得大于0.3mm。汇流排连接端缝夹持导线侧需密贴，汇流排上平面缝隙的平均宽度不大于2mm，紧固件齐全。

② 中间接头连接板与汇流排的连接具有方向性，要注意连接板上凸出的4道凸棱，其高度各不相同，最高一棱应置于下方，必须与汇流排内腔向下扩张的斜面相匹配。

③ 利用力矩扳手紧固汇流排中间接头连接板的螺栓时，按要求紧固力矩，到位即可，禁止用开口扳手随意紧固，以防止中间接头连接板滑牙。

18. 端部弯头事故

(1) 事故概述

1) 事故现象

接触轨端部弯头是为了保证电客车集电靴顺利平滑地通过接触轨断轨处而按照一定斜度进行预弯的接触轨。运行环境恶劣或其他外部因素（如异物撞击）造成端部弯头变形损坏。接触轨端部弯头故障会造成电客车集电靴无法正常脱离或切入接触轨，进而造成电客车集电靴经过端部弯头时无法正常取流，影响到供电行车。

2) 可能造成的后果

① 接触轨端部弯头出现变形导致电客车集电靴取流不畅，但不影响供电行车。

② 接触轨端部弯头因受外部因素产生严重变形，会造成电客车集电靴无法正常脱离或切入接触轨，影响供电行车。

(2) 原因分析

1) 异物撞击造成端部弯头变形损坏，导致设备跳闸，进而影响供电行车。

2) 因轨道参数、接触轨参数、集电靴参数导致靴轨关系匹配不佳，端部弯头出现打火拉弧。端部弯头长期磨损，导致端部弯头出现变形损坏，严重时导致设备跳闸，从而影响供电行车。

(3) 事故处理

1) 端部弯头出现变形导致电客车集电靴取流不畅，但不影响供电行车时。端部弯头故障程度较轻，满足行车要求的可暂时不作处理，电客车要限速通过故障区域。接触网分部派专业人员登乘，加强现场值守，待运营结束后再处理。

2) 端部弯头因受外部因素产生严重变形，会造成电客车集电靴无法正常脱离或切入接触轨，影响供电行车。按抢修流程，在做好防护措施后，对端部弯头进行更换。多人协同作业，将损坏的端部弯头更换为新的端部弯头，同时对可能损坏的附属设备进行更换（绝缘支架、接触轨等）。

3) 如果端部弯头定位点底座损坏严重无法再次使用时，在应急情况下可使用临时支架对端部弯头进行安装，更换后复测端部弯头参数，参数应符合技术要求。满足行车条件后，立即供电行车，加强巡视值守，待运营结束后再检查处理。

(4) 预防措施及注意事项

1) 预防措施：

① 日常检查端部弯头定位点的工作高度、偏移值，参数符合要求。

② 日常检查端部弯头与接触轨连接处，平滑顺畅，连接缝隙密贴。

③ 日常检查端部弯头紧固件齐全，力矩符合要求，牢固可靠。

④ 日常检查端部弯头钢带磨耗、接地挂环状况，符合要求。

2) 注意事项：

① 对更换完毕的端部弯头检查定位点处导高及距轨中心距离，对不符合标准的情况应及时调整。

② 更换后的端部弯头与接触轨连接处过渡平顺，无错位，并对轨缝处及时打磨，保证无台阶差。

③ 在端部弯头故障更换时，如遇到与之相连的接触轨也同步损坏严重时，需同时处理更换，但要确保处理更换后接触轨断口长度小于一个电客车单元长度。

④ 故障处理后接触网专业人员留在事故点附近值守，并派人加强登乘巡视。

19. 整体绝缘支架事故

(1) 事故概述

1) 事故现象

整体绝缘支架用于支撑接触轨并与大地绝缘的设备。接触轨整体绝缘支架发生断裂、变形及击穿等设备故障导致无法供电行车时危及列车正常运行。

2) 可能造成的后果

① 破损的整体绝缘支架未侵入限界；发生闪络引起牵引变电所开关跳闸，跳闸后重合成功，不影响到供电行车。

② 破损的整体绝缘支架侵入限界；发生闪络引起牵引变电所开关跳闸，跳闸后重合

不成功,影响到供电行车。

(2) 原因分析

1) 异物或者列车设备侵限撞击造成绝缘支架单个或者多个变形损坏,导致跳闸停电。

2) 当发生绝缘支架闪络或击穿时会引起短路,导致跳闸停电。

(3) 事故处理

1) 破损的整体绝缘支架未侵入限界:发生闪络引起牵引变电所开关跳闸,跳闸后重合成功,不影响供电行车时,可以暂不处理,加强巡视,待运营结束后再处理。

2) 破损的整体绝缘支架侵入限界:发生闪络引起牵引变电所开关跳闸,跳闸后重合不成功,影响到供电行车,必须将故障支架拆除并换上新支架,两人配合进行更换。

3) 如遇到大面积绝缘支架破损事故,为保证快速恢复行车时可以有选择性安装,隔一个定位装一个支架,在保证接触轨参数符合要求的情况下,恢复供电行车并加强登乘巡视,待运营结束后再处理。

(4) 预防措施及注意事项

1) 预防措施:

① 日常检查绝缘支架外观应完好,无结构性裂纹、无严重脏污,无损伤变形等,否则应进行更换处理。

② 日常检查接触轨托架和扣件合格、完好无损坏,满足接触轨能顺线路方向顺畅滑动。

③ 日常检查整体底座螺栓螺纹安装完好、端正、牢固,无损伤、无锈蚀,连接螺栓紧固力矩符合要求。

④ 日常检查绝缘支架以及接触轨托架的防滑齿完好,同时齿间正确咬合。

2) 注意事项:

① 对于单一个绝缘支架底座腐蚀严重时,可能会导致新绝缘支架无法安装,在应急情况下可以使用临时支架安装或者不安装,接触轨参数满足条件后可恢复供电通车,电客车限速通过。

② 在更换绝缘支架时,要用木方或千斤顶撑住接触轨,防止在拆除过程中因自重导致接触轨变形。

③ 安装托架时,保证托架背部齿槽与支架齿槽良好咬合,无偏差;托架承载部位能托住接触轨轨腹位置。

20. 接触轨钢铝复合轨烧伤事故

(1) 事故概述

1) 事故现象

接触轨钢铝复合轨本体因外部因素被烧伤,故障影响接触轨的正常供电时,启动应急处理,最大限度减轻事件造成的损失、影响,尽快恢复接触轨的正常供电。

2) 可能造成的后果

接触轨钢铝复合轨本体被烧伤事故会造成电客车集电靴无法正常通过与接触轨钢带接触进行取流,进而造成电客车集电靴经过接触轨烧伤部位时出现拉弧现象,烧伤严重时接触轨钢带受流面会出现熔点或凹槽,致使出现电客车集电靴刮碰到接触轨烧伤部位造成损坏无法继续正常取流,严重时甚至会造成集电靴侵限,打坏接触轨设备从而影响地铁运营。

(2) 原因分析

1) 接触轨钢铝复合轨本身质量存在问题，如材质与出厂验收标准不符致使钢铝复合轨在导流过程中发热引起烧伤。

2) 运行过程中，运行环境恶劣，如隧道漏水到接触轨钢铝复合轨上，潮湿导致接触轨对地绝缘下降，接触轨对地击穿放电引起接触轨烧伤等。

3) 电客车运行时集电靴打火导致接触轨钢铝复合轨本体被烧伤等。

4) 运行过程中，有异物搭接到接触轨上致使接触轨瞬间短路接地，接触轨放电引起烧伤等。

5) 由于外部因素如电客车故障，导致电客车集电靴在带负荷降靴或升降靴不同步，取流不畅造成接触轨过热烧伤等。

(3) 事故处理

1) 如果事故是由于外部因素造成接触轨有大电流长时间通过，造成接触轨受流面钢带被高温高热灼伤变形严重，如车辆故障导致取流不畅造成高温发热灼伤接触轨，异物侵限造成接触轨短路接地乃至变电所跳闸的，在清除现场异物后，接触轨受流面钢带的形变没有影响到其基本功能，现场打磨简单处理后，测量接触轨设备数据如果满足集电靴取流要求。可通知恢复送电通车。要求同时，接触网做好应急抢险准备（应急抢险人员、工器具、备器备件等到达指定车站），准备应急抢险。如果电客车取流正常，集电靴可以顺利通过该区段接触轨，则按第2) 点进行，如果集电靴无法通过，则按第3) 点进行。

2) 集电靴顺利通过后，建议第一列通过故障区段的列车清客，并以低于25km/h 的速度通过，接触网专业人员登乘，检查该处接触轨设备状态，若未发现明显异常，则第二列通过该区段的列车，按正常条件运营，同时，接触网专业人员继续监视该处接触轨设备状态，若发现影响行车问题，立即停车并开展抢险工作。

3) 立即进行应急抢险。对故障烧伤接触轨进行整根更换，若还有其他问题，一并处理。送电通车后，第一列通过该区段的列车，建议空载以低于25km/h 的速度通过，接触网专业人员登乘检查，没什么明显影响运营的问题后，第二列车按正常条件运营。同时接触网专业人员加强对该处接触轨设备的监视。

(4) 预防措施及注意事项

1) 预防措施：

① 加强对隧道内漏水处接触轨设备的监控，巡视时如发现有水直接滴到接触轨设备时要及时进行处理。

② 加强雨天、大风、低温潮湿天气时对地面段接触轨设备的巡视，如巡视时发现有异物侵限需及时进行处理。

③ 加强对接触轨易发生长时间取流区段、易发生拉弧区段的巡视检查，如发现接触轨钢带有拉弧烧伤痕迹时需及时进行处理。

④ 保证维修巡视质量，严格按照维修标准执行对接触轨的维修，检查接触轨受流面状况，测量相关数据，记录留底。

2) 注意事项：

① 要遵循"先通后复"的原则，尽量缩短事故处理的时间，减少对供电行车的影响。

② 事故抢修作业必须严格遵守《接触网安全工作规程》的有关规定，办理作业手续，

将事故两端接触网接地,封锁线路后,方可开始抢修。

③ 在接触轨更换过程中不允许采用硬物(如铁锤)直接敲击接触轨本体,而应采用木垫块或者白棉布作为缓冲。

④ 如果烧伤的位置在两根接触轨的连接处,需同时更换两根接触轨,若更换后接触轨钢带接缝不平滑、有明显偏移值阶梯,要使用接触轨打磨机具打磨,保证平滑顺畅。

5.4 电力监控设备事故处理

5.4.1 SCADA 系统事故(故障)的特点

SCADA 系统的故障从对控制中心的集中控制、统一指挥的影响程度来看,其具有以下特点:

(1) 由于程序出错或 UPS 电源系统故障,引起主机、备用机同时不能正常接收信息,从而导致模拟屏黑屏,中断电调对全线变电所的控制和监视;或者 SCADA 系统故障导致供电系统发生事故(故障)。

(2) 由于某些通道故障或主控制盘(RTU)故障(包括主控制盘(RTU)柜输入电源引起的故障、网络节点故障),引起 3 个以上变电所(包括 3 个)的通信中断,造成控制中心对这些变电所的监视和控制中断;或者 SCADA 系统故障导致供电系统发生事故(故障)。

(3) 主控制盘(RTU)局部故障(包括主控制盘(RTU)柜输入电源引起的故障),造成控制中心对这一变电所的监视和控制中断。

(4) 由于某一变电所站控 PC 机故障,引起某个变电所站控级功能失效;或者由主控制盘(RTU)柜输入电源引起的 SCADA 系统故障,但并不影响 OCC 级功能实现。

一般情况下,在故障、事故处理过程中,如果发现有故障部件,在现场只作替换性维修,把有故障的器件都带回部门做统一登记处理。

5.4.2 主控制盘(RTU)柜故障分析与处理

1. 主站监控子站 SCADA 灰显

主站监控子站 SCADA 灰显故障现象、分析、原因及处理步骤见表 5-12。

主站监控子站 SCADA 灰显故障现象、分析、原因及处理步骤　　　　表 5-12

故障现象	分析	原因	处理步骤
主站监控单个子站 SCADA 灰显	主站监控子站 SCADA 灰显,需确认子站 SCADA 是否正常,确认主站与子站 SCADA 通信线路是否正常	主站监控正常,子站 SCADA 总控单元软件故障	(1) 重新开启 SCADA 监控软件。 (2) 若软件无法重启,按设备情况进行软件重装。 (3) 安装完毕后重新开启软件
		主站监控正常,子站 SCADA 总控单元硬件	(1) 检查总控单元内部元器件,根据界面提示判断故障点。 (2) 对故障模块进行更换,需确保备件配置正确。 (3) 重新启动总控单元确认设备运行情况
		子站监控正常,主站监控灰显	(1) 检查 SCADA 系统与主站连接的光电转换器。 (2) 检查 SCADA 系统与主站通信软件是否正常。 (3) 检查 SCADA 至主站通信网络、光纤等是否正常。 (4) 检查主站电力监控系统软、硬件是否正常

2. 主控制盘（RTU）和站控计算机通信中断

主控制盘（RTU）和站控计算机通信中断的故障现象、分析、原因及处理步骤见表 5-13。

主控制盘（RTU）和站控计算机通信中断故障现象、分析、原因及处理步骤　　　表 5-13

故障现象	分析	原因	处理步骤
主控制盘（RTU）柜运行正常的情况下，站控计算机显示设备图形颜色呈蓝色状态（未定义状态）或通信中断，但复位主控制盘（RTU）柜，设备图形颜色不变	设备图形颜色呈蓝色（未定义状态），说明站控计算机和主控制盘（RTU）的通信中断	参数设置错误	（1）主控制盘（RTU）号码与本变电所主控制盘（RTU）号码设置错误。 （2）软件参数设置错误，按提示说明进行修改
		站控计算机软件、板卡故障	（1）确认站控计算机运行软件是否正常认。 （2）确认站控计算机内部板卡是否正常
		RTU 柜与站控计算机通信是否正常	检查 RTU 柜与站控计算机之间通信线缆是否正常

3. 主控制盘（RTU）与间隔层设备通道故障

主控制盘（RTU）与间隔层设备故障现象、分析、原因及处理步骤见表 5-14。

主控制盘（RTU）与间隔层设备故障现象、分析、原因及处理步骤　　　表 5-14

故障现象	分析	原因	处理步骤
OCC 主、备操作站及站控计算机上的该变电所的设备图形颜色呈蓝色（未定义状态）或通信中断，遥测、遥信、遥控功能都无法实现	主控制盘（RTU）与 35kV 设备通信异常	RTU 柜与 35kV 通信模块运行异常	（1）检查与 35kV 通信的模块指示灯是否正常。 （2）检查与 35kV 通信线缆是否正常。 （3）检查总控单元内部元器件、软件运行是否正常
	主控制盘（RTU）与 400V 设备通信异常	RTU 柜与 400V 通信模块运行异常	（1）检查与 400V 通信的模块指示灯是否正常。 （2）检查与 400V 通信线缆是否正常。 （3）检查总控单元装置内部元器件、软件运行是否正常
	主控制盘（RTU）与 1500V 设备通信异常	RTU 柜与 1500V 通信模块运行异常	（1）检查与 1500V 通信的模块指示灯是否正常。 （2）检查与 1500V 通信线缆是否正常。 （3）检查测控装置内部元器件、软件运行是否正常

4. 主站遥控开关失效

主站遥控开关失效故障现象、分析、原因及处理步骤见表 5-15。

主站遥控开关失效故障现象、分析、原因及处理步骤　　　表 5-15

故障现象	分析	原因	处理步骤
当主站发一个分合信号到所在的开关，但开关没用执行，记录显示为超时	先看设备图的显示情况，如开关显示通信中断	说明开关可能有故障	与供电技术人员一起检查开关本体
	如子站 SCADA 无法正常进行开关的合、分操作	可能出在逻辑编程或开关柜的电动执行机构	检查系统逻辑编程及与供电技术人员一起检查
	如子站 SCADA 可执行开关分合操作，主站无法执行	可知主控制盘（RTU）的接收方向有问题，即主站所发的命令无法传到主控制盘（RTU）	（1）检查主站监控系统内部模块是否故障。 （2）如主站监控系统内部模块正常，检查至站级 SCADA 通信装置及线路是否正常

5.4.3 前置通信设备故障分析与处理

1. 通信模块故障

通信模块故障故障现象、分析原因及处理步骤见表5-16

通信模块故障现象、分析原因及处理步骤 表5-16

故障现象	分析原因	处理步骤
通信模块指示灯异常	当发现上述故障时，对模块进行复位重启；若故障依然存在，则说明模块出了硬件故障，需及时更换	(1) 首先关闭故障通信模块所处的电源，小心从插槽取出模块，然后换上新的模块，再打开电源。注意：整个更换过程，要使用防静电工具，保证模块不受静电损坏。 (2) 新模块更换完毕，要对它进行参数化才可以使用。 (3) 设置完成后，再观察模块指示灯是否正常，通信是否正常，若正常，则更换模块成功

2. 四频收发器 VES 故障

四频收发器 VES 故障现象、分析原因及处理步骤见表5-17。

四频收发器 VES 故障现象、分析原因及处理步骤 表5-17

故障现象	分析原因	处理步骤
VES 系统指示灯闪烁不正常，或用 LIAN 软件接收监视方向的信息报文时，收到地址为 1016 的信息，其报文的第 12 位 bit 置 1	当出现上述故障现象时，一般都是 VES 模块硬件故障，应该马上关掉该模块所在的 PAK 的电源，然后更换新的 VES 模块	在更换新的 VES 模块前，首先要对其进行 DIP 开关设置，其设置情况如下图。 DIP开关 模块更换完毕后，重新打开电源。此时，若指示灯闪烁正常，再运行 LIAN 软件，看看信号是否正常接收，若正常接收，则表示模块连接成功

3. 通用功能模块 GTS 故障

通用功能模块 GTS 故障现象、分析原因及处理步骤见表5-18。

通用功能模块 GTS 故障现象、分析原因及处理步骤 表5-18

故障现象	分析原因	维修步骤
模块指示灯显示不正常，例如某个主控制盘（RTU）与 OCC 之间的通道故障时 VES 模块中的故障红灯亮，而"AN4"指示灯不亮。按一下"GA"按钮，然后通过 LIAN 软件观察是否接收到地址为 521 的信息，若无，可以确定模块故障	当出现上述故障现象时，一般都是 GTS 模块硬件故障，应该马上关掉该模块所在的 PAK 的电源，然后更换新的 GTS 模块	(1) 关断该 GTS 模块所在的 PAK 的电源，小心拆出已坏的模块。 (2) 对新模块进行 DIP 开关的设置，设置时以坏模块的设置为准。 (3) 装上新的 GTS 模块，并合上相关的 PAK 电源

5.4.4 主备服务器故障分析与处理

主备服务器故障现象、分析原因及处理步骤见表5-19

主备服务器故障现象、分析原因及处理步骤　　　　表 5-19

故障现象	分析原因	处理步骤
主站监控全线 SCADA 灰显，子站 SCADA 正常	当发现上述故障时，由于全线子站 SCADA 正常，主站灰显，判断故障点在中央级设备中	(1) 检查主站服务器是否退出服务，如运行正常，检查交换机运行是否正常。 (2) 如主站服务器退出服务，对主站服务器进行重启。 (3) 如无法重启，检查服务器硬件是否正常。 (4) 如重启后设备仍无法监控，检查服务器软件、数据库是否损坏

5.4.5　SCADA 系统故障抢修卡片

为方便 SCADA 系统故障抢修，特制定抢修卡片供参考。

1. SCADA 应用软件运行中突然中断，计算机屏幕显示错误代码

SCADA 系统故障抢修卡片 1 见表 5-20。

SCADA 系统故障抢修卡片 1　　　　表 5-20

事故描述	SCADA 应用软件运行中突然中断，计算机屏幕显示错误代码
安全防护措施	当一超级用户身份登录后，注意不能对画面中任何设备进行操作
抢修用工器具、备品备件	无需特殊工器具
人员配备	一名技术人员，必须熟悉计算机原理及 SCADA 系统应用软件
详细步骤	(1) 按 CTRL＋ALT＋DEL 键重新启动计算机。 (2) 机器会自动启动系统及监控软件。 (3) 如系统仍出现错误代码，检查电源模块及计算机内部元器件。 (4) 如硬件模块无异常，故障仍未恢复，检查应用软件设置问题或进行软件重装
现场恢复及最终检查	检查开关状态是否正确，并等待一个信号送到 PC 机，在记录中确认收到方可离开现场

2. 电调在执行程控时发现程控步骤有误或需增加新的程控

SCADA 系统故障抢修卡片 2 见表 5-21。

SCADA 系统故障抢修卡片 2　　　　表 5-21

事故描述	电调在执行程控时发现程控步骤有误，或需增加新的程控
安全防护措施	对任何程控的修改或增加，均需供电专业负责人书面的意见
抢修用工器具、备品备件	无需特殊的工器具
人员配备	技术人员 1 名
详细步骤	(1) 确认程控步骤有误或需增减新的程控部分。 (2) 打开程控软件，对程序进行修改。 (3) 检查修改情况符合运营使用要求，并进行模拟测试。 (4) 启动 SCADA 运行软件，非运营期间进行在线测试，需变电人员配合。 (5) 测试无误后可投入使用
现场恢复及最终检查	测试无误后，请电调确认正常，方可离开现场

3. 主机、备机、大屏系统均不能正常工作

SCADA 系统故障抢修卡片 3 见表 5-22。

SCADA 系统故障抢修卡片 3   表 5-22

事故描述	主机、备机、大屏系统均不能正常工作
安全防护措施	请供电专业做好各变电所人工监视工作
抢修用工器具、备品备件	无需特殊工器具
人员配备	至少 2 人，均需熟悉 SCADA 应用软件和系统软件
详细步骤	(1) 检查主站服务器是否运行正常，检查主备机软硬件是否正常。 (2) 检查大屏系统数据库是否正常，如不正常，重新进行配置。 (3) 重新启动主机，并启动运行软件。 (4) 主机正常启动后，大屏系统恢复正常，之后再启动备用机
现场恢复及最终检查	请电调确认主机、备机、大屏系统均工作正常。填写好故障处理记录，作业完成

4. 某所主站功能正常但子站站控计算机功能不正常

SCADA 系统故障抢修卡片 4 见表 5-23。

SCADA 系统故障抢修卡片 4   表 5-23

事故描述	某所主站功能正常但子站站控计算机功能不正常
安全防护措施	将站控级功能控制闭锁
抢修用工器具、备品备件	万用表及常用个人工器具 1 套
人员配备	至少 2 人，均具有上岗证
详细步骤	(1) 对站控计算机进行软件重启，如重启后仍无法接收信息，将站控计算机进行重启。 (2) 检查站控计算机内部板卡是否故障，如故障进行更换。 (3) 如站控计算机内部板卡正常，检查站控计算机至 RTU 柜通信线缆是否正常。 (4) 上述操作完毕后，站控计算机仍无法接收正确信息，将站控计算机进行重装
现场恢复及最终检查	检查主站主机及模拟屏相应站画面是否正常并请电调确认，方可离开现场

5. 变电所主控制盘（RTU）柜不断自复位，并伴有通道故障

SCADA 系统故障抢修卡片 5 见表 5-24。

SCADA 系统故障抢修卡片 5   表 5-24

事故描述	在雷雨天气情况下，变电所主控制盘（RTU）柜不断自复位，并伴有通道故障
安全防护措施	在 SCADA 抢修人员到达前，请供电车间变电所值班人员监视好本所设备，注意知会 SCADA 专业人员
抢修用工器具、备品备件	万用表及常用个人工器具 1 套
人员配备	原则上按照设备负责人制度执行
详细步骤	(1) 电调在第一时间通知变电所就近巡检人员赶去事故地点，做好人工监视工作，并知会责任工班。 (2) 专业人员在第一时间赶到现场，视具体情况作出抢修。若主控制盘（RTU）设备仍然不断自复位，则可暂时关闭主控制盘（RTU）电源，避过雷雨，再恢复主控制盘（RTU）运行，并知会电调。 (3) 检查站控计算机，确保与主控制盘（RTU）联系正常和正常接收信息。记录所发生的现象及处理过程
现场恢复及最终检查	检查 OCC 模拟盘相应站画面是否正常并请电调确认，方可离开现场

6. TCI 柜 VES 红灯亮或主控制盘（RTU）柜的 RS422 红灯亮

SCADA 系统故障抢修卡片 6 见表 5-25。

SCADA 系统故障抢修卡片 6　　　　　　　　　　　表 5-25

事故描述	TCI 柜 VES 红灯亮或主控制盘（RTU）柜的 RS422 红灯亮
安全防护措施	在 MDF 架上作业时，请通信专业配合，注意保护其他专业 OTN 接线
抢修用工器具、备品备件	特殊接头指针万用表一个，普通数字万用表一个，连接硬电线两根及个人常用工器具
人员配备	至少 2 人，均熟悉万用表使用及传输网工作原理、SCADA 系统信号传输过程
详细步骤	（1）首先由电调在第一时间通知供电车间就近巡检人员赶去事故地点，做好人工监视工作。 （2）SCADA 专业人员在 OCC 通信设备房检测传输网（如为 OTN）信道有无问题。具体方法是：用专用指针万用表，设在直流电压 10V 挡位置，用专用接头断开 MDF 架下方连接主控制盘（RTU）的收，发两条线，这时正常应测到 OTN 送来的 4V 电压信号，5s 后，秒针微摆一次，否则说明 OTN 信道故障，马上通知 OTN 网值班人员。 （3）若 OTN 网正常，通过 SCADA 系统维护软件 LIAN 观察该所参数，MSC 是否为 31，若 MSC 等于 31，说明车站发向 OCC 这条线是好的，而 OCC 发向车站主控制盘（RTU）的测试报文主控制盘（RTU）收不到，主控制盘（RTU）没有返回信号给 TCI。 （4）在 TCI 柜短接故障信道接收端或发送端回路，这时在 OCC MDF 架上用万用表测这两条线间的阻值，正常电阻应接近零，若阻值很大，说明这一段线故障，更换备用线。 （5）若上述测量电阻接近零，这时需测车站通信设备房到车站主控制盘（RTU）之间的线路是否正常，方法同上
现场恢复及最终检查	在 MDF 架上相应位置插好防雷器，检查 OCC 主机及模拟屏相应站画面是否正常并请电调确认，方可离开现场

第6章　城市轨道交通变电设备的维修

设备的维修是确保设备安全、可靠、经济运行的重要措施。多年来设备的维修已实现按计划定期维修，使维修工作做到制度化、规范化、标准化，做到精检细修，确保设备的维修质量。随着计算机网络、大数据技术的发展和应用，在设备维修中应不断积累经验和数据，积极探索最佳的维修模式。

6.1　设备维修的生产组织

6.1.1　维修的组织实施

目前，普遍采用定期维修制度，即为了防止设备性能及精度劣化或降低，根据设备运转的周期和季节性等特点，按预先制定的设备维修周期与工作内容、技术要求和计划所进行的维修作业。对于计划性维修必须制定相应的年度维修计划及月度维修计划，并根据计划进行安排和落实。

设备维修计划的组织实施是一件严肃的事情，要认真对待、坚决执行。主要应抓好以下几方面的工作：

（1）充分做好修前的技术准备。修前的技术准备包括维修工艺、工装、前次维修资料、各种记录及修前预测、预检准备等。

（2）充分做好修前的物质准备。及时准备好维修所需的材料、备品备件、工具等，并使其状态良好。

（3）做好维修人员的准备。合理安排人员的技术力量，提高技术水平，缩短劳动时间，以保证维修质量。

（4）修中尽量采用先进的维修方法，提倡改善型维修。即在保证质量的前提下，提高维修效率，降低维修成本，减少停运时间。

（5）严格实行维修计划执行情况的检查和修后评定、验收工作。维修组织在执行中，推荐采用全面质量管理、网络计划技术等现代化手段指导工作，以使设备维修达到最佳的效果。

6.1.2　维修的标准化作业流程

1. 维修作业人员组织

维修作业由维修作业组完成。

维修作业组由工作领导人、安全员、作业组成员构成。工作领导人、安全员、作业组成员技能等级、安全等级符合相应要求。

2. 标准化作业流程

以变电专业为例维修标准化作业流程主要分为：准备阶段、作业阶段、结束阶段3个阶段。

（1）准备阶段

准备阶段主要包括：审核工作票、申请工作票、安全用具准备、倒闸、要令、办理安全措施、检查确认的顺序进行。

1）审核工作票。即由值班员和工作领导人共同审查工作票，并由值班员向助理值班员讲述工作票中各项要求。值班员安全等级不低于3级，助理值班员安全等级不低于2级。

2）申请工作票。在维修预定开始之前半小时内，由值班员向电力调度提出办理工作票的申请。

3）安全用具准备。助理值班员经值班员同意后准备倒闸，并准备好采取安全措施所用的工具备品。其中包括倒闸用的安全帽、绝缘手套、绝缘靴、验电器、接地线、接地杆、钥匙、标识牌、分隔标志、防护栅等；并检查所用接地杆、导线及连接情况，将导线理顺，接地杆放在固定位置（室外沿待接地导体顺向置于其下方；室内应放在待接地导体所在分间外，且沿过道方向顺向放置），在安全监护下，将接地线与接地端子连接牢固（注意不能挂接地线）；标示牌、分隔标志和防护栅等应暂放在桌子上和应设置的设备旁或分间外。

4）倒闸。按倒闸操作标准化程序，逐项完成倒闸操作并确认。根据实际情况不同，可由电力调度员完成可遥控的开关，再由变电所值班员完成其他项目，或一次性由变电所值班员完成所有的倒闸项目。

5）要令（或通知）。由值班员向电力调度员申请作业命令，电力调度发布作业命令及作业起止时间。在发布作业命令时，电力调度员和值班员双方均在各自的作业命令记录、工作票上记录并签字。

6）办理安全措施。助理值班员在值班员监护下按顺序办理工作票上除倒闸操作以外的其他安全措施。办理过程中应对安全措施的内容进行宣读、复诵并相互确认。办理安全措施的顺序为：先负荷侧后电源侧；按A相→B相→C相顺序；先室外后室内，并在每一个地点按顺序一次办完验电、接地、悬挂标示牌和设置防护栅或分隔标志、拉开低压回路闸刀及取下低压熔断器、拆下端子等安全措施。在办理验电接地的安全措施时，应按验电接地程序进行。

7）检查确认。值班员会同工作领导人按室外、室内、高压室、控制室的顺序检查各项安全措施，确认无误后，工作领导人在工作票上签字并填上作业开始时间。

（2）作业阶段

作业阶段一般按安全交底、分工、施工工序、质量控制、记录、现场出清的顺序进行。

1）安全交底。工作领导人召集作业组全体成员在作业地点附近点名并宣读工作票，指出作业范围、附近有电的设备、停电的设备以及所采取的各项安全措施，提出维修作业的安全注意事项。作业组全员在《施工风险防范及安全交底双方确认书（变电专业）》签认。

2）分工。工作领导人对工作任务进行分派，落实各作业组成员作工作地点、对象、内容、要求等。工作领导人宣布"某某号工作票某某维修开始"，作业组开始作业。在宣布开始前严禁进入作业区域接触设备。

3）施工工序。变电维修施工工序主要按照《作业任务书》实施，包括：操作流程、质量标准、危险点和防范措施。整体施工工序由工作领导人指挥、监护、确认工序，由作业组成员具体实施操作。

4）质量控制。工作领导人需核对施工质量是否按照任务书的步骤、工艺、标准进行，是否有遗留问题。

5) 记录。工作领导人负责填写维修记录，值班员负责检查记录，双方确认完整无误后签字。

6) 现场出清。工作领导人检查设备及作业范围内工具、备件、材料等是否已清理完毕，除安全措施外，设备是否已具备正常投入运行的条件，并确认作业组人员已全部撤出后，最后通知值班员"某某号工作票工作结束"。

(3) 结束阶段

结束阶段一般按工作自检及验收、恢复安全措施、结工作票、消令、总结的顺序进行。

1) 工作自检及验收。工作领导人会同值班员按维修标准逐项验收设备是否合乎要求；检查设备与其他部分连接是否符合运行要求；作业范围内有无影响送电的杂物；进行整组试验；必要时在恢复安全措施后，经电力调度员同意进行试送电。

2) 在验收合格后，工作领导人在工作票上签字，并填上作业结束时间，随后召集作业组全体人员宣布"某某号工作票工作结束"，自宣布后，严禁作业组成员接近维修设备或进行作业。

3) 恢复安全措施。由值班员监护助理值班员进行，其顺序与办理时相反。

4) 结束工作票。值班负责人确认安全已全部恢复后，宣布"某某号工作票可以结束"

5) 消令。值班员向电力调度员汇报设备验收情况后，宣布"某某号作业令完成"，电力调度则下达消除作业命令时间，经复诵确认无误后，双方记录并签字。

6) 总结。工作领导人召集作业组成员总结维修及安全情况，最后宣布"某某维修收工"，至此，维修作业全部结束。

3. 标准化作业流程示例

现将部分标准化作业的步骤以流程图、表格的形式加以示例。

(1) 标准化作业实施流程，参见图 6-1。

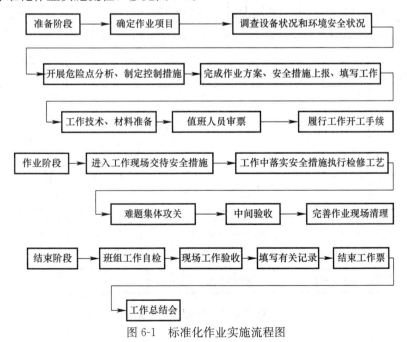

图 6-1 标准化作业实施流程图

（2）停电维修倒闸操作标准化流程，参见图6-2。

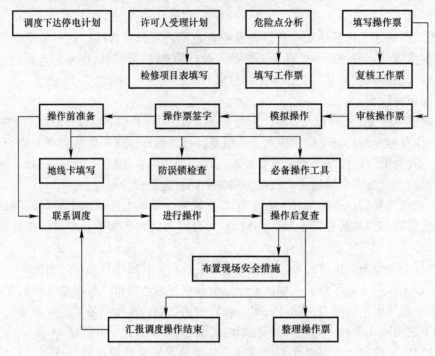

图6-2　停电维修倒闸操作标准化流程图

（3）维修结束送电倒闸操作标准化流程，参见图6-3。

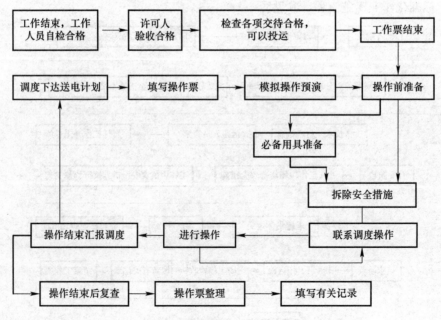

图6-3　维修结束送电倒闸操作标准化流程图

（4）主变压器停电维修标准化作业程序，参见表 6-1。

主变压器停电维修标准化作业程序　　　　　　　　　　　表 6-1

阶段	内容	标准	备注
准备阶段	（1）开班前会	（1）认真组织工作人员了解工作内容、试验标准及质量要求； （2）分析工作危险点及注意事项、防范措施； （3）分析了解工作地点及环境，工作班成员分工明确； （4）工作班成员具有良好的精神状态	危险点分析、制定控制措施需落实至每一作业组成员
	（2）开展危险点分析、制定控制措施	（1）在班前会上针对本次作业认真进行危险点分析，制定控制措施； （2）危险点有：走错间隔；高空坠落；物件脱落；误入高压试验区；人员精神状态不好；焊接时引起火灾；升降车误碰设备；天气恶劣等； （3）控制措施为：作业人员按指定出入口进入工作现场；系好安全带；高空作业人员备好工具兜及手绳，防止物件脱落；在高压试验区周围设专用围栏；调整好人员精神状态；远离易燃物品并保证氧气瓶与乙炔瓶之间距离不小于 10m；升降车按指定路线进入现场，转动时防止触碰设备，有专人指挥	
	（3）完成方案和安全技术措施，填写第一种工作票	作业方案首先要保证作业人员及设备的安全，并能够保证作业顺利进行及设备维修质量；安全措施正确完备，符合规程要求；工作票认真填写，内容清晰准确；要求布置的安全措施达到安全措施标准图的标准；班组认真组织学习设备维修工艺	
	（4）准备工具、材料、备件	安全带 15 条、安全帽 24 顶、绝缘梯子 2 个、锤 1 把、尖扳手 3 把；17～19mm 梅花扳手各 3 把；22～24mm 梅花扳手各 3 把；手锯 2 把；大螺丝刀 3 把；砂纸 13 张；润滑油 2 盒；凡士林 1 盒；机油壶 3 个；油盘 3 个；汽油 5kg；抹布 5kg；传递绳 10 条；清洗剂 1kg；45 号变压器油 2t；滤油机 1 台	
	（5）履行工作开工手续	工作许可人会同工作负责人到现场交代安全措施，同在工作票上签字，维修工作可以开始	
作业阶段	（1）进入工作现场，交待安全措施	工作负责人带领工作成员按指定出入口进入现场，列队宣读工作票内容，交代安全措施，考问重点为安全措施布置情况	作业过程中工作负责人实施监控
	（2）执行维修工艺	严格按维修工艺要求进行维修，把好维修质量关	
	（3）中间验收	电压互感器和电流互感器加压试验后需中间验收时，由工作负责人认真检查电压互感器 X 端子和电流互感器是否恢复良好	
	（4）完成作业及清场	将拉合的断路器、隔离开关、接地装置恢复到维修前状态，尤其注意地线位置。现场无任何维修遗留物。工作班组成员应全部撤离现场	
结束阶段	（1）自检及现场验收	由运行人员派专人会同工作负责人按规定进行验收：各设备瓷质部分应完整清洁无损；各引线接头连接良好；充油设备无渗漏现象；主变压器冷却器运转正常；试验设备合格	
	（2）填写有关记录	按维修内容及规定填好维修卡及报告、档案并向运行班组提报材料	
	（3）结束工作票	工作负责人办理工作结束手续，详细交代维修情况并交维修报告	
	（4）总结	工作负责人检查总结有否不安全因素、差错；整理相关资料	

(5) 主变压器保护校验标准化作业程序，参见表 6-2。

主变压器保护校验标准化作业程序　　　　　　　　　表 6-2

阶段	内容	标准	备注
准备阶段	(1) 开班前会	(1) 认真组织工作人员了解工作内容、试验标准及质量要求； (2) 分析工作危险点及注意事项、防范措施； (3) 分析了解工作地点及环境；工作班成员分工明确； (4) 工作班成员是否有良好的精神状态	(1) 联系需配合的作业人员； (2) 了解以往此类作业中出现的问题，制定相关措施，明确危险点
	(2) 准备工作	(1) 熟悉保护图纸、最新定值通知单、上一次定检报告、一次设备运行情况等； (2) 分析危险点制定防范措施：保护连接电流互感器二次带电；在端子排处外侧，用短路片短接，无误后拉开连片；保护连接电压互感器带电，在端子排处将电压线拆下并包好；在被试保护屏前后挂"在此工作"牌； (3) 拟定工作重点及需要解决的问题：机械部分检查要注意装置焊点及对外连线；定值校验应符合定值通知单；整组试验不应漏项，信号表示应正确，出口正确； (4) 准备试验仪器、仪表及工器具：准备摇表和数字表；准备绝缘垫、短路线和各种调试工具；准备好图纸及试验数据表格、定值通知单、试验报告、检验规程等	由负责人组织全体工作成员参加，讨论分析危险点及防范措施，落实安全工器具试验及仪器表应经校验合格
	(3) 填写第二种工作票和措施票及危险点预知卡	(1) 按作业计划和作业内容填写工作票和措施票，安全措施应与所分析危险点防范措施相一致，并与标准工作票和措施票进行比较； (2) 填写危险点预知卡	在安全措施中，将运行人员填写在工作票中；工作人员填写在措施票中
作业阶段	(1) 办理工作许可手续	工作负责人与工作许可人到作业现场逐相核对安全措施是否与工作票一致，无误后，双方在工作票上签字	在执行项上用红笔打"√"
	(2) 开工	工作负责人带领工作班成员进入工作现场，列队宣读工作票，交代现场安全措施及危险点预知卡中内容，对工作班成员进行考问 2～3 人，全体工作成员对现场安全措施无疑后，在工作票上签字	
	(3) 施工中安全质量监察	(1) 安全措施：严格执行措施票；执行念诵、复诵制度；措施做完后，监护人对照措施票认真复查；复查正确后验收检查人在危险点预知卡签字后方可开工； (2) 保护定检安全技术措施落实：电流回路短接后要认真检查，在测量装置无电流后拉开	要执行最新保护定值通知单；杜绝人身触电短路。做安全措施票要在已执行栏内打"√"
结束阶段	(1) 自检及验收	(1) 工作负责人会同作业班成员检查试验记录：试验项目齐全；定值与定值通知单相符；试验数据及结论正确； (2) 拆除试验接线后，检查装置是否恢复正常，实际接线与图纸是否相符，标志是否正确完备； (3) 按措施票恢复措施，要特别注意不要遗漏临时措施。措施恢复完后，工作组进行自检（第二人检查），验收检查正确后，方可办理工作结束	拆除试验接线要先拆除电源侧，恢复措施时要对照措施票，并在恢复栏内打"√"
	(2) 值班人员验收	(1) 工作负责人向值班人员报告试验情况，填写继保记录； (2) 值班人员会同工作负责人检查安全措施恢复情况	
	(3) 班后会	(1) 工作负责人检查总结有否不安全因素、差错； (2) 整理相关资料	

6.2 变电设备维修的安全保证措施

为保证维修人员和变电设备安全，应严格制定并执行对应供电设备范围的变电安全工作规程，从而起到加强管理、提高质量、确保变电设备的正常使用的作用。同时，变电安全工作规程，应对运行和维修作业制度、高压设备停电作业、电力电缆作业及 GIS 作业、试验和测量及其他相关变电维修作业等进行规范。本小节主要讨论其中的变电设备维修的安全保证措施。

变电设备维修的安全保证措施主要分为安全组织措施和安全技术措施。

6.2.1 安全组织措施

变电所安全组织措施主要有工作票制度、工作许可制度、工作监护制度、工作间断、转移和终结制度。

1. 工作票制度

在变电所中进行电气设备维修作业时，为保证人身和设备安全，统一实行工作票制度。要求有关人员应按工作票上所载人员的职责范围和变电所安全工作规程进行标准化维修作业。

根据作业性质不同，工作票分为两种。

（1）第一种工作票用于高压设备停电作业及低压 380V 电源主母线的停电作业，格式见表 6-3。

变电（站）所第一种工作票　　　　　　　　　　表 6-3

_____站（所）　　　　　　　　　　　　　　　　　　第　　号

作业地点及内容									
工作时间	自	年	月	日	时	分至	年 月 日	时	分止
工作领导人	姓名：								
作业组成员姓名及安全等级（安全等级填在括号内）	（　　）		（　　）		（　　）			（　　）	
	（　　）		（　　）		（　　）			（　　）	
	（　　）		（　　）		（　　）			（　　）	
	（　　）		（　　）		（　　）			（　　）	
							共计		人

必须采取的安全措施	已经完成的安全措施
（1）断开的断路器和断开的隔离开关： （按操作顺序填写）	（1）已经断开的断路器和断开的隔离开关：
（2）安装接地线（或接地刀闸）的位置：	（2）接地线（或接地刀闸）装设的位置及其号码：

续表

（3）装设防护栅、悬挂标示牌的位置：	（3）防护栅、标示装设的位置：
（4）注意作业地点附近有电的设备：	（4）注意作业地点附近有电的设备：
（5）其他安全措施：	（5）其他安全措施：

发票日期：_____年____月____日　　　　发票人：_____（签字）

根据电力调度员的第_____号命令准予在_____年____月____日____时____分开始工作。

　　　　　　　　　　　　　　　　　　值班员（工作许可人）：_____（签字）

经检查安全措施已经做好，实际于_____年____月____日____时____分开始工作。

　　　　　　　　　　　　　　　　　　　　　　工作领导人：_____（签字）

变更作业组成员记录：_____

　　　　　　　　　　　　　　　　　　　　　　发票人：_____（签字）

　　　　　　　　　　　　　　　　　　　　　　工作领导人：_____（签字）

经电力调度员_____同意工作时间延长到_____年____月____日____时____分。

　　　　　　　　　　　　　　　　　　值班员（工作许可人）：_____（签字）

　　　　　　　　　　　　　　　　　　　　　　工作领导人：_____（签字）

工作已于_____年____月____日____时____分全部结束。

　　　　　　　　　　　　　　　　　　　　　　工作领导人：_____（签字）

临时接地线共_____组和临时防护栅、标示牌已拆除，并恢复了常设防护栅和标示牌，工作票于_____年____月____日____时____分结束。

　　　　　　　　　　　　　　　　　　值班员（工作许可人）：_____（签字）

备注：

(2) 第二种工作票用于高压设备不停电的作业，格式见表 6-4，低压设备上的停电与不停电作业，以及在二次回路上进行的不需高压设备停电的作业。

工作票在变电所是内进行作业的书面依据，要字迹清楚、正确、不得用铅笔书写、不得涂改。工作票要填写 1 式两份，1 份交工作领导人（蓝色），1 份交变电所值班员（工作许可人）（粉红色），值班员（工作许可人）据此办理准许作业手续，做好安全措施。

变电（站）所第二种工作票　　　　　　表 6-4

_____站（所）　　　　　　　　　　　　　　　　　　　　　　第_____号

作业地点及内容		发票人		（签字）
		发票日期		
工作票有效期	自　年　月　日　时　分至　年　月　日　时　分止			
工作领导人	姓名：		安全等级：	
作业组成员姓名及安全等级（安全等级填在括号内）	（　）	（　）	（　）	（　）
	（　）	（　）	（　）	（　）
	（　）	（　）	（　）	（　）
	（　）	（　）	（　）	（　）
			共计　　人	

工作条件（停电或不停电）：
_____
_____
_____

必须采取的安全措施（本栏由发票人填写）	已经完成的安全措施（本栏分别由值班员（工作许可人）和工作领导人填写）

已做好安全措施准予在_____年____月____日____时____分开始工作。
　　　　　　　　　　　　　　　　　　　　值班员（工作许可人）：_____（签字）
经检查安全措施已经做好，实际于_____年____月____日____时____分开始工作。
　　　　　　　　　　　　　　　　　　　　　　　　　工作领导人：_____（签字）
变更作业组成员记录：_____
_____
　　　　　　　　　　　　　　　　　　　　　　　　发票人：_____（签字）
　　　　　　　　　　　　　　　　　　　　　　　　工作领导人：_____（签字）
工作已于_____年____月____日____时____分全部结束。
　　　　　　　　　　　　　　　　　　　　　　　　工作领导人：_____（签字）
作业地点已清理就绪，工作票于_____年____月____日____时____分结束。
　　　　　　　　　　　　　　　　　　　　值班员（工作许可人）：_____（签字）

工作票签发人和工作领导人由供、受电维修及管理部门指定具有资格人员担任并书面公布，第一、二种工作票有资格的签发人及工作领导人名单须报控制中心电调备案；110kV线路工作票签发人及工作领导人名单需向供电局报批，报批准后的110kV线路工作票签发人及工作领导人名单须报企业控制中心电调备案。

1) 工作票签发人职责

工作票签发人应由安全等级不低于4级的人员担任。签发工作票时应保证达到以下各项要求。

① 确认所安排的作业项目是必要和可能的。安排维修的依据应是年度或月度维修计划，或因设备事故、故障、缺陷处理的需要。

② 所采取的安全措施应正确完备。根据不同的作业性质采取不同的安全措施（详见下述相关部分）。

③ 配备的工作领导人和作业组成员人数及条件应符合表6-5的规定。

工作领导人和作业组成员人数及条件的规定　　　　表6-5

作业性质	工作领导人的条件	作业组成员条件	作业组人数
高压设备的停电作业	安全等级不低于3级	简单维修作业（注油、除锈、涂漆、清扫等）安全等级可为1级，一般作业不得低于2级	包括工作领导人在内不得少于2人
远离带电部分的作业	安全等级不低于3级	安全等级不低于2级	
低压设备上作业及二次回路上进行不须高压设备停电的作业	安全等级不低于3级	带电作业：安全等级不得低于3级 停电作业：至少有1人安全等级不低于2级	
高压试验和测量	安全等级不低于3级	一般试验测量，安全等级不低于2级，加压时监护人员不低于3级，高压设备上测绝缘电阻及使用钳表时，至少有一人安全等级不低于3级	

2) 工作领导人职责

① 正确安全地组织工作；

② 复查工作票必须采取的安全措施是否正确完备，符合规定要求；

③ 结合实际进行安全思想教育；

④ 复查值班员（工作许可人）所做的安全措施，要符合规定要求；

⑤ 时刻在场监督作业组成员的作业安全。

核对负责进行的维修工作内容及作业范围、时间、作业组成员等与工作票是否相符。如在审查工作票时发现不符时，可向工作票签发人提出，以便修改。如未修改或经签认已开始工作后，则应按工作票所载执行。但作业组成员遇有特殊情况时可按规定在办理手续后再予以改变。

会同当班值班员共同复查值班人员所做的安全措施是否符合规定。这里有两个意思，即所做安全措施既要考虑与工作票所载是否相同，还要考虑是否足够和正确。

时刻监护作业组成员的安全。即监护作业人员按工作票指定的作业范围和时间并按有关的安全规定进行作业。如高空作业应系好安全带、高压试验结束时应将设备数次放电、作业中与附近有电设备的导体保持足够的安全距离、使用梯子时应有人扶梯等。如工作领导人必须短时离开作业地点时，应指定安全等级与工作领导人相同的作业组成员作为临时代理人，如无合适要求的代理人，应停止作业，将人员和机具撤至安全地带。当作业地点分散、作业人员较多时，应另指定安全等级符合规定的监护人分别监护。

工作领导人是作业组的领导者，不得兼任本组作业的工作票签发人，同时也不以兼任作业组当天的值班员。作业过程中工作领导人一般不能更换，特殊情况需要更换时须经工作票签发人同意并通知电力调度、当班值班员，同时还应按规定办理手续后方可退出工作。

3）作业组成员职责

作业组成员要服从工作领导人的指挥和调动，遵章守纪，对不安全和有疑问的事项要果断及时地提出意见，坚持安全作业。

4）值班员职责

① 复查工作票必须采取的安全措施是否正确完备，符合规定要求；
② 向电调申请停电，和进行停电倒闸作业；
③ 按照有关规定和工作票要求做好安全措施，办理准许作业手续；
④ 负责检查停电设备有无突然来电的危险。

复查工作票中必须采取的安全措施是否符合规定和要求。如有疑问时，应及时请求工作票签发人解释清楚，必要时进行修改。如工作票中有危及人身和设备安全的情况时，可拒绝办理该工作票。

复查无误后，根据工作票向电力调度申请停电，或撤除某项保护或自动重合闸。

按工作票的要求和有关规定做好安全措施，办理准许作业手续。值班员在做好安全措施后，应会同工作领导人检查作业地点的安全措施，向工作领导人指明准许作业的范围、接地线与旁路设备的位置、附近有电（停电作业）的设备、其他安全措施中已拉开的闸刀开关、已取下的低压熔断器以及端子等。值班员所做的安全措施经工作领导人确认符合要求的，双方在两份工作票上签字。

5）电力调度员

电力调度员的安全等级应为五级，在办理工作票时应做好下列各项工作：

① 负责批准工作票。即审核其作业项目的可能性和工作领导人及作业组成员人数和条件是否符合规定，所采取主要安全措施是否完备和正确等；办理倒闸作业；批准开工许可；发布管辖范围内进行作业所必需的倒闸命令，以及第一、二种工作票的作业命令和作业起止时间。

② 处理作业中出现的问题，发布事故处理作业的口头命令，必要时要求值班员汇报或自己下达事故抢修方案及安全措施。

③ 批准工作结束。

2. 工作许可制度

在变电设备上进行维修工作时，首先要办理许可手续。工作许可人可由值班员担任，值班员（工作许可人）在做好安全措施后，要到作业地点进行下列工作：

（1）会同工作领导人按工作票的要求共同检查作业地点的安全措施。以手触试，证明检修设备确无电压；

（2）向工作领导人指明准许作业范围，附近有电（停电作业）设备和有关注意事项；

(3) 经工作领导人确认符合要求后，双方在2份工作票上签字。1份交工作领导人，1份值班员（工作许可人）留存，方可开始工作。

若工作票需相邻变电所做安全措施，必须由值班员（工作许可人）及工作领导人到相应变电所办理上述所有内容。

工作领导人和工作许可人任何一方不得擅自变更安全措施。如因工作特殊需要，变更有关检修设备的运行条件或安全条件时，应停止工作，重新签发工作票，办理开工手续。

3. 工作监护制度

为防范维修人员疏忽大意，超越工作范围或违反安全技术措施而发生触电事故，因此必须实行工作监护制度。

当进行电气设备的不停电作业或需复杂作业时，工作领导人主要负责监护作业组成员的安全和联络工作，不参加具体作业。当进行电气设备的停电作业时，工作领导人除监护作业组成员的作业安全和监护作业质量外，在下列情况下可以参加工作：

(1) 当全所停电时；

(2) 部分设备停电，距带电较远或有可靠的防护设施，作业人员不致触及带电部分时。

当作业人员较多，或作业范围较广，工作领导人监护不到时，可设监护人。设置的监护人员由工作领导人指定安全等级符合要求的作业组成员担当。

当作业需要时可以派遣不少于2人的小组（包括监护人）到其他地点进行相关工作，其作业人员的安全等级不低于二级，监护人的安全等级不低于三级。禁止任何人在高压分间、高压柜内、容器设备内单独停留作业。

变电所值班员（工作许可人）发现不安全因素要及时提出并要求其立即纠正，若发现有会危及人身、行车、设备安全的紧急情况时，有权立即停止其作业，收回工作票，令其撤出作业地点。

4. 工作间断、转移和终结制度

作业中需暂时中断工作离开作业地点时，工作领导人应负责将人员撤至安全地带，材料、零部件和机具要放置牢靠，并与带电部分之间保持规定的安全距离，当再继续工作时，须重新检查安全措施符合工作票要求后方可开工。在作业中断期间，未征得工作领导人同意，作业组成员不得擅自进入作业地点。每日开工和收工除按上述规定执行外，在收工时还应清理作业场地，开放封闭的通道，开工时工作领导人还要向作业组成员重新宣读工作票，布置好安全措施后方可开始工作。

在同一电气连接部分用同一工作票依次在几个工作地点转移工作时，全部安全措施由值班员（工作许可人）在开工前一次做完，工作领导人在转移工作时，应向作业组员布置安全措施和注意事项。

当工作全部完成时，由作业组负责清理作业地点，工作领导人会同值班员（工作许可人）检查作业中涉及的所有设备，交待所修项目，发现的问题和缺陷，处理的结果，是否具备投运条件等。工作领导人在工作票中填写工作结束时间并签字。然后值班员（工作许可人）按下列程序办理工作票终结手续：

(1) 拆除所有临时接地线，点清其数量；

(2) 拆除临时防护栅和标示牌，恢复常设的防护栅和标志；

(3) 必要时测试设备、试验合格。

在完成上述工作后，值班员（工作许可人）在工作票中填写工作票结束并签字，工作票方可视为结束，之后值班员（工作许可人）须立即汇报电调。若由于需要，暂不拆除某组临时接地线时，由值班员（工作许可人）在工作票备注栏注明不能拆除的原因后，也可终结工作票。

6.2.2 安全技术措施

在变电所内进行电气设备维修时，为保证人员安全，在技术上需采取有效的安全措施，分别有以下几种情况。

1. 高压设备停电作业

高压设备停电作业时，应采取切断电源、验电、接地、悬挂标示牌和设置防护栅、办理其他安全措施等来保证作业人员的安全。

（1）切断电源

即对应停电的设备，必须从可能来电的各个方向切断电源，并要有明显的断开点。

应停电的设备是指需维修的高压设备，即带电部分与作业人员的距离小于表 6-7 所规定的高压设备；在低压设备或二次回路上作业可能引起一次设备中断或影响其安全运行时的高压设备。例如在控制回路或保护回路上作业，则所控制的断路器、隔离开关或供保护装置的单装式互感器应停电。

各个方向的来电一般是指各侧的高压电源。为防止反送电，还应所括变压器、电压互感器的各低压侧，以及运用中星形接线设备的中性点侧。

为了实现有明显的断开点，除断开电源侧有关的断路器或取下熔断器外，还必须拉开相应的隔离开关或拉出断路器手车至试验或隔离位置。但维修变电所引入线、引出线及其相应的隔离开关时，可按维修线路办理，即在线路侧允许没有明显的断开点。

（2）验电、接地

接地是为防止在作业地点突然来电时，确保作业人员安全的唯一可靠措施。在接地之前先验明设备无电。

验电时应使用与被验电导体电压等级相同、试验合格、易于判断是否有电的验电器或绝缘棒。绝对不能以表示断路器、隔离开关跳、分闸和允许进入分间的信号，以及常设仪表的无电来代替验电。

所装设的接地线要采用截面不小于 $25mm^2$ 的多股裸铜软绞线，且不得有断股、散股和绞接接头。接地线应与带电部分保持规定的安全距离，并应设在作业人员可以见到的地方。如作业人员无法看到时，应派专人监护接地线或在可看见的地方加设辅助接地线。

对于可能误送电至停电作业设备上的有关部分亦要装设接地线。在停电作业设备上如可能产生感应电压且危及人身安全时，应增设接地线。

当变电所全所停电时，在可能来电的各路进、出线均要分别验电、接地，其余部分不必再分段接地。当变电所部分设备停电时，若作业地点分布在电气上互不相连的几部分时，例如在以断路器、隔离开关和熔断器分段的两段母线或其所连的设备上作业时，各作业地点应分别验电、接地。当设备单独停电时，变压器和电压互感器的高、低压侧以及变压器中性点；高压断路器、隔离开关和熔断器进、出线侧各相导线；母线两端均要分别验电、接地。当电容器组停电时，还必需必须对每个电容逐个放电，然后每组电容器两端验电、接地。验电、接地程序见表 6-6。

验电、接地程序表　　　　　　　　　　　　　　　表 6-6

序号	项目	值班员工作内容	助理值班员工作内容
1	检查验电器	(1) 手指向带电设备的导体部分，宣读"检查验电器"； (2) 确认验电器后复诵"验电器正常（或失效）"	复诵"检查验电器"后，将验电器靠近或挂上带电设备导体，确认后宣读"验电器正常（或失效）"
2	验电	(1) 手指向应接地的部位，宣读"验电"； (2) 确认后复诵"验明有电（或无电）"；有疑问时可宣读"再验"	复诵"验电"后将验电器靠近或挂上接地导体处，确认后宣读"验明无电（或有电）"
3	悬挂接地线	(1) 按工作票上所载接地位置检查接地端子与地线连接是否牢固； (2) 确认验明无电后，用手指向接地部位宣读"某某处接地"； (3) 检查接地线不会触及检修设备，并与有电设备保持安全距离后，复诵"接地完毕"	复诵"某某处接地"，并确认接地地点无误后，举起接地杆，用地钩快速接触应接地处导体，确认无电后，挂下接地线，经左右活动，确认连接牢固后宣读"接地完毕"

(3) 悬挂标示牌和设置防护栅

标示牌是为了保证作业人员安全及运行设备正常供电而给值班人员及作业人员作出的标记。一般有"有人工作，禁止合闸""禁止分闸""止步，高压危险！""在此工作"等几种。

在工作票中所载的应断开的断路器和隔离开关的控制开关手柄上；接触网和供电线路有人作业时，该馈电线的隔离开关手动操作机构手柄上，均要悬挂"有人工作，禁止合闸"的标示牌。但需维修的隔离开关手动操作机构时，其手柄上可不悬挂此标示牌。

维修工作中需进行遥控操作的控制开关旁边，若有运行设备，在运行设备的控制开关处，则应悬挂"禁止分闸"标示牌。

在室内设备上作业时，与作业地点相邻的四周的分间栅栏以及增设的防护栅上，均应面向作业地点悬挂"止步，高压危险！"标示牌。室外维修设备与附近带电设备间要有明显的区别标志，一般可采用在设备上悬挂"在此工作"标示牌，也可采用以栅栏和细绳（或白布带）等配合将维修设备与附近的带电设备隔开，并面向作业地点悬挂"止步，高压危险！"的标示牌或小旗。

当作业人员活动范围与带电部分超过表 6-7 中不设防护栅所规定的距离时，应设置临时防护栅或绝缘挡板。

进行室内作业时，在禁止人员通行的过道和必要的处所，例如需进入高压分间作业时，该分间与其他分间的通道，以及离墙上高压母线的距离为表 6-7 规定的地方（设防护栅时安全距离）均应装设临时防护栅。

防护栅设置的位置应符合表 6-7 的规定，且考虑到作业人员遇有紧急情况时，能迅速地撤出作业地点。

与停电维修的设备相距在 3m 以内时，一般可列为附近的带电设备；距离 3m 以上的可由工作票签发人根据工作性质、作业组成员对设备的熟悉程度等各种因素决定是否列为附近的带电设备。例如邻近型号相似的带电设备、运行编号相似的带电设备与停电维修设备距离虽在 3m 以上，为安全起见最好视为附近的带电设备。

停电范围表　　　　　　　　　　　表 6-7

电压等级	无防护栅	有防护栅
110kV	1500mm	1000mm
35kV	1000mm	600mm
DC1500V 及以下	700mm	350mm

(4) 办理其他安全措施

其他安全措施一般是指辅助性的（或补充的）安全措施。即在工作票中，上述 3 项主要安全措施未包括在内的安全措施。通常在低压设备或二次回路上执行，内容比较广泛，以下仅介绍常采取的几类补充安全措施。

① 切断低压交、直流电源。例如主变压器的通风电源；断路器和隔离开关操作机构的操作电源或能源；控制、信号、继电保护回路的电源等。切断电源的原则与高压电源相同。为实现有明显的断开点，应断开作业设备、回路各可能来电方向上的空气开关、闸刀开关，取下其熔断器；无闸刀或熔断器的回路要取下来电方向上的试验端子或连接端子，并用绝缘胶布将线头包好。

② 指出作业部分附近有电的低压设备和回路，并采取明显的隔离措施。进行作业的屏（柜）附近的带电屏或同一屏上的带电设备可分别锁住及用红绳或白布带在屏前后围上。

③ 对断开的隔离开关应加锁，需维修的手车式断路器要拉出分间外，并采取防止内滑的措施。

④ 某些特殊的作业或在某些情况下需采取的补充安全措施。例如在运营时间进行某些回流线上作业且需断开回路时，应先做好可靠的旁路线；同一作业组中设备维修和高压试验同时进行时，要求试验人员在断开点的维修作业侧装设接地线，且在高压试验侧面向维修地点悬挂"止步，高压危险！"标示牌。

2. 远离带电部分的作业、低压设备上的作业以及在二次回路上进行的不需要高压设备停电的作业

该类作业根据作业性质和地点不同可采取不同的安全措施，主要有以下几类：

(1) 远离带电部分的作业开始前须检查维修设备的保护接地的连接是否牢固，明确该设备上带电部分的位置，以及禁止攀登超越的部位等。

(2) 在低压设备或部分停电作业开始前应切断停电部分的电源，其原则和方法与高压设备停电作业的其他安全措施中切断电源相同，在来电方向的开关操作手柄上应悬挂"有人工作，禁止合闸"标示牌。此外，在同一屏或端子箱上邻近的有电的控制开关上要悬挂"禁止分闸"标示牌，以及在附近的带电设备处设置绝缘挡板等。

低压设备带电作业时，作业人员应穿紧袖口工作服，戴好工作帽、手套和防护眼镜，并穿绝缘靴（或鞋）或站在绝缘垫上。所使用的工具应有良好的绝缘的手柄。附近的其他带电部分用绝缘挡板隔开。同时，作业前要明确不得断开的回路及所在位置。

维修蓄电池组的作业，除上述规定外，还须有作业人员和地点的防护措施。例如穿防酸（或碱）工作服，戴防酸（碱）手套；作业中蓄电池应停止充电并开启通风机；禁止直接短接瓷瓶；若直流开关柜采用电保持合闸形式时，需有防止全所直流二次电源失压而引起直流开关跳闸的措施；调电解液时严禁将蒸馏水倒入酸中等。

(3) 在二次回路上进行不需要高压设备停电的作业开始前，要检查作业范围内所有互感器二次回路的保护接地是否可靠。作业中要注意直流回路不得接地。

在带电的互感器二次侧作业，除上述措施外，还要严格注意电压互感器二次回路不得短路和接地；电流互感器二次回路不得开路。电流互感器二次侧短路连接要牢固、接触良好，严禁用导线缠绕方式短路，并不得在短路线与电流互感器二次侧线圈间的回路上进行任何作业。当上述作业有可能造成继电保护装置不正确动作时，在作业前应撤出有关保护。

进行上述作业时，作业人员均不得进入高压分间或防护栅内。无分间或防护栅的，应在作业地点增设防护栅，并面向作业地点悬挂"止步，高压危险！"标示牌，也可在作业设备上或作业回路所在的屏、箱、柜上悬挂"在此工作"标示牌。

3. 进行下列工作时，需填写二次设备及回路工作安全技术措施票，格式见表6-8。

二次设备及回路工作安全技术措施票　　　　　　　　　表 6-8

_____站（所）　　　　　　　　　　　　　　　　　　第_____号

措施票有效期：	自　年　月　日　时　分至　年　月　日　时　分止				
签发人姓名：		签发日期：		工作票号码：	

被试设备及保护名称：_____

工作内容：_____

工作条件（一次设备停电或不停电）：_____

序号	执行	时间	措　施　内　容	恢复	时间

工作负责人签名：_____　　　操作人签名：_____

备注：_____

（1）在继电保护、自动装置、联锁及联跳回路上的工作。

（2）在运行中的电流互感器、电压互感器的二次回路、差动保护通道（导引电缆、光缆等）及直流联跳电缆上的工作。

（3）需要将运行中的继电保护和自动装置的直流、交流、信号电源临时拆开和更改的工作。

（4）二次设备及回路工作安全技术措施票具体内容应包括但不限于：直流电源、压板、联锁开关投切位置的检查；电流互感器二次短路接地线的接入与拆除；直流线、电流线、电压线、联锁跳线、信号线的拆接及改线等；运行中的微机保护，其某保护功能的投切及更改。

（5）执行二次设备及回路工作安全技术措施票时，须按执行及恢复顺序逐项填写，已完成的任务，在执行栏和恢复栏上打上记号并记录完成时间。

（6）二次设备及回路工作安全技术措施票一式一份，作为工作票的附件与工作负责人的工作票一起使用，但不能代替工作票。

4. 高空作业、使用梯子作业、动火作业的管理

不管是前述的哪一类维修工作，凡包括有下列专项作业，均应采取下述的技术安全措施。

（1）高空作业

凡离地面3m以上的高空作业，其登高作业人员要系好安全带，作业范围内的地面人员须戴好安全帽。作业过程中传递工具、物件时不得抛掷，应将工具、物件系于绳子中部传递，且下部应有人扶持。

（2）使用梯子作业

使用梯子作业时，梯子上端应靠在固定的构架或墙上，梯脚应全部着地。在光滑的地面使用梯子作业时，梯脚要有橡皮垫，并注意其各部与带电部分保持足够的安全距离。对于人字梯还须有限制开度的拉链。

（3）动火作业

使用喷灯及火炉的作业，不得在带电的导线、设备以及充油设备附近点火；作业时火焰与带电部分应保持足够的安全距离（电压为10kV以下者不小于1.5m；10kV以上者不得小于3m）。

6.2.3 安全用具管理

在变电所内进行电气设备维修时，为保证人员安全，必须为在变电所设备维修的劳动者配备，使其在劳动过程中，免遭或者减轻事故伤害及职业病危害的个体安全防护用具。以下简称安全用具。

1. 安全用具的分类

安全用具可分为基本安全用具和辅助安全用具两大类。

（1）基本安全用具包括：高压绝缘棒、高压验电器（有交流和直流之分）和绝缘挡板等。

（2）辅助安全用具（当它们用于1kV及以下设备时，可以作为基本安全用具）包括：携带型接地线、绝缘手套、绝缘靴（鞋）、绝缘垫、绝缘台和安全带等。

2. 安全用具的通用管理规定

（1）所有安全用具都必须按使用说明书规定的使用方法使用，并按其规定进行日常的

维护和保养，使用前后都要对其仔细检查，此外还须按规定的周期和绝缘工器具送检流程图进行送检试验。绝缘工器具送检流程图见图 6-4。

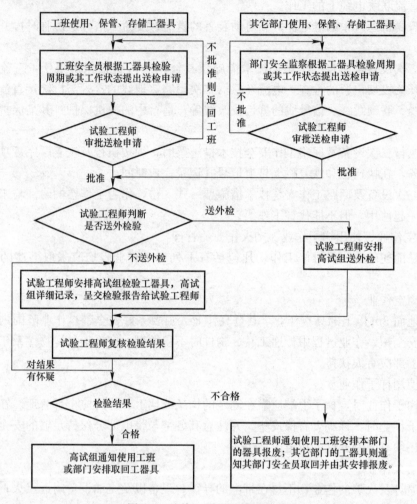

图 6-4 绝缘工器具送检流程图

（2）所有安全用具的保管都由各自工班的安全员负责，保管人对各安全用具填写记录卡，见执行记录，跟踪管理、贮存其维修、使用、送检情况。

（3）绝缘棒的使用和保管

1）使用绝缘棒时，工作人员必须戴绝缘手套和穿绝缘靴，以确保工作人员的人身安全。

2）在下雨、下雪天使用绝缘棒操作室外高压设备时，绝缘棒须有防雨罩，以使罩下的绝缘棒干燥。

3）使用绝缘棒时要注意防止碰撞，以免损坏表面的绝缘层。

4）绝缘棒必须存放在干燥地方，防止受潮。一般应放在特制的架子或垂直悬挂在专用挂架上，以防止弯曲变形。

5）绝缘棒不得与墙或地面接触，以防碰伤其绝缘表面。

6）绝缘棒一般每三个月检查一次，检查时要擦净表面，检查有无裂纹、机械磨损、绝缘层损坏。

7) 保持清洁。

(4) 验电器的使用和保管

1) 必须使用电压和被验设备电压等级相一致的合格验电器。验电操作顺序原则上必须按验电"三步骤"进行：即验电前要在有电的设备上试验确认验电器完好；当验电前没有条件在有电的设备上试验确认验电器完好时，在验电前确认相关设备位置状态正确，并根据其声光报警判断验电器工作正常后，方可对被验设备进行验电；当验明无电后再把验电器在带电设备上复核一下以再次验证验电器完好。

2) 必须戴绝缘手套进行验电操作。交流验电时，验电器不应接地线，除非在木梯、木杆上验电，在不接地没有指示情况下才可接地线，验电器应逐渐靠近带电部分，直至氖光灯发亮（同时伴有笛声）为止，验电器不要直接接触带电部分；直流验电时，验电器一定要装接地线，必须让验电器端部直接接触带电部分，直至氖光灯发亮（同时伴有笛声）为止。

3) 每次使用前必须认真检查，检查绝缘部分有无污垢、损伤、裂纹，检查指示氖泡是否损坏、失灵及内部电池是否失效。

4) 验电器用完后应放于匣内，置于干燥处，避免积尘和受潮。

(5) 绝缘手套的使用和保管

1) 绝缘手套是特制的橡胶手套，应无孔隙、杂质、不发黏、不发脆，并按规定的周期做交流耐压试验并达到合格要求。绝缘手套必须以"只"为单位进行编号。必须注意医用手套、耐酸手套等不能当作绝缘手套使用。

2) 绝缘手套须存放于干燥清洁的专门架柜上，其上不得堆压任何物件，不得与酸、碱、油类和化学物品接触，不受阳光直射和雨淋。

3) 绝缘手套应每六个月做一次电气试验，如试验不合格，则不能再穿用；在每次使用之前，对其外观应进行详细检查，查看表面有无损伤、磨损或破漏、划痕等。发现有严重的划痕、切割损伤，以及从袖口开始卷紧和挤压检查有漏气的，均不得使用。

4) 使用绝缘手套时，里面最好戴一双棉纱手套，可防止出汗而操作不便。戴手套时，须将外衣袖口放入手套的伸长部分里。

5) 绝缘手套每次使用完后，应根据使用情况及时用温水和肥皂清洗脏污，撒上滑石粉保管。

(6) 绝缘靴的使用和保管

1) 绝缘靴必须有专柜或在特制的木架上按号位存放，它们每"只"都必须有管理编号。靴上不得堆压任何物件，注意与酸、碱、油类和化学物品隔开。

2) 绝缘靴使用时应注意其电压等级。用于1kV及以上设备时，只作辅助安全用具，用于1kV以下设备可作安全用具（在电气工作常穿的绝缘鞋穿旧以后，有的纯粹没有绝缘能力，值班工作中习惯于穿绝缘鞋的值班员，平时必须经常检查其绝缘能力，遇有操作时和工作时应不嫌麻烦，必要时应换穿绝缘靴）。

3) 绝缘靴必须妥善保管，不得乱用，不得当作雨靴和耐油、酸、碱的靴子穿，或者将雨靴当作绝缘靴穿。

4) 绝缘靴（鞋）应每六个月做一次电气试验，如试验不合格，则不能再穿用；每次使用之前应进行外部检查，查看表面有无损伤、磨损或破漏、划痕等。

(7) 绝缘垫和绝缘台的使用和保管

1) 绝缘垫使用过程中，应保持干净、清洁，注意防止与酸、碱及各油类物质接触，以免腐蚀老化后降低绝缘性能。

2) 绝缘垫避免阳光直射或锐利金属划刺，存放时避免与热源距离太近，以防急剧老化变质。

3) 使用绝缘垫过程中要经常检查有无裂纹、划痕等。发现问题时立即禁用并及时更换；使用绝缘台时要检查台脚绝缘瓷瓶应无裂纹、破损、木质台面应清洁、干燥。

4) 绝缘垫应每两年试验一次；绝缘台一般3年试验一次。

(8) 携带型接地线的使用和保管

1) 注意坚持使用前和使用后对接地线本体进行检查和维修。接地线导体无严重的烧伤断股现象，绝缘操作杆绝缘良好；接地操作杆每次使用前必须认真检查绝缘部分有无污垢、损伤、裂纹；各连接点连接坚固无松动；使用后存放在干燥的专用柜内。

2) 装设接地线时必须使用专用线夹，连接牢固，保证接触良好。严禁用缠绕的方法短路接地。否则，通过故障短路电流时，将因接触不良而烧坏地线，并产生高电压作用于人体和设备而发生事故。

3) 拆装设接地线必须由两人同时进行，一人操作、一人监护；装设接地线时，必须先接接地端，后接导体端，而且必须接触良好，拆接地线时的顺序与此相反；拆装接地线均必须使用绝缘棒，并戴绝缘手套、穿绝缘靴（鞋）。

(9) 安全带的使用和保管

1) 安全带应采用有合格证的产品，有磨损、断股、变质、受过冲击等情况的应停止使用。使用两年后，要进行抽验，合格的才能继续使用。做过冲击试验的安全带不能再用。

2) 安全带应高挂低用，注意避免摆动碰撞。

3) 不准将绳打结使用。不准将钩直接挂在安全绳上使用，应挂在连接环上用。不准将绳系在活动物体上，应挂在牢固的建筑物构件上。

4) 安全绳要避开锐角、尖刺、刀刃等，要避免接触明火和酸碱化学物质。使用频繁的绳，要经常做外观检查，如有异常，应立即更换。

5) 安全带要防止日晒、雨淋，平时储藏在干燥、通风的仓库内。

3. 安全用具的检验规定

(1) 安全用具在使用过程中，除了每次使用前的常规表面检查外，必须按一定周期作高压电气试验，相关的电气要求见表6-9，各安全用具的试验周期见表6-10。

绝缘工具的电气试验项目及标准　　　　　　　　表6-9

额定电压（kV）	试验长度（m）	1min工频交流耐压试验电压（kV）	
		出厂及型式试验	预防性试验
10	0.4	100	45
35	0.6	150	95

常用电气绝缘工具试验一览表　　　　　　表6-10

序号	名称	电压等级（kV）	周期	交流耐压（kV）	时间（min）	泄漏电流（mA）	附注
1	绝缘棒	6～10	每年一次	44	5		
2	绝缘挡板	6～10	每年一次	30	5		
		35	每年一次	80	5		
3	绝缘罩	35	每年一次	80	5		
4	绝缘夹钳	35及以下	每年一次	3倍线电压	5		
		110		260			
5	验电器	6～10	每6个月一次	40	5		发光电压不高于额定电压的25%
		20～35		105			
6	绝缘手套	高压	每6个月一次	8	1	≤9	
		低压		2.5		≤2.5	
7	橡胶绝缘靴	高压	每6个月一次	15	1	≤6	
8	绝缘绳	高压		105/0.5m	5		

（2）各绝缘工器具负责人须对即将到期的安全用具按绝缘工器具送检程序进行送检。按标签规格见表6-11填写申请。相关试验组按标签规格填写收（发）单给申请人作为依据。

标签规格　　　　　　表6-11

名　称	编　号	有效期	检定人
绝缘棒	JB ×× ×× ×××	××年××月××日	
绝缘挡板	JD ×× ×× ×××	××年××月××日	
绝缘罩	JZ ×× ×× ×××	××年××月××日	
绝缘夹钳	JQ ×× ×× ×××	××年××月××日	
验电器	YD ×× ×× ×××	××年××月××日	
绝缘手套	ST ×× ×× ×××	××年××月××日	
橡胶绝缘靴	JX ×× ×× ×××	××年××月××日	

说明：
编号的前两个字母为类别代号，其余为电压等级、使用单位代号和序列号。

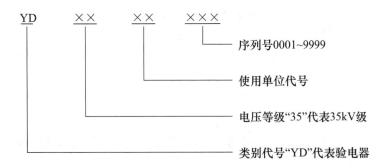

（3）绝缘工器具应按期送检，对超过使用有效期或超周期的工器具严禁使用，由超周期使用造成的后果由使用者承担一切责任；使用中发现破损应立即停用，严禁擅自拆卸维修，违者按有关规定处理。

(4) 对检验过的安全用具要贴上合格证标签，标签的规格按格式编号，合格证见表 6-12 填写，并填写使用有效期和检验员。

合格证　　　　　　　　　　　　　表 6-12

合　格　证		
NO：		
检验单位：		
检验日期：	年　　月　　日	
有效日期：	年　　月　　日	
检 验 员：		

4. 安全用具的试验

（1）为保证运行、维修和带电作业人员操作的安全，对新使用的绝缘工具和安全用具须进行验收试验，对使用中的绝缘工具（绝缘杆及梯等）每年应进行预防性试验和检查性试验各一次（其间隔半年）。

（2）试验前的检查

1）检查绝缘工具和安全工具的完整性，如发现部件或零件缺损等，则应配齐后才能进行试验。

2）检查绝缘工具和安全用具的表面状态，若发现有裂纹、飞弧、穿孔、烧焦以及绝缘劣化、受潮等缺陷时，应根据轻重程度和所在部位的重要性，分别提出绝缘的加强、补修或干燥处理意见，并经试验合格后方可使用，或提出不能使用的意见。

3）绝缘工具和安全用具的各部件必须安装牢固、可靠，若因机械强度影响作业的安全时，应在处理后方能使用。当某些工具具有特殊机械强度要求时，尚应做有关的机械强度试验。

（3）绝缘电阻的测量

1）工频耐压试验前后，应对绝缘工具表面的绝缘电阻使用 2500V 兆欧表进行测量，两次测量值应无显著变化。

2）测量时，先将试品表面擦拭干净，然后使兆欧表的"线路"及"地"端钮引出的测试电极（电极宽 20mm）相距 20mm 左右，依次平行移动至有效长度的全表面，在此过程中连续转动兆欧表（或电动式兆欧表连续工作），其绝缘电阻数值应无变化，并在一般周围环境温度和湿度（相对湿度 85％以下）下测得的绝缘电阻值不得低于 700MΩ。

3）在上述的测量过程中，须注意兆欧表引出的测试电极与绝缘工具表面应接触良好。

（4）工频交流耐压试验

1）工频耐压试验是绝缘工具型式、出厂及预防性、检查性试验中最重要的电气试验项目，应根据 DL408 所规定的电气试验项目及标准进行。

2）工频交流耐压试验必须在绝缘电阻测量合格后进行，以试品无击穿、无闪络、无过热为合格。

3）试验时，试品一般应垂直悬挂，使接地极的对地距离为 1.0～1.2m。接地极及接高压的电极处以 50mm 宽的金属箔（或 2.5mm² 的细裸铜线）缠绕在试品上。当数件试品同时进行耐压试验时，各试品间的间距应不小于 500mm。此外还要求，试品应整根进行试验，不得分段进行。

4）以上是绝缘工具进行型式、出厂及预防性试验的要求，至于对它们进行检查性试验的要求，则是将绝缘工具分成若干段进行工频交流耐压试验，每 0.3m 耐压 75kV，持续 3min。

5）对于绝缘手套、靴、垫等其他安全用具的工频交流耐压试验标准见表 6-10。

6）绝缘手套的耐压试验在特制的水箱内进行，其试验时，将手套内注水（水面距上沿 5cm），并将其置于水箱内浸入水中，根据绝缘手套的不同高度调节水箱的升降框，使手套外水面同样距其上沿 5cm。调节电极棒的空间位置，要注意手套边缘高出内、外水面的部分应保持干燥。试验前，要检查有无刺穿和开胶现象，为此，可将手套向手指方向卷曲，观察有无漏气或裂口等，如发现有上述缺陷时均应停止使用。

7）绝缘靴、鞋的耐压试验与手套的试验方法相同，水箱内的水面须在鞋口下 2cm。

8）绝缘胶垫、毯之类，可用金属板做电极，电极距离调整到与试品直接接触，电极的直径为 100mm，厚为 5mm，电压加在两电极上，试品由两电极间拉过，凡使用部分，均应获得试验，但在其边缘处应留有足够距离，以免试验过程中出现沿面放电。

9）高压验电器试验：进行清晰发光电压检查时，宜采用变比较小、易于读得准确电压值的试验变压器。升压速度应均匀、缓慢，注视氖灯及电压表，待灯光清晰而且稳定时，读取电压表指示值，此电压即为清晰发光电压。一般应重复 2～3 次。

5. 安全用具相关图表（略）

6.3 典型变电设备的维修

6.3.1 油浸式变压器的维修

1. 油浸式变压器简介

油浸式变压器由于防火的需要，一般安装在单独的变压器室内或室外，具有体积大、成本低、维修简单、散热好、过负荷能力强、适应环境广泛的特点。

油浸式变压器，是以油作为变压器主要绝缘手段，并依靠油作冷却介质，如油浸自冷、油浸风冷、油浸水冷及强迫油循环等，铁芯和绕组都浸在变压器油中，其性能的优劣直接影响变压器的运行状况。

变压器的主要部件有铁芯、绕组、油箱、油枕、呼吸器、防爆管（压力释放阀）、散热器、绝缘套管、分接开关、气体继电器、温度计、净油器等。

2. 油浸式变压器的维修项目

投入运行的变压器，常常由于制造质量不良、安装上的缺陷、运行维护不当等原因，影响变压器的正常运行，甚至造成变压器的损坏事故，直接影响着供电的可靠性。因此，按规程规定进行定期的维护和检修，是防止和避免变压器损坏事故发生的有效措施。《电力变压器检修导则》DL/T 573—2010 对油浸式变压器的维修周期、工作内容、步骤及安全措施均有详细的说明。在具体的实施过程中，除按《电力变压器检修导则》DL/T 573—2010 的规定和设备说明书的要求外，还需特别注意安全措施和实施的步骤。

（1）小修

油浸式电力变压器小修项目如表 6-13，维护项目的基本质量标准：

1）各主要部件外观清洁干净；外观无烧损、破损等异常；本体安装牢固，连接螺栓牢固。

2) 柜体门轴、锁等安装固定牢固；开关门、上开锁等操作过程无卡滞；柜体各孔洞封堵密实、无空隙；柜体基础牢固，柜体无倾斜、下沉、开裂等现象；柜体接地装置各连接部件（电缆扁钢等）无锈蚀、外表油漆无缺损、螺栓紧固、安装固定牢固。

3) 油变箱体等各部件、各附件接口位置等密封良好、无渗漏油/气。

4) 油变箱体等各部件表面无明显锈蚀、漆面良好。

注：表 6-13 中各项目，要求达到上述基本质量标准、并达到对应质量标准。

油浸式电力变压器小修项目　　　　　表 6-13

序号	项目内容	质量标准
1	套管/110kV 钢芯铝绞线进线/33kV 冷缩终端电缆头	外观清洁干净；外观无烧损、破损等异常；本体安装牢固，连接螺栓牢固
2	瓦斯继电器	本体瓦斯继电器通过玻璃检查窗，观察瓦斯继电器内部是否有气体积聚；如果有气体积聚，须检查气体成分及产生气体原因。 保护动作出口时，报警信号、跳闸信号正确，复归按钮正常复归。 法兰等部位无渗漏油
3	油温表	油温表测试超温时，断路器正确跳闸，信号表示正确
4	绕组温度表	绕温表测试温度告警信号表示正确。 绕组超温时，断路器正确跳闸，信号表示正确
5	压力释放阀	压力释放（防爆动作信号）机械、电气等报警、动作表示、显示正确。 微动开关触点接触良好，接通、断开动作正确。 无喷油、渗油情况。 压力释放阀微动开关端子排端子紧固、微动开关触点接触良好
6	吸湿器	吸湿器密封良好、无渗漏油。 加油至正常油位线，能起到呼吸作用。 采用变色硅胶，新装吸附剂应经干燥，并在顶盖下面留出 1/5～1/6 高度的空隙。 变色硅胶变色小于总量 1/3
7	油位计	油位指示正确，无假油位现象。绝缘油油位在正常范围内。表内无潮气、无凝露
8	散热风扇	风扇轴承加注适当润滑油；主变控制箱风扇在风冷全停等各种模式下正确运行
9	油箱	油箱本体、油箱散热器、油枕、油管道等漆面良好、无锈蚀；密封良好、无渗漏油
10	蝶阀	蝶阀密封良好、无渗漏油
11	阀门	阀门密封良好、无渗漏油
12	主变控制箱	柜体门轴、锁等安装固定牢固；本体安装牢固，连接螺栓牢固
13	变压器油在线色谱分析装置	在线色谱分析装置各部位漆面良好、无锈蚀；密封良好、无渗漏油；装置系统运行正常，无死机、重启现象
14	有载切换开关	传动机构安装固定牢固，各部分之间连接牢固，无锈蚀情况。传动机构、齿轮盒等各部件润滑良好。 有载开关循环单体操作、整体操作检查，分接开关单体操作、整体操作 2 个循环，各机构部件无卡滞，操作过程中声音正常
15	电阻柜电阻值测量	实测值与出厂值比较，(差值/原值) 在 ±10% 内
16	电阻柜绝缘子、电阻	外观清洁干净；外观无烧损、破损等异常；本体安装牢固，连接螺栓牢固

(2) 电气试验

油浸式电力变压器预防性试验项目，不同等级、不同容量、不同结构的变压器试验项目略有不同，《电力设备预防性试验规程》DL/T 596—1996 规定的油浸式变压器本体预防性试验项目主要内容有见表6-14，绝缘油试验项目见表6-15。

油浸式电力变压器（1.6MVA以上）试验项目　　　　表6-14

序号	项目内容	质量标准
1	油中溶解气体色谱分析	运行设备的油中 H_2 与烃类气体含量（体积分数）超过下列任何一项值时应引起注意： 总烃含量大于 150×10^{-6}（体积分数）； H_2 含量大于 150×10^{-6}（体积分数）； C_2H_2 含量大于 5×10^{-6}（500kV变压器为 1×10^{-6}）（体积分数）
2	绕组直流电阻	1.6MVA以上变压器，各相绕组电阻相互间的差别不应大于三相平均值的2%，无中性点引出的绕组，线间差别不应大于三相平均值的1%
3	绕组绝缘电阻、吸收比或（和）极化指数	(1) 绝缘电阻换算至同一温度下，与前一次测试结果相比应无明显变化； (2) 吸收比（10～30℃范围）不低于1.3或极化指数不低于1.5
4	绕组的tgδ	(1) 20℃时tgδ不大于下列数值： 330～500kV，0.6%； 66～220kV，0.8%； 35kV及以下，1.5%。 (2) tgδ值与历年的数值比较不应有显著变化（一般不大于30%）
5	铁芯（有外引接地线的）绝缘电阻	(1) 与以前测试结果相比无显著差别； (2) 运行中铁芯接地电流一般不大于0.1A
6	绕组泄漏电流	实测值与上次测试值或出厂值比较，（差值/原值）在±10%内
7	绕组所有分接的电压比	(1) 各相应接头的电压比与铭牌值相比，不应有显著差别，且符合规律； (2) 额定分接电压比允许偏差为±0.5%，其他分接的电压比应在变压器阻抗电压值（%）的1/10以内，但不得超过±1%
8	校核三相变压器的组别或单相变压器极性	必须与变压器铭牌和顶盖上的端子标志相一致
9	空载电流和空载损耗	与前次试验值相比，无明显变化
10	短路阻抗	与前次试验值相比，无明显变化
11	有载调压装置的试验和检查	范围开关、选择开关、切换开关的动作顺序应符合制造厂的技术要求，其动作角度应与出厂试验记录相符
12	测温装置及其二次回路试验	密封良好，指示正确，测温电阻值应和出厂值相符
13	气体继电器及其二次回路试验	整定值符合运行规程要求，动作正确。 绝缘电阻一般不低于1MΩ
14	压力释放器校验	动作值与铭牌值相差应在±10%范围内或按制造厂规定

绝缘油试验项目 表 6-15

序号	项目内容	质量标准
1	绝缘油耐压测试	耐压击穿电压：新装或大修后≥35kV；运行中≥30kV
2	绝缘油溶解气体色谱测试	(1) 新投运后设备的油中 H_2 与烃类气体含量（体积分数 $\mu L/L$）不应超过下列值： 1) 总烃含量：20； 2) H_2 含量：10； 3) C_2H_2 含量：0。 (2) 运行中设备的油中 H_2 与烃类气体含量（体积分数 $\mu L/L$））超过下列任何一项值时应引起注意： 1) 总烃含量：150； 2) H_2 含量：150； 3) C_2H_2 含量：5。 (3) 烃类气体总和的产气速率大于 12mL/日，或相对产气速率大于 10%/月，则认为设备有异常
3	绝缘油糠醛含量测试	(1) 含量超过下表值时，一般为非正常老化需跟踪检测： 1) 1～5 年：0.1mg/L； 2) 5～10 年：0.2mg/L； 3) 10～15 年：0.4mg/L； 4) 15～20 年：0.75mg/L。 (2) 测试值大于 4mg/L 时，认为绝缘老化已比较严重
4	绝缘油水分测试	油中水含量，新装水含量≤20mg/L，运行中水含量≤35mg/L
5	绝缘油水溶性酸 pH 值测试	绝缘油水溶性酸 pH 值，新装 pH 值>5.4，运行中 pH 值≥4.2
6	绝缘油酸值测试	绝缘油酸值，新装≤0.03mgKOH/g，运行中≤0.1mgKOH/g
7	绝缘油闪点测试（闭口）测试	(1) 新装 1) 10 号、25 号油≥140℃。 2) 45 号油≥135℃。 (2) 运行中 1) 10 号、25 号油≥135℃。 2) 45 号油≥130℃
8	绝缘油 tgδ 测试（90℃）	绝缘油 tgδ：新装≤1%，运行中≤4%
9	绝缘油界面张力（25℃）测试	界面张力：新装≥35mN/m，运行中≥19mN/m
10	绝缘油油泥与沉淀物测量（质量百分数）测试	油泥与沉淀物（质量百分数）<0.02
11	绝缘油外状检查	透明、无杂质或悬浮物（外观目视）

(3) 保护校验

110kV 油式变压器保护校验项目应按其具体保护配置而设定，一般性保护校验项目及质量标准见表 6-16 所示。

油浸式电力变压器保护校验项目 表 6-16

序号	项目内容	质量标准
1	油变压力释放阀开启压力、关闭压力等校验	压力释放阀"开启压力、关闭压力"动作值与铭牌值相差应在±10%范围内或符合制造厂规定
2	本体重瓦斯保护	(1) 对应断路器正确跳闸或报警。 (2) 面板报警信号,后台报文正确。 (3) 操作瓦斯继保装置试验按钮、复位按钮,功能正常
3	本体轻瓦斯保护	
4	有载重瓦斯保护	
5	油温超温报警	(1) 对应断路器正确跳闸或报警。 (2) 面板报警信号,后台报文正确。 (3) 温度继保装置正确动作、出口,各信号指示正确
6	油温超温跳闸	
7	绕组温度报警	
8	绕组超温跳闸	
9	风机启动功能测试	风机启动、停止逻辑符合图纸、设计要求

6.3.2 干式变压器的维修

1. 干式变压器简介

干式变压器主要由硅钢片组成的铁芯和环氧树脂浇注的线圈组成,高低压线圈之间放置绝缘筒增加电气绝缘,并由垫块支撑和约束线圈,其零部件搭接的紧固件均有防松性能。

环氧树脂浇注式干式变压器具有绝缘强度高、抗短路能力强、防灾性能突出、环境性能优越、维护工作量小等优点,广泛用于城市轨道交通供电系统中。在城市轨道交通使用中,一般分为整流变压器和动力变压器,整流变压器应用于变换电压等级供牵引列车动力用电,而动力变压器应用于则除牵引列车动力用电外的其他所有照明、动力等用电。干式动力变压器结构如图 6-5。

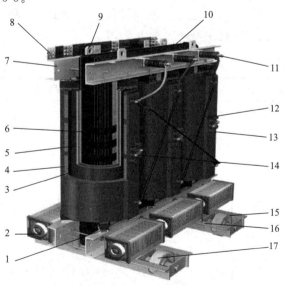

图 6-5 干式变压器结构图

1—垫块;2—风机;3—冷却气道;4—高压绕组;5—低压绕组;6—铁芯;7—夹件;8—低压出线铜排;9—吊环;10—上铁轭;11—高压端子;12—高压连接杆;13—高压分接头;14—高压连接片;15—底座;16—接地螺柱;17—双向轮

2. 干式变压器的维修项目

(1) 小修

干式变压器的小修项目如表 6-17 所示，维护项目的基本质量标准：

1）各主要部件外观清洁干净；外观无烧损、破损等异常；本体安装牢固，连接螺栓牢固。

2）柜体或网栅防护门、门轴、锁等安装固定牢固；开关门、上开锁等操作过程无卡滞；各孔洞封堵密实、无空隙；基础牢固，无倾斜、下沉、开裂等现象；接地装置各连接部件（电缆扁钢等）无锈蚀、外表油漆无缺损、螺栓紧固、安装固定牢固。

3）表 6-17 中各项目，要求达到上述基本质量标准，并达到对应质量标准。

干式变压器小修项目　　　　　表 6-17

序号	项目内容	质量标准
1	A、B、C、三相高压绕组	A、B、C 三相抽头位置绝缘良好，绕组外表干净、无闪络放电痕迹
2	低压绕组	A、B、C 三相抽头位置绝缘良好，绕组外表干净、无闪络放电痕迹
3	铁芯	表面无掉漆
4	A、B、C 三相母线	母线固定良好、绝缘防护良好；支持绝缘子无裂纹、无破损；电缆线鼻子外观无异常、连接螺栓牢固
5	绝缘子	外观清洁干净；外观无烧损、破损等异常；本体安装牢固，连接螺栓牢固
6	冷缩终端头	A 相黄色、B 相绿色、C 相红色、标识清晰
7	通风气道	通风气道内无异物
8	温控箱	温控箱电路板与感温电缆接口处连接螺栓牢固，保护功能正常
9	测温回路	达到基本质量标准

(2) 电气试验

电力变压器预防性试验项目，参考《电力设备预防性试验规程》DL/T 596—1996 规定的干式变压器预防性试验项目主要内容见表 6-18。

干式变压器预防性试验项目　　　　　表 6-18

序号	项目内容	质量标准
1	绕组直流电阻	(1) 相间差别不大于平均值的 4%，线间差别不大于平均值的 2%。 (2) 与上次测试值比较，其变化小于 2%。 (3) 不同温度下电阻值按下式换算： $R_2 = R_1(T+t_2)/(T+t_1)$
2	绕组绝缘电阻	绝缘电阻换算至同一温度下；2500V 兆欧表，与上次测试值相比应无显著变化，不小于上次值的 70%
3	交流耐压试验	按出厂试验电压值的 0.8 倍进行。变压器高压、低压侧各设备、部件无放电、无烧损、无破损、无明显振动、无明显噪声等异常现象。耐压测试无击穿、无放电烧损，泄漏电流符合要求
4	绕组所有分接的电压比	(1) 各相应接头的电压比与铭牌值相比，不应有显著差别，且符合规律。 (2) 额定分接电压比允许偏差±0.5%，其他分接的电压比应在变压器阻抗电压（%）的 10% 以内，但不得超过±1%
5	测温装置及其二次回路试验	(1) 按照制造厂的技术要求。 (2) 指示正确，测温电阻值应与出厂值相符。 (3) 500V 兆欧表，绝缘电阻≥2MΩ

(3) 保护校验

干式变压器温控箱保护功能校验项目应按其具体保护配置而设定，干式变压器温控箱保护功能校验项目及质量标准见表 6-19 所示。

干式变压器温控箱保护功能校验项目及质量标准　　　表 6-19

序号	项目内容	质量标准
1	绕组温度报警校验	(1) 继保装置正确动作、出口（或报警），出口继电器正确动作。 (2) 继保装置面板、柜面指示灯等动作、报警等指示灯正确，后台报文正确
2	绕组温度跳闸校验	
3	铁芯温度报警校验	
4	电源故障报警校验	
5	开门报警保护校验	

6.3.3 GIS 开关柜的维修

1. GIS 开关柜的简介

(1) GIS 的简介

在电力工业中，GIS 是指六氟化硫封闭式组合电器，国际上称为气体绝缘金属封闭开关设备（Gas Insulated Switchgear，简称 GIS），GIS 结构见图 6-6，它将一座变电站中除变压器以外的一次设备，包括断路器、隔离开关、接地开关、电压互感器、电流互感器、避雷器、母线、电缆终端、进出线套管等，经优化设计有机地组合成一个整体，以 SF6 气体作为绝缘介质。

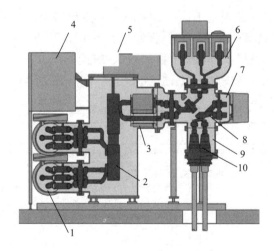

图 6-6　GIS 结构图

1、8—隔离/接地组合开关；2—灭弧室；3—电流互感器；4—控制柜；5—断路器控制机构；
6—电压互感器；7—快速接地开关；9—电缆终端桶；10—电缆终端头

(2) 气体管理

GIS 中气体的管理是一个重要的环节，对此，现行国家标准均有详细具体的要求，可参见《六氟化硫电气设备中气体管理和检测导则》GB/T 8905—2012、《六氟化硫电气设备运行、试验及检修人员安全防护导则》DL/T 639—2016、《六氟化硫电气设备气体监督导则》DL/T 595—2016。以下仅说明几个概念性的问题。

1)压力

SF6气体压力是表征GIS性能的宏观标志,必须经常保持在产品技术条件规定的范围内。

2)水分

控制GIS水分含量的基本原则是保证所含水蒸气的露点在-5℃以下,使固体绝缘件的沿面闪络电压不致因凝露而降低;保证与电弧分解物作用的生成物很少,不致引起设备损坏或性能下降。

从安全性和经济性两方面综合考虑,对GIS中有电弧分解物隔室和无电弧分解物隔室制定不同的水分含量管理指标是必要的。

3)纯度

充入GIS的气体应是经过抽样检查,符合新气纯度指标的合格气体。运行一段时间后,随着空气的侵入、电弧或局部放电的出现,会使气体逐渐被污染,纯度降低。试验表明,当SF6气体含量(体积百分数)为95%以上时,对绝缘和开断性能影响甚微。

2. GIS开关柜的维修项目

一般GIS的计划性维修按维修深度、维修类型可分为小修、电气试验、保护校验等,下面以AC35kV GIS开关柜为例。

(1)小修

GIS开关柜设备小修工作项目见表6-20;小修维护项目应满足以下基本质量标准:

1)各主要部件外观清洁干净;外观无烧损、破损等异常;本体安装牢固,连接螺栓牢固。

2)柜体门轴、锁等安装固定牢固;开关门、上开锁等操作过程无卡滞;柜体各孔洞封堵密实、无空隙;柜体基础牢固,柜体无倾斜、下沉、开裂等现象;柜体接地装置各连接部件(电缆扁钢等)无锈蚀、外表油漆无缺损、螺栓紧固、安装固定牢固。

3)表6-20中各项目,要求达到上述基本质量标准,并达到对应质量标准。

GIS开关柜设备小修项目 表6-20

序号	项目内容	质量标准
1	母线-A、B、C 3相母线	紧固气室法兰螺栓,清洁GIS外壳
2	断路器-传动机构	传动主轴、卷型弹簧、其他传动部件(传动连杆、轴承、齿轮、链条、弹簧、插销、卡簧等)、分合闸机械闭锁部件、分合闸脱扣部件、分合闸指示部件、分合闸二次信号部件、液压部件等外观良好、无破损;各部件紧固、无松脱;各部件之间无明显摩擦、碰撞;润滑良好、无锈蚀;液压部件无明显无渗漏
3	断路器-电机	电机润滑良好、无锈蚀
4	断路器-辅助触点开关	外观清洁干净、连接螺栓牢固
5	断路器-行程开关	外观清洁干净、连接螺栓牢固
6	断路器-位置传感器	位置传感器功能正常
7	断路器-断路器	储能指示正确,储能过程无卡滞、无异响
8	断路器-断路器	分闸、合闸一次侧设备到位,分闸、合闸位置指示显示正确;动作过程无卡滞、声音无异常
9	工位开关-传动机构	传动轴、其他传动部件(传动连杆、轴承、齿轮、链条、弹簧、插销、卡簧等)、分合闸机械闭锁部件、分合闸指示部件、分合闸二次信号部件等外观良好、无破损;各部件紧固、无松脱;各部件之间无明显摩擦、碰撞;润滑良好、无锈蚀

续表

序号	项目内容	质量标准
10	工位开关-电机	电机安装牢固,连接螺栓牢固。无破损,润滑良好、无锈蚀
11	工位开关-辅助触点开关	辅助触点开关安装牢固,连接螺栓牢固;无破损
12	工位开关-行程开关	行程开关安装牢固,连接螺栓牢固
13	工位开关-3工位开关	分闸、合闸一次侧设备到位,位置指示显示正确;动作过程无卡滞、声音无异常
14	GIS电缆头	A、B、C 3相,黄、绿、红的颜色标识清晰。外观无烧损、无发黑、无老化现象
15	电流传感器、电压传感器	外观清洁干净;外观无烧损、破损。本体安装牢固,连接螺栓牢固
16	避雷器	外观清洁干净;外观无烧损、破损。本体安装牢固,连接螺栓牢固
17	接地母线	外观清洁干净;外观无烧损、破损。本体安装牢固,连接螺栓牢固
18	气室-防爆膜	防爆膜无异常膨胀凹陷、无偏向一侧
19	气室-SF6密度传感器	达到基本质量标准
20	气室-阀门	阀门外表除锈涂油,无锈蚀
21	气室-SF6	SF6各气室气压值正常
22	气室-气室	气室外表无锈蚀、漆面良好

(2) 电气试验

AC35kV GIS开关柜电气预防性试验项目主要内容见表6-21。

GIS开关柜电气预防性试验项目 表6-21

序号	项目内容	质量标准
1	母线回路电阻测量	主回路电阻(接触电阻)实测值对比原值(出厂值或第1次测试初始值),(差值/原值)在±10%内
2	母线交流耐压测试	试验电压值取出厂试验值的0.8倍;测试无击穿、无放电烧损
3	母线(相)对(地)绝缘电阻测试	2500V兆欧表,绝缘电阻≥1000MΩ
4	GIS局部放电测试	额定电压时,视在放电量≤20pC
5	二次辅助回路和控制回路绝缘电阻	500V兆欧表,绝缘电阻≥2MΩ
6	二次辅助回路和控制回路交流耐压试验	2500V兆欧表,5min耐压试验
7	SF6气体密度继电器(包括整定值)检验	符合制造厂规定
8	GIS中的连锁和闭锁性能试验	符合制造厂规定
9	断路器的分合闸时间测量	分合闸时间测量结果应符合制造厂规定
10	断路器的合闸不同期、分闸不同期的时间测量	除制造厂另有规定外,断路器的分、合闸同期性应满足下列要求: (1) 相间合闸不同期≤5ms。 (2) 相间分闸不同期≤3ms
11	灭弧室真空度测量	耐压测试无击穿、无放电烧损,泄漏电流符合要求。注:用断口耐压测试代替

(3) 保护校验

GIS 开关柜设备保护功能校验项目应按其具体保护配置而设定,GIS 开关柜设备保护校验项目及标准见表 6-22。

GIS 开关柜设备保护校验项目及质量标准　　　　表 6-22

序号	项目内容	质量标准
1	差动保护—本侧、对侧通信中断保护校验	(1) 临界动作电流、动作时间与定值相比,(差值/原值)在±5%内。 (2) 继保装置正确动作、出口(或报警),出口继电器正确动作。 (3) 继保装置面板、柜面指示灯等动作、报警等指示灯正确,后台报文正确。 (4) 装置实际保护设置以定值整定单为准,各保护均需校验
2	差动保护—本侧、对侧差动电流和制动电流测量	
3	差动保护—差动保护动作保护校验	
4	相数字通信过流保护	
5	零序数字通信过流保护	
6	进(出)线后备保护	
7	母线主保护	
8	电流保护—过流保护校验	
9	电流保护—零序保护校验	
10	电流保护—速断保护校验	
11	电流保护—零序速断保护校验	
12	电流保护—弧光检测过负荷保护校验	
13	电流保护—过负荷保护校验	
14	GIS 开关柜母联自投功能测试	母联断路器按设定、运行条件正确自投

6.3.4　1500V 直流开关柜的维修

1. 1500V 直流开关柜简介

1500V 直流开关设备由固定的柜体和可移开部件组成,结构上分各种功能小室。功能小室通常有直流断路器室、保护控制室、主母线室、排气或通风室、通风腔附室、线路测试设备隔间和电缆连接室等多个部分。其主要用于直流牵引供电系统,作为直流电能分配,实现对馈线,接触网或接触轨等设备的测控、保护和上位监控设备的总线通信。

1500V 直流断路器主要部件有灭弧罩、动静触头、触头压力弹簧、闩锁分闸弹簧、驱动梁、永磁操作机构衔铁、永磁操作机构复位弹簧、操作机构合闸和复位线圈、上下一次连接触头、直流过载跳闸永磁回路(大电流脱扣)和轴销等。详见图 6-7。

2. 1500V 直流开关柜的维修项目

本节介绍 1500V 直流开关柜的维护检修项目和工艺要求,目的是检查运行中的 1500V 直流开关柜的运行状态,检查各类联锁、闭锁、联跳关系是否正常。设备的维修工作包含开关柜的所有一次设备和二次设备,应特别注意的直流断路器的维修质量。

在国内城市轨道交通中,DC1500V 开关柜应用的直流断路器众多,其各自维修项目及质量标准应结合设备特点及厂家提供参考标准制定。下面以 UR40 系列直流断路器的维修项目进行说明。

(1) 小修

1500V 直流开关柜设备小修项目见表 6-23。小修维护项目应满足以下基本质量标准:

1) 各主要部件外观清洁干净;外观无烧损、破损等异常;本体安装牢固,连接螺栓牢固。

2) 10 年检更换不符合技术标准的部件,使用寿命达到规定要求的部件,以及螺栓螺母、卡簧、插销等易损部件。

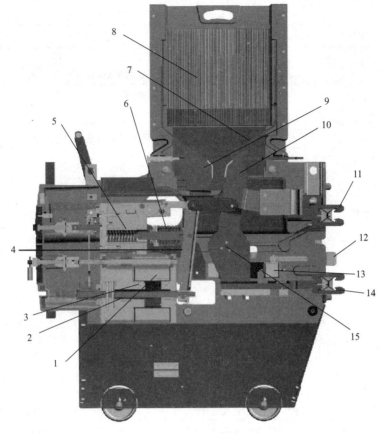

图 6-7 直流小车结构

1—操作机构合闸和复位线圈;2—永磁操作机构复位弹簧;3—永磁操作机构衔铁;4—驱动梁;5—闩锁分闸弹簧;
6—触头压力弹簧;7—动触头移动触头;8—灭弧罩的分隔片;9—静触头;10—动触头;11—上端一次连接触头;
12—断路器接地点;13—直接过载跳闸永磁回路;14—下端一次连接触头;15—轴销

3)表 6-23 中各项目,要求达到上述基本质量标准,并达到对应质量标准。

1500V 直流开关柜设备小修项目 表 6-23

序号	项目内容	质量标准
1	触头测量打磨	合闸状态下测量记录静触头底座与动触头羊角之间的距离 W_1 值,或测量合闸线圈处动触头推动杆外露部分长度 W_2 值,其符合要求:$W_1 > 38 \pm 1mm$;$W_2 > 3 \pm 1mm$;动、静触头处无油脂。动触头、静触头表面打磨至光滑、平整
2	触指检查紧固润滑	(1)触指外观无烧损、破损,各弹簧件无变形; (2)与断路器一次导体连接牢固、连接螺栓牢固; (3)在触指处涂抹适量导电膏
3	导体检查紧固	(1)软连接无散股、断股、氧化; (2)M12 螺栓紧固力矩为 67N·m±10%
4	灭弧罩外观检查	整体框架无开裂、断裂
5	散热器外观检查紧固	(1)散热器与主回路导体紧密,表面漆面良好; (2)M5 内六角紧固力矩为 5.4N·m±10%

续表

序号	项目内容	质量标准
6	框架检查紧固	(1) 外观检查无开裂、断裂； (2) M10 电极螺母紧固力矩：44N·m±10%
7	合闸线圈电阻测量	(1) 直流电阻在 9.4Ω±8%内； (2) 4mm 内六角，标准力矩 2.9N·m±10%
8	拨叉测量紧固	(1) 在拨叉单元、动触头棘爪处涂油（建议 Molycote 长效 W_2 油脂）； (2) X 间距=2±0.5mm； 　　Y 间距=2.0+0.2/2.0−0.5mm； (3) 8mm 螺栓紧固力矩为：22N·m±10%
9	分合闸操作检查	断路器分闸、合闸一次侧设备到位，位置指示显示正确；分闸、合闸动作过程无卡滞、声音无异常
10	UR 左右限弧板测量	新装厚度等于 20mm，剩余厚度大于 10mm；未出现裂纹；更换不符合标准的隔弧板
11	UR 灭弧角测量	横截面积大于原始面积（20×4mm^2）的一半；更换不符合标准的灭弧角
12	UR 去离子板检查测量	树脂去离子板、金属灭弧栅片当局部烧损深度大于等于 1/2 原截面厚度（原厚度 2.5mm），或烧损面积≥100mm^2（约成人拇指指甲大小），或出现裂纹、长度大于等于 10mm 时，更换树脂去离子板、金属灭弧栅片。 灭弧罩大、小树脂去离子板、金属灭弧栅片装配正确，落入灭弧罩外壳凹槽中。 更换不符合标准的去离子板
13	UR 金属灭弧栅片检查测量	当烧损高度达到原元器件的 1/2 时，更换不符合标准的金属栅片
14	UR 阻尼器检查	阻尼器上有油迹或阻尼器与框架连接的底部有油迹的，更换不符合标准的阻尼器
15	UR 操作检查测量	含辅助触点开关及传动机构；Z 间距=1.6±0.2mm

(2) 电气试验

1500V 直流开关柜设备电气试验项目见表 6-24，断路器试验项目结合设备特点而设置，下面断路器试验质量标准以赛雪龙 UR40 型号进行说明。

1500V 直流开关柜设备电气试验项目　　　　　　表 6-24

序号	项目内容	质量标准
1	正极母线对框架及地耐压测试； 正极母线对负极耐压测试； 负极母线对框架及地耐压测试	工频耐受电压：对地、极间耐压等于 AC 5.5kV，时间 5min；耐压测试无击穿、无放电烧损，泄漏电流符合要求
2	正极母线对框架及地绝缘电阻测试； 正极母线对负极绝缘电阻测试； 负极母线对框架及地绝缘电阻测试	2500V 兆欧表，绝缘电阻大于等于 20MΩ
3	框架绝缘电阻测试	2500V 兆欧表；新装/大修的设备框架，绝缘电阻≥2MΩ；运营中的设备框架，绝缘电阻≥0.5MΩ
4	二次线路对地耐压测试	2500V 兆欧表，时间 5min；耐压测试无击穿、无放电烧损，泄漏电流符合要求
5	二次线路对地绝缘电阻测试	500V 兆欧表，绝缘电阻≥2MΩ

续表

序号	项目内容	质量标准
6	断路器主回路对小车框架耐压测试	工频耐受电压：对地、极间耐压等于 AC 5.5kV，时间 5min；耐压测试无击穿、无放电烧损，泄漏电流符合要求
7	断路器断口耐压测试	工频耐受电压：断口耐压等于 AC 6.6kV，时间 5min；耐压测试无击穿、无放电烧损，泄漏电流符合要求
8	断路器大电流脱扣定值校验	实测值对比原值（出厂值或第1次测试初始值），（差值/原值）在±10%内
9	断路器（主回路一次）对（小车框架）绝缘电阻测试	2500V 兆欧表，绝缘电阻≥20MΩ
10	断路器（断口之间）绝缘电阻测试	2500V 兆欧表，绝缘电阻≥200MΩ
11	断路器（合闸线圈）对（地）绝缘电阻测试	500V 兆欧表，绝缘电阻≥2MΩ
12	断路器主回路接触电阻测试	(1) 接触电阻实测值对比原值（出厂值或第1次测试初始值），（差值/原值）在±20%内。 (2) 接触电阻测试电流 300A
13	断路器与母线接触电阻	(1) 断路器与母线接触电阻实测值对比原值（出厂值或第1次测试初始值），（差值/原值）在±20%内。 (2) 主回路电阻试验电流 300A
14	UR40 主回路接触电阻测试	接触电阻，≤60μΩ
15	UR40 分闸时间测试	分闸时间，t≤30ms
16	UR40 合闸时间测试	合闸时间，100ms≤t≤250ms
17	UR40 最小合闸电流测试	最小合闸电流，$I_{合}$≤6.3A
18	UR40 最小合闸保持电流测试	最小合闸保持电流，$I_{合保}$≤0.35A
19	UR40 合闸线圈直流电阻测试	合闸线圈，$R_{合}$=9.4Ω±8%
20	UR40 合闸保持电阻测试	合闸保持电阻 $R_{合保}$=210Ω±5%

（3）保护校验

1500V 直流开关柜设备保护功能校验项目应按其具体保护配置而设定，一般性保护校验项目及标准见表 6-25。

1500V 直流开关柜保护校验项目　　　　　表 6-25

序号	项目内容	质量标准
1	进线柜/馈线柜—断路器本体大电流脱扣保护校验	动作电流值与定值相比，（差值/原值）在±5%内
2	进线柜—逆流保护校验	(1) 动作电流与定值相比，（差值/原值）在±5%内。 (2) 继保装置正确动作、出口（或报警），出口继电器正确动作。 (3) 继保装置面板、柜面指示灯等动作、报警等指示灯正确，后台报文正确。 (4) 装置实际保护设置以定值整定单为准
3	馈线柜—I_{max}电流速断保护校验	
4	馈线柜—电流增量保护校验	
5	馈线柜—电流变化率保护校验	
6	馈线柜—UMZ（IDMT）保护校验	
7	馈线柜—接触网热过负荷保护校验	
8	馈线柜—线路测试合闸、重合闸保护校验	
9	馈线柜—功能双边联跳保护校验	

6.3.5 整流器的维修

1. 整流器简介

整流器是将交流电能转换成直流电能的重要设备。目前，为了提高直流电的供电质量，降低直流电源的脉动量，城市轨道交通多数采用等效 24 脉波整流机组，一般都由两台 12 脉波的整流变压器和与之匹配的整流器共同组成。牵引变电所 1500V 直流母线为单母线接线形式，2 台整流器并列运行。

整流器主要的元器件有二极管、压敏电阻、特种熔断器、电压互感器、电压传感器、交流电压表、直流电压表、直流电流表、逆流传感器、电流传感等，整流器电气原理图如图 6-8～图 6-10 所示。

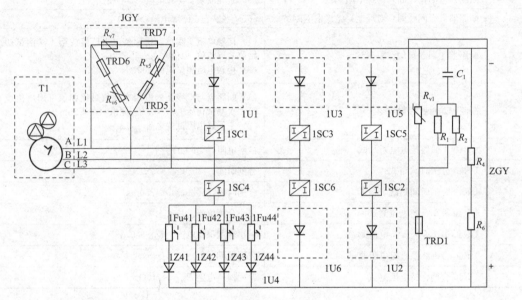

图 6-8 整流器电气原理示意图

JGY—交流侧过电压保护；ZGY—直流侧过电压保护；R_v—压敏电阻；R_4、R_6—压仓电阻；TRD—快速熔断器；1Z41～1Z61—二极管；1FU41～1FU61—快速熔断器；1SC1～1SC6—电流传感器；C_1—电容器

图 6-9 压敏电阻、特种熔断器

图 6-10 电流传感器

2. 整流器的维修项目

对于整流器组来说，由于其工作电压不是很高，故对绝缘水平的要求相对较低。维修时，一些高压试验项目，如交、直流耐压试验、局部放电试验等在预防性试验项目中一般都可以不用做，只要用摇表测试其绝缘合格后就可以送电投入运行。但是由于受整流器的负荷特性影响，其内部一次元件容易松动，因此平时对设备的巡视维护工作很重要，特别是对压敏电阻、熔断器、RC回路等一次元件的紧固、过热监测、电气试验等工作要极为重视。整流器维修分为小修、电气试验、保护校验等。

(1) 小修

整流器小修项目见表6-26。小修维护项目应满足以下基本质量标准。

1) 各主要部件外观清洁干净；外观无烧损、破损等异常；本体安装牢固，连接螺栓牢固。

2) 柜体门轴、锁等安装固定牢固；开关门、上开锁等操作过程无卡滞；柜体各孔洞封堵密实、无空隙；柜体基础牢固，柜体无倾斜、下沉、开裂等现象；框架接地装置各连接部件无锈蚀、外表油漆无缺损、螺栓紧固、安装固定牢固。

3) 表6-26中各项目，要求达到上述基本质量标准，并达到对应质量标准。

整流器小修项目 表6-26

序号	项目内容	质量标准
1	柜内A、B、C三相母线	A、B、C三相母线上有电气连接的固定螺丝应按力矩要求进行紧固、划线
2	正负极母线	正极、负极母线上有电气连接的固定螺丝应按力矩要求进行紧固、划线
3	外接A、B、C三相电缆	A、B、C三相电缆固定良好、无侵入限界。绝缘电阻试验符合标准
4	整流二极管及散热器	达到基本质量标准
5	快速熔断器	熔断器指示牌未凸出
6	电流互感器	达到基本质量标准
7	绝缘子	绝缘子无闪络放电痕迹，外观清洁干净，无烧损、破损
8	阻容吸收回路	分压电阻值在标准值±5%内

(2) 电气试验

整流器的电气试验项目见表6-27。在实际运行中，直流侧压敏电阻故障率偏高，电气试验时，应特别注意交直流侧压敏电阻泄漏电流试验数据，及时更换不符合质量要求的元件。

整流器的电气试验项目 表6-27

序号	项目内容	质量标准
1	电流互感器变比测试	与铭牌标志相符合。比值差和相位差与制造厂试验值比较应无明显变化，并符合等级规定
2	电流互感器励磁特性测试	与同类型互感器特性曲线或制造厂提供的特性曲线相比较，应无明显差别。多抽头电流互感器可在使用抽头或最大抽头测量
3	整流桥臂均流测试	均流系数对，≥0.8（100A测试电流）
4	整流器柜母线试验	引用DC1500V母线试验标准
5	压敏电阻试验	(1) U_{1mA} 实测值对比原值（出厂值或第1次测试初始值），（差值/原值）在±5%内； (2) $0.75U_{1mA}$ 下的泄漏电流，<50μA

（3）保护校验

整流器保护功能校验项目应按其具体保护配置而设定，一般性保护校验项目和质量标准见表 6-28。

整流器的保护校验项目和质量标准　　　　　　　　　　表 6-28

序号	项目内容	质量标准
1	二极管故障报警	（1）继保装置正确动作、出口（或报警），出口继电器正确动作； （2）继保装置面板、柜面指示灯等动作、报警等指示灯正确，后台报文正确； （3）装置实际保护设置以定值整定单为准，各保护均需校验
2	二极管故障跳闸	
3	逆流保护跳闸	
4	温度报警保护	
5	温度跳闸保护	
6	失电报警	

6.3.6 再生制动能量吸收装置的维修

1. 再生制动能量吸收装置的简介

制动能量的回收利用模式，主要包括以下几种形式：电阻耗能型、电容储能型、飞轮储能型、逆变回馈型（包括逆变至中压和逆变至低压）等多种方式。下面以逆变回馈型（以下称为"能馈装置"）为例进行介绍。

能馈装置包括一台变流变压器柜、一台变流器柜、一台隔离开关柜，能馈装置直流侧通过 1500V 开关柜和负极柜接直流牵引网，交流侧通过 35kV 开关柜接站内 35kV 母线。系统框图如图 6-11 所示，其中虚线方框为再生制动能量逆变回馈装置。

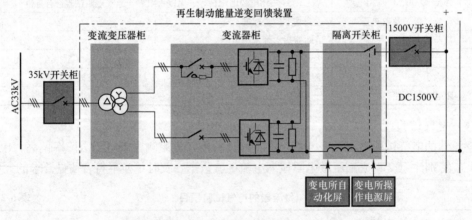

图 6-11　再生制动能量逆变吸收装置系统框图

变流变压器：变流变压器是连接变流器柜与 35kV 供电系统的桥梁，采用轴向双分裂结构设计，低压侧含有 2 个绕组，集成交流侧滤波电抗器，不仅减小了再生电能的谐波，而且减小了整体结构体积。

变流器柜：当检测系统达到条件时，变流柜启动回馈，将能量回馈通过变流变压器及 35kV 开关柜回馈到供电系统中。变流器柜内装有两个变流器模块、1 个控制系统（DCU）及两台交流断路器。两个断路器作交流侧电源保护。

隔离开关柜：隔离开关柜中装有双极电动直流隔离开关、直流电抗器，变流器柜通过隔离开关柜连接到直流 1500V 牵引网。隔离开关柜内的上位机实现与 SCADA 系统通信功能。

2. 能馈装置的维修项目

本节介绍能馈装置的维护检修项目和工艺要求,目的是检查能馈装置的运行状态,检查各类元器件性能是否正常。

(1) 小修

能馈装置设备小修项目见表 6-29。小修维护项目应满足以下基本质量标准:

1) 各主要部件外观清洁干净;外观无烧损、破损等异常;本体安装牢固,连接螺栓牢固。

2) 柜体门轴、锁等安装固定牢固;开关门、上开锁等操作过程无卡滞;柜体各孔洞封堵密实、无空隙;柜体基础牢固,柜体无倾斜、下沉、开裂等现象;柜体接地装置各连接部件(电缆扁钢等)无锈蚀、外表油漆无缺损、螺栓紧固、安装固定牢固。

3) 表 6-28 中各项目,要求达到上述基本质量标准,并达到对应质量标准。

能馈装置设备小修项目 表 6-29

序号	项目内容	质量标准
1	三相电缆	A、B、C 三相,黄、绿、红的颜色标识清晰。外观无烧损、无发黑、无老化现象
2	干式变压器	引用干式动力变小修
3	正负极母线	外观清洁干净;外观无烧损、破损
4	断路器	断路器分闸、合闸一次侧设备到位,位置指示显示正确;分闸、合闸动作过程无卡滞、声音无异常

(2) 电气试验

1) 能馈变压器试验项目参照第 2 节干式变压器试验项目;

2) 能馈开关柜的电气试验项目见表 6-30。

能馈开关柜的电气试验项目 表 6-30

序号	项目内容	质量标准
1	母线试验	引用 1500V 直流开关柜试验
2	设备柜(二次线路)对(地)耐压测试	2500V 兆欧表,时间 5min;耐压测试无击穿、无放电烧损,泄漏电流符合要求
3	设备柜(二次线路)对(地)绝缘电阻测试	500V 兆欧表,绝缘电阻≥2MΩ
4	避雷器(一次导体)对(地)绝缘电阻测试	2500V 兆欧表,绝缘电阻≥1000MΩ
5	避雷器 U_{1mA} 电压 U_{1mA} 及 $0.75U_{1mA}$ 下的泄漏电流测试	(1) U_{1mA} 实测值对比原值(出厂值或第 1 次测试初始值),(差值/原值)在±5%内。 (2) $0.75U_{1mA}$ 下的泄漏电流<50μA

(3) 保护校验

能馈装置设备保护功能校验项目应按其具体保护配置而设定,一般性保护校验项目及质量标准见表 6-31。

表 6-31 能馈系统的保护校验项目及质量标准

序号	项目内容	质量标准	备注
(1)	IGBT 过流保护	（1）继保装置正确动作、出口（或报警），出口继电器正确动作。 （2）继保装置面板、柜面指示灯等动作、报警等指示灯正确，后台报文正确	装置实际保护设置以定值整定单为准，各保护均需校验
(2)	失压保护		
(3)	过压保护		
(4)	IGBT 超温保护		
(5)	熔断器保护		
(6)	内部短路保护保护		
(7)	IGBT 回报故障保护		
(8)	传感器故障保护		
(9)	IGBT 斩波故障保护		
(10)	电容充电故障保护		
(11)	电阻超温跳闸保护		

6.3.7 SVG 装置的维修

1. SVG 简介

SVG 的原理接线图如图 6-12 所示，SVG 的基本原理就是将自换相桥式电路通过变压器或者电抗器并联在电网上，适当调节桥式电路交流侧输出电压的幅值和相位，或者直接控制其交流侧电流就可以使该电路吸收或者发出满足要求的无功电流，实现动态无功补偿的目的。

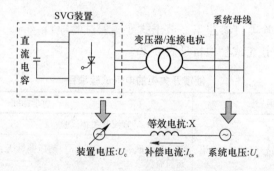

图 6-12 SVG 原理接线图

单台 SVG 装置结构如图 6-13（以 6M/10kV 装置为例）所示。SVG 装置由 4 个功率柜、一个控制柜、一个启动柜和连接变压器组成，装置的组成见表 6-32。

2. SVG 的维修项目

本节介绍 SVG 的维护检修项目和工艺要求，目的是检查 SVG 的运行状态，检查各类元器件性能是否正常。以上海思源 QNSVG 的维修项目进行说明。

（1）小修

SVG 设备小修项目见表 6-33。小修维护项目应满足以下基本质量标准：

1）各主要部件外观清洁干净；外观无烧损、破损等异常；本体安装牢固，连接螺栓牢固。

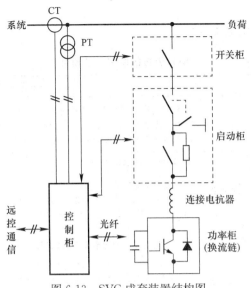

图 6-13 SVG 成套装置结构图

SVG 装置的组成　　　　　　　　　　　　　　　　　　　　表 6-32

	内容	作用
（1）一次系统	启动柜	SVG 与 10kV 母线的连接 SVG 启动充电控制
	连接变压器或者连接电抗器	连接装置输出与系统母线
	功率柜	SVG 的功率单元
（2）二次系统	控制器	SVG 装置控制、运行状态监测和异常保护
	传（互）感器	强弱系统信号隔离
	二次控制电源	控制系统电源
（3）辅助部分	冷却系统	SVG 系统功率模块冷却
	光纤连接系统	SVG 控制柜和功率柜信号连接

2）柜体门轴、锁等安装固定牢固；开关门、上开锁等操作过程无卡滞；柜体各孔洞封堵密实、无空隙；柜体基础牢固，柜体无倾斜、下沉、开裂等现象；柜体接地装置各连接部件（电缆扁钢等）无锈蚀、外表油漆无缺损、螺栓紧固、安装固定牢固。

3）表 6-33 中各项目，要求达到上述基本质量标准，并达到对应质量标准。

SVG 设备小修项目　　　　　　　　　　　　　　　　　　　表 6-33

序号	项目内容	质量标准
1	干式动力变	引用干式动力变小修
2	母线	外观清洁干净，外观无烧损、破损
3	隔离开关	分闸、合闸一次侧设备到位，动作过程无卡滞
4	启动电阻	外观清洁干净，外观无烧损、破损
5	避雷器	本体安装牢固，外观清洁干净，外观无烧损、破损
6	接触器	外观清洁干净，外观无烧损、破损
7	电流互感器	本体安装牢固，外观清洁干净，外观无烧损、破损
8	IGBT 功率模块	光纤端子紧固；电容无膨胀
9	风机	本体安装牢固，外观清洁干净，外观无烧损、破损
10	晶闸管调压模块	本体安装牢固，外观清洁干净，外观无烧损、破损

(2) 电气试验

SVG 设备的电气试验见表 6-34。

SVG 设备的电气试验项目 表 6-34

序号	项目内容	质量标准
1	干变交流耐压试验	按出厂试验电压值的 0.8 倍进行。变压器高压、低压侧各设备、部件无放电、无烧损、无破损、无明显振动、无明显噪声等异常现象。耐压测试无击穿、无放电烧损，泄漏电流符合要求
2	干变变压器试验	引用干式变压器试验项目
3	干变测温装置及其二次回路试验	(1) 按照制造厂的技术要求。 (2) 指示正确，测温电阻值应与出厂值相符。 (3) 500V 兆欧表，绝缘电阻≥2MΩ
4	避雷器（一次导体）对（地）绝缘电阻测试	2500V 兆欧表，绝缘电阻≥1000MΩ
5	避雷器 U1mA 电压 U1mA 及 0.75U1mA 下的泄漏电流测试	(1) U1mA 实测值对比原值（出厂值或第 1 次测试初始值），（差值/原值）在±5%内。 (2) 0.75U1mA 下的泄漏电流<50μA

(3) 保护校验

SVG 设备保护功能校验项目应按其具体保护配置而设定，一般性保护校验项目及标准见表 6-35。

SVG 的保护校验项目 表 6-35

序号	项目内容	质量标准
(1)	过载保护校验	(1) 继保装置正确动作、出口（或报警），出口继电器正确动作。 (2) 继保装置面板、柜面指示灯等动作、报警等指示灯正确，后台报文正确
(2)	过压保护校验	
(3)	温度保护校验	
(4)	SVG 启动柜的框架断路器保护校验	(1) 继保装置正确动作、出口（或报警），出口继电器正确动作。 (2) 继保装置面板、柜面指示灯等动作、报警等指示灯正确，后台报文正确

6.3.8 蓄电池的维修

在电力行业标准《电力系统用蓄电池直流电源装置运行与维护技术规程》DL/T 724—2000 中，对蓄电池的运行和维护技术已有详细规定。以下对城市轨道交通供电系统常用的阀控式铅酸蓄电池组的运行及维护进行介绍。

1. 阀控式铅酸蓄电池组的充、放电制度

(1) 恒流限压充电

采用 10h 放电率电流 I_{10} 电流进行恒流充电，当蓄电池组端电压上升到（2.30～2.35）V×N 限压值时，自动或手动转为恒压充电。

(2) 恒流充电

在（2.30～2.35）V×N 恒压充电下，I_{10} 充电电流逐渐减小，当充电电流减小至 $0.1I_{10}$ 电流时，充电机的倒计时开始起动，当整定的倒计时结束时，充电机将自动或手动地转为正常的浮充电运行，浮充电压值宜控制为（2.23～2.28）V×N。

(3) 补充充电

为了弥补运行中因浮充电流调整不当造成欠充，补偿不了阀控蓄电池自放电、爬或漏电所造成蓄电池容量的亏损，根据需要设定时间（一般为 3 个月）充电装置将自动地或手动进行 1 次恒流限压充电→恒压充电→浮充电过程，使蓄电池组随时具有满容量，确保运行安全可靠。

2. 阀控式铅酸蓄电池的运行维护

(1) 阀控式铅酸蓄电池在运行中电压偏差值及放电终止电压值应符合表 6-36 的规定。

阀控蓄电池在运行中电压偏差值及放电终止电压值的规定　　　　表 6-36

阀控式密封铅酸蓄电池	标称电压（V）		
	2	6	12
运行中的电压偏差值	±0.05	±0.15	±0.3
开路电压最大最小电压差值	0.03	0.04	0.06
放电终止电压值	1.8	5.4 (1.8×3)	10.08 (1.8×6)

(2) 在巡视中应检查蓄电池的单体电压值连接片有无松动和腐蚀现象壳体有无渗漏和变形极柱与安全阀周围是否有酸雾溢出，绝缘电阻是否下降蓄电池温度是否过高等。

(3) 备用搁置的阀控式铅酸蓄电池每 3 个月进行一次补充充电。

(4) 阀控式铅酸蓄电池的温度补偿系数受环境温度影响，基准温度为 25℃时每下降 1 单体 2V 阀控蓄电池浮充电压值应提高 3～5mV。

(5) 根据现场实际情况应定期对阀控蓄电池组作外壳清洁工作。

3. 阀控式铅酸蓄电池的核对性放电

长期使用限压限流的浮充电运行方式或只限压不限流的运行方式，无法判断阀控式铅酸蓄电池的现有容量，内部是否失水或干裂。只有通过核对性放电，才能找出蓄电池存在的问题。

(1) 一组阀控蓄电池

发电厂或变电所中只有一组电池，不能退出运行，也不能作全核对性放电、只能用 I_{10} 电流恒流放出额定容量的 50%，在放电过程，蓄电池组端电压不得低于 $2V \times N$。放电后应立即用 I_{10} 电流进行恒流限压充电→恒压充电→浮充电反复放充 2～3 次，蓄电池组容量可得到恢复，蓄电池存在的缺陷他能找出和处理。若有备用阀控蓄电池组作临时代用，该组阀控蓄电池可作全核对性放电。

(2) 两组蓄电池

发电厂或变电所中若具有两组阀控蓄电池，可先对其中一组阀控蓄电池组进行全核对性放电，用 I_{10} 电流恒流放电，当蓄电池组端电压下降到 $1.8V \times N$ 时，停止放电，隔 1～2h 后，再用 I_{10} 电流进行恒流限压充电→恒压充电→浮充电。反复 2～3 次，蓄电池存在的问题也能查出，容量也能得到恢复。若经过 3 次全核对性放充电，蓄电池组容量均达不到额定容量的 80%以上，可认为此组阀控蓄电池使用年限已到，应安排更换。

(3) 阀控蓄电池核对性放电周期

新安装或大修后的阀控蓄电池组，应进行全核对性放电试验，以后每隔 2～3 年进行一次核对性试验，运行了 6 年以后的阀控蓄电池，应每年作一次核对性放电试验。

第7章 城市轨道交通接触网设备的维修

7.1 接触网设备维修作业的安全保证措施

7.1.1 维修作业的组织实施

接触网作业分为接触网本专业的维修作业和配合其他专业的作业两种。根据接触网作业的特点，为确保其作业的安全，其申报停电及施工的程序，可参考图7-1进行。

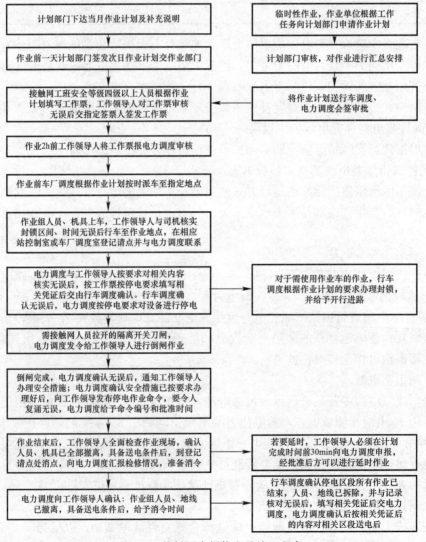

图 7-1 接触网申报停电及施工程序

1. 工作票的填写

工作票是在接触网上进行作业的书面依据。要求填写字迹清楚、内容明确，不得涂改或用铅笔书写。其具体填写要求见本节后述的"维修作业的安全管理"。

2. 向电力调度申报工作票

接触网工班值员或工作领导人于作业前向电力调度申报工作票。申报内容为工作票中工作领导人、停电区域、须断开的隔离开关、挂地线位置等内容。

3. 组织召开出工会

作业出发前1h，工作领导人要召集作业组成员列队，向作业组成员宣读工作票的所有内容，布置安全措施，并对作业组成员进行分工和作业中所需要用的工具、材料等指定人员负责准备。作业组成员对工作内容、分工或安全措施不明白或有疑问，要果断及时提出来，弄明白后才能作业。

4. 准备工作

出工会完毕后，作业组成员根据分工，分别进行各自的准备工作，并检查各自工器具的状态是否良好，工作领导人督促检查准备工作的情况。

5. 要令和要点

停电作业正式开始前，作业组要指定专人或工作领导人到相关车站控制室进行作业登记并向电力调度申请停电作业命令。在进行作业登记时，要写明作业内容、区段及要求封锁的区域。要令人在接受电调的命令时，要检查命令内容并认真复诵，经确认无误，且得到命令编号和批准时间，并确认行调已批准了作业区域的封锁令后，应立即报告给工作领导人，并说明封锁地点和时间，停电的范围及时间。

在向电调要令时，要令人要将命令内容记入"接触网（轨）停电作业命令票"中，其格式如表7-1所示。

接触网（轨）停电作业命令票　　　　　　　　　表7-1

_____接触网工班　　　　　　　作业令号：_____　　　　第_____号

| 命令　编号：_____ |
| 发令　时间：_____年_____月_____日_____时_____分 |
| 要求完成时间：_____年_____月_____日_____时_____分 |
| 命令　内容：_____ |
| _____ |
| 批准　时间：_____年_____月_____日_____时_____分 |
| 发令　人：_____　　　　　受令人：_____ |
| 消令　时间：_____年_____月_____日_____时_____分 |
| 消令　人：_____　　　　　电力调度员：_____ |

6. 作业过程

工作领导人接到要令人的通知后，先向验电接地人员发出验电接地命令，并布置好作业区的防护。工作领导人接到地线接好和防护措施做好后，宣布维修作业开工。

地线的接挂和撤除工作必须由2人进行，1人操作，1人监护，其安全等级分别不低于二级和三级。监护人在接到工作领导人的验电接地命令后，应立即验电，当验明接触网已停电后，通知地线操作人进行接挂地线操作。地线接挂好后，立即通知工作领导人。

在维修作业开始后，作业组各岗位上的人员要坚守岗位，认真履行各自的职责。工作领导人在指挥作业的同时，要注意控制作业进度，在规定的时间内把作业任务高质量地完成。

7. 作业结束

维修作业应在规定的时间内完成，一般应提前 10～15min 停止维修作业。维修停止后，工作领导人应向全体作业人员宣布作业结束，指挥作业人员清理现场，将维修工器具、材料等撤至安全地带，并检查接触网设备和线路不影响供电和行车，确认作业人员和维修机具、材料等到达安全地带后，向地线人员发出拆除地线的命令。工作领导人在确认地线已拆除，作业组成员全部撤到了安全地带，线路具备行车条件后，通知要令和要点人员，分别向行调（通过车站值班员）申报撤销封锁作业区域和向电调申报结束作业命令。

8. 收工会

作业结束后，工作领导人要召集全体作业组成员开会，总结作业中的安全情况和作业情况，听取作业组成员的汇报，对作业中存在的问题和不足要及时指出来，并及时总结，以便下次作业时，加以改进。

7.1.2 维修作业的安全管理

为了确保接触网设备和从事接触网运营维修人员的安全，应对从事接触网工作的人员采用安全等级制管理；对维修作业采用工作票制管理。同时对接触网设备维修作业采用停电作业和远离作业两种作业方式。

1. 安全等级管理

《接触网安全工作规程》中规定：为保证接触网运行和维修作业的安全，对有关人员实行安全等级制度。凡从事接触网运行和维修工作的所有人员，都必须经过考试评定安全等级，取得"安全合格证"以后方准参加相应的接触网运行和维修工作。所有从事接触网运行和维修的有关现职人员，每年要定期进行一次安全考试。属于下列情况人员要事先进行安全考试：首先是新参加接触网工作的人员，如转职人员（其他单位新调入人员）；新分配的各级学校毕业生；新招入的学员；其次是当职务或工作单位变更，但仍从事接触网运行和维修的工作人员；最后是工作中断连续 6 个月以上而仍继续担任接触网运行和维修工作人员（例如：病假超过 6 个月病愈复职；外出借调、驻勤，从事其他工作 6 个月以上回单位任原职的人员等）。并根据具体情况考试认定合格后，取得相应等级合格证，方可从事接触网的运行维修工作。

安全等级与承担的相应工作如表 7-2 所示。

接触网工作人员安全等级规定　　　　表 7-2

等级	承担工作范围	必须具备的规定
一	承担简单的工作（如推梯车、扶梯子、拉绳），在三级以上带领下的辅助性工作	(1) 经过教育和学习，初步了解地下铁道作业的基本知识； (2) 了解接触网作业的规定和要求，能进行简单工作的实际操作
二	地面和不拆卸配件的高处作业（如清扫绝缘子、涂号码牌、验电、装设接地线等）	(1) 参加接触网运行和维修 3 个月以上或经实际操作培训 3 个月以上； (2) 掌握接触网停电作业一般安全知识和技能； (3) 掌握接触网停电作业时接地线的规定和要求，熟悉地面、隧道内防护信号显示方法

续表

等级	承担工作范围	必须具备的规定
三	各种高处作业、隔离开关倒闸作业、防护人员工作以及巡视。倒闸作业、停电作业、验电接地监护人。配合作业的工作领导人	(1) 参加接触网运行和维修工作1年以上，具有技工学校或相当于技工学校学历（供电专业的人员），可以适当缩短； (2) 熟悉接触网停电作业的有关规定； (3) 具有接触网高处作业技能，能正确使用维修工具、材料和零部件； (4) 具有电客车运行的基本知识，熟悉作业区防护规定； (5) 能进行触电急救
四	各种停电作业的工作票签发人及工作领导人、工班长。	(1) 担当三级工作1年以上； (2) 熟悉本规程； (3) 能领导作业组进行各种情况下的停电作业
五	专业、责任工程师及以上行政或技术职务	(1) 担当四级工作1年以上，对技术人员及工班长具有中等专业学校及以上学历（供电专业），可不受此限制； (2) 熟悉本规程，接触网设备操作使用说明及维修作业程序；接触网主要的维修工艺； (3) 能领导作业组进行各种停电项目作业

2. 工作票管理

城市轨道接触网维修作业分为停电作业和远离作业两种。停电作业是维修人员在接触网不带电的情况下，对设备和构件进行检查、调整和维修的工作方式，并需采用接触网停电作业工作票，如表7-3所示；远离作业，一般是指距离接触网带电体700mm及以上的维修作业或地面作业，采用接触网700mm以外作业工作票，如表7-4所示。

接触网停电作业工作票　　　　　　　　　　表7-3

_____接触网工班　　　作业令号：_____　　　第_____号

作业地点				发票人	
工作内容				发票日期	
工作票有效期	自　年　月　日　时　分至　年　月　日　时　分止					
工作领导人	姓　名：		安全等级：			
作业组成员姓名及安全等级（安全等级填在括号内）	（　）	（　）	（　）	（　）	
	（　）	（　）	（　）	（　）	
	（　）	（　）	（　）	（　）	
	共计　　　　人				
需停电的设备					
装设接地线位置					
作业区防护措施	(1) 派_____人至_____车站（车厂）_____登记请点。(2) 验电、装拆地线时应与停电设备保持1m以上的安全距离，先验电后接地线，戴绝缘手套。(3) 在挂接地线处及作业组两端设置防护				
其他安全措施	(1) 高空作业扎好安全带，作业组成员戴好安全帽。(2) 作业前应检查工器具完好与否及材料齐备状况。(3) 作业中时刻注意接触网（轨）及维修机具的受力状况，发现问题，及时反映。(4) 作业组成员对所分配任务要清楚明了，作业中严守规章制度，坚持安全作业				

续表

补充安全措施					
作业组成员变更记录					
工作票结束时间		年	月	日	时 分
工作领导人（签字）			发票人（签字）		

说明：本票第一联为粉红色纸印黑色格和字（发票人持有），第二联为淡蓝色印黑色格和字（工作领导人持有）。

接触网 700mm 及以外作业工作票　　　　　表 7-4

_____接触网工班　　　　　　　　　　　　　　第_____号

作业地点			发票人		
工作内容			发票日期		
工作票有效期	自　年　月　日　时　分至　年　月　日　时　分止				
工作领导人	姓　名：		安全等级：		
作业组成员姓名及安全等级（安全等级填在括号内）	(　)	(　)	(　)	(　)	
	(　)	(　)	(　)	(　)	
	(　)	(　)	(　)	(　)	
	共计　　　　　　人				
安全防护措施					
作业人员变更记录					
工作票结束时间		年	月	日	时 分
工作领导人（签字）			发票人（签字）		

说明：本票黄色纸印黑色格和字。

（1）工作票填写要求

接触网维修工作票是在接触网上进行作业的书面依据，要字迹清楚、正确，不得涂改和用铅笔书写。接触网维修工作票由发票人在工作前一天填写好，1 式 2 份，1 份交给工作领导人，使之有足够的时间熟悉工作票中的内容及做好准备工作。另 1 份由发票人保管。

作业结束后，工作领导人要及时将工作票（附相应的命令票）交给专人统一保管，时间不少于 6 个月。工作票的有效期不得超过 3 个工作日。

（2）填写接触网（轨）停电作业工作票

接触网停电作业工作票的签发人的安全等级不得低于四级。

1)"接触网工班"栏，填写工班全称（如一号线接触网一班）。

2)"作业令号"栏，填写施工进场作业令号。

3)"第某号"栏，用两位阿拉伯数字代表线别、年、月份、班组、工作票票号；如第 0109060120 号，01 表示一号线，0906 表示 2009 年 6 月，01 班组，20 表示该月工班第 20

张作业票。以每个自然月进行统计工作票编号。

4)"作业地点"栏,与施工进场作业令相同。

5)"发票人"栏,填写工作票签发人姓名全称。

6)"工作内容"栏,填写与"施工进场作业令"中维修项目一致的作业内容,故障处理除外。配合作业需在作业内容前增加配合两字。

7)"发票日期"栏,填写当时发票的年、月、日,用两位阿拉伯数字代表(如:2009年04月08日)。

8)"工作票有效期"栏,填写相应的年、月、日、时、分,用两位阿拉伯数字代表(此栏填写作业令的计划时间)。

9)"工作领导人"栏,填写工作领导人姓名全称及安全等级(安全等级用大写数字代表,如大写数字"四")。

10)"作业组成员姓名及安全等级"栏,填写作业组成员姓名,安全等级填在括号内,安全等级用大写一、二、三、四、五数字代表(如有空格时必须打斜杠)。

11)"共计人"栏,填写阿拉伯数字(如:2、3、4⋯)。

12)"需要停电设备"栏,填写需停电的供电分区。如3A1、3A2、3B1、3B2(每个供电分区都需填写,不得省略)。

13)"装设接地线的位置"栏,填写具体的某某站,某某锚段,某某悬挂点号或某某号支柱及里程标。车辆段作业具体到某某岔(某某线)某某号柱。库内作业具体到某某股道,某某分段绝缘器(有公里标的要附公里标)。

14)"作业区防护措施"栏,人,填写阿拉伯数字。车站,填写作业地点范围内的相应车站名称,登记清点,填写车控室或车厂调度名称。

15)"补充安全措施"栏,填写防护措施,安全措施范围外的安全措施,根据作业内容、地点具体填写。

16)"变更作业组成员记录"栏,填写工作票有效期内作业组成员变更情况(增加或减去人员的姓名)(无作业组成员变更时需打斜杠)。

17)"工作票结束时间"栏,填写本张工作票实际结束时间。结束时间一般应在工作票有效期范围内。

18)"工作领导人(签字)"栏,由工作领导人在接工作票时亲自签名,严禁代签或事后补签。

19)"发票人(签字)"栏,由发票人在交工作票时亲自签名,严禁代签或事后补签。

20)作业前工作领导人向作业组全体成员宣读工作票内容,布置安全措施后,作业组成员需在作业票背面进行签名确认。

21)以上填写要求必须严格遵守《接触网安全操作规程》内的相关规定。

(3)填写接触网700mm以外作业工作票

接触网第二种工作票的签发人的安全等级不得低于三级,其填写的具体要求如下所述。

1)"接触网工班"栏:填写工班简称,如网一、网二、网三。

2)"第某某号"栏:用两位阿拉伯数字代表工班、月份、工作票签收顺序编号,如01-03-12,01表示网一班,03表示3月份,12表示本月第12张工作票。另外在"第某某号"上方填写施工进场作业令号。

3)"作业地点"栏：具体到某某区间的上行或下行，某某车站（某某线），车辆段作业具体到某某岔区（某某线），库内作业具体到某某股道。

4)"发票人"栏：填写工作票签发人姓名全称。

5)"工作内容"栏：填写与"施工进场作业令"中维修项目一致的作业内容，故障处理除外。

6)"发票日期"栏：填写当时发票的年、月、日，用两位阿拉伯数字代表。如2003年04月08日。

7)"工作票有效期"栏：填写相应的年、月、日、时、分，用两位阿拉伯数字代表。有效期不能超过施工进场作业令所规定的时间。

8)"工作领导人"栏：填写工作领导人姓名全称及安全等级。安全等级用大写一、二、三、四、五数字代表。

9)"作业组成员姓名及安全等级"栏：填写作业组成员姓名，安全等级填在括号内，安全等级用大写一、二、三、四、五数字代表；有空格时打斜杠。

10)"共计某某人"栏：填写大写一、二、三、四、五……

11)"安全防护措施"栏：填写行车防护措施，作业范围内的安全措施，根据作业内容、地点具体填写。

12)"变更作业组成员记录"栏：填写工作票有效期内作业组成员变更情况（增加或减去人员的姓名）；无变更时打斜杠。

13)"工作票结束时间"栏：填写本张工作票实际结束时间（用两位数）。结束时间应在工作票有效期范围内，且不应与工作票有效期及命令票相冲突。

14)"工作领导人（签字）"栏：由工作领导人在接工作票时亲自签名，不得代签。

15)"发票人（签字）"栏：由发票人在交工作票时亲自签名，不得代签。

3. 停电作业的安全控制

（1）停电作业安全控制流程

接触网停电作业的安全控制要贯彻"自控、互控、他控"的安全措施，坚持安全作业。为了更好地落实"自控、互控、他控"措施，根据接触网运营维修经验，总结接触网停电作业的安全控制方法，分别绘制出停电作业安全控制流程图，如图7-2所示，供参考。

（2）安全控制细化措施

1）作业前工作布置安全控制

工长必须对维修作业进行技术交底，工长未进行技术交底前发票人有权拒绝发票。

2）工作票签发安全控制

发票人在工作票有关人员、安全措施未向工作领导人讲明以前，发票人不得签发工作票。工作领导人在对工作票安全措施有疑问或发票人未进行安全措施布置的，有权拒绝接票。

3）提报计划安全控制

工作领导人在无维修工作票的情况下不准安排工班值班人员提报计划，工班值班员不见工作票可拒绝提报计划，电调在未确认工区具备工作票前要拒绝工区请求计划。

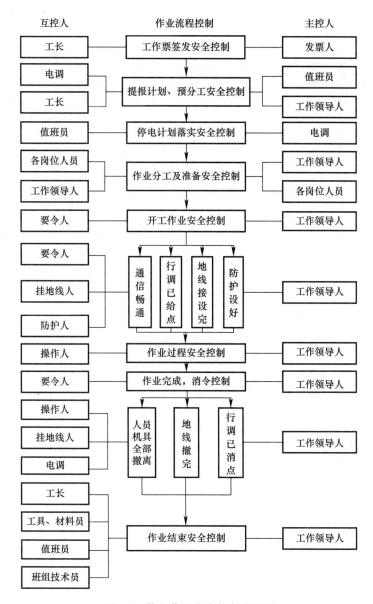

图 7-2 停电作业安全控制流程图

4）作业预分工安全控制

工作领导人提报计划后根据工作票的作业情况进行预分工，没有进行预分工的工长要中止其作业准备；工长未检查预分工记录的，工作领导人有权中止作业准备。

5）停电计划落实安全控制

电调每天必须提前2h落实停电计划的兑现情况，并通知工班；工班值班员未接到电调通知前不准通知工作领导人列队分工。

6）作业分工安全控制

工作领导人在作业分工前必须列队宣读工作票，布置有关安全措施，工作领导人未做到上述工作不准进行作业分工；工作组成员不明确作业内容及安全措施的可拒绝接受分工，作业分工完毕之前作业组成员不准离队，对于提前离岗的人员，工作领导人有权中止其当天作业资格。凡不按规定佩戴个人劳保用品的，工作领导人同样有权拒绝其参加作业。

7）准备工作安全控制

工作领导人出发前必须对各岗位工具材料准备情况、进行全面检查，发现违反规定的要及时制止，对有意不带工具材料的，工作领导人有权中止其作业资格。

8）作业开工安全控制

作业组成员未按规定到达作业地点并做好准备工作之前，工作领导人不准通知要令人要令，电调在发令前要确认"施工登记本"登记情况，凡不按规定登记的电调有权拒发命令；在车站值班员未在"施工登记本"上签认之前，要令人不准通知工作领导人开工；接地线监护人未检查接地线状态和未接到验电接地命令之前，不准通知接地线人验电接地。

9）作业过程安全措施

通信联系不畅通，工作领导人有权中止作业；接地线未装设，梯车负责人有权拒绝梯车上道；防护人员未到位，防护措施不齐全时，操作人有权拒绝上网作业；拆卸部件无工作领导人指挥，操作人不准擅自作业。

10）作业恢复安全控制

设备未达到满足行车要求之前，操作人不准中止作业；工具、材料人员未撤到安全地带之前，工作领导人不准通知要令人消令；地线未撤完之前，防护人员不准离开防护岗位。

11）消令、消记安全控制

电调在未确认作业组人员全部撤离前不准送电；"施工登记本"未消记之前，作业组人员不准离开作业现场。

12）作业结束安全控制

维修用工具材料未清点入库之前，不准召开收工会；维修记录未填写，收工会未开不准结束工作票。

7.2 柔性接触网的维修

7.2.1 承力索和接触线

1. 维修标准

(1) 承力索和接触线的材质和截面积必须满足下列要求。

1）承力索和接触线中通过的最大电流不得超过其允许的载流量；

2）机械强度安全系数符合规定。

(2) 承力索和接触线的张力和弛度应符合安装曲线规定的数值，弛度误差不大于下列数值。

1）简单悬挂为 15%；

2）全补偿链形悬挂为 10%；

3）当弛度误差不足 15mm 者按 15mm 掌握。

(3) 承力索和接触线中心锚节处和补偿装置处的张力差不得超过 10%。

(4) 直线地段承力索应位于两接触线之间中心线的正上方，曲线地段承力索与两接触线之间中心线的连线应垂直于轨面连线，其偏差应符合要求。

(5) 悬挂点处承力索和接触线距轨面高度应符合规定，其误差应符合规定，接触线的坡度允许范围为跨距的 1/400～1/200。

(6) 接触线在直线地段要布置成"之"字形，曲线地段布置成受拉状态，其"之"字值、拉出值和误差要符合规定。在测量读数时，以靠定位器侧的接触线为准。

(7) 接触线在水平面内改变方向时，其偏角一般不大于10°，困难情况下，不应大于12°。

(8) 链形悬挂两接触线之间的水平间隙为40mm，其所在的平面要与轨平面平行，以保证受电弓良好地取流和接触线磨耗均匀。

(9) 接触网磨耗和损伤按表7-5规定整修或更换。

接触网磨耗和损伤表 表7-5

磨损百分比\磨损类别	120mm²、150mm²接触线	整修方法
局部磨耗和损伤	25%＜S＜33%	当安全系数小于2.2时或允许通过的电流不能满足要求时加补强线
	S＞33%	安全系数小于2.0时应局部切断后做接头
平均磨耗	S＞25%	整个锚段大修更换

(10) 接触线的接头以及分段绝缘器与接触线之间的过渡要保证受电弓平滑通过。

(11) 一个锚段内接触线接头和补强线段的总数以及承力索接头、补强、断股的总数均不得超过4个（不包括分段、下锚接头）。

(12) 接头距悬挂点应不小于2m，两接头之间的距离应不小于80m。

2. 维修内容与周期

接触线和承力索的维修内容与周期如表7-6所示。

接触线和承力索的维修内容与周期 表7-6

序号	项目	工作内容	周期
1	接触导线	(1) 测量接触线导高、拉出值、数据符合要求； (2) 检查接触线补强和接头个数，符合要求； (3) 检查接触线外观，无损伤、硬点； (4) 测量接触线磨耗，符合要求	12个月
2	承力索	(1) 检查测量承力索位置，应符合要求； (2) 承力索接头补强数量，符合要求； (3) 检查承力索跨中部位、电连接线夹及附近、钩头鞍子处、接头处和吊弦线夹等处无断股情况； (4) 检查承力索无锈蚀、腐蚀和磨损情况。若有需按要求进行处理	12个月

3. 维修过程与方法

(1) 检查接触线和承力索是否有锈蚀、断股及扭面等现象。

城市轨道接触悬挂的承力索一般是铜绞线，如果承力索断股面积小于其截面的7%，把断股的单股绞线理顺后，用与绞线单股线相同的铜线绑扎处理；如果断股面积大于其截面的7%，则用绞线接头进行加固。绞线做接头有多种方法，图7-3所示的是一种预制好的铜绞线接头，安装时，只需将被接的绞线对接，然后将预制好的接头缠绕上去即可。

接触线如有扭面，则用扭面器进行纠正即可。接触线和承力索如有锈蚀现象，则先用砂纸或其他工具除锈，然后涂上防腐剂。

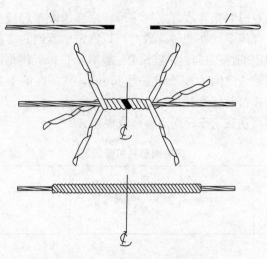

图 7-3 铜绞线预制接触头

（2）检查并测量承力索与接触线的相对位置。

城市轨道接触网一般采用单承力索加双接触线，如果承力索与两接触线的相对位置不符合要求，则通过调整钩头鞍子或接触线的位置，使其符合要求。

（3）测量接触线距轨面的高度和之字（拉出）值：

1）测量定位点及跨中接触线距轨面的高度。

对测量值与标准值进行比较，如不符合要求，则通过对接触悬挂的升降来进行调整。

2）测量定位点处的之字（拉出）值和曲线地段的偏移值。

之字（拉出）值的测量，以拉出值方向外侧的接触线为基准，如图 7-4 所示。

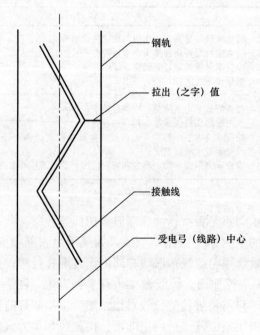

图 7-4 之字（拉出）值的测量

定位点处接触线距受电弓中心的距离（拉出值）用符号"a"表示。

定位点处接触线距线路中心的距离用符号"m"表示。

线路中心线距电力机车受电弓中心的距离偏斜值用符号"c"表示，三者关系为：

$$a=m+c \tag{7-1}$$

公式中的 m 值有正负之分，当接触线位置投影在线路中心与外轨间时 m 值为正值，如图 7-5（a）所示。当在线路中心线与内轨间时，m 值为负值，如图 7-5（b）所示。

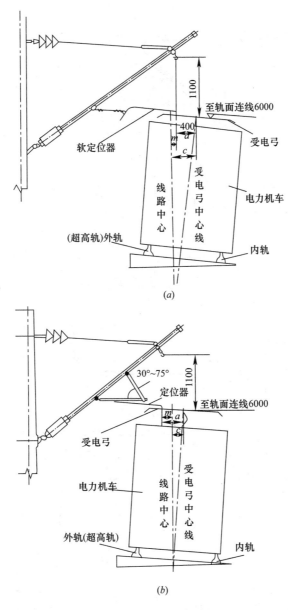

图 7-5　曲线区段外轨超高对受电弓位置的影响及 a、m、c 三者关系图

现场对接触网拉出值施工或维修时，在直线区段，由于线路中心线和受电弓中心重合，定位点处接触线的垂直投影距线路中心线的距离，也就是定位点处接触线距受电弓中

心的距离，故在直线区段接触线的拉出值就是定位点处接触线距线路中心线的距离。在对接触线拉出值施工和维修测量时，可以通过接触线对线路中心线投影来确定拉出值，也就是直接确定对受电弓中心的定位。在曲线区段，由于外轨超高，机车车身倾斜使受电弓发生倾斜，造成线路中心线和受电弓中心不重合，其间有一定偏移。故在现场接触线的施工和测量维修时，要通过定位处接触线对线路中心线的投影的位置，间接确定对受电弓中心的位置，具体分析如图 7-6（a）所示。

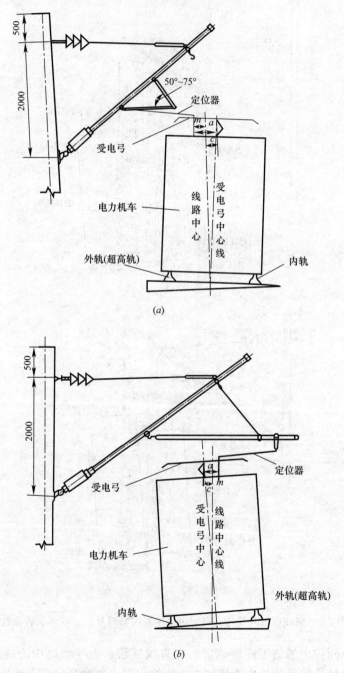

图 7-6　定位器处接触线投影在线路中心与外轨间（m 值取正值）的示意图

上文已介绍了曲线区段接触线定位时，是通过接触线对线路中心线投影位置间接确定的，所以在维修时，必须确定标准 m 值的大小，只有标准 m 值确定后，才能和现场实际测量的 m 值比较，然后确定检调方法。

标准 m 值（$m_{标}$）的计算确定方法：

a. 根据公式（7-1）可得：

$$m_{标} = a - c \tag{7-2}$$

b. "a" 值（$a_{标}$）为设计拉出值，是在设计中规定的。现场可以在《接触网平面图》中查得。

c. "c" 值为线路中心线距电力机车受电弓中心得距离可由下式求出：

$$c = \frac{h \times H}{L} \tag{7-3}$$

式中　c——受电弓中心对线路中心偏移值（mm）；

　　　h——外轨超高值（mm）；

　　　H——接触线至轨面的高度（导高）（mm）；

　　　L——轨距（mm）。

曲线外轨超高值可在现场接触线拉出值检调时用轨道尺实际测量得到。虽然工务施工或维修时一般将超高值标记在曲线内轨侧，但由于线路在运行中外轨超高值略有变化，故在计算偏移值 c 时，应用实际测得的外轨超高值；接触线的高度 H 值可在现场实际测得；轨距 L 值是指钢轨轨顶下面 16mm 处两轨之间的距离。

当计算的 $m_{标}$ 为正值时说明接触线定位的位置在线路中心线至外轨之间；当为负值时说明在中心线至内轨之间。由于 $a_{标}$ 是在设计时规定的，所以 $m_{标}$ 值的正负取决于偏移值 c 值的大小。

现场曲线拉出值检调时，拉出值标准确定及检调方法：

因为曲线拉出值是定位处接触线距受电弓中心的距离，在现场检调时无法直接测出拉出值，所以现场曲线拉出值检调时，是通过检调定位处接触线对线路中心投影 m 值来确定曲线拉出值的。因此，检调时应根据设计标准拉出值来确定需要调整的 m 值。当调整的 m 值达到标准时，此时的拉出值也达到设计标准，因为标准的 m 值是根据标准的拉出值确定的。

当标准 m 值 $m_{标}$ 根据设计标准拉出值（$a_{标}$）依据公式 $m_{标} = a_{标} - c$ 确定以后，$m_{标}$ 和现场实际测得的 m 值（$m_{实}$）相比较，如果两者误差小于 ±30mm 可以不检调；误差大于 ±30mm 时应该进行检调。检调分成 $m_{标}$ 为正值和负值时的两种情况。

其一，当根据公式 $m_{标} = a_{标} - c$ 计算确定 $m_{标}$ 为正值时，即设计的接触线的位置在线路中心至外轨之间，如图 7-6 所示，检调方法如下：

当实测 m 值为正值，即现场测得定位处接触线实际位置在线路中心线至外轨之间时，即当 $m_{实} > m_{标}$ 且超过标准允许误差 30mm 时，调整时，使定位处接触线位置向内轨方向移动，也就是向内轨方向放 Δm，使 $m_{实} = m_{标}$，从而使拉出值达到设计标准；当 $m_{实} < m_{标}$ 且超过标准允许误差 30mm 时，调整时，使定位处接触线位置向外轨方向移动，也就是向外轨方向拉 Δm，使 $m_{实} = m_{标}$，从而使拉出值达到设计标准。

当实测 m 值为负值，即现场测得定位处接触线实际位置在线路中心线至内轨之间时，

这种情况在 $m_{标}$ 为正值时很少见,如果实测 m 为负值,应使该定位处接触线向外轨侧拉 Δm($\Delta m = m_{标} - m_{实}$)。

其二,当根据公式 $m_{标} = a_{标} - c$ 计算确定 $m_{标}$ 为负值时,即设计定位处接触线的位置在线路中心至内轨之间时,如图 7-7 所示,检调方法如下。

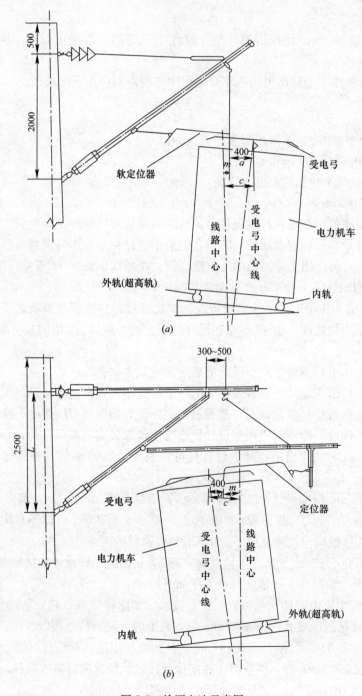

图 7-7 检调方法示意图

当实测 m 值为负值，即现场测得定位处接触线实际位置在线路中心线至内轨之间时，即当 $|m_实|>|m_标|$ 且超过标准允许误差±30mm 时，调整时，使定位处接触线位置向外轨方向移动，也就是向外轨方向拉 Δm，($\Delta m=|m_标|-|m_实|$)；当 $|m_实|<|m_标|$ 且超过标准允许误差±30mm 时，调整应使定位处接触线位置向内轨方向移动，也就是向内轨方向放 Δm，($\Delta m=|m_标|-|m_实|$)。

当实测 m 值为正值，即现场测得定位处接触线实际位置在线路中心线至外轨之间时，这种情况在 $m_标$ 为负值时很少见，如果实测 m 为正值，应使该定位处接触线向内轨侧放 $\Delta m(\Delta m=m_实-m_标)$。

在这里需要说明的是：在现场曲线接触线拉出值检调中，测量所用绝缘测杆测得的数值并不是定位处接触线距受电弓中心的距离 a，而是定位处接触线距线路中心线的距离 m。

（4）测量接触导线磨耗

对于磨耗较严重的点或重点地段（如定位点、电连接、导线接头、中心锚结、电分相、电分段、跨中），要重点测量接触线的磨耗量。

在接触线磨耗测量中常用的工具有游标卡尺和千分尺两种。利用游标卡尺或千分尺测量出接触线残存高度值；然后根据图 7-8 判断其磨耗是否超限，或计算出磨耗面积。

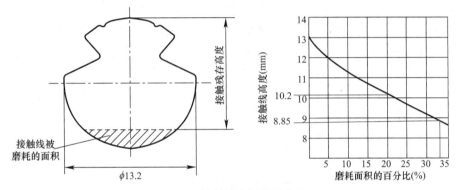

图 7-8　接触线磨耗换算曲线

接触线磨耗截面积计算，如图 7-9 所示。

$$\alpha=2\left[\pi R^2\frac{\theta}{360}-\frac{R-x}{2}y\right]=\pi R^2\frac{\theta}{180}-(R-x)y \tag{7-4}$$

因为：$y=R\sin\theta$，$\alpha=\pi R^2\dfrac{\theta}{180}-(R-x)R\sin\theta$

式中　α——接触线的磨耗面积，mm^2；

R——接触线下圆截面半径，mm；

x——实际磨耗高度，$x=A-h$。

随着接触线磨耗面积加大，又尚未达到更换程度时，为了改善其运行条件，应逐渐减少它的实际张力。具体就是减少坠陀数目，使接触线内的实际张力保持在 $100N/mm^2$。

下文介绍用游标卡尺测量接触线磨耗的方法。

目前，城市轨道交通接触网常用的游标卡尺有两种，一种是数显游标卡尺，另一种是机械式游标卡尺。本文仅对机械式游标卡尺进行介绍。

机械式游标卡尺是一种测量长度、内外径、深度的量具。它主要由尺身主尺、外侧量爪、深度尺、内测量爪、游标尺和紧固螺钉等部分组成。如图 7-10 所示。

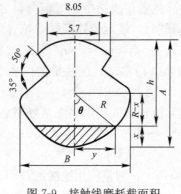
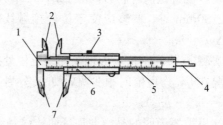

图 7-9　接触线磨耗截面积
　　　计算示意图

图 7-10　游标卡尺图
1—尺身；2—内测量爪；3—紧固螺钉；4—深度尺；
5—主尺；6—游标尺；7—外测量爪

游标卡尺的精度一般分 0.02mm、0.05mm、和 0.1mm 3 种。它利用主尺和游标尺互相配合进行读数。在主尺上均匀地刻了许多刻度线，每一刻度线之间的距离（主尺刻度值）为 1mm，而在游框上也有一个尺子（游标尺），也均匀地刻了一些刻度线，它的刻度值（游标尺刻度值不是两刻线之间的实际距离）通常是 0.02mm、0.05mm、0.1mm 3 种。主尺用来读出被测尺寸的整数部分，游标尺是用来读出被测尺寸的小数部分。

读数时先读整数，看游标尺上"0"刻线左边主尺上第一条刻线的数值就是读数的整数部分。然后读小数，看游标尺上"0"刻线右边哪一条刻线与主尺上某一刻线对齐，这条刻线的数值或者这条刻线左边游标卡尺上刻线数值乘以所用卡尺的精度就是读数的小数部分。最后将读出的整数和小数相加就是卡尺测量出的实际尺寸。

游标卡尺的刻线情况及读数如图 7-11 所示。

图 7-11　游标卡尺的刻线情况及读数

以刻度值 0.02mm 的精密游标卡尺为例，读数方法，可分三步：
1）根据副尺零线以左的主尺上的最近刻度读出整毫米数；
2）根据副尺零线以右与主尺上的刻度对准的刻线数乘上 0.02 读出小数；
3）将上面整数和小数两部分加起来，即为总尺寸。

如图 7-11 所示，副尺 0 线所对主尺前面的刻度 64mm，副尺 0 线后的第 9 条线与主尺的一条刻线对齐。副尺 0 线后的第 9 条线表示：$0.02 \times 9 = 0.18$mm，所以被测工件的尺寸为：$64 + 0.18 = 64.18$mm。

(5) 实例

例 7-1：某区间接触网某定位点处接触线高度（导高）$H=5300$mm，所处区段为曲线且曲线半径 $R=600$mm，外轨超高为 $h=60$mm，求该定位处接触线的位置。若现场实际为该定位点处的接触线投影在线路中心线与外轨间，且距线路中心线距离为 50mm 时，应如何调整？（已知 $R=600$m 时，轨距为 1440mm）

解：求定位点处接触线的位置就是求该处接触线对线路中心的位置，也就是求 m 值。

根据式（7-3）
$$c = \frac{h \times H}{L}$$

所以，$c = \dfrac{h \times H}{L} = \dfrac{60 \times 6000}{1440} = 220.83 \text{ mm} \approx 221\text{mm}$

根据式（7-1），$a = m + c$ 得 $m = a - c$

查接触网平面图，当 $R = 600$m 时，a 为 200mm，所以，$m = 200 - 221 = -21$mm。（注：-21mm 为标准 m 值）。

答：该定位点处接触线的位置应该在线路中心至外轨之间且距线路中心线距离为 -21mm 处（参考图 7-6）。

当现场实际定位点处接触线投影在线路中心线距外轨间且距线路中心线为 50mm，说明实际 m 值为正值且 $m_{实} = 50$mm。又因为 $m_{实} > m_{标}$，$\Delta m = m_{标} - m_{实} = -21 - 50 = -71$mm，所以应使定位点处接触线位置向内侧"放"71mm，从而使实际"m"值等于标准"m"值，即：$m_{实} = m_{标} = -21$mm。

例 7-2：甲作业组在某区间 90～108 号支柱间综合维修，调整拉出值，当检调到 104 号支柱定位时，实测接触线距线路中心距离为 80mm，且接触线投影在线路中心至外轨之间，测得外轨超高为 115mm，查接触网平面图知该定位标准拉出值为 400mm，工作领导人让操作人将该定位向外轨侧再拉 140mm。结果作业组作业结束消令后，第一趟列车通过时即发生了弓网事故，请分析弓网事故发生的原因。

解：参考图 7-6 和图 7-7。

a. 根据题意，$m_{实测} = 80$mm，$h = 150$mm，$a_{标} = 400$mm，$\Delta m = 140$mm 现场实测 m 值，$m_{实} = m_{实测} + \Delta m = 80 + 140 = 220$mm。

调整后的定位实际拉出值为 $a_{实} = m_{实} + c \approx 220 + 4h = 220 + 4 \times 115 = 680$mm。

测调整后的定位实际拉出值 $a_{实} = 680$mm，即位于受电弓允许最大工作范围的一半 475mm（接触网拉出值最大值规定为 450mm，当拉出值大于 450mm 时，就应该降弓）。所以，原因是拉出值超标造成弓网事故。

b. 该处拉出值正确检调方法如下：

利用公式 $a = m + c$ 得该定位点处接触线路中心的标准距离 $m_{标}$ 应该为 $m_{标} = a_{标} - c \approx a_{标} - 4h = 400 - 4 \times 115 = -60$mm。

$m_{标} = -60$mm 说明该定位点处接触线距离线路中心标准距离应该为 60mm，且投影位置应在线路中心线至内轨之间。因现在接触线实际位置在线路中心线至外轨间且距线路中心线距离为 $m_{实测} = 80$mm，所以，应将该定位向内轨侧"放" $\Delta m = m_{实测} - m_{标} = 80 - (-60) = 140$mm。则调整后的实际 m 值为 $m_{实} = m_{实测} - \Delta m = 80 - 140 = -60(\text{mm}) = m_{标}$

检调后该定位处实际拉出值为 $a_{实} = m_{标} + c \approx m_{标} + 4h = -60 + 4 \times 115 = 400\text{mm} = a_{标}$，从而使该定位达到设计标准。

（6）维修记录

接触线和承力索检查维修后应填写"柔性接触网线索类设备维修记录"和"柔性接触线磨耗测量记录"，其格式如表 7-7 和表 7-8。

柔性接触网线索类设备维修记录

表 7-7

（单位：mm）

设备位置：_____ 检修周期：_____

检修日期		检修项目	锚段编号		
			修前	修后	检修人 互检人
	接触线	双接触线链形悬挂两接触线之间的水平间隙符合要求，其所在的平面是否与轨平面平行，以保证受电弓良好地取流和接触线磨耗均匀	是□ 否□ mm	是□ 否□ mm	
		(1) 接触线所在的平面是否与轨平面平行； (2) 受电弓是否良好地取流和接触线磨耗是否均匀	是□ (1) 否□ (2) 否□	是□ (1) 否□ (2) 否□	
		接触线补强和接头数量是否符合要求	是□ 否□ 无□	是□ 否□ 无□	
		接触线偏角（水平面内改变方向）应≤12°	无□ °	无□ °	
	承力索	承力索跨中部位、电连接线夹处及附近、接头处和吊弦线夹等应无断股情况	是□ 否□	是□ 否□	
		承力索是否无锈蚀、腐蚀和磨损情况	是□ 否□	是□ 否□	
		承力索补强和接头数量是否符合要求	是□ 否□ 无□	是□ 否□ 无□	
	吊弦	(1) 吊弦在极限温度时，顺线路方向的偏移值是否不得大于吊弦长度的1/3； (2) 顺线路方向，吊弦位置允许偏差为±50mm	是□ (1) 否□ (2) 否□ mm	是□ (1) 否□ (2) 否□ mm	
		吊弦线及各种线夹其他连接部件是否无磨损断裂和锈蚀、无烧伤等现象，各部连接螺母无松动	是□ 否□ 无□	是□ 否□ 无□	
		吊弦线夹安装方向是否正确，牢固，无沿接触线有滑动的迹象	是□ 否□	是□ 否□	
	架空地线	架空地线的截面积是否符合设计要求，连接电缆是否符合规定标准，冬季不断线，夏季所有足够的线间距离	是□ 否□	是□ 否□	
		架空地线的技术参数符合有关规定标准，冬季不断线，夏季所有足够的线间距离	是□ 否□	是□ 否□	
		架空地线是否无断股、散股、锈蚀等现象；架空地线补强或接头数量是否符合要求	是□ 否□ 无□	是□ 否□ 无□	
		接地线及各种线夹、其他连接部件是否无断裂、锈蚀、烧伤等现象，各部连接螺母无松动	是□ 否□	是□ 否□	
	馈线	测量接触线及馈线在馈线水平方向500mm处至电连接线的垂直距离，应大于150mm	无□ mm	无□ mm	
		辅助馈线及连接电缆截面积、馈电线截面的截面积是否符合设计要求，连接电缆截面数符合设计要求；锈蚀等现象，安全系数、线索驰度是否符合要求目满足受电弓动态包络线	是□ 否□ 无□	是□ 否□ 无□	
		辅助馈线（接头）数量是否符合要求	是□ 否□	是□ 否□	
备注说明	缺陷情况整改				

备注：每栏各项检修指标符合要求时在（是□）内打√，如有缺陷时在（否□）内打√，如在（否□）内打√时需对应检修项别内的（1）、（2）项进行打√，如无缺陷无需填写；需将具体缺陷内容及整改情况按序统一填写在《备注说明》栏内，如无缺陷则无需填写。

设备负责人：_____ 工班长：_____ 专业工程师：_____

柔性接触线磨耗测量记录

表 7-8
(单位: mm)

设备位置: _____ 锚段编号: _____ 检修周期: _____

悬挂点号										平均磨耗	最大磨耗点残余面积（<25%的$S_标$）	检修日期	检修人员	互检人员
磨耗后接触线的高度	上行侧													
	下行侧													
悬挂点号										平均磨耗	最大磨耗点残余面积（<25%的$S_标$）			
磨耗后接触线的高度	上行侧													
	下行侧													
悬挂点号										平均磨耗	最大磨耗点残余面积（<25%的$S_标$）			
磨耗后接触线的高度	下行侧													
	上行侧													
悬挂点号										平均磨耗	最大磨耗点残余面积（<25%的$S_标$）			
磨耗后接触线的高度	下行侧													
	上行侧													

设备负责人: _____ 工班长: _____ 专业工程师: _____

7.2.2 吊弦与吊索

1. 维修标准

（1）吊弦间距为 8~12m，须均匀布置，间距误差应符合要求。

（2）城市轨道接触网链形悬挂采用整体吊弦，分为隧道外用的直吊弦和隧道内用的门型吊弦两种。吊弦的长度要能适应在极限温度范围内接触线的伸缩和弛度的变化。吊弦在无偏移温度时，保持铅垂状态。

（3）吊弦鞍子的安装应正确，其开口朝正下方；接触线线夹的安装要正确、坚固，不得沿接触线滑动。

（4）简单悬挂的吊索用一般用青铜绞线制成。在无偏移温度下，两端的长度应相等，相差不超过±100mm。

2. 维修内容与周期，参见表 7-9。

吊弦与吊索维修内容与周期 表 7-9

序号	项目	工作内容	周期
1	吊弦	（1）检查吊弦无腐蚀、磨损，无烧伤痕迹，若有缺陷则进行更换； （2）检查吊弦线夹是否有裂纹等缺陷，安装是否正确、牢固。若有缺陷则进行更换或调整	12 个月
2	吊索	（1）检查钳压管的压接必须符合要求； （2）检查钳压管与心形环连接处必须密贴； （3）检查吊索线应顺直，不得有弯曲、变形或散股； （4）检查吊索须安装正确、牢固，接触线无偏磨和打弓现象，若有缺陷则视情况处理； （5）检查吊索是否有断股、烧伤、锈蚀现象，如有缺陷则进行更换	12 个月

3. 维修过程与方法

吊弦与吊索的维修一般与维修接触线和承力索一起进行，其维修比较简单，不必细述。这里重点介绍在维修过程中几个问题的处理。

（1）更换吊弦和吊索

在维修时，如发现吊弦有锈蚀、损伤时，应及时更换。在更换吊弦时，要注意以下几点：

1）因为城市轨道接触网链形悬挂采用整体吊弦，在预制好后，一般不易改变，所以要事先根据数据表上的参数，预制各种型号的整体吊弦作为备用。

2）根据要更换吊弦所在的地点及跨距，查找与之相对应的数据表上吊弦的型号，更换受损的吊弦。在更新吊弦后，要检查吊弦的受力情况及该点接触线距轨面的高度是否符合要求。

（2）吊弦偏移的确定

在接触悬挂有补偿的情况下，当温度发生变化时，由于线索本身的物理特性会使线索产生顺线路方向的移动，尤其是在半补偿链形悬挂中，由于承力索无补偿，在温度变化时，其弛度将发生变化，而沿线路方向基本不动，但接触线却是随温度变化而产生沿线路方向的移动，故在这种情况下，吊弦就会顺线路方向倾斜，若倾斜角度过大，则会影响悬挂的质量。

为了保证吊弦符合技术要求，在运行维修中，应根据当时的气温对吊弦的偏移量进行检查和验证。要验证吊弦的偏移量，就必须进行吊弦的偏移计算。

1）吊弦偏移的计算

半补偿链形悬挂吊弦偏移值的计算公式如下：

$$E = L\alpha_j(t_x - t_p) \tag{7-5}$$

式中 E——所计算吊弦在接触线上的偏移值，m；

L——计算吊弦与中心锚节（或硬锚）的距离，m；

α_j——接触线的线胀系数，1/℃；

t_x——调整（安装）时的温度，℃；

t_p——设计平均温度，℃，$t_p = \dfrac{t_{max} + t_{min}}{2}$；

t_{max}——设计时采用的最高温度，℃；

t_{min}——设计时采用的最低温度，℃。

全补偿链形悬挂吊弦偏移值的计算公式如下：

$$E = L(\alpha_j - \alpha_c)(t_x - t_p) \tag{7-6}$$

式中 α_c——承力索的线胀系数，1/℃；

其他符号与式（7-5）相同。

2）吊弦偏移方向的确定

从式（7-5）和（7-6）中可知，当平均温度低于维修时的温度时，E 为正值；当平均温度高于维修时的温度时，E 为负值；当平均温度等于维修时的温度时，E 为 0，即吊弦在顺线路方向无偏移。

在维修中，若 $t_x = t_p$，则 $E=0$，说明此时吊弦在顺线路方向的偏移值为 0，即吊弦应铅垂。若维修时的温度 $t_x > t_p$，由于补偿装置的作用，使得接触网线索以中心锚结为基准向下锚侧伸长，再加上承力索的线胀系数小于接触线的线胀系数，从而使吊弦下端偏移的距离比上端大，即吊弦下端往下锚方向偏移，这种现象，越靠近下锚端越严重。同样，若维修时的温度 $t_x < t_p$，则接触网线索向中心锚结处收缩，使吊弦往中心锚结方向偏移。

所以，当 $t_x > t_p$，$E > 0$ 时，吊弦向下锚方向偏移；当 $t_x < t_p$，$E < 0$ 时，吊弦向中心锚结方向偏移；当 $t_x = t_p$，$E = 0$ 时，吊弦无偏移。

如果实测的偏移量超过了计算出来的偏移值，进行调整即可。

3）实例

例 7-3：某半补偿链形悬挂的悬挂形式为 GL－70＋GLCB$\dfrac{80}{173}$，一吊弦距中心锚结 1000m，此地区最高气温为 30℃，最低气温为-8℃，维修时测得当时的气温为 25℃。求该吊弦的偏移量（$\alpha_j = 17 \times 10^{-6}$ 1/℃）。

解：已知：$L = 1000$m，$t_x = 25$℃，$\alpha_j = 17 \times 10^{-6}$ 1/℃，查设计资料得 $t_{max} = 38$℃，$t_{min} = -8$℃

则
$$t_p = \dfrac{t_{max} + t_{min}}{2} = \dfrac{38 - 8}{2} = 15℃$$

所以 $E = L\alpha_j(t_x - t_p) = 1000 \times 10^3 \times 17 \times 10^{-6}(25 - 15) = 170$ mm

答：吊弦往下锚方向偏移 170mm。

例 7-4：在全补偿链悬挂区段，采用了 GL－70＋GLCB$\frac{100}{215}$，最高气温为＋40℃，最低气温为－20℃，吊弦距中心锚结 1000m，计算气温为 5℃和 30℃时吊弦的偏移量（α_j＝17×10^{-6}1/℃，α_c＝12×10^{-6}1/℃）。

解：已知：L＝1000m，α_j＝17×10^{-6}1/℃，α_c＝12×10^{-6}1/℃，t_{x1}＝5℃，t_{x2}＝30℃

查设计资料得 t_{max}＝40℃，t_{min}＝－20℃

则
$$t_p=\frac{t_{max}+t_{min}}{2}=\frac{40-20}{2}=10℃$$

所以
$$E_5=L(\alpha_j-\alpha_c)(t_x-t_p)=1000\times10^3(17\times10^{-6}-12\times10^{-6})\times(5-10)=-25mm$$
$$E_{30}=L(\alpha_j-\alpha_c)(t_x-t_p)=1000\times10^3(17\times10^{-6}-12\times10^{-6})\times(30-10)=100mm$$

答：温度为 5℃时，吊弦向中心锚结方向偏移 25mm；温度为 30℃时，吊弦向下锚方向偏移 100mm。

4. 维修记录

吊弦和吊索没有专门的维修记录，一般填写在"接触悬挂、定位支持装置维修、调整及状况记录"，即表 7-7 中的"其他"栏中。

7.2.3 软横跨、硬横跨

1. 维修标准

（1）软横跨、硬横跨两支柱的水平连线应与线路正线垂直，其偏角不得大于 3°，软横跨的横向承力索和上、下部固定绳均应在同一垂直面内。横向承力索的驰度应符合规定。吊线应保持铅垂状态，其截面积和长度要符合规定，最短吊线的长度误差不大于 50mm。

（2）横向承力索和上、下部固定绳均不得有接头、断股和补强，表面应涂防腐油。双横承力索的张力和驰度应相等，上、下部固定绳应水平，允许有平缓的负驰度。5 股道及以下最大负驰度不得超过 100mm；5 股道及以上最大负驰度不得超过 200mm。

（3）横向承力索机械强度的安全系数不得小于 4.0；上、下部固定绳的安全系数不得小于 3.0。

（4）下部固定绳距接触线的垂直距离不得小于 225mm。

（5）横向承力索与上部定位绳在最短吊弦处距离不小于 400mm，允许误差 $^{+50}_{-200}$ mm。

（6）横向承力索、上、下部定位绳调节杆的调节余量应不小于 50mm，并分别垫有角形垫片和球形垫块，杵头杆在螺母处外露 20～100mm；横向承力索及上、下部固定绳上的法兰螺丝至少露 2 个丝扣，螺栓间的空气间隙不小于可调部分的 1/3。

（7）各部件应齐全完好，连接牢固，支柱上角钢底座应水平，各斜拉线完好无松弛，并留有不小于 200mm 的调节余量。钢支柱漆面剥落面积不得超过 10%。

（8）简单悬挂的软横跨除符合上述有关标准外，还应符合以下要求：

1) 固定绳呈直线状态，允许出现负驰度不大于 100mm。

2) 定位器要处于受力状态，吊索位于接触线的正上方。

（9）硬横跨各段之间及其与支柱应连接牢固，硬横梁应呈水平状态，硬横梁两端允许高差 30mm，硬横梁的挠度不应大于梁跨的 0.5%。

（10）每组硬横跨的支柱中心连线一般垂直于多数股线路中心线。

(11) 软、硬横跨上、下部定位绳的回头用楔形线夹连接固定时,其受力方向要正确,制作工艺符合要求。

2. 维修内容与周期

如表 7-10 所示。

软横跨、硬横跨维修内容与周期　　　　　表 7-10

序号	项目	工作内容	周期
1	软横跨	(1) 检查横向承力索和上、下部定位索不得有接头、断股和补强,应符合规定; (2) 检查软横跨横向承力索,上、下部固定绳及各连接部件受力状态良好; (3) 检查横向承力索,上下部固定绳及各零部件涂油防腐	12 个月
2	硬横跨	(1) 检查硬横跨各段之间及其与支柱应连接牢固,硬横梁应呈水平状态; (2) 检查硬横跨锈蚀情况,对锈蚀超标的应进行涂漆; (3) 检查各连接部件受力状态良好	12 个月

3. 维修过程与方法

(1) 测量调整横向承力索与上部固定绳间的最小间距,若最小间距小于 400mm,则需按下列方法调整:

1) 用滑轮调整横向承力索与上部固定绳之间距,拉动滑轮组,使滑轮组受力,最短吊弦松弛。

2) 放开最短吊弦,放松至横向承力索与上部固定绳间最小间距大于 400mm 某一适当位置(最短吊弦若短可更换)。

3) 松开滑轮组,使最短吊弦受力并测其值大于 400mm 即可。

(2) 检查调整双横承力索的受力状态,若受力不均匀,则需调整。方法是可重新做承力索回头,其方法按下述程序进行:

1) 在横向承力索上打紧线器,支柱上挂钢线套或拉力带,用双钩或手扳葫芦连接起来,使横向承力索松弛。

2) 打开横向承力索回头,根据测量情况重新做回头并连接牢固,松开双钩或手扳葫芦观察,受力若还不均匀时,还应重新做回头,直至达到标准为止。

(3) 检查上、下部固定绳与横向承力索是否在同一平面内,否则,需按下述方法调整:

1) 调整悬吊滑轮(或杵座鞍子)中纵向承力索的受力位置,即松开 U 形线夹(或定位环线夹)调整至合适位置。

2) 调整接触线定位,减少因定位偏移而造成的固定绳受力偏移。

(4) 检查上、下部固定绳的弛度。

1) 测量方法:用绝缘测杆先测量出靠近支柱边的上、下部固定绳间距,再依次测其他位置的间距。比较后,大于钢柱(或混凝土柱)两杵环杆间距的就说明有正弛度(杵环杆应水平)。

2) 调整正弛度的方法:

① 通过调节螺栓或开式螺旋扣来调节杵环杆长度。

② 调整杵环杆或螺栓长度还不能满足需要时，可采用重新做回头的方法。

(5) 检查下部固定绳距接触线间距应在300~400mm范围内，最小不得小于250mm，若小于250mm，则应调整。调整方法为：

1) 将挂梯挂在承力索上（为防止挂梯滑移，可在挂梯上绑绳，绳子固定在支柱上，或在横向承力索较低侧安装一个防滑线夹）。

2) 用双滑轮挂住横向承力索（为防止双滑轮滑移可在横向承力索较低侧安装一个防滑线夹）与上部固定绳，拉紧双滑轮使其受力，使直吊弦松弛。

3) 观察直吊弦偏斜原因，若上边偏斜则松开横向承力索线夹调整；若下边偏斜则松开横向承力索线夹或U形线夹（定位环线夹）调整。

(6) 检查直吊弦是否垂直（左右偏差允许±100mm），若不垂直，超过误差规定的范围，则需调整。调整方法如下所述。

1) 挂梯挂在承力索上（为防止挂梯滑移，可在挂梯上绑绳，绳子固定在铁塔或混凝土柱上，或在横向承力索较低侧安装一个防滑线夹）。

2) 用双滑轮挂住横向承力索（为防止双滑轮滑移可在可在横向承力索较低侧安装一个防滑线夹）与上部固定绳，拉紧双滑轮使其受力，使直吊弦松弛。

3) 观察直吊弦偏斜原因，若上边偏斜则松开横向承力线夹调整；若下边偏斜则松开横向承力索线夹或U形线夹（长定位环线夹）调整。

(7) 检查绝缘子串是否对齐和有无下垂现象，若有则可调整两边杵头杆长度、开式螺旋扣（混凝土柱）。当杵头杆长度、开式螺旋扣已无法再调整时，可通过重新做回头的方法调整。

(8) 检查软横跨、硬横跨各部分零件是否齐全良好；检查各部受力杆件是否受力良好。

(9) 检查各部分线索有无松散股，回头绑扎是否良好。

(10) 上、下部固定绳若因烧伤或有接头时应更换。

1) 若是软横跨、硬横跨有电分段，要更换的线索只是在分段的一边时，先在要更换线索一端支柱上挂上钢丝套子或拉力带，将紧线器打在不需要更换的分段线索上，用双钩（或手扳葫芦）摇紧，使被换线索松弛，拆下被换线索，将新做的软横跨线段换上去。

2) 若整个软横跨、硬横跨线需更换时，先在一侧支柱上挂上钢丝套子或拉力带，将紧线器打在被更换线索上，用双钩（或手扳葫芦）摇紧，使线索松弛，拆下连接处楔形线夹，将新做的软横跨、硬横跨线段连同绝缘子串一起吊上去与杵头连好。

3) 在另一边钢柱上挂上双滑轮，在新线上打上紧线器、用双滑轮拉紧线索处于水平。

4) 将做好的回头与支柱上杵杆相连。

5) 用单滑轮（或双滑轮）拉住，分别将原各股道负荷转移至新换线段上。按标准进行检查调整各部分。

4. 维修记录

软横跨、硬横跨维修时，要将有关的维修检查情况填写在"软、硬横跨维修记录"中，其格式见表7-11。

软、硬横跨维修记录

表 7-11
（单位：mm）

软横跨编号：_____ 检修周期：_____

检修日期(年/月/日)	设备编号	项别	软横跨横向承力索（双横承力索）和上、下部定位索是否和其中心线为铅垂面内	横向承力索的长度是否符合规定，最短吊弦的长度允许误差$^{+50}_{-200}$mm	（1）横向承力索及上、下部定位索是否无接头、断股和补强；（2）其机械强度安全系数是否符合规定	（1）上、下部定位索是否呈水平状态；（2）是否无正池地；（3）下部定位索距工作支接触线的距离不得小于250mm	软横跨横向承力索、软、硬横跨上、下部固定绳各受力件状态是否良好；（2）横向承力索、上、下部固定绳及各零部件是否涂油防腐	（1）软、硬横跨上下部位定位用头部的回头与楔形线夹连接固定时，其受力方向是否正确；（2）制作工艺是否符合要求	（1）硬横跨呈水平状态，各段之间及其与支柱是否连接牢固；（2）螺栓紧固力矩是否符合设计要求	每组硬横跨的支柱中心连线是否垂直于多股胶线路中心线	检修人签名	互检人签名
		修前	是□ 否□ 无□	是□ 否□ mm 无□	是□ (1)否□ (2)否□	是□ (1)否□ (2)否□ (3)否□	是□ (1)否□ (2)否□	是□ (1)否□ (2)否□	是□ (1)否□ (2)否□	是□ 无□		
		修后	是□ 否□ 无□	是□ 否□ mm 无□	是□ (1)否□ (2)否□	是□ (1)否□ (2)否□ (3)否□	是□ (1)否□ (2)否□	是□ (1)否□ (2)否□	是□ (1)否□ (2)否□	是□ 无□		
		修前	是□ 否□ 无□	是□ 否□ mm 无□	是□ (1)否□ (2)否□	是□ (1)否□ (2)否□ (3)否□	是□ (1)否□ (2)否□	是□ (1)否□ (2)否□	是□ (1)否□ (2)否□	是□ 无□		
		修后	是□ 否□ 无□	是□ 否□ mm 无□	是□ (1)否□ (2)否□	是□ (1)否□ (2)否□ (3)否□	是□ (1)否□ (2)否□	是□ (1)否□ (2)否□	是□ (1)否□ (2)否□	是□ 无□		

备注说明	缺陷情况	
	整改情况	

备注：每栏各项检修指标符合要求时在（是□）内打√，如有缺陷时在（否□）内打√。如在（否□）内打√时需对应检修项别内的 (1)、(2)、(3) 项进行打√，如无缺陷则无需填写。需将具体缺陷情况及整改内容按序统一填写在《备注说明》栏内。如无缺陷则无需填写。

设备负责人：_____ 工班长：_____ 专业工程师：_____

7.2.4 锚段关节

1. 维修标准

(1) 非绝缘锚段关节（三跨式）

1）两支接触线在两转换柱之间的垂直面上应平行设置，两接触线的线间距离及其误差应符合规定。

2）转换柱非工作支接触线距轨面高度比工作支抬高 150~200mm。非工作支接触线与工作支接触线两内线相距 500mm 处，非工作支接触线比工作支接触线抬高 50~350mm。

3）锚段关节内两接触线的立体交叉点（距轨面高度处）应位于两转换柱之间的跨距中心处。

4）在转换柱与锚柱间，距转换柱 5~10m 处分别加设一组电连接。

5）下锚处接触线在水平面内改变方向时，其偏角一般不应大于 10°，困难情况下不得超过 12°。

(2) 绝缘锚段关节（三跨式）

1）两根转换柱之间两支接触悬挂应在垂直面上保持平行，两支悬挂的线间距不小于 150mm。

2）转换柱处非工作支接触线应比工作支接触线抬高不小于 150mm，非工作支接触线的分段绝缘棒应比工作支接触线高 25mm 以上。

3）非工作支接触线和下锚支承力索在转换柱内侧加设绝缘棒，并用电连接将锚段最后一跨的线索与相邻锚段线索连接起来。电连接设在锚柱与转换柱间距转换柱 5~10m 的地方。

4）下锚处接触线在水平面内改变方向时，其偏角不应大于 10°，困难情况下不应大于 12°。

5）锚段关节不得有卡滞现象。

2. 维修内容与周期

锚段关节的维修内容与周期如表 7-12 所示。

锚段关节维修内容与周期　　　　表 7-12

项目	工作内容	周期
锚段关节	(1) 测量绝缘锚段关节、非绝缘锚段关节转换柱处二、三根接触线的垂直及水平距离，符合要求； (2) 测量非工作支接触线与工作支接触线两内线相距 500mm 处，非工作支接触线比工作支接触线抬高，符合要求	6 个月

3. 维修过程与方法

维修锚段关节是一项重要的工作，维修时以一个作业组为宜。检调时，首选检调转换柱处两支接触悬挂间的水平距离和垂直距离及非工作支接触线的绝缘部件与工作支接触线的垂直距离，使其符合要求。然后检查锚支、工作支及定位器管的偏转是否灵活，有无卡滞现象。最后检查转换跨内接触线的转换过渡情况是否良好、电连接状况及绝缘关节两支悬挂的电气距离是否满足要求和对螺栓进行紧固及涂油工作。

对锚段关节进行调整时，在保证工作支导线高度，定位器坡度、偏移、拉出值符合要求后，方可调整线间距离和非工作支的抬高值。因悬挂的布置位置造成其绝缘间隙不够时，可相应改变悬挂的位置来保证其绝缘间隙。转换柱处非工作支接触线的绝缘棒与工作支接触线的垂直距离不满足要求时，须调整转换柱处非工作支的高度，使其满足要求。

锚段关节两悬挂的距离及非工作支接触线上的绝缘部件与工作支接触线的垂直距离不满足要求的调整方法：

基本方法是将非工作支悬挂往上提升。因城市轨道接触悬挂采用整体吊弦，结构高度较小，尤其是隧道内，其结构高度一般不足 300mm，因此不能采用改变吊弦长短的方法来解决，必须将非工作支整个悬挂向上提升。具体方法是将转换柱处非工作支的整组腕臂定位装置提高，其抬升量以满足转换柱处和非工作支接触线的绝缘棒与工作支接触线的垂直距离要求为准。

4. 维修记录

锚段关节维修时，要将有关的维修检查情况填写在"柔性悬挂锚段关节维修记录"中，其格式见表 7-13。

7.2.5 补偿装置

1. 维修标准

（1）补偿装置坠砣块要叠码整齐，每块坠砣都要涂漆，其总重量符合规定标准，相差不超过 2%，限制、制动部件要作用良好。

（2）运行中补偿装置的 A 值（上部坠砣导环至限制管顶端支架的距离）要符合安装曲线的要求，在极限温度下，不得小于 200mm；B 值（下部坠砣导环至限制管底端支架的距离）在极限温度下，不得小于 200mm。

（3）补偿滑轮（包括棘轮）要转动灵活，坠砣导环与限制管之间要滑动灵活，以确保坠砣升降自如。限制管要呈铅垂状态，其长度和安装要符合规定。

（4）补偿绳规格型号要符合要求，无断股、接头无锈蚀，有防腐油层，且不得与下锚拉线磨擦接触。补偿绳在补偿棘轮上的圈数要符合要求，且缠绕正确，不得有相互叠压现象。

（5）断线自动装置应制动可靠，棘轮与舌簧间的间隙（棘轮的齿与舌簧的齿的最小距离）及其误差要符合规定，且能适应温度的变化要求。

（6）下锚拉线及各零部件受力良好，螺栓坚固、有油。

（7）承力索、接触线两下锚绝缘子串应对齐，允许偏差为 ±150mm。下锚补偿装置平衡轮应水平，偏斜不超过 20°。

（8）坠砣应完整，坠砣块叠码整齐其缺口相互错开 180°。坠砣串的重量（包括坠砣杆的重量）符合规定，允许误差不超过 2%。坠砣块自上而下按块编号，并标明重量。

2. 维修内容与周期

补偿装置的维修内容与周期见表 7-14。

柔性悬挂锚段关节维修记录

表 7-13
(单位: mm)

锚段关节编号/形式: _____ 设备位置: _____ 检修周期: _____

检修日期(年/月/日)	项别		承力索高度		接触线高度		拉出值		锚支500处的抬高量(≥50mm)	转换柱处第二、三根接触线		跨中过渡段平行/过渡情况是否正常	绝缘部件状态是否正常	电连接设在锚柱与转换柱之间距为5~10m	两根转换柱之间两支接触悬挂是否在同一垂直面上保持平行,两支悬挂线间距不小于150mm	立体交叉点位于两转换柱之间的跨距中心处	电联接、其他部件状态是否正常	检修人签名	互检人签名
			标准值	实测值	标准值	实测值	标准值	实测值		水平距离	垂直距离							
										修前 修后	修前 修后							
	起点里程侧	修前										是□ 否□	是□ 否□	mm	是□ 否□	是□ 否□	是□ 否□		
		修后																	
		修前										是□ 否□	是□ 否□	mm	是□ 否□	是□ 否□	是□ 否□		
		修后																	
	终点里程侧	修前										是□ 否□	是□ 否□	mm	是□ 否□	是□ 否□	是□ 否□		
		修后																	
		修前										是□ 否□	是□ 否□	mm	是□ 否□	是□ 否□	是□ 否□		
		修后																	

备注说明	缺陷情况	
	整改情况	

备注: 每栏各项检修指标符合要求时在(是□)内打√, 如有缺陷时在(否□)内打√, 需将具体缺陷内容及整改情况按统一填写在《备注说明》栏内, 如无缺陷则无需要填写

设备负责人: _____ 工班长: _____ 专业工程师: _____

补偿装置维修内容与周期		表 7-14
项目	工作内容	周期
补偿装置	(1) 测量补偿 A、B 值，符合安装曲线要求； (2) 检查大、小轮补偿绳缠绕圈数，应符合要求； (3) 检查棘轮应完整无损、转动灵活，没有卡滞现象； (4) 测量制动齿间隙符合要求； (5) 检查坠砣块应码放整齐，坠砣伸缩自如，重量标识清晰无锈蚀； (6) 检查补偿绳不得有散股、断股和接头，不得与其他部件、线索相摩擦	6 个月

3. 维修过程与方法

进行下锚补偿装置维修时要带上安装曲线、温度计和其他工器具。首先核对补偿坠砣块数是否符合安装曲线的要求，检查坠砣的升降是否灵活、是否与坠砣限制杆磨擦、滑轮和棘轮是否有卡滞现象，然后测量 A、B 值、断线制动装置的间隙是否符合要求，最后检查补偿绳是否有防腐油、各部件的受力状况、锈蚀情况、螺栓紧固及涂油等。对不符合要求的项目进行调整或更换，以达到工艺要求。

(1) A、B 值的调整

A、B 值的计算

计算公式为：

$$A = A_{\min} + nL\alpha(t_x - t_{\min}) \tag{7-7}$$

$$B = B_{\min} + nL\alpha(t_{\max} - t_x) \tag{7-8}$$

式中 $A_{\min}$、$B_{\min}$——设计中规定的最小 A、B 值；

$t_{\min}$——设计中采用的最低气温；

$t_{\max}$——设计中采用的最高气温；

t_x——安装或调整时的气温；

n——补偿装置的传动系数；

L——中心锚结至补偿装置的距离；

α——接触线或承力索的线胀系数。

例 7-5：在直线区段，采用了半补偿简单链形悬挂，悬挂形式为 $GJ-70+GLCB\frac{80}{173}$，该锚段长为 1800m，当地的温度范围为 $-20\sim+40℃$，安装时气温为 20℃，试计算 A_x 和 B_x 的值（已知接触线的线胀系数为 $17\times10^{-6}/℃$）。

解：已知：$L=900$m，$t_{\min}=-20℃$，$t_{\max}=+40℃$，

$t_x=20℃$，$n_j=2$，$\alpha_j=17\times10^{-6}/℃$

根据公式　$A=A_{\min}+nL\alpha(t_x-t_{\min})$

$B=B_{\min}+nL\alpha(t_{\max}-t_x)$

计算得　$A_{20}=200+2\times900\times17\times10^{-6}(20+20)=1524$mm

$B_{20}=200+2\times900\times17\times10^{-6}(40-20)=912$mm

答：气温为 20℃时补偿装置的 A、B 值分别为 1524mm 和 912mm。

例 7-6：某城市轨道接触网采用全补偿简单链形悬挂，并联下锚，其悬挂方式为 TJ－150＋TCG120，有一直线锚段长为 1500m，中心锚结在锚段中部，这个地区的最高气温为

+40℃，最低气温为-20℃，调整时的气温为30℃，实际测得 B 值为 1000mm。试求此时的 A、B 值，并问此时的坠砣是否需要调整，以及该如何调整（已知铜的线胀系数为 $17×10^{-6}/℃$，传动比为3）。

解：已知：$L=750$m，$t_{min}=-20℃$，$t_{max}=+40℃$，

$t_x=30℃$，$n=3$，$\alpha=17×10^{-6}/℃$

根据公式 $A=A_{min}+nL\alpha(t_x-t_{min})$

$B=B_{min}+nL\alpha(t_{max}-t_x)$

计算得 $A_{30}=200+3×750×17×10^{-6}(30+20)=1912.7$mm

$B_{30}=300+3×750×17×10^{-6}(40-30)=328.7$mm

答：此时的 A、B 值分别为 1912.7mm 和 328.7mm。由于实测 B 值为 1000mm，比计算出来的 B 值大得多，因此需要进行调整，即把坠砣往下放（1000-329）=671mm。其方法是用手扳葫芦或拉链葫芦将补偿装置坠砣卸载，并将补偿绳与坠砣杆相连的楔形线夹卸下，按照计算的结果，重新做回头，然后重新装上，复原即可，如图 7-12 所示。

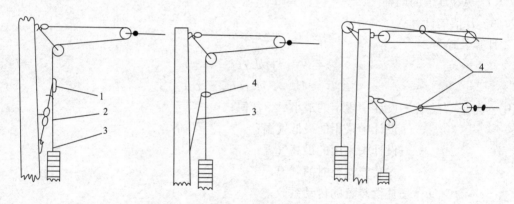

图 7-12 坠陀的调整方法
1—楔形紧线器；2—双钩紧线器；3—钢丝卡；4—钢线卡子

需要说明的是在实际的维修作业中，一般是直接查安装曲线，如图 7-13 所示，来获得标准的 B 值，而基本不进行繁琐的计算。若测量的 B 值与安装曲线上要求的 B 值不相符，且相差较大时，需要进行调整，调整方法见上例。

（2）补偿绳的更换

更换补偿绳需要两套紧线工具，具体方法是在动滑轮与绝缘子的杵环杆上打一楔形紧线器，在支柱下锚角钢上方安装一钢丝套，用手扳葫芦（或双钩紧线器）将两者勾住。在上面工作人员安装的同时，另一杆上的作业人员在坠砣杆上同样安装一楔形紧线器，并在支柱上方的适当位置套一钢丝套，然后用手扳葫芦（或双钩紧线器）将两者勾住。两套紧线工具都安装好之后，先紧上边的手扳葫芦（或双钩紧线器），使悬挂不至于向锚段中部移动，然后再紧下边的手扳葫芦（或双钩紧线器），使坠砣串固定在支柱上，不至落下，这样补偿绳就得到了充分的卸载。拆除旧的补偿绳，安装上预制好的新的补偿绳。检查无误后，先松开下边的手扳葫芦（或双钩紧线器），使补偿绳承载，再松开上边的手扳葫芦

（或双钩紧线器），使补偿装置恢复工作状态。复核 B 值，给新换上的补偿绳涂防腐油，拆掉工器具即可完工。

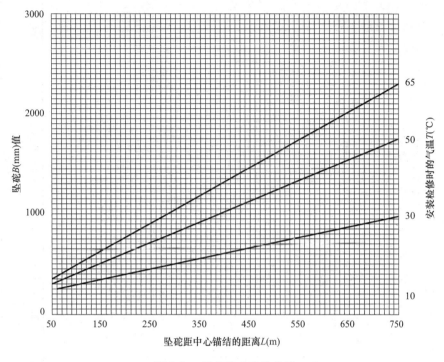

图 7-13 补偿坠砣安装曲线

4. 维修记录

补偿装置维修完成后，要认真填写"柔性悬挂下锚及补偿器维修记录"记录，其格式见表 7-15。

7.2.6 线岔

1. 维修标准

（1）线岔的交叉点应在受电弓的有效工作范围内。

（2）在线岔的交叉点两端，当两支接触悬挂均为工作支时，其始触点处两接触线距轨面的高度应相等，误差不大于 10mm；若两支悬挂中有一支为非工作支时，则非工作支的接触线相对于工作支应抬高不小于 50mm（两接触线相距 500mm 处）。

（3）在线岔的交叉点处，正线或重要线段应位于侧线的下方；侧线上下活动的间隙为 1～3mm。

（4）复式交分道岔标准定位时，两接触线应相交于道岔对称中心轴的上方。

（5）线岔的型号要符合规定，安装要正确牢固，螺丝、垫片应齐全、紧固，无刮弓危险；线岔的安装不能影响接触线在温度变化时能自由伸缩。

2. 维修内容与周期

线岔的维修内容与周期见表 7-16。

表 7-15

柔性悬挂下锚及补偿器维修记录

（单位：mm）

锚段编号：_____ 设备位置：_____ 中锚至起（落）锚的距离：_____ m 检修周期：_____

检修日期(年/月/日)	项别	检修温度(℃)	A值 安装曲线值	A值 实测值(>安装曲线值)	B值(>200mm)	坠砣 数量(个)及状态是否良好	坠砣 上、下活动状况是否正常	断线制动间隙(25±5 国产辘轳7~15mm)	补偿绳圈数 小圈	补偿绳圈数 大圈	(1)补偿绳是否无散股、断股和接头；(2)是否无其他零件、线索相摩擦	小轱辘绕时两边是否对称	下锚补偿装置平衡轮是否水平，偏斜是否不超过20°	承力索接触线两下锚绝缘子串是否对齐	坠砣块是否自上而下按编号并标明重量	下锚预制终端，动滑轮，棘轮，平衡板，调节螺栓，下锚绝缘子及其他零部件连接情况是否正常	检修人签名	互检人签名
	修前					个 是□ 否□	是□ 否□	mm			(1)是□否□ (2)是□否□	是□ 否□	是□ 否□	是□ 否□	是□ 否□	是□ 否□		
	修后					个 是□ 否□	是□ 否□	mm			(1)是□否□ (2)是□否□	是□ 否□	是□ 否□	是□ 否□	是□ 否□	是□ 否□		
	修前					个 是□ 否□	是□ 否□	mm			(1)是□否□ (2)是□否□	是□ 否□	是□ 否□	是□ 否□	是□ 否□	是□ 否□		
	修后					个 是□ 否□	是□ 否□	mm			(1)是□否□ (2)是□否□	是□ 否□	是□ 否□	是□ 否□	是□ 否□	是□ 否□		

缺陷情况：_____

备注说明　整改情况：_____

备注：每栏各项检修指标符合要求时在（是□）内打√，如有缺陷时在（否□）内打√。如在（否□）内打√时需对应检修项别内的（1）、（2）项进行打√，如无缺陷无需填写；需具体缺陷内容及整改情况按序统一填写在《备注说明》栏内，如无缺陷则无需要填写。

设备负责人：_____ 工班长：_____ 专业工程师：_____

线岔维修内容与周期　　　　　　　　　表 7-16

项目	工作内容	周期
线岔	（1）测量线岔交叉点的投影位置。 （2）测量两工作支始触点的高差。 （3）测量非工作支的抬升量。 （4）检查限制管及接触线的活动情况。 （5）检查电联接状况等。 （6）紧固螺栓并涂油	6 个月

3. 维修过程与方法

（1）单开道岔标准定位的线岔调整

1）将线坠挂于两导线交叉点，测量其位置，若不合格则进行调整。交叉点投影不合格大致分以下几种情况。

① 两导线交叉点垂直投影在两内轨距 630～760mm 范围内，但不在辙叉角的角平分线上，且超过允许误差±20mm 范围。其调整方法如下：

a. 测出偏移的距离。

b. 松开线岔处两定位器的定位环或支持器顶丝，将定位处两导线向同一方向调整，使投影点达到标准。在调整时注意定位点拉出值不得超出规定，线岔拉出值不得大于 450mm。

② 两导线交叉点垂直投影超出两内轨距 630～760mm 范围，且不在辙叉角的角平分线上，超出允许误差±20mm 的范围。其调整方法如下：

a. 松开或拆除限制管。

b. 将线坠挂在位于两内轨距 630～760mm 范围内正线接触线上方，调整定位拉出值，直至符合 630～760mm 的横向中心位置。

两导线交叉点垂直投影调整完后，对定位点的拉出值和该定位相邻两跨的跨中拉出值进行复测，不得超出规定。

2）线岔 500mm 处两支接触线的水平和抬高调整。

① 若线岔 500mm 处两支接触线均为工作支时，应调成 500mm 处水平。调整方法如下：

a. 用水平尺按图 7-14 所示方法，调整水平尺水平，使水珠保持在玻璃管中间位置，用 2m 盒尺测量 h 值，其数值即为两线高差。

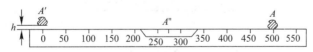

图 7-14　调整水平尺

b. 线高若大于允许误差 10mm 时，可调整吊弦长度来解决。

② 若线岔 500mm 处两支接触线有一支为工作支时，应调成在 500mm 处抬高，调整方法和 500mm 处水平一样。

3）检查限制管各部零件齐全完好，防腐涂油及间隙符合要求。调整时，若温度高于平均温度时，限制管应偏向下锚方向，间隙应为 1～3mm。若不合格，可调整两端定位线夹上的垫圈数量，调整后的垫圈不得松动。

4）检查线岔电连接线夹应紧固，电连接线不得有散股、断股或烧伤，烧伤严重应立即更换。

5）检查线岔、定位处导线线面，线面不正时，应用扭铁板校正，磨损严重的零件或导线应更换或补强。

（2）单开道岔非标准定位的线岔调整

1）保证定位点拉出值在任何情况下不大于 450mm。

2）保证交叉点投影在两内轨距 739～935mm 的辙叉角的角平分线上，允许误差（±200mm）。

3）保证任何情况下受电弓不脱弓。

（3）复式交分道岔的线岔调整

用线坠测两导线交叉点垂直投影应落在道岔的菱形块内，最佳位置是菱形块中心，可偏离短轴 1000mm、长轴 50mm。交叉点投影位置不合格大致分以下三种情况：

1）投影位置距短轴 1000mm 以外，长轴 50mm 之内，即长轴合格，短轴不合格。

处理方法是松开线岔处两定位器的定位环或支持器顶丝，使两定位相向或反向移动，使交叉点达到合格。

2）投影位置距短轴 1000mm 之内，长轴 50mm 以外。即短轴合格，长轴不合格。

处理方法是松开线岔处两定位器的定位环或支持器顶丝，使定位同时移动，从而使交叉点达到合格。

3）投影位置距短轴 1000mm 之外，长轴 50mm 以外。即长、短轴均不合格。

处理方法是：

a. 在任何一导线上找出一个符合投影位置要求的点，调整另一条导线使其交于这个点。

b. 若两线上均找不到该点，可调整一线后再找出该点，使另一线交于此点。

由于复式交分道岔的线岔两端 500mm 处，两接触线均为工作支，因此线岔两端 500mm 处应调成水平，允许误差±50mm。

（4）交叉线道岔（菱形道岔）的线岔调整

因菱形道岔由四组单开道岔，中间加一个菱形交叉组成，它的上空有五个接触线交叉点及五个接触网线叉，如图 7-15 所示的 A，B，C，D，O 五处，故调整顺序为：

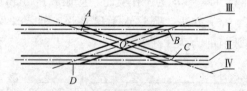

图 7-15 交叉线道岔的线岔调整

找出各单开道岔对应的接触线交叉点的标准范围（两内轨距 630～760mm）。

调整正线接触线Ⅰ、Ⅱ的拉出值，使它们分别通过 A，B 和 C，D 各点（A，B，C，D 四点为 630～760mm 范围内的中心点）。

调整渡线Ⅲ、Ⅳ拉出值，使它们也分别通过 A，B 和 C，D 各点从而满足四组单开道岔的线岔接触线交叉点投影的要求。

调整拉出值时，必须兼顾两渡线Ⅲ、Ⅳ交叉点 O 位于菱形交叉中心位置上方的要求。

调整导线高度，保证 A、B、C、D、O 五处限制管间隙 1～3mm，并检查 A、B、C、D 四处的电连接满足要求。

4. 维修记录

线岔维修时要认真填写"柔性悬挂线岔维修记录"，其格式见表 7-17。

柔性悬挂线岔维修记录

表 7-17
(单位：mm)

线岔编号/形式：_____ 设备位置：_____ 检修周期：_____

检修日期(年/月/日)	悬挂车号	拉出值		两工作支相距500mm处的高差(5~10mm)	线岔处两线上下交叉位置是否正确	非工作支500mm处的抬高量(≥50mm)	双定位时两定位线夹的距离宜为70~90mm	限制管间隙	(1)线岔的限制管型号是否符合要求；(2)限制管、电连接片应齐全、坚固；(3)螺栓、垫片应安装是否正确；(4)接触线能自由伸缩无卡滞，始处区域是否无电连接器	检修人签名	互检人签名
	标准值										
	修前			mm	是□ 否□	无□ mm	无□ mm	mm	是□ (1)否□ (2)否□ (3)否□ (4)否□		
	修后			mm	是□ 否□	无□ mm	无□ mm	mm	是□ (1)否□ (2)否□ (3)否□ (4)否□		
	修前			mm	是□ 否□	无□ mm	无□ mm	mm	是□ (1)否□ (2)否□ (3)否□ (4)否□		
	修后			mm	是□ 否□	无□ mm	无□ mm	mm	是□ (1)否□ (2)否□ (3)否□ (4)否□		
	修前			mm	是□ 否□	无□ mm	无□ mm	mm	是□ (1)否□ (2)否□ (3)否□ (4)否□		
	修后			mm	是□ 否□	无□ mm	无□ mm	mm	是□ (1)否□ (2)否□ (3)否□ (4)否□		

备注说明：缺陷情况 整改情况

备注：每栏各项检修指标符合要求时在（是□）内打√，如有缺陷时在（否□）内打√。如在（否）内√时需对应检修项别内的（1）、（2）、（3）、（4）项进行√，如无缺陷无需填写；需将具体缺陷内容及整改情况统一填写在《备注说明》栏内，如无缺陷则无需填写。

设备负责人： 工班长： 专业工程师：

7.2.7 支持与定位装置

1. 维修标准

（1）支持装置

1) 链形悬挂和简单悬挂的腕臂在无偏移温度时应垂直于线路。温度变化时，其偏移要和该处承力索（或接触线）的伸缩值相对应，极限温度时，其偏移值不应超过腕臂水平投影长度的 1/3。

2) 双线路腕臂应保持水平状态，其允许仰高分别不超过 50mm 和 100mm，定位立柱应保持铅垂状态，无永久弯曲变形。

3) 绝缘腕臂的各部件均应组装正确，绞接处要转动灵活，腕臂无永久弯曲变形，顶部非受力部分长度为 100~200mm；顶端封帽要密封良好。

4) 隧道内埋入杆件应无断裂、变形和锈蚀，其周围水泥填充物无辐射性裂纹和脱落。

5) 腕臂及隧道内的埋入杆件不得有严重锈蚀，锌层脱落处要补漆。

6) 腕臂上的棒式绝缘子压板 U 形螺栓应朝两侧。套管绞环（或套管双耳）的双耳部分与钢帽压板应在同一直线上。

7) 隧道内（站内）定位支柱要铅垂安装，其型号和位置要符合设计规定。

8) 隧道内腕臂的型号和安装要符合设计规定，管端口封帽要密封良好。

（2）定位装置

1) 定位管及定位肩架均应水平，靠接触线侧的端部允许仰高不超过 20mm，反定位主管两侧拉线的长度和张力应相等。

2) 定位器管坡度应控制在定位器的端部（定位环处）与接触线所在水平面的距离为 150mm 左右。

3) 支持器方向要安装正确，支持器处定位管伸出的长度应为 20~150mm。

4) 定位器管在无偏移温度时应垂直于线路，温度变化时，水平方向的偏角应与接触线在该点的伸缩相适应，其偏角最大不超过 18°（或定位器长度的 1/3）。

5) 定位环应沿线路垂直安装，距定位管根部的长度不小于 40mm（软定位器上的定位环距根部约 50mm 为宜）。各定位拉线要受力适当且不得有严重的锈蚀。

6) 定位线夹处导线不应有偏磨、硬点现象。

7) 在腕臂上的定位环应装在高于导线的 150~200mm 处。

8) 各部零件要安装正确，无破损，螺栓紧固，有油，铁件无锈蚀。

2. 维修内容与周期

支持与定位装置维修内容与周期见表 7-18。

支持与定位装置维修内容与周期　　　　表 7-18

序号	项目	工作内容	周期
1	支持装置	(1) 检查腕臂的各连接部件安装正确，且连接牢固可靠； (2) 检查支撑装置各部件无裂纹、断裂及烧伤现象，各部螺栓、螺母受力状态良好； (3) 检查各部位锈蚀情况，如有锈蚀进行除锈补漆	12 个月

续表

序号	项目	工作内容	周期
2	定位装置	(1) 检查接触线之字值、拉出值及工作面的正确性； (2) 检查定位环安装方向及位置正确； (3) 检查定位拉索安装位置及张力弛度，符合要求； (4) 检查各部分螺栓紧固及受力良好、无脱扣缺陷、无锈蚀，弹垫平垫齐全牢固	12个月

3. 维修过程与方法

在对支持装置进行维修时，重点检查腕臂有无弯曲变形，水平拉杆或压管受力是否良好，钩头鞍子有无异常等情况；在对定位装置进行维修时，重点检查定位器管、管的偏移及坡度是否满足要求，各零部件的受力是否良好，有无破损及裂缝、螺栓涂油等。在检查过程中发现问题要及时处理，以确保城市轨道交通运营安全。

(1) 更换腕臂

进行腕臂更换时，无论是用梯车，还是用接触网轨道作业车进行，其基本的原则是一样的，首先需根据安装图的要求进行腕臂预制；其次对要被更换的腕臂卸载，即用撑杆和大棕绳或其他工具把接触悬挂支撑起来，使腕臂处于不承受接触悬挂的重量和"之"字力的状态；最后把要被更换的腕臂撤掉，把预制好的新腕臂安装好，紧固各部件，并进行检查校核各项参数。对于整组腕臂装置的更换，其方法和步骤基本相同。

(2) 定位坡度调整

定位器的坡度要适度，过大会使接触线的工作面不正，致使接触线出现偏磨现象；过小或无坡度，容易造成定位器尾部碰弓，尤其在曲线地段，会造成不良后果。

定位器坡度调整时要注意的是：一要保证接触线的高度和之字（拉出）值满足要求；二是对受力件一定要卸载。调整方法是移动腕臂上的定位环或提升水平腕臂，以达到满足定位器坡度的要求。

4. 维修记录

支持装置和定位装置维修时，要将检查和维修的内容认真填写在"柔性接触悬挂、定位支持装置维修记录"中，其格式和填写样式见表7-19。

7.2.8 电连接线（器）

1. 维修标准

(1) 电连接线（器）的安装位置要符合设计规定，允许偏差不应超过±0.5m，电连接线（器）与接触悬挂要接触紧密良好；电连接线夹必须安装端正、牢固；电连接线无松股、断股现象，并保持顺直；电连接线（器）在任何情况下均应满足电气距离的要求。

(2) 电连接线（器）有多股绞线和电缆两种，其截面积应符合规定，且其额定载流量不小于被连接的接触悬挂、馈电线的额定载流量。

(3) 电连接线（器）与接触线、承力索及馈电线之间的连接必须保证电气连接良好，线夹安装牢固并保持铅垂状态，线夹内无杂物。

(4) 电连接线（器）的安装形式要符合设计规定，并预留因坡度变化而产生的位移长度。多股道的电连接线（器）水平投影在无偏移温度时应是一条直线，并垂直于正线或重要线路。

柔性接触悬挂、定位支持装置维修记录

表 7-19
(单位: mm)

设备位置：　　　　　　锚段编号：　　　　　　检修周期：

日期			
	悬挂点号		
检修项目	定位器是否保证了接触线之字值、拉出值及工作面的正确性	是□ 否□	是□ 否□
	定位器(管)的型号和安装是否符合设计规定，支持器的方向是否安装正确	是□ 否□	是□ 否□
	隧道内线路、地面线路、直线地段、曲线地段承力索在两接触线中心线的位置是否符合要求（测量定位点承力索在两接触线中心线的偏移值 mm）	是□ 否□ mm	是□ 否□ mm
	(1) 定位器在平直子线路中心线平均温度时是否垂直于线路中心线；(2) 温度变化时沿接触线纵向偏移号在该点的伸缩量是否相一致	无□ 是□ 否□ (1) (2)	无□ 是□ 否□ (1) (2)
	(1) 两侧拉线的长度张力是否相等；(2) "V"形拉线是否顺直在承力索钩头鞍子两侧各 2m 处；	是□ 否□	是□ 否□
	简单悬挂或链形悬挂的单腕臂抬高及偏移是否符合要求；(2) 接触线偏角（水平面内改变方向），两端受力均分配，长度符合规定，在无温偏时相是□≤12°	是□ 否□ 无□	是□ 否□ 无□
	简单悬挂吊索、安装等链形悬挂是以水平腕臂为中心两侧一组平均分布，钳压管与吊索环连接处是否密贴，吊索是否顺直差不超过100mm。高单悬挂是同一组中吊索高差是否符合规定	是□ 否□	是□ 否□
	钳压管与吊索连接是否符合规定，钳压管处吊索和钳压管安装正确、牢固，接触线无偏磨和弓弯现象	是□ 否□	是□ 否□
	吊索、隧道内埋入杆件、腕臂、其他连接部件是否无断裂、变形和锈蚀、无烧伤、脱漆等现象各部连接螺母无松动、垫片齐全	是□ 否□	是□ 否□
	腕臂顶部受力部分长度为 100～200mm	无□ mm	无□ mm
	腕臂上的各部件、腕臂不组装正确（不包括定位装置）是否与腕臂在同一垂直面内，铰接处要转动灵活。腕臂是否无弯曲且永大性变形	是□ 否□	是□ 否□
	隧道内(站内) 定位支柱是否铅垂安装，其型号和位置是否符合设计规定，隧道内腕臂的型号和安装是否符合设计规定	是□ 否□	是□ 否□
	腕臂支持、拉杆(或压管)底座、管端口封帽是否密封良好	是□ 否□	是□ 否□
	瓷质绝缘座、定位环绝缘件与支柱密贴，平整、底座角钢(槽钢)应水平安装	是□ 否□	是□ 否□
	硅性绝缘子有机绝缘材料有机绝缘件无破损、裂纹、放电灼伤或脏污等现象；(2) 绝缘子本体连接良好；(3) 连接铁件只注部分是否无间隙，密贴良好、连接牢固	是□ 否□ (1) (2) (3)	是□ 否□ (1) (2) (3)
	定位环绝缘部件的泄漏距离是否不小于 250mm；(2) 其他绝缘部件机械强度的安全系数、抗拉、抗弯强度是否小于 2.5MPa (或压缩部件)；(3) 各悬式绝缘子间连接良好、弹簧销、开口销齐全	是□ 否□ (1) (2) (3)	是□ 否□ (1) (2) (3)
	支持器处定位器的伸出长度应为 20～150mm	无□ mm	无□ mm
	定位环距定位器或定位管根部的长度一般为 200mm，困难时不得小于 40mm	无□ mm	无□ mm
	正定位反定位器应保证接触线导面至定位环中心高度 150mm，安装在非补偿简单悬挂软横跨的定位环坡度应保证导线面至定位支面高 225mm	是□ 否□	是□ 否□
	(1) 接地线截面积是否符合要求；(2) 定位器是否做好防护；(3) 项进行打√，如无缺距离定位点距离是否符合要求	是□ 否□ (1) (2) (3)	是□ 否□ (1) (2) (3)
缺陷情况整改情况			mm

备注说明：

备注：每个栏目各项检修指标符合要求时在（是□）内打√，如有缺陷时在（否□）内打√。如在（否□）内打√时需对应检修项别内的(1)、(2)、(3)项进行打√，如无缺陷则无需填写。需将具体缺陷内容及整改情况按序统一填写在《备注说明》栏内，如无缺陷则无需填写。

设备负责人：　　　　　　　　　　工班长：　　　　　　　　专业工程师：

(5) 馈电线、接触悬挂之间应按规定的间距设置一组电连接线（器）；地面段线路馈电线与接触悬挂间的电连接线（器），一般设置在悬挂点两侧，且驰度既要满足因温度变化接触悬挂移动的需要，又要与运行中的受电弓之间存在不小于150mm的距离。

(6) 用电缆作电连接线（器）时，电缆的固定要牢固可靠；在承力索与接触线间的电缆连接线，要有足够的弹性，不至造成该处接触线的硬点。

2. 维修内容与周期

电连接线（器）的维修内容与周期见表7-20。

电连接线（器）维修内容与周期　　　　　表7-20

项目	工作内容	周期
电连接线（器）	(1) 检查电连接线（器）其裕度满足接触线、承力索因温度变化伸缩的要求； (2) 检查接触线电连接线（器）线夹在直线处应处于铅垂状态； (3) 检查电连接线（器）不得有接头、压伤和断股现象，线夹与线索接触面均应涂电力复合脂	12个月

3. 维修过程与方法

电连接线（器）结构简单，维修方便，其维修工作一般是穿插在其他项维修工作中进行。下面介绍电连接线（器）维修中常遇到的几个问题的处理方法。

(1) 电连接线出现散股、损伤的处理

电连接线散股时，把电连接线撤下来，先顺着其绕向绕紧，然后用同材质的扎线进行绑扎即可。电连接线有损伤时，如果损伤断股在1股时，用上述方法进行处理，如果断股达到了2股及以上，则要更换。

(2) 更换电连接线（器）

先按旧的电连接线（器）的尺寸进行预制，尤其是电缆型的电连接。然后把旧的电连接线（器）拆除，并用钢丝刷或砂纸将电连接线夹的槽孔和接触线的线槽、承力索安装线夹处进行清扫和除去锈蚀、氧化层，涂上导电脂，最后把新的电连接线（器）按要求安装好。

4. 维修记录

由于电连接线（器）的维修是穿插在其他项目的维修中进行，其安装形式也不同，如接触悬挂与馈电线间的横向电连接线（器）、线岔处的电连接线（器）、承力索与接触线间的电连接线（器）、锚段关节处的电连接线（器）等。所以其维修情况的记录一般记录于各项目的维修记录中。

7.2.9　绝缘部件

1. 维修标准

(1) 绝缘部件不得有裂纹、破损、烧伤，瓷绝缘部件其瓷釉不得剥落。绝缘部件与接地体间的距离应符合规定。陶瓷、玻璃钢绝缘器绝缘部件应无弯曲、变形，连接件连接良好。

(2) 绝缘子的泄漏距离不小于250mm，其抗拉、抗弯强度应符合规定。绝缘子裙边、陶瓷、玻璃钢绝缘器绝缘部件与接地体间的距离应符合规定。

(3) 在运输、装卸和安装绝缘子时应避免发生冲撞，不得锤击与瓷体连接的铁帽和金属体,同时也不得对其进行机械加工和热处理。绝缘子铁帽和金属件应无锈蚀。

(4) 陶瓷、玻璃钢绝缘器的主绝缘不得有烧伤、破损和裂纹,其放电痕迹不得超过有效绝缘长度的 20%。

(5) 分段绝缘器的组装要正确,要安装在线路中心的正上方,允许误差为 ±50mm,各部件的连接需牢固与接触网在一个平面内,且与轨面平行。

(6) 分段绝缘器接头处连接要牢固。过渡平滑,无偏磨。

(7) 分段绝缘器距轨面的高度要比正常的接触线调高 20~30mm,其放电角隙要符合规定的要求。

2. 维修内容与周期

绝缘部件维修内容与周期见表 7-21。

绝缘部件维修内容与周期　　　　　表 7-21

序号	项目	工作内容	周期
1	分段绝缘器	(1) 检查绝缘器的主绝缘应完好,其表面不应有放电痕迹。主绝缘严重磨损应及时更换。 (2) 检查分段绝缘器的组装要正确,各部件的连接需牢固与接触网在一个平面内,导流板与接触导线连接处应平滑,且与轨面平行。各接头需平滑顺直,不得有刮弓现象。 (3) 全补偿链形悬挂承力索绝缘棒应在分段绝缘器件的正上方;简单悬挂的分段绝缘器安装位置是在吊索一侧,分段绝缘器应设置在受电弓的中心位置。 (4) 测量分段绝缘器的消弧角隙应符合规定。 (5) 检查紧固件和连接件等零部件状态良好,无松脱、腐蚀现象	6 个月
2	绝缘子	(1) 检查绝缘部件不得有裂纹、破损、烧伤,瓷绝缘部件其瓷釉不得剥落。绝缘部件与接地体间的距离应符合规定。 (2) 在运输、装卸和安装绝缘部件时应避免发生冲撞,不得锤击与瓷体连接的铁帽和金属体,同时也不得对其进行机械加工和热处理。绝缘部件的金属件应无锈蚀。 (3) 检查绝缘部件不得有放电痕迹。 (4) 对隧道口、地面站和桥底等重污区绝缘子清扫次数适当增加。 (5) 检查绝缘子瓷质部分与铁件间密贴良好,无缝隙和开裂显现。 (6) 检查绝缘子连接铁件与浇注部间密贴良好、连接紧固。各悬式绝缘子间连接良好,弹簧销、开口销齐全。 (7) 检查绝缘子表面无明显放电痕迹、无环状或贯通性裂纹。 (8) 检查复合材料有机绝缘子无表面放电情况。 (9) 检查伞套表面是无粉化、裂纹、电蚀老化现象,伞盘无破损、变形,以及伞裙之间粘结部位未出现脱胶等现象。 (10) 检查端部金具连接部位无明显的滑移和附件电腐蚀等状况	12 个月

3. 维修过程与方法

(1) 检查步骤

1) 修前先检查、清洗绝缘部件是否损伤及受力、工作状况,测量绝缘子裙边与接地体的距离。

2) 检查分段绝缘器的工作状况,测量分段绝缘器的工作高度、空气间隙。

3) 检查并调整分段绝缘器的工作面与轨面是否平行,其中心是否在线路中心的正上方,吊索的受力是否均匀等。

4)检查并调整分段绝缘器的过渡是否平滑,与接触线的连接处导线的磨耗是否正常,各导流板之间的过渡是否有碰弓现象。

5)使用扭矩扳手用规定的力矩对各螺栓进行紧固,并涂油。

(2)分段绝缘器的更换

1)分段绝缘器卸载

在分段绝缘器两侧分别距接头线夹 300~500mm 处各安装一套紧线器。为防止滑动,在紧线器前方安装两个吊弦线夹,如图 7-16 所示。然后在紧线器上套上钢丝套,用双钩紧线器(或手扳葫芦等)收紧,使分段绝缘器处于松弛状态,如图 7-17 所示。

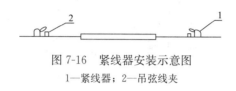

图 7-16 紧线器安装示意图
1—紧线器;2—吊弦线夹

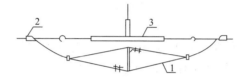

图 7-17 更换分段绝缘器示意图
1—分段绝缘器;2—紧线器;3—双钩紧线器

2)更换分段绝缘器

确认分段绝缘器已充分卸载,紧线器受力状态良好后,将旧的分段绝缘器撤掉,装上新的分段绝缘器。检查新装分段绝缘器螺栓已紧固,状态良好后,然后缓缓地放松紧线器,使新装的分段绝缘器慢慢受力,在使分段绝缘器受力过程中,同时检查分段绝缘器的状态,最后让其全部承载,并把紧线器卸掉。

3)调整分段绝缘器

按维修分段绝缘器的方法,对新换上的分段绝缘器进行调整,以确保其工作状态良好。

(3)更换曲线内侧腕臂柱棒式绝缘子

1)在腕臂套管绞环处挂一钢丝套或拉力带,将滑轮组挂在钢丝套或拉力带上(或在定位管上安装一个定位环并将滑轮组挂在定位环上),然后用滑轮组另一端挂住接触线后拉动棕绳,使定位器卸载后松开支持器销钉。

2)缓缓松开棕绳,使接触线靠向支柱(必要时可放开定位处吊弦回头使接触线靠在支柱上)。

3)用杉木杆顶住腕臂套管绞环处承力索,防止压管部分下坠,然后在相邻线路接触线上挂上滑轮组或在曲线外侧地面上打好地锚角钢,并在地锚角钢上挂上滑轮组,将滑轮组另一端挂在承力索上并拉动棕绳使腕臂卸载,如图 7-18 所示。

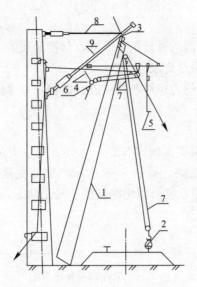

图 7-18　更换棒式绝缘子示意图
1—杉木；2—钢轨；3—承力索；4—接触线；5—支持器；
6—定住线夹；7—滑轮组；8—压管；9—腕臂

4）松开棒式绝缘子上的钢锚压板螺栓，将钢丝套挂到支柱上，并将穿过吊绳的单滑轮挂到钢丝套上，然后用吊绳头绑住棒式绝缘子。

5）拉动吊绳，同时向上顶杉木杆，使腕臂从棒式绝缘子中抽出，然后取掉棒式绝缘子底座与腕臂底座的连接销钉，缓松吊绳将旧的绝缘子吊到地面，同时吊上新的棒式绝缘子，并将棒式绝缘子底座与腕臂底座用销钉连接牢固，穿上开口销。

6）作业人员将腕臂套到棒式绝缘子内，紧固钢锚压板的 U 形螺栓，然后缓松拉紧承力索的棕绳和缓降杉木杆，使腕臂受载，确认各部件受力无异常后松开棕绳，拆除承力索上的工具。

7）拉动挂住接触线滑轮组的棕绳，使接触线向曲线外侧移动至支持器处，然后将定位器线夹与支持器连接，分开开口销。

8）稍松棕绳，检查定位装置受力无异常后，缓松棕绳，拆除工具，清理现场。

4．维修记录

分段绝缘器维修时要及时填写"柔性悬挂分段绝缘器维修记录"，其格式见表 7-22。

7.2.10　中心锚结

1．维修工艺

（1）中心锚结设在锚段两侧张力补偿条件大致相同处，位于悬挂点处。

（2）中心锚结线夹两边锚结绳的张力和长度均应相等，锚结绳不得松弛。

（3）中心锚结线夹的安装要正确，线夹间的距离要符合规定。

（4）检查锚结绳及其绝缘部件的状况，紧固锚结线夹并涂油，清扫绝缘部件。

2．维修内容与周期

中心锚结维修内容与周期见表 7-23。

柔性悬挂分段绝缘器维修记录

表 7-22
（单位：mm）

分段绝缘器编号/型式：　　　　　　　　检修周期：

检修日期(年/月/日)	项别	绝缘状况			导滑板状态			对线路中心的偏移值	分段绝缘器与接触线的接头状况是否正常	与轨面平行状况是否正常	(1)全补偿链形悬挂在分段绝缘器件的正上方；(2)简单悬挂的分段悬挂器是否安装在承力索一侧	吊索、调节螺栓等其他零部件状况是否正常	检修人签名	互检人签名
		绝缘器的主绝缘是否好；(1)分段是否正常；(2)其表面放电痕迹不超过有效绝缘长度20%	绝缘棒是否正常		滑板过渡接触情况是否正常	磨耗后厚度(>2mm)	绝缘间隙(左/右)							
	修前	是□ (1)否□ (2)否□	是□ 否□		是□ 否□	mm		mm	是□ 否□	是□ 否□	是□ (1)否□ (2)否□	是□ 否□		
	修后	是□ (1)否□ (2)否□	是□ 否□		是□ 否□	mm	／	mm	是□ 否□	是□ 否□	是□ (1)否□ (2)否□	是□ 否□		
	修前	是□ (1)否□ (2)否□	是□ 否□		是□ 否□	mm		mm	是□ 否□	是□ 否□	是□ (1)否□ (2)否□	是□ 否□		
	修后	是□ (1)否□ (2)否□	是□ 否□		是□ 否□	mm	／	mm	是□ 否□	是□ 否□	是□ (1)否□ (2)否□	是□ 否□		
	修前	是□ (1)否□ (2)否□	是□ 否□		是□ 否□	mm		mm	是□ 否□	是□ 否□	是□ (1)否□ (2)否□	是□ 否□		
	修后	是□ (1)否□ (2)否□	是□ 否□		是□ 否□	mm	／	mm	是□ 否□	是□ 否□	是□ (1)否□ (2)否□	是□ 否□		
备注说明	缺陷情况													
	整改情况													

备注：每个栏目各项检修指标符合要求时在（是□）内打√，如有缺陷时在（否□）内打√。如在（否□）内打√时需对应检修项别内的（1）、（2）项进行打√，如无缺陷则需填写。需将具体缺陷内容及整改情况按序统一填写在《备注说明》栏内，如无缺陷则无需填写。

设备负责人：　　　　　　　　工班长：　　　　　　　　专业工程师：

中心锚结维修内容与周期 表 7-23

项目	工作内容	周期
中心锚结	(1) 测量中心锚结线夹处导线高度，应符合要求； (2) 检查中心锚结辅助绳受力是否均匀，不得出现驰度，两边的长度和张力力求相等；不得有接头和补强	12 个月

3. 维修过程与方法

维修中心锚结时，应检查锚结绳两边受力是否相等，有无锈蚀、损伤及断股情况；检查中心锚结线夹的工作状态是否正常，锚结绳、中心锚结线夹的安装是否正确，螺栓是否坚固、有油等；检查中心锚绳绝缘部件是否有损伤、是否干净，其下锚装置是否可靠等。

4. 维修记录

维修记录填写于"中心锚结维修记录"中，其格式见表 7-24。

7.2.11 隔离开关与避雷器

1. 维修标准

(1) 隔离开关触头接触良好、本体转动灵活，引线截面积与隔离开关的额定电流以及所连接的接触网当量截面相适应。

(2) 带接地刀闸的隔离开关，其接地刀闸与主刀闸分别操作者，要求机械联锁可靠，且接地刀闸与地线可靠连接。

(3) 运行中的隔离开关，每年要用 2500V 的兆欧表测量 1 次绝缘电阻，并与最近的前 1 次测量结果比较，不应有显著降低。新安装的隔离开关，在投入运行前，要按规定进行交流耐压试验。

(4) 隔离开关合闸时闸刀要水平，其中心线应与静触头的中心线相吻合；合闸时应接触良好，以 0.05mm×10mm 的塞尺检查刀闸的接触点，应塞不进去。开关在打开时，刀口距接地体、洞壁最小距离不应小于 150mm。双极开关同步，触头接触良好，无回弹现象，分、合顺利，角度符合产品技术要求。

(5) 绝缘瓷柱清洁，不得有裂纹、破损、烧伤和放电痕迹。电缆引线的绝缘良好、绑扎要牢固可靠。

(6) 操作机构机械灵活、活动关节要润滑良好，操作连杆及其限位装置配合良好；电气操作机构的电气接线正确，各零部件工作状态良好；工作状态转换开关转动灵活、可靠，远动位、当地位及手动位工作正常。

(7) 避雷器的引线和各部螺栓要紧固，动作计数器要完好，其绝缘体不得有裂纹、破损、老化、烧伤和放电痕迹。

(8) 避雷器的接地电阻应不大于 10Ω，每年雷雨季节前要按有关规定对避雷器和动作计数器进行预防性试验。

(9) 各金属部件不得有锈蚀，螺栓要有油。

2. 维修内容与周期

隔离开关与避雷器维修内容与周期见表 7-25。

中心锚结维修记录

表 7-24
（单位：mm）

中心锚结锚段/悬挂点：_____
检修周期：_____

检修日期（年/月/日）	设备锚段编号	项别	中心锚结底座螺栓是否紧固	(1) 中心锚结所在的跨距内承力索、接触线是否无接头和补强；(2) 两端中心锚结辅助绳受力是否均匀，不得出现驰度，两边的长度和张力求相等；(3) 是否无接头和补强	调节螺栓调节余量	中心锚结悬挂点参数			中心锚结线夹螺栓是否紧固	绝缘部件状况是否良好（数量符合要求）	连接部件是否良好	检修人签名	互检人签名
						导高	承力索高度	结构高度					
		修前	是□ 否□	(1)是□ 否□ (2)是□ 否□ (3)是□ 否□	mm	mm	mm	mm	是□ 否□	是□ 否□	是□ 否□		
		修后	是□ 否□	(1)是□ 否□ (2)是□ 否□ (3)是□ 否□	mm	mm	mm	mm	是□ 否□	是□ 否□	是□ 否□		
		修前	是□ 否□	(1)是□ 否□ (2)是□ 否□ (3)是□ 否□	mm	mm	mm	mm	是□ 否□	是□ 否□	是□ 否□		
		修后	是□ 否□	(1)是□ 否□ (2)是□ 否□ (3)是□ 否□	mm	mm	mm	mm	是□ 否□	是□ 否□	是□ 否□		
		修前	是□ 否□	(1)是□ 否□ (2)是□ 否□ (3)是□ 否□	mm	mm	mm	mm	是□ 否□	是□ 否□	是□ 否□		
		修后	是□ 否□	(1)是□ 否□ (2)是□ 否□ (3)是□ 否□	mm	mm	mm	mm	是□ 否□	是□ 否□	是□ 否□		

备注说明
缺陷情况
整改情况

备注：每栏各项检修指标符合要求时在（是□）内打√。如有缺陷时在（否□）内打√。如在（否□）内打√时需对应检修项别内的（1）、（2）、（3）项进行打√，如无缺陷无需具体缺陷内容及整改情况按序统一填写在《备注说明》栏内，如无缺陷则无需填写。

设备负责人：_____ 工班长：_____ 专业工程师：_____

隔离开关与避雷器维修内容与周期　　　　　　　　表 7-25

序号	项目	工作内容	周期
1	隔离开关	(1) 检查有接地装置的开关主刀闸与接地刀闸的机械联锁须正确可靠、接触良好。 (2) 隔离开关的触头接触面应平整、光洁无损伤，并涂以导电介质。 (3) 隔离开关操作机构应完好无损并加锁，转动部分注润滑油，操作时平稳正确无卡阻和冲击。 (4) 隔离开关上网电缆的长度应保证当接触悬挂受温度变化偏移时有一定的活动余量并不得侵入限界。 (5) 检查支持绝缘子应清洁无破损和放电痕迹，瓷釉不得剥落。 (6) 新安装的隔离开关在投入运行前应做交流耐压试验，运行中每年用 2500V 的兆欧表测量一次绝缘电阻，与前一次测量结果相比不应有显著降低。 (7) 隔离开关合闸时闸刀要水平，其中心线应与静触头的中心线相吻合	6 个月
2	避雷器	(1) 检查避雷器的引线和各部螺栓要紧固，动作计数器（若有）要完好，脱离器（若有）连接完好，其外面的聚合橡胶不许有裂纹、破损、老化和放电痕迹。 (2) 每年雷雨季节前要按有关规定对避雷器和动作计数器进行预防性试验。 (3) 测量双角隙避雷器其放电角隙为 3mm，误差±0.5mm。单角隙避雷器放电角隙为 3mm，误差±0.5mm。 (4) 测量避雷器的接地电阻不大于 10Ω，如设计有特殊说明，按设计要求执行	6 个月

3. 维修过程与方法

检调隔离开关时，先将开关倒至分闸位置，检查刀闸是否分闸到位及刀闸上的接触点的磨损情况（含接地刀闸）；再将开关倒至全合位置，检查合闸是否到位及动静刀闸的中心线是否重合，并检查动静刀闸的接触情况。如果有条件，用微欧计测量其过渡电阻。最后检查操作机构、操作连杆及引线的工作状态，金属件的锈蚀情况、瓷柱的状况和紧固螺栓、涂油等。避雷器的日常维修较简单，主要是检查各部件的连接情况、避雷器绝缘体的状况及动作计数器的动作情况，测量接地电阻，各部件的锈蚀情况，紧固螺栓并涂油。

(1) 隔离开关调整处理方法

1) 城市轨道接触网所使用的隔离开关是点接触式的，其额定电流较大，一般为 3000A。主刀闸接触不好时，可能导致发热严重，甚至烧坏隔离开关。其调整处理方法是调整动刀闸触头上弹簧的压力，使动静刀闸接触紧密、良好。

2) 刀闸接触面有烧伤、麻点及污垢时，可用棉纱及细砂纸打磨干净，然后在其表面涂上一层导电脂。

3) 分合闸不到位时，调整操作连杆上的调整螺杆，使刀闸分合闸时的位置达到要求。

4) 操作机构不灵活的检调方法是，如传动杆弯曲，卸下传动杆进行矫正；如上、下杆架歪斜、不水平，用水平尺进行调整达到水平；如隔离开关底座不水平，在开关底座螺栓处加垫片，用水平尺进行测量使之达到水平状态；在开关活动关节处注润滑油。

5) 接地闸刀故障的检调方法是，若接地刀闸合后不到位，或过头，可调整接地刀闸传动拐臂处的角度与调整接地连杆的长度，使之达到技术标准。注意保证开关瞬时的空气间隙要符合技术规定。主刀闸与接地刀闸接触不密贴或过紧时，用调整接地触头的弹簧片的压力来达到标准。

(2) 隔离开关的操作

从事隔离开关倒闸作业人员,其安全等级不得低于三级。凡接触网或电力作业人员进行隔离开关倒闸作业时,先由操作人员向电力调度提出申请,电力调度员审查无误后,发布倒闸作业命令;操作人受令复诵,电力调度员确认无误后,方可给命令编号和批准时间;每次倒闸作业,发令人要将命令内容记入"倒闸操作命令记录"中,受令人要填写"隔离开关倒闸命令票",如表 7-26 所示。倒闸人员在填好"隔离开关倒闸命令票"后,要迅速进行倒闸,操作时应遵守以下规定。

隔离开关倒闸命令票 表 7-26

隔离开关倒闸命令票
第_____号
(1) 把_____第_____号隔离开关_____(闭合/断开)。
(2) 再将_____第_____号隔离开关_____(闭合/断开)。
发令人:_____ 受令人:_____
批准时间:_____时_____分 日期_____年_____月_____日

说明:本票用绿色纸印黑色格和字。

1) 有 2 人在场,1 人监护、1 人操作。

2) 操作人员必须戴好安全帽,穿好绝缘靴,戴好绝缘手套,借助于操作棒,确认隔离开关及其传动装置正常,接地线良好,线路上确无列车取流的情况下,方可按规定程序操作。如发现有不良状态时,既不准操作,也不能自行修理,应立即报告电力调度员派人前来维修。

3) 严禁带负荷操作隔离开关。

4) 操作隔离开关要准确、迅速,一次开闭到底,中途不得停顿或发生冲撞。操作过程中,人体各部位不得与支柱及其机构接触。特别注意雷电期间,禁止操作。

5) 操作使用的绝缘工具要存放在阴凉干燥、不落灰尘的容器内,每隔 6 个月送做绝缘耐压试验,每次使用前要进行简单漏气试验。

倒闸作业完成后,操作人员要立即填写"隔离开关倒闸完成报告单",格式见表 7-27。电力调度员要及时发布完成时间和编号并记入"倒闸作业命令记录",至此倒闸作业方告结束。

隔离开关倒闸完成报告单 表 7-27

隔离开关倒闸完成报告单
第_____号
根据_____号倒闸命令,已完成下列倒闸:
(1)_____第_____号隔离开关已于_____时_____分_____(闭合/断开)。
(2)_____第_____号隔离开关已于_____时_____分_____(闭合/断开)。
倒闸操作人:_____ 电力调度员:_____
完成时间:_____时_____分 日期_____年_____月_____日

说明:本票用绿色纸印黑色格和字。

(3) 接地电阻的测量方法

接地电阻的测量用接地电阻测量仪进行,ZC-8 型接地电阻测量仪是采用较普遍的专用仪器。ZC-8 型测量仪主要由手摇发电机、电流互感器、滑线电阻及检流计等几部分组成。全部机构都装在铝合金铸造的携带式外壳内,外形与普通摇表差不多,所以一般又称为接地摇表。测量仪有 3 个接线端子和 4 个接线端子两种,它的附件包括 2 根探测针、3

条导线（其长度分别为5m、20m、40m）。用3个端子的接地电阻测量仪，其原理与接线如图7-19所示。测接地电阻的方法介绍如下。

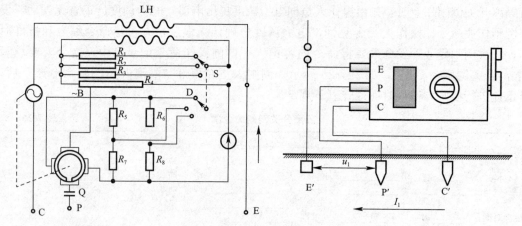

图7-19 接地电阻测量仪原理

1) 沿被测接地极 E′ 使电位探测针 P′ 和电流探测针 C′ 依直线彼此相距 20m，且电位探测针 P′ 插于接地极 E′ 和电流探测针 C′ 之间。

2) 用导线将 E′，P′，C′ 连接于仪表相应的端钮。

3) 将仪表放置水平位置，检查检流计是否指在中心线上，否则可用调零器将其调整指于中心线。

4) 将"倍率标度"置于最大倍数，慢慢转动发电机摇把，同时旋动"测量标度盘"使检流计指针指于中心线。

5) 当检流计的指针接近平衡时，加快发电机摇把的转速，使其达到每分钟 120 转以上，调整"测量标度盘"使指针指于中心线上。

6) 如"测量标度盘"的读数小于1时，应将"倍率标度"置于较小。

7) 标度倍数，再重新调整"测量标度盘"以得到正确读数。

8) 用"测量标度盘"的读数乘以"倍率标度盘"的倍数即为所测的接地电阻值。

(4) 测量接地电阻时的注意事项：

1) 测量时，被测接地装置应与电气设备断开；

2) 电流探针和电位探针应布置在线路或地下金属管道垂直的方向上；

3) 应避免雨后立即测量接地电阻。

(5) 降低接地电阻的措施

1) 改变接地体网络。若接地电阻达不到要求时，可接长接地体网络，每增加一垂直接地角钢，水平接地扁钢相应增加 5m，直到接地电阻达到要求。

2) 增加接地体埋设深度。这种方法对含砂土壤最为有效，因为在含砂土壤中，含砂层一般在表面，根据测定结果，若在 3m 深处的土壤电阻率为 100%，则在 4m 深处为 75%；5m 深处为 60%；6.5m 深处为 50%；9m 深处为 20%。由此可见接地体的埋深对接地电阻的影响。

3) 对土壤进行人工处理。用氯化钙、食盐、硫酸铜或硫酸铁等溶液浸渍接地体周围土壤，或用其他降阻剂添加在接地体周围的土壤中，对提高土壤导电率有帮助。

4. 维修记录

隔离开关维修时，要认真填写"隔离开关维修记录"，以便查阅，其格式如表7-28所示。

隔离开关维修记录

表 7-28
（单位：mm）

隔离开关编号/型式：_____ 检修周期：_____

检修日期（年/月/日）	项目内容		检修情况		检修人签名	互检人签名
			修前	修后		
	检修项目	(1) 隔离开关合闸时闸刀是否水平；(2) 其中心线是否与静触头的中心线相吻合	是□ 否□ (1)□ (2)□	是□ 否□ (1)□ (2)□		
		隔离开关的触头的接触面是否平整、光洁无损伤，并涂以导电介质	是□ 否□	是□ 否□		
		隔离开关的分闸角度及合闸状态是否符合产品的技术要求	是□ 否□	是□ 否□		
		有接地装置的开关主刀闸与接地刀闸的机械联锁是否正确可靠，接触良好	是□ 无□	是□ 无□		
		(1) 隔离开关操作机构是否完好无损并加锁；(2) 转动部分应注润滑油；(3) 操作时是否平稳正确无卡阻和冲击	是□ 否□ (1)□ (2)□ (3)□	是□ 否□ (1)□ (2)□ (3)□		
		(1) 机构箱内部端子排、线缆状态是否良好；(2) 电路接触和机械配合情况是否良好	是□ 否□ (1)□ (2)□	是□ 无□ (1)□ (2)□		
		(1) 支柱绝缘子是否清洁无破损和放电痕迹；(2) 瓷釉剥落面积不超过300mm²	是□ 否□ (1)□ (2)□	是□ 否□ (1)□ (2)□		
		隔离开关每年用 2500V 的兆欧表测量一次绝缘电阻与前一次测量结果相比不应有显著降低	Ω	Ω		
		(1) 隔离开关是否接触良好；(2) 转动是否灵活；(3) 引线载面积与隔离开关的额定电流以所连接的接触网当量载面是否相适应；(4) 引线是否无接头	是□ 否□ (1)□ (2)□ (3)□ (4)□	是□ 否□ (1)□ (2)□ (3)□ (4)□		
		隔离开关上网电缆的长度当保证接触悬垂温度变化偏移时有一定的活动余量	是□ 否□	是□ 否□		
		电缆与隔离开关、接触网连接紧密、线耳连接牢固、无断股、散股现象，铜芯裸露部位是否进行绑扎或热缩	是□ 否□	是□ 否□		
		上网电缆绝缘层是否未发生明显老化、受潮现象，绝缘性能良好，测量电缆绝缘值	是□ Ω	是□ Ω		
	备注说明	缺陷情况 整改情况				

备注：每个栏各项检修指标符合要求时在（是□）内打√，如有缺陷时在（否□）内打√。如在（否□）内打√时需对应检修项别内的（1）、(2)、(3)、(4)项进行打√，如无缺陷则无需填写。

无缺陷无需填写；需将具体缺陷改情况及整改情况按序统一填写在《备注说明》栏内，如无缺陷则无需填写。

设备负责人：_____ 工班长：_____ 专业工程师：_____

7.2.12 支柱与接地

1. 维修标准

(1) 接触网所有支柱的内缘与邻近线路的中心距离要符合规定,允许误差+100mm、-60mm。侧面限界最小不得小于2300mm,不允许有负误差。

(2) 环形等径预应力混凝土支柱,其表面光洁平整,无混凝土脱落和露筋现象;其横向裂纹宽度小于0.2mm,长度小于1/3圆周长;其纵向裂纹宽度大于0.2mm,不超过15mm的支柱要及时修补,纵向裂纹宽度大于1mm的支柱应更换。支柱弯曲度不大于2‰,杆顶封堵严密。

(3) 金属支柱角钢焊缝不得有裂纹,主角钢弯曲不超过5‰,支柱漆面剥落超过支柱总面积的10%时要补漆。

基础面要高出地面100~200mm,基础外缘外露400mm以上时要进行培土,每边培土的宽度为500mm,培土边坡与水平面成45°角;钢筋混凝土支柱培土标准也可照此办理,基础根部不许有积水、泥土、碎石和灰渣等物。

(4) 接触网各种支柱,不许向线路外侧、受力方向倾斜,支柱受力后的倾斜标准。

1) 支柱顺线路方向应直立,允许偏差不应大于支柱高度的0.5%,但锚柱端部应向拉线侧倾斜0~100mm。

2) 支柱横线路方向:

① 直线上和曲线外侧的支柱及软横跨支柱,应中心直立至外缘垂直于地面。

② 曲线内侧的支柱、两侧悬挂的支柱、安装隔离开关支柱,以及位于直线上并与相邻锚柱同侧的转换柱,均应直立,允许偏差不应大于支柱高度的0.5%。

(5) 馈线、架空地线等附加悬挂支柱的中间柱应直立,允许偏差不大于支柱高度的0.5%。

(6) 馈线、架空地线等附加悬挂支柱的终端柱,转角柱的柱顶应向拉线侧倾斜0~150mm。

(7) 每组软横跨的支柱中心线应垂直于车站正线或设计指定的线路,允许偏差不得大于3°,单根支柱应垂直于邻轨道中心线,允许偏差不得大于3°。

(8) 接触网及其支撑架构上非带电的金属物均须接地,接地线的截面应符合规定,连线要紧固,接触良好,并有防锈防腐措施。

(9) 凡距接触网(或架空地线)带电部分的距离不足5m的所有金属结构物,均须接地。

(10) 回流轨之间以及回流轨与负极轨之间的连接电缆,其截面积应符合规定,两端的连接要紧固,接触良好,并有防腐措施。

(11) 拉线。

1) 锚柱拉线(杆)应设在锚支的延长线上,在任何情况下严禁侵入基本建筑限界;当受地形限制时,应符合设计要求。

2) 锚柱拉杆与地面的夹角为45°,最大不得超过60°;锚柱拉杆应涂防漆或防腐剂,锚柱拉杆与拉线(杆)应在一条直线上。锚板的埋深应符合设计要求,允许偏差不大于0~+200mm。

3) 拉线杆露出地面的长度为300mm,UT型线夹螺栓外露长度不应小于20mm,最大不大于全长的 1/2。

2. 维修内容与周期

支柱与接地的维修内容与周期见表 7-29。

支柱与接地维修内容与周期 表 7-29

序号	项目	工作内容	周期
1	支柱及拉线	(1) 测量支柱侧面限界，符合要求； (2) 检查支柱本体不得弯曲、扭转、变形，各焊接部分不得有裂纹、开焊； (3) 检查支柱角钢弯曲情况，应符合要求； (4) 检查支柱锈蚀情况，如有锈蚀需进行除锈补漆； (5) 测量混凝土支柱裂纹，应符合要求； (6) 锚柱拉线一般平行于线路设置，特殊情况下锚柱拉线（杆）可设在锚支的延长线上，在任何情况下严禁侵入基本建筑限界；当受地形限制时，应符合设计要求； (7) 拉线应位于接触悬挂下锚支的延长线上（附加导线单独下锚时，应位于下锚支导线的延长线上），在任何情况下不得侵入限界。测量拉线与地面夹角一般情况下为 45°，最大不得超过 60°； (8) 检查拉线应绷紧，在同一支柱上的各拉线应受力均衡；锚板拉杆与拉线应成一条直线；拉线应采取防腐措施，埋入地下部分的地锚拉杆应涂防腐剂。拉线不得有断股、松股、接头及严重的锈蚀。UT 型线夹螺母外露螺纹长度应有可调余量，UT 型线夹不得埋入地中。各部螺栓紧固良好并涂油。拉线基础周围不得有积水	12 个月
2	架空地线	(1) 检查架空地线接头、断股和补强线段的总数，应符合要求； (2) 检查线索补强及驰度，符合要求	12 个月

3. 维修过程与方法

(1) 维修步骤

支柱与接地的维修比较简单，主要是观察和测量。一般按如下步骤进行：观察支柱有无破损、露筋、变形、锈蚀等情况，支柱编号是否清晰；测量支柱侧面限界；检查拉线有无断股、锈蚀及防腐油；检查支柱基础状态，并测量支柱倾斜度；检查架空地线的状态及紧固螺栓并涂油等。

(2) 测量侧面限界的方法

1) 用轨道尺测量出支柱处钢轨的轨距 L（一般取 1440mm）。

2) 丁字尺放在靠支柱侧钢轨上，贴紧钢轨内沿，丁字尺上 "0" 刻度应和钢轨内沿重合，丁字尺另一端应紧贴支柱边缘，水平尺放在丁字尺上，用水平尺保持丁字尺水平，如图 7-20 所示。

3) 在丁字尺上读出钢轨内沿至支柱内缘的距离（丁字尺上没有刻度可用钢卷尺或皮尺量出轨内沿至支柱内缘的距离）。

4) 支柱侧面限界为：

$$C_\mathrm{x} = x + \frac{L}{2} \tag{7-9}$$

式中 C_x——支柱侧面限界，mm；

x——钢轨内沿至支柱内缘的距离，mm；
L——钢轨轨距，mm。

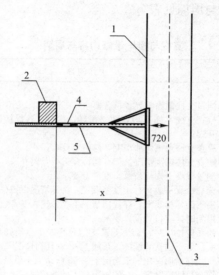

图 7-20 侧面限界测量示意图
1—钢轨；2—支柱；3—线路中心；4—水平尺；5—丁字尺

（3）拉线更换
1) 测量拉线长度，然后按实际长度下料，并做好一端的回头；
2) 作业人员登上支柱，在拉线固定角钢处以上的地方挂上钢丝套，然后将手扳葫芦的钢丝钩挂牢在钢丝套上；
3) 在地锚杆上挂牢钢丝套，然后将手扳葫芦与钢丝套连接牢固；
4) 收紧手扳葫芦，使拉线松弛，并确认紧线工具无异常后，支柱上的人员取开拉线固定角钢的连接销钉，然后用吊绳将旧拉线吊下；
5) 将预制好回头的新拉线吊上支柱，并将拉线回头与拉线固定角钢用销钉连接牢固；
6) 地面人员松开 UT 型线夹螺栓，取开旧拉线回头，然后在新拉线上做回头；
7) 紧固 UT 型线夹螺栓，使新拉线绷紧，然后稍松手扳葫芦使拉线受载，检查确认拉线各部受力良好，缓松手扳倒链；
8) 给新拉线涂防腐油、螺栓涂油，撤除工具，清理现场。

（4）支柱露筋和裂缝的处理
1) 城市轨道接触网使用的环形等径预应力混凝土支柱不允许有露筋，表面小部分脱落可以进行修补。
2) 作业人员用水泥和沙子制成水泥浆，然后将水泥浆用抹子抹到支柱上需要修补处。
3) 将纵向裂缝小于 1mm 的支柱用水泥浆灌注后，用抹子抹平。
4) 横向裂缝宽超过 0.2mm、长超过 1/3 周长及纵向裂缝大于 1mm 的支柱应进行更换。

4. 维修记录
支柱维修时要认真填写"支柱维修记录"，以便查阅，其格式见表 7-30。

支柱维修记录

表 7-30
(单位: mm)

设备位置：_____ 锚段编号：_____ 支柱编号：_____ 测量仪器：_____

检修日期	检修项目					备注说明	检修人	互检人
			mm	mm	mm	mm		

支柱检修项目：

支柱的侧面限界值

(1) 支柱本体是否无弯曲、扭转、变形，各焊接部分是否无裂纹、开焊；(2) 主角钢弯曲是否不超过 5‰；(3) 副角钢弯曲是否不超过 2 根，允许偏差不超过大于 2°；(4) 表面防腐层剥落面积是否不超过 5%
　是□　否□　(1)　(2)

(1) 支柱横线路面是否与直于线路中心线，允许偏差不超过大于 2°；
(2) 支柱是否无向线路侧和受力方向倾斜
　是□　否□　(1)　(2)

单腕臂、双腕臂和中心锚结支柱顺线路方向是否直立，允许斜率为±2‰；横线路方向，允许向受力反方向的倾斜率为 0～5‰
　是□　否□　　‰　顺线路方向，‰　顺线路方向，‰　横向下锚‰　向下锚‰

硬横跨锚柱横线路侧倾斜率为 0～5‰
　是□　否□　‰　‰　‰　‰

补偿下锚柱横线路方向，向受力反方向倾斜；装设开关的支柱，双边悬挂支柱的支柱，硬横跨支柱，均应直立，允许反方向的倾斜率不超过 10‰
　是□　否□　‰　‰　‰　‰

曲线内侧的支柱，装设开关的支柱，双边悬挂支柱的支柱，硬横跨支柱，均应直立，其倾斜率不超过 5‰
　是□　否□
(1)□　(2)□
(3)□　(4)□

基础周围应保持清洁，不得有积水和杂物；(2) 基础完整无破损，无裂纹；(3) 基础顶板与支柱底板间填充的砂浆应符合设计要求；(4) 整整支柱使用的垫片是否超过 3 块，每块垫片的面积不小于 50mm×100mm
　是□　否□
(1)□　(2)□
(3)□

(1) 支柱基础面是否高出地面，(2) 特殊情况下锚柱拉线是否设在锚支延长线上；(3) 是否在任何情况下部无侵入基本建筑限界；(4) 当受地形限制时是否符合设计要求
　是□　否□
(1)□　(2)□
(3)□　(4)□

支柱拉线

(1) 支柱拉线是否平行于线路设置，(附加导线单独下锚拉线应设在锚支延长线上)；(2) 拉线与地面夹角一般情况下为 45°最大不得超过 60°
　有□　无□
(1)□　(2)□
(3)□　(4)□

(1) 拉线应绷紧，在同一支柱上的各拉线是否受力均衡；(2) 锚板拉杆与拉线是否成一条直线；(3) 拉线是否采取防腐剂；(4) 埋入地下部分的地锚拉杆是否无断股，松股，接头及严重的锈蚀；(5) UT 型线夹螺母外露螺纹长度是否有可调余量；(6) 各部螺是否紧固良好拉线基础周围是否无积水
　是□　否□
(1)□　(2)□
(3)□　(4)□
(5)□　(6)□
(7)□

备注：每栏各项检修要求时在（是□　否□）内打√，如有缺陷时在（是□　否（否）□）内打√。如在《备注说明》栏内需填写的 (1)、(2)、(3)、(4)、(5)、(6)、(7) 项进行打√，如无缺陷则无需填写；需将具体缺陷内容及整改情况按序统一填写在《备注说明》栏内，如无缺陷则无需填写。

设备负责人：_____ 工班长：_____ 专业工程师：_____

7.2.13 其他设备

1. 维修标准

（1）馈电线和架空地线

1) 馈电线、架空地线的截面积要符合设计要求，连接电缆要符合设计要求和其机械强度安全系数符合规定。

2) 馈电线、架空地线的张力和弛度要符合有关规定标准，冬季不直线，夏季须有足够的线间距离。

3) 馈电线、架空地线应用硬铜绞线。其绞线断股、损伤面积不超过其截面积的5%且载流量不超过允许值时，可将断股处磨平，用同材质的铜线扎紧，当断股、烧伤面积达到5%～20%时要进行补强，当断股、烧损面积超过20%时须更换线，切断做接头。

4) 一个锚段内馈电线和架空地线的接头、断股和补强线段的总数分别不得超过下列规定：

① 锚段长度在800m及以下为4个；

② 锚段长度大于800m时为8个。

5) 馈电线、架空地线的安装要符合设计要求。馈电线与接地体之间的距离要符合规定。

（2）保安装置

1) 在跨越接触网的跨线桥、天桥等处，于接触网带电部分正上方桥面的面侧装设安全挡板或细孔网栅（网孔不大于40mm×40mm）。安全挡板或细孔不应低于2m，宽度距接触网带电部分每边应不小于1.5m。跨线桥、天桥的扶梯边缘与接触网带电部分的距离小于5m时，在扶梯上也要装设安全挡板或细孔网栅。

2) 在机动车辆平交道口铁路两侧的公路上，应装设限界门。限界门的装设位置，在沿公路中心线距最近铁路线路中心不小于12m的地方。限界门的宽度不得小于公路路面的宽度。限界门的吊板要平齐，吊板下缘距地面的高度为4.5m。限界门框柱涂以黑、白相间漆条，漆条宽度为200mm，并符合有关规定。

3) 在机动车辆经常通过的地方和其他认为有必要的地方，接触网支柱及拉线下部要有保护桩。

4) 安全挡板或细孔网栅要安装牢固，铁件无锈蚀，螺栓有油。

（3）标志

1) 标志应清晰明显，书写、油漆应色彩分明，醒人夺目。

2) 标志装设位置正确，安装牢靠，不得侵入限界，符合有关规定要求。

2. 维修过程及维修记录

这些项目的维修相对较简单，主要以观察检查为主，依据维修标准进行即可，无须赘述。其维修记录均填写在"综合维修记录"中，其格式见表7-31。

综合维修记录　　　　　　　　　　　　　　　表7-31

_____年　　　　　　　　　　　　　　　　　（单位：mm）

设备位置	设备名称	检修日期	项别	检修内容	检修人签名	互检人签名

设备负责人：_____　　工班长：_____　　专业工程师：_____

7.3　刚性接触网的维修

7.3.1　支持定位装置

1. 维修标准

（1）埋入杆件的螺纹及镀锌层完好，化学锚固螺栓孔填充密实；螺纹外露部分应涂油防腐；底座填充密实，表面光滑平整，无裂缝。

（2）支持装置各紧固件齐全，安装稳固可靠，浇筑水泥部分不得有松动和辐射性裂纹。

（3）槽钢底座应水平安装，悬吊槽钢、绝缘横撑与安装地点的轨道平面平行。

（4）平坡线路上悬垂吊柱及T形头螺栓应铅垂，倾斜度误差一般不应大于1°，但位于坡道上的悬垂吊柱及T形头螺栓顺线路方向铅垂度偏差应以保证汇流排伸缩为原则。

（5）槽钢底座、悬吊槽钢、绝缘横撑、悬垂吊柱、T形头螺栓等构件无变形，镀锌层完整，应有不少于15mm的调节余量（净空限制地段除外），所有外露螺栓长度应保证满足电气绝缘距离。

（6）槽钢底座与混凝土的接触面上应涂隧道内防腐漆。T形头螺栓的头部长边应垂直于安装槽道方向。

（7）支持结构的带电体距混凝土及金属结构的固定接地体的静态绝缘距离应满足要求。

2. 维修内容与周期

支持定位装置的维修内容与周期如表7-32所示。

支持定位装置的维修内容与周期　　　　表7-32

项目	工作内容	周期
支持定位装置	对预埋件、悬吊件及定位部件进行全面检查，对不符合要求者立即整改处理	12个月

3. 维修过程与方法

（1）检查支持装置是否锈蚀及是否有防腐剂；检查安装螺栓（埋入件）的状态是否良好、T形头螺栓安装是否正确等。

（2）检查、测量支持定位用的槽钢与轨面是否平行，绝缘横撑的绝缘部分与金属部分的连接情况等。

（3）检查绝缘子的状况（是否破损、松动及偏斜等），并进行清扫。

（4）检查、测量各部分的电气距离是否满足要求。

（5）紧固螺栓和各受力部件。

4. 维修记录

支持定位装置维修时，要将有关的维修检查情况填写在"刚性接触网支持、定位装置维修记录"中，其格式见表7-33。

表 7-33

刚性接触网支持、定位装置维修记录

(单位: mm)

设备位置:　　　　　　　锚段编号:　　　　　　　检修周期:

检修日期	悬挂点号	XX#-XX#		缺陷情况	整改情况	检修人	互检人
		修前	修后				
	(1) 埋入杆件的螺纹及镀锌层是否完好,化学锚固螺栓孔填充是否密实; (2) 螺纹外露部分是否涂油防腐; (3) 底座填充是否密实,表面光滑平整,无裂缝	是□ 否□	是□ 否□				
	支持装置各紧固件是否齐全,安装稳固可靠,浇筑水泥部分是否无松动和辐射裂纹	是□ 否□	是□ 否□				
	槽钢底座是否水平安装,悬吊槽钢、绝缘横撑与安装地点的轨道平面是否平行	是□ 否□	是□ 否□				
	平坡线路上悬垂吊柱及T形头螺栓是否铅垂,倾斜度误差一般不应大于1°,位子坡道上的悬垂吊柱及T形头螺栓顺线路方向偏差应以保证汇流排伸缩为原则	是□ 否□	是□ 否□				
检修项目	槽钢底座、悬吊槽钢、绝缘横撑、悬垂吊柱、T形头螺栓等构件是否无变形,镀锌层完整,应有不少于15mm的调节余量(净空限制地段除外),所有外露螺栓长度是否满足电气绝缘距离	是□ 否□ 无□ mm	是□ 否□ 无□ mm				
	槽钢底座与混凝土的接触面上是否涂耐内防腐漆。T形头螺栓的头部长边是否垂直于安装槽道方向	是□ 否□	是□ 否□				
	支持结构的带电体与接地金属结构的固定接地体的静态绝缘距离是否大于150mm	是□ 否□ 无□ mm	是□ 否□ 无□ mm				
	绝缘部件是否无裂纹、破损、烧伤;瓷绝缘部件其瓷釉剥落面积不大于300 mm²。绝缘部件与接地体间的距离是否符合规定	是□ 否□	是□ 否□				
	在安装倒和安装瓷绝缘部件时是否无冲撞、锤击的瓷体与连接的铁帽和金属体同时也不得对其进行机械加工和热处理。绝缘部件的金属件是否无锈蚀	是□ 否□ 无□	是□ 否□ 无□				
	绝缘部件放电痕迹是否不超过有效绝缘长度的20%	是□ 否□	是□ 否□				
	接触网绝缘部件的泄漏距离不少于250mm	是□ 否□ 无□ mm	是□ 否□ 无□ mm				
	绝缘子瓷质部分与铁件间是否密贴良好,无缝隙和开裂现象。绝缘子连接软件与洁注部分间密贴良好、连接紧固;绝缘子表面无放电痕迹、无环状或贯通裂纹	是□ 否□	是□ 否□				
	复合材料绝缘子表面是否无放电现象、电蚀老化现象、裂纹、电蚀老化现象。伞群无破损、变形,伞裙、伞裙之间粘结部位无脱胶等现象;端部金具连接部位无明显的滑移和电腐蚀等状况	是□ 否□ 无□	是□ 否□ 无□				

备注:每个栏目各项检修指标符合要求时在(是□内打√,如有缺陷时在(否□内打√。需将具体缺陷内容及整改情况按序统一填写在《备注说明》栏内,如无缺陷划/。

设备负责人:　　　　　　工班长:　　　　　　专业工程师:

7.3.2 接触悬挂及中心锚结

1. 维修标准

（1）汇流排表面不允许有裂纹，不得扭曲变形，无明显转折角，表面光滑，无破损。

（2）汇流排横断面中轴线应垂直于所在处的轨道平面，确保接触线无偏磨。

（3）连接件的接触面清洁，汇流排连接缝两端夹持接触线的齿槽连接处平顺光滑，不平顺度不大于0.3mm。汇流排连接端缝夹持导线侧需密贴，汇流排上平面缝隙的平均宽度不大于2mm，紧固件齐全，螺栓紧固力矩应符合产品说明书或设计要求。

（4）汇流排终端到相邻悬挂点的距离应满足如下要求：

标准值：1800mm；

安全值：1700~2000mm；

限界值：同安全值。

（5）接触线应可靠嵌入汇流排内，无跳线、无硬弯。

（6）接触线在锚段末端汇流排外余长为100~150mm，沿汇流排终端方向顺延，末端符合电气净空要求。

（7）接触线的磨耗要均匀，其最大磨耗量控制在汇流排不能直接与碳滑板磨擦。

（8）汇流排防护罩安装要牢固、稳定，不能有变形和老化现象。

（9）中心锚结应处于汇流排中心线的正上方，基座中心偏离汇流排中心不大于±30mm。

（10）中心锚结绝缘子表面应无损伤，中心锚结线夹处汇流排应平顺无负弛度。

（11）中心锚结绝缘子及拉杆受力均衡适度，与汇流排的夹角不大于45°，中心锚结与汇流排固定牢固，螺栓紧固力矩符合设计要求，调节螺栓处于可调状态。

2. 维修内容与周期

接触悬挂及中心锚结的维修内容与周期如表7-34所示。

接触悬挂及中心锚结的维修内容与周期   表7-34

项目	工作内容	周期
接触悬挂及中心锚结	对汇流排及其接头和定位线夹、防护罩及中心锚结的全面检查，接触线及其与汇流排的结合部位进行详细全面检查，对不符合要求者立即整改处理	12个月

3. 维修过程与方法

（1）检查汇流排表面是否存在腐蚀、损坏及接头的连接是否符合要求等。

（2）检查汇流排与汇流排线夹的连接是否牢靠、顺线路方向是否被卡滞，并检查和测量接触线是否存在偏磨现象等。

（3）检查接触线与汇流排的接合是否良好及其接合部是否存在腐蚀现象，接触线的磨耗是否均匀等。

4. 维修记录

接触悬挂及中心锚结维修时，要将有关的维修检查情况填写在"刚性接触网汇流排及附件维修记录""刚性接触线磨耗维修记录""刚性接触网中心锚结维修记录"中，详见表7-35~表7-37。

刚性接触网汇流排及附件维修记录

表 7-35

设备地点：　　　　　锚段：　　　　　测量仪器：　　　　　周期：

日期	悬挂点号	汇流排表面情况				汇流排齿槽连接缝		汇流排上平面缝隙平均宽度	汇流排横断面中轴线与轨平面的平行情况	连接板紧固螺栓		防护罩情况	测量人	检修人	互检人
年 月 日		是否有裂纹	是否扭曲变形	是否有转折角	表面是否光滑	有无破损情况	是否平顺光滑	是否密贴			是否齐全	紧固力矩 (N·m)				

设备负责人：　　　　　工班长：　　　　　专业工程师：

刚性接触线磨耗维修记录

表 7-36
(单位: mm)

位置:　　　　　　锚段编号:　　　　　　检修周期:

悬挂点号									平均磨耗	最大磨耗	碳滑板是否会与汇流排摩擦	检修日期	检修人	互检人
磨耗后接触线的宽度														
局部换线补强处接触线状态														
悬挂点号									平均磨耗	最大磨耗	碳滑板是否会与汇流排摩擦	检修日期	检修人	互检人
磨耗后接触线的宽度														
局部换线补强处接触线状态														

设备负责人:　　　　　　工班长:　　　　　　专业工程师:

刚性接触网中心锚结维修记录

表 7-37
(单位：mm)

设备位置：　　　　　　　　检修周期：

日期 (年 月 日)	中心锚结编号	项别	中锚底座		中锚偏离线路中心距离	调节螺栓		绝缘拉杆		悬挂点导高	中锚线夹		绝缘部件		检修人签名	互检人签名
			状况是否合格	螺栓紧固情况	数值	状况是否合格	调节余量	与汇流排角度	两侧拉杆受力情况是否合格	是否符合规程	状况是否合格	螺栓紧固情况	数量	状况是否合格		
		修前														
		修后														
		修前														
		修后														
		修前														
		修后														

设备负责人：　　　　　　　工班长：　　　　　　　专业工程师：

7.3.3 拉出值及导线高度（导高）

1. 维修标准

（1）接触线高度。

标准值：设计值。

安全值：设计值±5mm。

限界值：设计值±10mm。

（2）接触线拉出值。

标准值：设计值。

安全值：设计值±10mm。

限界值：同安全值。

（3）悬挂点接触线高度应符合设计要求，相邻的悬挂点相对高差一般不得超过所在跨距值的 0.5‰，设计变坡段不应超过 1‰；跨中弛度不得大于跨距值的 1‰，且不应出现负弛度。

2. 维修内容与周期

拉出值及导线高度（导高）的维修内容与周期如表 7-38 所示。

拉出值及导线高度（导高）的维修内容与周期　　　　表 7-38

项目	工作内容	周期
拉出值及导线高度（导高）	全面检查、测量悬挂点的导高、拉出值；对磨耗严重地点进行测量（周期12个月），全面测量接触线磨耗（3年）；对不符合要求者立即整改处理	12 个月

3. 维修过程与方法

测量悬挂点处和跨中接触线的高度，检查接触线的高度与弛度是否符合要求。

4. 维修记录

拉出值及导线高度（导高）维修时，要将有关的维修检查情况填写在"刚性接触网接触线维修记录"中，详见表 7-39。

7.3.4 锚段关节

1. 维修标准

（1）锚段关节中部两支接触线应等高，转换悬挂点处非工作支不得低于工作支，宜比工作支高出 0~7mm。且受电弓通过时应平滑，无撞击现象。

（2）绝缘或非绝缘锚段关节两支悬挂中心线之间距离符合各自设计要求，相关数值规定如下：

标准值：设计值。

安全值：设计值±20mm。

限界值：同安全值。

2. 维修内容与周期

锚段关节的维修内容与周期如表 7-40 所示。

刚性接触网接触线维修记录 表 7-39

设备地点： 锚段： 测量仪器： 周期： （单位：mm）

日期 (年 月 日)	悬挂点号	悬挂点处接触线高度			拉出（之字）值			跨距值	相邻悬挂点相对高差 (‰)	跨中挠度 (‰)	跨中是否出现负弛度	接触线是否可靠嵌入汇流排内	维修情况	测量人	检修人	互检人
		标准值	实测值	修后值	标准值	实测值	修后值									

设备负责人： 工班长： 专业工程师：

锚段关节的维修内容与周期　　　　　表 7-40

项目	工作内容	周期
锚段关节	对锚段关节悬挂点处接触线的高度、水平距离及电连接进行全面的检查测量，锚段关节过渡情况进行检查，对不符合要求者立即整改处理	12 个月

3. 维修过程与方法

(1) 检查测量关节中间两悬挂是否等高，转换悬挂点处非工作支与工作支的高差是否符合要求。

(2) 检查两悬挂的中心线是否与受电弓的中心重合。

(3) 测量两悬挂的水平距离是否符合要求。

(4) 检查悬挂装置是否锈蚀，清扫绝缘子，紧固电连接线线夹和其他紧固件。

4. 维修记录

锚段关节维修时，要将有关的维修检查情况填写在"刚性接触网锚段关节维修记录"中，详见表 7-41。

7.3.5　线岔

1. 维修标准

(1) 线岔处在受电弓可能同时接触两接触线范围内的两接触线应等高；在受电弓始触点处，侧线接触线应比正线接触线高出 0~7mm；在受电弓通过时应平滑无撞击。

(2) 单开线岔两支悬挂点的汇流排中心线间距满足如下标准要求：

标准值：设计值。

安全值：设计值±20mm。

限界值：同安全值。

(3) 交叉渡线道岔处的线岔，在交叉渡线处两线路中心的交叉点，两支悬挂的汇流排中心线分别距交叉点满足如下规定：

标准值：设计值。

安全值：设计值±10mm。

限界值：同安全值。

(4) 线岔处电连接线、接地线应完整无遗漏，连接牢固。

2. 维修内容与周期

线岔的维修内容与周期如表 7-42 所示。

3. 维修过程与方法

(1) 检查测量始触点处渡线（侧线）接触悬挂的高差是否符合要求。

(2) 检查测量正线接触悬挂的挂出值是否符合要求。

(3) 测量两悬挂的水平距离是否符合要求，以及两悬挂之间的距离是否符合要求。

(4) 检查悬挂装置是否锈蚀，清扫绝缘子，紧固电连接线线夹和其他紧固件。

刚性接触网锚段关节维修记录

表 7-41

锚段关节编号/型式：_____ 设备位置：_____ 检修日期：_____ 检修周期：_____ （单位：mm）

序号	检修标准	修前 定位编号	修前 高差数据	处理措施	修后 定位编号	修后 高差数据
1	转换/定位点高差（中部两支接触线应等高，转换点非支比工支高0～7mm）					
2	受电弓通过时是否平滑无撞击现象					
3	两支悬挂中心线同距：标准值：设计值±20mm；限界值：同安全值					
4	汇流排端部到相邻悬挂点长度					
5	绝缘子是否有破损、烧伤、放电痕迹					
6	电连接线夹所用型号、材质、数量、是否符合设计要求					
7	电连接线长度是否有伸缩裕量					
8	电连接线安装位置偏差是否在200mm以内					
9	电连接至接地体的距离：最小净距：静态150mm，动态100mm，绝对最小动态60mm					
10	是否满足电连接接线端子压接牢固、接线端子无裂纹、电连接线无断股、电连接线夹与接线端子接触密贴，电连接线夹安装应端正牢固、散股					
11	是否满足电连接接线夹与接线端子接触密贴，电连接线夹安装应端正牢固、螺栓紧固力矩应符合要求					

设备负责人：_____ 工班长：_____ 专业工程师：_____

	线岔的维修内容与周期	表 7-42
项目	工作内容	周期
线岔	对线岔及其相关部件进行全面检查、测量，对不符合要求者立即整改处理	12 个月

4. 维修记录

线岔维修时，要将有关的维修检查情况填写在"刚性接触网线岔维修记录"中，详见表 7-43。

7.3.6 刚柔过渡部件

刚柔过渡部件就是刚性接触网与柔性接触网的连接过渡的部件，其过渡一般有关节式和贯通式两种形式。

1. 维修标准

（1）关节式刚柔过渡。

1) 关节式刚柔过渡处刚性悬挂接触线应比柔性悬挂接触线高 20~50mm。

2) 柔性悬挂升高下锚处绝缘子边缘应距受电弓包络线不得小于 75mm，刚性悬挂带电体距柔性悬挂下锚底座、下锚支悬挂等接地体不应小于 150mm。受电弓距柔性悬挂下锚底座、下锚支悬挂等接地体不应小于 100mm。且在受电弓通过时应平滑无撞击及不应出现固定拉弧点。

（2）贯通式刚柔过渡。

1) 贯通式刚柔过渡处两支悬挂接触线应等高，在刚柔过渡交界点处，汇流排对接触线不应产生下压或上抬。连接线夹的螺栓紧固力矩符合设计要求。

2) 防水罩对露天汇流排覆盖完全，防水罩安装稳固，性能满足要求。

3) 两支悬挂点间距应符合设计要求，相关数值满足如下要求：

标准值：设计值。

安全值：设计值±20mm。

限界值：同安全值。

4) 贯通的接触线下锚处绝缘子边缘应距受电弓包络线不应小于 75mm，刚性悬挂带电体距柔性悬挂下锚底座、下锚支悬挂等接地体不应小于 150mm。受电弓距柔性悬挂下锚底座、下锚支悬挂等接地体不应小于 100mm。

（3）刚性悬挂与相邻柔性悬挂导线不应相互磨擦。

（4）刚柔过渡处的电连接线、接地线应完整无遗漏，安装牢固。

（5）在受电弓通过时应平滑无撞击及不应出现固定拉弧点。

2. 维修内容与周期

刚柔过渡部件的维修内容与周期如表 7-44 所示。

3. 维修过程与方法

（1）检查关节式刚柔过渡处刚柔两接触线工作面的高差是否符合要求，双向过渡是否平顺；两悬挂是否等高；过渡是否平滑。

（2）检查两悬挂是否存在相互磨擦现象，电连接的安装是否符合要求。

（3）检查测量导线高度和拉出值是否符合要求。

（4）检查各部分与地和绝缘子的距离是否满足要求。

刚性接触网线岔维修记录

表 7-43

线岔编号/型式：_____　设备位置：_____　检修日期：_____　检修周期：_____　（单位：mm）

序号	检修项目和标准	修前		处理措施	修后	
		定位编号	高差数据		定位编号	高差数据
1	转换点高差（受电弓可能同时接触的两接触线范围内的两接触线应等高，受电弓始触点处，侧线接触线应比正线接触线高出 0~7mm）					
2	受电弓通过时是否平滑无撞击现象					
3	单开线岔两支悬挂点的汇流排中心线同距；标准值：设计值±20mm；限界值：同安全值					
4	交叉渡线岔处的线岔，两支悬挂的汇流排中心线分别距交叉点距离；标准值：设计值±10mm；限界值：同安全值					
5	汇流排端部到相邻悬挂点长度					
6	绝缘子是否有破损、烧伤、腐蚀、放电痕迹					
7	接地线是否完整无遗漏、连接牢固					
8	电连接线及线夹所用型号、材质、数量、是否符合设计要求					
9	电连接线长度是否有伸缩裕量					
10	电连接安装位置偏差是否在 200mm 以内					
11	电连接至接地体的距离最小净距：静态 150mm；动态 100mm；绝对最小动态 60mm					
12	是否满足：电连接线端子压接牢固，接线端子无裂纹，电连接线夹安装应端正牢固、接线端子接触密贴、散股					
13	是否满足：电连接线夹与电连接线端子接触密贴、电连接线夹安装应端正牢固，螺栓紧固力矩应符合要求					

设备负责人：_____　工班长：_____　专业工程师：_____

刚柔过渡部件的维修内容与周期　　　　　表 7-44

项目	工作内容	周期
刚柔过渡部件	对刚柔过渡装置、电连接及其连接部件进行全面详细检查，对不符合要求者立即整改处理	6 个月

（5）检查悬挂部件是否锈蚀；紧固各紧固件，并涂油。

4．维修记录

刚柔过渡部件维修时，要将有关的维修检查情况填写在"刚柔过渡维修记录"中，详见表 7-45。

7.3.7　分段绝缘器

1．维修标准

（1）刚性悬挂分段绝缘器的安装方式和绝缘性能应符合设计要求。

（2）分段绝缘器中点偏离线路中心线不应大于 50mm，分段绝缘器的消弧间隙应满足设计要求。

（3）分段绝缘器导流板与接触线连接处过渡平滑，导流板要与轨面平行，车辆双向行驶均不打弓。

（4）分段绝缘器紧固件齐全，连接牢固可靠，紧固件扭矩应符合产品说明书要求。

（5）分段绝缘器距相邻悬挂定位点的距离符合设计要求，允许误差±200mm。

（6）分段绝缘器绝缘件表面清洁，无老化、破损、变形等现象。

2．维修内容与周期

分段绝缘器的维修内容与周期如表 7-46 所示。

3．维修过程与方法

（1）检查分段绝缘器的绝缘部件、消弧角有否烧损。

（2）检查测量分段绝缘器的工作面是否与轨面平行，过渡是否平滑。

（3）清扫主绝缘。

（4）用力矩扳手紧坚固各螺栓，并涂油。

4．维修记录

分段绝缘器维修时，要将有关的维修检查情况填写在"刚性接触网分段绝缘器维修记录"中，详见表 7-47。

7.3.8　架空地线

1．维修标准

（1）架空地线的弛度应符合安装曲线的要求，且最大弛度时，必须保证架空地线及其相连金具距接触网带电体绝缘距离满足表 7-49 的相关要求。

（2）架空地线不得有两股以上的断股，一个耐张段内，断股补强处数和接头处数均不超过一个。

（3）地线座、地线线夹和安装在架空地线上的电连接线夹的螺栓紧固力矩应符合规范要求。架空地线下锚处调整螺栓长度处于许可范围内，并有不少于 30mm 的调节余量。

（4）架空地线与接触网支持结构及设备底座的连接应为紧密连接。

（5）地线线夹安装端正，地线线夹中的铜垫片齐全，安装正确。

刚柔过渡维修记录

表 7-45
（单位：mm）

刚柔过渡编号/型式：_____ 设备位置：_____ 检修日期：_____ 检修周期：_____

序号	悬挂点编号	检修项目和标准	修前	处理措施	修后
1		高差：刚柔过渡处两悬挂接触线应等高			
		间距：标准值为设计值；安全值为设计值的±20mm；限界值：同安全值			
2		刚柔过渡交界点处汇流排对接触线是否有下压或上抬			
3		各部螺栓/螺母力矩是否符合要求并做好标记			
4		有无防水罩；防水罩是否对露天汇流排覆盖完全，且安装稳固、性能满足要求			
5		下锚处绝缘子过缘距受电弓包络线是否不小于 75mm			
6		刚性带电体距柔性接地体是否不小于 150mm			
7		受电弓距柔性接地体是否不小于 100mm			
8		刚性悬挂与相邻柔性悬挂导线是否相互磨擦			
9		电连接线、地线是否完整无遗漏且安装牢固			
10		受电弓可能滑过的接触线上是否有固定的打火拉弧点			

设备负责人：_____ 工班长：_____ 专业工程师：_____

392

分段绝缘器的维修内容与周期　　　　　表7-46

项目	工作内容	周期
分段绝缘器	对分段绝缘器进行全面检查，包括磨耗、受力情况、与轨面平行及绝缘状况，对不符合要求者立即整改处理	12个月

2. 维修内容与周期

架空地线的维修内容与周期如表7-48所示。

3. 维修过程与方法

（1）检查架空地线弛度，符合安装曲线的要求，且最大弛度时架空地线及其相连金具距接触网带电体绝缘距离满足要求。

（2）检查架空地线外观，不得有两股以上的断股、断股补强和接头个数，质量符合要求。

（3）检查零部件螺栓情况，螺栓的紧固力矩和调节余量满足要求。

（4）检查架空地线连接及地线线夹安装情况，架空地线与接触网支持结构及设备底座紧密连接，地线线夹安装端正，地线线夹中的铜垫片齐全，安装正确。

4. 维修记录

架空地线维修时，要将有关的维修检查情况填写在"刚性接触网架空地线维修记录"中，详见表7-49。

7.3.9　其他通用设备

隔离开关、电连接线（器）等其他通用设备的维修具体可参见本章7.2节。

7.3.10　维修检查的重点

刚性接触网维护维修的工作量要比柔性接触网少，在维护维修过程中要注意抓住重点，有的放矢，提高工作效率。

1. 接触线

检查接触线是否存在偏磨及磨耗是否正常，尤其要注意锚段节和线岔两悬挂转换处接触线的磨耗是否正常；检查铜接触线与铝汇流排的相对滑动是否正常。对有问题的接触线进行更换时，更换接触线的长度不得少于2m，且在两端接头位置用锉刀锉平，其平滑过渡的长度不得少于200mm。

2. 汇流排接头

汇流排接头是架空刚性接触网的关键部位，它既要在电气上起连接作用，确保接触良好，又要在机械连接上保证被连接的两汇流排在同一直线上。接头部位有32个螺栓，一定要用力矩扳手按规定的力矩（16N·m）进行检查和校核，并检查螺栓的垫片是否齐全和完好。

3. 汇流排和定位装置

检查汇流排是否与轨面垂直、汇流排与汇流排悬吊线夹之间的滑动是否平滑顺畅，以及检查支持装置的锈蚀情况等。

4. 绝缘部件

检查绝缘子和绝缘腕臂有否破损和脏污情况，清扫绝缘子和绝缘腕臂，并测试绝缘电阻。

刚性接触网分段绝缘器维修记录

表 7-47
（单位：mm）

分段绝缘器编号/型式：＿＿＿＿＿＿　设备位置：＿＿＿＿＿＿　检修日期：＿＿＿＿＿＿　检修周期：＿＿＿＿＿＿

序号	检修项目和标准	修前		处理措施	修后	
		项目	绝缘值（MΩ）		项目	绝缘值（MΩ）
1	刚性悬挂分段绝缘器绝缘性能	主绝缘			主绝缘	
		横担绝缘子			横担绝缘子	
2	刚性悬挂分段绝缘器的安装方式是否符合设计要求					
3	分段绝缘器中点偏离线路中心线距离（≤50mm）					
4	消弧间隙距离（应满足设计要求）					
5	分段绝缘器导流板与接触线连接处过渡是否平滑					
6	导流板是否与轨面平行					
7	车辆双向行驶均是不打弓					
8	分段绝缘器紧固件齐全、连接牢固可靠，紧固件扭矩应符合产品说明书要求					
9	分段绝缘器距相邻悬挂定点的距离（允许±200mm）					
10	分段绝缘器绝缘件表面是否清洁、无老化、破损、变形等现象					

设备负责人：＿＿＿＿＿＿　工班长：＿＿＿＿＿＿　专业工程师：＿＿＿＿＿＿

架空地线的维修内容与周期 表 7-48

项目	工作内容	周期
架空地线	对架空地线进行全面检查,包括受力情况、螺栓紧固情况等,对不符合要求者立即整改处理	12 个月

5. 锚段关节和线岔

检查锚段关节和线岔处两接触线是否同时与受电弓接触,两汇流排终端转换处接触线的磨耗是否正常,测量转换处两接触线的高度是否相等、水平距离是否符合要求等。用力矩扳手检查和校核电联接线夹是否紧固等。

6. 刚柔过渡部件

关节式刚柔过渡:检查测量过渡段的刚性悬挂接触线与柔性悬挂接触线的相对位置是否符合要求(刚性悬挂接触线的工作面应比柔性悬挂接触线的工作面高 20~50mm)。

贯通式刚柔过渡:检查测量过渡段两支刚性悬挂的接触线是否等高;刚柔过渡交界点处,刚柔过渡元件对接触线是否产生下压或上抬现象;连接线夹的螺栓紧固力矩(16N·m)符合设计要求;防水罩对露天汇流排覆盖是否完全,安装是否稳固以及是否有老化现象等。

刚性悬挂与相邻柔性悬挂的导线是否相互磨擦;刚柔过渡处的电连接线、接地线应完整无遗漏,安装牢固。

最后,用受电弓以规定的抬升力进行冷滑(双向)检查过渡情况是否良好。

7.4 接触轨的维修

7.4.1 接触轨

1. 维修标准

(1) 接触轨本体表面宜洁净,应无裂纹、异常腐蚀、异常变形等现象。

(2) 接触轨授流面表面应平整、顺滑、磨耗均匀、无偏磨,磨耗程度不得大于产品说明书要求。

(3) 接触轨定位点处工作高度应符合设计要求,允许偏差不大于±5mm,相邻两定位点授流面的高差不宜大于 3mm,困难条件下不大于 5mm。

(4) 接触轨定位点处偏移值应符合设计要求,允许偏差不大于±5mm。

(5) 接触轨授流面应与轨平面平行,允许偏差符合设计要求。

(6) 接触轨直线段应平直,曲线段应圆顺、无硬弯。

(7) 接触轨附近应无易燃物,无侵限及阻碍受电靴运行的异物,带电部分和接地体之间的最小净距应符合表 7-50 规定。

2. 维修内容与周期

接触轨的维修内容与周期如表 7-51 所示。

3. 维修过程与方法

(1) 接触轨工作高度、接触轨偏移值测量

刚性接触网架空地线维修记录

设备位置：_____
检修周期：_____

表 7-49
(单位：mm)

日期 (年 月 日)	锚段号	项别	线索是否存在损伤及散股情况	一个耐张段内补强股数	架空地线及其相邻金具距接触网带电体距离是否符合要求	电联接线夹及螺栓是否紧固	架空地线下锚处底座及地线托架是否安装稳固	检修人	互检人
		修前							
		修后							
		修前							
		修后							
		修前							
		修后							
		修前							
		修后							

设备负责人：_____ 工班长：_____ 专业工程师：_____

接触轨带电部分和接地体之间的最小净距 表 7-50

标称电压（V）	静态（mm）	动态（mm）	绝对最小动态（mm）
750	25	25	25
1500	150	100	60

接触轨的维修内容与周期 表 7-51

项目	工作内容	周期
接触轨	（1）检查接触轨本体外观情况。 （2）测量检查定位点处接触轨工作高度、接触轨偏移值。 （3）检查接触轨沿线路的形状。 （4）检查接触轨周围情况。 （5）对不符合质量标准、技术要求的内容进行处理。 （6）完成相关维修记录	12个月

1）查阅平面布置图，确定接触轨相对于轨道的几何位置参数：接触轨工作高度和接触轨偏移值。

2）在支撑点处，把接触轨参数测量尺卡在钢轨上，使其沿横线路方向垂直线路中心并密贴钢轨。

3）移动接触轨参数测量尺上下、左右两个方向的测尺，使测量卡块紧靠接触轨授流面，同时测量接触轨工作高度和接触轨偏移值，并根据测量卡块与接触轨授流面的密贴情况，检查接触轨授流面的平行度，必要时可测量最大缝隙的大小，换算平行度。

4）填写测量记录。

（2）接触轨工作高度、接触轨偏移值、平行度调整

1）整体绝缘支架在水平和垂直方向都留有长孔，一般水平方向有30mm的调整余量，在垂直方向有40mm的调整余量，当接触轨工作高度和偏移值不符合质量标准时，可利用千斤顶、扳手、方木等工具调整绝缘支架相应方向的位置，使接触轨几何位置符合要求。

2）接触轨工作高度不符时，在定位点处放置千斤顶，并使其承受接触轨的重量，稍微松开绝缘支架与接触轨托架之间的螺栓的，用千斤顶调整接触轨工作高度符合要求后，把松开的螺栓用规定的力矩紧上，卸掉千斤顶，并复核工作高度，直到符合要求为止。

3）接触轨偏移值不符时，稍微松开绝缘支架与底座之间的螺栓的，用方木辅助调整接触轨偏移值符合要求后，把松开的螺栓用规定的力矩紧上，并复核接触轨偏移值，直到符合要求为止。

4）平行度不符时，可用铁垫片调整底座，直到符合要求为止。

5）调整后在维修记录中填写修后记录。

（3）磨耗测量：接触轨磨耗值可直接用接触轨磨耗高度来表示，可用测厚仪或者游标卡尺进行测量即可换算出磨耗高度，测量采用定点测量，定点测量选取要分散在不同的区段的点，一般选取定位点附近适当位置及一些磨耗较为严重的需要重点监测的位置，选好

点后,第一次测量时用标记笔在受电靴磨不到及便于观察的部位做好标记,今后每次都在同一点进行测量,以便于对磨耗值进行比较,测量时一定要将测点脏污清扫干净并正确使用测量工具,以减少测量误差。

例如,某接触轨系统采用钢铝复合轨,复合轨标称高度为 105 ± 0.9 mm,某测量点第一次测量高度为 105.1mm,5 年后,该点接触轨高度测量值为 104.6mm,两次测量期间此点接触轨的磨耗值是多少?

由两次测量值可计算接触轨的磨耗量为:

$105.1-104.6=0.5$ mm。

接触轨磨耗值可也可换算成截面积的形式,一般应先做出换算表或换算曲线,直接查表或曲线即可得出磨耗面积。

(4)授流面处理

当由于某种故障导致接触轨授流面出现熔珠、麻点、毛刺等凹凸不平现象时,可根据其严重程度采用砂纸、锉刀、打磨机进行处理,使其表面恢复平整、顺滑,必要时在处理后涂抹一层薄薄的导电膏。

4. 维修记录

接触轨维修时,要将有关的维修检查情况填写在"接触轨及附件维修记录"中,详见表 7-52。

7.4.2 中间接头

1. 维修标准

(1)中间接头的材质、规格应符合设计规定,表面宜洁净,应无烧伤、发热变色、破损、变形及异常腐蚀。

(2)中间接头应与所连接的接触轨等部件安装密贴,机械连接良好、电气连接良好。

(3)中间接头所连接的接触轨等部件对接应端正,接缝应密贴,授流面应过渡平滑,不得出现台阶。

(4)中间接头的位置距相邻绝缘支撑的距离应符合设计要求,不得出现卡滞现象。

(5)紧固部件应齐全、完好、无变形,防腐、防松、紧固力矩应符合设计要求。

(6)中间接头带电部分与接地体之间的最小净距应符合表 7-50 的规定。

2. 维修内容与周期

中间接头的维修内容与周期如表 7-53 所示。

3. 维修过程与方法

(1)检查螺栓防松标记是否移动,如移动则把标记擦除,再按规定力矩紧固后重新用油漆标记笔画上防松标记。

(2)接触轨授流面过渡不平滑有台阶时应用砂轮机打磨接触轨,直至其两端接触轨过渡平滑。

(3)中间接头与接触轨的接触面有烧伤时,应进行打磨,严重时进行更换。

4. 维修记录

中间接头维修时,要将有关的维修检查情况填写在"接触轨及附件维修记录"中,详见表 7-52。

接触轨及附件维修记录

表 7-52

设备位置：＿＿＿＿＿＿ 锚段编号：＿＿＿＿＿＿ ＿＿年＿＿月＿＿日 检修周期：＿＿＿＿＿＿

定位点	接触轨工作高度 (mm)		接触轨偏移值 (mm)		整体绝缘支架状况	钢带受流面状况	中间接头/电连接头状况	检修人	互检人
	标准值 实测值	修后值	标准值 实测值	修后值	(1)整体支架外观检查应完好，工作状态正常；(2)卡爪和托架螺栓紧固力矩为44N·m，底座连接螺栓紧固力矩为70N·m，连接螺栓完好、无锈蚀	(1)钢带的连接是否平滑顺畅，缝隙应密贴；(2)钢带受流面是否无烧伤、磨耗正常	(1)接头本体无过热变色、烧伤，紧固件齐全，安装牢固可靠；(2)各电气接触面涂抹的电力复合脂应均匀；(3)螺栓紧固力矩70N·m		
					(1)是□ 否□ (2)是□ 否□	(1)是□ 否□ (2)是□ 否□	(1)是□ 否□ (2)是□ 否□ (3)是□ 否□		
					(1)是□ 否□ (2)是□ 否□	(1)是□ 否□ (2)是□ 否□	(1)是□ 否□ (2)是□ 否□ (3)是□ 否□		
					(1)是□ 否□ (2)是□ 否□	(1)是□ 否□ (2)是□ 否□	(1)是□ 否□ (2)是□ 否□ (3)是□ 否□		
					(1)是□ 否□ (2)是□ 否□	(1)是□ 否□ (2)是□ 否□	(1)是□ 否□ (2)是□ 否□ (3)是□ 否□		
					(1)是□ 否□ (2)是□ 否□	(1)是□ 否□ (2)是□ 否□	(1)是□ 否□ (2)是□ 否□ (3)是□ 否□		

备注：(1) 5.2m端部弯头末端定位处接触轨工作高度为285mm，误差±5mm；3.4m端部弯头末端定位处接触轨工作高度为265mm，误差±5mm；普通定位点接触轨工作高度为200mm，误差±5mm；接触轨偏移值为1510mm，误差±5mm。(2)两相邻绝缘支架处相对高差不得大于2.5mm，困难条件下不大于5mm。(3)若勾选否，需填写缺陷及整改情况。
缺陷及整改情况：＿＿＿＿＿＿＿＿＿＿＿＿＿＿＿＿＿＿＿＿＿＿＿＿＿＿＿＿＿＿＿＿＿＿＿＿＿＿

设备负责人：＿＿＿＿＿＿ 工班长：＿＿＿＿＿＿ 专业工程师：＿＿＿＿＿＿

中间接头的维修内容与周期　　　　　　　　　　　　　表 7-53

项目	工作内容	周期
中间接头	（1）检查中间接头本体情况。 （2）检查中间接头连接、接触情况。 （3）检查中间接头处接触轨等部件的授流面过渡情况。 （4）对需涂油防腐的螺栓、螺母进行涂油，标记防松。 （5）对不符合质量标准技术要求的内容进行处理	12个月

7.4.3　端部弯头

1. 维修标准

（1）端部弯头本体表面宜洁净，应无裂纹、异常腐蚀、异常变形等现象；

（2）端部弯头授流面应过渡平滑，磨耗均匀，磨耗及烧损程度不得大于产品说明书要求；

（3）端部弯头的绝缘支撑安装位置应符合设计要求，端部弯头应能自由伸缩，不应与绝缘支撑产生卡滞；

（4）接触轨工作高度、接触轨偏移值应符合设计要求，允许偏差不大于±5mm，端部弯头无坡度的直线部分的授流面应与轨平面平行，允许偏差符合设计要求；

（5）端部弯头的折弯坡度应符合设计要求；

（6）断轨位置应符合设计要求；

（7）端部弯头附近应无易燃物，无侵限及阻碍受电靴运行的异物，带电部分与接地体之间的最小净距应符合表 7-50 的规定。

2. 维修内容与周期

端部弯头的维修内容与周期如表 7-54 所示。

端部弯头的维修内容与周期　　　　　　　　　　　　　表 7-54

项目	工作内容	周期
端部弯头	（1）检查端部弯头本体情况。 （2）测量检查端部弯头定位点处的接触轨工作高度、接触轨偏移值。 （3）检查断轨位置是否符合设计要求。 （4）检查周围情况。 （5）对不符合质量标准技术要求的内容进行处理	12个月

3. 维修方法

基本内容与接触轨维修方法基本相同，详见接触轨维修部分。

4. 维修记录

端部弯头维修时，要将有关的维修检查情况填写在"接触轨端部弯头维修记录"中，详见表 7-55。

表 7-55

接触轨端部弯头维修记录

设备位置：　　　　　　　　　设备编号：　　　　　　　　　检修周期：

检修日期 （年月日）	末端定位处接触轨 工作高度（mm）			末端定位处接触机 偏移值（mm）			钢带受流面状况	电连接状况	检修人	互检人
	标准值	实测值	修后值	标准值	实测值	修后值	(1) 端部弯头与接触轨是否相接密贴，没有高低差，误差±5mm；(2) 钢带磨耗后，其厚度是否不小于 3mm	(1) 电缆表面是否无烧伤、击穿、破损等现象，表面清洁；(2) 绝缘层是否未发生明显老化、受潮现象、绝缘性能良好；(3) 电缆与隔离开关连接是否紧密，线耳连接牢固，无断股、散股现象，固定是否紧密，铜芯裸露部位应进行绑扎或热缩，固定是否符合相关标准，一般情况下直线布置每隔800mm固定一处，在拐弯、水沟等处应就实际情况固定，固定牢靠可靠；(4) 电缆布置应就实际情况固定		
							(1) 是□ 否□ (2) 是□ 否□	(1) 是□ 否□ (2) 是□ 否□ (3) 是□ 否□ (4) 是□ 否□		

备注：(1) 5.2m 端部弯头末端定位处接触轨工作高度为 285mm，误差±5mm；3.4m 端部弯头末端定位处接触轨工作高度为 265mm，误差±5mm；接触轨偏移值均为 1510mm，误差±5mm。(2) 若勾选：否，需填写缺陷及整改情况。

缺陷反馈及整改情况：

设备负责人：　　　　　　　工班长：　　　　　　　专业工程师：

7.4.4 膨胀接头

1. 维修标准

(1) 膨胀接头表面宜洁净,部件应齐全、完好,无变形、异常腐蚀等现象;

(2) 紧固部件的防腐、防松、紧固力矩应符合产品说明书要求,膨胀接头在温度变化时应能伸缩自如,无卡滞现象,电气连接应连接良好;

(3) 膨胀接头授流面表面应平整、顺滑、磨耗均匀、无偏磨,磨耗程度不得大于产品说明书要求,授流面之间应过渡平滑,无刮碰受电靴现象;

(4) 膨胀接头补偿间隙应符合安装曲线要求,允许偏差应符合设计要求;

(5) 膨胀接头润滑情况应符合产品说明书要求;

(6) 膨胀接头宜居中安装,距两端绝缘支撑的距离应符合设计要求;

(7) 膨胀接头附近应无易燃物,无侵限及阻碍受电靴运行的异物,带电部分与接地体之间的最小净距应符合表 7-50 的规定。

2. 维修内容与周期

膨胀接头的维修内容与周期如表 7-56 所示。

膨胀接头的维修内容与周期 表 7-56

项目	工作内容	周期
膨胀接头	(1) 检查膨胀接头各部件情况; (2) 检查膨胀接头电气连接情况; (3) 检查膨胀接头授流面情况; (4) 测量检查膨胀接头补偿间隙值; (5) 检查膨胀接头润滑情况,对需要润滑的部位进行润滑; (6) 对需涂油防腐的螺栓、螺母涂油; (7) 检查周围情况; (8) 对不符合技术要求的内容进行处理	12 个月

3. 维修过程与方法

(1) 紧固件检查调整:首先检查各防松标记是否有变化,无变化时可不做调整,有变化时需把防松标记擦除,重新用力矩扳手按规定的力矩紧固,然后再用油漆标记笔画上防松标记。

(2) 补偿间隙测量:用专用工具或者直接测量膨胀接头的标记线,测量出补偿间隙值,用数字温度计测出已安装接触轨的温度,将温度感应点分别置于轨底、轨腹下部及钢带表面,记录读数并计算其平均值。对照膨胀接头安装曲线,判断实际曲线是否符合设计规定,一般膨胀接头一经施工完毕后无法直接进行调整,如膨胀接头的补偿间隙值不正确会危及接触轨系统安全运行时,可对该锚段中一段轨进行局部更换或者在中间接头处进行特殊长度处理,以保证温度补偿的正确性及安全性。

(3) 膨胀接头卡滞时:需检查是否是部件变形引起,还是润滑不良引起,如是部件变形引起可局部更换部件,如润滑不良引起可把夹板拆卸,清洗干净然后再涂上一层薄的导电膏,按规定力矩用力矩扳手上紧。

4. 维修记录

膨胀接头维修时,要将有关的维修检查情况填写在"接触轨膨胀接头维修记录"中,详见表 7-57。

表 7-57

接触轨膨胀接头维修记录

设备位置：　　　　　　　　设备编号：　　　　　　　　检修周期：

检修日期（年月日）	接触轨温度	补偿间隙（mm）				电连接铜排及附件状况		锚固夹板状况		钢带受流面状况		螺栓力矩		检修人	互检人
		小公里标侧		大公里标侧		弹簧调整余值（mm）；标准范围为14~16mm	(1)电连接铜排是否应无过热变色、变形；(2)电连接铜排活动情况是否正常		(1)锚固夹板两侧面是否均匀涂抹导电膏；(2)锚固夹板侧面与左右滑机侧面是否紧密相贴		(1)膨胀接头的三块轨覆不锈钢带面是否平齐；(2)钢带受流面是否烧为、磨耗正常		(1)电连接铜排紧固力矩是否为25~31N·m；(2)中间螺栓力矩是否为59N·m；(3)两侧螺栓力矩是否为20N·m		
		实测值	修后值	实测值	修后值										
						———mm	(1)是□ 否□ (2)是□ 否□		(1)是□ 否□ (2)是□ 否□		(1)是□ 否□ (2)是□ 否□		(1)是□ 否□ (2)是□ 否□ (3)是□ 否□		

备注：（1）本记录表格只适用于电连接铜排式膨胀接头，补偿间隙 α 值应符合设计规定（参照膨胀接头安装曲线图）。（2）若勾选：否，需填写缺陷及整改情况。

缺陷及整改情况：

设备负责人：　　　　　　　工班长：　　　　　　　专业工程师：

7.4.5 绝缘支架

1. 维修标准：

(1) 支架底座、锚固螺栓应部件齐全、完好，安装端正、稳固，无锈蚀、变形、破损等异常现象；

(2) 绝缘支架应部件齐全、完好，安装平整、端正、稳固；

(3) 紧固部件的防腐、防松、紧固力矩应符合设计要求；

(4) 绝缘支架应绝缘良好，应无异常变色、异常老化、表层剥落、裂纹、破损等现象；

(5) 绝缘支架安装形式应符合设计要求，受力均衡、适度，无明显变形。

2. 维修内容与周期

绝缘支架的维修内容与周期如表 7-58 所示。

绝缘支架的维修内容与周期　　　　表 7-58

项目	工作内容	周期
绝缘支架	(1) 检查支架底座及锚固螺栓情况； (2) 检查绝缘支架各部件及紧固情况； (3) 对需涂油防腐的螺栓螺母涂油； (4) 清扫绝缘部件； (5) 对不符合技术要求的内容进行处理	12 个月

3. 维修过程与方法

(1) 绝缘支架倾斜时，观察判断倾斜的原因，如属于中锚绝缘支架受力不均等引起时宜把该锚段调顺，使中锚绝缘支架回复正常，如支架出现裂纹应更换，如属于接触轨伸缩时接触轨扣件卡滞引起，调整接触轨扣件，把绝缘支架调正。

(2) 绝缘支架有裂纹，影响使用时应进行更换。

(3) 按规定对绝缘支架进行清扫。

(4) 紧固件检查调整：首先检查各防松标记是否有变化，无变化时可不做调整，有变化时需把防松标记擦除，重新用力矩扳手按规定的力矩紧固，然后再用油漆标记笔画上防松标记。

(5) 锚固螺栓检查处理：底座螺栓基础出现异常，螺栓受力不能保证要求时，可按规定对该支架进行改移。

4. 维修记录

绝缘支架维修时，要将有关的维修检查情况填写在"接触轨及附件维修记录"中，详见表 7-52。

7.4.6 中心锚结

1. 维修标准

(1) 中心锚结应部件齐全、完好，安装牢固可靠，螺栓的防腐、防松、紧固力矩应符合设计要求；

(2) 中心锚结安装形式及材料应符合设计要求，安装位置应符合设计要求；

(3) 中心锚结两端受力应均衡、适度，接触轨及绝缘支撑应无明显变形；

(4) 带电部分与接地体之间的最小净距应符合表 7-50 的规定，且不得侵入限界。

2. 维修内容与周期

中心锚结的维修内容与周期如表 7-59 所示。

中心锚结的维修内容与周期　　　　　　　表 7-59

项目	工作内容	周期
中心锚结	(1) 检查中心锚结部件及紧固情况，对需要涂油防腐的螺栓、螺母进行涂油； (2) 检查中心锚结的受力状态； (3) 检查周围情况； (4) 对不符合技术要求的内容进行处理	12 个月

3. 维修过程与方法

(1) 中锚拉线受力不均时调整拉线调整螺栓，使其受力均匀。

(2) 普通中锚在两端受力不均时会导致中锚绝缘支架倾斜，宜把该锚段调整，使中锚绝缘支架端正，并核查该锚段有无绝缘支架卡滞现象，有则进行调整。

(3) 紧固件检查调整：首先检查各防松标记是否有变化，无变化时可不做调整，有变化时需把防松标记擦除，重新用力矩扳手按规定的力矩紧固，然后再用油漆标记笔画上防松标记。

(4) 测量带电部分与接地体之间的最小净距及有无侵入限界，不符合者进行调整。

4. 维修记录

中心锚结维修时，要将有关的维修检查情况填写在"接触轨中心锚结维修记录"中，详见表 7-60。

7.4.7 防护罩

1. 维修标准

(1) 防护罩应选型正确、部件齐全完好，无异常变色、异常老化、表层剥落、裂纹、破损等现象；

(2) 防护罩应安装牢固可靠，安装位置应符合设计要求，防护罩、防护罩支撑及接触轨之间应配合良好，防护罩、防护罩支撑不得突出刮碰受电靴或者妨碍受电靴的取流；

(3) 防护罩之间的搭接应符合设计要求；

(4) 防护罩支撑布置应规整，布置间距应符合设计要求；

(5) 防护罩上的警示标志应齐全、明显、清晰，标识位置应符合设计要求，标识间距：车站内不宜大于 15m、区间不宜大于 30m，并在每处端部弯头末端标识。

2. 维修内容与周期

防护罩的维修内容与周期如表 7-61 所示。

3. 维修过程与方法

(1) 防护罩搭接或安装不良突起时，应重新进行搭接或安装，使防护罩紧扣在防护罩卡上，必要时局部更换尺寸差异较大的防护罩，同时应检查是否是由于接触轨部件异常所引起。

接触轨中心锚结维修记录

表 7-60

设备类型：_____ 设备位置：_____ 设备编号：_____ 检修周期：_____

检修日期 （年月日）	项别	接触轨工作高度（mm）		接触轨偏移值（mm）		中心锚结处绝缘支架和接触轨受力后是否无明显变形	中心锚结本体状况	绝缘棒状况	斜拉线受力状况	检修人	互检人
		标准值	实测值	标准值	实测值		(1) 中心锚结本体状况应清洁，并涂导电膏；(2) 中心锚结各部件表面应无损伤；(3) 中心锚结螺栓紧固力矩是否为70N·m	(1) 绝缘棒表面是否无损伤、绝缘性能是否良好；(2) 绝缘棒带电端至接地体的距离不小于150mm，裙边对地距离不小于50mm，是否符合要求	(1) 拉线夹角为 30°≤α≤45°是否符合要求；(2) 两侧张力是否均匀、拉线状态应良好，两端调整螺丝调节余量应预留充足		
修前						是□ 否□	(1) 是□ 否□ (2) 是□ 否□ (3) 是□ 否□	无此设备□ (1) 是□ 否□ (2) 是□ 否□	无此设备□ (1) 是□ 否□ (2) 是□ 否□		
修后											

备注：(1) 仅特殊中锚才有绝缘棒、斜拉线；若设有在此设备，对应打勾。(2) 定位点处接触轨工作高度为200mm，误差±5mm；接触轨偏移值为1510mm，误差±5mm。(3) 若勾选否，需填写缺陷及整改情况。

缺陷及整改情况：

设备负责人：_____ 工班长：_____ 专业工程师：_____

防护罩的维修内容与周期 表 7-61

项目	工作内容	周期
防护罩	(1) 检查防护罩本体情况； (2) 检查防护罩、防护罩支撑卡及接触轨之间的配合情况； (3) 检查防护罩之间的搭接情况； (4) 检查防护罩上警示标志情况； (5) 对不符合技术要求的内容进行处理	12 个月

(2) 标志不明显时用红油漆、毛笔和标志模板重新描画。

(3) 清扫防护罩的积尘。

(4) 如有漏水直接滴在防护罩上，应报相关部门进行堵漏，并做好跟踪。

4. 维修记录

防护罩维修时，要将有关的维修检查情况填写在"防护罩及接地线维修记录"中，详见表 7-62。

7.4.8 电连接

1. 维修标准

(1) 电连接的规格、数量、接线应符合设计要求；

(2) 电缆应绝缘良好，无尖锐物体、重物挤压，无损伤、老化龟裂、过热变色、虫鼠害等异常现象，弯曲半径应符合设计要求；

(3) 电缆接线端子应压接良好，电缆与接线端子连接部位应采用绝缘热缩管套封；

(4) 电连接、电连接接线板及接触轨之间应安装密贴、连接牢固可靠、电气接触良好，导流良好，铜铝过渡措施、安装位置、形式应符合设计要求，防腐、防松、紧固力矩应符合设计要求；

(5) 电连接应接在接触轨的外侧，不得刮碰受电靴；

(6) 电连接应固定可靠，布置规整，布线应符合设计要求；

(7) 带电部分与接地体之间的最小净距应符合表 7-50 的规定，且不得侵入限界。

2. 维修内容与周期

电连接的维修内容与周期如表 7-63 所示。

3. 维修过程与方法

(1) 电连接的规格、数量、裕度、接线

按设计要求，检查电连接的规格、数量和接线，对规格不正确、载流量不能满足者，予以更换；缺失时补齐电连接数量；对无法满足接触轨伸缩、土建结构伸缩要求，即裕度不够者进行调整或更换；对接线进行核查，保证接线正确。

(2) 机械连接及电气接触

检查机械连接是否良好，检查防松划线是否变化，如有变化把旧标记清除，按规定力矩紧固连接螺栓，使其达到标准；检查各部件有无烧伤、严重氧化，示温片有无超温显示，对轻度烧伤者进行用砂布打磨，涂上导电膏，重新安装，严重者予以更换。

4. 维修记录

电连接维修时，要将有关的维修检查情况填写在"接触轨端部弯头维修记录"中，详见表 7-55。

防护罩及接地线维修记录

表 7-62

设备位置：　　　　　　　　　设备编号：　　　　　　　　　检修周期：

检修日期 （年 月 日）	防护罩状况		接地线状况	
	(1) 防护罩无断裂、无结构性裂纹、无严重脏污，是否符合要求； (2) 防护罩选型是否正确、安装规范、无损坏、牢固可靠； (3) 防护罩支撑卡布置是否合理，防护罩支撑卡每隔500mm布置一处，在特殊防护罩处严格按照设计要求布置，防护罩支撑卡无损坏； (4) 防护罩上的"高压危险"等警示标志是否齐全、明显	(1) 是□ 否□ (2) 是□ 否□ (3) 是□ 否□ (4) 是□ 否□	(1) 任何独立的金属底座是否都牢固的与接地扁铝（铜）相连，进行接地； (2) 接地扁铝（铜）的规格是否符合要求，接地扁铝（铜）间的连接座是否牢固可靠，无虚连接以及接地扁铝（铜）与底座、与支架底座接触良好、螺栓、垫圈齐全； (3) 接地扁铝（铜）是否连续不间断，且应与变电所接地母排相连； (4) 接地电缆是否敷设美观、弯曲自然、固定牢固、可靠。电缆与接地扁铝（铜）是否接触良好、连接牢固、可靠	(1) 是□ 否□ (2) 是□ 否□ (3) 是□ 否□ (4) 是□ 否□
				检修人 互检人

备注：若勾选否，需填写缺陷及整改情况。
缺陷及整改情况：

设备负责人：　　　　　　　　　工班长：　　　　　　　　　专业工程师：

电连接的维修内容与周期 表7-63

项目	工作内容	周期
电连接	(1) 检查电连接的规格、数量、接线和外观情况； (2) 检查电连接的连接、接触情况，对需涂油防腐的螺栓、螺母进行涂油； (3) 检查电连接布置、固定情况； (4) 对不符合技术要求的内容进行处理	12个月

7.4.9 接地线

1. 维修标准

（1）接地线的规格、数量、接线应符合设计要求，无缺失、损坏、异常腐蚀；

（2）接地线应连接可靠、接触良好，螺栓的防腐、防松、紧固力矩应符合设计要求；

（3）接地线安装方式、布线应符合设计要求，布置规整，固定可靠；

（4）接地线的预留伸缩量应符合所处安装位置土建伸缩量的要求；

（5）接地体与带电体间的最小净距符合表7-50要求，且不得侵入限界。

2. 维修内容与周期

接地线的维修内容与周期如表7-64所示。

接地线的维修内容与周期 表7-64

项目	工作内容	周期
接地线	(1) 检查接地线的规格、数量、接线、外观情况； (2) 检查接地线的连接情况，对需涂油防腐的螺栓、螺母进行涂油； (3) 检查接地线的固定情况； (4) 检查接地线的预留伸缩量； (5) 对不符合技术要求的内容进行处理	12个月

3. 维修过程与方法

（1）接地线的规格、数量、裕度、接线

按设计要求，检查接地线的规格、数量和接线，对规格不正确、载流量不能满足者，予以更换；缺失时补齐接地线数量；对无法满足土建结构伸缩要求，即裕度不够者进行调整或更换；对接线进行核查，保证接线正确。

（2）机械连接及电气接触

检查机械连接是否良好，检查防松划线是否变化，如有变化把旧标记清除，按规定力矩紧固连接螺栓，使其达到标准；检查各部件有无烧伤、严重氧化，对轻度烧伤者进行用砂布打磨，涂上导电膏，重新安装，严重者予以更换。

4. 维修记录

接地线维修时，要将有关的维修检查情况填写在"防护罩及接地线维修记录"中，详见表7-62。

7.4.10 集电靴防护盖板

1. 维修标准

（1）集电靴防护盖板安装规范、牢固可靠；在任何情况下不得侵入车辆限界横向向外扩大30mm的安全限界，以确保行车安全；

(2) 集电靴防护盖板轮廓线最外缘距线路中心线的水平距离应符合要求，不允许有负误差；

(3) 集电靴防护盖板两支架中心距离与支架底座安装平面跟走行轨轨顶连线平面距离应符合设计要求；

(4) 接地扁钢安装在支架底座上，孔中心位于扁铝中轴线上；安装后的扁钢不应落于道床面上，与钢轨绝缘，与环网电缆支架接地扁钢连接，使其电气连通，作地线用；

(5) 安装零件应采用技术先进、可靠、耐腐蚀、寿命长的产品；各紧固件应紧固良好，力矩符合产品及设计要求；

(6) 集电靴防护盖板应安全、可靠，满足车辆过站最高运行速度要求；

(7) 集电靴防护盖板成型表面应光洁无毛刺，异物落入防护盖板后不侵入集电靴工作面。

2. 维修内容与周期

集电靴防护盖板的维修内容与周期如表 7-65 所示。

集电靴防护盖板的维修内容与周期　　　　　表 7-65

项目	工作内容	周期
集电靴防护盖板	(1) 检查集电靴防护罩轮廓线最外缘距线路中心线的水平距离； (2) 检查防护盖板两支架中心距离与支架底座安装平面跟走行轨轨顶连线平面距离； (3) 检查集电靴防护罩本体情况； (4) 检查集电靴防护罩支架底座及锚固螺栓情况； (5) 检查集电靴防护罩绝缘支架各部件及紧固情况； (6) 清扫绝缘部件； (7) 对不符合技术要求的内容进行处理	12 个月

3. 维修过程与方法

(1) 测量集电靴防护罩轮廓线最外缘距线路中心线的水平距离。

(2) 防护盖板两支架中心距离与支架底座安装平面跟走行轨轨顶连线平面距离。

(3) 集电靴防护罩盖板有老化变形应进行更换。

(4) 集电靴防护罩盖板支架有裂纹影响使用时应进行更换。

(5) 按规定对绝缘支架及集电靴防护盖板进行清扫。

(6) 紧固件检查调整：首先检查各防松标记是否有变化，无变化时可不做调整，有变化时需把防松标记擦除，重新用力矩扳手按规定的力矩紧固，然后再用油漆标记笔画上防松标记。

4. 维修记录

集电靴防护盖板维修时，要将有关的维修检查情况填写在"集电靴防护盖板维修记录"中，详见表 7-66。

7.4.11 其他通用设备

隔离开关、避雷器等其他通用设备的维修具体可参见本章 7.2 节。

集电靴防护盖板维修记录

表 7-66

设备地点：　　　　　　　　　　　　　　　　　　　　　　　　　　　　　检修周期：

日期(年/月/日)	对应屏蔽门号	防护盖板轮廓最外缘至线路中心线的水平距离（mm）		支架底座状况	绝缘支架状况	防护盖板状况	接地扁钢状况	螺栓紧固状况	检修人	互检人
		标准值 1400mm，误差为±10mm，不允许负偏差		(1) 支架底座安装平面跟走行轨顶连线平面是否为220mm；(2) 底座是否无锈蚀、变形	(1) 绝缘支架两中心距离是否为1460mm；(2) 支架是否无破损、变形	防护盖板成型表面应光洁是否无毛刺、破损、变形	接地扁钢是否不落于道床面上，与钢轨绝缘，与环网电缆支架接地扁钢电气连通良好	螺栓紧固是否按螺栓紧固力矩对照表要求执行		
		实测值	修后值							
				(1) 是□ 否□ (2) 是□ 否□	(1) 是□ 否□ (2) 是□ 否□	是□ 否□	是□ 否□	是□ 否□		
				(1) 是□ 否□ (2) 是□ 否□	(1) 是□ 否□ (2) 是□ 否□	是□ 否□	是□ 否□	是□ 否□		
				(1) 是□ 否□ (2) 是□ 否□	(1) 是□ 否□ (2) 是□ 否□	是□ 否□	是□ 否□	是□ 否□		
				(1) 是□ 否□ (2) 是□ 否□	(1) 是□ 否□ (2) 是□ 否□	是□ 否□	是□ 否□	是□ 否□		
				(1) 是□ 否□ (2) 是□ 否□	(1) 是□ 否□ (2) 是□ 否□	是□ 否□	是□ 否□	是□ 否□		

备注：若勾选否，需填写缺陷及整改情况。
缺陷及整改情况：

设备负责人：　　　　　　　　　　　工班长：　　　　　　　　　　　专业工程师：

第8章 城市轨道交通电力监控设备的维修

8.1 电力监控设备维修作业的风险防控

为有效防范电力监控设备检修作业风险，保证作业人员安全和设备稳定运行，需遵循以下风险防控措施。

1. 落实作业防护

（1）禁止未请点施工作业，严禁擅自越权遥控设备。

（2）进入工作场所或工作前，应着全棉工作服，扣好袖口，穿无铁掌底鞋，同时摘除手表、钥匙扣等金属物体。

（3）在工作场所中，应注意各种警告、提示和标牌，除非工作必须，否则应与带电体保持足够的安全距离，并沿规定的安全线行走。

（4）变电人员现场配合，做好相关防护措施。

（5）严格按照作业令内容进行，不得擅自触摸、扳动或移动未经许可的任何设备、开关。

（6）现场不得单人从事带电工作，以免事故发生时无人协助处理，进而扩大事态。

（7）作业前，要仔细检查各带电体的电压、极性和线路走向，还要分析任何错误连接而导致的可能短路，指定特别的注意事项。

（8）选配适当的工具，工具要有严格的绝缘处理。

（9）重大故障应及时汇报，解决不了问题时应及时请求支援。

（10）作业完成后，要彻底检查所携带的工器具是否出清齐全及作业范围内是否有遗留物，保证设备正常运行。

2. 防止触电

机柜内设备电源线较多，设备停电时未正确识别相应空气开关或者电源插头，造成检修设备未正常停电；验电过程中未按照规定穿戴绝缘手套、绝缘鞋和使用合格合规范的验电器；设备清洁时使用湿抹布，触碰电源接口处等，造成人员触电身亡。

（1）检修设备在拆机前必须停电，关闭空气开关或拔除电源接线。

（2）禁止使用滴水湿抹布清洁除尘。

（3）注意机柜内其他设备线缆，防止误触。

（4）断电前仔细识别空气开关上的标识牌，防止误停其他设备电源，造成设备突然断电无法正常工作，或者未停检修设备电源造成检修人员触电身亡。

3. 防止误触开关

查看设备运行参数与备份软件配置参数过程中误点开关，设备清洁使用湿抹布造成线缆短路，紧固线缆时误碰其他设备线缆导致短接，造成设备开关误动作，影响供电。

（1）作业前需重点确认权限转换旋钮在"远方"位。
（2）检修期间禁止遥控设备上的任何开关。
（3）作业前后对比开关状态，保持各开关状态一致。
（4）设备软件启动后，如运行正常则退出登录界面，避免动作设备。

4. 防止被设备误伤

拆解机器过程中，部分机器重量较大，存在设备滑落，砸伤脚趾风险；拆解或搬抬设备过程中，尖锐工器具或设备边角尖锐部位存在划伤检修人员风险。

（1）进入工作场所或工作前，应穿绝缘鞋，必须佩戴手套。
（2）进入规定佩戴安全帽的地点时必须佩戴安全帽。
（3）拆卸/安装设备内部机械部件时，要根据部件的拆卸/安装步骤进行。
（4）拆卸/安装设备应保持镇定，仔细检查，慎重操作。

5. 系统信息安全保护

信息安全是指信息网络的硬件、软件及其系统中的数据受到保护，不受偶然或者恶意的原因而遭到破坏、更改、泄漏，系统可连续可靠正常地运行。目前信息安全呈现攻击目标和入侵途径多样化，攻击方式专业化的趋势，攻击后果也愈加严重，2017年6月1日我国发布实施的《中华人民共和国网络安全法》规定国家实行网络安全等级保护制度，以网络安全等级保护基本要求作为信息安全技术国家标准。电力监控系统作为轨道运输内重要工控系统已列入网络安全等级保护中，日常维修过程中需做好信息安全防范工作。

（1）工控系统所在环境应具备防震、防盗窃、防破坏、防水、防潮和防雷击等能力。
（2）工控系统应遵循最小安装的原则，仅安装需要的组件和应用程序。
（3）应对工控系统登录的用户进行身份标识和鉴别，身份标识具有唯一性，身份鉴别信息具有复杂度要求并定期更换，及时删除或停用多余的、过期的登录账号。
（4）工控系统记录应包括事件的日期和时间、用户、事件类型、事件是否成功及其他与相关的信息，且操作记录、日志文件需保留6个月以上。
（5）对工控系统重要业务信息、系统数据及软件系统进行定期备份。
（6）如需拷贝工控系统内部文件数据需使用专用介质，不得使用未经确认、来历不明的磁盘、磁带与光盘。
（7）对系统软件版本进行修改、更新、发布需得到上级授权和批准，并严格进行版本控制，如外单位进行软件升级，需全程监督。
（8）应采取必要的措施识别安全漏洞和隐患，对发现的安全漏洞和隐患及时进行修补或评估可能的影响后进行修补，定期对工控系统进行杀毒。
（9）定期组织员工进行信息安全基础知识、岗位操作规程等培训。

6. 检修完成后设备无法启动

检修过程中需对工控系统进行软硬件状态检查，包括备份软件配置参数、插拔内部元器件进行清洁，用吸尘器对柜体内外进行吹尘等，因此存在一定因素造成检修完成后系统无法启动的情况，对此检修过程中需注意以下几点：

（1）进行软件备份或参数检查前，应熟悉设备软件操作，了解参数配置原理并按检修流程进行。
（2）检修过程中需做好防静电措施，摘除手表、钥匙扣等金属物体，防止对内部元器件造成电击损伤。

(3) 拆解内部元器件时应谨慎，切勿因拆解方法不当导致设备零部件损坏。

(4) 对设备进行吹尘时，需避开接线端子和通信接口，清洁完成后检查板卡上无灰尘。

(5) 检修完成后，检查是否遗留工器具在设备内部，影响设备正常运行。

8.2 子站设备的维修保养

1. 控制信号柜的维修

(1) 维护注意事项

1) 检查各空气开关均在正常工作状态，且无烧毁情况，用万用表测量电压值（AC220V±5％或 DC110V±5％）；检查电源指示灯显示正常，用万用表测量电压值（AC220V±5％或 DC110V±5％）；

2) 检查柜内接线整洁及紧固状况，若有明显松动情况则进行加固处理，注意禁止用手用力拨动接线端子及通信插头检查，检查卫生状况，若有灰尘，则用抹布以及扫灰刷进行清洁，清洁时注意避开接线端子和通信接口，以防碰到造成接口松动进而引起通信中断；

3) 对内部元器件进行清洁时需将控制信号柜背面上方所有空气开关打到断开位置"OFF"位，断开所有设备的电源；

4) 拔芯片时应使用专用起拨器。插入芯片时应注意芯片的插入方向，并注意管脚是否插入正确。插入芯片后，应经第二人核对后，才可通电检验或使用；

5) 应尽量避免用手接触集成电路元器件的管脚。实在不能避免时，应有防止人身静电损坏集成电路的措施；

6) 对总控单元重要业务信息、系统数据及软件系统进行备份，将备份文件存放至指定位置文件夹，文件夹命名需带站点、日期；

7) 检查对时时钟接口是否正常，检查各设备时间与设备房时钟时间是否一致，必要时可以截取对时报文作依据。

(2) 检修内容与周期

控制信号柜的检修工作内容与周期见表 8-1。

控制信号柜的检修工作内容与周期　　　　　表 8-1

修程	检修工作内容	周期
日常保养	(1) 检查总控单元外表有没有出现裂纹、刮花或破损等现象	每周
	(2) 检查总控单元指示灯是否正常	
	(3) 触摸设备外壳，是否有烫手感觉	
	(4) 检查 CPU、内存使用率是否异常	
	(5) 检查网络设备外表无裂纹、刮花、破皮等现象	
	(6) 检查网络设备指示灯闪烁是否正常	
	(7) 检查网线、通信线、电源线等是否连接牢固，无松脱、锈化、破皮等现象，且连线正确	
	(8) 检查测控单元指示灯的显示情况是否正常	
	(9) 检查测控单元各连接线是否牢固，无松脱、无锈化、无破皮，且连线正确	
	(10) 检查鼠标和键盘连接，可以正常使用	

续表

修程	检修工作内容	周期
日常保养	（11）检查显示屏能够正常运行，软件响应无特别延迟、缓慢现象 （12）检查有无异常报警和记录 （13）检查附属设备各零件外观无破损、裂纹等现象 （14）检查开关是否处于正确位置 （15）检查电源模块指示灯是否正常 （16）检查系统时间与主时钟显示是否一致	每周
小修	（1）含周检内容 （2）清洁总控单元内外部板卡、模块 （3）紧固总控单元各接口连接线 （4）还原、启动总控单元 （5）检查网络设备接口是否出现损坏，接线是否牢固 （6）对网络设备进行清洁 （7）对测控单元进行清洁 （8）对人机接口进行清洁 （9）检查附属设备各种线缆牢固程度以及是否有破损 （10）检查附属设备各接线端子是否连接紧密 （11）对附属设备各零件进行清洁 （12）测量附属设备输入、输出电压是否在正常范围 （13）检查时钟对时模块接线正确、连接端子牢固、接触良好	每半年
小修	（1）含半年检内容 （2）整理网络设备网络层接线，并做好标记 （3）做好总控单元接口接线标记 （4）对总控单元系统软件、测控单元软件进行备份	每年

2. 站控机的维修

（1）维护注意事项

1）检查监控各界面切换是否正常，界面各数据点能正常刷新。

2）在弹出的界面查看站控机是否有中断、服务器信息是否有错误信息、进程是否正常运行。

3）清洁液晶显示屏时，使用纯棉无绒布蘸清水然后稍稍拧干，再用微湿的柔软无绒毛湿布对显示屏上的灰尘进行轻轻擦拭（不要用力挤压显示屏），擦拭时建议从显示屏一方擦到另一方，直到全部擦拭干净为止。用较湿的柔软湿布清洁完液晶屏后，可用一块拧得较干的湿布再清洁一次，最后在通风处让液晶屏上水汽自然风干即可。

4）断开电源前，标记好站控机各插口位置，然后将各接线插拔并摆放好。

5）拆卸站控机与机架的连接螺丝，从机柜内取出站控机摆放置适合检修的位置，逐一拆除站控机面板，检查站控机内部原件使用情况，含各设备模块、板卡、芯片清洁。

6）当使用交流电源的电子测量仪器对电路参数进行测量时，测量仪端子与电源侧应绝缘良好，仪器的外壳应与保护屏柜在同一点接地。

7）UPS输入输出电压应处于209～231V，且带负载备用时间不低于30min。

（2）检修内容与周期

站控机检修工作内容与周期见表 8-2。

站控机检修工作内容与周期　　　　　　表 8-2

修程	检修工作内容	周期
日常保养	（1）检查操作站的运行情况 （2）检查是否有非法操作 （3）阅读"记录"和"报警"，检查设备状况，并与 OCC 信号进行比较 （4）检查鼠标和键盘的连接情况 （5）检查电源线连接情况 （6）检查网线连接情况 （7）检查 UPS 运行情况 （8）巡视操作系统是否运行正常	每周
二级保养	（1）含周检内容 （2）清洁主机、键盘和鼠标、显示屏内部 （3）测量主机输入电压 （4）对设备进行数据库、历史记录备份 （5）用专用仪器仪表检查各通信接口线缆通信是否正常 （6）检查信号线和电源线是否有破损 （7）检查不间断电源 UPS，测量输入输出电压 （8）对 UPS 进行主备电源切换 （9）清洁工控机和 UPS 卫生 （10）对主机、UPS 重启	每半年
小修	（1）含半年检内容 （2）检查工控机软件配置情况 （3）软件配置正确，检查软件是否正常运行 （4）在弹出的界面查看工控机节点信息、服务器信息、进程管理是否正常运行 （5）对工控机、UPS 进行内外部清洁（含各设备模块、板卡、芯片清洁） （6）对各设备间线缆检查、紧固	每年

8.3　主站级设备的维修保养

1. 前置通信设备的维修

（1）维护注意事项

1）前置通信设备水晶头良好，接地正常；

2）前置通信设备其端口指示灯闪烁正常，数据交换正常；

3）前置通信设备内部有无风扇异响，无异响时，声音稳定均衡；

4）检查电源线有无破皮、潮湿现象，如果有，则需停机更换。

（2）检修内容与周期

前置通信设备的检修工作内容与周期见表 8-3。

前置通信设备的检修工作内容与周期 表 8-3

修程	检修工作内容	周期
日常保养	（1）检查通信接口模块指示灯、接线及运行情况 （2）检查通信处理模块指示灯、接线及运行情况 （3）检查信号柜功能监控模块指示灯、接线及运行情况 （4）检查电源模块指示灯、发热及连接情况 （5）检查时钟对时模块是否正常 （6）对通信设备进行清洁	每月
小修	（1）含月检内容 （2）清洁柜内卡槽及各模块灰尘 （3）检查电源模块内部线路和器件是否有破损 （4）检查电源模块输入和输出电压 （5）检查通信接线和电源线是否有破损 （6）检查各模块线缆的连接情况	每半年

2. 主、备服务器的维修

（1）维护注意事项

1）屏柜应有良好、可靠的接地，接地电阻应符合设计规定；

2）检查服务器的运行是否正常，打开进程管理器，查看服务器性能，观察 CPU 和内存使用状况，查看是否有 CPU 和内存占用过高等异常情况；

3）服务器网络通信正常、主备冗余的两台服务器软件都有开启；

4）能正常导出服务器的报警日志和进行报警确认和清空；

5）对服务器数据定期进行备份，并存至指定位置；

6）服务器的各个外部接口、链接磁盘阵列的光纤在正确位置、牢固无松动。

（2）检修内容与周期

主、备服务器的检修工作内容与周期见表 8-4。

主、备服务器的检修工作内容与周期 表 8-4

修程	检修工作内容	周期
日常保养	（1）检查系统软件运行是否正常及主备情况 （2）检查服务器指示灯是否正常 （3）检查服务器水晶头、接地线是否正常 （4）检查电源线有无破皮、潮湿现象	每周
二级保养	（1）含周检内容 （2）导出并清理报警记录 （3）服务器外部清洁 （4）检查服务器及它所涉及的外设存放状态，包括显示器和键盘	每季
小修	（1）含季检内容 （2）查看并清理日志 （3）各个外部接口以及相关联的线路情况 （4）全面检查系统运行情况 （5）进行完整系统备份 （6）查看服务器的硬盘是否正常 （7）检查、清洁服务器内外设备	每年

3. 工作站的维修

(1) 维护注意事项

1) 工作站页面可正常切换,各子系统图页显示正常,模拟量数据点能变化;

2) 在监控界面上用鼠标左键点击,切换至报警及事件记录界面,查看相关记录;

3) 不得随意退出计算机监控应用程序,更不能利用工作站做与监控无关的事情;

4) 工作站必须退出运行时,应按照计算机退出运行的操作顺序退出,严禁通过直接切断电源的方式强行退出。

(2) 检修内容与周期

工作站的检修工作内容与周期见表 8-5。

工作站的检修工作内容与周期   表 8-5

修程	检修工作内容	周期
日常保养	(1) 巡视系统软件运行、操作是否正常	每周
	(2) 巡视车站级之间通信是否正常、工作站时间等是否正常	
	(3) 巡视计算机外设的状况并进行清洁	
小修	(1) 含周检内容	每年
	(2) 查杀病毒	
	(3) 检查各个外部接口以及相关联的线路	
	(4) 全面检查系统运行情	
	(5) 进行系统备份	
	(6) 检查硬盘是否有坏区	
	(7) 工作站计算机断电测试(双电源)	
	(8) 拆卸工作站检查并进行清洁	
	(9) 检查系统运行参数	
	(10) 重新分配操作密码	
	(11) 检查系统软件运行是否正常	

4. UPS 系统的维修

(1) 维护注意事项

1) UPS 显示控制操作面板各项图形显示单元运行正常,没有出现任何故障和报警信息;

2) 测量 UPS 电压、开关电源输入、输出电压等物理量时,使用的仪器仪表不得超过其量程,人手只触及设备绝缘部分,不触及导电部分;

3) 做 UPS 拆机检修,确定完全切断市电电源、交流旁路电源和蓄电池等输入电源的供电通道,逆变器、整流器停止工作后,用万用表测量各开关、需要拆除板卡及 UPS 外壳不带电后方可进行作业;

4) 观察 UPS 内部电解电容器是否有漏液、"冒顶"和膨胀等现象;变压器线圈及连接部件和扼流圈是否有过热色变和分层脱落等现象,并确定所有电力电缆紧固连接端都被牢固的连接;电缆和接线端子外皮是否有龟裂、掉渣、擦伤和破损;检查印刷电路板的洁净度及电路的完整性;

5) 进行蓄电池清洁、更换时,需断开蓄电池空气开关,注意不要造成电池回路短路;

6) 每拆出一条蓄电池连接线,都需用绝缘胶布包好。

7）拆装 UPS 部件时应防止部件掉落造成砸伤，检查内部元器件时谨防触电。

（2）检修内容与周期

UPS 系统的检修工作内容与周期见表 8-6。

UPS 系统的检修工作内容与周期 表 8-6

修程	检修工作内容	周期
日常保养	（1）检查 UPS 的状态指示灯是否正常	每周
	（2）巡视 UPS 的蜂鸣器是否正常	
	（3）巡视 UPS 主机的散热风扇的运转状态，是否有噪声	
	（4）巡视设备外表并维持机柜表面清洁	
	（5）巡视 UPS 监视器模块的显示是否正确	
二级保养	（1）含周检内容	每季
	（2）检查 UPS 各种开关是否正常	
	（3）检查 UPS 主机和监视器上的各个按钮是否无破损	
	（4）检查电池柜内各个蓄电池的外观是否无破损、爆裂、漏液等异常迹象	
	（5）戴上绝缘手套，逐一检查电池柜内各个蓄电池的极耳保护罩是否稳固	
	（6）戴上绝缘手套，逐一检查 UPS 主机及电池柜内各种连线、接地线是否牢固完好	
	（7）戴上绝缘手套，逐一检查 UPS 主机及电池柜内接口紧固件有无锈蚀、破损、老化	
小修	（1）含季检内容	每半年
	（2）检查 UPS 各保护功能（旁路、自投等）	
	（3）进行电池放电维护（每 6 个月进行一次完全的充放电）	
	（4）对机柜模块及模块上重要元件（大容量电容等）的外观检查	
	（5）检查各种连线、接地线	
	（1）含半年检内容	每年
	（2）逐个清洁电池表面、电池极耳及 UPS 机柜、电池柜连线及接头螺丝、机柜内部的清扫检查	

5．网络交换机的维修

（1）维护注意事项

1）交换机所处机房温度应保持 0～45℃，相对湿度应在 5%～85%之间，不结露，设备接地良好；

2）交换机连接电缆要规范、合理，跳接线要简洁、清晰，防止出现并线、串线等现象；

3）电源接头以及其他设备连接件需要连接牢固，并经常检查线路的牢固性；

4）交换机电压要稳定，防止因电源电压突变、波动等现象而引起交换机工作出现异常；

5）检查数据交换灯是否按一定频率闪，并用毛刷轻刷交换机光纤口和网络口的接口；

6）设备正常工作时，要求保持风扇正常运转（清理风扇期间除外），擅自关闭风扇会引起设备温度升高，并可能损坏单板。

（2）检修内容与周期

网络交换机的检修工作内容与周期见表 8-7。

网络交换机的检修工作内容与周期 表 8-7

修程	检修工作内容	周期
日常保养	（1）检查电源、风扇模块、LED指示灯是否正常 （2）检查网线两端接口是否紧固无松动 （3）检查网线有无问题 （4）检查风扇运转情况，机箱温度是否正常	每周
二级保养	（1）含周检内容 （2）检查水晶头、接地线情况 （3）查看电线无破皮、潮湿现象 （4）紧固松动的螺丝 （5）对线槽、电源插座、风扇、灯管、空气开关、接线端子进行清洁 （6）对交换、网络柜表面进行清洁 （7）通过网管和管理软件检查交换机运行状态 （8）有重要报警时查看并记录故障日志，必要时对重要日志截图保存	每季
小修	（1）含季检内容 （2）关闭其中一台交换机的两个电源（把电源模块的按钮向下打到关的位置），保证同一站点另一台交换机仍能正常工作，且该站点主控系统能正常监控 （3）正常状况下，待交换机的电源灯由红色转为熄灭后，对照接线图纸记下要拔出的网线（包括光纤）位置 （4）清洁交换机内部模块 （5）先后各停一个电源，检查交换机是否仍能正常工作。如果有一个电源不能独立工作，更换该电源模块 （6）检查交换机模块功能是否正常	每年

6. 大屏幕系统的维修

（1）维护注意事项

1）在断开或连接系统设备之间的任何电气插头座或其他连接之前，始终要注意检查系统是否已经关机，系统电源线是否已从电源插口拔出；

2）在进行维护和故障排除之前，一定要检查显示单元及与它连接的设备是否具有和保持着完善的接地；

3）勿将可产生高温、潮湿的电器或物品放置在系统设备附近，以免损坏设备或使其不能正常工作；

4）不要对显示单元的原始电气和机械设计做任何改变或添加任何部件；

5）数字显示拼接墙系统之上及其附近，不得喷洒任何化学品或其他液体；通风孔和通风槽之中及其上面，不得搁置任何东西；

6）房间内保持良好通风，保持投影墙前后的温差不超过3℃，理想的工作环境保持在22±4℃，理想相对湿度30%～80%，无冷凝，不可产生较大温差、湿差突变，要保证温度、湿度的变化有缓慢过程。为了更好保证大屏幕前后温差一致，建议把大厅前的空调开关和投影维修通道的空调开关做到同时开和关，即同时使用或同时关闭；

7）要防止打开控制大厅的窗户引起大厅内的湿度过大，对设备造成损害；

8）不要用水或化学药水清洗投影屏幕，此屏幕严禁手触摸，有灰尘可用鸡毛扫轻擦，不要用干湿布用力擦屏幕。

（2）检修内容与周期

投影墙系统的检修工作内容与周期见表 8-8。

投影墙系统的检修工作内容与周期　　　　　表 8-8

修程		检修工作内容	周期
日常保养	大屏幕显示单元	（1）整体观察显示单元各个灯泡有无烧毁或损坏	每周
		（2）仔细查看每个灯泡的亮度是否一致	
		（3）比较显示单元前面和后面的环境温度（两者的环境温度值相差应不能超过 5℃）	
	大屏幕管理控制 PC	（1）查看大屏软件运行状态	
		（2）查看控制 PC 的冷却风扇是否正常运转，是否有杂声、有异响，有异常振动	
		（3）清洁控制 PC 外部各个部件	
二级保养	大屏幕显示单元	（1）含周检内容	每季
		（2）从各个调度处了解显示单元的图页信息是否与实际状态一致。检查并了解后确定显示单元均能正常显示各个系统的图页信息	
		（3）查看冷却风扇是否正常运转，是否有杂声、有异响，有异常振动	
		（4）用干净的湿抹布和清洁剂仔细清理显示单元外部机壳表面的积尘	
		（5）使用大屏管理软件，进入相应模式查看各灯泡工作时间	
	大屏幕管理控制 PC	（1）含周检内容	
		（2）认真查看控制 PC 电源线的连接情况，控制 PC 的电源线无松脱和掉线	
		（3）认真查看控制 PC 的网络线的连接情况，控制 PC 的网络线无松脱和掉线	
		（4）用干净的抹布和清洁剂仔细清理控制 PC 的外部设备部件	
小修	大屏幕显示单元	（1）含季检内容	每年
		（2）关闭显示单元	
		（3）用压缩气体喷洁剂清除机芯上镜头表面的积尘	
		（4）将机芯的冷却风扇拆卸下来进行清洁	
		（5）将机芯左侧面的防尘垫拆卸下来，用水进行清洗，并晾干装回机芯左侧面	
		（6）用干净的湿抹布擦干净机芯外壳表面的积尘	
		（7）用干净的湿抹布擦干净显示单元底座和四周表面的积尘	
		（8）打开显示单元	
	大屏幕管理控制 PC	（1）含季检内容	
		（2）打开控制 PC 的盖板	
		（3）按照由外到内的顺序来仔细拆卸控制 PC 内的各零部件，并放置在纸盒上防静电	
		（4）用干净的抹布和清洁剂擦干净拆卸下来的所有零部件和控制 PC 机箱内部的积尘	
		（5）按照由内到外的顺序来仔细安装控制 PC 内的各零部件	

第9章 城市轨道交通杂散电流防护及监测系统维护

9.1 杂散电流的形成与危害

1. 杂散电流的形成

直流牵引供电系统在理想的状况下，牵引电流由牵引变电所的正极出发，经由接触网、电动列车和回流轨（即走行轨）返回牵引变电所的负极。由于走行轨（钢轨）本身存在一定电阻，回流电流通过时存在一定压降，钢轨与隧道或道床等结构钢之间的绝缘电阻不是无限大，这样势必造成流经牵引轨的牵引电流不能全部经由钢轨流回牵引变电所的负极，有一部分的牵引电流会泄漏到隧道或道床等结构钢上，然后经过结构钢和大地流回牵引变电所的负极，这部分泄漏到隧道或道床等结构钢上的电流就是杂散电流，也称作迷流。图9-1为直流牵引杂散电流示意图。

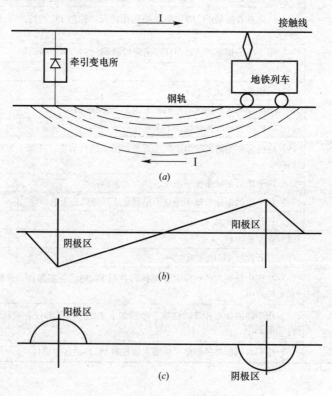

图 9-1 直流牵引杂散电流示意图
(a) 直流牵引地下杂散电流示意图；(b) 走行轨对大地电位分布图；(c) 地下金属体对大地电位分布图

走行轨铺设在轨枕、道砟和大地上，由于轨枕等的绝缘不良和大地的导电性能，地下的杂散电流如图 9-1（a）所示那样杂散地流入大地，然后在某些地方又重新流回钢轨和牵引变电所的负极。在走行轨附近埋有地下金属管道或其他任何金属结构时，杂散电流的一部分就会由导电的金属体上流过，如图 9-2 所示。此时钢轨和地下金属各点对大地的电位分布如图 9-1（b）和（c）所示。

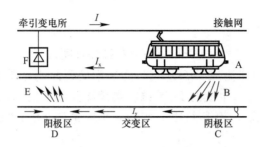

图 9-2 地铁杂散电流腐蚀原理

2. 杂散电流的影响和危害

城市轨道中的杂散电流是一种有害的电流，会对地铁中的电气设备、设施的正常运行造成不同程度的影响，以及对隧道、道床的结构钢和附近的金属管线造成危害。这种危害主要表现在如下几个方面：

（1）若地下杂散电流流入电气接地装置，将引起过高的接地电位，使某些设备无法正常工作。

（2）若钢轨（走行轨）局部或整体对地的绝缘变差，则此钢轨（走行轨）对大地的泄漏电流增大，地下杂散电流增大，这时有可能引起牵引变电所的框架保护动作。而框架保护动作，则整个牵引变电所的断路器会跳闸，全所失电，同时还会联跳相邻牵引变电所对应的馈线断路器，从而造成较大范围的停电事故，影响地铁的正常运营。

（3）对城市轨道隧道、道床或其他建筑物的结构钢筋以及附近的金属管线（如电缆、金属管件等）造成电腐蚀。如果这种电腐蚀长期存在，将会严重损坏地铁附近的各种结构钢筋和地下金属管线，破坏了结构钢的强度，降低了其使用寿命。

3. 地下金属结构被杂散电流腐蚀的基本原理

（1）腐蚀过程

直流牵引供电方式所形成的杂散电流及其腐蚀部位如图 9-2 所示。图中的 I 为牵引电流，I_x、I_y 分别为走行轨回流和泄漏的杂散电流。

由图可知，杂散电流所经过的路径可等效地看成为 2 个串联的腐蚀电池。其中：

电池Ⅰ为 A 钢轨（阳极区）→B 道床、土壤→C 金属管线（阴极区）

电池Ⅱ为 D 金属管线（阳极区）→E 土壤、道床→F 钢轨（阴极区）

当杂散电流由图 9-2 中两个阳极区、钢轨（A）和金属管线（D）部位流出时，该部位的金属铁（Fe）便与其周围的电解质发生阳极过程的电解作用，此处的金属随即遭到腐蚀。这种腐蚀的过程，实际可能发生两种氧化还原反应。其中之一是当金属铁（Fe）周围的介质是酸性电解质，即 pH＜7 时，发生的氧化还原反应是析氢腐蚀；二是当金属铁（Fe）周围的介质是碱性电解质，即 pH≥7 时，发生的氧化还原反应为吸氧腐蚀。其腐蚀的化学反应方程式如下：

在析氢腐蚀时：

阳极：$2Fe \rightleftharpoons 2Fe^{2+} + 4e^-$；

阴极：$4H^+ + 4e^- \rightleftharpoons 2H_2 \uparrow$（无氧的酸性环境）；

$4H_2O + 4e^- \rightleftharpoons 4OH^- + 2H_2 \uparrow$（无氧环境）。

在吸氧腐蚀时：

阳极：$2Fe \rightleftharpoons 2Fe^{2+} + 4e^-$；

阴极：$O_2 + 2H_2O + 4e^- \rightleftharpoons 4OH^-$（有氧的碱性环境）。

上述两种腐蚀反应通常生成$Fe(OH)_2$，而在钢筋表面或介质中析出，部分还可以进一步被氧化形成$Fe(OH)_3$。生成的$Fe(OH)_2$继续被介质中的O_2氧化成棕色的$Fe_2O_3 \cdot 2xH_2O$（红锈的主要成分），而$Fe(OH)_3$可进一步生成Fe_3O_4（黑锈的主要成分）。

（2）腐蚀特点

杂散电流腐蚀一般的特点有腐蚀激烈、集中于局部位置；当有防腐层时，又往往集中于防腐层的缺陷部位。杂散电流腐蚀和自然腐蚀有较大的差异，具体见表9-1所示。

杂散电流腐蚀和自然腐蚀的差异 表 9-1

项目		自然腐蚀	杂散电流腐蚀
钢铁	外观	孔蚀倾向较小，有黄色或黑色的质地较疏松的锈层，创面边缘不整齐，清除腐蚀产物后创面较粗糙	孔蚀倾向大，创面光滑，有时是金属光泽，边缘较整齐，腐蚀产物似炭黑色细粉状，有水分存在时，可明显观察到电解迹象
	环境	几乎在土壤中均可发生	一般土壤电阻率大于10000Ω·cm环境下，腐蚀较困难
铅	外观	腐蚀均匀，有空洞时亦呈现浅皿状，腐蚀物为不透明的粉状物	空洞内面粗糙，创面呈壕状，长行分布不匀或沿电缆呈一直线分布，腐蚀物为透明的或白色的结晶物
	环境	水的pH值一般在6.8～8.5范围之外，氯化物浓度大	地下水为中性，普遍会有氯化物，碳酸盐，硫酸盐

9.2 杂散电流的防护与监测

1. 杂散电流防护的原则

城市轨道中杂散电流防护应遵循以下基本原则：

（1）采取措施，以治本为主，将城市轨道杂散电流减小至最低限度；

（2）采取措施，限制杂散电流向轨道外部扩散；

（3）轨道附近的地中金属管线结构，应采取有效的防蚀措施。

2. 杂散电流的防护措施

（1）杂散电流的防护设计应采取"以堵为主，以排为辅，防排结合，加强监测"的原则。

1）堵。就是隔离和控制所有可能的杂散电流泄漏途径，减少杂散电流进入城市轨道的主体结构、设备及可能与其相关的设施。

2）排。就是通过杂散电流的收集及排流系统，提供杂散电流返回至牵引变电所负母线的通路，防止杂散电流继续向本系统外泄漏，以减少腐蚀。

3）监测。设计完备的杂散电流监测系统，监视、测量杂散电流的大小，为运营维护提供依据。

(2) 杂散电流防护的措施。

1）确保牵引回流系统的畅通，使牵引电流通过回流系统流回牵引变电所，从根本上减少杂散电流的产生。

2）为保护整体道床结构钢筋不受杂散电流腐蚀及减少杂散电流扩散，利用整体道床内结构钢筋的可靠电气连接，建立主要的杂散电流收集网，收集由钢轨泄漏出来的杂散电流，在阴极区经钢轨流回牵引变电所。

3）对于需设置浮动道床的区段，浮动道床内的纵向钢筋也应电气连接，并和整体道床内的杂散电流收集网电气连接。使隧道内所有的道床收集网钢筋在电气上连为一体。

4）在条件允许情况下，尽可能增强整体道床结构与隧道、车站间的绝缘。

5）为保护地下隧道、车站结构钢筋不受杂散电流腐蚀及减少杂散电流向外部的扩散，利用隧道、车站结构钢筋的可靠电气连接，建立辅助杂散电流收集网，收集由整体道床泄漏出来的杂散电流，在阴极区经整体道床和钢轨流回牵引变电所。

6）在盾构区间隧道，采用隔离法对盾构管片结构钢筋进行保护。在盾构区间相邻的车站，两车站的结构钢筋用电缆连接起来，使全线的杂散电流辅助收集网在电气上连续。

7）在高架桥区段，桥梁与桥墩之间加橡胶绝缘垫，实现桥梁内部结构钢筋与桥墩结构钢筋绝缘，防止杂散电流对桥墩结构钢筋的腐蚀。为保护高架桥梁的结构钢筋及减少杂散电流的扩散，利用桥梁顶层结构钢筋和轨道梁内结构钢筋的可靠电气连接，建立杂散电流收集网，收集由钢轨泄漏出来的杂散电流，使之在阴极区经钢轨流回牵引变电所。

8）在高架桥车站内，车站结构钢筋和车站内高架桥结构钢筋要求在电气上绝缘，防止杂散电流对车站结构钢筋的腐蚀。

9）牵引变电所设置杂散电流排流装置，以便在轨道绝缘能力降低致使杂散电流增大时，及时安装排流装置使收集网（主收集网、辅助收集网）中杂散电流有畅通的电气回路。

10）直流供电设备、回流轨采用绝缘法安装。

11）各类管线设备应尽量从材质或其他方面采取措施，减少杂散电流对其腐蚀及通过其向轨道外部泄漏。

12）轨道专业应采取以下措施：

① 走行回流钢轨尽量选用重型轨（如 60kg/m 型轨），并焊接成长钢轨。钢轨接头的电阻应小于 5m 长的回流钢轨的电阻值，以减少回流电阻。若采用短钢轨，则应用鱼尾板连接，并在道岔与辙岔的连接部位的两根钢轨之间加焊一根 120mm² 及以上的绝缘铜电缆连接线，并应做到焊接可靠。

② 钢轨与轨枕或整体道床间采用绝缘法安装，保证钢轨对轨枕或整体道床的泄漏电阻不小于 15Ω·km。为了达到此要求，在钢轨与混凝土轨枕之间，在紧固螺栓、道钉与混凝土轨枕之间，以及在扣件与混凝土轨枕之间采取绝缘措施，加强轨道对道床的绝缘，以减少钢轨对地的泄漏电流。其具体做法是：

a. 钢轨下加绝缘垫；

b. 使用绝缘扣件；

c. 钢轨采用绝缘套管固定安装；

d. 轨枕下加绝缘垫；

e. 道岔处加强绝缘；

f. 在有导轨处，导轨与走行轨之间加绝缘。

③ 钢轨底部与整体道床之间的间隙不小于30mm。

④ 利用整体道床内结构钢筋形成杂散电流收集网。

13) 隧道、地下车站采取的措施：

① 隧道、地下车站主体结构的防水层，必须具有良好的防水性能和电气绝缘性能；车站、隧道内应设有畅通的排水措施，不允许有积水现象。

② 为保护隧道、地下车站结构钢筋不受杂散电流腐蚀及减少杂散电流向外扩散，利用这些结构钢筋的可靠电气连接，建立辅助杂散电流收集网。其所收集的由整体道床泄漏出来的杂散电流，经整体道床、钢轨或单向导通装置流回牵引变电所。

③ 在盾构区间隧道，采用隔离法对盾构管片结构钢筋进行保护。

④ 在过江隧道的轨道两端设立绝缘结和单向导通装置与其他线路单向隔离，并设置旁路电缆，形成等效第三轨，使保护区段内的回流电流可以往外排，而外部回流电流通过旁路电缆连通而不通过保护区段的钢轨，减少保护区段的杂散电流从而保护了过江隧道结构。

⑤ 车站动力照明采用TN-S系统接地形式。

⑥ 车站屏蔽门应绝缘安装并与钢轨有可靠的电气连接。

3. 杂散电流的防护设备

(1) 单向导通装置

在城市轨道交通走行轨系统中，车辆段股道多，轨道对地过渡电阻总体降低，增加了杂散电流的泄漏，正线与车辆段钢轨相连，杂散电流可以从正线经车辆段泄漏至大地，在过江隧道区段其本身过渡电阻一般比其他区段低而且其隧道结构也需要加强杂散电流的防护，因此需要上述区段设置钢轨绝缘结对轨道进行电气分段，其目的是尽量缩小杂散电流的存在与作用范围，从而减少杂散电流腐蚀。在绝缘结处，为保证回流电流的正常流动，采用单向导通装置连接绝缘结两端钢轨，使钢轨中电流只在一个方向导通，而在另一个方向截止，既可以保证回流不中断，又可以达到减少杂散电流的目的。单向导通装置分为普通型和带消弧装置型，两者的区别在于有无自动消弧装置。

典型的带消弧装置单向导通装置的原理图如图9-3所示。

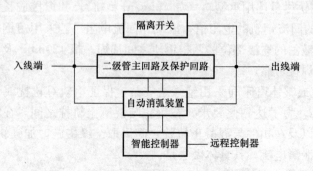

图9-3 带消弧装置单向导通装置的原理图

各部分的作用如下所述：

1）二极管主回路及保护回路

由于回流电流较大，单向导通装置的主回路由多个二极管并联组成，保护回路由每个二极管两端并联的压敏电阻和 RC 回路以及每个二极管支路串有一个快速熔断器共同组成。快速熔断器带辅助接点，在每个二极管支路串一个分流器，可给智能控制器提供主回路的快速熔断器及二极管通断情况等信息。

2）隔离开关

当主回路快速熔断器熔断或二极管损坏时，应采取应急措施保证回流通畅，合上隔离开关使绝缘结两端钢轨短接，这样可以不影响电客车的正常运行。隔离开关的开关操作方式可分为手动操作方式和电动操作方式两种。

3）自动消弧装置

自动消弧装置的主回路由大功率可控硅组成，如图 9-4 所示，自动消弧装置的保护回路每个可控硅两端并联的压敏电阻和 RC 回路以及每个可控硅支路串有一个快速熔断器共同组成。快速熔断器带辅助接点，在每个可控硅支路串一个分流器，可给智能控制器提供自动消弧装置主回路的快速熔断器及可控硅通断情况信息。整个自动消弧装置的主回路与单向导通装置的主回路并联在一起。

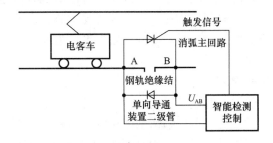

图 9-4　自动消弧装置原理示意图

4）智能控制器

带消弧设施单向导通装置的智能控制器能够进行数据采集、智能消弧控制及远程通信，可以检测和显示每个支路二极管的故障信息以及快熔的通断信息。同时是自动消弧装置的控制核心，当传感器检测到列车通过绝缘结时，检测绝缘接头的反向电压，当反向电压达到起弧电压时，触发可控硅使之导通短接绝缘结，列车通过绝缘结后，关断可控硅。

(2) 排流柜

排流柜安装于牵引变电所内，排流柜的一端接负极柜内的直流负母排，另一端接隧道结构钢筋（或高架桥梁结构钢筋）、整体道床结构钢筋、牵引变电所地母排。它采用极性排流的原理，使结构钢筋中的杂散电流单方向流回牵引变电所内的负极，减少杂散电流对结构钢筋的腐蚀。

排流柜主回路的主体为大功率二极管，另配以保护和检测电路。排流柜排流支路分为两种：一种是接杂散电流防护收集网钢筋或车站结构钢筋的钢筋排流支路；另一种是接牵引变电所接地母排的接地排流支路。排流柜通常设有 4 个钢筋排流支路和 1 个接地排流支路，接地排流支路的额定工作电流通常比钢筋排流支路大，每个支路由熔断器、分流器、可调电阻、二极管和负荷开关组成，每个排流柜设有数据采集控制装置，能够监测保护装置进线电源 MCB 故障信号、每个支路二极管的故障信号（包括击穿及断路）和快熔的通断信息，并把故障信息传送到变电所。

排流柜的一回路排流支路工作原理图如图 9-5 所示。

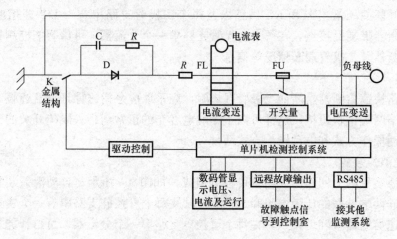

图 9-5　排流柜的一回路排流支路工作原理图

在地铁建成初期，各项防护措施均处于良好状态，泄漏的杂散电流通常比较小，一般不需要投入排流柜，随着运营时间的推移，运行环境受污染、潮湿、渗水等因素的影响从而出现变化，如果杂散电流监测结果显示腐蚀比较严重，需要投入排流柜。

4. 杂散电流的监测设备

（1）杂散电流腐蚀监测原理

1）极化电压的正向偏移平均值

杂散电流难以直接测量，通常利用结构钢极化电压的测量来判断结构钢筋是否受到杂散电流的腐蚀作用。根据《地铁杂散电流腐蚀防护技术规程》CJJ49—1992，极化电压的正向偏移平均值不应超过 0.5V。一般在电化学腐蚀测量中，测量管、地电位差的标准方法如图 9-6 所示。

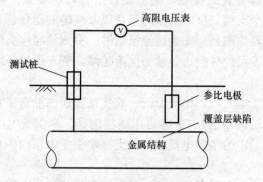

图 9-6　管地电位差的标准测量

此方法在电化学腐蚀测量中称为近参比法。目的是使测量结果更为精确。此方法的测量要点是把参比电极（通常用长效铜/硫酸铜电极）尽量靠近被测构筑物或金属管路表面，如果被测表面带有良好的覆盖层，参比电极对应处应是覆盖层的露铁点。在地铁系统中，埋地金属结构对地电位的测量方法亦采用如上所述的近参比法,需要使用长效参比电极作为测量传感器,在没有杂散电流扰动的情况下,测量的电位分布呈现一稳定值,此稳定电位称为自然本体电位 U_0,当存在杂散电流扰动的情况下,测量电位出现偏离,所测电位为 U_1,其偏移值为 ΔU。一般情况下,将测量电压为正的称为正极性电压,测量电压为负的称为负极性电压。

埋地金属结构受杂散电流干扰的影响,其对地电位,也就是相对于参比电极的电压会偏离自然本体电位 U_0。在杂散电流流入金属结构的部位,金属结构呈现阴极,此部位的电位会向负向偏离,该部位的金属不受杂散电流腐蚀。在杂散电流流出金属结构的部位,金属结构呈现阳极性,此部位的电位会向正向偏离,该部位的金属受到杂散电流腐蚀影响。因为腐蚀是一个长期作用的结果,而瞬间杂散电流的变化是杂乱无序的,仅测量瞬间金属结构对参比电极的电压不能直接反映测量点杂散电流的腐蚀情况,所以应该测量计算在一定时间内偏移自然本体电位 U_0 的正向平均值,《地铁杂散电流腐蚀防护技术规程》CJJ49—1992 规定:测量时间为半小时,其计算公式如下:

$$U_a(+) = \sum_{i=1}^{p} U_i(+)/n - U_0 \tag{9-1}$$

式中 $\sum_{i=1}^{p} U_i(+)$ ——所有正极性电压瞬时值和绝对值小于 U_0 值的负极性电压各瞬时值之和;

p——所有正极性电压瞬时值读取次数及绝对值小于 U_0 值的负极性电压各瞬时值读取次数之和;

n——总的测量次数;

U_0——自然本体电位;

$U_a(+)$——极化电压的正向偏移平均值。

2) 半小时轨道电位最大值测量

由于杂散电流的泄漏受轨道电位的影响很大,所以轨道电位的测量监测也是非常重要的。轨道电位严格意义上来讲应是以无限远的大地为基准,而钢轨电位测量以无限远的大地是很难实现的,在测量中测量钢轨对埋地金属结构的电压来代表轨道电位。由于轨道电位的瞬时值变化很大,实际测量过程中,其监测和计算的参数为测量时间内的最大值 V_{max},即半小时轨道电位的最大值。

3) 自然本体电位 U_0 的测量

自然本体电位 U_0 是一个非常重要的测量参数,而我们探讨的测量方法最终要实现自动在线测量,所以测量装置本身应该能够测量自然本体电位 U_0。城市轨道交通的特点是一天内有几个小时的完全停止运营,在列车停止运行 2h 后,可以进行自然本体电位 U_0 的自动测量。

(2) 杂散电流监测系统

杂散电流监测系统有分散式监测系统和集中式监测系统两种。分散式杂散电流监测系统由参考电极、道床收集网测试端子、高架桥梁收集网测试端子、隧道收集网测试端子、测试盒、测试电缆、杂散电流综合测试端子箱及杂散电流综合测试装置构成。集中式杂散电流监测系统由参考电极、道床收集网测试端子、高架桥梁收集网测试端子、隧道收集网测试端子、传感器、数据转接器、测试电缆及杂散电流综合测试装置构成。

其中道床收集网测试端子、高架桥梁收集网测试端子、隧道收集网测试端子可利用伸缩缝处的连接端子，不单独引出测试端子。

1）分散式杂散电流监测系统

如图 9-7 所示。在每个车站变电所的控制室或检修室内安装一台杂散电流测试端子箱，将该车站区段内的参考电极端子和测试端子接至接线盒，由统一的测量电缆引入至变电所测试端子箱内的连接端子，将来用移动式微机型综合测试装置分别对每个变电所进行杂散电流测试及数据处理。

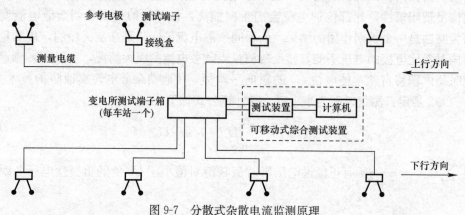

图 9-7　分散式杂散电流监测原理

2）集中式杂散电流监测系统

如图 9-8 所示。在每个测试点，将参考电极端子和测试端子接至传感器。将该车站区段内的上下行传感器通过测量电缆，分别连接到车站变电所的控制室或检修室内的数据转接器。车站的数据转接器通过测量电缆接至固定式杂散电流综合测试装置。综合测试装置至传感器的传输距离最远不超过 10km，由此来考虑每条线路需设置几个杂散电流综合测试室。

以上两种监测系统均能满足杂散电流监测要求，根据需要选择合适的方案。

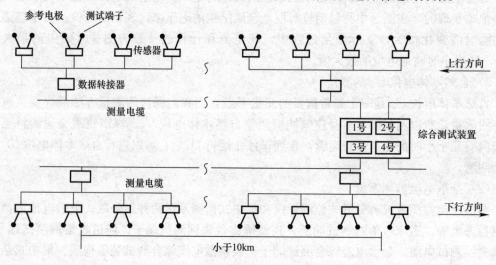

图 9-8　集中式杂散电流监测原理

某地铁线的杂散电流监测系统构成原理如图9-9所示。主要监测整体道床排流网的极化电位、本体电位；隧道侧壁结构钢的极化电位、本体电位；监测点的轨道电位等。整个系统为一分布式计算机监测系统。传感器是一个以单片机为核心的数据采集处理系统，可以实时采集处理测量点排流网和结构钢的自然本体电位U_0，正向平均值$U_a(+)$，半小时内的轨道电压最大值V_{max}，并把采集运算得到的参数送入指定的内存存储起来。由于整个地铁线路较长，通信距离比较长，为保证传感器的数据可靠传送到中央控制室的上位机，转接器起到了通信传输的中继作用。监测装置通过转接器向各个传感器要监测数据，同时可以计算各个供电区间的轨地过渡电阻和轨道纵向电阻。上位机与监测装置连接，把所有监测点监测和计算的有关杂散电流的信息参数以数据库的形式存入计算机。上位机软件具有查询、统计和预测功能，在上位机上可以实时查询到地铁沿线杂散电流腐蚀的防护情况。

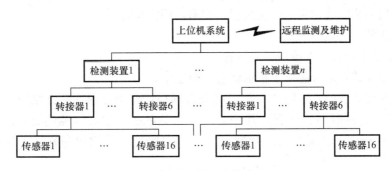

图9-9 地铁杂散电流构成原理

9.3 杂散电流防护及监测系统的维护

（1）定期利用杂散电流综合测试装置（杂散电流监测系统）在高峰小时测试整体道床结构钢筋、车站隧道结构钢筋、高架桥梁结构钢筋相对周围混凝土介质平均电位，以此电位作为判断有无杂散电流对结构钢筋腐蚀的依据。如测试到某段结构钢筋电位超过标准0.5V的，则该区段杂散电流超标，应对钢轨回路及钢轨泄漏电阻进行测试检查，然后结合测试结果进行维护。

（2）定期对全线轨道线路清扫，保持线路清洁干燥，尤其是轨道扣件及钢轨绝缘垫要保持清洁干燥，不能有易导电的物质在钢轨扣件和绝缘垫表面，因为这些物质将导致轨道对地的泄漏电阻下降。

（3）在前面所述监测及测试后，针对测试结果，查出引起杂散电流腐蚀严重原因，若是钢轨回流系统出现电气导通"断点"所引起（如钢轨间的接续线是否连接良好和脱落等），则应及时将"断点"处焊接及连接至设计要求标准；若是某处钢轨泄漏电阻太小，则应检查钢轨是否为积水、灰尘污染或钢轨安装绝缘设备破坏引起，并及时清扫或对绝缘设备维护。

（4）如果全线钢轨泄漏电阻普遍降低，简单清扫或维护不能解决问题时，则应将牵引变电所的排流柜开通（如果牵引变电所内装有排流柜的话），使杂散电流收集网与整流机组负极柜单向连通，以单向排流来保护结构钢筋免受杂散电流腐蚀。

(5) 每年至少检查 1 次各杂散电流收集网之间的连接线是否连接良好，连接螺栓是否生锈等，如果这些连接部件状态不良，则应及时进行修复。

(6) 每年至少检查 1 次均、负回流设备（含均、回流电缆及接续电缆、回流箱），主要核查：

1) 均、负回流电缆地面外露部分及接续电缆外护套良好，应无开裂、老化、脱落。

2) 均、负回流电缆端子与钢轨焊接良好，无烧损痕迹、无脱落。

3) 均、负回流电缆应无侵限。

4) 设备箱体无锈蚀、无漏水现象，箱锁良好，箱体支架应无损坏。

5) 回流母排各连接螺栓连接紧固良好、垫片齐全，无松脱。

6) 回流母排无烧损、放电痕迹。

7) 母排绝缘子保持清洁，伞裙无缺釉或破损。

8) 均、负回流电缆固定卡子无破损、变形，固定良好。

9) 对存在的问题及时修复。

(7) 每年至少检查 1 次单向导通装置

1) 单向导通装置的智能仪表指示状态是否正常。

2) 单向导通装置的直流隔离开关刀闸分合顺畅，合闸时闸片贴合紧密，无烧伤、接触不良等现象。合闸时闸刀竖直，其中心线应与静触头的中心线相吻合，用 0.05mm×10mm 的塞尺检查刀闸的接触点，应塞不进去。刀闸绝缘子裙边完好，无裂痕、放电痕迹；刀闸手柄绝缘皮无破损。

3) 各设备接线正确、牢固，连接良好。检查内部电气元件运行正常，检查二极管、熔断器、可控硅、RC 回路、压敏电阻、电压传感器外观应无烧伤、过热、变形、变色等痕迹。

4) 单向导通装置箱门锁使用正常，能正常锁闭箱门，箱体表面涂有完整防腐油漆，无锈蚀和异物附着。

5) 母排应无过热、烧伤痕迹，洁净无尘，母排绝缘子应连接紧固，表面洁净无尘，无裂痕、无大于 $10mm^2$ 的脱釉。

6) 单向导通装置箱内电缆端子与母排应连接紧固，无烧伤放电痕迹；电缆端子与牵引轨应焊接良好，极性接线符合图纸要求，无脱落、放电、烧伤痕迹，电缆无老化、绝缘性能正常。

7) 端子排线缆无松脱，接线符合图纸要求。

8) 灯光指示是否符合产品要求。

9) 对应绝缘节（绝缘接头）的绝缘性能符合要求。

10) 对存在的问题及时修复。

(8) 每年至少检查 1 次杂散电流防护及监测装置（测防端子、传感器、转接器、电缆、综合监测装置）

1) 各设备接线正确、牢固，连接良好。

2) 各装置电源、电路运行正常，无老化、异常。

3) 信号反馈、指示正确。

4) 箱体外观良好，连接螺栓、柜门、安装底座、电缆固定牢固、安全。

5）对计算机监控系统进行检查，数据收集、分析及报表功能正常。

6）测防端子、传感器、转接器、电缆等铭牌无老化、铭牌内容清晰可见，绑扎牢靠。

7）测防端子连接线（电缆）无断破损，断裂，连接螺栓无生锈现象。

8）传感器、转接器、计算机监控系统保持清洁，传感器、转接器箱体表面涂有完整防腐油漆，无锈蚀和异物附着。

9）线缆固定卡子无破损、变形，固定良好。

10）对存在的问题及时修复。

9.4 钢轨电位的防护

走行轨（钢轨）除了用于列车走行导向外，也是牵引供电系统中的重要组成部分，钢轨通常作为牵引回流导体与变电所的负极相连接，部分信号系统也采用钢轨作为通路，另外，在装设站台屏蔽门的系统中，为了保证乘客的安全，还将屏蔽门的非导电金属部分与钢轨相连。由于钢轨本身存在一定电阻且无法与大地保证绝缘，当钢轨用作回流导体时，在正常情况或故障条件下轨地间会存在电压，此电压称为钢轨电位。过高的钢轨电位会对人员和设备造成较大影响，因此应做好钢轨电位的防护工作。

1. 钢轨电位异常时的排查

出现过高钢轨电位时为异常情况，引起钢轨电位异常的主要原因是非预期的环境条件、设计、施工或运营维护等因素造成的，由于整个回流系统是一个分布安装的装置，同时牵引列车产生的回流也随着列车的运动和做功的大小不断变化，与回流装置相连接的设备非常多，需要排查的因素也比较多：

（1）对回流系统进行查线核图，主要核查：

1）钢轨纵向导通情况：检查钢轨有无断点，检查钢轨接头处的接续电缆截面积是否符合设计要求，接线是否正确、焊接是否良好等；检查道岔处钢轨回流是否畅通，接续电缆截面积是否符合设计要求，接线是否正确、焊接是否良好等；

2）钢轨的横向均流线导通情况：检查钢轨之间的均流电缆是否畅通，截面积是否符合设计要求，接线是否正确、焊接是否良好、安装位置和间距是否符合设计等；

3）单向导通装置情况：检查其极性、接线是否正确，电缆是否畅通，截面积是否符合设计要求，与钢轨连接是否良好，二极管和熔断器是否良好；

4）钢轨与牵引所负极的连接导通情况：检查回流电缆是否畅通，数量和截面积是否符合设计要求，与钢轨的焊接是否良好；

5）钢轨绝缘结情况：对过江隧道、出入段线、车辆段库内线、检修股道、与其他相邻线路的连接渡线处等设置了钢轨绝缘结的部位进行检查，检查绝缘结设置是否符合设计要求，绝缘状态是否良好；

6）对线路始端、终端、折返线等有车挡的部位进行检查，排除非预期的接地点；

7）对钢轨底部的金属管线进行检查，排除钢轨与底部的金属管线有直接接触或间断式接触，必要时对管线进行绝缘处理；

8）检查各杂散电流收集网之间的连接线是否连接良好，连接铜排、螺栓是否接触不良等；检查隧道、车站结构钢筋的电气连接是否符合设计，所形成的辅助杂散电流收集网是否连接良好。

（2）检查变电所相关的框架、轨电位保护装置的状态是否良好，绝缘和接地是否符合设计要求，轨电位保护装置的分合状态是否符合设计要求。

（3）检查钢轨与混凝土轨枕之间、紧固螺栓、道钉与混凝土轨枕之间，以及在扣件与混凝土轨枕之间的绝缘设计、施工是否落实，检查钢轨与道床接触部位是否过于潮湿和脏污。

（4）对与钢轨有连接的其他系统进行排查，如屏蔽门、信号系统，检查其是否符合综合接地系统要求的绝缘安装要求，有无存在非预期接地状况。

（5）当信号、屏蔽门等装置接钢轨部分的金属构件与地之间绝缘不良或间隙距离不够时，可能引起电气分隔处有放电现象，也会对钢轨电位造成影响，此时应详细检查相关装置的绝缘情况。

（6）必要时可参照《轨道交通　地面装置　电气安全　接地和回流　第2部分：直流牵引供电系统杂散电流的防护措施》GB/T 28026.2—2018 要求测量钢轨轨条电阻、钢轨单位电导，对钢轨、钢轨与道床的绝缘情况进行评估分析，测量评估方法如下：

要确定轨条电流与其产生电压间的关系，需要测量轨条电阻，并进而确定其单位电导。单位电导是指单位长度钢轨对地电阻的倒数，如没有特别说明，均指单线路铁路的单位电导。测量应在没有牵引电流时才是有效的，直流电流 I 测量时应周期性地闭合和断开其开关电流，以检验在断开时其他因素的影响，可通过多次测量来解决读数偏差问题，行走轨的测量点与电流注入点间距离宜大于1m。表9-2 为单线区段单位电导建议值。

单线区段单位电导建议值　　　　　　　　　　　　表9-2

牵引系统	露天时（S/km）	隧道内（S/km）
铁路	0.5	0.5
开式路基大宗运输系统	0.5	0.1
闭式路基大宗运输系统	2.5	-

备注：表9-2 是指一条线路两根行走轨的电导值。

1）轨条电阻测量

轨条电阻的测量见图9-10，纵向电压降 U_A 和 U_B 可在轨道各相邻段间进行测量，测量时规定在测量区域的轨条间和线路间不得有横向连接。

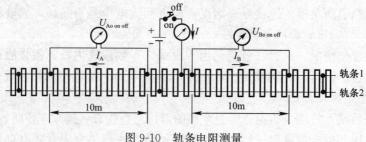

图9-10　轨条电阻测量

轨条1和轨条2的电阻计算见式（9-2）。

$$R_{R10m} = \frac{U_{Aon} - U_{Aoff} + (U_{Bon} - U_{Boff})}{I} \tag{9-2}$$

式中 R_{R10m}——轨条1或轨条2的10m钢轨的纵向电阻，Ω；
　　　I——注入电流，A；
U_{on}、U_{off}——在注入和不注入电流时轨条1或轨条2的电压降，V。

2）行走轨与隧道间单位电导确定

采用一种特殊的测量方法，无需做钢轨绝缘结，即可测量钢轨单位电导，钢轨单位电导的测量可按图9-11进行，其中的 I_{RA}、I_{RB} 可按轨条电阻测量中介绍的方法获取，见图9-10；测量时要确认行走轨与隧道间没有其他连线和电压限制装置，避免影响测量结果，宜在隧道段两端作轨道绝缘使隧道内部线路与隧道外部线路隔离，防止来自外部的影响，L 的长度不宜超过4km。

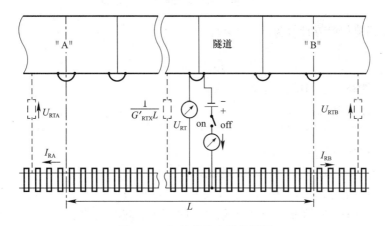

图9-11　钢轨单位电导的测量

行走轨与隧道间单位电导计算见式（9-3）。

$$G'_{RT} = \frac{3}{L} \times \frac{I - I_{RA} - I_{RB}}{\Delta U_{RT} + \Delta U_{RTA} + \Delta U_{RTB}} \tag{9-3}$$

$$\Delta U = U_{on} - U_{off}$$

式中　G'_{RT}——轨道与隧道间单位电导，S/km；
　　　I——注入电流，A；
I_{RA}、I_{RB}——分别为被测量段 A、B 两端的外侧电流，A；
　　　U_{RT}——电流注入点轨道与隧道间电压，V；
U_{RTA}、U_{RTB}——隧道段 AB 两端的轨道与隧道间电压，V；
　　　L——被测段长度，km。

3）隧道外线路单位电导的确定

将被测线路段用轨道绝缘结进行隔离，线路的长度一般不超过2km，测量方法如图9-12。

从两端的轨道绝缘结注入一路直流测量电流 I，注入电流由隔离线路钢轨流入大地后进入连接线路段的钢轨，单位电导可由轨地间电压和注入电流 I 求得。电压值的测量可利用未极化的铜或硫酸铜电极作接地地极，接地极的位置至少应距电流注入点50m，距线路20m以上。

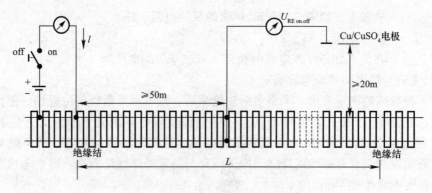

图 9-12　隧道外线路单位电导的测量

隧道外线路单位电导计算见式 (9-4)。

$$G'_{RE} = \frac{1}{L} \times \frac{I}{U_{REon} - U_{REoff}} \tag{9-4}$$

式中　G'_{RE}——线路与地间单位电导，S/km；
　　　I——注入电流，A；
　　　U_{RE}——轨地间电压，V；
　　　L——被测段长度，km。

2. 钢轨电位升高造成电压型框架保护动作

在直流牵引供电系统中，为了防止直流牵引供电设备内部绝缘降低时造成设备危害而设置了直流系统框架泄漏保护，该保护包含反映直流泄漏电流的过电流保护和反映接触电压的过电压保护。当钢轨电位升高造成电压型框架保护动作时，该牵引变电所供电区域的牵引负荷全部失电。其故障引起的断电范围较大，因此对行车影响亦较大，须引起足够的重视。

在运行的应急处理中，若确认电压型框架保护动作是由于该变电所牵引供电设备内部绝缘降低引起的，可将该牵引变电所退出运行，使用越区供电方式来保证牵引供电。而当由于系统钢轨电位异常升高导致电压型框架保护动作时，作为临时应急措施，可强行合上钢轨电位限值装置，以抑制钢轨电位。

3. 钢轨电位的防护

钢轨电位过高除了造成电压型框架保护动作等设备问题以外，超过一定限值的电压会对人体造成伤害，因此轨电位的安全防护尤为重要。钢轨电位的允许接触电压/接近电压等防护要求可参照《轨道交通　地面装置　电气安全、接地和回流　第 1 部分：电击防护措施》GB/T 28026.1—2018。